舟山市民政局
舟山群岛地名文化工作室 编纂

舟山群岛新旧地名录

王建富 著

海洋出版社
2017年·北京

图书在版编目(CIP)数据

舟山群岛新旧地名录/王建富著. —北京:海洋出版社,2017.6
ISBN 978-7-5027-9869-7

Ⅰ.①舟… Ⅱ.①王… Ⅲ.①地名-舟山-名录 Ⅳ.①K925.53-62

中国版本图书馆 CIP 数据核字(2017)第 172626 号

责任编辑:苏 勤
责任印制:赵麟苏
海洋出版社 出版发行

http://www.oceanpress.com.cn
北京市海淀区大慧寺路 8 号 邮编:100081
北京朝阳印刷厂有限责任公司印刷 新华书店北京发行所经销
2017 年 6 月第 1 版 2017 年 6 月第 1 次印刷
开本:889mm×1194mm 1/16 印张:33
字数:260 千字 定价:88.00 元
发行部:62132549 邮购部:68038093 总编室:62114335

编辑说明

一、本书以舟山群岛区域内的城镇街巷、居民点、自然镇、地片、桥梁、建筑物、堤堰、水闸、水井、码头、渡口、纪念地、宗教纪念地、山(峰)、古道、山谷、岩、洞穴、河流、湖泊、水潭、泉等陆域地理实体和列岛、海岛、岬角、海区、海湾、滩涂、水道等海域地理实体为主要收录对象,不包括行政区域地名与基层政权组织辖区地名。

二、本书收录地名词目8969条。2000年(含)以后命名的地名未予收录。

三、为保持历史文献记载的原貌,本书对收录的历史地名未予校订,对部分文献存在的具有殖民色彩的地名,用“ * ”号予以标注、警示。

四、本书只收录有历史文献记载的地名。有些地名口传历史久远,但没有文献记载,本书也未予收录。

五、为便于表格编排,本书对部分舟山常用地方史志使用简称。本书使用的主要文献如下:

[春秋左传]:《春秋左氏传》,成书于春秋末期至战国初期,左丘明编纂。

[东晋抱朴子]:东晋《抱朴子》,成书于建武元年(317),葛洪著。

[唐括地志]:唐《括地志》,又名《魏王泰坤元录》、《贞观地记》、《贞观地志》、《魏王地记》、《括地象》,成书于贞观十六年(642)。唐李泰主修,肖德育等编纂。1980年,中华书局出版《括地志辑校》,贺次君辑校。

[唐十道四蕃志]:唐《十道四蕃志》,成书于唐武周时期,梁载言编纂。

[宋乾道志]:宋(乾道)《四明图经·昌国》(烟屿楼版),成书于宋乾道五年(1169),明州知州张津编纂。

[宋宝庆志]:宋(宝庆)《四明志·昌国县志》(烟屿楼版),成书于宋宝庆三年(1227),雕版于绍定二年(1229),庆元知府兼沿海制置使胡榘、赣州录事参军罗浚等编纂。

[宋开庆四明志]:宋(开庆)《四明续志》(烟屿楼版),成书于宋开庆元年(1259),梅应发、刘锡编纂。

[元延祐志]:元(延祐)《四明志》(烟屿楼版),成书于元延祐七年(1320),袁桷等编纂。

[元大德志]:元(大德)《昌国州图志》(烟屿楼版),成书于元大德二年(1298),昌国州判官冯福京修,郭荐编纂。

[明郑和航海图]:《郑和航海图》原名《自宝船厂开船从龙江关出水直抵外国诸番图》,因其名冗长,后人简称为《郑和航海图》。该图是郑和下西洋的航海成就之一,是在继承前人航海经验的基础上,以郑和船队的远航实践为依据,经过整理加工而绘制的。

[明天启志]:明(天启)《舟山志》,成书于明天启六年(1626),舟山参将何汝宾编纂。

[清康熙志]:清(康熙)《定海县志》(抄本),成书于清康熙五十四年(1715),定海知县周圣化修,定海知县缪燧重修,裘琏、陆鋆等编纂。

[清光绪志]:清(光绪)《定海厅志》,成书于清光绪九年(1883),定海厅知事史致训等修,陈重威、黄以周等编纂。

[民国志]:民国《定海县志》,成书于民国十二年(1923)(其中附民国十五年施臯测绘的《定海县城厢全图》和《普陀山图》),陈训正、马瀛编纂。

[岱山镇志]:民国《岱山镇志》,成书于民国十七年(1928),汤浚编纂。

[元补陀洛迦山志]:元(至正)《补陀洛迦山志》,成书于元至正二十一年(1361),盛熙明编纂。

[明万历补陀山志]:明(万历)《补陀山志》,成书于明万历十七年(1589),侯继高修,屠隆编纂。

[明万历普陀山志]:明(万历)《普陀山志》,成书于明万历三十五年(1607),周应宾编纂。

[清南海普陀山志]:清(康熙)《南海普陀山志》,成书于清康熙三十七年(1698),裘琏等编纂。

[清普陀山志]:清(乾隆)《普陀山志》,成书于清乾隆五年(1705),许琰编纂。

[清普陀全胜]:清(道光)《普陀全胜》,成书于清道光九年(1829),道光十年钱塘蕤风堂刊印,祝德风

编纂。

[普陀洛迦新志]:民国《普陀洛迦新志》,成书于民国十三年(1924),释印光、王亨彦编纂。

[参天台五台山记]:[日]成寻《参天台五台山记》,为日本高僧成寻(1011—1081)撰写的入宋旅行日记,上海古籍出版社以日本京都东福寺藏日本承久二年(1220) 抄本为底本,出版《新校参天台五台山记》,王丽萍校点。

[筹海图编]:明《筹海图编》,成书于明嘉靖四十一年(1562),胡宗宪修,郑若曾编纂。中华书局出版社2007 年出版李致忠点样本。

[明两浙海防类考续编]:《两浙海防类考续编》,成书于明万历二十九年(1601),范涞著。

[明全浙兵制]:明《全浙兵制》,成书于嘉靖年间,侯继高编纂。

[清徐偃王志]:清《徐偃王志》,成书于道光二十八年(1848),徐时栋著。

[地形图]:民国六年(1917)至民国七年(1918)浙江陆军测量局测绘的1:5 万地形图。浙江古籍出版社2013 年出版为《民国浙江地形图》,杭州市档案馆编。

[八省图]:《八省沿海全图》,编成于 19 世纪 80 年代,系洋务运动中翻译英国海军部官图局于 19 世纪测绘的中国沿海航行图。其中含有大量带有殖民色彩的地名(本书用“ * ”表示)。

[新译海道图说]:《新译海道图说》,[英]金约翰辑,[美]金楷理口述,怀远、王德均笔述,成书于 1874年。

[清嘉庆海国见闻录]:《海国见闻录》,成书于清嘉庆年间,陈伦炯撰。

[宋绍熙云间志]:宋(绍熙)《云间志》,成书于绍熙四年(1193),杨潜编纂。

[元至元嘉禾志]:元(至元)《嘉禾志》,成书于至元二十五年(1288),单庆修,徐硕编纂。

[明宁波郡志]:明(成化)《宁波郡志》,成书于成化四年(1468),张瓒、杨寔编纂。

[明嘉靖定海县志]:明(嘉靖)《定海县志》,成书于明嘉靖四十二年(1563),张时澈等编纂。

[清方舆纪要]:清《读史方舆纪要》,成书于康熙三十一年(1692),顾祖禹著。

[清乾隆崇明县志]:清(乾隆)《崇明县志》,成书于乾隆二十五年(1760),赵廷健编纂。

[清乾隆金山县志]:清(乾隆)《金山县志》,成书于乾隆二十六年(1761),常琬修,焦以敬等编纂。

[清乾隆平湖县志] :清(乾隆)《平湖县志》,成书于清乾隆四十五年(1780),张力行修,徐志鼎编纂。

[清海疆洋界图]:清《海疆洋界形势图》,编绘于 1787 年。

[清一统志]:清(嘉庆)《重修一统志》,清代官修地理总志,自嘉庆十七年(1812)四月,直至道光二十二年(1842 年)才完成,取材内容截止至嘉庆二十五年(1820)。本书内容主要涉及《重修一统志·宁波府志》。

[清宁波府志]:清(雍正)《宁波府志》,成书于雍正十一年(1733),清道光二十六年(1846)刻本,宁波知府曹秉仁修,万经等纂。

[清定海厅洋面岛屿列表]:清《定海厅洋面岛屿列表》,成书于清光绪三十三年(1907),钱增勋著。

[清嘉庆松江府志]:清(嘉庆)《松江府志》,成书于嘉庆二十二年(1817),宋如林修,孙星衍等编纂。

[清道光洋防辑要]:清(道光)《洋防辑要》,成书于道光十八年(1838),严如熤编纂。

[清光绪镇海县志]:清(光绪)《镇海县志》,成书于光绪五年(1879),周云章修,俞樾编纂。

[清光绪崇明县志]:清(光绪)《崇明县志》,成书于光绪七年(1881),林达泉等编纂。

[清光绪江苏沿海图说]:《江苏沿海图说》,成书于清光绪二十五年 (1899),馀正元编纂。

[清光绪水陆道里记]:清(光绪)《浙江全省舆图并水陆道里记·定海》,成书于清光绪十六年(1890),宗源瀚主编。

[清光绪大清帝国全图]:清(光绪)《大清帝国全图》,成图于清光绪三十一年(1905)。

[奋进中的嵊泗列岛]:《奋进中的嵊泗列岛》,成书于 1949 年,刘振铠著。

[清光绪松江府续志]:清(光绪)《松江府续志》,成书于光绪九年(1883),博润修,姚光发等编纂。

地名志:分县区分别指《舟山市定海区地名志》,成书于 1999 年,舟山市定海区地名委员会办公室编纂;《浙江省普陀县地名志》,成书于 1986 年,普陀县地名办公室编纂;《浙江省岱山县地名志》,成书于 1990 年,岱山县地名办公室编纂;《浙江省嵊泗县地名志》,成书于1990年,嵊泗县地名办公室编纂。

[中国海洋岛屿简况]:《中国海洋岛屿简况》,成书于1981年。

[地名档案]:指舟山市民政局及下辖各县(区)民政局库存地名档案资料。

六、×××(废),如:二关门(废),指相应文献中有名称记载,但明确指出其时已废。

七、表中的"—"符号,表示暂没有检索到有相应地名记载的文献。

八、同一栏中,同一文献名下的不同地名,如王家碶[民国志],黄家碶[民国志],指该地名在同一文献中的不同位置,出现了不同的写法。

目 录

第一篇 陆 域

第二篇　海　域

第一篇　陆　域

舟山市定海区昌国街道新旧地名录

（城区街路地名）

序号	现行名称	清代及民国	“文革”时期	地名志
1	人民北路	北大街[清光绪志] 北直街[民国志] 圣宫前[民国志]	东风路[地名档案]	人民北路
2	人民中路	南门街[清光绪志]，南门大街[清光绪志][民国志]	人民路[地名档案]	人民中路
3	文化路	—	—	文化路
4	环城东路	—	—	环城东路
5	环城北路	—	—	环城北路
6	昌国路	—	要武路[地名档案]	昌国路
7	解放西路	—	—	解放西路
8	解放东路	—	—	解放东路
9	义桥路	—	—	义桥路
10	气象台路	红石板路[地名档案]	—	气象台路
11	青岭路	—	—	青岭路
12	育苗路	—	—	育苗路
13	陵园路	—	—	陵园路
14	烈士塔南路	—	—	烈士塔南路
15	烈士塔西路	—	—	烈士塔西路
16	滕坑湾路	—	—	滕坑湾路
17	锁山一弄	—	—	锁山一弄
18	锁山二弄	—	—	锁山二弄
19	城北弄	—	—	城北弄
20	龚家河头弄	—	—	龚家河头弄
21	杨家弄	—	—	杨家弄
22	荷花井弄	—	—	荷花井弄
23	北门右城跟	—	—	北门右城跟
24	北招路	小余桥头[地名档案]	—	北招路

续表

序号	现行名称	清代及民国	“文革”时期	地名志
25	土城墩路	—	—	土城墩路
26	黄家碶路	—	—	黄家碶路
27	合源路	—	—	合源路
28	蟠洋山路	—	—	蟠洋山路
29	东湾路	—	—	东湾路
30	北门左城跟	北城脚[民国志]	大众路[地名档案]	大众路
31	泉大弄	炮仗衕[民国志]	反修弄[地名档案]	泉大弄
32	石柱弄	石柱衕[民国志]	—	石柱弄
33	桑园弄	桑园衕[民国志]	高潮弄[地名档案]	桑园弄
34	书院弄	老书院衕[民国志]	—	书院弄
35	(已废)	甘家衕[民国志]	—	阮家弄
36	向家弄	向家衕[民国志]	—	向家弄
37	恒丰弄	恒丰酱园衕[民国志]	—	恒丰弄
38	留方路	傅家桥下[民国志]	—	留方路
		方河头[民国志]		
		仓河底[民国志]		
39	帅旗弄	帅旗衕[民国志]	—	帅旗弄
40	建国路	荷花井跟[民国志]	—	建国路
		四眼井跟[地名档案]	—	—
		上荣庙跟[地名档案]	—	—
41	大田园跟	大地园跟	—	大田园跟
42	颜家弄	颜家衕[民国志]	—	颜家弄
43	东大街	东大街[民国志],唐加鹏路[地名档案]	红卫东路[地名档案]	东大街
44	芙蓉洲路	施家河头[民国志]	立新路[地名档案]	芙蓉洲路
		文彩桥下[地名档案]		
45	芙蓉弄	施家屋弄[民国志]	—	芙蓉弄
46	芙蓉洲支路	—	—	芙蓉洲支路
47	俞箭弄	裕记衕[民国志]	英雄弄[地名档案]	俞箭弄
48	染店弄	韩家衕[民国志]	力争弄[地名档案]	染店弄
		染店衕[民国志]		
49	(已废)	轿行衕[民国志]	—	—

续表

序号	现行名称	清代及民国	“文革”时期	地名志
50	东井头弄	东井头衕[民国志]	—	东井头弄
51	鲁班殿跟	坤记衕[民国志]	—	鲁班殿跟
52	广生弄	徐家衕[民国志]	—	广生弄
53	聚魁弄	—	—	聚魁弄
54	都神殿弄	—	—	—
55	竺家弄	竺家衕[民国志]	红卫弄[地名档案]	竺家弄
56	镬厂弄	镬厂衖[民国志]	创新弄[地名档案]	镬厂弄
57	定海商城	—	永新弄[地名档案]	铜店弄
			改革弄[地名档案]	郑家弄
58	舟山美食城	老当店衕	立新弄[地名档案]	张家弄
		毛家河头	—	小河头
		钞关衕[清光绪志], 柴行弄[民国志]	—	钞关弄
		香店衕[民国志]	反修弄[地名档案]	香店弄
59	东管庙弄	东管庙弄[地名档案]	东风路[地名档案]	东管庙弄
60	东管庙支弄	—	—	东管庙支弄
61	它山庙弄	它山庙跟[地名档案]	新建路[地名档案]	它山庙弄
62	东门右城跟	—	—	东门右城跟
63	东门左城跟	—	—	东门左城跟
64	(位置无考)	王衕衕[明天启志]	—	—
65	(位置无考)	达子衕[明天启志]	—	—
66	柴水弄	柴水衕[民国志]	洪流弄[地名档案]	柴水弄
67	已拆建为一百商店	—	群众道地[地名档案]	郭家道地
68	陶家弄	陶家衖[民国志],当店弄[地名档案]	解放弄[地名档案]	陶家弄
69	中大街	邑庙衕[民国志], 内八甲街[地名档案]	红卫中路[地名档案]	中大街
70	横塘弄	混堂衕[民国志]	—	横塘弄
71	(已拆)	—	兴无后弄[地名档案]	龙首桥下
72	烟管弄	烟管衕[民国志]	—	烟管弄
73	仇家弄	—	—	仇家弄
74	县前街	县前[民国志]	兴无弄[地名档案]	县前街
75	城隍庙弄	城隍庙衕[民国志]	灭资一弄[地名档案]	城隍庙弄

续表

<table>
<tr><th>序号</th><th>现行名称</th><th colspan="2">清代及民国</th><th>“文革”时期</th><th>地名志</th></tr>
<tr><td>76</td><td>总府弄</td><td colspan="2">总府衕[民国志]</td><td>永红弄[地名档案]</td><td>总府弄</td></tr>
<tr><td>77</td><td>城隍庙前</td><td colspan="2">—</td><td>灭资路[地名档案]</td><td>城隍庙前</td></tr>
<tr><td>78</td><td>炮房弄</td><td colspan="2">炮王衕[民国志]</td><td>—</td><td>炮房弄</td></tr>
<tr><td>79</td><td>仓河头弄</td><td colspan="2">—</td><td>光辉路[地名档案]</td><td>仓河头</td></tr>
<tr><td>80</td><td>吉庆里</td><td colspan="2">—</td><td>灭资二弄[地名档案]</td><td>吉庆里</td></tr>
<tr><td>81</td><td>总府路</td><td colspan="2">科子衖[民国志]</td><td>—</td><td>吴家弄</td></tr>
<tr><td rowspan="2">82</td><td rowspan="2">西大街</td><td rowspan="2">西街
[清光绪志]</td><td>横街[民国志]</td><td rowspan="2">红卫西路[地名档案]</td><td rowspan="2">西大街</td></tr>
<tr><td>西门大街[民国志]</td></tr>
<tr><td>83</td><td>前府街</td><td colspan="2">蓝府河前[民国志]</td><td>—</td><td>前府街</td></tr>
<tr><td>84</td><td>县府弄</td><td colspan="2">天主堂弄[地名档案]</td><td>—</td><td>县府弄</td></tr>
<tr><td>85</td><td>独人弄</td><td colspan="2">—</td><td>—</td><td>独人弄</td></tr>
<tr><td>86</td><td>西井头弄</td><td colspan="2">—</td><td>—</td><td>西井头弄</td></tr>
<tr><td>87</td><td>前太平弄</td><td colspan="2">—</td><td>斗志一弄[地名档案]</td><td>—</td></tr>
<tr><td>88</td><td>中太平弄</td><td colspan="2">小教场边[民国志]</td><td>斗志二弄[地名档案]</td><td>中太平弄</td></tr>
<tr><td>89</td><td>后太平弄</td><td colspan="2">太平衕[民国志]</td><td>斗志三弄[地名档案]</td><td>后太平弄</td></tr>
<tr><td>90</td><td>(已废)</td><td colspan="2">箭道[清光绪志]</td><td>—</td><td>—</td></tr>
<tr><td>91</td><td>中高岭弄</td><td colspan="2">崇高岭[民国志]</td><td>—</td><td>中高岭</td></tr>
<tr><td>92</td><td>将军桥下</td><td colspan="2">—</td><td>—</td><td>将军桥下</td></tr>
<tr><td>93</td><td>西门左城跟</td><td colspan="2">花园底[民国志]</td><td>—</td><td>西门左城跟</td></tr>
<tr><td>94</td><td>西门右城跟</td><td colspan="2">—</td><td>—</td><td>西门右城跟</td></tr>
<tr><td>95</td><td>白虎山路</td><td colspan="2">西门外大路[民国志]</td><td>—</td><td>白虎山路</td></tr>
<tr><td>96</td><td>西山路</td><td colspan="2">—</td><td>—</td><td>西山路</td></tr>
<tr><td>97</td><td>尾山路</td><td colspan="2">—</td><td>—</td><td>尾山路</td></tr>
<tr><td>98</td><td>大树路</td><td colspan="2">—</td><td>—</td><td>大树路</td></tr>
<tr><td>99</td><td>晓峰路</td><td colspan="2">—</td><td>—</td><td>晓峰路</td></tr>
<tr><td>100</td><td>凉子墩二路</td><td colspan="2">—</td><td>—</td><td>凉子墩二路</td></tr>
<tr><td>101</td><td>西管庙路</td><td colspan="2">—</td><td>—</td><td>西管庙路</td></tr>
<tr><td>102</td><td>金家湾路</td><td colspan="2">—</td><td>—</td><td>金家湾路</td></tr>
<tr><td>103</td><td>金家弄</td><td colspan="2">—</td><td>—</td><td>金家弄</td></tr>
<tr><td>104</td><td>金家湾一弄</td><td colspan="2">—</td><td>—</td><td>金家湾一弄</td></tr>
<tr><td>105</td><td>金家湾二弄</td><td colspan="2">—</td><td>—</td><td>金家湾二弄</td></tr>
<tr><td>106</td><td>金家湾三弄</td><td colspan="2">—</td><td>—</td><td>金家湾三弄</td></tr>
</table>

续表

序号	现行名称	清代及民国	“文革”时期	地名志
107	白虎山一弄	—	—	白虎山一弄
108	白虎山二弄	—	—	白虎山二弄
109	白虎山三弄	—	—	白虎山三弄
110	白虎山四弄	—	—	白虎山四弄
111	环城西路	模范路[地名档案]	抗美路[地名档案]	环城西路
112	环城西路一弄	—	—	环城西路 1 路
113	环城西路二弄	—	新海弄[地名档案]	环城西路 2 路
114	外河塘弄	—	—	外河塘弄
115	西河路	—	—	西河路
116	金寿路	—	—	金寿路
117	寿星路	—	—	寿星路

注:“文革”时期即 1966—1976 年发生的文化大革命时期。

舟山市定海区环南街道新旧地名录

（城区街路地名）

序号	现行名称	清代及民国	“文革”时期	地名志
1	人民南路	南门外大街［民国志］ 大道头大街［民国志］	—	人民南路
2	东海东路	—	文革路［地名档案］	东海东路
3	东海西路	—	—	东海西路
4	环城南路	—	—	环城南路
5	兴中路	—	—	兴中路
6	西园街	—	—	西园街
7	沿港东路	—	环港东路［地名档案］	沿港东路
8	沿港西路	—	—	沿港西路
9	青垒头路	—	—	青垒头路
10	海山路	—	—	海山路
11	西关路	—	—	西关路
12	海狮路	—	—	海狮路
13	海泳路	—	—	海泳路
14	工农路	—	太平路［地名档案］	工农路
15	已废，1994 年拆除	袁家塘［地名档案］	群建路［地名档案］	群建路
16	已废，2001 年拆除	—	工人路［地名档案］	影剧院路
17	体育场路	—	—	体育场路
18	蓬莱路	—	—	蓬莱路
19	胡家塘路	—	—	胡家塘路
20	蓬莱河东路	—	—	蓬莱河东路
21	蓬莱河西路	—	—	蓬莱河西路
22	周家塘路	周家塘［民国志］	—	周家塘路
23	徐家桥路	—	—	徐家桥路（蓬东路）
24	放生池路	—	—	放生池路

续表

序号	现行名称	清代及民国	"文革"时期	地名志
25	卫海路	道头大街［民国志］ 西道头大街［民国志］	—	卫海路
26	人民南路支路	—	—	人民南路支路
27	东岳宫山上路	—	—	东岳宫山上路
28	东岳宫山下路	—	—	东岳宫山下路
29	炼焦厂路	—	—	炼焦厂路
30	和平路	—	—	和平路
31	横河路	—	—	横河路
32	纺织厂路	—	—	纺织厂路
33	机场路	—	—	机场路
34	庆丰路	—	—	庆丰路
35	朱家塘弄	—	抗美一弄［地名档案］	朱家塘弄
36	戴家塘弄	—	—	戴家塘弄
37	顾家桥弄	—	—	顾家桥弄
38	已废,1994 年拆建	—	—	邱家弄
39	文化广场	—	—	广场弄
40	文化广场	—	—	南珍桥下
41	念亩墩一弄	—	—	念亩墩一弄
42	念亩墩二弄	—	—	念亩墩二弄
43	念亩墩三弄	—	—	念亩墩三弄
44	念亩墩四弄	—	—	念亩墩四弄
45	念亩墩五弄	—	—	念亩墩五弄
46	念亩墩六弄	—	—	念亩墩六弄
47	半塘里	—	—	半塘里
48	泥道头	—	—	泥道头
49	观音桥一弄	观音桥内［地名档案］	—	观音桥 1 弄
50	观音桥二弄	观音桥内［地名档案］	—	观音桥 2 弄
51	观音桥三弄	观音桥内［地名档案］	—	观音桥 3 弄
52	林家弄	—	—	林家弄
53	太保庙弄	太保庙弄［民国志］	—	太保庙弄
54	太保庙支弄	—	—	太保庙支弄
55	道隆山弄	太保庙弄［民国志］	—	道隆山弄

续表

序号	现行名称	清代及民国	“文革”时期	地名志
56	东海弄	—	—	东海弄
57	胡家塘弄	胡家塘[民国志]	—	胡家塘弄
58	和昌弄	—	—	和昌弄
59	和昌公寓	—	法坟路[地名档案]	人民弄
60	周家塘弄	周家塘[民国志]	—	周家塘弄
61	郑家塘一弄	郑家塘[地名档案]	—	郑家塘 1 弄
62	郑家塘二弄	郑家塘[地名档案]	—	郑家塘 2 弄
63	孝娘池弄	—	—	孝娘池弄
64	放生池弄	—	新生弄[地名档案]	放生池弄
65	陈家塘弄	陈家塘弄[民国志]	抗美二弄[地名档案]	陈家塘弄
66	土地堂弄	土地堂弄[民国志]	反封弄[地名档案]	土地堂弄
67	邱家弄	邱家弄[民国志]	前进弄[地名档案]	邱家弄
68	阜安弄	—	抗美三弄[地名档案]	阜安弄
69	2010 年拆迁	顺裕弄[民国志]	上游弄[地名档案]	顺裕弄
70	会馆弄	会馆道头[民国志]	—	会馆弄
71	已废,20 世纪末拆建	—	—	翁州里弄
72	已废,20 世纪末拆建	—	—	树德堂弄
73	已废,20 世纪末拆建	裕大弄[民国志]	—	裕大弄
74	已废,20 世纪末拆建	福兴南路[地名档案]	—	卫海弄
75	已废,20 世纪末拆建	保定弄[民国志]	—	保定弄
76	已废,20 世纪末拆建	中道头[民国志]	—	中道头弄
77	已废,20 世纪末拆建	亿昶里[民国志], 益昌道头[民国志]	—	隆泰行弄
78	已废,20 世纪末拆建	—	—	忠赤弄
79	已废,20 世纪末拆建	—	—	石灰道头(弄)
80	已废,20 世纪末拆建	—	—	郭家塘
81	已废,20 世纪末拆建	—	—	皮革厂弄
82	茂生店弄	茂生店弄	—	茂生店弄
83	(已废)	税关道头[民国志]	—	—

舟山市定海区城东街道新旧地名录

（城区街路地名）

序号	现行名称	清代及民国	“文革”时期	地名志
1	新桥路	东门外大路［民国志］，定沈公路［地名档案］	定沈公路［地名档案］	新桥路
2	解放东路	—	—	解放东路
3	解放西路	—	—	解放西路
4	蟠洋山路	定西公路［地名档案］	定西公路［地名档案］	—
5	已废，20 世纪末改建	—	—	檀树庙路
6	新河北路	—	—	新河北路
7	新河南路	—	—	新河南路
8	蓬莱路	—	—	蓬莱路
9	昌东路	—	—	昌东路
10	东河北路	—	—	东河路
11	东河中路	—	—	
12	东河南路	—	—	
13	青云桥路	—	—	青云桥路
14	新桥路一弄	—	—	新桥路一弄
15	东湾路	—	—	东湾路
16	盛家塘路	—	—	盛家塘路
17	东盛路	—	—	东盛路
18	颜家岙路	—	—	颜家岙路
19	（已废）	—	—	东港浦弄
20	（已废）	—	—	东港浦路
21	小碶北路	—	—	小碶北路
22	小碶南路	—	—	小碶南路
23	大碶路	—	—	大碶路
24	增产路	—	—	增产路
25	西溪岭路	—	—	西溪岭路

舟山市定海区临城街道新旧地名录

（居民点和山水等陆域类地名）

<table>
<tr><th>序号</th><th>现行名称</th><th>类别</th><th colspan="2">清及清前</th><th>民国</th><th>地名志</th><th>1998 年</th></tr>
<tr><td rowspan="2">1</td><td rowspan="2">定沈路</td><td rowspan="2">街路</td><td colspan="2" rowspan="2">—</td><td rowspan="2">—</td><td rowspan="2">临城街</td><td>临城街</td></tr>
<tr><td>东荡街</td></tr>
<tr><td rowspan="5">2</td><td rowspan="5">金岛路</td><td rowspan="5">街路</td><td colspan="2" rowspan="5">—</td><td rowspan="5">—</td><td>临海路</td><td rowspan="2">临海路</td></tr>
<tr><td>煤气厂路</td></tr>
<tr><td>老碶头路</td><td>老碶头路</td></tr>
<tr><td>下厂</td><td>—</td></tr>
<tr><td>塔外王家</td><td>塔外路</td></tr>
<tr><td>3</td><td>（已废）</td><td>街路</td><td rowspan="8">翁浦岙［元延祐四明志］［元大德志］</td><td>—</td><td>—</td><td>中和路</td><td>中和路</td></tr>
<tr><td>4</td><td>（已废）</td><td>街路</td><td>—</td><td>—</td><td>三八路</td><td>三八路</td></tr>
<tr><td>5</td><td>老碶头</td><td>居民点</td><td rowspan="4">老碶头［清光绪志］</td><td rowspan="4">老碶头［地形图］［民国志］</td><td rowspan="4">老碶头</td><td>老碶头</td></tr>
<tr><td>6</td><td>石塘弄</td><td>居民点</td><td>石塘弄</td></tr>
<tr><td>7</td><td>桥东里</td><td>居民点</td><td>桥东里</td></tr>
<tr><td>8</td><td>菜场路</td><td>居民点</td><td>菜场路</td></tr>
<tr><td>9</td><td>2008 年拆迁至桃湾新村</td><td>居民点</td><td rowspan="2">桃湾［清光绪志］</td><td rowspan="2">陶湾［地形图］，桃湾［民国志］</td><td>里桃湾</td><td>里桃湾</td></tr>
<tr><td>10</td><td>2004 年拆迁至桃湾新村</td><td>居民点</td><td>外桃湾</td><td>外桃湾</td></tr>
<tr><td>11</td><td>2006 年拆迁至桃湾新村</td><td>居民点</td><td colspan="2">—</td><td>—</td><td>邵家</td><td>邵家</td></tr>
<tr><td>12</td><td>2003—2005 年拆迁至翁洲新村</td><td>居民点</td><td colspan="2">—</td><td>—</td><td>傅家</td><td>傅家</td></tr>
<tr><td>13</td><td>2004—2006 年拆迁至桃湾新村</td><td>居民点</td><td colspan="2">—</td><td>—</td><td>李家</td><td>李家</td></tr>
<tr><td>14</td><td>2014 年拆迁</td><td>居民点</td><td colspan="2">—</td><td>后北浦［地形图］［民国志］</td><td>后半浦</td><td>后半浦</td></tr>
<tr><td>15</td><td>2008 年拆迁至绿岛新村三期</td><td>居民点</td><td colspan="2">—</td><td>俞家墩［地形图］</td><td>俞家墩</td><td>俞家墩</td></tr>
</table>

续表

<table>
<tr><th>序号</th><th>现行名称</th><th>类别</th><th colspan="2">清及清前</th><th>民国</th><th>地名志</th><th>1998 年</th></tr>
<tr><td>16</td><td>2014 年拆迁</td><td>居民点</td><td colspan="2">周家墩[清光绪志]</td><td>周家墩[民国志]</td><td>周家墩</td><td>周家墩</td></tr>
<tr><td>17</td><td>（已废）</td><td>居民点</td><td colspan="2">官山衕[清康熙志][清光绪志]</td><td>官山衕[地形图]，官山衖[民国志]</td><td>—</td><td>—</td></tr>
<tr><td>18</td><td>2014—2015 年拆迁</td><td>居民点</td><td colspan="2" rowspan="2">金旂山[清光绪志]</td><td rowspan="2">旂山下[地形图]</td><td>鸡头</td><td>鸡头</td></tr>
<tr><td>19</td><td>2013—2014 年拆迁</td><td>居民点</td><td>金王</td><td>金王</td></tr>
<tr><td>20</td><td>2014—2015 年拆迁</td><td>居民点</td><td colspan="2">—</td><td>—</td><td>十亩墩</td><td>十亩墩</td></tr>
<tr><td>21</td><td>2014—2015 年拆迁</td><td>居民点</td><td colspan="2">—</td><td>大马墩[地形图][民国志]</td><td>大马墩</td><td>大马墩</td></tr>
<tr><td>22</td><td>2014—2015 年拆迁</td><td>居民点</td><td colspan="2">—</td><td>—</td><td>山河头</td><td>山河头</td></tr>
<tr><td>23</td><td>2014—2015 年拆迁</td><td>居民点</td><td colspan="2">—</td><td>—</td><td>唐家</td><td>唐家</td></tr>
<tr><td>24</td><td>2014—2015 年拆迁</td><td>居民点</td><td colspan="2">西岙[明天启志][清康熙志]</td><td>小浦岙[地形图]</td><td>小湖岙</td><td>小湖岙</td></tr>
<tr><td rowspan="2">25</td><td rowspan="2">2012—2013 年拆迁</td><td rowspan="2">居民点</td><td colspan="2" rowspan="2">小青湾[明天启志]，小青湾[清光绪志]</td><td>余家[地形图][民国志]</td><td rowspan="2">小青湾</td><td rowspan="2">小青湾</td></tr>
<tr><td>小清湾[民国志]</td></tr>
<tr><td>26</td><td>2003 年拆迁，迁至桃湾二期</td><td>居民点</td><td colspan="2">赵家岙[清康熙志]</td><td>—</td><td>赵家岙</td><td>赵家岙</td></tr>
<tr><td rowspan="2">27</td><td rowspan="2">2009—2010 年拆迁至桃湾六期</td><td rowspan="2">居民点</td><td colspan="2" rowspan="2">—</td><td rowspan="2">—</td><td>高六亩</td><td rowspan="2">高六亩</td></tr>
<tr><td>陈家墩</td></tr>
<tr><td>28</td><td>2012—2013 年拆迁</td><td>居民点</td><td colspan="2">吴家山[明天启志]，吴大岙[清康熙志]，吴洞隩[清光绪志]</td><td>吴家山下[地形图][民国志]，吴洞岙[民国志]</td><td>吴家山下</td><td>吴家山下</td></tr>
<tr><td rowspan="3">29</td><td rowspan="3">2013 年拆迁</td><td rowspan="3">居民点</td><td rowspan="4">谢浦[元延祐四明志][元大德志]</td><td rowspan="3">油岭岙[明天启志]，油岭[清光绪志]</td><td rowspan="3">郭家[地形图]</td><td>油岭下</td><td rowspan="3">油岭下</td></tr>
<tr><td>郭家塘</td></tr>
<tr><td>楼屋里</td></tr>
<tr><td>30</td><td>2008 年拆迁，迁至桃湾六区</td><td>居民点</td><td>—</td><td>—</td><td>永华新村</td><td>永华新村</td></tr>
</table>

续表

<table>
<tr><th>序号</th><th>现行名称</th><th>类别</th><th colspan="2">清及清前</th><th>民国</th><th>地名志</th><th>1998 年</th></tr>
<tr><td>31</td><td>2012 年开始拆迁安置到高云佳苑/杜家岭七区</td><td>居民点</td><td rowspan="11">谢浦[元延祐四明志][元大德志]</td><td>—</td><td>樟家[地形图]</td><td>碶头山</td><td>碶头山</td></tr>
<tr><td>32</td><td>2011 年拆迁至桃湾六区</td><td>居民点</td><td>鳌山[清光绪志]</td><td>鳌头浦[地形图],鳌山浦[民国志]</td><td>鳌头浦</td><td>鳌头浦</td></tr>
<tr><td>33</td><td>2008 年开始拆迁至桃湾六区</td><td>居民点</td><td>—</td><td>丁家[地形图][民国志]</td><td>丁家塘</td><td>丁家塘路</td></tr>
<tr><td>34</td><td>2008 年拆迁至桃湾六区</td><td>居民点</td><td>—</td><td>—</td><td>陈家山</td><td>陈家山</td></tr>
<tr><td>35</td><td>2008 年拆迁至桃湾新村六区</td><td>居民点</td><td>里蒲湾[清光绪志]</td><td>—</td><td>李步湾</td><td>李步湾</td></tr>
<tr><td>36</td><td>2008 年拆迁至桃湾新村六区</td><td>居民点</td><td>泽浦</td><td>翁家墩[地形图][民国志]</td><td>翁家墩</td><td>翁家墩</td></tr>
<tr><td>37</td><td>2012 年拆迁至桃湾新村六区</td><td>居民点</td><td>孙家隩[清光绪志]</td><td>孙夹岙[地形图],孙家岙[民国志]</td><td>孙家岙</td><td>孙家岙</td></tr>
<tr><td>38</td><td>2012 年拆迁至桃湾新村六区</td><td>居民点</td><td>梅家墩[明天启志],[清康熙志]</td><td>梅家墩[地形图],梅花墩[民国志]</td><td>梅家墩</td><td>梅家墩</td></tr>
<tr><td>39</td><td>2012 年拆迁至桃湾新村六区</td><td>居民点</td><td>—</td><td>—</td><td>贝家塘</td><td>贝家塘</td></tr>
<tr><td>40</td><td>2013 年拆迁</td><td>居民点</td><td>—</td><td>韩家塘[民国志]</td><td>韩家塘</td><td>韩家塘路</td></tr>
<tr><td>41</td><td>2014—2015 年拆迁</td><td>居民点</td><td>刘衙湾[清光绪志]</td><td>刘衙湾[民国志]</td><td>刘马湾</td><td></td></tr>
<tr><td>42</td><td>2014—2015 年拆迁</td><td>居民点</td><td colspan="2">—</td><td>—</td><td>井湾塘</td><td>井湾塘</td></tr>
<tr><td>43</td><td>2014—2015 年拆迁</td><td>居民点</td><td colspan="2">军廷岙[元延祐四明志][元大德志],陈家岙[清康熙志][清光绪志]</td><td>郑夹岙[地形图],郑家岙[民国志]</td><td>陈家岙</td><td>陈家岙</td></tr>
</table>

续表

<table>
<tr><th>序号</th><th>现行名称</th><th>类别</th><th>清及清前</th><th>民国</th><th colspan="2">地名志</th><th>1998 年</th></tr>
<tr><td>44</td><td>2014—2015 年拆迁</td><td>居民点</td><td>大青岙[元延祐四明志][元大德志][明天启志][清康熙志],大青隩[清光绪志]</td><td>大清岙[地形图]</td><td colspan="2">大青岙</td><td>大青岙</td></tr>
<tr><td>45</td><td>2013—2015 年拆迁</td><td>居民点</td><td>凉水井[清光绪志]</td><td>凉水井[地形图][民国志]</td><td colspan="2">凉水井</td><td>凉水井</td></tr>
<tr><td>46</td><td>2014—2015 年拆迁</td><td>居民点</td><td>惠民桥[清光绪志]</td><td>惠民桥[地形图][民国志]</td><td colspan="2">惠民桥</td><td>惠民桥</td></tr>
<tr><td>47</td><td>2012—2013 年已拆迁</td><td>居民点</td><td>—</td><td>陈岳里[地形图],陈家岙[民国志]</td><td colspan="2">陈屋里</td><td>陈屋里</td></tr>
<tr><td>48</td><td>2014—2015 年拆迁</td><td>居民点</td><td>—</td><td>—</td><td colspan="2">惠民桥新村</td><td>惠民桥新村</td></tr>
<tr><td>49</td><td>2004 年拆迁,原址改建为乐购超市</td><td>居民点</td><td>—</td><td>—</td><td colspan="2">新俞家墩</td><td>新俞家墩</td></tr>
<tr><td>50</td><td>(拆迁中)</td><td>居民点</td><td>—</td><td>—</td><td colspan="2">孔家</td><td>孔家</td></tr>
<tr><td>51</td><td>2004 年拆迁,原址改建中昌大厦</td><td>居民点</td><td>—</td><td>—</td><td colspan="2">强墩</td><td>强墩</td></tr>
<tr><td>52</td><td>2004 年拆迁,原址改建乐购超市</td><td>居民点</td><td>—</td><td>—</td><td colspan="2">上李家</td><td>上李家</td></tr>
<tr><td>53</td><td>2004 年拆迁,原址改建领城故事花园</td><td>居民点</td><td>—</td><td>全福山[民国志]</td><td colspan="2">福善山</td><td>福善山</td></tr>
<tr><td>54</td><td>2006 年拆迁至桃湾三期、桃湾五期</td><td>居民点</td><td>—</td><td>—</td><td rowspan="5">横塘</td><td>王家</td><td rowspan="5">横塘路</td></tr>
<tr><td>55</td><td>2006 年拆迁至桃湾三期、桃湾五期</td><td>居民点</td><td>—</td><td>秦家[地形图]</td><td>下陈家</td></tr>
<tr><td>56</td><td>2006 年拆迁至桃湾三期、桃湾五期</td><td>居民点</td><td>—</td><td>—</td><td>袁家</td></tr>
<tr><td>57</td><td>2006 年拆迁至桃湾三期、桃湾五期</td><td>居民点</td><td>—</td><td>—</td><td>董家</td></tr>
<tr><td>58</td><td>2006 年拆迁至桃湾三期、桃湾五期</td><td>居民点</td><td>—</td><td>—</td><td>田螺峙</td></tr>
<tr><td>59</td><td>2005—2016 年拆迁至桃湾六区</td><td>居民点</td><td>—</td><td>—</td><td colspan="2">中横塘</td><td>中横塘</td></tr>
</table>

续表

<table>
<tr><th>序号</th><th>现行名称</th><th>类别</th><th>清及清前</th><th>民国</th><th colspan="2">地名志</th><th>1998 年</th></tr>
<tr><td>60</td><td>2008 年拆迁至桃湾六区</td><td>居民点</td><td>田螺屿[清光绪志]</td><td rowspan="2">田螺屿村[地形图],田螺屿[民国志]</td><td colspan="2">田螺峙前山</td><td>田螺峙前山</td></tr>
<tr><td>61</td><td>2008 年拆迁至桃湾六区</td><td>居民点</td><td>—</td><td colspan="2">田螺峙后山</td><td>田螺峙后山</td></tr>
<tr><td>62</td><td>2008 年拆迁至桃湾六区</td><td>居民点</td><td>—</td><td>—</td><td colspan="2">任家塘</td><td>任家塘</td></tr>
<tr><td>63</td><td>2003 年拆迁至长升新村</td><td>居民点</td><td>—</td><td>—</td><td colspan="2">周家</td><td>周家</td></tr>
<tr><td>64</td><td>2003 年拆迁至长升新村</td><td>居民点</td><td>—</td><td>—</td><td colspan="2">山嘴头</td><td>山嘴头</td></tr>
<tr><td>65</td><td>2003 年拆迁至长升新村</td><td>居民点</td><td>—</td><td>—</td><td colspan="2">白家塘</td><td>白家塘</td></tr>
<tr><td>66</td><td>2003 年拆迁至长升新村</td><td>居民点</td><td>—</td><td>—</td><td colspan="2">张家</td><td>张家</td></tr>
<tr><td>67</td><td>2008 年拆迁至桃湾六区</td><td>居民点</td><td>鲎尾靶[清光绪志]</td><td>鲎尾巴[民国志]</td><td colspan="2">大潭下</td><td>大潭下</td></tr>
<tr><td>68</td><td>2001 年拆迁至翁洲新村</td><td>居民点</td><td>—</td><td rowspan="3">西塘里[地形图],西荡田[民国志]</td><td rowspan="3">西荡田</td><td>后朱家</td><td>后朱家</td></tr>
<tr><td>69</td><td>2001 年拆迁至桃湾二区</td><td>居民点</td><td>—</td><td>宋家</td><td>宋家</td></tr>
<tr><td>70</td><td>2001 年拆迁至翁洲新村</td><td>居民点</td><td>—</td><td>马家</td><td>马家</td></tr>
<tr><td>71</td><td>2001 年拆迁至翁洲新村</td><td>居民点</td><td>—</td><td rowspan="2">何家[地形图][民国志]</td><td rowspan="6">西荡田</td><td>新(外)何家</td><td>新何家</td></tr>
<tr><td>72</td><td>2001 年拆迁至翁洲新村</td><td>居民点</td><td>—</td><td>里何家</td><td>里何家</td></tr>
<tr><td>73</td><td>2001 年拆迁至翁洲新村</td><td>居民点</td><td>—</td><td>—</td><td>下李家</td><td>下李家</td></tr>
<tr><td>74</td><td>2001 年拆迁至翁洲新村</td><td>居民点</td><td>—</td><td>—</td><td>鲍家</td><td>鲍家</td></tr>
<tr><td>75</td><td>2001 年拆迁至翁洲新村</td><td>居民点</td><td>—</td><td>—</td><td>前朱家</td><td>前朱家</td></tr>
<tr><td>76</td><td>2001 年拆迁至翁洲新村</td><td>居民点</td><td>—</td><td>—</td><td></td><td>太平新村</td></tr>
</table>

续表

序号	现行名称	类别	清及清前	民国	地名志	1998 年
77	2006 年拆迁至桃湾二区	居民点	—	—	江家	江家
78	（拆迁中）	居民点	—	—	洞岙	洞岙
79	芮家庙	居民点	芮家庙［清光绪志］	—	芮家庙	芮家庙
80	（拆迁中）	居民点	—	—	大地沙	大地沙
81	（拆迁中）	居民点	—	—	上步湾	上步湾
82	（拆迁中）	居民点	—	中江［地形图］	中段里	中段里
83	（拆迁中）	居民点	—	老屋里［地形图］	老屋里	老屋里
84	（拆迁中）	居民点	—	—	院山下	院山下
85	（拆迁中）	居民点	—	—	文昌殿	文昌殿
86	新城庙	居民点	新城庙［清光绪志］	—	新城庙	新城庙
87	缸窑岭	居民点	江姚岭［清光绪志］	江姚岭［地形图］［民国志］	豇兆岭	新城路
88	（拆迁中）	居民点	—	—	方家	
89	（拆迁中）	居民点	—	—	杨家	
90	（拆迁中）	居民点	—	—	朱家	
91	（拆迁中）	居民点	—	—	沈家	
92	（拆迁中）	居民点	—	—	夏家	
93	（拆迁中）	居民点	孔岙［明天启志］［清康熙志］［清光绪志］	—	孔家	
94	（拆迁中）	居民点	—	—	板井头	板井路
95	（拆迁中）	居民点	—	—	墩里	墩里
96	（拆迁中）	居民点	—	—	下南山	下南山
97	（拆迁中）	居民点	—	—	上南山	上南山
98	（拆迁中）	居民点	—	—	翁家	翁家
99	（拆迁中）	居民点	董家隩［清光绪志］	董家岙［民国志］	董家	董家
100	（拆迁中）	居民点	—	—	长伸地	长伸地
101	（拆迁中）	居民点	刺湾［清康熙志］［清光绪志］	刺湾［民国志］	茨湾里	茨湾里

续表

序号	现行名称	类别	清及清前	民国	地名志	1998年
102	（拆迁中）	居民点	徐城［唐括地志］［清徐偃王志］，徐偃王城［夏侯志］［十道四蕃志］，城隍头［宋宝庆志］［清康熙志］	城隍头［民国志］	城隍头	城隍头街
103	（拆迁中）	居民点	—	大雨巴衖［地形图］，大尾巴衖［民国志］	大园芭弄	大园弄
104	（拆迁中）	居民点	—	—	上陶家	—
105	（拆迁中）	居民点	小泥岙［清康熙志］，小倪隩［清光绪志］	小倪岙［民国志］	倪家堂	—
106	（拆迁中）	居民点	—	—	刘家	—
107	（拆迁中）	居民点	—	—	毛家	—
108	（拆迁中）	居民点	—	—	货池头	—
109	（拆迁中）	居民点	—	—	李家弄	—
110	（拆迁中）	居民点	—	—	外陶家	外陶家弄
111	（拆迁中）	居民点	—	—	里陶家	
112	（拆迁中）	居民点	—	—	外王	外王弄
113	（拆迁中）	居民点	—	—	唐家	陈唐弄
114	（拆迁中）	居民点	—	—	姚家	—
115	（拆迁中）	居民点	马岙［宋宝庆志］［元延祐四明志］［元大德志］［清康熙志］	马家山头［地形图］［民国志］	马家山头	马家山弄
116	（拆迁中）	居民点	郑岙［元延祐四明志］［元大德志］［明天启志］，阵岙［清康熙志］［清徐偃王志］［清光绪志］	陈岙［地形图］［民国志］	陈岙	陈东路 陈中路 陈西路 陈马路
117	（拆迁中）	居民点	—	—	陆家后头	—
118	文湾	居民点	—	—	坟湾	—
119	（拆迁中）	居民点	—	—	下夏家	—
120	（拆迁中）	居民点	—	—	沙塘	—
121	（拆迁中）	居民点	—	—	三角池头	—
122	新碶头	居民点	新碶头［清康熙志］［清光绪志］	新碶头［地形图］［民国志］	新碶头	—

续表

<table>
<tr><th>序号</th><th>现行名称</th><th>类别</th><th>清及清前</th><th colspan="2">民国</th><th>地名志</th><th>1998 年</th></tr>
<tr><td>123</td><td>老韩家</td><td>居民点</td><td>—</td><td colspan="2">—</td><td>老韩家</td><td>—</td></tr>
<tr><td>124</td><td>外韩家</td><td>居民点</td><td>—</td><td colspan="2">—</td><td>外韩家</td><td>—</td></tr>
<tr><td>125</td><td>新碶沈家</td><td>居民点</td><td>—</td><td colspan="2">—</td><td>沈家</td><td>—</td></tr>
<tr><td>126</td><td>上古庙</td><td>居民点</td><td rowspan="6">洞岙[元延祐四明志][元大德志][明天启志][清康熙志]，长坑[清康熙志]，里洞隩[清光绪志]</td><td rowspan="9">里洞岙</td><td></td><td>—</td><td>—</td></tr>
<tr><td>127</td><td>倪家</td><td>居民点</td><td>李家[地形图]，里洞岙[民国志]</td><td>—</td><td>—</td></tr>
<tr><td>128</td><td>芮家</td><td>居民点</td><td>—</td><td>芮家</td><td>—</td></tr>
<tr><td>129</td><td>中横</td><td>居民点</td><td>—</td><td>中横</td><td>—</td></tr>
<tr><td>130</td><td>老屋基</td><td>居民点</td><td>老屋里[民国志]</td><td>老屋基</td><td>—</td></tr>
<tr><td>131</td><td>娄家</td><td>居民点</td><td>赵家岙[地形图][民国志]</td><td>娄家</td><td>—</td></tr>
<tr><td>132</td><td>王家</td><td>居民点</td><td>—</td><td>下曹[地形图][民国志]</td><td>王家</td><td>—</td></tr>
<tr><td rowspan="2">133</td><td rowspan="2">东湾</td><td rowspan="2">居民点</td><td rowspan="2">东湾[清光绪志]</td><td>江家[地形图]，江家[民国志]</td><td rowspan="2">东湾</td><td rowspan="2">—</td></tr>
<tr><td>东湾[民国志]</td></tr>
<tr><td>134</td><td>（拆迁中）</td><td>居民点</td><td>—</td><td colspan="2">长河豆[地形图]，长河头[民国志]</td><td>长河头</td><td>长河头</td></tr>
<tr><td>135</td><td>（拆迁中）</td><td>居民点</td><td>—</td><td colspan="2">—</td><td>乐家</td><td>—</td></tr>
<tr><td>136</td><td>（拆迁中）</td><td>居民点</td><td>—</td><td colspan="2">—</td><td>方家</td><td>—</td></tr>
<tr><td>137</td><td>（拆迁中）</td><td>居民点</td><td>—</td><td colspan="2">—</td><td>应家</td><td>—</td></tr>
<tr><td>138</td><td>（拆迁中）</td><td>居民点</td><td>—</td><td colspan="2">—</td><td>田中央</td><td>—</td></tr>
<tr><td>139</td><td>（拆迁中）</td><td>居民点</td><td>—</td><td colspan="2">—</td><td>大夏家</td><td>—</td></tr>
<tr><td>140</td><td>（拆迁中）</td><td>居民点</td><td>—</td><td colspan="2">—</td><td>余家岗</td><td>—</td></tr>
<tr><td>141</td><td>（拆迁中）</td><td>居民点</td><td>—</td><td colspan="2">—</td><td>唐家</td><td>—</td></tr>
<tr><td>142</td><td>（拆迁中）</td><td>居民点</td><td>—</td><td colspan="2">徐家[民国志]</td><td>徐家</td><td>—</td></tr>
</table>

续表

<table>
<tr><th>序号</th><th>现行名称</th><th>类别</th><th colspan="2">清及清前</th><th>民国</th><th colspan="2">地名志</th><th>1998 年</th></tr>
<tr><td>143</td><td>（拆迁中）</td><td>居民点</td><td colspan="2">—</td><td>—</td><td colspan="2">赵家</td><td>—</td></tr>
<tr><td>144</td><td>（拆迁中）</td><td>居民点</td><td colspan="2">—</td><td>—</td><td colspan="2">陈家</td><td>—</td></tr>
<tr><td>145</td><td>（拆迁中）</td><td>居民点</td><td colspan="2">—</td><td>—</td><td colspan="2">小夏家</td><td>—</td></tr>
<tr><td>146</td><td>（拆迁中）</td><td>居民点</td><td colspan="2">—</td><td>—</td><td colspan="2">王家</td><td>—</td></tr>
<tr><td>147</td><td>（拆迁中）</td><td>居民点</td><td colspan="2">—</td><td>万石岭[民国志]</td><td colspan="2">万石庙</td><td>—</td></tr>
<tr><td>148</td><td>（拆迁中）</td><td>居民点</td><td colspan="2">—</td><td>—</td><td colspan="2">鹭鸶窠下</td><td>—</td></tr>
<tr><td>149</td><td>（拆迁中）</td><td>居民点</td><td colspan="2">—</td><td>—</td><td colspan="2">小庵</td><td>—</td></tr>
<tr><td>150</td><td>（拆迁中）</td><td>居民点</td><td colspan="2">—</td><td>小墩[地形图]</td><td colspan="2">小墩</td><td>—</td></tr>
<tr><td>151</td><td>（拆迁中）</td><td>居民点</td><td colspan="2">—</td><td>—</td><td colspan="2">朱家墩</td><td>—</td></tr>
<tr><td>152</td><td>（拆迁中）</td><td>居民点</td><td colspan="2">—</td><td>大墩[地形图][民国志]</td><td colspan="2">大墩</td><td>—</td></tr>
<tr><td>153</td><td>（拆迁中）</td><td>居民点</td><td colspan="2">里猫洞[清康熙志]</td><td>野猪洞[地形图][民国志]</td><td colspan="2">野猫洞</td><td>杨茅洞</td></tr>
<tr><td>154</td><td>荷花池头</td><td>居民点</td><td rowspan="5">泽浦岙[元延祐四明志][元大德志]</td><td>荷花池[清康熙志]</td><td>荷花池[地形图]，荷花池头[民国志]</td><td colspan="2">荷花池头</td><td>荷花池路</td></tr>
<tr><td>155</td><td>外九房</td><td>居民点</td><td rowspan="2">东岙[明天启志][清康熙志]</td><td>—</td><td colspan="2">外九房</td><td>—</td></tr>
<tr><td>156</td><td>山下</td><td>居民点</td><td>—</td><td colspan="2">山下</td><td>—</td></tr>
<tr><td>157</td><td>里九房</td><td>居民点</td><td>—</td><td>—</td><td colspan="2">里九房</td><td>—</td></tr>
<tr><td>158</td><td>小池头</td><td>居民点</td><td>—</td><td>—</td><td colspan="2">小池头</td><td>—</td></tr>
<tr><td>159</td><td>张家墩</td><td>居民点</td><td colspan="2">张家墩[清康熙志]</td><td>张家墩[地形图][民国志]</td><td colspan="2">张家墩</td><td>—</td></tr>
<tr><td>160</td><td>（拆迁中）</td><td>居民点</td><td colspan="2">—</td><td rowspan="6">东塘里[地形图]，东荡田[民国志]</td><td rowspan="8">东荡田</td><td>何家</td><td>东荡街三弄</td></tr>
<tr><td>161</td><td>（拆迁中）</td><td>居民点</td><td colspan="2">—</td><td>朱家</td><td>东荡街四弄</td></tr>
<tr><td>162</td><td>（拆迁中）</td><td>居民点</td><td colspan="2">—</td><td>老金家</td><td>东荡街二弄</td></tr>
<tr><td>163</td><td>（拆迁中）</td><td>居民点</td><td colspan="2">—</td><td>王家</td><td>东荡街五弄</td></tr>
<tr><td>164</td><td>（拆迁中）</td><td>居民点</td><td colspan="2">—</td><td>马头洋</td><td>东荡街六弄</td></tr>
<tr><td>165</td><td>（拆迁中）</td><td>居民点</td><td colspan="2">—</td><td>—</td><td>泽普路</td></tr>
<tr><td>166</td><td>（拆迁中）</td><td>居民点</td><td colspan="2">何衙塘[清康熙志][清光绪志]</td><td>何衙塘[民国志]</td><td>何家塘</td><td>东荡街一弄</td></tr>
<tr><td>167</td><td>（拆迁中）</td><td>居民点</td><td colspan="2">—</td><td>苗家[地形图]</td><td>苗家</td><td>—</td></tr>
<tr><td>168</td><td>（拆迁中）</td><td>居民点</td><td colspan="2">—</td><td>龙舌里[地形图][民国志]</td><td colspan="2">龙舌</td><td>龙舌路</td></tr>
</table>

续表

<table>
<tr><th>序号</th><th>现行名称</th><th>类别</th><th>清及清前</th><th>民国</th><th colspan="2">地名志</th><th>1998 年</th></tr>
<tr><td>169</td><td>（拆迁中）</td><td>居民点</td><td>—</td><td>—</td><td colspan="2">宓家</td><td>宓家弄</td></tr>
<tr><td>170</td><td>（拆迁中）</td><td>居民点</td><td>寺基岭［清光绪志］</td><td>—</td><td colspan="2">寺基里</td><td>—</td></tr>
<tr><td>171</td><td>周家</td><td>居民点</td><td>—</td><td>—</td><td colspan="2">周家</td><td>—</td></tr>
<tr><td>172</td><td>孔家</td><td>居民点</td><td>—</td><td>—</td><td colspan="2">孔家</td><td>—</td></tr>
<tr><td>173</td><td>黄家</td><td>居民点</td><td>—</td><td>—</td><td colspan="2">黄家</td><td>—</td></tr>
<tr><td>174</td><td>（拆迁中）</td><td>居民点</td><td>—</td><td>—</td><td colspan="2">郑家墩</td><td>—</td></tr>
<tr><td>175</td><td>（拆迁中）</td><td>居民点</td><td>—</td><td>谷家墩［地形图］［民国志］</td><td colspan="2">郭家墩</td><td>—</td></tr>
<tr><td rowspan="2">176</td><td>（拆迁中）</td><td rowspan="2">居民点</td><td rowspan="2">—</td><td>何衙山［民国志］</td><td colspan="2" rowspan="2">陆公山嘴</td><td rowspan="2">陆公山路</td></tr>
<tr><td>（拆迁中）</td><td>石墙墩［民国志］</td></tr>
<tr><td>177</td><td>（拆迁中）</td><td>居民点</td><td>—</td><td>—</td><td colspan="2">鲁家</td><td>—</td></tr>
<tr><td>178</td><td>（拆迁中）</td><td>居民点</td><td>—</td><td>—</td><td colspan="2">张家</td><td>—</td></tr>
<tr><td>179</td><td>（拆迁中）</td><td>居民点</td><td>—</td><td>—</td><td colspan="2">瓦厂里</td><td>—</td></tr>
<tr><td>180</td><td>（拆迁中）</td><td>居民点</td><td>—</td><td>王家墩［地形图］［民国志］</td><td colspan="2">王家墩</td><td>—</td></tr>
<tr><td>181</td><td>2004 年拆迁，
原址改建领城故事花园</td><td>居民点</td><td>—</td><td>—</td><td rowspan="7">茶山</td><td>复船山</td><td rowspan="7">金粟路</td></tr>
<tr><td>182</td><td>建中央花城</td><td>居民点</td><td>—</td><td rowspan="4">曹山［民国志］</td><td>山前</td></tr>
<tr><td>183</td><td>2004 年拆迁，
原址改建领城故事花园</td><td>居民点</td><td>—</td><td>韩家</td></tr>
<tr><td>184</td><td>2002—2003 年拆迁，
原址建丰茂菜场</td><td>居民点</td><td>—</td><td>周家</td></tr>
<tr><td>185</td><td>2002—2003 年拆迁，
原址建丰茂菜场</td><td>居民点</td><td>—</td><td>卓家</td></tr>
<tr><td>186</td><td>2002—2003 年拆迁，
原址建丰茂菜场、海洲华府</td><td>居民点</td><td>—</td><td>苗家［地形图］</td><td>苗家</td></tr>
<tr><td>187</td><td>2004 年拆迁，
原址改建领城故事花园</td><td>居民点</td><td>—</td><td>—</td><td>蛇山</td></tr>
<tr><td>188</td><td>（拆迁中）</td><td>居民点</td><td>—</td><td>—</td><td colspan="2">柴家井</td><td>柴家井弄</td></tr>
<tr><td>189</td><td>（拆迁中）</td><td>居民点</td><td>—</td><td>—</td><td colspan="2">外瓦厂</td><td>瓦厂</td></tr>
<tr><td>190</td><td>（拆迁中）</td><td>居民点</td><td>—</td><td>—</td><td colspan="2">章基墩</td><td>庄记墩弄</td></tr>
</table>

续表

序号	现行名称	类别	清及清前	民国	地名志	1998 年
191	（拆迁中）	居民点	—	—	张家墩	张家墩弄
192	马家井	居民点	—	—	马家井	—
193	（拆迁中）	居民点	—	大同里［地形图］	二眼碶	二眼碶弄
194	（拆迁中）	居民点	—	—	虞家	—
195	（拆迁中）	居民点	—	—	吴家	—
196	（拆迁中）	居民点	—	—	严家	—
197	（拆迁中）	居民点	—	—	汪家	—
198	（拆迁中）	居民点	—	—	陈家	—
199	（拆迁中）	居民点	—	—	横桥头	—
200	（拆迁中）	居民点	—	—	上厂	—
201	（拆迁中）	居民点	—	—	王家	—
202	2014—2015 年拆迁	居民点	—	—	—	万塘路
203	2014—2015 年拆迁	居民点	—	—	上朱家	万塘路三弄
204	2014—2015 年拆迁	居民点	—	—	桥头朱家	万塘路四弄
205	2014—2015 年拆迁	居民点	—	—	上沈家	万塘路一弄
206	2014—2015 年拆迁	居民点	—	—	德胜里	万塘路二弄
207	2014—2015 年拆迁	居民点	—	—	下叶家	协和路
208	2014—2015 年拆迁	居民点	—	—	娄家	
209	2014—2015 年拆迁	居民点	—	大同里［地形图］	大合里	
210	2014—2015 年拆迁	居民点	—	—	下沈家	万塘路五弄
211	2014—2015 年拆迁	居民点	—	—	下朱家	—
212	2014—2015 年拆迁	居民点	—	半塘里［地形图］，半塘［民国志］	半塘里	—
213	2014—2015 年拆迁	居民点	—	—	木碶塘	
214	（拆迁中）	居民点	—	—	瓦屋里	万二村一弄
215	（拆迁中）	居民点	—	—	介丰里	万二村二弄
216	（拆迁中）	居民点	—	—	倪家	万二村四弄
217	（拆迁中）	居民点	—	—	九眼碶桂家	—
218	（拆迁中）	居民点	—	—	金家	万二村三弄
219	（拆迁中）	居民点	—	—	方家	—
220	（拆迁中）	居民点	—	—	徐家	—
221	（拆迁中）	居民点	—	—	张家	—

续表

<table>
<tr><th>序号</th><th>现行名称</th><th>类别</th><th>清及清前</th><th>民国</th><th>地名志</th><th>1998 年</th></tr>
<tr><td>222</td><td>2014—2015 年拆迁</td><td>居民点</td><td>—</td><td>—</td><td>许家</td><td rowspan="3">双阳路</td></tr>
<tr><td>223</td><td>2014—2015 年拆迁</td><td>居民点</td><td>—</td><td>—</td><td>顾家</td></tr>
<tr><td>224</td><td>2014—2015 年拆迁</td><td>居民点</td><td>—</td><td>—</td><td>沈家</td></tr>
<tr><td>225</td><td>2014—2015 年拆迁</td><td>居民点</td><td>—</td><td>—</td><td>—</td><td>双阳东路</td></tr>
<tr><td>226</td><td>2014—2015 年拆迁</td><td>居民点</td><td>—</td><td>—</td><td>—</td><td>双阳中路</td></tr>
<tr><td>227</td><td>2014—2015 年拆迁</td><td>居民点</td><td>—</td><td>—</td><td>—</td><td>双阳西路</td></tr>
<tr><td>228</td><td>（拆迁中）</td><td>居民点</td><td>—</td><td>—</td><td>—</td><td>国兴弄</td></tr>
<tr><td>229</td><td>王家墩</td><td>居民点</td><td rowspan="21">长屿岙［元延祐四明志］［元大德志］</td><td rowspan="5">黄家墩［地形图］</td><td>王家墩</td><td>—</td></tr>
<tr><td>230</td><td>小山头</td><td>居民点</td><td>小山头</td><td>—</td></tr>
<tr><td>231</td><td>里丁家</td><td>居民点</td><td>里丁家</td><td>—</td></tr>
<tr><td>232</td><td>外丁家</td><td>居民点</td><td>外丁家</td><td>—</td></tr>
<tr><td>233</td><td>周家</td><td>居民点</td><td>周家</td><td>—</td></tr>
<tr><td>234</td><td>碶门口</td><td>居民点</td><td rowspan="3">—</td><td>碶门口</td><td>—</td></tr>
<tr><td>235</td><td>新屋里</td><td>居民点</td><td>新屋里</td><td>—</td></tr>
<tr><td>236</td><td>后岙</td><td>居民点</td><td>后岙</td><td>—</td></tr>
<tr><td>237</td><td>谢家山（2006—2007 年部分拆迁）</td><td>居民点</td><td>—</td><td>谢家山</td><td>—</td></tr>
<tr><td>238</td><td>郑家马鞍（2006—2007 年部分拆迁）</td><td>居民点</td><td>—</td><td>郑家马鞍</td><td>—</td></tr>
<tr><td>239</td><td>2014—2015 年拆迁</td><td>居民点</td><td>—</td><td>郑家</td><td>—</td></tr>
<tr><td>240</td><td>2014—2015 年拆迁</td><td>居民点</td><td>何家塘［地形图］塘［民国志］</td><td>何家塘</td><td>—</td></tr>
<tr><td>241</td><td>2014—2015 年拆迁</td><td>居民点</td><td>—</td><td>李家</td><td>—</td></tr>
<tr><td>242</td><td>2014—2015 年拆迁</td><td>居民点</td><td>—</td><td>丁家</td><td>—</td></tr>
<tr><td>243</td><td>2014—2015 年拆迁</td><td>居民点</td><td>—</td><td>小山头</td><td>—</td></tr>
<tr><td>244</td><td>2014—2015 年拆迁</td><td>居民点</td><td>—</td><td>俞家</td><td>—</td></tr>
<tr><td>245</td><td>2014—2015 年拆迁</td><td>居民点</td><td>—</td><td>王家</td><td>—</td></tr>
<tr><td>246</td><td>2014—2015 年拆迁</td><td>居民点</td><td>—</td><td>六份头</td><td>—</td></tr>
<tr><td>247</td><td>2014—2015 年拆迁</td><td>居民点</td><td>—</td><td>东边</td><td>—</td></tr>
<tr><td>248</td><td>2014—2015 年拆迁</td><td>居民点</td><td>—</td><td>花厂</td><td>—</td></tr>
<tr><td>249</td><td>2014—2015 年拆迁</td><td>居民点</td><td>—</td><td>上王家</td><td>—</td></tr>
<tr><td>250</td><td>2014—2015 年拆迁</td><td>居民点</td><td>—</td><td>—</td><td>三姓塘</td><td>—</td></tr>
</table>

续表

序号	现行名称	类别	清及清前	民国	地名志	1998 年
251	2013—2016 年拆迁中	居民点	—	—	马鞍	—
252	2013—2016 年拆迁中	居民点	—	老墩［地形图］［民国志］	老墩	—
253	2013—2016 年拆迁中	居民点	—	外长峙［民国志］	朱家	—
254	2013—2016 年拆迁中	居民点	—	沙头［地形图］［民国志］	沙头	—
255	2013—2016 年拆迁中	居民点	—	—	前山新村	—
256	（已拆迁，建油库）	居民点	—	—	张家塘	—
257	（已拆迁，建油库）	居民点	—	—	小后岸	—
258	（已拆迁，建油库）	居民点	—	—	松山门	
259	（已拆迁，建油库）	居民点	—	—	大墩头	
260	（已拆迁，建油库）	居民点	—	—	中墩	
261	（已拆迁，建油库）	居民点	—	—	上屋	—
262	（已拆迁，建油库）	居民点	—	—	新屋里	—
263	（已拆迁，建油库）	居民点	—	—	鹁鸪嘴	—
264	（已拆迁，建油库）	居民点	—	—	胡家塘	—
265	2004 年拆迁至海防新村	居民点	—	—	外岙	—
266	2004 年拆迁至海防新村	居民点	—	小岙［民国志］	小岙	—
267	2004 年拆迁至海防新村	居民点	—	—	外塘	—
268	2004 年拆迁至海防新村	居民点	—	—	中岙	—
269	2004 年拆迁至海防新村	居民点	—	—	后门	—
270	2004 年拆迁至海防新村	居民点	—	—	江家	—
271	2004 年拆迁至海防新村	居民点	—	—	塘墩	—
272	周家塘	居民点	—	周家［地形图］［民国志］	周家塘	—
273	乐家塘	居民点	—	乐家［地形图］［民国志］	乐家塘	—
274	西岙廊	居民点	—	—	西岙廊	—
275	郑家塘	居民点	—	—	郑家塘	—
276	凤凰山	居民点	—	—	凤凰山	—

续表

<table>
<tr><th>序号</th><th>现行名称</th><th>类别</th><th colspan="2">清及清前</th><th>民国</th><th>地名志</th><th>1998 年</th></tr>
<tr><td>277</td><td>20 世纪 90 年代拆迁至后岸,2008—2009 年从后岸拆迁后岸新村</td><td>居民点</td><td colspan="2">—</td><td>—</td><td>许家塘</td><td>—</td></tr>
<tr><td>278</td><td>20 世纪 90 年代拆迁至后岸,2008—2009 年从后岸拆迁后岸新村</td><td>居民点</td><td colspan="2">—</td><td>—</td><td>唐家</td><td>—</td></tr>
<tr><td>279</td><td>20 世纪 90 年代拆迁至后岸,2008—2009 年从后岸拆迁后岸新村</td><td>居民点</td><td colspan="2">—</td><td>—</td><td>外塘</td><td>—</td></tr>
<tr><td>280</td><td>大岙</td><td>居民点</td><td colspan="2">—</td><td>甬庆</td><td>大岙</td><td>—</td></tr>
<tr><td>281</td><td>山头胡家</td><td>居民点</td><td colspan="2">—</td><td>胡家[地形图][民国志]</td><td>山头胡家</td><td>—</td></tr>
<tr><td>282</td><td>马家岙</td><td>居民点</td><td colspan="2">—</td><td>马夹岙[地形图],马家岙[民国志]</td><td>马家岙</td><td>—</td></tr>
<tr><td>283</td><td>大路口陈家</td><td>居民点</td><td colspan="2">—</td><td>陈家[地形图][民国志]</td><td>大路口陈家</td><td>—</td></tr>
<tr><td>284</td><td>许家</td><td>居民点</td><td colspan="2">—</td><td>中衜许家[地形图],中衖许家[民国志]</td><td>许家</td><td>—</td></tr>
<tr><td>285</td><td>殷家墩</td><td>居民点</td><td colspan="2">—</td><td>—</td><td>殷家墩</td><td>—</td></tr>
<tr><td>286</td><td>岭墩</td><td>居民点</td><td colspan="2">西碶岭[清光绪志]</td><td>西碶岭[地形图][民国志]</td><td>岭墩</td><td>—</td></tr>
<tr><td>287</td><td>西溪岭张家</td><td>居民点</td><td colspan="2">—</td><td>—</td><td>张家</td><td>—</td></tr>
<tr><td>288</td><td>海口</td><td>居民点</td><td colspan="2">—</td><td>—</td><td>海口</td><td>—</td></tr>
<tr><td>289</td><td>小岙</td><td>居民点</td><td rowspan="6">甬东岙[明天启志]</td><td>—</td><td>—</td><td>—</td><td>—</td></tr>
<tr><td>290</td><td>甬庆胡家</td><td>居民点</td><td>—</td><td>—</td><td>—</td><td>—</td></tr>
<tr><td>291</td><td>董家园</td><td>居民点</td><td>—</td><td>—</td><td>—</td><td>—</td></tr>
<tr><td>292</td><td>徐家</td><td>居民点</td><td>—</td><td>—</td><td>—</td><td>—</td></tr>
<tr><td>293</td><td>包家</td><td>居民点</td><td>—</td><td>—</td><td>包家</td><td>—</td></tr>
<tr><td>294</td><td>老鹰湾</td><td>居民点</td><td>—</td><td>—</td><td>老鹰湾</td><td>—</td></tr>
</table>

续表

<table>
<tr><th>序号</th><th>现行名称</th><th>类别</th><th colspan="2">清及清前</th><th>民国</th><th>地名志</th><th>1998 年</th></tr>
<tr><td>295</td><td>半塘乐家</td><td>居民点</td><td rowspan="10">甬东岙[明天启志]</td><td>—</td><td>—</td><td>半塘乐家</td><td>—</td></tr>
<tr><td>296</td><td>李家塘曾家</td><td>居民点</td><td>—</td><td>—</td><td>李家塘曾家</td><td>—</td></tr>
<tr><td>297</td><td>朱家墩</td><td>居民点</td><td>—</td><td>朱家塘[民国志]</td><td>朱家墩</td><td>—</td></tr>
<tr><td>298</td><td>葫芦墩</td><td>居民点</td><td>—</td><td>—</td><td>葫芦墩</td><td>—</td></tr>
<tr><td>299</td><td>曾家</td><td>居民点</td><td>—</td><td>曾家[地形图]</td><td>曾家</td><td>—</td></tr>
<tr><td>300</td><td>半洋凹曾家</td><td>居民点</td><td>—</td><td>—</td><td>半洋凹曾家</td><td>—</td></tr>
<tr><td>301</td><td>甬东胡家</td><td>居民点</td><td>—</td><td>—</td><td>胡家</td><td>—</td></tr>
<tr><td>302</td><td>(已废)</td><td>居民点</td><td>—</td><td>泥鳅山[地形图]</td><td>泥鳅山许家</td><td>—</td></tr>
<tr><td>303</td><td>任家</td><td>居民点</td><td>—</td><td>—</td><td>任家</td><td>—</td></tr>
<tr><td>304</td><td>洋夹岙许家</td><td>居民点</td><td>—</td><td>—</td><td>洋夹岙许家</td><td>—</td></tr>
<tr><td>305</td><td>黄土岭</td><td>居民点</td><td colspan="2">—</td><td>—</td><td>黄土岭</td><td>—</td></tr>
<tr><td>306</td><td>香柳井</td><td>居民点</td><td colspan="2">—</td><td>—</td><td>香柳井</td><td>—</td></tr>
<tr><td>307</td><td>谢家</td><td>居民点</td><td colspan="2">—</td><td>谢家[地形图][民国志]</td><td>谢家</td><td>—</td></tr>
<tr><td>308</td><td>下邱家</td><td>居民点</td><td colspan="2">—</td><td>—</td><td>下邱家</td><td>—</td></tr>
<tr><td>309</td><td>上邱家</td><td>居民点</td><td colspan="2">—</td><td>邱家[地形图][民国志]</td><td>上邱家</td><td>—</td></tr>
<tr><td>310</td><td>傅家</td><td>居民点</td><td colspan="2">—</td><td>—</td><td>傅家</td><td>—</td></tr>
<tr><td>311</td><td>小岸许家</td><td>居民点</td><td colspan="2">小严山[清康熙志][清光绪志]，严家山[清康熙志][清光绪志]</td><td>小岸[地形图]，小小严[民国志]</td><td>小岸许家</td><td>—</td></tr>
<tr><td>312</td><td>黄土岭张家</td><td>居民点</td><td colspan="2">—</td><td>张家墩[地形图]</td><td>张家</td><td>—</td></tr>
<tr><td>313</td><td>石弄堂许家</td><td>居民点</td><td colspan="2">—</td><td>石衕堂[地形图]，石衖堂[民国志]</td><td>石弄堂许家</td><td>—</td></tr>
<tr><td>314</td><td>贺家</td><td>居民点</td><td colspan="2">—</td><td>—</td><td>贺家</td><td>—</td></tr>
<tr><td>315</td><td>老窑</td><td>居民点</td><td colspan="2">—</td><td>—</td><td>老窑</td><td>—</td></tr>
<tr><td>316</td><td>白家</td><td>居民点</td><td colspan="2">—</td><td>白家峧[地形图][民国志]</td><td>白家</td><td>—</td></tr>
<tr><td>317</td><td>十六门</td><td>居民点</td><td colspan="2">—</td><td>—</td><td>十六门</td><td>—</td></tr>
<tr><td>318</td><td>沈家</td><td>居民点</td><td colspan="2">—</td><td>—</td><td>沈家</td><td>—</td></tr>
<tr><td>319</td><td>夏家</td><td>居民点</td><td colspan="2">—</td><td>—</td><td>夏家</td><td>—</td></tr>
<tr><td>320</td><td>三官堂</td><td>居民点</td><td colspan="2">—</td><td>—</td><td>三官堂</td><td>—</td></tr>
</table>

续表

序号	现行名称	类别	清及清前	民国	地名志	1998 年
321	大树岭下	居民点	—	—	大树岭下	—
322	王家岙	居民点	—	黄家[地形图]	王家岙	—
323	周家塘	居民点	—	—	周家塘	—
324	江家	居民点	—	—	江家	—
325	三官堂刘家	居民点	—	—	刘家	—
326	庄家	居民点	—	—	庄家	—
327	郑家	居民点	—	陈家[地形图][民国志]	郑家	—
328	塘高岭下	居民点	—	—	塘高岭下	—
329	小树岭下	居民点	—	—	小树岭下	—
330	徐家	居民点	—	—	徐家	—
331	沈公岭下	居民点	—	—	沈公岭下	—
332	沙滩	居民点	—	—	沙滩	—
333	沈公岭下	居民点	—	—	沈公岭下	—
334	万寿全家	居民点	—	—	全家	—
335	忻家	居民点	—	—	忻家	—
336	上寺弄	居民点	寺路岭[清康熙志]	寺弄里[地形图][民国志]	上寺弄	—
337	下寺弄	居民点	寺路岭[清康熙志]	寺弄里[地形图][民国志]	下寺弄	—
338	打湾	居民点	—	—	打湾	—
339	童家岙	居民点	寺岙[元延祐四明志][元大德志],寺隩[清光绪志]	寺岙[地形图][民国志]	童家	—
340	叶家	居民点	寺岙[元延祐四明志][元大德志],寺隩[清光绪志]	寺岙[地形图][民国志]	叶家	—
341	万寿朱家	居民点	—	朱家[地形图][民国志]	朱家	—
342	丁家桥	居民点	—	皋洩岙[地形图][民国志]	丁家桥	—
343	张洪	居民点	—	皋洩岙[地形图][民国志]	张洪	—
344	弄堂孙	居民点	龙堂孙[清康熙志][清光绪志]	皋洩岙[地形图][民国志]	弄堂孙(龙堂孙)	—
345	张徐	居民点	—	皋洩岙[地形图][民国志]	张徐	—
346	卢家	居民点	—	—	卢家	—
347	田中央	居民点	—	—	田中央	—

续表

序号	现行名称	类别	清及清前	民国	地名志	1998 年
348	张家	居民点	—	洩岙张[地形图][民国志]	张家	—
349	爱国全家	居民点	—	—	全家	—
350	毛竹山头	居民点	—	毛竹山头[地形图]	毛竹山头	—
351	陶家	居民点	洩岙[元延祐四明志][元大德志][明天启志][清康熙志]	高洩岙[地形图]，皋洩岙[民国志]	陶家	—
352	杨家	居民点			杨家	—
353	严家	居民点			严家	—
354	爱国朱家	居民点			朱家	—
355	深坑	居民点	深坑岙[明天启志]	—	深坑	—
356	（已废）	地片	比战场[宋宝庆志][元大德志][清康熙志]，比战洋[清徐偃王志]	—	—	—
357	（已废）	桥梁	郎家桥[清康熙志]，[清光绪志]，郎溪桥[清光绪志]	郎溪桥[民国志]	—	—
358	（已废）	桥梁	三星桥[清光绪志]	三星桥[民国志]	—	—
359	（已废）	桥梁	永丰桥[清光绪志]	—	—	—
360	（已废）	桥梁	余三桥[清光绪志]	—	—	—
361	（已废）	桥梁	六板桥[清康熙志][清光绪志]	六板桥[民国志]	—	—
362	（已废）	桥梁	渡津桥[清光绪志]	渡津桥[民国志]	—	—
363	（已废）	桥梁	老碶桥[清康熙志]	—	—	—
364	（已废）	桥梁	磨刀桥[清康熙志]	—	—	—
365	（已废）	桥梁	德明桥[清光绪志]	—	—	—
366	（已废）	桥梁	文望桥[清康熙志][清光绪志]	—	—	—
367	（已废）	桥梁	瑞云桥[清光绪志]	—	—	—
368	（已废）	桥梁	福明桥[清光绪志]	—	—	—
369	大横桥	桥梁	大横桥[清光绪志]	—	—	—
370	（已废）	桥梁	寺桥[清康熙志]	—	—	—
371	（已废）	桥梁	甬东桥[清光绪志]	甬东桥[民国志]	—	—

续表

序号	现行名称	类别	清及清前	民国	地名志	1998 年
372	（已废）	桥梁	一方桥［清光绪志］	—	—	—
373	（已废）	桥梁	永安桥［清光绪志］	—	—	—
374	（已废）	桥梁	上和桥［清光绪志］	—	—	—
375	（已废）	桥梁	半塘桥［清光绪志］	—	—	—
376	（已废）	桥梁	中和桥［清光绪志］	—	—	—
377	（已废）	桥梁	芙渠桥［清光绪志］	—	—	—
378	惠民桥	桥梁	惠民桥［清光绪志］	惠民桥［民国志］	—	—
379	（已废）	桥梁	—	韩衙桥［民国志］	—	—
380	（已废）	桥梁	—	小桥［民国志］	—	—
381	（已废）	桥梁	—	大桥［民国志］	—	—
382	（已废）	桥梁	五桂桥［清光绪志］	五桂桥［民国志］	—	—
383	（已废）	城池	徐城［唐括地志］［清徐偃王志］，徐偃王城［十道四蕃志］	徐城［民国志］	—	—
384	（已废）	建筑物	包家烽堠［明筹海图编］［明天启志］，张家墩（烽堠）［清康熙志］	—	—	—
385	（已废）	建筑物	谢浦烽堠［明筹海图编］［明天启志］	—	—	—
386	（已废）	建筑物	石墙烽堠［明筹海图编］［明天启志］，石墙墩（烽堠）［清康熙志］	—	—	—
387	（已废）	堤堰	夹峙塘［明天启志］	—	—	—
388	（已废）	堤堰	李家塘［明天启志］	—	—	—
389	（已废）	堤堰	王家塘［明天启志］	—	—	—
390	（已废，今作路）	堤堰	何衙塘［明天启志］［清康熙志］［清光绪志］	—	—	—
391	（已废，今作路）	堤堰	陆家埠塘［明天启志］［清光绪志］	—	—	—
392	（已废，今作路）	堤堰	榭浦塘［明天启志］［清康熙志］［清光绪志］	榭浦塘［民国志］	—	—

续表

序号	现行名称	类别	清及清前	民国	地名志	1998 年
393	(已废)	堤堰	—	万安塘[民国志]	—	—
394	(已废,今作路)	堤堰	万丈塘[清光绪志]	万丈塘[民国志]	万丈塘	—
395	(已废)	堤堰	凉水塘[清康熙志] [清光绪志]	凉水塘[民国志]	—	—
396	惠民桥塘	堤堰	田螺屿西塘[清康熙志] [清光绪志] 惠民塘[清光绪志]	田螺屿塘 [民国志] 惠民塘[民国志]	惠民桥塘	—
397	(今作路)	堤堰	衙头碶[清康熙志], 厫山塘[清光绪志]	厫厂塘[民国志]	—	—
398	(已废)	堤堰	卓家塘[清康熙志] [清光绪志]	卓家塘[民国志]	—	—
399	(已废)	堤堰	半塘[清光绪志]	上半塘[民国志] 中半塘[民国志]	—	—
400	(已废)	堤堰	月西塘[清光绪志]	月西塘[民国志]	—	—
401	甬东塘	堤堰	甬东塘[明天启志] [清光绪志]	甬东塘[民国志]	甬东塘	—
402	(今作路)	堤堰	青山大塘[清康熙志]	—	—	—
403	(今作路)	堤堰	青山小塘[清康熙志]	—	—	—
404	岙山塘(现为二线海塘)	堤堰	拗山塘[清康熙志]	—	—	—
405	(已废)	堤堰	曹山塘[清康熙志] [清光绪志]	曹山塘[民国志]	—	—
406	(已废)	堤堰	陆家塘[清康熙志] [清光绪志]	陆家塘[民国志]	—	—
407	(已废)	水闸	九眼碶[清光绪志]	—	—	—
408	(已废)	水闸	层棚碶[清光绪志]	层棚碶[民国志]	—	—
409	(已废)	水闸	翁浦碶[元大德志], 翁浦旱碶[清康熙志]	—	—	—
410	(已废)	水闸	中闸[清光绪志]	—	—	—
411	(已废)	水闸	田螺屿碶(五眼碶) [清光绪志]	—	—	—
412	(已废)	水闸	小碶[清康熙志]	—	—	—
413	(已废)	水闸	卓家碶[清康熙志]	—	—	—

续表

序号	现行名称	类别	清及清前	民国	地名志	1998 年
414	（已废）	水闸	曹山碶［清康熙志］	—	—	—
415	（已废）	水闸	罾碶［清康熙志］	—	—	—
416	（已废）	水闸	青山大碶［清康熙志］	—	—	—
417	（已废）	水闸	陆家碶［清康熙志］	—	—	—
418	（已废）	水闸	青山小碶［清康熙志］	—	—	—
419	（已废）	水闸	拗山碶［清康熙志］	—	—	—
420	翁浦碶	水闸	—	—	—	翁浦碶
421	（已废）	宗教纪念地	延庆寺［清康熙志］［清光绪志］	延庆寺［民国志］	—	—
422	章家庙	宗教纪念地	章家庙［清康熙志］	章家庙［民国志］	—	—
423	高云寺	宗教纪念地	高云寺［清光绪志］	高云寺［民国志］	—	—
424	（已废）	宗教纪念地	金粟庵［清光绪志］	金粟庵［地形图］［民国志］	—	—
425	（已废）	宗教纪念地	金积庵［清光绪志］	金积庵［民国志］	—	—
426	泽普庙	宗教纪念地	泽普庙［清康熙志］［清光绪志］	泽普庙［民国志］	—	—
427	（已废）	宗教纪念地	石浦庙［清光绪志］	—	—	—
428	万石庵	宗教纪念地	万石庵［清康熙志］，万石庙［清康熙志］	万石庙［民国志］	—	—
429	（已废）	宗教纪念地	郎家庙［清康熙志］	郎家洋庙［民国志］	—	—
430	（已废）	宗教纪念地	广福庵［清光绪志］	广福庵［地形图］	—	—
431	（已废）	宗教纪念地	上中庙［清光绪志］	上中庙［民国志］	—	—
432	（已废）	宗教纪念地	定光庵［清康熙志］［清光绪志］	定光庵［民国志］	—	—

续表

序号	现行名称	类别	清及清前	民国	地名志	1998 年
433	（已废）	宗教纪念地	许家庙[清康熙志][清光绪志]	—	—	—
434	（已废）	宗教纪念地	伏虎庙[清光绪志]	伏虎庵[民国志]	—	—
435	（已废）	宗教纪念地	龙王宫[清光绪志]	龙王宫[民国志]	—	—
436	（已废）	宗教纪念地	—	金龙寺[民国志]	—	—
437	（已废）	宗教纪念地	—	竺灵寺[民国志]	—	—
438	（已废）	宗教纪念地	延福寺[元大德志][宋宝庆志][清光绪志]	延福寺[民国志]	—	—
439	（已废）	宗教纪念地	神仙庙[清康熙志][清光绪志]	—	—	—
440	万寿禅寺	宗教纪念地	万寿寺[宋宝庆志][明天启志][清康熙志][清光绪志]	万寿寺[地形图]	—	—
441	（已废）	宗教纪念地	保宁庙[清光绪志]	保宁庙[民国志]		—
442	（已废）	宗教纪念地	鲍家洋庙[清光绪志]	—	—	—
443	高庙	宗教纪念地	高庙[清康熙志][清光绪志]	高庙[民国志]	—	—
444	（已废）	宗教纪念地	仙迹庵[清康熙志][清光绪志]	仙迹庵[民国志]	—	—
445	钱王庙	宗教纪念地	钱王庙[清康熙志][清光绪志]	钱王庙[民国志]	—	—
446	（已废）	宗教纪念地	关王殿[清康熙志]，关王庙[清康熙志]	—	—	—
447	军廷庙（2013 年迁址）	宗教纪念地	军廷庙[清康熙志][清光绪志]，君廷庙[清康熙志]	军廷庙[民国志]	—	军廷庙

续表

序号	现行名称	类别	清及清前	民国	地名志	1998 年
448	陈司庙	宗教纪念地	陈家庙［清康熙志］，陈司庙［清光绪志］	陈司庙（陈家庙）［民国志］	—	陈司庙
449	天福庵	宗教纪念地	天福庵［清光绪志］	天福庵［民国志］	—	天福庵
450	（已废）	宗教纪念地	大青庙［清康熙志］	大青庙［民国志］	—	大青庙
451	小青庙	宗教纪念地	青庙［清康熙志］，小青庙［清光绪志］	小青庙［民国志］	—	—
452	伏龙庵	宗教纪念地	伏龙庵［清康熙志］［清光绪志］	伏龙庵［民国志］	—	—
453	（已废）	宗教纪念地	清太庙［清康熙志］，清泰庵［清光绪志］	清泰庵［民国志］	—	—
454	仙台寺	宗教纪念地	仙台寺［清光绪志］	仙台寺［民国志］	—	—
455	（已废）	宗教纪念地	—	纯阳寺［民国志］	—	—
456	（已废）	宗教纪念地	—	金刚寺［民国志］	—	—
457	（已废）	宗教纪念地	上古庙［清光绪志］	尚古庙［民国志］	—	—
458	（已废）	宗教纪念地	善住庵［清光绪志］	善住庵［民国志］	—	—
459	芮家庙	宗教纪念地	芮家庙［清光绪志］	芮家庙［民国志］	—	—
460	新城庙	宗教纪念地	新城庙［清光绪志］	新城庙［民国志］	—	—
461	善成庵	宗教纪念地	善成庵［清康熙志］［清光绪志］	善成庵［民国志］	—	—
462	（已废）	宗教纪念地	文昌阁［清光绪志］	文昌阁［民国志］	—	—
463	（已废）	宗教纪念地	三官堂（在吴榭岙）［清康熙志］	—	—	—

续表

序号	现行名称	类别	清及清前	民国	地名志	1998 年
464	（已废）	宗教纪念地	三官堂（在洞岙）[清康熙志]	三官堂[民国志]	—	—
465	江口庙	宗教纪念地	江口庙[清光绪志]	江口庙[地形图][民国志]	—	—
466	潘府庙	宗教纪念地	潘府庙[清光绪志]	潘府庙[地形图][民国志]	—	—
467	（已废）	宗教纪念地	徐偃王庙[宋宝庆志][元大德志][清康熙志][清光绪志]	徐偃王庙（已久圮）[民国志]	—	—
468	（已废）	宗教纪念地	—	善来庵[民国志]	—	—
469	（已废）	宗教纪念地	福寿庵[清光绪志]	福寿庵[民国志]	—	—
470	（已废）	宗教纪念地	善法庵[清光绪志]	—	—	—
471	油岭	古道	油岭[明天启志][清康熙志][清光绪志]	尤岭[地形图]，油岭[民国志]	油岭	—
472	小青岭	古道	—	小青岭[地形图]	小青岭	—
473	沙岗岭	古道	沙冈岭[清康熙志][清光绪志]	—	—	—
474	洞岙岭	古道	洞岭[清康熙志][清光绪志]	—	洞岭	—
475	张家岭	古道	张家岭[清康熙志][清光绪志]	—	张家岭	—
476	缸窑岭	古道	江姚岭[清光绪志]	江姚岭[地形图][民国志]	缸窑岭	—
477	西溪岭	古道	—	西碶岭[地形图]	西碶岭	—
478	五步岭	古道	五步岭[清康熙志][清光绪志]	五步岭[地形图]	五步岭	五步岭
479	沈岭	古道	—	新岭[地形图][民国志]	—	—

续表

序号	现行名称	类别	清及清前	民国	地名志	1998 年
480	黄土岭	古道	黄土岭[清光绪志]	黄土岭[地形图][民国志]	黄土岭	—
481	沈公岭	古道	沈公岭[清光绪志]	沈公岭[地形图][民国志]	沈公岭	—
482	唐高岭	古道	唐鉴岭[清光绪志]	唐鉴岭[地形图][民国志]	唐高岭	—
483	已因海天大道建设而开平	古道	石家岭[清光绪志]	—	石家岭	—
484	西溪岭	古道	西碶岭[清光绪志]	西碶岭[地形图][民国志]	西溪岭	—
485	大泄岭	古道	大洩岭[清光绪志]	—	大泄岭	—
486	小泄岭	古道	洩岭[明天启志][清康熙志][清光绪志]	高雪岭[地形图],离云岭[民国志]	小泄岭	—
487	深坑岭	古道	深坑岭[清康熙志][清光绪志]	薪坑岭[地形图],深坑岭[民国志]	深坑岭	—
488	卖柴岭	古道	万岭[清康熙志],万石岭[清光绪志]	万石岭[民国志]	卖柴岭	—
489	大树岭	古道	—	—	大树岭	—
490	小树岭	古道	—	—	小树岭	—
491	鳌岭	古道	—	—	鳌岭	—
492	大湖岭	古道	—	—	大蒲岭	—
493	小湖岭	古道	—	—	小蒲岭	—
494	黄杨尖山	山(峰)	黄杨山[元大德志],黄杨尖山[明天启志][清康熙志],黄杨尖山[清光绪志]	—	黄杨尖山	—
495	凤凰山	山(峰)	凤皇山[清光绪志]	—	凤凰山	—
496	高道山	山(峰)	高大山[元大德志],高大山[清康熙志][清光绪志]	高大山[地形图]	高道山 水古平岗	—
497	吴家山	山(峰)	吴家山[明天启志][清康熙志][清光绪志]	—	吴家山	—

续表

序号	现行名称	类别	清及清前	民国	地名志	1998 年
498	鼓吹峰	山(峰)	鼓吹峰[宋宝庆志][清光绪志],鼓吹山[元大德志][明天启志][清康熙志]	鼓吹峰[地形图][民国志]	鼓吹峰	—
499	金旗山	山(峰)	金旗山[清康熙志],金旂山[清光绪志]	—	金鸡山	—
500	尖峰岗	山(峰)	阵岙山[明天启志][清康熙志][清光绪志]	—	尖峰岗	—
501	城隍头山	山(峰)	城隍头山[清康熙志][清光绪志],城湾山[清康熙志][清光绪志]	—	—	—
502	阵岙青龙山	山(峰)	—	—	青龙山	—
503	洞岙青龙山	山(峰)	—	—	青龙山	—
504	孔岙青龙山	山(峰)	—	—	青龙山	—
505	铁火钳山	山(峰)	—	—	铁火尖山	—
506	荷叶山	山(峰)	荷叶山[清康熙志][清光绪志]	—	荷叶山	—
507	乌龟山	山(峰)	龟山[清康熙志][清光绪志]	—	乌龟山	—
508	翁山	山(峰)	翁浦山(翁洲山)[明天启志][清康熙志],翁山[清光绪志]	—	翁山(大霍山)	—
509	2003 年开平	山(峰)	—	—	西蛇山	—
510	象山	山(峰)	谢浦山[明天启志],榭浦山[清康熙志]	—	象山	—
511	永华炮台山	山(峰)	烟墩山[清康熙志][清光绪志]	—	炮台山(在惠民桥)	炮头山
512	鲎尾巴山	山(峰)	鲎尾靶[清光绪志]	鲎尾巴[民国志]	鲎尾巴山	—
513	鳌头山	山(峰)	厫头山[清光绪志]	—	鳌头山	鳌头山
514	2007 年开平	山(峰)	何衙山[清康熙志][清光绪志]	何衙山[民国志]	红茅山	—
515	田螺峙山	山(峰)	田螺屿[清光绪志]	—	田螺峙	—

续表

序号	现行名称	类别	清及清前	民国	地名志	1998 年
516	2004 年开平	山(峰)	馒头山[清光绪志]	—	馒头山	—
517	月台山	山(峰)	月台山[清光绪志]	—	月台山	—
518	2005 年开平	山(峰)	曹山[清光绪志]	—	茶山	—
519	2007 年开平	山(峰)	石墙墩山[明天启志][清康熙志],官衙山[清康熙志],官山[清光绪志]	—	官山(炮台山)	—
520	福全山	山(峰)	福全山[清康熙志][清光绪志]	—	复船山	—
521	荷胜炮台山	山(峰)	—	—	炮台山	—
522	陆公山	山(峰)	—	—	陆公山	—
523	20 世纪 90 年代开平	山(峰)	—	—	泥鳅山	—
524	甬东庙山	山(峰)	—	—	庙山	—
525	2015 年开平	山(峰)	—	—	(惠民桥)牛头山	牛头山
526	(洋岙)牛头山	山(峰)	—	虎山[地形图]	—	—
527	五虎山	山(峰)	甬东山[明天启志],五虎山[清光绪志]	五虎山[地形图][民国志]	—	—
528	尖山岗	山(峰)	牙头山[明天启志],尖山[清光绪志]	尖头山[地形图][民国志]	—	尖山岗
529	小岸山	山(峰)	小严山[明天启志][清光绪志]	—	—	—
530	东山	山(峰)	—	—	火龙岗	—
531	大竹山	山(峰)	竹山[清光绪志]	—	大竹山	—
532	20 世纪 90 年代开平				小竹山	
533	长峙山	山(峰)	—	长峙山[地形图]	长峙山	—
534	马鞍山	山(峰)	—	马鞍[地形图]	外长峙山	—
535	外长峙山	山(峰)	外长屿[清光绪志],英嘎*[八省图],门陀岛*[新译海道图说]	马鞍[地形图],外长屿[民国志]	外长峙山	—
536	扇子岗	山(峰)	—	—	扇子岗	—
537	长峙庵山	山(峰)	—	—	庵山	—

续表

序号	现行名称	类别	清及清前	民国	地名志	1998 年
538	岙山大岗顶	山(峰)	—	—	大岗顶	—
539	岙山黄泥岗	山(峰)	—	—	黄泥岗	—
540	庵基山岗	山(峰)	—	—	庵基山岗	—
541	竺家尖	山(峰)	竺家山[清康熙志],竺家尖[清康熙志][清光绪志]	竺家尖[地形图][民国志]	竺家尖	—
542	分壁山	山(峰)	分壁山[清康熙志][清光绪志]	—	—	—
543	庙山	山(峰)	龙塘山[清康熙志],龙堂山[清光绪志](在弄堂岭以东)	龙堂山[民国志]	—	—
544	风水岗	山(峰)	分水窔[清光绪志]	—	—	—
545	翁浦	河流	翁浦[宋宝庆志],翁浦[明天启志][清康熙志][清光绪志]	翁浦[民国志]	—	—
546	茶山浦	河流	曹山浦[明天启志],曹山浦[清康熙志][清光绪志]	茶山浦[民国志]	—	—
547	鳌头浦	河流	厫山浦[清光绪志]	—	鳌头浦	—
548	甬东河	河流	甬东浦[明天启志][清康熙志][清光绪志]	—	—	—
549	东止界河	河流	东直址河[清光绪志]	直址河[民国志]	东止界河	—
550	西止界河	河流	西直址河[清光绪志]		西止界河	—
551	(已废)	水潭	高大山龙潭[元大德志],高大山潭[明天启志],高大山龙潭[清光绪志]	—	—	—
552	泄潭	水潭	洩潭[宋宝庆志][明天启志],龙潭[清康熙志],洩潭(西龙潭)[清光绪志]	—	泄潭	—
553	(已废)	水潭	荷花池[清康熙志]	—	—	—

舟山市定海区昌国街道群岛新旧地名录

（居民点和山水等陆域类地名）

序号	现行名称	类别	清及清前	民国	地名志
1	大西岙	居民点	—	—	大西岙
2	长生庵	居民点	—	—	长生庵
3	黄家	居民点	—	—	黄家
4	赵家	居民点	—	—	赵家
5	周家	居民点	—	—	周家
6	东岙张家	居民点	—	—	东岙张家
7	徐家	居民点	—	—	徐家
8	陆家	居民点	—	—	陆家
9	安家	居民点	—	—	安家
10	中段	居民点	—	—	中段
11	白路岙	居民点	—	—	白路岙
12	王家塘	居民点	—	—	王家塘
13	猫山弄	居民点	—	—	猫山弄
14	小西岙	居民点	—	—	小西岙
15	小坑	居民点	—	—	小坑
16	二桥墩	居民点	—	—	二桥墩（义桥墩）
17	坑门口	居民点	—	—	坑门口
18	张家	居民点	—	—	张家
19	严家	居民点	—	—	严家
20	东湾岙	居民点	东湾［清光绪志］	东湾［民国志］	东湾岙
21	杨家山头	居民点	—	—	杨家山头
22	洪家	居民点	—	—	洪家
23	陈家	居民点	—	—	陈家
24	卢家塘	居民点	—	—	卢家塘
25	乌龟山	居民点	—	—	乌龟山
26	朱家桥	居民点	—	—	朱家桥

续表

序号	现行名称	类别	清及清前	民国	地名志
27	王家塘	居民点	—	—	王家塘
28	头关门	居民点	—	—	头关门
29	顾家塘	居民点	—	—	顾家塘
30	老井墩	居民点	—	—	老井墩
31	高岭下	居民点	—	—	高岭下
32	1978 年因建红卫水库迁往头关门	居民点	—	—	二关门
33	义桥	居民点	—	—	义桥
34	周家	居民点	—	—	周家
35	上柯家	居民点	—	—	上柯家
36	下柯家	居民点	—	—	下柯家
37	荷花池湾	居民点	—	荷花池头［民国志］	荷花池湾
38	青岭下傅家	居民点	—	—	青岭下傅家
39	大地畈	居民点	—	—	大地畈
40	上李家	居民点	—	—	上李家
41	牛角湾	居民点	—	—	牛角湾
42	邵家	居民点	—	—	邵家
43	缪家	居民点	—	—	缪家
44	堂脚跟	居民点	—	—	堂脚跟
45	南泥湾	居民点	烂泥湾［清康熙志］	鸭蒲根［地形图］，鸭蒲跟［民国志］	烂泥湾
46	大墩地	居民点	—	—	大墩地
47	罗家	居民点	—	—	罗家
48	擂鼓山	居民点	擂鼓山［清光绪志］	—	擂鼓山
49	杨梅湾	居民点	—	—	杨梅湾
50	（已废）	居民点	—	—	头桥
51	（已废）	居民点	—	—	花园
52	（已废）	居民点	—	—	黄家
53	（已废）	居民点	贡士庄［元大德志］	—	—
54	（已废）	桥梁	第一桥［清康熙志］，头桥［清光绪志］	头桥［地形图］［民国志］	—

续表

序号	现行名称	类别	清及清前	民国	地名志
55	（已废）	桥梁	第二桥[清康熙志]，永安二桥[清光绪志]	永安二桥[地形图][民国志]	—
56	（已废）	桥梁	扶归桥[清康熙志][清光绪志]	扶归桥[地形图][民国志]	—
57	（已废）	桥梁	小余桥[明天启志][清康熙志][清光绪志]	小余桥[民国志]	小余桥
58	（已废）	桥梁	带月桥[清光绪志]	带月桥[民国志]	—
59	（已废）	桥梁	登瀛桥[清光绪志]	登瀛桥[民国志]	—
60	（已废）	桥梁	置云桥[清光绪志]	置云桥[民国志]	—
61	（已废）	桥梁	会元桥[清康熙志]	会元桥[民国志]	会元桥
62	（已废）	桥梁	平政桥[清光绪志]	平政桥[民国志]	平政桥
63	（已废）	桥梁	龙首桥[清光绪志]，马尾桥[昌国典咏]	龙首桥[民国志]	龙首桥
64	（已废）	桥梁	大余桥[明天启志][清康熙志][清光绪志]	大余桥[民国志]	大余桥
65	（已废）	桥梁	监桥[宋宝庆志][清康熙志]，状元桥[宋宝庆志][清康熙志][清光绪志]，市桥[元大德志]	状元桥[民国志]	状元桥
66	（已废）	桥梁	解元桥[清康熙志][清光绪志]	解元桥[民国志]	解元桥
67	（已废）	桥梁	永安桥[清光绪志]	永安桥[民国志]	—
68	（已废）	桥梁	汇源桥[清光绪志]	汇源桥[民国志]	—
69	（已废）	桥梁	将军桥[清光绪志]	将军桥[民国志]	将军桥
70	（已废）	桥梁	董家桥[清光绪志]	董家桥[民国志]	—
71	（已废）	桥梁	西安桥[清光绪志]	西安桥[民国志]	—
72	（已废）	桥梁	镇定桥[清光绪志]	镇定桥[民国志]	—
73	（已废）	桥梁	裕良桥[清光绪志]	文彩桥[民国志]	文彩桥
74	（已废）	桥梁	—	—	宁安桥
75	（已废）	桥梁	聚魁桥[清光绪志]	聚魁桥[民国志]	聚魁桥
76	（已废）	桥梁	陆家桥[清光绪志]	陆家桥[民国志]	—
77	（已废）	桥梁	—	—	青龙桥

续表

序号	现行名称	类别	清及清前	民国	地名志
78	开源桥	桥梁	—	开源桥[民国志]	开源桥
79	(已废)	桥梁	—	北宝桥[民国志]	—
80	(已废)	桥梁	镇鳌桥[清康熙志]	—	—
81	(已废)	桥梁	李公桥[清康熙志]	—	—
82	黄家碶桥	桥梁	王家碶桥[清康熙志]	—	黄家碶桥
83	海医桥	桥梁	—	—	海医桥
84	石化桥	桥梁	—	—	石化桥
85	北水产桥	桥梁	—	—	北水产桥
86	文化东桥	桥梁	—	—	文化东桥
87	(已废)	桥梁	—	—	獭水桥
88	(已废)	桥梁	—	—	永生桥
89	(已废)	桥梁	—	—	长生桥
90	(已废)	桥梁	—	—	禾嘉桥
91	(已废)	建筑物	东江门[元大德志],丰阜门[明天启志],东门[清光绪志]	—	—
92	(已废)	建筑物	宾阳栅[明天启志]	—	—
93	(已废)	建筑物	西门[元大德志][清光绪志],太和门[明天启志]	—	—
94	(已废)	建筑物	西安栅[明天启志]	—	—
95	(已废)	建筑物	南门[元大德志][清光绪志],文明门[明天启志]	—	—
96	(已废)	建筑物	迎恩栅[明天启志]	—	—
97	(已废)	建筑物	上荣门[元大德志],永安门[明天启志],北门[清光绪志]	—	—
98	(已废)	建筑物	北固栅[明天启志]	—	—
99	(已废)	建筑物	舟山门[元大德志]	—	—
100	(已废)	建筑物	艮门(虞家桥门)[元大德志]	—	—
101	(已废)	建筑物	惠应坊[宋宝庆志][元大德志][明天启志][清康熙志][清光绪志]	—	—

续表

序号	现行名称	类别	清及清前	民国	地名志
102	（已废）	建筑物	联桂坊[宋宝庆志][元大德志][明天启志][清康熙志][清光绪志]	—	—
103	（已废）	建筑物	旌孝坊[宋宝庆志]	—	—
104	（已废）	建筑物	申义坊[元大德志][明天启志][清康熙志][清光绪志]	—	—
105	（已废）	建筑物	平近坊[元大德志][明天启志][清康熙志][清光绪志]	—	—
106	（已废）	建筑物	清晏坊[元大德志][明天启志][清康熙志][清光绪志]	—	—
107	（已废）	建筑物	诗礼坊[元大德志][清康熙志][清光绪志]	—	—
108	（已废）	建筑物	首登坊[元大德志][明天启志][清康熙志][清光绪志]	—	—
109	（已废）	建筑物	神童坊[元大德志][明天启志][清康熙志][清光绪志]	—	—
110	（已废）	建筑物	德政坊[元大德志][清康熙志][清光绪志]	—	—
111	（已废）	建筑物	图南坊[元大德志][明天启志][清康熙志][清光绪志]	—	—
112	（已废）	建筑物	中洲坊[元大德志][清光绪志]，中州坊[明天启志][清康熙志]	—	—
113	（已废）	建筑物	教爱坊[元大德志][明天启志][清康熙志][清光绪志]	—	—
114	（已废）	建筑物	印元坊[元大德志][明天启志][清康熙志][清光绪志]	—	—

续表

序号	现行名称	类别	清及清前	民国	地名志
115	（已废）	建筑物	兴行坊[元大德志][明天启志][清康熙志][清光绪志]	—	—
116	（已废）	建筑物	登朝坊[元大德志][明天启志][清康熙志][清光绪志]	—	—
117	（已废）	建筑物	西上坊[元大德志][清光绪志]	—	—
118	（已废）	建筑物	德麟坊[元大德志][明天启志][清康熙志][清光绪志]	—	—
119	（已废）	建筑物	信麟坊[元大德志][清康熙志][清光绪志]	—	—
120	（已废）	建筑物	德星坊[明天启志][清康熙志][清光绪志]	—	—
121	（已废）	建筑物	东明坊[明天启志][清康熙志][清光绪志]	—	—
122	（已废）	建筑物	状元坊[明天启志][清康熙志][清光绪志]	状元坊[民国志]	—
123	（已废）	建筑物	经元坊[明天启志][清康熙志][清光绪志]	—	—
124	（已废）	建筑物	青云坊[明天启志][清康熙志]，青龙坊[清光绪志]	—	—
125	（已废）	建筑物	进士坊[明天启志][清康熙志][清光绪志]	—	—
126	（已废）	建筑物	鸣凤坊[明天启志][清康熙志][清光绪志]	—	—
127	（已废）	建筑物	重桂坊[明天启志][清康熙志][清光绪志]	—	—
128	（已废）	建筑物	成贤坊[明天启志][清康熙志][清光绪志]	—	—

续表

序号	现行名称	类别	清及清前	民国	地名志
129	（已废）	建筑物	童氏义门坊[明天启志][清康熙志][清光绪志]	—	—
130	（已废）	建筑物	皇都得意坊[清康熙志][清光绪志]	—	—
131	（已废）	建筑物	世美坊[清康熙志][清光绪志]	—	—
132	（已废）	建筑物	旌节坊[清康熙志][清光绪志]	—	—
133	（已废）	建筑物	翁山坊[宋宝庆志]，古翁洲坊[清光绪志][清光绪志]	—	—
134	（已废）	建筑物	近圣坊[清光绪志][清光绪志]	近圣坊[民国志]	—
135	（已废）	建筑物	宣诏亭[宋宝庆志][明天启志][清康熙志]	—	—
136	（已废）	建筑物	鳌峙亭[宋宝庆志][明天启志]	—	—
137	（已废）	建筑物	净香亭[宋宝庆志]	—	—
138	（已废）	建筑物	鄮云亭[宋宝庆志]	—	—
139	（已废）	建筑物	廉泉亭[宋宝庆志]	—	—
140	（已废）	建筑物	冰壶亭[宋宝庆志][明天启志]	—	—
141	（已废）	建筑物	待潮亭[宋宝庆志][明天启志]	—	—
142	（已废）	建筑物	恩波亭[宋宝庆志]	—	—
143	（已废）	建筑物	拂云亭[元大德志]	—	—
144	（已废）	建筑物	海光亭[元大德志]	—	—
145	（已废）	建筑物	受降亭[明天启志]	—	—
146	（已废）	建筑物	迎恩亭[明天启志]	—	—
147	（已废）	建筑物	乐凯亭[明天启志]	—	—
148	（已废）	建筑物	—	雪交亭[民国志]	—

续表

序号	现行名称	类别	清及清前	民国	地名志
149	(已废)	建筑物	洗心亭[明天启志]	—	—
150	(已废)	建筑物	泉香亭[清光绪志]	泉香亭[地形图][民国志]	—
151	(已废)	建筑物	积善亭[清光绪志]	—	—
152	(已废)	建筑物	茅岭亭[清光绪志]	—	—
153	(已废)	建筑物	晓峰台[清光绪志]	晓峰台[民国志]	—
154	(已废)	建筑物	炮台[清光绪志]	—	—
155	(已废)	建筑物	围城[清光绪志]	—	—
156	御书楼	建筑物	御书亭[清康熙志],御书楼[清光绪志]	御书楼[民国志]	—
157	(已废)	建筑物	望海楼[清光绪志]	望海楼[民国志]	—
158	(已废)	建筑物	谯楼[明天启志][清康熙志]	—	—
159	瞭望楼	建筑物	瞭望楼[清光绪志]	—	瞭望楼
160	(已废)	建筑物	文笔峰[清光绪志]	文笔峰[民国志]	—
161	(已废)	建筑物	—	奎光阁[民国志]	—
162	(已废)	建筑物	厅署[清光绪志]	厅署[民国志]	—
163	(已废)	建筑物	县厅[宋宝庆志],州治[元大德志]	—	—
164	(已废)	建筑物	吏目司[元大德志]	—	—
165	(已废)	建筑物	西监厅[宋宝庆志]	—	—
166	(已废)	建筑物	东监厅[宋宝庆志]	—	—
167	(已废)	建筑物	尉司[宋宝庆志]	—	—
168	(已废)	建筑物	主簿厅[宋宝庆志]	—	—
169	(已废)	建筑物	架阁司[元大德志]	—	—
170	(已废)	建筑物	总督司[明天启志][清康熙志],总镇行署[明天启志][清康熙志],总镇行台[清光绪志]	—	—
171	(已废)	建筑物	参将府[明天启志][清康熙志],总镇府[清康熙志],总镇府署[清光绪志]	—	—

续表

序号	现行名称	类别	清及清前	民国	地名志
172	（已废）	建筑物	昌国卫［明天启志］	—	—
173	（已废）	建筑物	中中所［明天启志］［清康熙志］	—	—
174	（已废）	建筑物	中左所［明天启志］［清康熙志］	—	—
175	（已废）	建筑物	中营游击公署［清康熙志］［清光绪志］	—	—
176	（已废）	建筑物	左营游击公署［清康熙志］［清光绪志］	—	—
177	（已废）	建筑物	右营游击公署［清康熙志］［清光绪志］	—	—
178	（已废）	建筑物	中营守备公署［清光绪志］	—	—
179	（已废）	建筑物	左营守备公署［清光绪志］	—	—
180	（已废）	建筑物	右营守备公署［清光绪志］	—	—
181	（已废）	建筑物	城守都司公署［清光绪志］	—	—
182	（已废）	建筑物	中营军械局［清光绪志］	—	—
183	（已废）	建筑物	左营军械局［清光绪志］	—	—
184	（已废）	建筑物	右营军械局［清光绪志］	—	—
185	（已废）	建筑物	城守军械局［清光绪志］	—	—
186	（已废）	建筑物	四营火药局［清光绪志］	—	—
187	（已废）	建筑物	火药局［明天启志］［清康熙志］	火药局［民国志］	—
188	（已废）	建筑物	税课局［明天启志］［清康熙志］	—	—
189	（已废）	建筑物	捕盗司［明天启志］［清康熙志］	—	—
190	（已废）	建筑物	阴阳教授司［明天启志］［清康熙志］	—	—

序号	现行名称	类别	清及清前	民国	地名志
191	（已废）	建筑物	体仁局［清光绪志］	—	—
192	（已废）	建筑物	城守营［清光绪志］	城守营［民国志］	—
193	（已废）	建筑物	司狱署［清光绪志］	司狱署［民国志］	—
194	（已废）	建筑物	济民仓［宋宝庆志］［明天启志］	—	—
195	（已废）	建筑物	常盈仓［元大德志］［明天启志］［清康熙志］	—	—
196	（已废）	建筑物	常平仓［清光绪志］	常平仓［民国志］	—
197	（已废）	建筑物	永丰仓［元大德志］	—	—
198	（已废）	建筑物	军局［清光绪志］	军局［民国志］	—
199	（已废）	建筑物	中府署［清光绪志］	—	—
200	（已废）	建筑物	镇府署［清光绪志］	—	—
201	（已废）	建筑物	大生堂［宋宝庆志］［明天启志］	—	—
202	（已废）	建筑物	镇鳌堂［元大德志］［明天启志］［清康熙志］	—	—
203	（已废）	建筑物	敬简斋［无大德志］［明天启志］［清康熙志］	—	—
204	（已废）	建筑物	清白堂［明天启志］［清康熙志］	—	—
205	（已废）	建筑物	爱莲堂［元大德志］，爱莲斋［明天启志］［清康熙志］	—	—
206	（已废）	建筑物	公明斋［明天启志］［清康熙志］	—	—
207	（已废）	建筑物	燕喜堂［明天启志］	—	—
208	（已废）	建筑物	把总司［明天启志］	—	—
209	（已废）	建筑物	守御公馆［明天启志］［清康熙志］	—	— —
210	（已废）	建筑物	治定堂［清康熙志］	—	
211	（已废）	建筑物	阜成堂［清康熙志］	—	—
212	（已废）	建筑物	盘诘厅［清光绪志］	—	—

续表

序号	现行名称	类别	清及清前	民国	地名志
213	（已废）	建筑物	居养院[宋宝庆志]，居养堂[明天启志][清康熙志]	—	—
214	（已废）	建筑物	养济院[清康熙志][清光绪志]	养济院[民国志]	—
215	（已废）	建筑物	安济院[宋宝庆志][明天启志][清康熙志]	—	—
216	（已废）	建筑物	育婴堂[清光绪志]	—	
217	（已废）	建筑物	漏泽院[宋宝庆志]	—	—
218	（已废）	建筑物	正监盐场[宋宝庆志]，正监盐场司[明天启志]	—	—
219	同归域	建筑物	同归大域[清康熙志]，同归域[清光绪志]	同归域[民国志]	同归域
220	（已废）	建筑物	演武亭[明天启志][清康熙志]，演武堂[清康熙志]，大教场演武台[清光绪志]	大教场[民国志]	—
221	（已废）	建筑物	东教场[清光绪志]	—	—
222	（已废）	建筑物	北教场[清光绪志]	—	—
223	（已废）	学校	蓉浦书院[清光绪志]	蓉浦书院[民国志]	—
224	（已废）	学校	景行书院[清光绪志]	景行书院[民国志]	—
225	（已废）	学校	延陵书院[清光绪志]	—	—
226	（已废）	学校	义学[清康熙志][清光绪志]	—	—
227	四眼井	水井	四眼井[元至正志][元大德志][明天启志]	—	—
228	藤坑湾井	水井	滕坑井[元大德志][明天启志]	—	—
229	惠泉井	水井	惠泉井[元至正志][明天启志]	—	—
230	上荣井	水井	上荣井[明天启志]	—	—

续表

序号	现行名称	类别	清及清前	民国	地名志
231	（位置无考）	水井	山下井［明天启志］	—	—
232	两眼井	水井	两眼井［明天启志］	—	—
233	（位置无考）	水井	棺材井［明天启志］	—	—
234	（位置无考）	水井	王衙井［明天启志］	—	—
235	（位置无考）	水井	花井［明天启志］	—	—
236	（位置无考）	水井	叶家井［明天启志］	—	—
237	西井头	水井	所井［明天启志］	—	—
238	（位置无考）	水井	李家井［明天启志］	—	—
239	（位置无考）	水井	府前左井［明天启志］	—	—
240	（位置无考）	水井	府前右井［明天启志］	—	—
241	（位置无考）	水井	王家井［明天启志］	—	—
242	（位置无考）	水井	小井［明天启志］	—	—
243	（位置无考）	水井	大井［明天启志］	—	—
244	（位置无考）	水井	仓井［明天启志］	—	—
245	（位置无考）	水井	达子衕井［明天启志］	—	—
246	东井头	水井	东井［明天启志］	—	—
247	（位置无考）	水井	城西井［明天启志］	—	—
248	（位置无考）	水井	刘家井［明天启志］	—	—
249	（位置无考）	水井	袁家井［明天启志］	—	—
250	（位置无考）	水井	庄周井［明天启志］	—	—
251	（位置无考）	水井	寺井［明天启志］	—	—
252	（位置无考）	水井	王衙井［明天启志］	—	—
253	（位置无考）	水井	衙山井［明天启志］	—	—
254	（位置无考）	水井	中洲井［明天启志］	—	—
255	（位置无考）	水井	杨家井［明天启志］	—	—
256	（位置无考）	水井	陶家井［明天启志］	—	—
257	（位置无考）	水井	南城井［明天启志］	—	—
258	（位置无考）	水井	王衙衕井［明天启志］	—	—
259	舟山宫井	水井	舟山宫井［清康熙志］［清光绪志］	舟山宫井［民国志］	—
260	中营衙门井	水井	—	中营衙门井［民国志］	—

续表

序号	现行名称	类别	清及清前	民国	地名志
261	（已废）	水闸	张家闸［明天启志］	—	—
262	（已废）	纪念地	社稷坛（在县署西南100步）［宋宝庆志］，社稷坛（在西门外大路）［清康熙志］［清光绪志］	—	—
263	（已废）	纪念地	—	先农坛［民国志］	—
264	（已废）	纪念地	成仁祠［清康熙志］［清光绪志］	—	—
265	（已废）	纪念地	—	名宦祠［民国志］	—
266	（已废）	纪念地	—	乡贤祠［民国志］	—
267	（已废）	纪念地	—	忠义祠［民国志］	—
268	（已废）	纪念地	—	节孝祠［民国志］	—
269	（已废）	纪念地	—	孝悌祠［民国志］	—
270	（已废）	纪念地	—	葛参政祠［民国志］	—
271	（已废）	宗教纪念地	—	刘邑侯祠［民国志］	—
272	（已废）	纪念地	施公祠［清康熙志］	施公祠［民国志］	—
273	（已废）	纪念地	傅烈女祠［清康熙志］［清光绪志］	傅烈女祠［民国志］	—
274	（已废）	纪念地	王公祠［清光绪志］	王公祠［民国志］	—
275	（已废）	纪念地	张壮节祠［清光绪志］	张壮节祠［民国志］	—
276	（已废）	纪念地	徐公生祠［明天启志］	徐公祠［民国志］	—
277	（已废）	纪念地	张公生祠［明天启志］	—	—
278	（已废）	纪念地	联恩祠［清光绪志］	联恩祠［民国志］	—
279	（已废）	纪念地	—	刘烈愍祠［民国志］	—
280	（已废）	纪念地	原公祠［清康熙志］［清光绪志］	原公祠［民国志］	—
281	（已废）	纪念地	石廖二公祠［清康熙志］	—	—

续表

序号	现行名称	类别	清及清前	民国	地名志
282	(已废)	纪念地	缪公祠[清光绪志]	缪公祠[民国志]	—
283	(已废)	纪念地	—	福德祠[民国志]	—
284	(已废)	纪念地	—	昭忠祠[民国志]	—
285	(已废)	宗教纪念地	—	土地祠(在上荣庙东)[民国志]	—
286	(已废)	宗教纪念地	文昌祠[明天启志]	文昌祠[民国志]	—
287	(已废)	宗教纪念地	东文昌祠[明天启志]	—	—
288	(已废)	宗教纪念地	土地祠[清光绪志]	土地祠[民国志]	—
289	(已废)	宗教纪念地	义火祠[清光绪志]	义火祠[民国志]	—
290	(已废)	宗教纪念地	玄坛行祠[明天启志][清康熙志]	—	—
291	(已废)	宗教纪念地	开关土地祠[清光绪志]	开关土地祠[民国志]	—
292	(已废)	宗教纪念地	三官堂[明天启志][清光绪志]	三官堂[民国志]	—
293	(已废)	宗教纪念地	—	三皇庙[民国志]	—
294	(已废)	宗教纪念地	蓬莱道院[元大德志]	—	—
295	西管庙	宗教纪念地	西管庙[明天启志][清康熙志][清光绪志]	西管庙[地形图][民国志]	—
296	老茹侯庙(迁址)	宗教纪念地	茹侯庙(在石柱弄)[明天启志][清康熙志][清光绪志]	茹侯庙[民国志]	—
297	(已废)	宗教纪念地	真武宫[清康熙志]	真武宫(在北门)[民国志]	—
298	(已废)	宗教纪念地	地藏殿[清光绪志]	地藏殿[民国志]	—

续表

序号	现行名称	类别	清及清前	民国	地名志
299	上荣庙	宗教纪念地	上营庙[清康熙志],上荣庙[清光绪志]	上荣庙[民国志]	—
300	(已废)	宗教纪念地	干大圣庙[明天启志][清康熙志][清光绪志]	干大圣庙[民国志]	—
301	(已废)	宗教纪念地	文庙[清光绪志]	文庙[民国志]	—
302	(已废)	宗教纪念地	它山庙[清康熙志][清光绪志]	它山庙[民国志]	—
303	(已废)	宗教纪念地	雷祖殿[清光绪志]	雷祖殿[民国志]	—
304	(已废)	宗教纪念地	都神殿[清光绪志]	都神殿[民国志]	—
305	(已废)	宗教纪念地	关圣庙[明天启志],关王庙[元大德志],关圣行宫[清康熙志],武庙(在东门)[清光绪志]	—	—
306	(已废)	宗教纪念地	城隍庙[宋宝庆志][元大德志][明天启志][清康熙志][清光绪志]	城隍庙[民国志]	—
307	(已废)	宗教纪念地	东管庙[明天启志][清康熙志][清光绪志]	东管庙[民国志]	—
308	(已废)	宗教纪念地	太保庙[清光绪志]	太保庙[民国志]	—
309	(已废)	宗教纪念地	财神殿[清光绪志]	财神殿[民国志]	—
310	(已废)	宗教纪念地	关圣庙[清康熙志],武庙(在南门)[清光绪志]	关岳庙[民国志]	—
311	(已废)	宗教纪念地	丙德殿[清光绪志]	丙德殿[民国志]	—
312	(已废)	宗教纪念地	马王庙[清康熙志][清光绪志]	马王庙	—
313	茹侯庙	宗教纪念地	老茹侯庙[清光绪志]	茹侯庙[地形图],西茹庙[民国志]	—

续表

序号	现行名称	类别	清及清前	民国	地名志
314	(已废)	宗教纪念地	火神庙[清康熙志]	火神庙	—
315	(已废)	宗教纪念地	旗纛庙[清康熙志][清光绪志]	—	—
316	寿山庙(在牛角湾)	宗教纪念地	寿山庙(时在蟠洋山麓)[清光绪志]	寿山庙(时在蟠洋山麓)[地形图][民国志]	—
317	祖印寺	宗教纪念地	祖印院(在衢山)[宋宝庆志],祖印寺(在城内)[元大德志][明天启志][清康熙志][清光绪志]	祖印寺[民国志]	—
318	日照寺	宗教纪念地	日照庵[清光绪志]	日照庵[民国志]	—
319	清凉庵	宗教纪念地	清凉庵[清光绪志]	—	—
320	万峰庵	宗教纪念地	万峰庵[清光绪志]	—	—
321	普慈寺(迁址)	宗教纪念地	普慈院[宋宝庆志],普慈寺[元大德志][明天启志][清康熙志][清光绪志]	普慈寺[地形图][民国志]	—
322	(已废)	宗教纪念地	岭月庵[清光绪志]	—	—
323	(已废)	宗教纪念地	吉庆庵[清光绪志]	—	—
324	(已废)	宗教纪念地	圆通庵[清光绪志]	圆通庵[民国志]	—
325	(已废)	宗教纪念地	宁静庵[清光绪志]	宁静庵[民国志]	—
326	(已废)	宗教纪念地	—	天主堂[民国志]	—
327	(已废)	宗教纪念地	—	真神堂[民国志]	—

续表

序号	现行名称	类别	清及清前	民国	地名志
328	晓峰岭	古道	晓峰岭[明天启志][清康熙志][清光绪志]	晓峰岭[地形图][民国志]	晓峰岭
329	颂河岭	古道	颂河岭[清光绪志]	颂河岭[地形图]	颂河岭
330	鸭蛋岭	古道	叠石岭[明天启志][清康熙志][清光绪志]	叠石岭[地形图][民国志]	鸭蛋岭
331	茅岭	古道	茅岭[明天启志][清康熙志]	茅岭[地形图][民国志]	茅岭
332	东皋岭	古道	东高岭[清康熙志],东皋岭[明天启志][清康熙志][清光绪志]	东皋岭[地形图][民国志]	东高岭
333	青岭	古道	清岭[明天启志],青岭[清光绪志]	青岭[地形图]	青岭
334	镇鳌山	山(峰)	镇鳌山[元大德志][明天启志][清康熙志][清光绪志]	镇鳌山[民国志]	镇鳌山(锁山)
335	鳌山	山(峰)	衙山[清康熙志],霞山[清光绪志],衙山[清光绪志]	霞山[民国志]	衙山
336	龙峰山	山(峰)	—	白虎山[地形图]	龙峰山
337	万峰庵山岗	山(峰)	—	—	万峰庵山岗
338	白虎山	山(峰)	金家山[明天启志],白虎山[清光绪志]	白虎山[民国志]	白虎山
339	祈雨山	山(峰)	—	—	祈雨山
340	双髻尖	山(峰)	双髻尖[清康熙志][清光绪志]	双髻尖[地形图][民国志]	双髻尖
341	雷公尖	山(峰)	—	凤凰山[地形图][民国志]	雷公尖
342	镇武山	山(峰)	镇武山[清光绪志]	镇武山[地形图][民国志]	镇武山
343	擂鼓山	山(峰)	擂鼓山[清光绪志]	擂鼓山[地形图][民国志]	擂鼓山

续表

序号	现行名称	类别	清及清前	民国	地名志
344	长岗山	山(峰)	长冈山[清康熙志][清光绪志]	长岗山[地形图][民国志]	长岗山
345	蟠洋山	山(峰)	无样山[清光绪志]	无样山[民国志]	蟠洋山
346	后岙岗	山(峰)	—	后岙岗[地形图]	后岙岗(大东岙岗)
347	大庵岗	山(峰)	宋平冈[清光绪志]	宋平岗[地形图][民国志]	大庵岗
348	乌龟山	山(峰)	龟山[明天启志]	—	乌龟山
349	马跃岗	山(峰)	茅岭山[明天启志]	马跃岗[地形图]	马跃岗
350	(已湮废)	河流	芙蓉洲[明天启志][清康熙志]	—	—
351	(已湮废)	湖	茅岭湖[明天启志]	—	—
352	(已湮废)	水潭	蜃池[明天启志][清康熙志]	—	—
353	梵宫池	水潭	梵宫池[清光绪志]	梵宫池[民国志]	梵宫池
354	(已湮废)	水潭	荷花池[清康熙志]	荷花池头[民国志]	—
355	(已湮废)	水潭	—	老菱池[民国志]	—
356	砚池	水潭	—	砚池[民国志]	砚池
357	(已湮废)	水潭	青龙潭[元大德志]	—	—

舟山市定海区环南街道新旧地名录

（居民点和山水等陆域类地名）

<table>
<tr><th>序号</th><th>现行名称</th><th>类别</th><th>清及清前</th><th>民国</th><th>地名志</th></tr>
<tr><td>1</td><td>茅岭下</td><td>居民点</td><td rowspan="2">茅岭岙［元延祐四明志］［元大德志］［明天启志］，茅岭［清康熙志］</td><td rowspan="2">茅岭［地形图］［民国志］</td><td>茅岭下</td></tr>
<tr><td>2</td><td>茅岭墩</td><td>居民点</td><td>茅岭墩</td></tr>
<tr><td>3</td><td>陈家墩</td><td>居民点</td><td>—</td><td>—</td><td>陈家墩</td></tr>
<tr><td>4</td><td>金家湾</td><td>居民点</td><td>金家岙［明天启志］</td><td>—</td><td>金家湾</td></tr>
<tr><td>5</td><td>外邬家</td><td>居民点</td><td>—</td><td>—</td><td>外邬家</td></tr>
<tr><td>6</td><td>大石头跟</td><td>居民点</td><td>—</td><td>大石豆［地形图］，大石头［民国志］</td><td>大石头跟</td></tr>
<tr><td>7</td><td>西山下</td><td>居民点</td><td>—</td><td>西山下［地形图］</td><td>西山下</td></tr>
<tr><td>8</td><td>李家潭</td><td>居民点</td><td>—</td><td>—</td><td>李家潭</td></tr>
<tr><td>9</td><td>念亩墩</td><td>居民点</td><td>—</td><td>升亩顶［地形图］［民国志］</td><td>念亩墩</td></tr>
<tr><td>10</td><td>竹山门</td><td>居民点</td><td>—</td><td>—</td><td>竹山门</td></tr>
<tr><td>11</td><td>道头</td><td>区片</td><td>门鹿岙［元延祐四明志］［元大德志］［清光绪志］</td><td>衜头［地形图］［民国志］</td><td>—</td></tr>
<tr><td>12</td><td>（已废）</td><td>居民点</td><td>—</td><td>东洋楼跟［民国志］</td><td>—</td></tr>
<tr><td>13</td><td>周家塘路</td><td>居民点</td><td>—</td><td>石牌楼跟［民国志］</td><td>周家塘路</td></tr>
<tr><td>14</td><td>杨家塘</td><td>居民点</td><td>—</td><td>杨家塘［民国志］</td><td>杨家塘</td></tr>
<tr><td>15</td><td></td><td>居民点</td><td>—</td><td>李家塘［民国志］</td><td>—</td></tr>
<tr><td>16</td><td>芙蓉商城</td><td>居民点</td><td>—</td><td>朱家墩［民国志］</td><td>朱家塘</td></tr>
<tr><td>17</td><td></td><td>居民点</td><td>—</td><td>—</td><td>—</td></tr>
<tr><td>18</td><td>青垒头路</td><td>居民点</td><td>—</td><td>青垒台［民国志］</td><td>青垒头</td></tr>
<tr><td>19</td><td>已拆迁</td><td>居民点</td><td>—</td><td>前岙［地名档案］</td><td>前岙小区</td></tr>
<tr><td>20</td><td>已拆迁</td><td>居民点</td><td>—</td><td>黄泥头［地名档案］</td><td>黄泥头小区</td></tr>
</table>

续表

<table>
<tr><th>序号</th><th>现行名称</th><th>类别</th><th>清及清前</th><th>民国</th><th>地名志</th></tr>
<tr><td>21</td><td>大岙</td><td>居民点</td><td rowspan="11">盘屿岙[元延祐四明志][元大德志][清康熙志]</td><td>大岙[地形图]</td><td>大岙</td></tr>
<tr><td>22</td><td>杨家湾</td><td>居民点</td><td>—</td><td>杨家湾</td></tr>
<tr><td>23</td><td>大长礁</td><td>居民点</td><td>柏坑[地形图]
[民国志]</td><td>大长礁</td></tr>
<tr><td>24</td><td>外长坑</td><td>居民点</td><td>长坑[地形图]
[民国志]</td><td>外长坑</td></tr>
<tr><td>25</td><td>吕家</td><td>居民点</td><td>—</td><td>吕家</td></tr>
<tr><td>26</td><td>大龙港</td><td>居民点</td><td>大龙冈[地形图],
大龙岗[民国志]</td><td>大龙港</td></tr>
<tr><td>27</td><td>大蛇岙</td><td>居民点</td><td>大茶岙[地形图]
[民国志]</td><td>大蛇岙</td></tr>
<tr><td>28</td><td>定海岙</td><td>居民点</td><td>定汉岙[地形图]
[民国志]</td><td>定海岙</td></tr>
<tr><td>29</td><td>大南岙</td><td>居民点</td><td>大南岙[地形图]
[民国志]</td><td>大南岙</td></tr>
<tr><td>30</td><td>小南岙</td><td>居民点</td><td>小南岙[地形图]
[民国志]</td><td>小南岙</td></tr>
<tr><td>31</td><td>小蛇岙</td><td>居民点</td><td>小茶岙[地形图]
[民国志]</td><td>小蛇岙</td></tr>
<tr><td>32</td><td>已废,拆迁至小南岙</td><td>居民点</td><td>—</td><td>—</td><td>大王脚板</td></tr>
<tr><td>33</td><td>东山头</td><td>居民点</td><td>—</td><td>东山岭[地形图]
[民国志]</td><td>东山头</td></tr>
<tr><td>34</td><td>盘峙湾</td><td>居民点</td><td>—</td><td>盘屿湾[地形图]
[民国志]</td><td>盘峙湾</td></tr>
<tr><td>35</td><td>南面</td><td>居民点</td><td>—</td><td>南边[地形图]
[民国志]</td><td>南面</td></tr>
<tr><td>36</td><td>石塘岙</td><td>居民点</td><td>—</td><td>—</td><td>石塘岙</td></tr>
<tr><td>37</td><td>北面</td><td>居民点</td><td>—</td><td>—</td><td>北面</td></tr>
<tr><td>38</td><td>李家塘</td><td>居民点</td><td>—</td><td>—</td><td>李家塘</td></tr>
<tr><td>39</td><td>西蟹峙大岙</td><td>居民点</td><td>—</td><td rowspan="3">蟹屿[地形图],
西蟹屿[民国志]</td><td>大岙</td></tr>
<tr><td rowspan="2">40</td><td rowspan="2">西蟹峙小岙</td><td>居民点</td><td>—</td><td>小岙</td></tr>
<tr><td>居民点</td><td>—</td><td>猫头</td></tr>
</table>

续表

序号	现行名称	类别	清及清前	民国	地名志
41	西岠陈家	居民点	—	小渠山[地形图][民国志]	陈家
42	西岠李家	居民点	—		李家
43	东岠北岙	居民点	—	北岙[地形图][民国志]	北岙
44	东岠东岙	居民点	—	东岙[地形图][民国志]	东岙
45	东岠西岙	居民点	—	西岙[地形图][民国志]	西岙
46	刺山小岙	居民点	—	茈山[地形图]，茨山[民国志]	小岙
47	刺山中岙	居民点	—		中岙
48	摘箬北岙	居民点	—	北岙[地形图][民国志]	北岙
49	摘箬东岙	居民点	—	东岙[地形图][民国志]	东岙
50	摘箬西岙	居民点	—	南岙[地形图][民国志]	西岙
51	梅湾	居民点	大茅岙[元延祐四明志][元大德志]	梅湾[地形图]，海岙[民国志]	梅湾
52	盘峙湾	居民点		—	盘峙湾
53	紫岙	居民点		子岙[地形图][民国志]	紫岙
54	淡湖岙	居民点		—	淡湖岙
55	冷坑	居民点		—	冷坑
56	茅草岙	居民点		—	茅草岙
57	长坑	居民点		长坑岙[地形图][民国志]	长坑
58	大猫小南岙	居民点		小南岙[地形图][民国志]	小南岙
59	大猫大南岙	居民点		大南岙[地形图][民国志]	大南岙
60	庵基岗	居民点		荣石岙[地形图]，乱石岙[民国志]	庵基岗
61	乱石岗	居民点			乱石岗
62	小湾里	居民点			小湾里
63	外沙碗	居民点		—	外沙碗
64	中厂里	居民点		—	中厂里

续表

序号	现行名称	类别	清及清前	民国	地名志
65	（已废）	居民点	小茅岙［元延祐四明志］［元大德志］	—	—
66	（民国初期已废）	建筑物	定远城［清光绪志］	—	—
67	（民国初期已废）	建筑物	德威城［清光绪志］	旧德威城址［民国志］，德威城旧趾［民国志］	—
68	（民国初期已废）	建筑物	保定城［清光绪志］	葆定城旧趾［民国志］	—
69	英国坟（已迁址）	建筑物	—	英国坟地［民国志］	—
70	（已废）	建筑物	—	法国将士坟地［民国志］	—
71	（已废）	建筑物	—	保定会馆［民国志］	—
72	（已废）	建筑物	—	锦昌楼［民国志］	—
73	（已废）	建筑物	—	镇涛亭［民国志］	—
74	（已废）	建筑物	—	慕贞亭［民国志］	—
75	（已废）	建筑物	—	半路亭［民国志］	—
76	（已废）	建筑物	青雷头台［明筹海图编］［明天启志］	青垒台［民国志］	—
77	（已废）	建筑物	青雷烽堠［明筹海图编］［明天启志］	—	—
78	定海道头公园	码头	—	石灰道头［民国志］	装卸运输公司码头
79	民间码头	码头	—	沈家门航船埠头［民国志］	—
80	舟山港客运码头	码头	—	永川码头［民国志］	—
		码头	—	大道头［民国志］	—
		码头	—	远东公司码头［民国志］	—
		码头	—	益昌道头［民国志］	—
		码头	—	三北公司码头［民国志］	—
		码头	—	可贵码头［民国志］	—
		码头	—	中道头［民国志］	—
		码头	—	老公茂码头［民国志］	—
81	泥道头	码头	—	西道头	—
82	南珍桥	桥梁	—	南珍桥［民国志］	南珍桥
83	（已废）	桥梁	—	太平桥［民国志］	—

续表

序号	现行名称	类别	清及清前	民国	地名志
84	（已废）	桥梁	—	振秀桥［民国志］	—
85	胡家桥	桥梁	—	永隆桥［民国志］	通济桥
86	观音桥	桥梁	—	观音桥［民国志］	观音桥
87	徐家桥	桥梁	—	众兴桥［民国志］	徐家桥
88	乐家桥	桥梁	—	通济桥［民国志］	—
89	阜安桥	桥梁	—	阜安桥［民国志］	埠安桥
90	（已废）	桥梁	—	安定桥［民国志］	—
91	海山桥	桥梁	—	蓬莱桥［民国志］	海山桥
92	海狮桥	桥梁	—	永福桥［民国志］	—
93	增产碶桥	桥梁	—	东港桥［民国志］	增产碶桥
94	西河桥	桥梁	—	—	西河桥
95	孝娘桥	桥梁	—	—	孝娘桥
96	西河桥	桥梁	—	—	西河桥
97	金寿桥	桥梁	—	—	金寿桥
98	兴中桥	桥梁	—	—	兴中桥
99	西园桥	桥梁	—	—	西园桥
100	顾家桥	桥梁	—	—	顾家桥
101	健康桥	桥梁	—	—	健康桥
102	海泳桥	桥梁	—	—	海泳桥
103	蓬莱路桥	桥梁	—	—	蓬莱路桥
104	集市桥	桥梁	—	—	集市桥
105	群乐桥	桥梁	—	—	群乐桥
106	海滨桥	桥梁	—	—	海滨桥
107	（已废）	桥梁	—	—	法坟桥
108	（已废）	桥梁	—	—	保定桥
109	（已废）	桥梁	—	—	潘家桥
110	（已废）	桥梁	—	—	群建桥
111	（已废）	桥梁	—	—	利民桥
112	（已废）	堤堰	道头塘［清光绪志］	—	—
113	（今作路）	堤堰	东港浦东塘［清光绪志］	—	—
114	（今作路）	堤堰	东港浦西塘［清光绪志］	—	—
115	五星海塘	堤堰	盘屿塘［清康熙志］	—	五星海塘

续表

序号	现行名称	类别	清及清前	民国	地名志
116	定海岙塘	堤堰	定海塘[清康熙志]	—	定海岙塘
117	增产联碶	水闸	—	—	增产联碶
118	丰产碶	水闸	—	忠兴碶[民国志]	丰产碶
119	利民碶	水闸	—	—	利民碶
120	(已废)	水闸	盘屿碶[清康熙志]	—	—
121	定海岙碶	水闸	定海碶[清康熙志]	—	—
122	三忠祠(已迁址)	纪念地	—	三忠祠[民国志]	三忠祠
123	(已废)	宗教纪念地	道隆观[宋宝庆志][清康熙志],东岳行宫[元大德志],东岳宫[清光绪志]	东岳宫[民国志]	—
124	(已废)	宗教纪念地	—	天后宫[民国志]	—
125	(已废)	宗教纪念地	—	龙王宫[民国志]	—
126	(已废)	宗教纪念地	—	关圣殿[民国志]	—
127	(已废)	宗教纪念地	—	水仙宫[民国志]	—
128	(已废)	宗教纪念地	—	聚圣宫[民国志]	—
129	(已废)	宗教纪念地	—	土地祠[民国志]	—
130	20世纪50年代开平	山(峰)	舟山[宋宝庆志][元延祐四明志][元大德志][明天启志],观山[清康熙志][清光绪志]	观山[民国志]	道隆山
131	青垒头山	山(峰)	青垒头山[清康熙志][清光绪志],竟留头*[八省图]	青垒台	炮台岗
132	东岳宫山	山(峰)	大颡[宋乾道志],大椎山[明天启志],关山[清康熙志][清光绪志]	关山[民国志],东山[民国志]	东岳宫山
133	大猫仰天岗	山(峰)	—	—	仰天岗

续表

序号	现行名称	类别	清及清前	民国	地名志
134	大猫乌石岩山	山（峰）	—	—	乌石岩
135	大猫大平岗	山（峰）	—	—	大平岗
136	盘峙大山	山（峰）	—	—	盘峙大山
137	盘峙朝北山	山（峰）	—	—	朝北山
138	西蟹峙大山	山（峰）	—	—	西蟹峙大山
139	蟹峙猫头山	山（峰）	—	—	猫头山
140	东岠北岙大山	山（峰）	—	—	北岙大山
141	小坑岗顶	山（峰）	—	—	小坑岗顶
142	东岠朝西山	山（峰）	—	—	朝西山
143	小盘峙大山	山（峰）	—	—	大山
144	刺山牛头山	山（峰）	—	—	牛头山
145	摘箬大山	山（峰）	—	—	大山
146	摘箬横头山	山（峰）	—	—	横头山
147	摘箬练槌山	山（峰）	—	—	连柱山
148	雷头山	山（峰）	—	—	雷头
149	城中河	河流	教场浦［清光绪志］	—	南珍河
150	城西河	河流	—	—	城西河
151	（已废）	河流	—	放生池［民国志］	—
152	舟山井	水井	舟山井［元至正志］［元大德志］［明天启志］	—	—

舟山市定海区城东街道新旧地名录

（居民点和山水等陆域类地名）

<table>
<tr><th>序号</th><th>现行名称</th><th>类别</th><th>清及清前</th><th>民国</th><th>地名志</th></tr>
<tr><td>1</td><td>陆家湾</td><td>居民点</td><td>和尚湾[明天启志]</td><td>陆家湾[地形图][民国志]</td><td>陆家湾</td></tr>
<tr><td>2</td><td>洞桥头</td><td>居民点</td><td>—</td><td>—</td><td>洞桥头</td></tr>
<tr><td>3</td><td>邬家塘</td><td>居民点</td><td>—</td><td>—</td><td>邬家塘(洞桥村)</td></tr>
<tr><td>4</td><td>新桥头</td><td>居民点</td><td>—</td><td>—</td><td>新桥头</td></tr>
<tr><td>5</td><td>孔家</td><td>居民点</td><td>—</td><td>—</td><td>孔家</td></tr>
<tr><td>6</td><td>同寿坊</td><td>居民点</td><td>—</td><td>同寿酒坊[民国志]</td><td>同寿坊</td></tr>
<tr><td>7</td><td>新桥路一弄</td><td>居民点</td><td>—</td><td>—</td><td>大树下</td></tr>
<tr><td>8</td><td>大溪坑</td><td>居民点</td><td>—</td><td>—</td><td>大溪坑</td></tr>
<tr><td>9</td><td>陈家塘</td><td>居民点</td><td>—</td><td>郑家塘[地形图][民国志]</td><td>陈家塘</td></tr>
<tr><td>10</td><td>贺家塘</td><td>居民点</td><td>—</td><td>—</td><td>贺家塘</td></tr>
<tr><td>11</td><td>六份头</td><td>居民点</td><td>—</td><td rowspan="2">荷花塘[地形图][民国志]</td><td>六份头</td></tr>
<tr><td>12</td><td>(已废)</td><td>居民点</td><td>—</td><td>五份头</td></tr>
<tr><td>13</td><td>外山头</td><td>居民点</td><td>—</td><td>—</td><td>外山头</td></tr>
<tr><td>14</td><td rowspan="3">土城墩路</td><td>居民点</td><td>—</td><td>土城顶[地形图][民国志],土城墩[民国志]</td><td>土城墩</td></tr>
<tr><td rowspan="2">15</td><td rowspan="2">居民点</td><td rowspan="2">—</td><td>胡家塘[民国志]</td><td>—</td></tr>
<tr><td>—</td><td>屋上墩</td></tr>
<tr><td>16</td><td>属蟠洋山路的一部分</td><td>居民点</td><td>—</td><td>—</td><td>王家塘(胜利)</td></tr>
<tr><td>17</td><td>孙家塘</td><td>居民点</td><td>—</td><td>—</td><td>孙家塘</td></tr>
<tr><td>18</td><td rowspan="3">庙后头陈家</td><td>居民点</td><td>—</td><td>—</td><td>老沈家塘</td></tr>
<tr><td>19</td><td>居民点</td><td>—</td><td>—</td><td>曹家</td></tr>
<tr><td>20</td><td>居民点</td><td>—</td><td>—</td><td>庙后头陈家</td></tr>
<tr><td>21</td><td>紫竹坑</td><td>居民点</td><td>—</td><td>—</td><td>紫竹坑</td></tr>
</table>

续表

<table>
<tr><th>序号</th><th>现行名称</th><th>类别</th><th colspan="2">清及清前</th><th>民国</th><th>地名志</th></tr>
<tr><td rowspan="2">22</td><td rowspan="2">昌东路</td><td rowspan="2">居民点</td><td colspan="2" rowspan="2">—</td><td>邬家塘[民国志]</td><td rowspan="2">邬家塘(胜利村)</td></tr>
<tr><td>石家塘</td></tr>
<tr><td rowspan="2">23</td><td rowspan="2">伴云路</td><td>居民点</td><td colspan="2">—</td><td>—</td><td>沈家塘</td></tr>
<tr><td>居民点</td><td colspan="2">伴云庵[清光绪志]</td><td>伴云庵[民国志]</td><td>伴云庵</td></tr>
<tr><td>24</td><td>青云桥</td><td>居民点</td><td colspan="2">—</td><td>张家墩[民国志]</td><td>青云桥</td></tr>
<tr><td>25</td><td>枫树湾</td><td>居民点</td><td rowspan="28">杨岙[元延祐四明志][元大德志]</td><td>枫树湾[清康熙志][清光绪志]</td><td>—</td><td>枫树湾</td></tr>
<tr><td>26</td><td>长湾</td><td>居民点</td><td rowspan="7">—</td><td rowspan="7">杨岙[地形图]</td><td>长湾</td></tr>
<tr><td>27</td><td>弄堂口</td><td>居民点</td><td>弄堂口</td></tr>
<tr><td>28</td><td>张柏房</td><td>居民点</td><td>张柏房</td></tr>
<tr><td>29</td><td>溪坑头</td><td>居民点</td><td>溪坑头</td></tr>
<tr><td>30</td><td>西湾</td><td>居民点</td><td>西湾</td></tr>
<tr><td>31</td><td>大地爿</td><td>居民点</td><td>大地爿</td></tr>
<tr><td>32</td><td>刘家嘴</td><td>居民点</td><td>刘家嘴</td></tr>
<tr><td rowspan="2">33</td><td rowspan="2">杨家塘</td><td rowspan="2">居民点</td><td rowspan="6">小杨岙[明天启志],小洋岙[清康熙志]</td><td rowspan="6">小杨岙[地形图][民国志]</td><td>上杨家</td></tr>
<tr><td>下杨家</td></tr>
<tr><td>34</td><td>胖塚山头</td><td>居民点</td><td>胖塚山头</td></tr>
<tr><td>35</td><td>里山头</td><td>居民点</td><td>里山头</td></tr>
<tr><td>36</td><td>傅家</td><td>居民点</td><td>傅家</td></tr>
<tr><td>37</td><td>周家</td><td>居民点</td><td>周家</td></tr>
<tr><td>38</td><td>毕家湾</td><td>居民点</td><td>—</td><td>毕家湾[民国志]</td><td>—</td></tr>
<tr><td>39</td><td>下张家</td><td>居民点</td><td rowspan="13">大杨岙[明天启志],大洋岙[清康熙志]</td><td rowspan="13">大羊岙[地形图],大杨岙[民国志]</td><td>下张家</td></tr>
<tr><td>40</td><td>上张家</td><td>居民点</td><td>上张家</td></tr>
<tr><td>41</td><td>徐家</td><td>居民点</td><td>徐家</td></tr>
<tr><td>42</td><td>好岸山嘴</td><td>居民点</td><td>好岸山嘴</td></tr>
<tr><td>43</td><td>邱家</td><td>居民点</td><td>邱家</td></tr>
<tr><td>44</td><td>玉兰桥</td><td>居民点</td><td>方家(大洋岙)</td></tr>
<tr><td>45</td><td>下金家</td><td>居民点</td><td>下金家</td></tr>
<tr><td>46</td><td>上金家</td><td>居民点</td><td>上金家</td></tr>
<tr><td>47</td><td>鸿毛湾</td><td>居民点</td><td>鸿毛湾</td></tr>
<tr><td>48</td><td>杨家</td><td>居民点</td><td>杨家</td></tr>
<tr><td>49</td><td>胡家</td><td>居民点</td><td>胡家</td></tr>
<tr><td>50</td><td>范家</td><td>居民点</td><td>范家</td></tr>
<tr><td>51</td><td>翁家</td><td>居民点</td><td>翁家</td></tr>
<tr><td>52</td><td>盛家塘</td><td>居民点</td><td colspan="2">—</td><td>盛家塘[民国志]</td><td>盛家塘</td></tr>
</table>

续表

序号	现行名称	类别	清及清前	民国	地名志
53	庙湾	居民点	—	—	庙湾
54	畚金路	居民点	—	—	畚斗岙
55	（已废）	居民点	—	赵家墩［民国志］	赵家墩
56	大碶路	居民点	东江［元延祐四明志］［元大德志］	碶豆［地形图］，溪头［民国志］	大碶
57	小碶跟	居民点			碶桥头
		居民点			郑家
		居民点			小碶桥头
58	油车跟路	居民点	—	—	油车跟
		居民点	—	—	钱家塘
		居民点	—	—	张家（小碶）
59	属蓬莱路的一部分	居民点	—	—	老林家
		居民点	—	新林家	新林家
		居民点	—	—	王家塘（小碶）
		居民点	—	—	林家塘
60	陈家塘	居民点	—	郑家塘［地形图］	陈家塘
61	吴家塘	居民点	—	—	吴家塘
62	野猫桥头	居民点	—	—	野猫桥头
63	颜家峧路	居民点	—	—	中峧
		居民点	—	—	颜家峧
		居民点	—	—	潘家
		居民点	—	—	大岙
		居民点	—	—	大井跟
64	属增产支路的一部分	居民点	—	—	方家
65	东港浦新村	居民点	—	里东港浦［民国志］	—
		居民点	—	外东港浦［民国志］	—
66	青云桥	桥梁	—	青云桥［民国志］	清云桥
67	洞桥	桥梁	—	寿康桥［地形图］［民国志］	洞桥
68	新桥	桥梁	—	广裕桥［地形图］［民国志］	新桥
69	（已废）	桥梁	—	东港桥［民国志］	—

续表

序号	现行名称	类别	清及清前	民国	地名志
70	（已废）	桥梁	—	振秀桥［民国志］	—
71	新河桥	桥梁	—	东美桥［民国志］	东美桥
72	解放桥	桥梁	—	—	解放桥
73	东港浦桥	桥梁	—	—	东港浦桥
74	带月桥	桥梁	—	—	东港北桥
75	小洞桥	桥梁	—	—	小洞桥
76	小碶跟桥	桥梁	—	—	小碶跟桥
77	横河桥	桥梁	—	—	横河桥
78	横河东桥	桥梁	—	—	横河东桥
79	外青云桥	桥梁	—	—	外青云桥
80	昌东桥	桥梁	—	—	昌东桥
81	东河桥	桥梁	—	—	东河桥
82	银桥	桥梁	—	—	银桥
83	（已废）	建筑物	青雷堠［明天启志］，青垒台［清康熙志］	—	—
84	（已废）	水闸	—	王家碶，黄家碶［民国志］	—
85	增产碶	水闸	东港碶［清康熙志］	东港碶［民国志］	增产碶
86	（已废）	水闸	甬东碶［元大德志］	小碶［地名档案］	—
87	厉浦清庙	宗教纪念地	蛎浦清庙［清康熙志］	蛎浦清庙，西浦 庙［民国志］	—
88	（已废）	宗教纪念地	青庙［清康熙志］	—	—
89	（已废）	宗教纪念地	伴云庵［清光绪志］	伴云庵［民国志］	—
90	坛聚庙	宗教纪念地	坛聚庙［清康熙志］［清光绪志］	坛聚庙［民国志］	—
91	（已废）	宗教纪念地	福德庙［清光绪志］	福德祠［民国志］	—
92	西溪岭	古道	西碶岭［明天启志］	西碶岭［地形图］［民国志］	西溪岭
93	长岗山	山（峰）	长冈山［清康熙志］［清光绪志］	长岗山［地形图］［民国志］	长岗山
94	东长岗	山（峰）	东长冈［清康熙志］［清光绪志］	东长岗［地形图］	东长岗

续表

序号	现行名称	类别	清及清前	民国	地名志
95	大尖头峰	山(峰)	—	大尖头[地形图][民国志]	大尖头峰
96	蟠洋山	山(峰)	无様山[清康熙志][清光绪志]	无样山[地形图]	蟠洋山
97	白虎山	山(峰)	—	—	白虎山
98	黄猫山	山(峰)	—	—	黄猫山
99	老鹰岩山	山(峰)	—	横山岗[地形图][民国志]	老鹰岩岗
100	狮子山	山(峰)	—	—	—
101	牛头山	山(峰)	—	虎山[地形图]	—
102	五虎山	山(峰)	—	五虎山[民国志]	虎山
103	楼下山	山(峰)	—	—	楼下山
104	青垒头山	山(峰)	青雷头山[明天启志],青雷头[清康熙志]	青垒台[地形图]	—
105	火龙岗	山(峰)	—	—	火龙岗
106	十八湾	山(峰)	—	—	十八湾
107	洋岙山	山(峰)	杨岙山[清康熙志]	—	洋岙山
108	城东河	河流	—	东港浦[民国志]	城东河
109	洋岙河	河流	—	—	洋岙河
110	新河	河流	—	—	新河

舟山市定海区盐仓街道新旧地名录

（居民点和山水等陆域类地名）

序号	现行名称	类别	清及清前	民国	地名志
1	叉河	地片	颂河古城[宋宝庆志]小颂河[元延祐四明志][元大德志]，颂河岙[清康熙志]，颂河庄[清光绪志]	—	颂河
2	大樟树下	居民点	—	—	大樟树下
3	长春李家	居民点	—	—	李家
4	姚家	居民点	—	—	姚家
5	江夹岙	居民点	—	—	江夹岙
6	颜家	居民点	—	—	颜家
7	长春岭	居民点	长青岭[明天启志][清康熙志]，[清光绪志]长春岭[清光绪志]	长清岭[地形图]	长春岭
8	芝麻山	居民点	—	—	芝麻山
9	六份头	居民点	—	—	六份头
10	徐家	居民点	—	—	徐家
11	南洞坑干家	居民点	—	—	南洞坑干家
12	长春陈家	居民点	—	陈家[地形图][民国志]	陈家
13	蒋家	居民点	—	—	蒋家
14	韩家	居民点	—	—	韩家
15	干家	居民点	—	—	干家
16	对山	居民点	—	—	对山
17	吴家	居民点	—	—	吴家
18	已废，1965 年因建长春岭水库迁到大樟树下	居民点	—	—	高墩

续表

<table>
<tr><th>序号</th><th>现行名称</th><th>类别</th><th colspan="2">清及清前</th><th>民国</th><th>地名志</th></tr>
<tr><td>19</td><td>蔡家墩</td><td>居民点</td><td colspan="2">—</td><td>—</td><td>蔡家墩</td></tr>
<tr><td>20</td><td>凉水井</td><td>居民点</td><td colspan="2">—</td><td>—</td><td>凉水井</td></tr>
<tr><td>21</td><td>夏家</td><td>居民点</td><td rowspan="8">野岙［明天启志］</td><td rowspan="3">—</td><td>—</td><td>夏家</td></tr>
<tr><td>22</td><td>俞家</td><td>居民点</td><td>—</td><td>俞家</td></tr>
<tr><td>23</td><td>雅岙岭下姚家</td><td>居民点</td><td>—</td><td>雅岙岭下姚家</td></tr>
<tr><td>24</td><td>坝桥邵家</td><td>居民点</td><td rowspan="2">坝桥［清康熙志］［清光绪志］</td><td rowspan="2">坝桥［民国志］</td><td>坝桥邵家</td></tr>
<tr><td>25</td><td>坝桥王</td><td>居民点</td><td>坝桥王</td></tr>
<tr><td>26</td><td>舟胜高墙门</td><td>居民点</td><td>—</td><td>—</td><td>高墙门</td></tr>
<tr><td>27</td><td>抱鸡山下</td><td>居民点</td><td>—</td><td>—</td><td>抱鸡山下</td></tr>
<tr><td>28</td><td>窑里</td><td>居民点</td><td>—</td><td>—</td><td>窑里</td></tr>
<tr><td>29</td><td>蔡家</td><td>居民点</td><td colspan="2" rowspan="6">茅岭岙［清康熙志］</td><td>—</td><td>蔡家</td></tr>
<tr><td>30</td><td>武家</td><td>居民点</td><td>—</td><td>武家</td></tr>
<tr><td>31</td><td>周家</td><td>居民点</td><td>—</td><td>周家</td></tr>
<tr><td>32</td><td>三岔路口</td><td>居民点</td><td>—</td><td>三岔路口</td></tr>
<tr><td>33</td><td>茅岭墩刘家</td><td>居民点</td><td>—</td><td>茅岭墩刘家</td></tr>
<tr><td>34</td><td>茅岭</td><td>地片</td><td>—</td><td>茅岭</td></tr>
<tr><td>35</td><td>湾里</td><td></td><td colspan="2"></td><td></td><td>湾里</td></tr>
<tr><td>36</td><td>柯家</td><td>居民点</td><td colspan="2">—</td><td>—</td><td>柯家</td></tr>
<tr><td>37</td><td>刘家</td><td>居民点</td><td colspan="2">—</td><td>颂河刘家
［地形图］［民国志］</td><td>刘家</td></tr>
<tr><td>38</td><td>唐家</td><td>居民点</td><td colspan="2">—</td><td>—</td><td>唐家</td></tr>
<tr><td>39</td><td>桥头</td><td>居民点</td><td colspan="2">—</td><td>—</td><td>桥头</td></tr>
<tr><td>40</td><td>何家</td><td>居民点</td><td colspan="2">—</td><td>—</td><td>何家</td></tr>
<tr><td>41</td><td>陶家</td><td>居民点</td><td colspan="2">—</td><td>—</td><td>陶家</td></tr>
<tr><td>42</td><td>中管庙边</td><td>居民点</td><td colspan="2">中管庙［清康熙志］</td><td>—</td><td>中管庙边</td></tr>
<tr><td>43</td><td>龙皇堂</td><td>居民点</td><td colspan="2">龙王堂［清康熙志］</td><td>—</td><td>龙皇堂</td></tr>
<tr><td>44</td><td>上谢家</td><td>居民点</td><td colspan="2">—</td><td>—</td><td>上谢家</td></tr>
<tr><td>45</td><td>已废，1977 年因建虹桥水库迁到新村</td><td>居民点</td><td colspan="2">—</td><td>—</td><td>下姚家</td></tr>
<tr><td>46</td><td>已废，1977 年因建虹桥水库迁到新村</td><td>居民点</td><td colspan="2">—</td><td>—</td><td>碾子湾</td></tr>
</table>

续表

序号	现行名称	类别	清及清前	民国	地名志
47	张家	居民点	—	—	张家
48	冯家	居民点	—	—	冯家
49	小山岗	居民点	—	—	小山岗
50	高山墩	居民点	—	高山顶[地形图][民国志]	高山墩
51	西鸣陈家	居民点	—	—	陈家
52	庙山	居民点	—	—	庙山
53	毛家	居民点	—	—	毛家
54	已废,1978 年因建虹桥水库迁到新村	居民点	谢家岙[清康熙志]	—	谢家
56	已废,1977 年因建虹桥水库迁到新村	居民点	—	—	罗家
57	徐家	居民点	—	徐家[地形图][民国志]	徐家
58	高屋里	居民点	小泉岙[元延祐四明志][元大德志][明天启志][清康熙志]	—	高屋里
59	岙里王	居民点		—	岙里王
60	邵家	居民点		—	邵家
61	黄家唐	居民点		—	黄家唐
62	刘家	居民点		—	刘家
63	郑家	居民点		—	郑家
64	岐里	居民点		—	岐里
65	杜家	居民点		—	杜家
66	石明堂李家	居民点		—	石明堂李家
67	四户头	居民点		—	四户头
68	小船岙	居民点		后宇岙[地形图][民国志]	小船岙
69	已废,1959 年因建黄家岐水库迁至邵家	居民点	—	—	潘家
70	后高田	居民点	—	—	后高田
71	前高田	居民点	—	—	前高田
72	钱家	居民点	—	—	钱家
73	虹桥李家	居民点	—	—	虹桥李家

续表

<table>
<tr><th>序号</th><th>现行名称</th><th>类别</th><th>清及清前</th><th>民国</th><th>地名志</th></tr>
<tr><td>74</td><td>毛竹园张家</td><td>居民点</td><td>—</td><td>—</td><td>毛竹园张家</td></tr>
<tr><td rowspan="2">75</td><td rowspan="2">黄泥岙</td><td rowspan="2">居民点</td><td rowspan="2">—</td><td rowspan="2">—</td><td>黄泥岙</td></tr>
<tr><td>潘家
（已并入黄泥岙）</td></tr>
<tr><td>76</td><td>庙湾里</td><td>居民点</td><td>—</td><td>—</td><td>庙湾里</td></tr>
<tr><td>77</td><td>下张家</td><td>居民点</td><td>—</td><td>—</td><td>下张家</td></tr>
<tr><td>78</td><td>方家</td><td>居民点</td><td>—</td><td>—</td><td>方家</td></tr>
<tr><td>79</td><td>上张家</td><td>居民点</td><td>—</td><td>—</td><td>上张家</td></tr>
<tr><td>80</td><td>汤家</td><td>居民点</td><td>—</td><td>—</td><td>汤家</td></tr>
<tr><td>81</td><td>青岭李家</td><td>居民点</td><td>—</td><td>—</td><td>李家</td></tr>
<tr><td>82</td><td>胡家</td><td>居民点</td><td>—</td><td>—</td><td>胡家</td></tr>
<tr><td>83</td><td>周家</td><td>居民点</td><td>—</td><td>—</td><td>周家</td></tr>
<tr><td>84</td><td>朱家塘</td><td>居民点</td><td>—</td><td>朱家[地形图][民国志]</td><td>朱家塘</td></tr>
<tr><td>85</td><td>上湾周家</td><td>居民点</td><td>—</td><td>—</td><td>上湾周家</td></tr>
<tr><td>86</td><td>励家墩</td><td>居民点</td><td>—</td><td>厉家塘[地形图]
[民国志]</td><td>励家墩</td></tr>
<tr><td>87</td><td>小岭下</td><td>居民点</td><td>—</td><td>—</td><td>小岭下</td></tr>
<tr><td>88</td><td>林家</td><td>居民点</td><td>—</td><td>—</td><td>林家</td></tr>
<tr><td>89</td><td>叶家</td><td>居民点</td><td>—</td><td>—</td><td>叶家</td></tr>
<tr><td>90</td><td>费家</td><td>居民点</td><td>—</td><td>—</td><td>费家</td></tr>
<tr><td>91</td><td>钱家</td><td>居民点</td><td>—</td><td>钱家[地形图][民国志]</td><td>钱家</td></tr>
<tr><td>92</td><td>风箱墩</td><td>居民点</td><td>—</td><td>—</td><td>风箱墩</td></tr>
<tr><td>93</td><td>新桥头</td><td>居民点</td><td>—</td><td>—</td><td>新桥头</td></tr>
<tr><td>94</td><td>新林家</td><td>居民点</td><td>—</td><td>—</td><td>新林家</td></tr>
<tr><td rowspan="2">95</td><td rowspan="2">墩头王</td><td rowspan="2">居民点</td><td>墩头王[清光绪志]</td><td>墩头王[地形图]，
鳌头王[民国志]</td><td>墩头王</td></tr>
<tr><td>—</td><td>—</td><td>外塘(1958 年
迁到墩头王)</td></tr>
<tr><td>96</td><td>花园墩</td><td>居民点</td><td>—</td><td>—</td><td>花园墩</td></tr>
<tr><td>97</td><td>半塘里</td><td>居民点</td><td>—</td><td>—</td><td>半塘里</td></tr>
<tr><td>98</td><td>潘家</td><td>居民点</td><td>—</td><td>—</td><td>潘家</td></tr>
<tr><td>99</td><td>桥头山</td><td>居民点</td><td>—</td><td>—</td><td>桥头山</td></tr>
</table>

续表

<table>
<tr><th>序号</th><th>现行名称</th><th>类别</th><th colspan="2">清及清前</th><th>民国</th><th>地名志</th></tr>
<tr><td>100</td><td>老碶头</td><td>居民点</td><td colspan="2">—</td><td>老溪头[地形图]
[民国志]</td><td>老碶头</td></tr>
<tr><td>101</td><td>洞井王</td><td>居民点</td><td colspan="2">—</td><td>童金湾[地形图]
[民国志]</td><td>洞井王</td></tr>
<tr><td>102</td><td>徐家</td><td>居民点</td><td colspan="2">—</td><td>—</td><td>徐家</td></tr>
<tr><td>103</td><td>胡家</td><td>居民点</td><td colspan="2">—</td><td>—</td><td>胡家</td></tr>
<tr><td>104</td><td>山头王</td><td>居民点</td><td colspan="2">—</td><td>—</td><td>山头王</td></tr>
<tr><td rowspan="4">105</td><td rowspan="4">王家</td><td rowspan="4">居民点</td><td colspan="2" rowspan="4">—</td><td rowspan="4">—</td><td>王家</td></tr>
<tr><td>庄家(1961 年并入王家)</td></tr>
<tr><td>张家(1961 年并入王家)</td></tr>
<tr><td>老王家(1961 年并入王家)</td></tr>
<tr><td>106</td><td>林家湾</td><td>居民点</td><td colspan="2">林家湾[清光绪志]</td><td>—</td><td>林家湾</td></tr>
<tr><td>107</td><td>张家墩</td><td>居民点</td><td colspan="2"></td><td>—</td><td>张家墩</td></tr>
<tr><td>108</td><td>晓峰桥头</td><td>居民点</td><td rowspan="3">晓峰岙[元延祐四明志][元大德志]</td><td>—</td><td>—</td><td>晓峰桥头</td></tr>
<tr><td>109</td><td>晓峰岭下</td><td>居民点</td><td>—</td><td>—</td><td>晓峰岭下</td></tr>
<tr><td>110</td><td>里湾</td><td>居民点</td><td>—</td><td>蒋家湾[地形图]</td><td>里湾</td></tr>
<tr><td rowspan="2">111</td><td rowspan="2">獭山</td><td rowspan="2">居民点</td><td colspan="2" rowspan="2">獭山[清光绪志]</td><td rowspan="2">—</td><td>獭山</td></tr>
<tr><td>凉子里(1961 年并入獭山)</td></tr>
<tr><td>112</td><td>娄家</td><td>居民点</td><td colspan="2">—</td><td>—</td><td>娄家</td></tr>
<tr><td>113</td><td>江家</td><td>居民点</td><td colspan="2">—</td><td>—</td><td>江家</td></tr>
<tr><td>114</td><td>上新村</td><td>居民点</td><td colspan="2">—</td><td>—</td><td>上新村</td></tr>
<tr><td>115</td><td>(已废)</td><td>居民点</td><td colspan="2">—</td><td>—</td><td>外阮家</td></tr>
</table>

续表

<table>
<tr><th>序号</th><th>现行名称</th><th>类别</th><th>清及清前</th><th colspan="2">民国</th><th>地名志</th></tr>
<tr><td>116</td><td>（已废）</td><td>居民点</td><td>—</td><td>—</td><td>郭家</td><td rowspan="8">1977 年因建虹桥水库迁到新村</td></tr>
<tr><td>117</td><td>（已废）</td><td>居民点</td><td>—</td><td>—</td><td>张家</td></tr>
<tr><td>118</td><td>（已废）</td><td>居民点</td><td>—</td><td>—</td><td>鲍家</td></tr>
<tr><td>119</td><td>（已废）</td><td>居民点</td><td>—</td><td>徐家［地形图］［民国志］</td><td>徐家</td></tr>
<tr><td>120</td><td>（已废）</td><td>居民点</td><td>—</td><td>—</td><td>沈家</td></tr>
<tr><td>121</td><td>（已废）</td><td>居民点</td><td>—</td><td>俞家［地形图］［民国志］</td><td>洞桥里</td></tr>
<tr><td>122</td><td>（已废）</td><td>居民点</td><td>—</td><td>—</td><td>牛肚湾</td></tr>
<tr><td>123</td><td>（已废）</td><td>居民点</td><td>—</td><td>—</td><td>王家</td></tr>
<tr><td>124</td><td>（已废）</td><td>居民点</td><td>—</td><td>—</td><td>陈家</td><td></td></tr>
<tr><td>125</td><td>大井头</td><td>居民点</td><td>—</td><td colspan="2">大井头［地形图］［民国志］</td><td>大井头</td></tr>
<tr><td>126</td><td>海龙李家</td><td>居民点</td><td>—</td><td colspan="2">—</td><td>李家</td></tr>
<tr><td>127</td><td>海口</td><td>居民点</td><td>—</td><td colspan="2">—</td><td>海口</td></tr>
<tr><td>128</td><td>寺湾里</td><td>居民点</td><td>—</td><td colspan="2">寺湾里［地形图］［民国志］</td><td>寺湾里</td></tr>
<tr><td>129</td><td>螺头岭朱家</td><td>居民点</td><td>—</td><td colspan="2">—</td><td>朱家</td></tr>
<tr><td>130</td><td>屠家</td><td>居民点</td><td>—</td><td colspan="2">—</td><td>屠家</td></tr>
<tr><td>131</td><td>螺头岭下</td><td>居民点</td><td>—</td><td colspan="2">狮子塘［民国志］</td><td>螺头岭下</td></tr>
<tr><td>132</td><td>下岙</td><td>居民点</td><td>—</td><td colspan="2">—</td><td>下岙</td></tr>
<tr><td>133</td><td>螺头王</td><td>居民点</td><td>螺头岙［元大德志］，螺峰［明成化宁波府简要志］，螺头岙［明天启志］</td><td colspan="2">—</td><td>螺头王</td></tr>
<tr><td>134</td><td>湾里头</td><td>居民点</td><td>—</td><td colspan="2">—</td><td>湾里头</td></tr>
<tr><td>135</td><td>井潭湾</td><td>居民点</td><td>井潭湾［清光绪志］</td><td colspan="2">—</td><td>井潭湾</td></tr>
<tr><td>136</td><td>谢家</td><td>居民点</td><td>—</td><td colspan="2">—</td><td>谢家</td></tr>
<tr><td>137</td><td>螺头高墙门</td><td>居民点</td><td>—</td><td colspan="2">—</td><td>高墙门</td></tr>
<tr><td>138</td><td>许家</td><td>居民点</td><td>—</td><td colspan="2">—</td><td>许家</td></tr>
<tr><td>139</td><td>丁家礁</td><td>居民点</td><td>丁家礁［元大德志］［明天启志］［清康熙志］［清光绪志］</td><td colspan="2">丁寡妇礁［民国志］</td><td>寡妇礁</td></tr>
<tr><td>140</td><td>平岩头</td><td>居民点</td><td>平岩屿［清光绪志］</td><td colspan="2">—</td><td>平岩头</td></tr>
</table>

续表

<table>
<tr><th>序号</th><th>现行名称</th><th>类别</th><th colspan="2">清及清前</th><th>民国</th><th>地名志</th></tr>
<tr><td rowspan="2">141</td><td rowspan="2">司前</td><td rowspan="2">居民点</td><td rowspan="15">螺头岙[明天启志][清康熙志]</td><td rowspan="6">—</td><td rowspan="2">里洋螺[地形图][民国志]</td><td>司前</td></tr>
<tr><td>董家</td></tr>
<tr><td>142</td><td>董家</td><td>居民点</td><td>—</td><td>应家</td></tr>
<tr><td rowspan="3">143</td><td rowspan="3">应家</td><td>居民点</td><td rowspan="3">—</td><td rowspan="2">王家(1961年并入应家)</td></tr>
<tr><td>居民点</td></tr>
<tr><td>居民点</td><td>小黄沙(1986年并入应家)</td></tr>
<tr><td>144</td><td>老鲁家</td><td>居民点</td><td>—</td><td>—</td><td>老鲁家</td></tr>
<tr><td>145</td><td>关头山</td><td>居民点</td><td>—</td><td>—</td><td>关头山</td></tr>
<tr><td>146</td><td>黄沙</td><td>居民点</td><td rowspan="2">黄沙[清光绪志]</td><td rowspan="2">黄沙村[地形图][民国志]</td><td>黄沙</td></tr>
<tr><td>147</td><td>大黄沙</td><td>居民点</td><td>大黄沙</td></tr>
<tr><td rowspan="2">148</td><td rowspan="2">小洋螺</td><td>居民点</td><td rowspan="2">—</td><td rowspan="2">外洋螺[地形图][民国志]</td><td>小洋螺</td></tr>
<tr><td>居民点</td><td>外塘(1989年并入小洋螺)</td></tr>
<tr><td>149</td><td>三坟潭应家</td><td>居民点</td><td>—</td><td>—</td><td>三坟潭应家</td></tr>
<tr><td>150</td><td>独丘岭董家</td><td>居民点</td><td>—</td><td>—</td><td>独丘岭董家</td></tr>
<tr><td>151</td><td>外螺头</td><td>居民点</td><td>—</td><td>—</td><td>外螺头</td></tr>
<tr><td>152</td><td>盐仓</td><td>地片</td><td colspan="2">盐仓岙[明天启志][清康熙志]</td><td>—</td><td>盐仓</td></tr>
<tr><td>153</td><td>虹桥</td><td>桥梁</td><td colspan="2">虹桥[元大德志][明天启志][清康熙志][清光绪志]</td><td>虹桥[地形图][民国志]</td><td>虹桥</td></tr>
<tr><td>154</td><td>(已废)</td><td>桥梁</td><td colspan="2">三板桥[清康熙志]</td><td>—</td><td>1977年因建虹桥水库淹没</td></tr>
<tr><td>155</td><td>坝桥</td><td>桥梁</td><td colspan="2">坝桥[清康熙志][清光绪志]</td><td>坝桥[民国志]</td><td>坝桥</td></tr>
<tr><td>156</td><td>晓峰桥</td><td>桥梁</td><td colspan="2">晓峰桥[元大德志][明天启志][清康熙志][清光绪志]</td><td>—</td><td>晓峰桥</td></tr>
<tr><td>157</td><td>板桥</td><td>桥梁</td><td colspan="2">板桥[清光绪志]</td><td>—</td><td>—</td></tr>
<tr><td>158</td><td>林家桥</td><td>桥梁</td><td colspan="2">林家桥[清光绪志]</td><td>—</td><td>—</td></tr>
<tr><td>159</td><td>(无考)</td><td>桥梁</td><td colspan="2">新桥[清光绪志]</td><td>—</td><td>—</td></tr>
<tr><td>160</td><td>(无考)</td><td>桥梁</td><td colspan="2">五世桥[清光绪志]</td><td>—</td><td>—</td></tr>
</table>

续表

序号	现行名称	类别	清及清前	民国	地名志
161	（无考）	桥梁	永镇桥[清光绪志]	永镇桥[地形图][民国志]	—
162	（无考）	桥梁	谢家桥[清光绪志]	谢家桥[地形图]	—
163	（无考）	桥梁	永安桥[清光绪志]	永安桥[民国志]	—
164	（无考）	桥梁	洞桥[清光绪志]	—	—
165	（无考）	桥梁	吕家桥[清光绪志]	吕家桥[民国志]	—
166	（无考）	桥梁	周家桥[清光绪志]	—	—
167	（无考）	桥梁	老桥[清光绪志]	—	—
168	（无考）	桥梁	袾樣桥[清光绪志]	—	—
169	（无考）	桥梁	干林桥[清光绪志]	—	—
170	（无考）	桥梁	定三桥[清光绪志]	定三桥[地形图][民国志]	—
171	（已废）	盐场	晓峰盐场[元大德志]	—	—
172	（已废）	堤堰	谢衙塘[清康熙志]	—	—
173	（已废）	堤堰	小山塘[清康熙志]	—	—
174	（已废）	堤堰	凉水塘[清康熙志]	—	—
175	（已废）	堤堰	赵家塘[清光绪志]	赵家塘[民国志]	—
176	（已废）	堤堰	犁头塘[明天启志][清康熙志][清光绪志]	犁头塘[民国志]	—
177	（已废）	堤堰	永丰塘[清光绪志]	永丰塘[民国志]	—
178	（已废）	堤堰	新塘[清光绪志]	新塘[民国志]	—
179	（已废）	堤堰	晓峰塘[明天启志][清康熙志]	—	—
180	（已废）	堤堰	大塘[清光绪志]	大塘[民国志]	—
181	（已废）	堤堰	虎山下塘[清光绪志]	虎山下塘[民国志]	—
182	（已废）	堤堰	许家塘[清光绪志]	许家塘[民国志]	—
183	（已废）	堤堰	司前塘[清光绪志]	司前塘[民国志]	—
184	（已废）	堤堰	洋螺塘[清光绪志]	洋螺塘[民国志]	—
185	（已废）	堤堰	小洋螺塘[清光绪志]	小洋螺塘[民国志]	—
186	（已废）	堤堰	螺头塘[清光绪志]	螺头塘[民国志]	—
187	（已废）	堤堰	光辉塘[清光绪志]	光辉塘[民国志]	—

续表

序号	现行名称	类别	清及清前	民国	地名志
188	(已废)	堤堰	陈家塘[清光绪志]	陈家塘[民国志]	—
189	(已废)	堤堰	六十亩塘[清光绪志]	六十亩塘[民国志]	—
190	(已废)	堤堰	野岙塘[明天启志][清康熙志]	—	—
191	(已废)	水闸	螺头碶[明天启志][清康熙志][清光绪志]	螺头碶[民国志]	—
190	(已废)	水闸	平岩碶[清光绪志][民国志]	平岩碶[民国志]	—
191	(已废)	水闸	晓峰碶[明天启志][清康熙志][清光绪志]	晓峰碶[民国志]	—
192	(已废)	水闸	永丰碶[清光绪志]	永丰碶[民国志]	—
193	止善亭	建筑物	止善亭[清光绪志]	—	止善亭
194	(已废)	建筑物	茅岭亭[清光绪志]	—	—
195	(已废)	建筑物	螺头堠[明筹海图编][明天启志],螺头台[清康熙志][清光绪志]	—	—
196	(已废)	建筑物	螺峰巡检司(城)[明成化宁波府简要志]	—	—
197	(已废)	建筑物	晓峰堠[明筹海图编][明天启志],晓峰台[清康熙志][清光绪志]	晓峰台[民国志]	—
198	(已废)	建筑物	永清炮台[清光绪志]	—	—
199	龙皇堂	宗教纪念地	龙王堂[清康熙志],谢龙王庙[清光绪志]	谢龙王庙[民国志]	—
200	聚盆庙	宗教纪念地	聚盆庙[清康熙志][清光绪志]	聚盆庙[民国志]	—
201	中管庙	宗教纪念地	中管庙[清康熙志],老中管庙[清光绪志]	老中管庙[民国志]	—
202	(已废)	宗教纪念地	新中管庙[清光绪志]	新中管庙[民国志]	—

续表

序号	现行名称	类别	清及清前	民国	地名志
203	老白鹤庙	宗教纪念地	白鹤庙[清康熙志],老白鹤庙[清光绪志]	老白鹤庙[民国志]	—
204	新白鹤庙	宗教纪念地	新白鹤庙[清光绪志]	新白鹤庙[民国志]	—
205	(已废)	宗教纪念地	太平庵[清康熙志][清光绪志]	—	—
206	(已废)	宗教纪念地	土地庙[清康熙志]	—	—
207	埠头庙	宗教纪念地	埠头庙[清康熙志][清光绪志]	埠头庙[民国志]	—
208	莲花庙	宗教纪念地	莲花庙[清康熙志][清光绪志]	莲花庙[民国志]	—
209	茅岭庵	宗教纪念地	茅岭庵[清康熙志],吉庆庵[清光绪志]	—	—
210	东照寺	宗教纪念地	东照庵[清康熙志][清光绪志]	东照庵[民国志]	—
211	螺头庙	宗教纪念地	螺头庙[清康熙志][清光绪志]	螺头庙[民国志]	—
212	乌石庙	宗教纪念地	乌石庙[清康熙志][清光绪志]	乌石庙[民国志]	—
213	林家湾庙	宗教纪念地	林家湾庙[清光绪志]	林家湾庙[民国志]	—
214	(已废)	宗教纪念地	风郎庙[清光绪志]	风郎庙[民国志]	—
215	文公庙	宗教纪念地	文公庙[清光绪志]	—	—
216	(已废)	宗教纪念地	天后宫[清光绪志]	—	—
217	(已废)	宗教纪念地	永福庵[清光绪志]	—	—
218	乌峰庙	宗教纪念地	乌峰庙[清光绪志]	乌峰庙[民国志]	—

续表

序号	现行名称	类别	清及清前	民国	地名志
219	（已废）	宗教纪念地	关圣殿[清光绪志]	—	—
220	柱门庙	宗教纪念地	柱门庙[清光绪志]	柱门庙[民国志]	—
221	（已废）	宗教纪念地	新城庙[清光绪志]	新城庙[民国志]	—
222	（民国间迁城内）	宗教纪念地	老都神殿[清光绪志]	老都神殿[民国志]	—
223	（已废）	宗教纪念地	宝云庵[清光绪志]	—	—
224	颂河岭	古道	颂河岭[清康熙志][清光绪志]	颂河岭[地形图][民国志]	颂河岭
225	芝窝岭	古道	朱和岭[明天启志]，芝窝岭[清康熙志][清光绪志]	芝窝岭[地形图]	朱何岭
226	长春岭	古道	长青岭[明天启志][清康熙志]，长春岭[清光绪志]，长青岭[清光绪志]	长清岭[地形图][民国志]	长春岭
227	西高岭	古道	西皋岭[明天启志]，西高岭[清康熙志]，西皋岭[清光绪志]	西皋岭[地形图][民国志]	西高岭
228	茅岭	古道	茅岭[明天启志][清康熙志][清光绪志]	茅岭[地形图]	茅岭
229	晓峰岭	古道	晓峰岭[明天启志][清康熙志][清光绪志]	晓峰岭[地形图][民国志]	晓峰岭
230	黄高岭	古道	王家岭[清康熙志][清光绪志]	王家岭[地形图][民国志]	黄高岭
231	赤土岭	古道	赤土岭[清光绪志]	—	—
232	野岙岭	古道	野岙岭[明天启志]，野隩岭[清光绪志]	下岙岭[地形图][民国志]	野岙岭

续表

序号	现行名称	类别	清及清前	民国	地名志
233	金铜岭	古道	金堂岭[清光绪志]	—	金铜岭
234	鸡子岭	古道	鸡子岭[清光绪志](在金铜岭与小步岭之间)	—	—
235	螺头岭	古道	螺头岭[清光绪志]	螺豆岭[地形图],螺头岭[民国志]	螺头岭
236	小岭	古道	小岭[清光绪志]	—	小岭
237	沙直岭	古道	沙屿岭[清康熙志][清光绪志]	沙屿岭[地形图][民国志]	沙直岭
238	内獭洞岭	古道	内獭洞岭[清康熙志],獭洞岭[清光绪志]	獭桐岭[民国志],袒桐岭[地形图]	—
239	外獭洞岭	古道	外獭洞岭[清康熙志]	—	—
240	青岭	古道	清岭[明天启志]	青岭[地形图][民国志]	青岭
241	小步岭	古道	孝步岭[清光绪志]	小步岭[地形图]	小步岭
242	剑锋山	山(峰)	剑锋山[清康熙志][清光绪志]	—	剑峰山
243	双髻山	山(峰)	双髻山[明天启志][清康熙志],双髻尖[清康熙志][清光绪志]	双髻尖[地形图]	双髻山
244	石镜山	山(峰)	石镜岩[清康熙志][清光绪志],石镜山[清光绪志]		石镜山
245	铅锡山	山(峰)	铅锡山[清康熙志],沿锡山[清光绪志]	茅头尖[地形图],沿锡山[民国志]	铅锡山
246	馒头山	山(峰)	馒头山[清康熙志][清光绪志]	馒头山[地形图]	馒头山
247	旋井山	山(峰)	旋井山[清康熙志]	寿金山[地形图][民国志]	旋井山
248	黄沙山	山(峰)	黄沙山[清光绪志]	黄沙山[地形图]	黄沙山

续表

序号	现行名称	类别	清及清前	民国	地名志
249	老虎山	山（峰）	虎山［清光绪志］	老虎山［地形图］	老虎山
250	啼鸡岩山	山（峰）	乌峰山［清光绪志］	芝窝山［地形图］［民国志］	田鸡岩山
251	五雷山	山（峰）	五雷山［清康熙志］	五雷山［地形图］［民国志］	五雷山
252	凤凰山	山（峰）	凤皇山［清光绪志］	—	凤凰山
253	覆船山	山（峰）	船山［清光绪志］	—	复船山
254	老虎山	山（峰）	—	老虎山［地形图］	老虎山
255	弄堂山	山（峰）	—	七马潭岗［地形图］	弄堂山
256	抱鸡山	山（峰）	—	黑蛇山［地形图］	—
257	螺头山	山（峰）	—	螺头山［地形图］	螺头山
258	马跃岗	山（峰）	茅岭山［明天启志］	马跃岗［地形图］	马鞍山
259	现建为虹桥水库和颂河水库	河流	颂河［清康熙志］［清光绪志］	—	—
260	盐仓大河	河流	—	—	盐仓大河

舟山市定海区小沙街道新旧地名录

（居民点和山水等陆域类地名）

<table>
<tr><th>序号</th><th colspan="2">现行名称</th><th>类别</th><th>清及清前</th><th>民国</th><th>地名志</th></tr>
<tr><td>1</td><td colspan="2">小沙</td><td>地片</td><td>小沙岙[元延祐四明志][元大德志][清康熙志]，小沙庄[清光绪志]</td><td>—</td><td>—</td></tr>
<tr><td>2</td><td colspan="2">霓桥外</td><td>居民点</td><td>—</td><td>—</td><td>庙桥头</td></tr>
<tr><td>3</td><td colspan="2">庙桥街</td><td>居民点</td><td>中路[清康熙志]，中路街[清光绪志]</td><td>小沙庄[地形图]</td><td>街里</td></tr>
<tr><td>4</td><td colspan="2">岙底张</td><td>居民点</td><td>—</td><td>胡家岙[地形图][民国志]</td><td>岙底张</td></tr>
<tr><td>5</td><td colspan="2">里潘</td><td>居民点</td><td>—</td><td>—</td><td>里潘</td></tr>
<tr><td>6</td><td colspan="2">孙家老屋里</td><td>居民点</td><td>—</td><td>—</td><td>孙家</td></tr>
<tr><td rowspan="5">7</td><td rowspan="5">毛峙</td><td>毛峙东塘</td><td rowspan="5">居民点</td><td rowspan="5">猫屿[清光绪志]</td><td rowspan="5">猫屿[地形图][民国志]</td><td rowspan="5">毛峙</td></tr>
<tr><td>毛峙西塘</td></tr>
<tr><td>毛峙中路</td></tr>
<tr><td>兴海弄</td></tr>
<tr><td>毛峙新村</td></tr>
<tr><td rowspan="2">8</td><td colspan="2" rowspan="2">前湾</td><td rowspan="2">居民点</td><td rowspan="2">—</td><td>—</td><td>前湾</td></tr>
<tr><td>后湾[民国志]</td><td>毛峙后湾</td></tr>
<tr><td>9</td><td colspan="2">毕家</td><td>居民点</td><td>—</td><td>—</td><td>毕家</td></tr>
<tr><td rowspan="5">10</td><td colspan="2" rowspan="5">沙峧</td><td rowspan="5">居民点</td><td rowspan="5">—</td><td rowspan="5">—</td><td>沙峧</td></tr>
<tr><td>碾子弄（废村）</td></tr>
<tr><td>李家（废村）</td></tr>
<tr><td>傅家</td></tr>
<tr><td>王家</td></tr>
<tr><td>11</td><td colspan="2">寨湾里</td><td>居民点</td><td>西稧寨[明天启志]，寨湾[清光绪志]</td><td>寨湾[民国志]</td><td>寨湾里</td></tr>
</table>

续表

<table>
<tr><th>序号</th><th colspan="2">现行名称</th><th>类别</th><th>清及清前</th><th>民国</th><th colspan="2">地名志</th></tr>
<tr><td rowspan="3">12</td><td colspan="2" rowspan="3">烟墩</td><td rowspan="2">居民点</td><td rowspan="2">—</td><td rowspan="2">烟墩下[地形图][民国志]</td><td colspan="2">烟墩下</td></tr>
<tr><td colspan="2">洪家(废村)</td></tr>
<tr><td>居民点</td><td>—</td><td>—</td><td colspan="2">何家</td></tr>
<tr><td rowspan="2">13</td><td colspan="2" rowspan="2">碶头</td><td>居民点</td><td>丁家碶[清光绪志]</td><td>丁家碶[民国志]</td><td colspan="2" rowspan="2">碶头</td></tr>
<tr><td>居民点</td><td>—</td><td>五福山[地形图]</td></tr>
<tr><td>14</td><td colspan="2">小江尖</td><td>居民点</td><td>小江沵[清光绪志]</td><td>—</td><td colspan="2">小江尖</td></tr>
<tr><td rowspan="7">15</td><td rowspan="7">五伯岙</td><td>伍佰岙东</td><td>居民点</td><td rowspan="7">五百岙[元延祐四明志][元大德志][明天启志]，五伯岙[清康熙志]，五伯隩[清光绪志]</td><td rowspan="7">尾巴岙[地形图][民国志]，五佰岙[民国志]</td><td>陈郎庙</td><td rowspan="7">五伯岙</td></tr>
<tr><td>姚家</td><td>居民点</td><td>姚家</td></tr>
<tr><td>老屋</td><td>居民点</td><td>老屋</td></tr>
<tr><td>新屋里</td><td>居民点</td><td>新屋里</td></tr>
<tr><td rowspan="3">伍佰岙西</td><td rowspan="3">居民点</td><td>中高田</td></tr>
<tr><td>陈家</td></tr>
<tr><td>梅园</td></tr>
<tr><td rowspan="3">16</td><td colspan="2" rowspan="3">东岙弄</td><td rowspan="3">居民点</td><td rowspan="2">东隩衕[清光绪志]</td><td>东岙弄[地形图][民国志]</td><td colspan="2" rowspan="2">东岙弄</td></tr>
<tr><td>袁家[地形图]</td></tr>
<tr><td>—</td><td>—</td><td colspan="2">古德岭下</td></tr>
<tr><td>17</td><td colspan="2">葛家</td><td>居民点</td><td>—</td><td>—</td><td colspan="2">葛家</td></tr>
<tr><td rowspan="3">18</td><td colspan="2" rowspan="3">邵家</td><td>居民点</td><td>—</td><td>解家[地形图]</td><td colspan="2">邵家</td></tr>
<tr><td>居民点</td><td>蚕娘岙[元延祐四明志][元大德志]，蚕娘隩[清光绪志]</td><td>—</td><td colspan="2">蚕娘岙</td></tr>
<tr><td>居民点</td><td>—</td><td>—</td><td colspan="2">岩嘴头</td></tr>
<tr><td rowspan="3">19</td><td colspan="2" rowspan="3">庙桥乐家</td><td>居民点</td><td>—</td><td>乐家[地形图][民国志]</td><td colspan="2">乐家</td></tr>
<tr><td>居民点</td><td>—</td><td>—</td><td colspan="2">傅三房</td></tr>
<tr><td>居民点</td><td>—</td><td>—</td><td colspan="2">新屋基</td></tr>
<tr><td>20</td><td colspan="2">江桥弄</td><td>居民点</td><td>港桥[清光绪志]</td><td>—</td><td colspan="2">江桥弄</td></tr>
<tr><td>21</td><td colspan="2">上半山</td><td>居民点</td><td>—</td><td>—</td><td colspan="2">上半山</td></tr>
<tr><td rowspan="3">22</td><td colspan="2" rowspan="3">庙桥陈家</td><td rowspan="3">居民点</td><td>—</td><td>岑家[地形图]，岑家[民国志]</td><td colspan="2">陈家</td></tr>
<tr><td>—</td><td>—</td><td colspan="2">倪家</td></tr>
<tr><td>陈家桥[清光绪志]</td><td>—</td><td colspan="2">陈家桥外</td></tr>
</table>

续表

序号	现行名称	类别	清及清前	民国	地名志
23	潭陈	居民点	—	—	潭头陈
24	西头王	居民点	—	—	西头王
25	王家村	居民点	—	王家弄[地形图] [民国志]	王家
26	光华鲍家	居民点	鲍家岙[清康熙志], 鲍家隩[清光绪志]	鲍家岙[民国志]	鲍家
					鲍家岭下
27	大园里	居民点	—	—	杨家
			—	—	大园里
28	应家	居民点	—	—	应家
29	田央张	居民点	—	—	田野张
30	(已废)	居民点	—	—	大岭下
31	单家	居民点	—	—	单家
			—	—	外屋门口
32	应家老屋里	居民点	—	—	—
33	新光老街	居民点	—	—	—
34	潭陈路	居民点	—	—	—
35	复翁路	居民点	—	—	—
36	洪宪路	居民点	—	—	—
37	中兴路	居民点	—	—	—
38	庙后路	居民点	—	—	—
39	花厅里	居民点	—	傅家[地形图][民国志]	花厅里
40	黄泥头	居民点	—	—	黄泥头
41	地爿里	居民点	—	—	地爿里
			寺坑[清光绪志]	草门里[地形图] [民国志]	寺基里
42	大九岭	居民点	大舟岙[元延祐四明志][元大德志],大周岭[清康熙志][清光绪志]	大周岭[地形图]	大周岭
		居民点	石佛庵[清康熙志][清光绪志]	—	石佛庵
43	水库下	居民点	—	林家岙[地形图] [民国志]	林家坑

续表

<table>
<tr><th>序号</th><th>现行名称</th><th>类别</th><th>清及清前</th><th>民国</th><th>地名志</th></tr>
<tr><td>44</td><td>后溪坑</td><td>居民点</td><td>—</td><td>—</td><td>后溪坑</td></tr>
<tr><td>45</td><td>甩龙桥</td><td>居民点</td><td>—</td><td>—</td><td>—</td></tr>
<tr><td>46</td><td>横路下</td><td>居民点</td><td>—</td><td>—</td><td>横路下</td></tr>
<tr><td>47</td><td>寺岭霓桥外</td><td>居民点</td><td>—</td><td rowspan="2">龙潭坑［地形图］</td><td>寺岭后</td></tr>
<tr><td>48</td><td>（已废）</td><td>居民点</td><td>—</td><td>岗后</td></tr>
<tr><td>49</td><td>大沙</td><td>地片</td><td>大沙面［元延祐四明志］［元大德志］［明天启志］［清康熙志］，大沙庄［清光绪志］</td><td>—</td><td>大沙</td></tr>
<tr><td rowspan="2">50</td><td rowspan="2">大沙周虞</td><td rowspan="2">居民点</td><td>—</td><td>大沙镇［地形图］，大沙庄［民国志］</td><td>周虞</td></tr>
<tr><td>—</td><td>—</td><td>虞家</td></tr>
<tr><td>51</td><td>大沙外孙</td><td>居民点</td><td>—</td><td rowspan="5">—</td><td>外孙</td></tr>
<tr><td rowspan="4">52</td><td rowspan="4">大沙街</td><td rowspan="4">居民点</td><td>—</td><td>屠家</td></tr>
<tr><td>—</td><td>上街头</td></tr>
<tr><td>—</td><td>下街头</td></tr>
<tr><td>—</td><td>上王家</td></tr>
<tr><td>53</td><td>大沙张家</td><td>居民点</td><td>—</td><td>何家村［地形图］［民国志］</td><td>张家</td></tr>
<tr><td>54</td><td>光辉陈家</td><td>居民点</td><td rowspan="5">大沙西岙［明天启志］，西隩［清光绪志］</td><td rowspan="5">西岙［地形图］［民国志］</td><td>西岙陈家</td></tr>
<tr><td rowspan="2">55</td><td rowspan="2">光辉吴爿</td><td rowspan="2">居民点</td><td>地爿里</td></tr>
<tr><td>老鸦窝吴家</td></tr>
<tr><td rowspan="2">56</td><td rowspan="2">李颜陈</td><td rowspan="2">居民点</td><td>李家</td></tr>
<tr><td>陈家</td></tr>
<tr><td rowspan="3">57</td><td rowspan="3">周黄畈</td><td rowspan="3">居民点</td><td>—</td><td>—</td><td>田畈里</td></tr>
<tr><td>—</td><td>—</td><td>周家</td></tr>
<tr><td>—</td><td>—</td><td>朱家</td></tr>
<tr><td rowspan="2">58</td><td rowspan="2">光辉应家</td><td rowspan="2">居民点</td><td>—</td><td>—</td><td>鳓鱼港应家</td></tr>
<tr><td>—</td><td>—</td><td>应家</td></tr>
</table>

续表

<table>
<tr><th>序号</th><th>现行名称</th><th>类别</th><th>清及清前</th><th>民国</th><th>地名志</th></tr>
<tr><td rowspan="3">59</td><td rowspan="3">滕家</td><td rowspan="3">居民点</td><td rowspan="13">青岙［元延祐四明志］［元大德志］［明天启志］［清康熙志］,青隩［清光绪志］</td><td rowspan="4">青岙［地形图］［民国志］</td><td>滕家</td></tr>
<tr><td>上叶</td></tr>
<tr><td>徐家</td></tr>
<tr><td>60</td><td>鲍家</td><td>居民点</td><td>鲍家</td></tr>
<tr><td>61</td><td>安基</td><td>居民点</td><td rowspan="9">外半岙［地形图］</td><td>庵基里</td></tr>
<tr><td>62</td><td>下叶</td><td>居民点</td><td>下叶</td></tr>
<tr><td>63</td><td>包家</td><td>居民点</td><td>包家</td></tr>
<tr><td rowspan="3">64</td><td rowspan="3">沙地</td><td rowspan="3">居民点</td><td>王家</td></tr>
<tr><td>桃树湾(废村)</td></tr>
<tr><td>沙地里</td></tr>
<tr><td rowspan="3">65</td><td rowspan="3">乐家</td><td rowspan="3">居民点</td><td>乐家</td></tr>
<tr><td>潘家</td></tr>
<tr><td>瓦窑湾</td></tr>
<tr><td rowspan="2">66</td><td rowspan="2">大江尖</td><td rowspan="2">居民点</td><td>—</td><td>—</td><td>洪家</td></tr>
<tr><td>江济［清康熙志］,大江沛［清光绪志］</td><td>大塘［地形图］［民国志］</td><td>大江尖</td></tr>
<tr><td>67</td><td>小塘里</td><td>居民点</td><td>—</td><td>小塘［地形图］［民国志］</td><td>小塘里</td></tr>
<tr><td rowspan="2">68</td><td rowspan="2">大沙上张</td><td rowspan="2">居民点</td><td rowspan="4">东岙［清康熙志］,东隩［清光绪志］</td><td rowspan="4">东岙［地形图］［民国志］</td><td>上张</td></tr>
<tr><td>费家</td></tr>
<tr><td>69</td><td>大沙东岙水库下</td><td>居民点</td><td>应家</td></tr>
<tr><td rowspan="2">70</td><td rowspan="2">大沙东岙吴倪弄</td><td>居民点</td><td>倪家</td></tr>
<tr><td>居民点</td><td>胡家岙［清康熙志］</td><td>—</td><td>吴家</td></tr>
<tr><td>71</td><td>大沙东岙水库下</td><td>居民点</td><td>—</td><td>—</td><td>下张</td></tr>
<tr><td rowspan="4">72</td><td rowspan="4">包家</td><td rowspan="4">居民点</td><td rowspan="6">青岙［清康熙志］,青隩［清光绪志］</td><td>—</td><td>桥头</td></tr>
<tr><td>—</td><td>林家</td></tr>
<tr><td>里半岙［地形图］［民国志］</td><td>里半岙李家</td></tr>
<tr><td>—</td><td>里半岙包家</td></tr>
<tr><td rowspan="2">73</td><td rowspan="2">陈家</td><td rowspan="2">居民点</td><td>—</td><td>戴家</td></tr>
<tr><td>—</td><td>陈家</td></tr>
<tr><td>74</td><td>(已废)</td><td>居民点</td><td>—</td><td>—</td><td>鲍家岭下(1958年迁往桥头)</td></tr>
</table>

续表

<table>
<tr><th>序号</th><th>现行名称</th><th>类别</th><th colspan="2">清及清前</th><th>民国</th><th>地名志</th></tr>
<tr><td rowspan="2">75</td><td rowspan="2">大沙沈毕家</td><td>居民点</td><td colspan="2">—</td><td>—</td><td>沈家</td></tr>
<tr><td>居民点</td><td colspan="2">—</td><td>—</td><td>毕家</td></tr>
<tr><td>76</td><td>园山</td><td>居民点</td><td colspan="2">—</td><td>园山[地形图]</td><td>园山</td></tr>
<tr><td>77</td><td>大坑</td><td>居民点</td><td colspan="2">大坑[清康熙志][清光绪志]</td><td>—</td><td>大坑</td></tr>
<tr><td>78</td><td>江家</td><td>居民点</td><td colspan="2">—</td><td>—</td><td>江家</td></tr>
<tr><td>79</td><td>金家</td><td>居民点</td><td colspan="2">—</td><td>—</td><td>金家</td></tr>
<tr><td>80</td><td>枫树湾</td><td>居民点</td><td colspan="2">枫树湾[清光绪志]</td><td>枫树湾[民国志]</td><td>枫树湾</td></tr>
<tr><td rowspan="2">81</td><td rowspan="2">陷塘</td><td rowspan="2">居民点</td><td colspan="2" rowspan="2">陷塘[清光绪志]</td><td rowspan="2">陷塘[地形图]</td><td>陷塘</td></tr>
<tr><td>徐家(1982 年迁陷塘)</td></tr>
<tr><td>82</td><td>陷塘新村</td><td>居民点</td><td colspan="2">—</td><td>—</td><td>—</td></tr>
<tr><td>83</td><td>已废,迁入陷塘新村</td><td>居民点</td><td colspan="2">缸爿湾[清光绪志]</td><td>江爿湾[地形图]
缸爿湾[民国志]</td><td>江白湾</td></tr>
<tr><td rowspan="2">84</td><td rowspan="2">已废,迁入陷塘新村</td><td rowspan="2">居民点</td><td rowspan="2">黄沙湾[清康熙志]</td><td>黄沙湾[清光绪志]</td><td rowspan="2">黄沙湾[民国志],大沙头[民国志]</td><td>黄沙湾</td></tr>
<tr><td>大沙头[清光绪志]</td><td>大沙头</td></tr>
<tr><td>85</td><td>(已废)</td><td>居民点</td><td colspan="2">—</td><td>—</td><td>林家</td></tr>
<tr><td>86</td><td>峙岙塘</td><td>居民点</td><td colspan="2">奇岙[明天启志],岐隩[清光绪志]</td><td>岐岙[地形图][民国志]</td><td>峙岙塘</td></tr>
<tr><td rowspan="3">87</td><td rowspan="3">大沙方家</td><td rowspan="3">居民点</td><td colspan="2">—</td><td>方家村[地形图][民国志]</td><td>方家</td></tr>
<tr><td colspan="2">—</td><td>—</td><td>地沙园</td></tr>
<tr><td colspan="2">—</td><td>—</td><td>岙里王(1958 年迁方家和椗次)</td></tr>
<tr><td rowspan="4">88</td><td rowspan="4">大沙方家地爿</td><td rowspan="4">居民点</td><td colspan="2" rowspan="2">南岙[清康熙志][清光绪志]</td><td rowspan="2">南岙[民国志]</td><td>下地爿</td></tr>
<tr><td>上地爿</td></tr>
<tr><td colspan="2">—</td><td>—</td><td>大园</td></tr>
<tr><td colspan="2">—</td><td>—</td><td>上徐家(1958 年迁上、下地爿)</td></tr>
</table>

续表

序号	现行名称	类别	清及清前	民国	地名志
89	大沙下庵	居民点	望海湾[清康熙志]	—	下庵
		居民点		—	王家
		居民点		—	徐家
		居民点		上庵	李家
90	竹峙山	居民点	—	—	—
91	长白	地片	长白[元延祐四明志][元大德志]	—	长白
92	前岸	地片	—	衕头[地形图][民国志]	前岸
93	前岸王家	居民点	—		王家
94	前岸沙地里	居民点	—	—	沙地里
95	前岸潘家	居民点	—	潘家山[地形图]	潘家
			—	—	湾里
96	前岸下半	居民点	—	—	半山
97	已废,迁往前岸下半山	居民点	—	—	寿坟沿
98	前岸卢家	居民点	—	—	卢家
99	前岸新村	居民点	—	—	新村
100	大湾傅家	居民点	—	大湾里[地形图][民国志]	傅家
101	已废,分散迁入其他各居民点	居民点	—	—	杨家
102	大湾西山嘴	居民点			西山嘴
103	大湾王家	居民点			王家
104	大湾东山嘴	居民点	—	—	东山嘴
105	大湾大池塘	居民点	—	—	大池塘
106	大湾刘家	居民点	—	—	刘家
107	小满徐家	居民点	—	—	徐家
108	小满李家	居民点	—	—	李家
109	后岸虞家	居民点	—	小满[地形图][民国志]	虞家
110	后岸傅家	居民点	—	后岸[地形图]大满[民国志]	傅家
111	后岸郑家	居民点			郑家
112	后岸胡家	居民点			胡家
113	后岸半岭里	居民点	—	—	半岭

续表

序号	现行名称	类别	清及清前	民国	地名志
114	后岸大地坎	居民点	—	—	—
115	后岸余家	居民点	—	余家[地形图]	余家
			—	—	林家
116	蛟龙外礁门	居民点	—	—	外礁门
117	蛟龙孙家	居民点	—	礁门[地形图]	里礁门
118	蛟龙邬家	居民点			
119	碶门头	居民点	—	—	碶门头
120	碶门头	居民点	—	慈航庙[地形图]	庙横头
121	腰河塘	居民点	—	—	腰河塘
122	范家	居民点	—	—	范家
123	已废,迁往长春里新村	居民点	—	长春里[地形图][民国志]	长春里
124	长春里新村	居民点	—	—	—
125	后岸沙头	居民点	—	—	沙塘
126	后岸郑家	居民点	—	—	葛家半山
127	(已废)	居民点	—	—	峙中(1996年迁至礁门)
128	珠子山	居民点	—	珠子山[地形图][民国志]	珠子山
129	小龙山	居民点	—	小龙山[民国志]	小龙山
130	小沙霓桥	桥梁	霓桥[清康熙志][清光绪志],倪桥[清康熙志]	—	—
131	港桥头	桥梁	港桥头[清康熙志],港桥[清光绪志]	港桥[民国志]	—
132	丁家碶桥	桥梁	丁家桥[清康熙志],丁家碶[清光绪志]	丁家碶[民国志]	—
133	中碶桥	桥梁	中碶桥[清康熙志]	—	—
134	转水碶桥	桥梁	转水碶桥[清康熙志],转水碶[清光绪志]	转水碶[民国志]	—
135	东明桥	桥梁	东明桥[清光绪志]	—	—

续表

序号	现行名称	类别	清及清前	民国	地名志
136	陈家桥	桥梁	陈家桥[清光绪志]	陈家桥[民国志]	—
137	王家桥	桥梁	王家桥[清光绪志]	王家桥[民国志]	—
138	长赓桥	桥梁	长赓桥[清光绪志]	长赓桥[民国志]	—
139	迴水桥	桥梁	转水桥[清康熙志],迴水桥[清光绪志]	迴水桥	—
140	大兴桥	桥梁	大兴桥[清光绪志]	—	—
141	庆元桥	桥梁	庆元桥[清光绪志]	庆元桥转水桥[民国志]	—
142	唯乡桥	桥梁	唯乡桥[清康熙志][清光绪志]	唯乡桥[民国志]	—
143	永安桥	桥梁	永安桥[清光绪志]	永安桥[民国志]	—
144	东震桥	桥梁	东震桥[清康熙志][清光绪志]	—	—
145	大和桥	桥梁	大和桥[清康熙志][清光绪志]	大和桥[民国志]	—
146	东巽桥	桥梁	东巽桥[清康熙志]	—	—
147	文明桥	桥梁	文桥[清康熙志]	—	—
148	日桥	桥梁	日桥[清康熙志]	—	—
149	洞桥	桥梁	洞桥[清康熙志][清光绪志]	洞桥[民国志]	—
150	更溪桥	桥梁	更溪桥[清康熙志]	—	—
151	柳河桥	桥梁	柳河桥[清康熙志]	—	—
152	西兑桥	桥梁	西兑桥[清康熙志]	—	—
153	桃源桥	桥梁	桃源桥[清康熙志]	—	—
154	迎秀桥	桥梁	迎秀桥[明天启志][清康熙志]	—	—
155	南离桥	桥梁	南离桥[清康熙志][清光绪志]	—	—
156	图南桥	桥梁	图南桥[明天启志][清康熙志][清光绪志]	—	—
157	萧桥	桥梁	萧桥[清康熙志]	—	—
158	蹻桥	桥梁	蹻桥[清康熙志]	—	—

续表

序号	现行名称	类别	清及清前	民国	地名志
159	迎贵桥	桥梁	迎贵桥[清康熙志]	—	—
160	中溪桥	桥梁	中溪桥[清康熙志]	—	—
161	鲍家桥	桥梁	鲍家桥[清光绪志]	鲍家桥[民国志]	—
162	宝藏桥	桥梁	宝藏桥[清光绪志]	宝藏桥[民国志]	—
163	庆水桥	桥梁	庆水桥[清光绪志]	庆水桥[民国志]	—
164	太平桥	桥梁	太平桥[清光绪志]	太平桥[民国志]	—
165	(已废)	堤堰	青岙塘[明天启志][清康熙志][清光绪志]	青岙塘[民国志]	—
166	(已废,今作路)	堤堰	大砂塘[明天启志]	—	—
167	(已废,今作路)	堤堰	小砂塘[明天启志]	—	—
168	(已废,今作路)	堤堰	奇岙塘[清康熙志]	—	—
168	(已废)	堤堰	歧隩里塘[清光绪志]	歧岙里塘[民国志]	—
170	(已废)	堤堰	歧隩外塘[清光绪志]	歧岙外塘[民国志]	—
171	(已废,今作路)	堤堰	小沙塘[清康熙志]	—	—
172	(已废)	堤堰	大塘[清康熙志][清光绪志]	大塘[地形图]	—
173	(已废)	堤堰	中塘[清康熙志][清光绪志]	中塘[民国志]	—
174	(已废)	堤堰	后湾塘[清康熙志]	—	—
175	(已废)	堤堰	方塘[清光绪志]	方塘[民国志]	—
176	(已废)	堤堰	大沙塘[清康熙志][清光绪志]	大沙塘[民国志]	—
177	(已废,今作路)	堤堰	小江沛塘[清光绪志]	小江沛塘[民国志]	—
178	(已废,今作路)	堤堰	江战塘[清康熙志],大江沛塘[清光绪志]	大江沛塘[民国志]	—
179	(已废)	堤堰	里塘[清光绪志]	里塘[民国志]	—
180	(已废)	堤堰	陷塘[清光绪志]	陷塘[民国志]	—
181	(已废)	水闸	小碶[清康熙志]	—	—
182	(已废)	水闸	青隩碶[清光绪志]	青岙碶[民国志]	—
183	(已废)	水闸	小沙碶[清康熙志]	—	—

续表

序号	现行名称	类别	清及清前	民国	地名志
184	（已废）	水闸	大沙碶[清康熙志][清光绪志]	大沙碶[民国志]	—
185	（已废）	水闸	袁家碶[明天启志]	—	—
186	（已废）	水闸	郎家碶[明天启志]	—	—
187	（已废）	水闸	中桥门碶[清光绪志]	中桥门碶[民国志]	—
188	（已废）	水闸	丁家碶[清光绪志]	—	—
189	（已废）	水闸	大塘碶[清光绪志]	大塘碶[民国志]	—
190	长白渡	渡口	—	长白渡[民国志]	—
191	（已废）	建筑物	郎家碶堠[明天启志][明筹海图编]	—	—
192	（已废）	建筑物	西碶寨[明天启志][明筹海图编]	—	—
193	（已废）	建筑物	崎岙堠[明天启志][明筹海图编]	—	—
194	（已废）	建筑物	袁家碶堠[明天启志][明筹海图编]	—	—
195	（已废）	宗教纪念地	东巽庙[清康熙志]	—	—
196	（已废）	宗教纪念地	东庙[清康熙志][清光绪志]	东庙[民国志]	—
197	（已废）	宗教纪念地	塔庵[清康熙志]	—	—
198	（已废）	宗教纪念地	三元殿[清康熙志]，三官堂[清康熙志][清光绪志]	三官堂[地形图][民国志]	—
199	小沙大庙	宗教纪念地	行宫庙[清康熙志]，二境行祠[清光绪志]	二境庙[民国志]，行宫庙[民国志]	—
200	（已废）	宗教纪念地	中路[清康熙志]	—	—
201	毛峙天后宫	宗教纪念地	—	天后宫[地形图]	—

续表

序号	现行名称	类别	清及清前	民国	地名志
202	陈郎庙	宗教纪念地	陈郎庙[清光绪志]	陈郎庙[民国志]	—
203	(已废)	宗教纪念地	—	土地堂[民国志]	—
204	西庙	宗教纪念地	西庙[清康熙志][清光绪志]	西庙[民国志]	—
205	竹隐庵	宗教纪念地	竹隐庵[清光绪志]	—	—
206	(已废)	宗教纪念地	白鹤庙[清光绪志]	—	—
207	(已废)	宗教纪念地	关圣殿[清光绪志]	—	—
208	(已废)	宗教纪念地	万兴庙[清光绪志]	万兴庙[民国志]	—
209	五福庙	宗教纪念地	五福庙[清光绪志]	五福庙[民国志]	—
210	青岙庙	宗教纪念地	青岙庙[清康熙志],青隩庙[清光绪志]	青隩庙[民国志]	—
211	乌石庙	宗教纪念地	乌石庙[清康熙志],乌岩庙[清光绪志]	乌岩庙[民国志]	—
212	三官庙	宗教纪念地	三官庙[清康熙志],三元殿[清光绪志]	三官庙[民国志]	—
213	蒋学士庙	宗教纪念地	蒋庙[清康熙志],蒋公庙龙水庙[清光绪志]	蒋学士庙[民国志]	—
214	南离庙	宗教纪念地	南离庙[清康熙志][清光绪志]	南离庙[民国志]	—
215	东震庙	宗教纪念地	东震庙[清康熙志][清光绪志]	东震庙[民国志]	—
216	(已废)	宗教纪念地	连来庙[清康熙志],浮来庙[清光绪志]	浮来庙[民国志]	—
217	西兑庙	宗教纪念地	西兑庙[清康熙志][清光绪志]	西兑庙[民国志]	—

续表

序号	现行名称	类别	清及清前	民国	地名志
218	（已废）	宗教纪念地	永清庵[清光绪志]	—	—
219	（已废）	宗教纪念地	下隩庙[清光绪志]	下隩庙[民国志]	—
220	龙水庙	宗教纪念地	龙水庙[清光绪志]	—	—
221	天皇庙	宗教纪念地	天皇庙[清光绪志]	—	—
222	伽蓝庙	宗教纪念地	伽蓝庙[清光绪志]	伽蓝庙[民国志]	—
223	（已废）	宗教纪念地	五峰庵[清光绪志]	—	—
224	（已废）	宗教纪念地	天医殿[清光绪志]	—	—
225	（已废）	宗教纪念地	—	慈航庙[地形图]	—
226	玄坛庙	宗教纪念地	—	玄坛庙[地形图][民国志]	—
227	云龙庙	宗教纪念地	—	云龙庙[地形图][民国志]	—
228	龙王宫	宗教纪念地	—	龙王宫[地形图]	—
229	竹隐禅寺	宗教纪念地	竹隐庵[清光绪志]	竹隐庵[民国志]	—
230	吉祥寺	宗教纪念地	九峰山吉祥院[宋宝庆志]，石佛庵[明天启志]	吉祥寺[民国志]	—
231	石佛庵	宗教纪念地	石佛庵[明天启志][清康熙志][清光绪志]	石佛庵[民国志]	—
232	（已废）	宗教纪念地	永清庵[清光绪志]	永清庵[民国志]	—

续表

序号	现行名称	类别	清及清前	民国	地名志
233	（已废）	宗教纪念地	新庵[清光绪志]	新庵[民国志]	—
234	（已废）	宗教纪念地	五峰庵[清光绪志]	五峰庵[民国志]	—
235	（已废）	宗教纪念地	大悲庵[清康熙志][清光绪志]	大悲庵[民国志]	—
236	（已废）	宗教纪念地	小路庵[清康熙志]	—	—
237	全福寺	宗教纪念地	—	—	—
238	大周岭	古道	大周岭[清康熙志][清光绪志]	大周岭[地形图][民国志]	大周岭
239	寺岭	古道	寺岭[清康熙志]，大寺岭[清光绪志]	大寺岭[地形图][民国志]	寺岭
240	茶岭	古道	茶岭[清康熙志][清光绪志]	茶岭[地形图][民国志]	茶岭
241	大岭	古道	大岭[清康熙志][清光绪志]	大岭[地形图][民国志]	大岭
242	古德岭	古道	古德岭[清光绪志]	古德岭[地形图][民国志]	古德岭
243	鲍家岭	古道	鲍家岭[清光绪志]	鲍家岭[地形图][民国志]	鲍家岭
244	岑港岭	古道	青岙岭[清康熙志]，青隩岭[清光绪志]，岑港岭[清光绪志]（大沙岙图）	青阦岭[地形图]，青灰岭[民国志]	岑港岭
245	后湾岭	古道	—	后湾岭[地形图]	后湾岭
246	小沙岭	古道	小河（沙）岭[明筹海图编]，小沙岭[清康熙志][清光绪志]	小沙岭[地形图][民国志]	小沙岭
247	烟墩岭	古道	—	烟墩岭[民国志]	烟墩岭

续表

序号	现行名称	类别	清及清前	民国	地名志
248	鹅鼻岭	古道	摩鼻岭[明筹海图编][清康熙志][清光绪志]	摩鼻岭[民国志]	鹅鼻岭
249	黄泥岭	古道	黄泥岭[清康熙志][清光绪志]	—	—
250	茶岭	古道	茶岭[清康熙志](在大沙与椗次之间),蛇岭[清光绪志]	茶岭[地形图],蛇岭[民国志]	茶岭
251	青坑岭	古道	青坑岭[清康熙志],青坑岭[清光绪志]	坑岭[民国志]	青坑岭
252	烟墩岭	古道	马腰岭[清康熙志][清光绪志]	马腰岭[民国志]	烟墩岭
253	下庵岭	古道	下隩岭[清光绪志]	石岭[地形图][民国志]	下庵岭
254	石岭	古道	石岭[清光绪志]	黄泥岭[地形图],下岙岭[民国志]	—
255	脉山岭	古道	跋涉坑岭[清光绪志]	跋涉坑岭[民国志]	—
256	上高岭	古道	上高岭[清光绪志]	—	—
257	紫窟岭	古道	—	紫窟岭[地形图][民国志]	—
258	长白岭	古道	—	长白岭[地形图][民国志]	—
259	九峰山	山(峰)	九峰山[清康熙志][清光绪志]	九峰山[地形图]中峰山[民国志]	九峰山
260	游凫山	山(峰)	—	游凫山[地形图]	游凫山
261	袁家山炮台岗	山(峰)	袁家碶山[明天启志],五伯岙山[清康熙志]	袁家山[地形图],尾巴岭[民国志]	炮台岗
262	岩嘴头山	山(峰)	岩嘴头山[清康熙志][清光绪志]	庵后山[地形图]	—
263	尖峰岗	山(峰)	古德山[清光绪志]	古德山[地形图],尚德山[民国志]	尖峰岗

续表

序号	现行名称	类别	清及清前	民国	地名志
264	老鼠山	山(峰)	老鼠山[清光绪志]	老鼠山[地形图]	老鼠山
265	花厅凤凰山	山(峰)	凤皇山[清光绪志]	凤凰山[地形图]	花厅凤凰山
266	后湾山	山(峰)	—	后湾山[地形图][民国志]	后湾山
267	沙峧山	山(峰)	—	沙窔山[地形图][民国志]	沙峧山
268	毛峙山	山(峰)	猫屿[清光绪志]	猫屿山[地形图]	毛峙山
269	东庙山	山(峰)	—	庙山[地形图]	东庙山
270	礇头山	山(峰)	—	五福山[地形图]	礇头山
271	马家山	山(峰)	—	马悔山[地形图]	马家山
272	小龙山	山(峰)	—	小龙山[地形图]	—
273	牛山	山(峰)	—	马鞍山[地形图]	牛山
274	礇头炮台岗	山(峰)	—	烟墩山[地形图][民国志]	炮台岗
275	小竹峙	山(峰)	小竹屿[清康熙志]	—	小竹峙
276	竹峙山	山(峰)	竹屿山[清康熙志],竹屿[清光绪志]	竹屿山[地形图][民国志]	竹峙山
277	西湾头岗	山(峰)	石岭山[清康熙志]	大坑山[地形图]	西湾头岗
278	脉山	山(峰)	跋涉坑山[清康熙志]	—	脉山
279	大岗墩	山(峰)	壁山石山[清康熙志],壁岩山[清光绪志]	—	大岗墩
280	园山	山(峰)	珠山[清康熙志]	—	园山
281	大尖岗	山(峰)	大尖山[清康熙志]	大尖山[地形图][民国志]	大尖岗
282	小尖岗	山(峰)	小尖山[清康熙志]	—	小尖岗
283	鹿脚跳山	山(峰)	鹿脚跳山[清光绪志]	—	—
284	鹅鼻岭山	山(峰)	雄鹅岭[清康熙志],雄鹅顶山[清光绪志]	—	鹅鼻岭山
285	乌丘炮台岗	山(峰)	乌丘山[明天启志],观山[清康熙志][清光绪志]	—	炮台岗

续表

序号	现行名称	类别	清及清前	民国	地名志
286	大湾岗	山(峰)	—	大湾山[地形图]	大湾岗
287	对面山	山(峰)	—	岐岙山[地形图][民国志]	对面山
288	大坑炮台岗	山(峰)	—	烟墩山[地形图]	炮台岗
289	门照山	山(峰)	—	门前山[地形图]	门照山
290	大坑岗	山(峰)	—	稻蓬山[地形图]	大坑岗
291	死人岗	山(峰)	—	死人岗[地形图]	死人岗
292	哨记头岗	山(峰)	—	茶山岗[地形图]	哨记头岗
293	城隍山	山(峰)	—	城隍山[地形图],玉皇山[民国志]	—
294	大平岗	山(峰)	—	大平岗[地形图],大坪岗[民国志]	大平岗
295	墩头岗	山(峰)	—	头坪岗[地形图][民国志]	—
296	小坑山	山(峰)	—	小坑山[地形图][民国志]	—
297	东山嘴	山(峰)	—	王家山[地形图],方家山[民国志]	—
298	流石盘山	山(峰)	—	流石岩[地形图],流石盘[民国志]	—
299	长白小龙山	山(峰)	—	小龙山[民国志]	—
300	利市岩	岩	利市岩[清光绪志]	—	—
301	仙屋岩	岩	仙屋岩[清康熙志]	—	—
302	老鹰岩	岩	—	老鹰岩[民国志]	—
303	金牛洞	山洞	金牛洞[清光绪志]	—	—
304	洪肢洞	山洞	—	洪家洞[地形图][民国志]	—
305	小沙河	河流	小沙浦[清光绪志]	—	—

舟山市定海区岑港街道新旧地名录

（居民点和山水等陆域类地名）

序号	现行名称	类别	清及清前	民国	地名志
1	岑港	地片	岑江[元延祐四明志][元大德志]，岑江岙[明天启志]，岑港岙[清康熙志]，岑港庄[清光绪志]	岭（岑）港镇[地形图][民国志]	—
2	司前街	居民点	岑港寨[宋宝庆志]，岑江巡检司[元大德志]，司前[清康熙志]，司前街[清光绪志]，司基[清光绪志]	—	—
3	白龙潭	居民点	龙潭[清康熙志][清光绪志]	龙潭村[地形图][民国志]	（1956年建龙潭水库迁址）
4	龙潭小岙	居民点	小岑江[宋宝庆志]，岑江小岙[明天启志]，小岙[清康熙志]，小隩[清光绪志]	—	龙潭小岙
5	冷浦湾	居民点	—	—	冷浦湾
6	杨家湾	居民点	—	—	杨家湾
7	王家	居民点	—	—	王家
8	曹家	居民点	—	—	曹家
9	虞家山	居民点	—	—	虞家山
10	（已废）	居民点	—	—	沈家门口（1962年迁往杨家湾）
11	聚水塘	居民点	聚水塘[明筹海图编]	—	王古岙
12	1992年建岑港水库迁柴戴新村	居民点	柴戴隩[清光绪志]	柴戴岙[民国志]	戴家
13		居民点			柴家
14	瓦厂里	居民点	—	—	瓦厂里
15	林步数	居民点	—	—	林步数
16	花盆里	居民点	—	—	花盆里
17	四石坑	居民点	—	—	四石坑

续表

序号	现行名称	类别	清及清前	民国	地名志
18	庙门口	居民点	—	沙黄塘庙[民国志]	庙门口
19	油车里	居民点	—	—	油车里
20	岩头王	居民点	—	—	岩头王
21	富翅陈家	居民点	孤史[元延祐四明志][元大德志]	菰茨山村[地形图][民国志]	陈家
22	富翅小岙	居民点			小岙
23	(已废)	居民点			桃夭门
24	里厂	居民点			里厂
25	外厂	居民点			外厂
26	(已废)	居民点	—	—	老屋陈
27	(已废)	居民点	—	—	鹅鼻岭下
28	(已废)	居民点	—	—	岙底陈
29	(已废)	居民点	—	—	姚岩
30	涨次	居民点	涨史[元延祐四明志][元大德志],张齿[明筹海图编],涨齿岙[明天启志],涨齿岙[清康熙志][清光绪志]	涨齿村[地形图][民国志]	涨次
31	小涨次	居民点	—	—	小涨次
32	倪家	居民点	—	—	倪家
33	项家	居民点	—	—	项家
34	地畈里	居民点	—	—	地畈里
35	丁家	居民点	—	—	丁家
36	钱家	居民点	—	—	钱家
37	寺跟	居民点	—	—	寺跟
38	李家	居民点	—	—	李家
39	岭下	居民点	—	—	岭下
40	罗家	居民点	—	—	罗家
41	卢家	居民点	—	—	卢家
42	夏家	居民点	—	夏家[民国志]	夏家
43	大庙	居民点	大岙[清康熙志],大隩[清光绪志]	—	大庙
44	里王	居民点	—	李王[民国志]	里王
45	(已废)	居民点	—	—	田中央

续表

序号	现行名称	类别	清及清前	民国	地名志
46	望海湾	居民点	—	—	望海湾
47	（已废）	居民点	—	—	教场里
48	大墩	居民点	—	—	大墩
49	瓦窑里	居民点	—	—	瓦窑里
50	曹家	居民点	—	—	曹家
51	石塘里	居民点	—	—	石塘里
52	（已废）	居民点	—	—	横界（1967年废止）
53	钓山南岙	居民点	—	—	钓山南岙
54	张家塘	居民点	—	—	张家塘
55	傅家	居民点	—	—	傅家
56	夏家	居民点	—	—	夏家
57	乐家	居民点	—	—	乐家
58	老庙山嘴	居民点	—	—	老庙山嘴
59	（已废）	居民点	—	—	潘家（1963年废止）
60	姜家	居民点	—	—	姜家
61	外姜家	居民点	—	—	外姜家
62	花地里	居民点	—	—	花地里
63	赵家	居民点	—	—	赵家
64	河边山	居民点	—	夏家山村［地形图］［民国志］	河边山
65	庄家	居民点	—	—	庄家
66	贺家	居民点	—	—	贺家
67	杨家	居民点	—	—	杨家
68	双鸦岙	居民点	双鸦［明天启志］［清康熙志］	—	双鸦岙
69	西岙	居民点	—	徐家村［地形图］［民国志］	西岙
70	庙山头	居民点	—	—	庙山头
71	小田岙	居民点	—	—	小田岙
72	王家	居民点	—	—	王家
73	水塘干	居民点	—	—	水塘干

续表

序号	现行名称	类别	清及清前	民国	地名志
74	炮台下	居民点	打石坑[清康熙志]	—	炮台下
75	(已废)	居民点	—	斜棋山[地形图]	大田岙
76	(已废)	居民点	—	—	中钓山
77	(已废)	居民点	—	—	外钓山
78	柴戴新村	居民点	—	—	柴戴新村
79	晶园新村	居民点	—	—	晶园新村
80	桃花苑	居民点	—	—	—
81	金桥公寓	居民点	—	—	—
82	椗次	居民点	碇碕[明筹海图编]碇齿岙[明天启志],[清康熙志],椗齿隩[清光绪志]	椗齿[民国志]	椗次
83	三官堂	居民点	三官堂[清康熙志]	—	三官堂
84	(已废)	居民点	—	—	缠坑
85	前寨山	居民点	岘山[清康熙志]	—	前寨山
86	后寨山	居民点	寨山[清光绪志]	—	后寨山
87	白石泥岗	居民点	—	—	白石泥岗
88	峧下	居民点	—	—	峧下
89	白木坑	居民点	扶桑[元延祐四明志][元大德志]	—	白木坑
90	朝面山	居民点		—	朝面山
91	下王	居民点		—	下王
92	何家弄	居民点		短嘴[地形图]	何家弄
93	(已废)	居民点	对礁嘴头[清光绪志]	—	短礁头
94	上王	居民点	—	—	上王
95	烟墩下	居民点	—	烟墩下[地形图],烟整下[民国志]	烟墩下
96	二房园	居民点	—	—	二房园
97	路岭	居民点	—	—	路岭
98	外湾	居民点	—	—	外湾
99	上坎	居民点	—	—	上坎
100	下坎	居民点	—	—	下坎
101	下园	居民点	—	—	下园
102	黄泥坎下	居民点	—	—	黄泥坎下

续表

序号	现行名称	类别	清及清前	民国	地名志
103	后溪坑	居民点	—	—	后溪坑
104	(已废)	居民点	—	—	庄基(1964年废止)
105	大坞丘	居民点	乌丘塘[清康熙志]	内乌邱[地形图][民国志]	大坞丘
106	小坞丘	居民点	—	外乌邱[地形图][民国志]	小坞丘
107	外西湾	居民点	—	小湾[地形图][民国志]	外西湾
108	毛竹棚	居民点	—	—	毛竹棚
109	赤坎	居民点	—	赤墈[地形图][民国志]	赤坎
110	半塘里	居民点	—	—	半塘里
111	(已废)	居民点	—	—	马鞍
112	紫窟	居民点	—	紫窟[地形图]	紫窟
113	里园山	居民点	—	圆山下[地形图][民国志]	里园山
114	外园山	居民点	—	—	外园山
115	长了尚	居民点	—	—	长了尚
116	大地爿	居民点	—	—	大地爿
117	后沙头	居民点	—	—	后沙头
118	(已废)	居民点	—	长坑[地形图][民国志]	长坑
119	(已废)	居民点	—	九彩塘[地形图],九采塘[民国志]	韭菜塘
120	(已废)	居民点	—	黄金湾[地形图][民国志]	黄金湾
121	(已废)	居民点	—	直壁坎[地形图][民国志]	绝壁坎
122	(已废)	居民点	—	—	深水(1992年迁东海农场)

续表

序号	现行名称	类别	清及清前	民国	地名志
123	（已废）	居民点	—	—	坑干里（1992 年迁东海农场）
124	（已废）	居民点	—	—	长春山嘴
125	（已废）	居民点	—	丁家嘴[地形图][民国志]	丁家山
126	（已废）	居民点	—	—	山头墩（废村）
127	（已废）	居民点	—	牛角湾[地形图][民国志]	—
128	（已废）	居民点	—	沿腾坑[地形图][民国志]	沿藤坑
129	（已废）	居民点	—	—	宫东
130	（已废）	居民点	—	淡水坑[地形图][民国志]	上淡水坑
131	（已废）	居民点	—		下淡水坑
132	（已废）	居民点	—	—	仰天碗
133	（已废）	居民点	—	垒古[地形图]	擂鼓岙
134	北斗岙	居民点	—	八斗岙口[地形图]，斗岙口[民国志]	北斗岙
135	中山嘴	居民点	—	中山嘴[地形图]	中山嘴
136	太婆岙	居民点	—	—	太婆岙
137	步枪湾	居民点	—	—	步枪湾
138	宫前	居民点	—		宫前
139	（已废）	居民点	—	大坑[地形图][民国志]	大坑
140	（已废）	居民点	—	小坑[地形图][民国志]	小坑
141	（已废）	居民点	—	—	横坑
142	高场墩	居民点	—	—	高场墩
143	（已废）	居民点	—	下湾[地形图][民国志]	下湾

续表

<table>
<tr><th>序号</th><th>现行名称</th><th>类别</th><th colspan="2">清及清前</th><th>民国</th><th>地名志</th></tr>
<tr><td>144</td><td>西江嘴</td><td>居民点</td><td colspan="2">—</td><td>西江嘴[地形图][民国志]</td><td>西江嘴</td></tr>
<tr><td>145</td><td>外西江嘴</td><td>居民点</td><td colspan="2">—</td><td>—</td><td>外西江嘴</td></tr>
<tr><td>146</td><td>南岙</td><td>居民点</td><td rowspan="3">册子[元延祐四明志][元大德志]</td><td>南隩[清光绪志]</td><td>南岙村[地形图]</td><td>南岙</td></tr>
<tr><td>147</td><td>外陈家</td><td>居民点</td><td>—</td><td>—</td><td>外陈家</td></tr>
<tr><td>148</td><td>庙湾</td><td>居民点</td><td>庙湾[清康熙志]</td><td>沙湾庙[民国志]</td><td>庙湾</td></tr>
<tr><td>149</td><td>门岙涂</td><td>居民点</td><td colspan="2">—</td><td>蛛丝门村[地形图],蛛蛳门[民国志]</td><td>门岙涂</td></tr>
<tr><td>150</td><td>庙外</td><td>居民点</td><td colspan="2">—</td><td>—</td><td>庙外</td></tr>
<tr><td>151</td><td>墩里</td><td>居民点</td><td colspan="2">—</td><td>墩岙村[地形图],墩里[民国志]</td><td>墩里</td></tr>
<tr><td>152</td><td>道头湾</td><td>居民点</td><td colspan="2">—</td><td>—</td><td>道头湾</td></tr>
<tr><td>153</td><td>李家岙</td><td>居民点</td><td colspan="2">—</td><td>—</td><td>李家岙</td></tr>
<tr><td>154</td><td>俞家</td><td>居民点</td><td colspan="2">—</td><td>—</td><td>俞家</td></tr>
<tr><td>155</td><td>庄家</td><td>居民点</td><td colspan="2">—</td><td>—</td><td>庄家</td></tr>
<tr><td>156</td><td>林家</td><td>居民点</td><td colspan="2">—</td><td>—</td><td>林家</td></tr>
<tr><td>157</td><td>张家</td><td>居民点</td><td colspan="2">—</td><td>—</td><td>张家</td></tr>
<tr><td>158</td><td>支家岙</td><td>居民点</td><td colspan="2">—</td><td>—</td><td>支家岙</td></tr>
<tr><td>159</td><td>金家</td><td>居民点</td><td colspan="2">—</td><td>—</td><td>金家</td></tr>
<tr><td>160</td><td>孙家塘</td><td>居民点</td><td colspan="2">—</td><td>—</td><td>孙家塘</td></tr>
<tr><td>161</td><td>大沙湾</td><td>居民点</td><td colspan="2">—</td><td>大沙湾村[地形图]</td><td>大沙湾</td></tr>
<tr><td>162</td><td>岙里</td><td>居民点</td><td colspan="2">—</td><td>—</td><td>岙里</td></tr>
<tr><td>163</td><td>册子西岙</td><td>居民点</td><td colspan="2">西隩[清光绪志]</td><td>西岙[民国志]</td><td>西岙</td></tr>
<tr><td>164</td><td>何家</td><td>居民点</td><td colspan="2">—</td><td>—</td><td>何家</td></tr>
<tr><td>165</td><td>陆家</td><td>居民点</td><td colspan="2">—</td><td>—</td><td>陆家</td></tr>
<tr><td>166</td><td>册子桃夭门</td><td>居民点</td><td colspan="2">—</td><td>—</td><td>册子桃夭门</td></tr>
<tr><td>167</td><td>册子丁家</td><td>居民点</td><td colspan="2">—</td><td>丁家村[地形图][民国志]</td><td>丁家</td></tr>
<tr><td>168</td><td>小马柱</td><td>居民点</td><td colspan="2">—</td><td>—</td><td>小马柱</td></tr>
<tr><td>169</td><td>鲁家</td><td>居民点</td><td colspan="2">—</td><td>—</td><td>鲁家</td></tr>
<tr><td>170</td><td>长湾</td><td>居民点</td><td colspan="2">长湾[清光绪志]</td><td>长湾[民国志]</td><td>长湾</td></tr>
<tr><td>171</td><td>钟家</td><td>居民点</td><td colspan="2">—</td><td>—</td><td>钟家</td></tr>
</table>

续表

序号	现行名称	类别	清及清前	民国	地名志
172	大马柱	居民点	—	—	大马柱
173	大晒网	居民点	—	—	大晒网
174	龙潭坑	居民点	—	—	龙潭坑
175	长坑	居民点	—	—	长坑
176	小晒网	居民点	—	—	小晒网
177	双螺岙	居民点	—	双螺村［地形图］，双螺［民国志］	双螺岙
178	胡家	居民点	—	—	胡家
179	王家山嘴	居民点	—	—	王家山嘴
180	外湾	居民点	—	—	外湾
181	椅子湾	居民点	—	椅子湾［地形图］［民国志］	椅子湾
182	卢家岙	居民点	北隩［清光绪志］	北奥村［地形图］，北岙［民国志］	卢家岙
183	上横	居民点			上横
184	嵇家岙	居民点			嵇家岙
185	湾里	居民点			湾里
186	沈家塘	居民点	—	—	沈家塘
187	（已废）	建筑物	木城［清康熙志］	—	—
188	（已废）	建筑物	碇齿堠［明天启志］［明筹海图编］，椗次台［清光绪志］	—	—
189	（已废）	建筑物	西山堠［明天启志］［明筹海图编］，岑港台［清光绪志］	—	—
190	太平亭	建筑物	太平亭（在小岭上）［清光绪志］	—	—
191	卢家桥	桥梁	卢家桥［清康熙志］	—	—
192	万安桥	桥梁	万安桥［清光绪志］	—	—
193	潘家溪桥	桥梁	潘家溪桥［清光绪志］	—	—
194	（已废）	桥梁	永福桥［清光绪志］	—	—
195	永安桥	桥梁	永安桥［清光绪志］	永安桥［民国志］	
196	太平桥	桥梁	太平桥［清光绪志］	—	—
197	万安塘	堤堰	万安塘［清光绪志］	万安塘［民国志］	—
198	（已废）	堤堰	句和塘［清光绪志］	句和塘［民国志］	—

续表

序号	现行名称	类别	清及清前	民国	地名志
199	（已废）	堤堰	宫前塘［清光绪志］	宫前塘［民国志］	—
200	（已废，今作路）	堤堰	隩前塘［清光绪志］	隩前塘［民国志］	—
201	（已废，今作路）	堤堰	岑港中塘［清光绪志］	岑港中塘［民国志］	—
202	（已废）	堤堰	永绥塘［清光绪志］	永绥塘［民国志］	—
203	（已废）	堤堰	三角塘［清康熙志］	—	—
204	（已废）	堤堰	峧（窔）下塘［清光绪志］	峧（窔）下塘［民国志］	—
205	（已废）	堤堰	马墓塘［明天启志］	—	—
206	（已废）	堤堰	碇齿塘［明天启志］，椗齿塘［清康熙志］	—	—
207	（已废）	堤堰	椗齿中塘［清光绪志］	椗齿中塘［民国志］	—
208	（已废）	堤堰	乌丘塘［清康熙志］	乌丘塘［民国志］	—
209	（已废）	堤堰	双鸦塘［清光绪志］	双鸦塘［民国志］	—
210	（已废）	堤堰	里塘［清光绪志］	里塘［民国志］	—
211	（已废）	堤堰	西隩塘［清光绪志］	西隩塘［民国志］	—
212	（已废）	堤堰	炮台塘［清光绪志］	炮台塘［民国志］	—
213	（已废）	堤堰	涨起塘［清光绪志］	涨起塘［民国志］	—
214	（已废）	堤堰	花池塘［清光绪志］	花池塘［民国志］	—
215	（已废）	水闸	椗齿碶［清康熙志］	—	—
216	（已废）	水闸	司前大碶［清光绪志］	司前大碶［民国志］	—
217	（已废）	码头	对礁头埠［清光绪志］	对礁头埠［民国志］	
218	（已废）	宗教纪念地	西岙庙［清康熙志］［清光绪志］	—	—
219	（已废，原址现改建为天主教堂）	宗教纪念地	天妃宫［清康熙志］，天后宫［清光绪志］	天后宫［地形图］	—
220	大岭庙	宗教纪念地	大岭庙［清康熙志］	—	—
221	古峰庵	宗教纪念地	古峰庵［清康熙志］［清光绪志］	古峰庵［民国志］	—
222	外回峰寺	宗教纪念地	迴峰寺［元大德志］［清康熙志］，回峰寺［清光绪志］	回峰寺［民国志］	—
223	大庙	宗教纪念地	大庙［清康熙志］［清光绪志］	大庙［民国志］	—

续表

序号	现行名称	类别	清及清前	民国	地名志
224	铁墙庙	宗教纪念地	铁墙庙[清康熙志][清光绪志]	铁墙庙[民国志]	—
225	三官堂	宗教纪念地	三官堂[清康熙志][清光绪志]	三官堂[民国志]	—
226	金墉庙	宗教纪念地	金墉庙[清光绪志]	金墉庙[民国志]	—
227	(已废)	宗教纪念地	后沙庙[清康熙志][清光绪志]	后沙庙[民国志]	—
228	花岩庙	宗教纪念地	花岩庙[清康熙志][清光绪志]	花岩庙[民国志]	—
229	保安庙	宗教纪念地	保安庙[清光绪志]	保安庙(长坑庙)[民国志]	—
230	安澜庙	宗教纪念地	安澜庙[清光绪志]	安澜庙[民国志]	—
231	(已废)	宗教纪念地	山神庙[清光绪志]	山神庙[民国志]	—
232	泮嘉庙	宗教纪念地	泮嘉庙[清光绪志]	泮嘉庙[民国志]	—
233	小岙庙	宗教纪念地	小隩庙[清光绪志]	小隩庙[民国志]	—
234	涨次庙	宗教纪念地	涨溪庙[清康熙志],涨起庙[清光绪志]	涨茨庙[民国志]	—
235	(已废)	宗教纪念地	三官堂[清康熙志][清光绪志](在白鹤庙附近)	三官堂[民国志]	—
236	(已废)	宗教纪念地	白鹤庙[清光绪志]	白鹤庙[民国志]	—
237	(已废)	宗教纪念地	红鹤庙[清光绪志]	红鹤庙[民国志]	—
238	(已废)	宗教纪念地	黄鹤庙[清光绪志]	黄鹤庙[民国志]	—
239	梅仁寺	宗教纪念地	梅神寺[清光绪志]	梅神寺[民国志]	—

续表

序号	现行名称	类别	清及清前	民国	地名志
240	（已废）	宗教纪念地	太平庙[清光绪志]	太平庙[民国志]	—
241	（已废）	宗教纪念地	沙黄塘庙[清光绪志]	沙黄塘庙[民国志]	—
242	马目天后宫	宗教纪念地	—	天后宫[地形图][民国志]	—
243	（已废）	宗教纪念地	碶庙[清康熙志]，妙湾庙[清光绪志]	沙湾庙[民国志]	—
244	广福寺	宗教纪念地	广福寺[清光绪志]	广福寺[民国志]	—
245	龙王堂	宗教纪念地	龙王堂[清光绪志]	龙王堂[民国志]	—
246	册子龙王宫	宗教纪念地	龙王宫[清光绪志]	—	—
247	土地祠	宗教纪念地	土地祠[清光绪志]	—	—
248	册子天后宫	宗教纪念地	天后宫[清光绪志]	—	—
249	白云寺	宗教纪念地	白云寺[清康熙志]	—	—
250	游母庙	宗教纪念地	紫窟庙[清康熙志]，游母庙[清光绪志]	—	—
251	（已废）	宗教纪念地	田隩庙[清光绪志]	田隩庙[民国志]	—
252	小岭	古道	小岭[明筹海图编][明天启志][清康熙志][清光绪志]	大岭[地形图]，小岭[民国志]	小岭
253	大岭	古道	大岭[清康熙志][清光绪志]	小岭[地形图]	大岭
254	郑思岭	古道	郑思岭[明天启志][清康熙志][清光绪志]	郑思岭[民国志]	郑思岭
255	小沙岭	古道	小河(沙)岭[明筹海图编]，小沙岭[清康熙志][清光绪志]	小沙岭[民国志]	小沙岭

续表

序号	现行名称	类别	清及清前	民国	地名志
256	岑港岭	古道	岑港岭[明天启志],青岙岭[清康熙志],青隩岭[清光绪志],岑港岭[清光绪志大沙岙图]	青阨岭[地形图],青灰岭[民国志]	岑港岭
257	鹅鼻岭	古道	摩鼻岭[明筹海图编][清康熙志][清光绪志]	摩鼻岭[民国志]	鹅鼻岭
258	茶岭	古道	茶岭[清康熙志]	茶岭[地形图],蛇岭[民国志]	茶岭
259	青坑岭	古道	青坑岭[清康熙志],坑岭[清光绪志]	坑岭[民国志]	青坑岭
260	脉山岭	古道	跋涉坑岭[清光绪志]	跋涉坑岭[民国志]	脉山岭
261	烟墩岭	古道	马腰岭[清康熙志][清光绪志]	马腰岭[民国志]	烟墩岭
262	坞丘岭	古道	乌坵岭[清康熙志]	—	坞丘岭
263	里岭	古道	里岭(在小岙与涨次之间)[清康熙志][清光绪志]	里岭[地形图]	里岭
264	岑峡岭	古道	蹭甲岭[清光绪志]	—	岑峡岭
265	大沙湾岭	古道	大沙湾岭[清光绪志]	—	大沙湾岭
266	桃夭门岭	古道	桃夭岭[清光绪志]	—	桃夭门岭
267	(已废)	山(峰)	五条坟[清康熙志],五条窔山[清光绪志]	五条窔山[地形图][民国志]	—
268	狮子山	山(峰)	双狮山[清康熙志][清光绪志],紫窟山[明天启志]	狮子山[地形图]	—
269	炮台岗	山(峰)	乌丘山[明天启志],观山[清康熙志][清光绪志]	—	—
270	老塘山	山(峰)	西山[清康熙志]	老塘山[地形图]	老塘山
271	山仑山	山(峰)	崘山[清康熙志](在烟墩社区附近)	—	仑山
272	寨山	山(峰)	寨山[清光绪志]	—	寨山
273	双鸦山	山(峰)	双鸦山[清光绪志]	雨华山[地形图]	双鸦山
274	白茅山	山(峰)	白茅山[清光绪志]	白茅山[民国志]	白茅山

续表

序号	现行名称	类别	清及清前	民国	地名志
275	岑港山	山(峰)	岑港山[清光绪志]	炮台山[地形图]	岑港山
276	聚水塘山	山(峰)	聚水塘(山)[明筹海图编]	—	—
277	公鹅山	山(峰)	—	石坞山[地形图], 石坞岗[民国志]	公鹅山
278	老鼠山	山(峰)	—	—	老鼠山
279	庙湾岗	山(峰)	—	大庙山[地形图]	庙湾岗
280	荷花平岗	山(峰)	—	荷花坪[地形图] [民国志]	荷花平岗
281	月亮岩	山(峰)	—	月亮岩[地形图]	月亮岩
282	东坑山	山(峰)	—	东坑山[地形图] [民国志]	东坑山
283	方家山	山(峰)	—	方家山[地形图] [民国志]	方家山
284	脉山岗	山(峰)	脉山[清光绪志]	白马坑山[地形图]	脉山岗
285	哨记头岗	山(峰)	—	茶山岗[地形图]	哨记头岗
286	青坑山	山(峰)	—	青坑山[地形图]	青坑山
287	龙头岗	山(峰)	—	文垒山[地形图] [民国志]	龙头岗
288	马鞍山	山(峰)	—	马鞍山[地形图] [民国志]	马鞍山
289	园山	山(峰)	—	圆山[地形图] [民国志]	园山
290	镬脐山	山(峰)	—	桃屿山[地形图] [民国志]	镬脐山
291	鹅盘山	山(峰)	—	牛盘岗[地形图] [民国志]	鹅盘山
292	马王岗	山(峰)	—	后岸山[地形图] [民国志]	马王岗
293	双螺岗	山(峰)	—	前岸山[地形图]	双螺岗
294	天顶山	山(峰)	—	天望山[地形图] [民国志]	天顶山

续表

序号	现行名称	类别	清及清前	民国	地名志
295	马目山	山(峰)	马务山[参天台五台山记],海西山[宋乾道志][宋宝庆志],马墓山[明天启志],马目山(马墓山)[清康熙志][清光绪志],波罗根岛*[新译海道图说]	马目山[地形图][民国志]	中头山岗
296	象山岗	山(峰)	—	小尖山[地形图]	象山岗
297	紫窟岭山	山(峰)	大尖山[清康熙志]	大尖山[地形图][民国志]	
298	瓜脸山	山(峰)	—	火穿山[地形图]	瓜脸山
299	凤凰山	山(峰)	迷萝山[清光绪志](在册子南岙)	—	凤凰山
300	(无考)	岩	拜佛岩[清康熙志]	—	—
301	册子大岙浦	河流	大岙浦[清康熙志](在册子)	—	—
302	册子乱石浦	河流	乱石浦[清康熙志](在册子)	—	—
303	白龙潭	水潭	岑江潭[宋宝庆志],小墺潭[元大德志],小岙潭[明天启志],岑港潭[清康熙志],小岙龙潭[清光绪志]	小岙龙潭[民国志]	—
304	(无考)	水潭	菖蒲潭[元大德志][明天启志][清康熙志]	—	—

舟山市定海区马岙街道新旧地名录

（居民点和山水等陆域类地名）

序号	现行名称	类别	清及清前	民国	地名志
1	马岙	地片	马岙[元大德志][明天启志][清康熙志]，马岙庄[清光绪志]	马岙[地形图][民国志]	马岙
2	三江口	地片	三江口[清光绪志]	三江口[民国志]	—
3	楼门口	居民点	—	—	楼门口
4	松园里	居民点	—	—	松园里
5	田畈里	居民点	—	—	田畈里
6	后门山	居民点	—	—	后门山
7	经庵	居民点	经庵[清康熙志]	—	经庵
8	冷水潭	居民点	—	—	冷水潭
9	轿行里	居民点	—	—	轿行里
10	新屋里	居民点	—	—	新屋里
11	田弄里	居民点	—	—	田弄里
12	驴园里	居民点	—	—	驴园里
13	六份头	居民点	—	—	六份头
14	山院里	居民点	—	—	山院里
15	地爿里	居民点	—	—	地爿里
16	夏家	居民点	—	—	夏家
17	团结新村	居民点	—	—	团结新村
18	蒋家	居民点	—	—	蒋家
19	已废，1973 年废止	居民点	善□洞[清康熙志]，单奇洞[清康熙志][清光绪志]	单奇洞[地形图]	禅济洞
20	已废，1972 年废上	居民点	—	—	高山岗墩
21	唐家	居民点	—	—	唐家
22	戚家	居民点	—	—	戚家
23	大园里	居民点	—	—	大园里
24	冯家	居民点	—	—	冯家

续表

序号	现行名称	类别	清及清前	民国	地名志
25	王家	居民点	—	—	王家
26	大池头	居民点	—	—	大池头
27	孙家	居民点	—	—	孙家
28	安家	居民点	林家山[清康熙志],安家山[清光绪志]	—	安家
29	李家	居民点	—	—	李家
30	张家	居民点	—	—	张家
31	高家	居民点	西岙[清康熙志],西隩[清光绪志]	西岙[民国志]	高家
32	李家	居民点			李家
33	夹山里	居民点			夹山里
34	杨家	居民点			杨 家
35	王家弄	居民点	王家坟[清康熙志]	王家弄[地形图][民国志]	王家弄
36	周家	居民点	—	—	周家
37	平石岭下李家	居民点	—	—	平石岭下李家
38	颜家	居民点	—	—	颜家
39	干家	居民点	—	—	干家
40	严家	居民点	—	—	严家
41	平石岭下袁家	居民点	—	—	平石岭下袁家
42	五房	居民点	—	—	五房
43	耿家王	居民点	耿家山[清康熙志],耿家桥[清光绪志]	—	耿家王
44	上袁	居民点 居民点	—	袁家[地形图][民国志]	上袁
45	下袁	居民点	—		下袁
46	戴家	居民点	—	—	戴家
47	后湾	居民点	后湾[清光绪志]	后湾[民国志]	后湾
48	田厂里	居民点	—	—	田厂里
49	山潭	居民点	—	—	山潭
50	饭店边	居民点	—	—	饭店边
51	虾须岙	居民点	虾须隩[清光绪志]	虾须岙[民国志]	虾须岙

续表

序号	现行名称	类别	清及清前	民国	地名志
52	已废,1974 年废止	居民点	赵家隩[清光绪志]	赵家岙[地形图][民国志]	赵家岙
53	郑家	居民点	—	陈家[地形图]	郑家
54	全家	居民点	—	—	全家
55	张家	居民点	—	—	张家
56	十六房	居民点	—	—	十六房
57	童徐林	居民点	杜家岙[清康熙志][清光绪志]	杜家岙[地形图][民国志]	童徐林
58	十七房	居民点	—	—	十七房
59	小塘舟	居民点	小塘[清光绪志]	—	小塘舟
60	石子坑	居民点	石子坑[清光绪志]	石芝坑王[地形图][民国志]	石子坑
61	黄鹤里	居民点	王衙山[清康熙志][清光绪志]	—	黄鹤里
62	新屋里	居民点	—	—	新屋里
63	下大生	居民点	—	—	下大生
64	龙潭坑	居民点	—	—	龙潭坑
65	平石岭	居民点	平石岭[清康熙志][清光绪志]	平石岭[地形图]	平石岭
66	蔡家	居民点	—	—	蔡家
67	碶头	居民点	李家碶[清康熙志]	李家屿[地形图],李家碶[民国志]	碶头
68	沈家	居民点	—	—	沈家
69	小塘里	居民点	—	小塘堤[地形图][民国志]	小塘里
70	乌龟山	居民点	龟山[清康熙志]	—	乌龟山
71	小荡田	居民点	—	—	小荡田
72	李家碶外	居民点	李家碶[清康熙志][清光绪志]	李家[地形图][民国志]	李家碶外
73	码头里	居民点	小舟[元延祐四明志][元大德志]	—	码头里
74	顾家	居民点		—	顾家
75	潘家	居民点		—	潘家
76	孙家	居民点		—	孙家

续表

序号	现行名称	类别	清及清前	民国	地名志
77	姜梅兰	居民点	蒋梅磯[清康熙志][清光绪志]	蒋家磯[地形图][民国志]	姜梅兰
78	徐家	居民点	—	小塘头[地形图]	徐家
79	长白厂	居民点	—	—	长白厂
80	下厂	居民点	—	—	下厂
81	太平桥头	居民点	—	—	太平桥头
82	颜家	居民点	—	—	颜家
83	中厂里	居民点	—	—	中厂里
84	半塘里	居民点	老塘[清光绪志]	老塘[民国志]	半塘里
85	四份头	居民点	—	—	四份头
86	虞家	居民点	—	—	虞家
87	大涂面	片村	—	大涂面[地形图]	—
88	(已废)	建筑物	三江堠[明筹海图编][明天启志],三江台[清光绪志]	—	
89	(已废)	建筑物	袁家碶堠[明天启志][明筹海图编],袁家台[清光绪志]	—	—
90	(已废)	桥梁	迎宾桥[清康熙志]	—	—
91	1964 年建 长春岭水库	桥梁	马岙桥[清康熙志]	—	—
92	永清桥	桥梁	永清桥[清光绪志]	永清桥[民国志]	—
93	(已废)	桥梁	临江亭[清光绪志]	—	—
94	马岙桥	桥梁	长清桥[清光绪志]	长清桥[地形图]	—
95	万安桥	桥梁	万安桥[清光绪志]	万安桥[民国志]	—
96	耿家桥	桥梁	耿家桥[清光绪志]	耿家桥[民国志]	—
97	新桥	桥梁	—	新桥[民国志]	—
98	(已废)	堤堰	龟西塘[清光绪志]	西塘[地形图], 龟西塘[民国志]	—
99	(已废)	堤堰	龟东塘[清光绪志]	东塘[地形图], 龟东塘[民国志]	—
100	(已废)	堤堰	小塘[清光绪志]	小塘[民国志]	—

续表

序号	现行名称	类别	清及清前	民国	地名志
101	（已废，今作路）	堤堰	三江塘［明天启志］，三江老塘［清光绪志］	三江老塘［民国志］	—
102	（已废）	堤堰	三江口塘［清光绪志］	三江口塘［民国志］	—
103	（已废）	堤堰	虾须隩塘［清光绪志］	虾须隩塘［民国志］	—
104	（已废）	堤堰	孙姓塘［清光绪志］	孙姓塘［民国志］	—
105	（已废）	堤堰	謦柯塘［清光绪志］	謦柯塘，［民国志］	—
106	（已废）	堤堰	大涂面塘［清康熙志］，万安塘［清光绪志］	万安塘［地形图］［民国志］	—
107	（已废）	堤堰	小舟塘［清康熙志］［清光绪志］	小舟塘［地形图］［民国志］	—
108	（已废，今作路）	堤堰	后湾塘［清光绪志］	后湾塘［民国志］	—
109	（已废）	堤堰	后湾新塘［清光绪志］	后湾新塘［民国志］	—
110	（已废）	水闸	李家碶［清康熙志］［清光绪志］	李家碶［民国志］	—
111	（已废）	水闸	三江碶［清康熙志］［清光绪志］	三江碶［民国志］	—
112	（已废）	水闸	万安碶［清光绪志］	万安碶［民国志］	—
113	（已废）	水闸	大涂西碶［清光绪志］	大涂西碶［民国志］	—
114	保舟庙	宗教纪念地	小舟庙［清康熙志］，保舟庙［清光绪志］	保舟庙［地形图］［民国志］	—
115	化城禅寺	宗教纪念地	化成庵［清康熙志］［清光绪志］	化成庵［地形图］［民国志］	—
116	（已废）	宗教纪念地	灵官庙［清康熙志］［清光绪志］	灵官庙［民国志］	—
117	（已废）	宗教纪念地	关帝殿（三官堂）［清光绪志］	—	—
118	（已废）	宗教纪念地	白鹤庙［清康熙志］［清光绪志］	白鹤庙	—
119	（已废）	宗教纪念地	永福庵［清康熙志］［清光绪志］	永福庵［民国志］	—
120	中峰庙	宗教纪念地	中峰庙［清康熙志］［清光绪志］	中峰庙［地形图］［民国志］	—

续表

序号	现行名称	类别	清及清前	民国	地名志
121	明珠禅寺	宗教纪念地	明珠庵[清康熙志][清光绪志]	明珠庵[民国志]	—
122	(已废)	宗教纪念地	沙峧庙[清康熙志][清光绪志]	—	—
123	(已废)	宗教纪念地	凌公庙(灵功庙)[清光绪志]	凌公庙(灵功庙)[民国志]	—
124	地藏寺	宗教纪念地	地藏殿[清光绪志]	地藏殿[民国志]	—
125	(已废)	宗教纪念地	经庵[清光绪志]	经庵[民国志]	—
126	寂照讲寺	宗教纪念地	寂照庵[清光绪志]	寂照庵[民国志]	—
127	净土庵	宗教纪念地	净土庵[清光绪志]	净土庵[民国志]	—
128	(已废)	宗教纪念地	—	福胜庵[民国志]	—
129	平石岭	古道	平石岭[清康熙志]	平石岭[地形图][民国志]	平石岭
130	大周岭	古道	大周岭[清康熙志][清光绪志]	大周岭[地形图][民国志]	大周岭
131	古德岭	古道	古德岭[清康熙志][清光绪志]	古德岭[地形图][民国志]	古德岭
132	十七房岭	古道	三冈岭[清康熙志][清光绪志]	三江岭[地形图] 三冈岭[民国志]	十七房岭
133	十六房岭	古道	十六房岭[清光绪志]	十六房岭[地形图][民国志]	十六房岭
134	后湾岭	古道	后湾岭[清光绪志]	后湾岭[地形图]	后湾岭
135	西岙岭	古道	—	西岙岭[地形图]	—
136	黄泥岭	古道	—	黄泥岭[地形图]	—
137	尾巴岭	古道	—	尾巴岭[民国志]	—
138	马家岭	古道	—	马家岭[地形图]	—

续表

序号	现行名称	类别	清及清前	民国	地名志
139	乌龟山	山(峰)	龟山[清康熙志]	龟山[地形图][民国志]	乌龟山
140	小舟山	山(峰)	小舟山[清光绪志]	小舟山[地形图][民国志]	—
141	沙峧山	山(峰)	沙窔山[清光绪志]	沙窔山[地形图][民国志]	沙峧山
142	鲤鱼山	山(峰)	三台山[清光绪志]	鲤鱼山[地形图]	鲤鱼山
143	九峰山	山(峰)	九峰山[清康熙志],中峰山[清光绪志]	九峰山[地形图],中峰山[民国志]	九峰山
144	祠山	山(峰)	烟墩山[清康熙志]	刁柯山[地形图],髫果山[民国志]	祠山
145	后湾山	山(峰)	—	后湾山[地形图][民国志]	后湾山
146	白鹤山	山(峰)	—	三江山[地形图][民国志]	白鹤山
147	虾须山	山(峰)		虾须山[地形图]	—
148	袁家炮台岗	山(峰)	五百岙[元延祐四明志][元大德志],五伯岙山[清康熙志]	袁家山[地形图]	炮台岗
149	尖峰岗	山(峰)	古德山[清光绪志]	古德山[地形图],尚德山[民国志]	尖峰岗
150	狮子山	山(峰)	—	狮子山[地形图][民国志]	—
151	游凫山	山(峰)	—	游凫山[地形图]	永昌山
152	饭盏尖	山(峰)	—	饭盏尖[地形图]	—
153	(已废)	山洞	善□洞[清康熙志],单奇洞[清康熙志][清光绪志]	单奇洞[地形图][民国志]	(清道光年间塌废)
154	三江浦	河流	三江浦[清光绪志]	—	—
155	马岙大河	河流	大河[清光绪志]	大河[民国志]	—
156	(已废)	河流	—	拖秧河[民国志]	—
157	板井头	水井	板井头[清康熙志]	—	—

舟山市定海区双桥街道新旧地名录

（居民点和山水等陆域类地名）

<table>
<tr><th>序号</th><th colspan="2">现行名称</th><th>类别</th><th>清及清前</th><th>民国</th><th>地名志</th></tr>
<tr><td>1</td><td colspan="2">紫微</td><td>地片</td><td>紫皮岙[明筹海图编]，紫微岙[明天启志]，紫微街[清康熙志]</td><td>—</td><td>紫微</td></tr>
<tr><td>2</td><td colspan="2">马鞍山</td><td>居民点</td><td>—</td><td>—</td><td>马鞍山</td></tr>
<tr><td rowspan="7">3</td><td rowspan="7">临港一二区</td><td>赵家</td><td>居民点</td><td rowspan="7">苏仲[元延祐四明志][元大德志]</td><td>—</td><td>赵家</td></tr>
<tr><td>外湾</td><td>居民点</td><td>—</td><td>外湾</td></tr>
<tr><td>岳家</td><td>居民点</td><td>—</td><td>岳家</td></tr>
<tr><td>（已废）</td><td>居民点</td><td>—</td><td>孙家湾</td></tr>
<tr><td>邱家湾</td><td>居民点</td><td>—</td><td>邱家湾</td></tr>
<tr><td rowspan="2">王家</td><td rowspan="2">居民点</td><td>蒋家村[地形图][民国志]</td><td>王家</td></tr>
<tr><td>—</td><td>贺家</td></tr>
<tr><td rowspan="3">4</td><td rowspan="3">狭门三区</td><td rowspan="2">秦家</td><td rowspan="3">居民点</td><td>—</td><td>—</td><td>郑家</td></tr>
<tr><td>—</td><td>—</td><td>秦家</td></tr>
<tr><td>潘家</td><td>—</td><td>—</td><td>潘家</td></tr>
<tr><td>5</td><td colspan="2">狭门六区</td><td>居民点</td><td>大岭[清康熙志][清光绪志]</td><td>大岭[地形图]</td><td>大岭</td></tr>
<tr><td rowspan="2">6</td><td rowspan="2">狭门五区</td><td>郑家</td><td rowspan="2">居民点</td><td>—</td><td>—</td><td>郑家</td></tr>
<tr><td>庙下</td><td>—</td><td>庵基[地形图]</td><td>庙下</td></tr>
<tr><td rowspan="2">7</td><td rowspan="2">狭门四区</td><td>五份头</td><td>—</td><td>—</td><td>—</td><td>五份头</td></tr>
<tr><td>林家</td><td>居民点</td><td>—</td><td>—</td><td>林家</td></tr>
<tr><td rowspan="2">8</td><td rowspan="2">狭门二区</td><td>四份头</td><td>居民点</td><td>—</td><td>顾家[地形图][民国志]</td><td>四份头</td></tr>
<tr><td>山嘴头</td><td>居民点</td><td>—</td><td>—</td><td>山嘴头</td></tr>
<tr><td rowspan="2">9</td><td rowspan="2">狭门一区</td><td>骆家</td><td>居民点</td><td>—</td><td>—</td><td>骆家</td></tr>
<tr><td>庙园</td><td>居民点</td><td>—</td><td>—</td><td>庙园</td></tr>
</table>

续表

<table>
<tr><th>序号</th><th colspan="2">现行名称</th><th>类别</th><th colspan="2">清及清前</th><th>民国</th><th>地名志</th></tr>
<tr><td rowspan="9">10</td><td colspan="2" rowspan="9">永丰</td><td rowspan="9">居民点</td><td colspan="2" rowspan="9">石头岙[明天启志]</td><td>—</td><td>里屋里</td></tr>
<tr><td>—</td><td>汪家</td></tr>
<tr><td>—</td><td rowspan="2">老灶里</td></tr>
<tr><td>—</td></tr>
<tr><td>—</td><td>山脚里</td></tr>
<tr><td>—</td><td>张家</td></tr>
<tr><td>—</td><td>五间头</td></tr>
<tr><td>—</td><td>陆家塘</td></tr>
<tr><td>吴家[地形图]
[民国志]</td><td>郑思岭下</td></tr>
<tr><td>11</td><td colspan="2">狭门</td><td>居民点</td><td colspan="2">狭门[清康熙志][清光绪志]</td><td>狭门村[地形图]
[民国志]</td><td>狭门</td></tr>
<tr><td>12</td><td colspan="2">（已废）</td><td>居民点</td><td colspan="2">寺岙[明天启志]</td><td></td><td>里回峰</td></tr>
<tr><td>13</td><td colspan="2">（已废）</td><td>居民点</td><td colspan="2">—</td><td>—</td><td>蚂蟥山</td></tr>
<tr><td>14</td><td colspan="2">庵下</td><td>居民点</td><td colspan="2">—</td><td>—</td><td>庵下</td></tr>
<tr><td rowspan="3">15</td><td rowspan="3">先锋一区</td><td rowspan="2">蒋家</td><td rowspan="3">居民点</td><td colspan="2" rowspan="2">—</td><td>下蒋家[地形图]
[民国志]</td><td rowspan="2">蒋家</td></tr>
<tr><td>上蒋家[地形图]
[民国志]</td></tr>
<tr><td>王家</td><td colspan="2">—</td><td>—</td><td>王家</td></tr>
<tr><td rowspan="3">16</td><td rowspan="3">先锋二区</td><td>陶家</td><td>居民点</td><td colspan="2">—</td><td>陶家[地形图]</td><td>陶家</td></tr>
<tr><td>邵家</td><td>居民点</td><td colspan="2">—</td><td>—</td><td>邵家</td></tr>
<tr><td>小岙</td><td>居民点</td><td colspan="2">—</td><td>—</td><td>小岙</td></tr>
<tr><td>17</td><td colspan="2">先锋</td><td>居民点</td><td colspan="2"></td><td>—</td><td>夏家</td></tr>
<tr><td>18</td><td colspan="2">下新屋</td><td>居民点</td><td rowspan="5">南墠[元延祐四明志][元大德志]</td><td>—</td><td></td><td>下新屋</td></tr>
<tr><td rowspan="2">19</td><td colspan="2" rowspan="2">邬家岩</td><td rowspan="2">居民点</td><td>—</td><td>邬家岩[地形图]
[民国志]</td><td>邬家岩</td></tr>
<tr><td>—</td><td></td><td>戴家</td></tr>
<tr><td>20</td><td colspan="2">徐家岙</td><td>居民点</td><td>—</td><td>仙家岙[地形图]
[民国志]</td><td>徐家岙</td></tr>
<tr><td>21</td><td colspan="2">鲍家洋</td><td>居民点</td><td>鲍家山
[清光绪志]</td><td>鲍家漾[地形图]</td><td>鲍家洋</td></tr>
</table>

续表

序号	现行名称	类别	清及清前	民国	地名志
22	侯家	居民点	侯家岙[元延祐四明志][元大德志][明天启志]	侯家[地形图]，侯家[民国志]	侯家
23	小岭下	居民点	—	吴家村[地形图][民国志]	小岭下
24	大岭下	居民点	—	—	大岭下
25	董家弄	居民点	—	—	贺家
			—	—	徐家后门
			—	—	小岭脚
26	应周路	居民点		—	应家山
			周家岙[清康熙志]	—	周家岙
			—	—	岙里
27	小岭下	地片	西山头[元延祐四明志][元大德志]	—	小岭下
28	浦东	居民点	浦门岙[元延祐四明志]，浦东岙[元大德志][明天启志]	—	黄家
				—	汪家
				—	天泉
				—	潘家
				—	朱家
				—	窑里
29	天童	居民点	天同岙[明筹海图编]，天童岙[明天启志][清康熙志]，天童隩[清光绪志]	天童村[地形图][民国志]	天童
30	天童陈家山	居民点	—	—	陈家山
31	天童顾李	居民点	—	—	顾李
32	大湾	居民点	—	—	上山头
			—	—	大湾
33	天童路	居民点	—	—	梅花岭
			—	—	外四房
			—	—	下山头

续表

序号	现行名称	类别	清及清前	民国	地名志
34	墩头	居民点	墩头黄[清康熙志][清光绪志]	墩头市[地形图],整头黄[民国志]	下墩头
					坟头潭
					百年房
					高墙门
					文斗冲
35	百岁	居民点	东山[元延祐四明志][元大德志],东山庙[清光绪志]	—	上墩头
				—	东山庙
			—	—	上竹房
			—	—	周家园
			—	—	书房弄
36	溪头	居民点	大碶[清康熙志]	—	碶头
			—	—	大地爿
			—	—	毛家
			—	—	外湾
			—	—	毛湾
37	里岙	居民点	里岙[明天启志][清康熙志]	里岙[地形图][民国志]	里岙
38	里岙南路	居民点 居民点	—	—	郁家
			—	—	俞家湾
			牛卧岭[清光绪志]	牛屎岭[地形图],牛卧岭[民国志]	牛卧岭
39	(已废)	居民点	—	—	外柳家
40	(已废)	居民点	—	—	里步高
41	桥头施	居民点	—	—	桥头施
42	顺利	居民点	—	—	张家
			—	—	柴家弄
			—	余家[地形图]	余家
			—	大坑[地形图]	大坑
			—	—	梅园
43	陈家	居民点	—	—	陈家

续表

序号	现行名称	类别	清及清前	民国	地名志
44	东高岭	居民点	—	东皋岭[地形图]，西皋岭[民国志]	冯家
			—	西坑[地形图][民国志]	西坑
			—	—	施家
			—	—	小坑
45	溪口	居民点	溪口岙[元延祐四明志][元大德志][明天启志][清康熙志]，溪口隩[清光绪志]	溪口岙[地形图]	溪口
			—	—	秦家
			王家岭岙[明天启志]，王家岭[清康熙志][清光绪志]	王家岭[地形图][民国志]	黄高岭下吴家
			—	—	桐园里
			—	—	半山里陈家
			—	—	獭洞岭下秦家
46	宫下	居民点	—	—	宫下
			—	—	杨家湾
			—	—	官站湾
47	汪高林	居民点	—	—	汪高林
48	新裕蔡家	居民点	—	—	蔡家
49	黄泥溪	居民点	黄泥岙[明天启志]	—	黄泥碶
50	泽头岙	居民点	石头岙[明天启志]，泽头岙[清康熙志]，石头隩[清光绪志]	石头岙[民国志]	泽潭岙
51	顺丰	居民点	—	—	庙前山
			—	—	楝树井
			茹坑岙[清康熙志]，茹坑隩[清光绪志]	茹坑岙[民国志]	树坑岙
			—	—	老六房
52	南山夏	居民点	南山岙[明天启志]，南山[清康熙志][清光绪志]	南山下[地形图][民国志]	南山夏
53	孙家	居民点	—	—	孙家

续表

序号	现行名称	类别	清及清前	民国	地名志
54	小山干	居民点	—	—	小山干
55	蒋家	居民点	—	—	蒋家
56	陈家岙	居民点	—	—	陈家岙
			—	—	沈家
57	范家	居民点	范家岙[清康熙志]，范家隩[清光绪志]	范家岙[民国志]	范家
58	韩家	居民点	—	方头漾韩家[地形图][民国志]	韩家
59	柳家	居民点	—	—	柳家
60	周家	居民点	—	—	周家
			王家湾[清光绪志]	王家湾[民国志]	王家湾
61	上段塘	居民点	—	—	上段塘
62	七家塘	居民点	—	—	七家塘
63	下寺	居民点	—	—	寺下
64	野岙	地片	野岙[明天启志]	下岙村[地形图][民国志]	野岙（雅岙、下段塘）
65	外山头	居民点	外山头[清光绪志]	—	外山头
66	戴家	居民点	—	—	戴家
67	林家	居民点	—	—	林家
68	桃树岭下	居民点	桃树岭[清光绪志]	桃树岭[地形图][民国志]	桃树岭下
			茨山[清康熙志][清光绪志]	茨山[地形图]	外柳家
69	田岙	居民点	芊岙[明天启志]，田隩[清光绪志]	—	庄家
				田岙[地形图][民国志]	田岙
				—	火烧山
70	文湾	居民点		—	文湾
71	潮面	居民点	—	潮面村[地形图][民国志]	潮面
			—	—	五份头
72	（已废）	居民点	—	—	海口

续表

序号	现行名称	类别	清及清前	民国	地名志
73	六井	居民点	鹿颈岙[明天启志][清康熙志]	—	石礁外湾
				陈家[地形图]	鹿颈
				—	沙嘴头
				—	小塘里
				—	花山头
74	岭下	居民点	—	—	岭下
75	(已废)	建筑物	蒲沙堠[明筹海图编][明天启志],天童台[清光绪志]	—	—
76	(已废)	建筑物	西山堠[明筹海图编][明天启志],西山台[清光绪志]	—	—
77	(已废)	建筑物	鹿颈堠[明筹海图编][明天启志],鹿颈台[清康熙志][清光绪志]	—	—
78	太平亭	建筑物	太平亭[清光绪志]	—	—
79	南善桥	桥梁	南墠(善)桥[清康熙志],南墠桥[清光绪志]	南墠桥[民国志]	南善桥
80	徐公桥	桥梁	徐公桥[清康熙志][清光绪志]	徐公桥[民国志]	—
81	王家桥	桥梁	王家桥[清光绪志]	—	—
82	万年桥	桥梁	万年桥[清光绪志]	万年桥[地形图]	—
83	(无考)	桥梁	新桥[清光绪志]	—	—
84	(无考)	桥梁	寺桥[清光绪志]	—	—
85	(无考)	桥梁	木碶桥[清光绪志]	木碶桥[民国志]	—
86	八横桥	桥梁	八横桥[清光绪志]	—	—
87	沙嘴头桥	桥梁	沙嘴头桥[清光绪志]	—	—
88	太平桥	桥梁	太平桥	—	—
89	毓秀桥	桥梁	毓秀桥[清康熙志]	—	—
90	(已废)	堤堰	道士塘[清康熙志][清光绪志]	道士塘[民国志]	—
91	(已废)	堤堰	孙官人塘[清康熙志]	—	—
92	(已废)	堤堰	天顺塘[清康熙志]	—	—
93	(已废)	堤堰	董家塘[清光绪志]	董家塘[民国志]	—

续表

序号	现行名称	类别	清及清前	民国	地名志
94	（已废）	堤堰	天神塘［清光绪志］	天神塘［民国志］	—
95	（已废）	堤堰	万赖塘［清光绪志］	万赖塘［民国志］	—
96	（已废）	堤堰	里塘［清光绪志］	里塘［民国志］	—
97	（已废）	堤堰	大塘［清光绪志］（在石礁社区）	—	—
98	（已废）	堤堰	百岁塘［清光绪志］	百岁塘［民国志］	—
99	（已废）	堤堰	新塘［清光绪志］	—	—
100	（已废）	堤堰	庙西塘［清光绪志］	庙西塘［民国志］	—
101	（已废）	堤堰	南塘［清光绪志］	南塘［民国志］	—
102	（已废）	堤堰	—	大湾濂溪塘［民国志］	—
103	（已废）	堤堰	毛湾塘［清光绪志］	毛湾塘［民国志］	—
104	（已废）	堤堰	柳家塘［清光绪志］	柳家塘［民国志］	—
105	（已废）	堤堰	五福塘［清光绪志］	五福塘［民国志］	
106	（已废）	堤堰	天童塘［清康熙志］	天童塘［民国志］	—
107	（已废）	堤堰	鹿颈塘［清康熙志］［清光绪志］	—	—
108	（已废）	堤堰	里岙塘［清康熙志］	里墺塘［民国志］	—
109	（已废）	堤堰	福全塘［清康熙志］	—	—
110	（已废）	堤堰	天童大塘［清康熙志］	—	—
111	（已废）	堤堰	野岙塘［清康熙志］	—	—
112	（已废）	堤堰	—	斜版湾塘［民国志］	—
113	（已废，今作路）	堤堰	紫微大塘［清光绪志］	紫微大塘［民国志］	—
114	（已废，今作路）	堤堰	樣万塘［清光绪志］	樣万塘［民国志］	—
115	小湾庙碶	水闸	天童碶［清康熙志］［清光绪志］	天童碶［民国志］	—
116	董家碶	水闸	董家碶［清康熙志］［清光绪志］	董家碶［民国志］	—
117	里岙小碶	水闸	（里岙）小碶［清康熙志］	—	—
118	野岙碶	水闸	野岙碶［清康熙志］	—	—
119	鹿颈小碶	水闸	（鹿颈）小碶［清康熙志］，鹿颈碶［清光绪志］	鹿颈碶［民国志］	—

续表

序号	现行名称	类别	清及清前	民国	地名志
120	增产碶	水闸	(墩头)大碶[清康熙志][清光绪志]	大碶[民国志]	—
121	紫微大碶	水闸	紫微大碶	紫微大碶[民国志]	—
122	(已废)	水闸	中塘碶[清光绪志]	—	—
123	(已废)	水闸	鹿颈碶[清光绪志]	—	—
124	槎万塘庙	宗教纪念地	槎万丘庙[清康熙志][清光绪志]	槎万邱庙[民国志]	—
125	溪口庙	宗教纪念地	溪口庙[清康熙志][清光绪志]	溪口庙[民国志]	—
126	南墠庙	宗教纪念地	南墠庙[清康熙志][清光绪志]	南墠庙[民国志]	—
127	泰宁庵	宗教纪念地	泰宁庙[清康熙志],泰宁庵[清光绪志]	泰宁庵[民国志]	—
128	延庆禅寺	宗教纪念地	延庆寺[清光绪志]	延庆寺[民国志]	—
129	三官堂	宗教纪念地	三官堂[清康熙志][清光绪志]	三官堂[民国志]	—
130	干老相公庙	宗教纪念地	干老相公庙[清康熙志][清光绪志]	—	—
131	苏仲庙	宗教纪念地	苏仙庙[清康熙志],苏仲庙[清光绪志]	苏仲庙[民国志]	—
132	沙府庙	宗教纪念地	沙府庙[清康熙志],沙府殿[清光绪志]	沙府庙[民国志]	—
133	莲花庵	宗教纪念地	莲花庵[清康熙志][清光绪志]	—	—
134	老东岳宫	宗教纪念地	东岳宫[清康熙志][清光绪志]	东岳宫[地形图][民国志]	—
135	老天福寺	宗教纪念地	天福寺[清光绪志]	天福寺[民国志]	—
136	新屿庙	宗教纪念地	新屿庙[清康熙志],新屿庙[清光绪志]	新屿庙[民国志]	—

续表

序号	现行名称	类别	清及清前	民国	地名志
137	泽头庙	宗教纪念地	泽头庙［清康熙志］［清光绪志］	泽头庙［民国志］	—
138	白龙王庙	宗教纪念地	白龙王庙［清康熙志］［清光绪志］	白龙王庙［民国志］	—
139	回峰寺	宗教纪念地	圆峰寺［清康熙志］，回峰寺［清光绪志］	回峰寺［地形图］	—
140	中管庙	宗教纪念地	中管庙［清康熙志］［清光绪志］	—	—
141	永福庵	宗教纪念地	永福庵［清光绪志］	永福庵［民国志］	—
142	干大圣庙	宗教纪念地	干大圣庙［清康熙志］［清光绪志］	干大圣庙［民国志］	—
143	东山庙	宗教纪念地	东山庙［清康熙志］［清光绪志］	东山庙［民国志］	—
144	西山庙	宗教纪念地	西山庙［清康熙志］	西山庙［民国志］	—
145	兴善禅寺	宗教纪念地	兴善寺［清康熙志］［清光绪志］	兴善寺［民国志］	—
146	真君庙	宗教纪念地	真君庙［清康熙志］［清光绪志］	真君庙［民国志］	—
147	忠庄庙	宗教纪念地	忠庄庙［清康熙志］［清光绪志］	忠庄庙［民国志］	—
148	石礁庙	宗教纪念地	石礁庙［清光绪志］	石礁庙［民国志］	—
149	善济庵	宗教纪念地	善济庵［清光绪志］	善济庵［民国志］	—
150	福赐庙	宗教纪念地	福赐庙［清光绪志］	福赐庙［民国志］	—
151	太阳禅寺	宗教纪念地	太阳殿［清光绪志］	太阳殿［民国志］	—
152	明觉寺	宗教纪念地	明觉禅院［清光绪志］	明觉禅院［民国志］	—

续表

序号	现行名称	类别	清及清前	民国	地名志
153	鹿颈庙	宗教纪念地	鹿颈庙[清光绪志]	鹿颈庙[民国志]	—
154	黄高岭	古道	王家岭[清康熙志][清光绪志]	王家岭[地形图]	黄高岭
155	内獭洞岭	古道	内獭洞岭[清康熙志] 獭洞岭[清光绪志]	獭桐岭[民国志], 祖桐岭[地形图]	内獭洞岭
156	外獭洞岭	古道	外獭洞岭[清康熙志]	—	外獭洞岭
157	大岭	古道	夹门岭[明天启志],大岭[清康熙志][清光绪志](在双桥与小沙交界)	大岭[地形图] [民国志]	大岭
158	茶岭	古道	茶岭[清康熙志][清光绪志]	茶岭[地形图] [民国志]	—
159	郑思岭	古道	郑思岭[明天启志][清康熙志][清光绪志]	郑思岭[地形图] [民国志]	郑思岭
160	小岭	古道	小岭[明筹海图编][明天启志][清康熙志][清光绪志]	大岭[地形图], 小岭[民国志]	小岭
161	大岭	古道	大岭[清康熙志][清光绪志]	小岭[地形图]	大岭
162	东高岭	古道	东高岭[清光绪志]	东皋岭[地形图] 西皋岭[民国志]	东高岭
163	半岭	古道	半岭[清光绪志](在茹坑山后)	—	—
164	西高岭	古道	西皋岭[明天启志],西高岭[清康熙志],西皋岭[清光绪志]	西皋岭[地形图] [民国志]	西高岭
165	炮台岭	古道	炮台岭[清光绪志]	—	炮台岭
166	望海岭	古道	望海岭[清光绪志]	—	—
167	野岙岭	古道	野岙岭[明天启志],野隩岭[清光绪志]	下岙岭[地形图] [民国志]	野岙岭
168	乌龟岭	古道	乌龟岭[清光绪志]	—	—

续表

序号	现行名称	类别	清及清前	民国	地名志
169	叶家岭	古道	叶家岭[清光绪志]	叶家岭[地形图][民国志]	叶家岭
170	小步岭	古道	孝步岭[清光绪志]	小步岭[地形图]	小步岭
171	金铜岭	古道	金堂岭[清光绪志]	—	金铜岭
172	紫微尖山	山(峰)	紫微尖[清康熙志],紫微尖山[清光绪志]	宋家尖[地形图]紫微尖山[民国志]	紫微尖山
173	石镜山	山(峰)	野忝山[明天启志],石镜岩[清康熙志][清光绪志],石镜山[清光绪志]	—	石镜山
174	蚂蟥山	山(峰)	马横山[明天启志]凤凰山[清康熙志],凤皇山[清光绪志]	马王山[地形图][民国志]	蚂蟥山
175	荞麦岗	山(峰)	—	瞭望台[地形图]	—
176	(无考)	山(峰)	—	恭贺山[地形图]	—
177	绿冲山	山(峰)	虞家岭山[清康熙志]	刀尖岗[地形图]	—
178	凤凰山	山(峰)	—	—	凤凰山
179	刺山	山(峰)	茨山[清康熙志][清光绪志]	茨山[地形图]	刺山
180	南山	山(峰)	里忝山[明天启志],南山[清康熙志]	里忝山[地形图]	南山
181	白石山	山(峰)	印石山[清康熙志][清光绪志],白石山[清光绪志]	印石山[民国志]	—
182	老塘山	山(峰)	西山[清康熙志],石宕岭[清光绪志]	—	老塘山
183	墩头山	山(峰)	天童山[清康熙志]	天童山[地形图][民国志]	墩头山
184	野鸭山	山(峰)	野鸭山(时为独立海岛)[清康熙志][清光绪志]	野鸭山(时为独立海岛)[民国志]	野鸭山
185	白茅山	山(峰)	白茅山[清光绪志]	白茅山[民国志]	白茅山
186	剑山岗	山(峰)	剑山[清光绪志]	剑山[地形图][民国志]	剑山

续表

序号	现行名称	类别	清及清前	民国	地名志
187	茹坑山	山(峰)	茹坑山[清光绪志]	茹坑山[地形图]	茹坑山
188	田螺山	山(峰)	田螺山[清光绪志]	—	—
189	青龙山	山(峰)	青龙山[清光绪志]	青龙山[民国志]	—
190	梅园山	山(峰)	—	梅园山[地形图]	梅园山
191	野猫山	山(峰)	—	野猫山[地形图]	—
192	鹿颈山	山(峰)	—	烟墩台[地形图]	鹿颈山
193	野岙山	山(峰)	—	下岙山[地形图] [民国志]	野岙山 (又作雅岙山)
194	老虎山	山(峰)	—	老虎山[地形图]	老虎山
195	弄堂山	山(峰)	—	七马潭岗[地形图]	弄堂山
196	马跃岗	山(峰)	—	仙鹤山[地形图]	马跃岗
197	旋井山	山(峰)	旋井山[清康熙志]	寿金山[地形图] [民国志]	旋井山
198	鲍家山	山(峰)	鲍家山[清康熙志][清光绪志]	鲍家山[地形图] [民国志]	—
199	茶人谷	山谷	—	玲珑坑[地形图] [民国志]	—
200	金线龙潭	水潭	金线龙潭[清康熙志]	金线龙潭[民国志]	—
201	龙潭	水潭	龙潭[清光绪志]	龙潭[民国志]	—
202	黄马溪	河流	黄马溪[清光绪志]	黄马溪[民国志]	—
203	紫微河	河流	天童浦[清康熙志][清光绪志]	—	紫微河

舟山市定海区金塘镇新旧地名录

（居民点和山水等陆域类地名）

序号	现行名称	类别	清及清前	民国	地名志
1	大象地	居民点	大岙[元延祐四明志][元大德志][清康熙志]	大象地[地形图][民国志]	大象地
2	前包	居民点	—	—	前包
3	后包	居民点	—	—	后包
4	漕塘墩	居民点	—	—	漕塘墩
5	钟家岙	居民点	—	孙家山[民国志]	钟家岙
6	周智房	居民点	—	—	周智房
			—	—	后厂钟家
			—	—	前厂
7	大湾里	居民点	大湾[清康熙志]	大浦[民国志]	大湾里
8	大象四份头	居民点	—	—	四份头
9	碾子跟	居民点	—	—	碾子跟
10	邵家墩	居民点	—	—	邵家墩
11	应家	居民点	—	—	应家
12	严家	居民点	—	—	严家
13	稻蓬山脚	居民点	晒鲞岙[清康熙志]	稻蓬山[民国志]	稻蓬山脚
14	苏家店跟	居民点	—	苏家[民国志]	苏家店跟
15	小卫平岙	居民点	围屏岙[清康熙志]，围屏隩[清光绪志]	围屏隩[民国志]	小卫平岙
16	梓树岙	居民点	梓树隩[清光绪志]	梓树岙[地形图]，梓树隩[民国志]	樟树岙
17	许家山头	居民点	—	许家山[地形图]，孙家山[民国志]	许家山头
18	炭行跟谢家	居民点	—	—	炭行跟谢家
19	石壁岙陆家	居民点	—	石壁[民国志]	石壁岙陆家
20	河北邵家山头	居民点	—	邵家山[民国志]	邵家山头

续表

<table>
<tr><th>序号</th><th colspan="2">现行名称</th><th>类别</th><th>清及清前</th><th>民国</th><th>地名志</th></tr>
<tr><td>21</td><td colspan="2">殷家廊</td><td>居民点</td><td>—</td><td></td><td>殷家廊</td></tr>
<tr><td>22</td><td colspan="2">张家桥头</td><td>居民点</td><td>—</td><td>张家桥[地形图],
干家桥[民国志]</td><td>张家桥头</td></tr>
<tr><td>23</td><td colspan="2">戎家廊</td><td>居民点</td><td>—</td><td>—</td><td>戎家廊</td></tr>
<tr><td>24</td><td colspan="2">严家廊</td><td>居民点</td><td>—</td><td>—</td><td>严家廊</td></tr>
<tr><td>25</td><td colspan="2">王家廊</td><td>居民点</td><td>—</td><td>—</td><td>王家廊</td></tr>
<tr><td>26</td><td colspan="2">金家墩</td><td>居民点</td><td>—</td><td>—</td><td>金家墩</td></tr>
<tr><td>27</td><td colspan="2">河渡杨家</td><td>居民点</td><td>—</td><td>—</td><td>杨家</td></tr>
<tr><td rowspan="3">28</td><td rowspan="3">大浦口</td><td rowspan="2">大浦口老塘下</td><td rowspan="2">居民点</td><td rowspan="3">大浦口</td><td rowspan="3">大浦口[地形图]
[民国志]</td><td>大浦口老塘下</td></tr>
<tr><td>碶门口</td></tr>
<tr><td>大浦口</td><td>居民点</td><td>大浦口</td></tr>
<tr><td>29</td><td colspan="2">外凉亭</td><td>居民点</td><td>—</td><td>—</td><td>外凉亭</td></tr>
<tr><td>30</td><td colspan="2">王家井墩</td><td>居民点</td><td>井头岙[清康熙志],井头隩[清光绪志]</td><td>井头隩[民国志]</td><td>王家井墩</td></tr>
<tr><td>31</td><td colspan="2">陈家</td><td>居民点</td><td>—</td><td>陈家岙[地形图]</td><td>陈家</td></tr>
<tr><td>32</td><td colspan="2">庄家</td><td>居民点</td><td>—</td><td>—</td><td>庄家</td></tr>
<tr><td>33</td><td colspan="2">戴家岙</td><td>居民点</td><td>—</td><td>—</td><td>戴家岙</td></tr>
<tr><td>34</td><td colspan="2">吴家</td><td>居民点</td><td>—</td><td>—</td><td>吴家</td></tr>
<tr><td>35</td><td colspan="2">陈家岙</td><td>居民点</td><td>—</td><td>—</td><td>陈家岙</td></tr>
<tr><td>36</td><td colspan="2">(已废)</td><td>居民点</td><td>—</td><td>—</td><td>外章家</td></tr>
<tr><td>37</td><td colspan="2">已废村,1986年拆迁</td><td>居民点</td><td>—</td><td>—</td><td>山头墩</td></tr>
<tr><td>38</td><td colspan="2">黄泥坎</td><td>居民点</td><td>—</td><td>黄泥堪[民国志]</td><td>黄泥坎</td></tr>
<tr><td>39</td><td colspan="2">三叉吴家</td><td>居民点</td><td>—</td><td>—</td><td>三叉吴家</td></tr>
<tr><td>40</td><td colspan="2">邵家</td><td>居民点</td><td>—</td><td>—</td><td>邵家</td></tr>
<tr><td>41</td><td colspan="2">蝴蝶墩方家</td><td>居民点</td><td>—</td><td>—</td><td>蝴蝶墩方家</td></tr>
<tr><td rowspan="2">42</td><td colspan="2" rowspan="2">薛家</td><td rowspan="2">居民点</td><td>—</td><td>—</td><td>薛家</td></tr>
<tr><td>—</td><td>—</td><td>郑家</td></tr>
<tr><td>43</td><td colspan="2">朝东薛家</td><td>居民点</td><td>—</td><td>—</td><td>朝东薛家</td></tr>
<tr><td>44</td><td colspan="2">大道地蒋家</td><td>居民点</td><td>—</td><td>—</td><td>大道地蒋家</td></tr>
<tr><td>45</td><td colspan="2">杨家</td><td>居民点</td><td>—</td><td>—</td><td>杨家</td></tr>
<tr><td>46</td><td colspan="2">西头王家</td><td>居民点</td><td>—</td><td>西头王[地形图],
王家[民国志]</td><td>西头王家</td></tr>
</table>

续表

<table>
<tr><th>序号</th><th colspan="2">现行名称</th><th>类别</th><th>清及清前</th><th colspan="2">民国</th><th>地名志</th></tr>
<tr><td>47</td><td colspan="2">徐家大墩</td><td>居民点</td><td>—</td><td colspan="2">—</td><td>徐家大墩</td></tr>
<tr><td>48</td><td colspan="2">包家大墩</td><td>居民点</td><td>—</td><td colspan="2">—</td><td>包家大墩</td></tr>
<tr><td>49</td><td colspan="2">老碶头</td><td>居民点</td><td>—</td><td colspan="2">老碶头[地形图][民国志]</td><td>老碶头</td></tr>
<tr><td>50</td><td colspan="2">曹家墩</td><td>居民点</td><td>—</td><td colspan="2">—</td><td>曹家墩</td></tr>
<tr><td>51</td><td colspan="2">柏树湾林家</td><td>居民点</td><td>—</td><td colspan="2">—</td><td>林家</td></tr>
<tr><td rowspan="6">52</td><td rowspan="6">柏树湾</td><td>小柏树湾</td><td>居民点</td><td rowspan="6">柏树岙[清康熙志],柏树湾[清光绪志]</td><td colspan="2" rowspan="6">柏树湾[地形图][民国志]</td><td>小柏树湾</td></tr>
<tr><td>大柏树湾</td><td>居民点</td><td>大柏树湾</td></tr>
<tr><td>新建五份头</td><td>居民点</td><td>五份头</td></tr>
<tr><td>青龙山嘴</td><td>居民点</td><td>青龙山嘴</td></tr>
<tr><td>小岭头</td><td>居民点</td><td>小岭头</td></tr>
<tr><td>徐家墩</td><td>居民点</td><td>徐家墩</td></tr>
<tr><td>53</td><td colspan="2">金岗川</td><td>居民点</td><td>金家川[清康熙志],金家岔[清光绪志]</td><td colspan="2">金家岔[地形图]</td><td>金岗川</td></tr>
<tr><td>54</td><td colspan="2">(已废)</td><td>居民点</td><td>—</td><td colspan="2">河肚倪家[民国志]</td><td>1958 年迁老碶头</td></tr>
<tr><td>55</td><td colspan="2">柴家</td><td>居民点</td><td>—</td><td colspan="2">中浦[民国志]</td><td>柴家</td></tr>
<tr><td>56</td><td colspan="2">前方</td><td>居民点</td><td>—</td><td rowspan="2">西风直[地形图]</td><td>前方[民国志]</td><td>前方</td></tr>
<tr><td>57</td><td colspan="2">后方</td><td>居民点</td><td>—</td><td>后方[民国志]</td><td>后方</td></tr>
<tr><td>58</td><td colspan="2">蛤蜊岙</td><td>居民点</td><td>蛤蜊岙[元延祐四明志][元大德志][清光绪志]</td><td colspan="2">蛤蜊岙[民国志]</td><td>蛤蜊岙</td></tr>
<tr><td>59</td><td colspan="2">五眼桥林家</td><td>居民点</td><td>—</td><td colspan="2">—</td><td>林家</td></tr>
<tr><td>60</td><td colspan="2">夏家</td><td>居民点</td><td>—</td><td colspan="2">—</td><td>夏家</td></tr>
<tr><td rowspan="2">61</td><td colspan="2" rowspan="2">周家</td><td rowspan="2">居民点</td><td>—</td><td colspan="2">周家峭</td><td>周家</td></tr>
<tr><td>—</td><td colspan="2">—</td><td>屠家</td></tr>
<tr><td rowspan="2">62</td><td colspan="2" rowspan="2">百亩墩</td><td rowspan="2">居民点</td><td>—</td><td colspan="2">百亩鳌[民国志]</td><td>百亩墩</td></tr>
<tr><td>—</td><td colspan="2">—</td><td>屠家</td></tr>
<tr><td>63</td><td colspan="2">六十亩王家</td><td>居民点</td><td>—</td><td colspan="2">—</td><td>王家</td></tr>
<tr><td>64</td><td colspan="2">顾家岙</td><td>居民点</td><td>—</td><td colspan="2">顾家岙[地形图]</td><td>顾家岙</td></tr>
<tr><td>65</td><td colspan="2">(已废)</td><td>居民点</td><td>—</td><td colspan="2">—</td><td>周家小岙</td></tr>
</table>

续表

序号	现行名称	类别	清及清前	民国	地名志
66	柏塘	居民点	—	柏塘[地形图] [民国志]	柏塘
67	（已废）	居民点	—	小石塘[地形图]	小石塘
68	（已废）	居民点	—	双尖[地形图] [民国志]	双尖
69	（已废）	居民点	—	东岙[地形图]	东岙
70	大泥湾	居民点	大泥湾[明筹海图编][明两浙海防类考续编][清康熙志]	大泥湾[地形图] [民国志]	大泥湾
71	小泥湾	居民点	小泥湾[清康熙志]	小泥湾[地形图] [民国志]	小泥湾
72	六局坑	居民点	—	洛局坑[地形图]， 六局坑[民国志]	六局坑
73	涨饭岙	居民点	—	张万岙[地形图]， 涨饭岙[民国志]	涨饭岙
74	上岙	居民点	—	上岙[地形图] [民国志]	上岙
			—	—	朱家
75	顾家湾	居民点	—	顾家湾[民国志]	顾家湾
76	黄岚	居民点	—	横兰[地形图]， 王岚[民国志]	黄岚
77	陈家	居民点	柳巷街[清康熙志][清光绪志]	柳巷[地形图]， 柳巷市[民国志]	陈家
78	后屋堂	居民点	—	—	后屋堂
79	牌头沿徐家	居民点	—	徐家[地形图]	牌头沿徐家
80	外柳行金家	居民点	—	—	外柳行金家
81	刘家	居民点	—	—	刘家
82	赵家	居民点	—	—	赵家
83	小岙池头罗家	居民点	—	—	小岙池头罗家
84	盘潮湾	居民点	—	—	盘潮湾

续表

<table>
<tr><th>序号</th><th>现行名称</th><th>类别</th><th>清及清前</th><th>民国</th><th>地名志</th></tr>
<tr><td>85</td><td>中岙</td><td>居民点</td><td rowspan="5">长沙[清光绪志]</td><td>中长沙[地形图]
[民国志]</td><td>中岙</td></tr>
<tr><td>86</td><td>方家岙</td><td>居民点</td><td>方岙[地形图]</td><td>方家岙</td></tr>
<tr><td>87</td><td>南岙</td><td>居民点</td><td>南长沙[地形图]
[民国志]</td><td>南岙</td></tr>
<tr><td>88</td><td>北岙</td><td>居民点</td><td>李岙[地形图]，
竹坑口[民国志]</td><td>北岙</td></tr>
<tr><td>89</td><td>嵇家岙</td><td>居民点</td><td>—</td><td>嵇家岙</td></tr>
<tr><td rowspan="2">90</td><td rowspan="2">肚斗岙</td><td rowspan="2">居民点
居民点</td><td>皮肚兜岙[清康熙志]</td><td>肚兜岙[地形图]，
肚斗岙[民国志]</td><td>肚斗岙</td></tr>
<tr><td>—</td><td>—</td><td>岙里头</td></tr>
<tr><td>91</td><td>毛家</td><td>居民点</td><td>—</td><td>—</td><td>毛家</td></tr>
<tr><td>92</td><td>中弄</td><td>居民点</td><td>—</td><td>—</td><td>中弄</td></tr>
<tr><td>93</td><td>金家</td><td>居民点</td><td>—</td><td>金家岙[民国志]</td><td>金家</td></tr>
<tr><td>94</td><td>魏家</td><td>居民点</td><td>—</td><td>—</td><td>魏家</td></tr>
<tr><td>95</td><td>李家</td><td>居民点</td><td>—</td><td>—</td><td>李家</td></tr>
<tr><td>96</td><td>余家</td><td>居民点</td><td>—</td><td>—</td><td>余家</td></tr>
<tr><td>97</td><td>张家</td><td>居民点</td><td>—</td><td>张家[民国志]</td><td>张家</td></tr>
<tr><td>98</td><td>溪东林家</td><td>居民点</td><td>—</td><td>—</td><td>林家</td></tr>
<tr><td>99</td><td>朱家</td><td>居民点</td><td>—</td><td>—</td><td>朱家</td></tr>
<tr><td>100</td><td>舒家湾</td><td>居民点</td><td>—</td><td>—</td><td>舒家湾</td></tr>
<tr><td>101</td><td>万金岙</td><td>居民点</td><td>万金岙[清康熙志]</td><td>万金岙[地形图]
[民国志]</td><td>万金岙</td></tr>
<tr><td>102</td><td>（已废）</td><td>居民点</td><td>—</td><td>陆家岙[地形图]
[民国志]</td><td>—</td></tr>
<tr><td>103</td><td>千金岙</td><td>居民点</td><td>千金岙[清康熙志]，
千金隩[清光绪志]</td><td>千金隩[民国志]</td><td>千金岙</td></tr>
<tr><td>104</td><td>傅家山头</td><td>居民点</td><td>—</td><td>傅家山[民国志]</td><td>傅家山头</td></tr>
<tr><td>105</td><td>裘家</td><td>居民点</td><td>—</td><td></td><td>裘家</td></tr>
<tr><td>106</td><td>冷水坑</td><td>居民点</td><td>冷水坑[清光绪志]</td><td>冷水[地形图]，
冷水坑[民国志]</td><td>冷水坑</td></tr>
<tr><td>107</td><td>闻家岙</td><td>居民点</td><td>—</td><td>—</td><td>闻家岙</td></tr>
</table>

续表

序号	现行名称	类别	清及清前	民国	地名志
108	蟠龙山头	居民点	—	盘龙山[民国志]	蟠龙山头
109	蟠龙山头林家	居民点	—		蟠龙山头林家
110	虞家岙	居民点	—	—	虞家岙
111	邵家山头	居民点	—	—	邵家山头
112	前郑	居民点	—	陈家(在柳行)[民国志]	前郑
113	后郑	居民点	—		后郑
114	小李岙	居民点	小里[元延祐四明志][元大德志],小李岙[清康熙志][清光绪志]	小李岙[地形图][民国志]	小李岙
115	大李岙	居民点	大李隩[清光绪志]	大李岙[地形图][民国志]	大李岙
116	铁路岙	居民点	—	铁路岙[地形图]铁路[民国志]	铁路岙
117	南石弄	居民点	南石洞[清光绪志]	南田洞[地形图],南石洞[民国志]	南石弄
118	王家山头	居民点			王家山头
119	韩家	居民点			韩家
120	南石弄陈家	居民点			南石弄陈家
121	陆家	居民点			陆家
122	金五房	居民点	—	—	金五房
123	擂鼓岙	居民点	擂鼓岙[清康熙志],擂鼓隩[清光绪志]	雷鼓岙[地形图],擂鼓隩[民国志]	擂鼓岙
124	戎家	居民点	—	戎家[民国志]	戎家
125	王家	居民点	—	—	王家
126	徐家	居民点	—	—	徐家
127	林家岙	居民点	—	林家岙[地形图][民国志]	林家岙
128	长坑	居民点	潭头[明两浙海防类考续编][清光绪志]	长坑[地形图][民国志]	长坑
129	虞家岙	居民点	—	—	虞家岙
130	王家岙	居民点	—	王家岙[民国志]	王家岙
131	傅家岙	居民点	—		傅家岙

续表

序号	现行名称	类别	清及清前	民国	地名志
132	张家岙	居民点	—	张家岙［地形图］［民国志］	张家岙
			秤锤岙［清康熙志］	—	—
133	李家岙	居民点	—	李家岙［地形图］［民国志］	李家岙
134	九条溪	居民点	—	九条溪［地形图］［民国志］	九条溪
135	（已废）	居民点	—	—	贺家
136	姚家	居民点	—	三潭［民国志］	—
137	胡家	居民点	—	胡家墼［民国志］	—
138	木岙埠头	居民点	—	穆岙埠头［地形图］，埠头［民国志］	木岙埠头
139	穆岙	居民点	穆岙［清康熙志］，穆隩［清光绪志］	穆岙［地形图］，穆隩［民国志］	木岙
140	乱石岙	居民点	—	马岙［地形图］，乱蜢［民国志］	乱石岙
141	贺家	居民点	—	—	贺家
142	倪家	居民点	—	—	倪家
143	顾家墩	居民点	—	—	顾家墩
144	庵跟岙	居民点	—	—	庵跟岙
145	北川岙	居民点	—	北川岙［地形图］，北川［民国志］	北川岙
146	姚家湾	居民点	—	—	姚家湾
147	叶家湾	居民点	—	—	叶家湾
148	树弄	居民点	—	寺弄［民国志］	树弄
149	夏家	居民点	—	—	夏家
150	王家	居民点	—	吉祥岭下［民国志］	王家
151	林家岙	居民点	—	大岭下［民国志］	林家岙
152	俞家	居民点	—	—	俞家
153	庄家	居民点	—	—	庄家
154	（已废）	居民点	—	—	半山里
155	胡良房	居民点	—	田洋坂［民国志］	胡良房

续表

<table>
<tr><th>序号</th><th colspan="2">现行名称</th><th>类别</th><th>清及清前</th><th>民国</th><th>地名志</th></tr>
<tr><td>156</td><td colspan="2">俞家边</td><td>居民点</td><td>—</td><td>俞家边[民国志]</td><td>俞家边</td></tr>
<tr><td>157</td><td colspan="2">詹家岙</td><td>居民点</td><td>—</td><td>詹家岙[民国志]</td><td>詹家岙</td></tr>
<tr><td>158</td><td colspan="2">小中岙</td><td>居民点</td><td>—</td><td>小中岙[民国志]</td><td>小中岙</td></tr>
<tr><td>159</td><td colspan="2">王家岙</td><td>居民点</td><td>—</td><td>里岙[地形图],王家岙[民国志]</td><td>王家岙</td></tr>
<tr><td>160</td><td colspan="2">顾家廊</td><td>居民点</td><td>—</td><td>—</td><td>顾家廊</td></tr>
<tr><td>161</td><td colspan="2">老胡家</td><td>居民点</td><td>—</td><td>—</td><td>老胡家</td></tr>
<tr><td>162</td><td colspan="2">小西堠</td><td>居民点</td><td>—</td><td>小西堠[地形图][民国志]</td><td>小西堠</td></tr>
<tr><td>163</td><td colspan="2">牛皮岭下</td><td>居民点</td><td>—</td><td>牛皮岭下</td><td>牛皮岭下</td></tr>
<tr><td>164</td><td colspan="2">董家岙</td><td>居民点</td><td>—</td><td>—</td><td>董家岙</td></tr>
<tr><td>165</td><td colspan="2">西堠</td><td>居民点</td><td>西堠[元延祐四明志][元大德志],西候岙[清康熙志],西喉[清光绪志]</td><td>大西堠[地形图]</td><td>西堠</td></tr>
<tr><td>166</td><td colspan="2">西岙</td><td>居民点</td><td>—</td><td>西岙[民国志]</td><td>西岙</td></tr>
<tr><td>167</td><td colspan="2">殷家</td><td>居民点</td><td>—</td><td>—</td><td>殷家</td></tr>
<tr><td>168</td><td colspan="2">四檐</td><td>居民点</td><td>—</td><td>四岙[地形图]</td><td>四檐</td></tr>
<tr><td rowspan="4">169</td><td rowspan="4">北峰尖</td><td>周家岙</td><td>居民点</td><td>—</td><td rowspan="4">北峰尖[民国志]</td><td>周家岙</td></tr>
<tr><td>费家</td><td>居民点</td><td>—</td><td>费家</td></tr>
<tr><td>小庵</td><td>居民点</td><td>—</td><td>小庵</td></tr>
<tr><td>东堠姚家</td><td>居民点</td><td>—</td><td>姚家</td></tr>
<tr><td>170</td><td colspan="2">黄家岙</td><td>居民点</td><td>—</td><td>王家岙[地形图][民国志]</td><td>黄家岙</td></tr>
<tr><td>171</td><td colspan="2">李家岙</td><td>居民点</td><td>—</td><td>李家岙[民国志]</td><td>李家岙</td></tr>
<tr><td>172</td><td colspan="2">刘家岙</td><td>居民点</td><td>—</td><td>留家岙[地形图],刘家岙[民国志]</td><td>刘家岙</td></tr>
<tr><td>173</td><td colspan="2">半塘胡家</td><td>居民点</td><td>—</td><td>—</td><td>半塘胡家</td></tr>
<tr><td>174</td><td colspan="2">永昌四份头</td><td>居民点</td><td>—</td><td>—</td><td>四份头</td></tr>
<tr><td>175</td><td colspan="2">包家岙</td><td>居民点</td><td>—</td><td>包家岙[地形图][民国志]</td><td>包家岙</td></tr>
<tr><td>176</td><td colspan="2">化成寺姚家</td><td>居民点</td><td>—</td><td>—</td><td>姚家</td></tr>
<tr><td>177</td><td colspan="2">大墩里</td><td>居民点</td><td>—</td><td>大墩[民国志]</td><td>大墩里</td></tr>
</table>

续表

序号	现行名称	类别	清及清前	民国	地名志
178	夏家墩	居民点	—	—	夏家墩
179	王家墩	居民点	—	—	王家墩
180	小桥头	居民点		小桥头[地形图]	小桥头
181	叶家	居民点	—	—	叶家
182	山潭姚家	居民点	—	—	姚家
183	董家	居民点	—	—	董家
184	罗家	居民点	—	—	罗家
185	洪家	居民点	—	—	洪家
186	殷家	居民点	—	—	殷家
187	（已废）	—	—	小潭岙[地形图] [民国志]	—
188	上王岙	居民点	—	上王岙[民国志]	上王岙
189	王家店	居民点		—	王家店
190	东升张家	居民点	—	—	张家
191	东升倪家	居民点	—	—	倪家
192	彭家	居民点	—	—	彭家
193	东升林家	居民点	—	—	林家
194	周家	居民点	—	—	周家
195	朱家	居民点	—	—	朱家
196	（已废）	居民点	—	—	徐家
197	顾家	居民点	—	顾家[民国志]	顾家
198	唐家	居民点	—	—	唐家
199	陈家	居民点	—	乌伦坑[民国志]	陈家
200	东宏朱家	居民点	—	—	朱家
201	范家	居民点	—	—	范家
202	外贝家	居民点	—	—	外贝家
203	曹家	居民点	—	—	曹家
204	李家	居民点	—	—	李家
205	里贝家	居民点	—	—	里贝家
206	东宏林家	居民点	—	—	林家

续表

<table>
<tr><th>序号</th><th>现行名称</th><th>类别</th><th>清及清前</th><th>民国</th><th>地名志</th></tr>
<tr><td>207</td><td>东堠</td><td>地片</td><td>东堠[元延祐四明志][元大德志],东候岙[清康熙志],东喉[清光绪志]</td><td>东候[地形图],东堠浦口[民国志]</td><td>东堠</td></tr>
<tr><td>208</td><td>沥港</td><td>居民点</td><td>洌港[宋宝庆志],烈港[元延祐四明志][元大德志][清康熙志],平倭港[明天启志],沥港街[清光绪志]</td><td>沥港镇[地形图]</td><td>沥港</td></tr>
<tr><td>209</td><td>安山下</td><td>居民点</td><td>—</td><td>—</td><td>安山下</td></tr>
<tr><td>210</td><td>邵家弄</td><td>居民点</td><td>—</td><td>—</td><td>邵家弄</td></tr>
<tr><td>211</td><td>陆家廊</td><td>居民点</td><td>—</td><td>—</td><td>陆家廊</td></tr>
<tr><td>212</td><td>高家廊</td><td>居民点</td><td>—</td><td>—</td><td>高家廊</td></tr>
<tr><td>213</td><td>胡家弄</td><td>居民点</td><td>—</td><td>—</td><td>胡家弄</td></tr>
<tr><td>214</td><td>洪家</td><td>居民点</td><td>—</td><td>—</td><td>洪家</td></tr>
<tr><td>215</td><td>庙前</td><td>居民点</td><td>—</td><td>—</td><td>庙前</td></tr>
<tr><td>216</td><td>横街</td><td>居民点</td><td>—</td><td>—</td><td>横街</td></tr>
<tr><td>217</td><td>中街</td><td>居民点</td><td>—</td><td>—</td><td>中街</td></tr>
<tr><td>218</td><td>王家廊</td><td>居民点</td><td>—</td><td>—</td><td>王家廊</td></tr>
<tr><td>219</td><td>大塘墩</td><td>居民点</td><td>—</td><td>—</td><td>大塘墩</td></tr>
<tr><td>220</td><td>里观前</td><td>居民点</td><td rowspan="2">观前[清光绪志]</td><td>里管塘[地形图]</td><td>里观前</td></tr>
<tr><td>221</td><td>外观前</td><td>居民点</td><td>外管塘[地形图],外观前[民国志]</td><td>外观前</td></tr>
<tr><td>222</td><td>礁安</td><td>居民点</td><td>—</td><td>礁岸[地形图],蛟安[民国志]</td><td>礁安</td></tr>
<tr><td>223</td><td>江口</td><td>地片</td><td>—</td><td>沥口[地形图]</td><td>江口</td></tr>
<tr><td>224</td><td>涂田</td><td>居民点</td><td>—</td><td>大田里[地形图]</td><td>涂田</td></tr>
<tr><td>225</td><td>(已废)</td><td>居民点</td><td>—</td><td>—</td><td>西腊</td></tr>
<tr><td>226</td><td>程家岙</td><td>居民点</td><td>—</td><td>陈岙[地形图]</td><td>程家岙</td></tr>
<tr><td>227</td><td>埠头</td><td>居民点</td><td rowspan="4">太平岙[明筹海图编][明两浙海防类考续编]</td><td>泊头[地形图]</td><td>埠头</td></tr>
<tr><td>228</td><td>新杨</td><td>居民点</td><td>杨岙[地形图]</td><td rowspan="2">新杨</td></tr>
<tr><td>229</td><td>新荒地</td><td>居民点</td><td>心□地[地形图]</td></tr>
<tr><td>230</td><td>刘家岙</td><td>居民点</td><td>刘岙</td><td>刘家岙</td></tr>
<tr><td>231</td><td>外小岙</td><td>地片</td><td>—</td><td>—</td><td>外小岙</td></tr>
<tr><td>232</td><td>劳家廊</td><td>居民点</td><td>—</td><td>—</td><td>劳家廊</td></tr>
</table>

续表

序号	现行名称	类别	清及清前	民国	地名志
233	燕头山	居民点	燕头山[清光绪志]	燕头山[民国志]	鹰头山
234	韩家	居民点	—	—	韩家
235	邹家	居民点	—	—	邹家
236	江家廊	居民点	—	—	江家廊
237	王家	居民点	—	—	王家
238	已废,因建 金塘大桥拆迁	居民点	—	—	陈家
239	许家廊	居民点	—	—	许家廊
240	陈家湾	居民点	—	—	陈家湾
241	王家山头	居民点	—	—	王家山头
242	外小岙	居民点	—	大田里[地形图]	外小岙
243	董家	居民点	—	—	董家
244	余家	居民点	—	—	余家
245	周家	居民点	—	—	周家
246	泥岭潭	居民点	—	涂田[民国志]	泥岭潭
247	汤家	居民点	—	—	汤家
248	沙塘	居民点	—	—	沙塘
249	小李家	居民点	—	—	小李家
250	(已废)	居民点	—	—	张家
251	里小岙	居民点	—	小岙[地形图] [民国志]	里小岙
252	里小岙余家廊	居民点	—	—	余家廊
253	陈家廊	居民点	—	—	陈家廊
254	姚家廊	居民点	—	—	姚家廊
255	洞口湾	居民点	—	洞口湾	洞口湾
256	大樟树岙	居民点	—	大樟树岙[地形图], 樟树岙[民国志]	大樟树岙
257	里岙	居民点	—	樟树岙[地形图]	里岙
258	龙王堂	居民点	—	龙塘[地形图], 龙王堂[民国志]	龙王堂
259	外岙	居民点	—	阿岙[地形图]	外岙
260	大地墩(1998 年新建)	居民点	—	—	—

续表

序号	现行名称	类别	清及清前	民国	地名志
261	大石嘴头（1998 年新建）	居民点	—	—	—
262	冯家廊	居民点	—	—	—
263	里江口	居民点	—	—	—
264	外江口	居民点	—	—	—
265	平倭港碑	建筑物	平倭碑[清光绪志]	平倭碑[地形图][民国志]	平倭碑
266	（已废）	建筑物	三姑寨[宋宝庆志]，三姑巡检司[元大德志]，冽港寨[宋宝庆志]	—	—
267	（已废）	建筑物	凉亭[清康熙志]，永兴亭[清光绪志]	永兴亭（在大浦口）[民国志]	—
268	半路凉亭	建筑物	安澜亭[清光绪志]	安澜亭[民国志]	—
269	（已废）	建筑物	永安亭[清光绪志]	永安亭（在冷水坑）[民国志]	—
270	（已废）	建筑物	—	酌意亭（在山潭化成寺水库附近）[民国志]	—
271	（已废）	建筑物	清晏亭（在东堠）[清光绪志]	—	—
272	（已废）	建筑物	庆安亭（在沥港）[清光绪志]	—	—
273	（已废）	建筑物	镇安亭（在沥港）[清光绪志]	—	—
274	（已废）	酒坊	烈港坊[宋宝庆志]	—	—
275	老碶桥	桥梁	老碶桥[清康熙志][清光绪志]	老碶桥[民国志]	—
276	穆岙桥	桥梁	穆岙桥[清康熙志]	—	—
277	永丰桥	桥梁	永丰桥[清康熙志]	—	—
278	太平桥	桥梁	太平桥[清康熙志]	—	—
279	金井桥	桥梁	庙桥[清康熙志]	柳隐桥[民国志]	—
280	访仙桥	桥梁	—	访仙桥（在柳行）[民国志]	—
281	周家桥	桥梁	—	寺桥（在柳行）[民国志]	—
282	双根桥	桥梁	双根桥[清光绪志]	双根桥[民国志]	—
283	大浦塘	堤堰	大浦塘[清光绪志]	大浦塘[民国志]	—

续表

序号	现行名称	类别	清及清前	民国	地名志
284	（已废）	堤堰	三百念亩塘[清光绪志]	三百念亩塘[民国志]	—
285	（已废）	堤堰	中塘[清光绪志]	中塘[民国志]	—
286	（已废）	堤堰	盛家塘[清光绪志]	盛家塘[民国志]	—
287	（已废）	堤堰	蛤蜊塘[清光绪志]	蛤蜊塘[民国志]	—
288	新塘	堤堰	穆隩塘[清光绪志]	穆隩塘[民国志]	—
289	沥港塘	堤堰	烈港大塘[清光绪志]	烈港大塘[民国志]，沥港塘[民国志]	—
290	沥港新塘	堤堰	烈港新塘[清光绪志]	烈港新塘[民国志]	—
291	沥港观前塘	堤堰	烈港观前塘[清光绪志]	烈港观前塘[民国志]	—
292	（已废）	堤堰	天打岩塘[清光绪志]	天打岩塘[民国志]	—
293	和建塘	堤堰	小隩塘[清光绪志]	小隩塘[民国志]	—
294	西堠新塘	堤堰	西堠塘[清光绪志]	西堠塘[民国志]	—
295	东堠新塘	堤堰	东堠塘[清光绪志]	东堠塘[民国志]	—
296	大平山塘	堤堰	大平山塘[清光绪志]	大平山塘[民国志]	—
297	（已废）	堤堰	—	太平塘[民国志]	—
298	（已废）	堤堰	—	永丰塘[民国志]	—
299	（已废）	堤堰	—	永安塘[民国志]	—
300	（已废）	堤堰	—	西安塘[民国志]	—
301	（已废）	水闸	金碶（老碶）[清康熙志]	—	（已废）
302	大浦新碶	水闸	新碶[清康熙志]、大碶[清康熙志]，大浦碶[清光绪志]	大浦碶[民国志]	—
303	大浦新碶	水闸	穆隩碶[清光绪志]	穆隩碶[民国志]	—
304	（已废）	水闸	—	永丰碶[民国志]	—
305	和建碶	水闸	—	小隩碶[民国志]	—
306	西堠碶	水闸	西堠碶[清光绪志]	西堠碶[民国志]	—
307	（已废）	宗教纪念地	—	娘娘宫（在蛤蜊岙）[民国志]	—
308	林家岙龙王宫	宗教纪念地	—	龙王宫（在林家岙）[民国志]	—
309	金井庙	宗教纪念地	金井庙[清康熙志][清光绪志]	金井庙[民国志]	—

续表

序号	现行名称	类别	清及清前	民国	地名志
310	(已废)	宗教纪念地	碶头庵[清康熙志]	—	—
311	(已废)	宗教纪念地	关圣庙[清康熙志],关圣殿[清光绪志]	—	—
312	(已废)	宗教纪念地	天妃宫(在沥港)[清康熙志],天后宫[清光绪志]	天后宫[民国志]	—
313	(已废)	宗教纪念地	义火祠[清光绪志]	义火祠[民国志]	—
314	(已废)	宗教纪念地	永兴庵[清康熙志]	—	—
315	永安庙	宗教纪念地	永安庙[清光绪志]	永安庙[民国志]	—
316	(已废)	宗教纪念地	宝藏寺[清光绪志]	宝藏寺[民国志]	—
317	普济禅寺(已迁址)	宗教纪念地	山门院[宋宝庆志],普明院[宋宝庆志],普济庵[元大德志][清康熙志][清光绪志]	普济庵(在柳行)[地形图],普济庵[民国志]	—
318	大圣庙(已迁址)	宗教纪念地	大圣庙[清康熙志],干大圣庙[清光绪志]	干大圣庙[民国志]	—
319	(已废)	宗教纪念地	都神殿[清光绪志]	都神殿[民国志]	—
320	余庆庙	宗教纪念地	—	余庆庙[民国志]	—
321	(已废)	宗教纪念地	西云庵[清光绪志]	西云庵[民国志]	—
322	(已废)	宗教纪念地	上方庵[清光绪志]	上方庵(在西佛岭)[民国志]	—
323	(已废)	宗教纪念地	—	东岳宫(在西佛岭)[民国志]	—
324	檀树庙	宗教纪念地	檀树庙[清光绪志]	坛树庙[民国志](地图),檀树庙[民国志]	—

续表

序号	现行名称	类别	清及清前	民国	地名志
325	天主堂	宗教纪念地	—	天主堂(在山潭)[民国志]	—
326	天后宫	宗教纪念地	—	天后宫(在长沙)[地形图]	—
327	广惠君庙	宗教纪念地	烈港庙[宋宝庆志][元大德志][明天启志][清康熙志],广惠君庙[清光绪志]	广惠王庙[地形图],广惠君庙[民国志],烈港庙[民国志]	沥港庙
328	(已废)	宗教纪念地	—	宏济寺[地形图]	—
329	广德庙	宗教纪念地	广德庙[清康熙志][清光绪志]	广德庙[地形图][民国志]	—
330	(已废)	宗教纪念地	福田庵[清光绪志]	福田庵[民国志]	—
331	(已废)	宗教纪念地	—	海晏庵[地形图]	—
332	化成寺	宗教纪念地	化城院[宋宝庆志],化成院[宋宝庆志图],化城寺[元大德志],成化寺[清康熙志],化成寺[清光绪志]	化成寺[地形图][民国志]	化成寺
333	广成庙	宗教纪念地	广成庙[清光绪志]	广成庙[地形图][民国志]	—
334	秤锤庙	宗教纪念地	称锤庙[清光绪志]	称锤庙[民国志]	—
335	(已废)	宗教纪念地	金山寺[清光绪志]	金山寺[民国志]	—
336	三官殿	宗教纪念地	—	三官殿[民国志]	—
337	玄檀殿	宗教纪念地	—	元坛庙[民国志]	
338	庆余庙	宗教纪念地	庆余庙[清光绪志]	庆余庙[民国志]	—
339	庆福禅院	宗教纪念地	庆福庵[清光绪志]	庆福庵[民国志]	—

续表

序号	现行名称	类别	清及清前	民国	地名志
340	龙王宫	宗教纪念地	—	龙王宫［民国志］	—
341	（已废）	宗教纪念地	净土庵［清光绪志］	净土庵［民国志］	—
342	（已废）	宗教纪念地	增寿庵［清光绪志］（在长沙－仙人山一带）	增寿庵［民国志］	—
343	天后宫	宗教纪念地	天后宫（在蛤蜊岙）［清光绪志］	—	—
344	（已废）	宗教纪念地	正乙殿［清光绪志］	正乙殿［民国志］	—
345	（已废）	宗教纪念地	无量寺［清光绪志］	无量寺［民国志］	—
346	（已废）	宗教纪念地	永寿庵［清光绪志］	永寿庵［民国志］	—
347	（已废）	宗教纪念地	关圣殿（在大鹏山）［清光绪志］	—	—
348	（已废）	宗教纪念地	梵慧院［宋宝庆志］［清光绪志］	—	—
349	（已废）	宗教纪念地	泗洲堂［宋宝庆志］	—	—
350	金塘基督教堂	宗教纪念地	—	—	—
351	东佛岭	古道	东佛岭［清康熙志］［清光绪志］	东佛岭［地形图］［民国志］	东风岭
352	西佛岭	古道	西佛岭［清康熙志］［清光绪志］	西佛岭［地形图］［民国志］	西风岭
353	潭头岭	古道	—	潭头岭（由张家岙到南石弄）［民国志］	潭头岭
354	长沙岭	古道	—	长沙岭［地形图］	长沙岭
355	小李岙岭	古道	小李岭［清康熙志］	小李岭［地形图］	小李岙岭
356	野岭	古道	—	野岭［地形图］	里岭

续表

序号	现行名称	类别	清及清前	民国	地名志
357	吉祥岭	古道	—	吉祥岭[地形图]（在树弄）	吉祥岭
358	茅岭	古道	大岭[清康熙志]，茅岭[清光绪志]	大岭[地形图]，毛岭[民国志]	茅岭
359	礁安岭	古道	—	礁岸岭[地形图]	礁安岭
360	纺花山	山(峰)	枋花山[清康熙志]，舫花山[清康熙志]，纺花山[清光绪志]	三仙山[民国志]	—
361	仙人山	山(峰)	葛仙峰[元大德志][明天启志]，三仙山[清康熙志][清光绪志]，三仙峰[清康熙志]	仙人山[地形图]	仙人山
362	(无考)	山(峰)	长沙山[清康熙志]	长沙山[地形图]	—
363	潭头山	山(峰)	潭头山[清康熙志]，马鞍山 *[八省图]	潭头山[地形图]	潭头山
364	纱罗山	山(峰)	—	纱罗山[地形图]	沙罗山
365	(无考)	山(峰)	—	大山[地形图]	—
366	黄岗岭	山(峰)	蛤蜊山[清康熙志]	蛤蜊山[地形图]	黄岚岭
367	围屏山	山(峰)	围屏山[清康熙志]	围屏山[地形图]，卫屏山[民国志]	围屏山
368	(无考)	山(峰)	伏龙山[清康熙志]	—	—
369	(无考)	山(峰)	—	马岙山(在穆岙与乱石岙)[地形图]	—
370	石潭岭	山(峰)	狮子山[清光绪志]	狮子山[地形图]	石潭岭
371	老鹰山	山(峰)	老鹰山[清光绪志]	老鹰山[地形图]	—
372	(无考)	山(峰)	—	龙王山[地形图]	—
373	东堠山	山(峰)	—	东候山[地形图]	东堠山
374	山潭西岙白虎山	山(峰)	白虎山[清光绪志]	—	—
375	西堠山	山(峰)	—	西候山[地形图]，西堠山[民国志]	西堠山

续表

序号	现行名称	类别	清及清前	民国	地名志
376	（无考）	山（峰）	—	绵花山［地形图］	—
377	（无考）	山（峰）	—	抛头山（在礁安岭西）［地形图］	—
378	宫后山	山（峰）	—	宫围山［地形图］，宫后山［民国志］	宫后山
379	龙王山嘴	山（峰）	—	龙塘山［地形图］	小龙王山嘴
380	樟树岙山	山（峰）	—	樟树岙山［地形图］	—
381	太平山	山（峰）	大平山［清康熙志］［清光绪志］	大鹏山［地形图］	太平山
382	沥表嘴	山（峰）	裂表嘴［清光绪志］	灯台山［地形图］	嘹标嘴
383	老鼠山	山（峰）	老鼠山［清光绪志］	老鼠山［地形图］［民国志］	—
384	茶叶山	山（峰）	茶叶山［清光绪志］	茶叶山［民国志］	—
385	马鞍山	山（峰）	—	—	—
386	大河	河流	穆岙浦［明筹海图编］［清康熙志］	—	—
387	山潭总河	河流	—	—	—

舟山市定海区白泉镇新旧地名录

（居民点和山水等陆域类地名）

<table>
<tr><th>序号</th><th>现行名称</th><th>类别</th><th colspan="2">清及清前</th><th>民国</th><th>地名志</th></tr>
<tr><td>1</td><td>十字路</td><td>居民点</td><td rowspan="17">虞家岙[元延祐四明志][元大德志]</td><td>十字路头[清康熙志]，十字路街[清光绪志]</td><td>十字路[地形图]，十字路镇[民国志]</td><td>十字路</td></tr>
<tr><td>2</td><td>虞家</td><td>居民点</td><td>枫树门[清光绪志]</td><td>—</td><td>虞家</td></tr>
<tr><td>3</td><td>水余地爿</td><td>居民点</td><td>—</td><td>—</td><td>水余地爿</td></tr>
<tr><td>4</td><td>翁家</td><td>居民点</td><td>—</td><td>—</td><td>翁家</td></tr>
<tr><td>5</td><td>岙底王</td><td>居民点</td><td>—</td><td>岙底王[地形图][民国志]</td><td>岙底王</td></tr>
<tr><td>6</td><td>（已废）</td><td>居民点</td><td>—</td><td>西青岭下[地形图][民国志]</td><td>（已废）</td></tr>
<tr><td>7</td><td>南山下</td><td>居民点</td><td>—</td><td>—</td><td>南山下</td></tr>
<tr><td>8</td><td>蔡家</td><td>居民点</td><td>—</td><td>—</td><td>蔡家</td></tr>
<tr><td>9</td><td>虞家田洋</td><td>居民点</td><td>—</td><td>田港[地形图][民国志]</td><td>虞家田洋</td></tr>
<tr><td>10</td><td>1972 年因建白泉岭水库废</td><td>居民点</td><td>—</td><td>黄泥山[地形图][民国志]</td><td>—</td></tr>
<tr><td>11</td><td>钟家山头</td><td>居民点</td><td>—</td><td>—</td><td>钟家山头</td></tr>
<tr><td>12</td><td>李家</td><td>居民点</td><td>—</td><td>—</td><td>李家</td></tr>
<tr><td>13</td><td>杨家</td><td>居民点</td><td>—</td><td>杨家[地形图]</td><td>杨家</td></tr>
<tr><td>14</td><td>松山下</td><td>居民点</td><td>—</td><td>—</td><td>松山下</td></tr>
<tr><td>15</td><td>峧里</td><td>居民点</td><td></td><td>—</td><td>峧里</td></tr>
<tr><td>16</td><td>宋家</td><td>居民点</td><td>—</td><td>宋家[地形图][民国志]</td><td>宋家</td></tr>
<tr><td>17</td><td>马家</td><td>居民点</td><td>—</td><td>—</td><td>马家</td></tr>
<tr><td>18</td><td>卢家田爿</td><td>居民点</td><td colspan="2" rowspan="2">—</td><td>—</td><td>卢家田爿</td></tr>
<tr><td>19</td><td>蒋家</td><td>居民点</td><td>—</td><td>蒋家</td></tr>
</table>

续表

序号	现行名称	类别	清及清前	民国	地名志
20	李家	居民点	前岙[明天启志][清康熙志]，前隩[清光绪志]	前岙[地形图][民国志]	李家
21	书房里	居民点			书房园
22	章家	居民点			章家
23	松园里	居民点			章松园
24	王家	居民点			王家
25	小岭下	居民点			小岭下
26	沿山下	居民点			沿山下
27	王家山嘴	居民点			王家山嘴
28	大岭下	居民点			大岭下
29	上张家	居民点			上张家
30	金林蒋家	居民点			蒋家
31	金山蒋家	居民点	后岙[明天启志][清康熙志]，后隩[清光绪志]	后岙[地形图][民国志]	蒋家
32	林家	居民点			林家
33	陈家	居民点			陈家
34	协成里	居民点	—	—	协成里
35	抬头弄	居民点	—	—	抬头弄
36	潘家	居民点	—	潘家[地形图]	潘家
37	中竹下	居民点		棕竹下[地形图]，棕樟下[民国志]	中竹下
38	岭下池	居民点	—	岭下徐[地形图]	岭下池
39	新屋	居民点	—	—	新屋
40	西成王	居民点	—	西成王[地形图]，陈王[民国志]	西成王
41	章家	居民点	白泉岙[元延祐四明志][元大德志][明天启志]，庄王(王庄)[清光绪志]	白泉庄[地形图][民国志]	章家
42	田舍王	居民点		田舍王[地形图][民国志]	田舍王
43	田中央	居民点		田中央[地形图][民国志]	田中央
44	下山头	居民点	—	下山头[地形图][民国志]	下山头

续表

<table>
<tr><th>序号</th><th>现行名称</th><th>类别</th><th colspan="2">清及清前</th><th>民国</th><th>地名志</th></tr>
<tr><td>45</td><td>柯梅张家</td><td>居民点</td><td colspan="2">—</td><td>张家[地形图][民国志]</td><td>张家</td></tr>
<tr><td>46</td><td>大柯梅</td><td>居民点</td><td rowspan="2">柯梅岙[元延祐四明志][元大德志][明天启志]</td><td>大柯梅岙[清康熙志],大柯梅墺[清光绪志]</td><td>大柯梅[地形图][民国志]</td><td>大柯梅</td></tr>
<tr><td>47</td><td>小柯梅</td><td>居民点</td><td>小柯梅岙[清康熙志],小柯梅墺[清光绪志]</td><td>小柯梅[地形图][民国志]</td><td>小柯梅</td></tr>
<tr><td>48</td><td>山下王</td><td>居民点</td><td colspan="2">—</td><td>山下王[地形图]</td><td>山下王</td></tr>
<tr><td>49</td><td>大岭下</td><td>居民点</td><td colspan="2">—</td><td>大岭[地形图]</td><td>大岭下</td></tr>
<tr><td>50</td><td>园山</td><td>居民点</td><td colspan="2">圆山[清光绪志]</td><td>—</td><td>悬山</td></tr>
<tr><td>51</td><td>冬宫桥</td><td>居民点</td><td colspan="2">董公桥[清康熙志][清光绪志]</td><td>董公桥[民国志]</td><td>东宫桥</td></tr>
<tr><td rowspan="2">52</td><td rowspan="2">桥头陈</td><td rowspan="2">居民点</td><td colspan="2" rowspan="2">桥头陈[清康熙志]</td><td>里陈[地形图][民国志]</td><td rowspan="2">桥头陈</td></tr>
<tr><td>外陈[地形图][民国志]</td></tr>
<tr><td>53</td><td>下横洋</td><td>居民点</td><td colspan="2">下横洋墺[清光绪志・祠庙]</td><td>下横洋[地形图][民国志]</td><td>下横洋</td></tr>
<tr><td>54</td><td>对面园</td><td>居民点</td><td colspan="2">—</td><td>—</td><td>对面园</td></tr>
<tr><td>55</td><td>下湾</td><td>居民点</td><td colspan="2">—</td><td>小湾[地形图][民国志]</td><td>下湾</td></tr>
<tr><td>56</td><td>叶家</td><td>居民点</td><td colspan="2">—</td><td>叶家[地形图],竹桥头[民国志]</td><td>叶家</td></tr>
<tr><td>57</td><td>阮郎桥</td><td>居民点</td><td colspan="2">—</td><td>阮廊桥[地形图]</td><td>阮郎桥</td></tr>
<tr><td>58</td><td>半路秦</td><td>居民点</td><td colspan="2">—</td><td>半路秦[地形图][民国志]</td><td>半路秦</td></tr>
<tr><td>59</td><td>水管口</td><td>居民点</td><td colspan="2">—</td><td>水孔口[地形图],水观口[民国志]</td><td>水管口</td></tr>
<tr><td>60</td><td>母岭下</td><td>居民点</td><td colspan="2">—</td><td>—</td><td>母岭下</td></tr>
<tr><td>61</td><td>下宣家</td><td>居民点</td><td colspan="2">—</td><td>—</td><td>下宣家</td></tr>
<tr><td>62</td><td>岙底陈</td><td>居民点</td><td colspan="2">墺底沉[清光绪志・祠庙]</td><td>—</td><td>岙底陈</td></tr>
</table>

续表

<table>
<tr><th>序号</th><th>现行名称</th><th>类别</th><th colspan="2">清及清前</th><th>民国</th><th>地名志</th></tr>
<tr><td>63</td><td>上文</td><td>居民点</td><td colspan="2" rowspan="2">炭山岙[明天启志][清康熙志]</td><td>—</td><td>上份</td></tr>
<tr><td>64</td><td>下文</td><td>居民点</td><td>炭山刘[地形图][民国志]</td><td>上份</td></tr>
<tr><td>65</td><td>老碶头</td><td>居民点</td><td colspan="2">白泉碶[清康熙志],西成碶[清光绪志]</td><td>老碶头[地形图][民国志]</td><td>老碶头</td></tr>
<tr><td>66</td><td>庄前</td><td>居民点</td><td colspan="2">—</td><td>—</td><td>庄前</td></tr>
<tr><td>67</td><td>林夹岙</td><td>居民点</td><td colspan="2">林家岙[清康熙志],林家隩[清光绪志]</td><td>林家岙[地形图][民国志]</td><td>林夹岙</td></tr>
<tr><td>68</td><td>贺二房</td><td>居民点</td><td colspan="2">—</td><td>—</td><td>贺二房</td></tr>
<tr><td>69</td><td>田鸡墩</td><td>居民点</td><td colspan="2">—</td><td>—</td><td>田鸡墩</td></tr>
<tr><td>70</td><td>孙家</td><td>居民点</td><td colspan="2">—</td><td>—</td><td>孙家</td></tr>
<tr><td>71</td><td>王家</td><td>居民点</td><td colspan="2">—</td><td>—</td><td>王家</td></tr>
<tr><td>72</td><td>沙埂里</td><td>居民点</td><td colspan="2">—</td><td>—</td><td>沙埂里</td></tr>
<tr><td>73</td><td>姜家</td><td>居民点</td><td colspan="2">—</td><td>—</td><td>姜家</td></tr>
<tr><td>74</td><td>陆树湾</td><td>居民点</td><td colspan="2">—</td><td>—</td><td>落树湾</td></tr>
<tr><td>75</td><td>大支</td><td>居民点</td><td rowspan="2">小枝[元延祐四明志][元大德志]</td><td>大支岙[明天启志][清康熙志],大支隩[清光绪志]</td><td>大支[地形图][民国志]</td><td>大支</td></tr>
<tr><td>76</td><td>小支</td><td>居民点</td><td>小支岙[明天启志][清康熙志],小支隩[清光绪志]</td><td>小支岙[地形图][民国志]</td><td>田鸡墩</td></tr>
<tr><td>77</td><td>雾露池</td><td>居民点</td><td colspan="2">—</td><td>—</td><td>雾露池</td></tr>
<tr><td>78</td><td>高家</td><td>居民点</td><td colspan="2">—</td><td>—</td><td>高家</td></tr>
<tr><td>79</td><td>岙里</td><td>居民点</td><td colspan="2">—</td><td>—</td><td>岙里</td></tr>
<tr><td>80</td><td>塘夹岙</td><td>居民点</td><td colspan="2">唐家岙[清康熙志],唐家隩[清光绪志]</td><td>唐家岙[地形图][民国志]</td><td>塘夹岙</td></tr>
<tr><td>81</td><td>已废,2010 年迁至浪洗新村</td><td>居民点</td><td colspan="2">—</td><td>屋基园[地形图][民国志]</td><td>屋基园</td></tr>
<tr><td>82</td><td>徐家</td><td>居民点</td><td colspan="2">—</td><td>灌门坑[民国志]</td><td>徐家</td></tr>
<tr><td>83</td><td>外山嘴</td><td>居民点</td><td colspan="2">—</td><td>—</td><td>外山嘴</td></tr>
<tr><td>84</td><td>山头</td><td>居民点</td><td colspan="2">—</td><td>—</td><td>山头</td></tr>
</table>

续表

序号	现行名称	类别	清及清前	民国	地名志
85	已废,2010 年迁至浪洗新村	居民点	浪洗[清光绪志]	浪洗村[地形图][民国志]	浪西
86	糖坊	居民点	—	金家[地形图][民国志]	糖坊
87	朱家	居民点	—	朱家[地形图][民国志]	朱家
88	隔山里	居民点	—	—	隔山里
89	苏家	居民点	—	—	苏家
90	岭下王	居民点	—	—	岭下王
91	庙后王	居民点	—	—	庙后王
92	半岭里	居民点	—	—	半岭里
93	上袁	居民点	—	阮家岙[地形图],阮家岙里[地形图]	上袁
94	下袁	居民点	—		下袁
95	洞桥头	居民点	—	—	洞桥头
96	张夹岙	居民点	—	—	张夹岙
97	夏家	居民点	—	—	夏家
98	张本岙	居民点	—	—	张本岙
99	柿树湾	居民点	—	—	柿树湾
100	舒家	居民点	—	舒家[地形图][民国志]	舒家
101	青龙山	居民点	—	—	青龙山
102	庙山头	居民点	庙山头[清康熙志],高庙[清光绪志]	—	庙山头
103	沙滩头	居民点	—	—	沙滩头
104	顾家	居民点	—	顾家[地形图]	顾家
105	黄泥坎	居民点	黄泥山[清康熙志]	黄泥坎[地形图][民国志]	黄泥坎
106	弄口王	居民点	—	龙口王[地形图][民国志]	弄口王
107	弄口张家	居民点	—	—	张家
108	童家园	居民点	—	童家园[地形图][民国志]	童家园

续表

序号	现行名称	类别	清及清前	民国	地名志
109	打猪岙	居民点	—	打猪岙[地形图][民国志]	打猪岙（打珠岙）
110	魏家	居民点	—	—	魏家
111	里王	居民点	—	里王[地形图][民国志]	里王
112	后山	居民点	—	—	后山
113	陈家	居民点	—	—	陈家
114	外王	居民点	—	外王[地形图][民国志]	外王
115	外山头	居民点	—	外山头[地形图][民国志]	外山头
116	毛洋周	居民点	小茅洋岙[清康熙志]，小茅洋隩[清光绪志]	矛羊周[地形图]，茅羊周[民国志]	毛洋周
117	文家岙	居民点	闻家隩[清光绪志]	闻夹岙[地形图][民国志]	坟家岙
118	小岙里	居民点	—	小岙里[地形图][民国志]	小岙里
119	毛底陈	居民点	茅底陈[清光绪志]	茅地秦[地形图]，茅地陈[民国志]	毛底陈
120	潮面	居民点	王家岙[清康熙志]，潮面村[清光绪志]	潮面张[地形图][民国志]	潮面
121	东湖	居民点	东湖[元延祐四明志][元大德志]，东湖岙[明天启志][清康熙志]，东湖隩[清光绪志]	东湖洋[地形图][民国志]	东湖
122	龙舌岙	居民点	龙舌隩[清光绪志]	龙舌岙[地形图][民国志]	龙舌岙
123	蔡家岙	居民点	蔡家岙[清康熙志]，蔡家隩[清光绪志]	—	蔡家岙
124	傅家岙	居民点	—	傅夹岙[地形图]，傅家岙[民国志]	傅家岙
125	张家水坑	居民点	张家水坑[清康熙志]	蒋家水坑[地形图][民国志]	张家水坑

续表

序号	现行名称	类别	清及清前	民国	地名志
126	秧田岙	居民点	—	秧田岙[地形图]	秧田岙
127	毛家	居民点	—	—	毛家
128	神仙庙跟	居民点	神仙庙[清光绪志]	—	神仙庙跟
129	洪家	居民点	—	洪家[地形图] [民国志]	洪家
130	田厂里	居民点	—	—	田厂里
131	东岙底	居民点	—	—	东岙底 (张家)
132	方家	居民点	—	—	方家
			—	—	董家
133	王家	居民点	—	—	王家
134	陆家	居民点	—	陆家[地形图] [民国志]	陆家
135	傅家	居民点	—	—	傅家
136	唐家	居民点	—	唐村[地形图] [民国志]	唐家
137	戴家	居民点			戴家
138	马家	居民点	—	—	马家
139	灯塔舒家	居民点	—	—	灯塔舒家
140	姚家	居民点	北墠岙[元延祐四明志][元大德志][明天启志],姚家岙[清康熙志],姚家岙[清光绪志]	姚家[地形图], 姚家岙[民国志]	姚家
			—	—	傅家
141	外海头	居民点	—	—	海口
142	里海头	居民点	—	—	里海头
143	刺莆湾	居民点	—	—	刺莆湾
144	小展	居民点	小展[明筹海图编],小展岙[清康熙志],小展岙[清光绪志]	小展[地形图] [民国志]	小展
145	柳家	居民点	—	—	柳家
146	西田舍	居民点	—	—	西田舍

续表

序号	现行名称	类别	清及清前	民国	地名志
147	张天湾	居民点	张跳湾[清康熙志][清光绪志]	张跳湾[民国志]	张天湾
148	小展大地爿	居民点	—	—	大地爿
149	施家山	居民点	—	—	施家山
150	小展高桥头	居民点	高桥[清康熙志]	—	高桥头
151	东田舍	居民点	—	—	东田舍
152	小展溪坑头	居民点	—	—	溪坑头
153	樟树湾	居民点	樟树湾[清康熙志][清光绪志]	—	樟树湾
154	何家	居民点	松子岙[元延祐四明志][元大德志],小庙墩[清康熙志]	何家[地形图][民国志]	何家
155	淡水坑	居民点	—	—	淡水坑
156	张洪	居民点	—	—	张洪
157	沙厅	居民点	沙埂[清光绪志]	—	沙町
158	东山后	居民点	—	东山下[地形图][民国志]	东山后
159	汤岙	居民点	汤隩[清光绪志]	汤岙[民国志]	外汤岙 里汤岙
160	景家	居民点	—	余家[地形图][民国志]	景家
161	瓦厂里	居民点	—	—	瓦厂里
162	黄沙	居民点	黄沙岙[清康熙志],黄沙隩[清光绪志]	黄沙[地形图],黄沙岙[民国志]	黄沙
163	马峙	居民点	麻屿[元延祐四明志][元大德志],马屿岙[明天启志],北马屿[清光绪志]	马屿[地形图],北马屿[民国志]	马峙
164	碶头山	居民点	天打岩[清光绪志]	—	碶头山

续表

序号	现行名称	类别	清及清前	民国	地名志
165	钓门	居民点	钓屿(岙)[元延祐四明志][元大德志][明天启志],钓门[清光绪志]	钓门[地形图][民国志]	钓门
166	钓门前沙头	居民点			前沙头
167	钓门后沙头	居民点			后沙头
168	钓门茅岭下	居民点		—	茅坑下
169	钓门六春岙	居民点		—	六春岙
170	钓门张家坑	居民点		—	张家坑
171	钓门蒲湾	居民点	蒲湾[清康熙志],蒲湾隩[清光绪志]	—	蒲湾
172	钓山西岙	居民点	—	钓门山[民国志]	西岙
173	钓门东岙	居民点			东岙
174	蝉南	居民点	—	小展岙里[地形图][民国志]	岙里
			—	—	安山
175	弄堂	居民点	—	龙堂[民国志]	弄堂
176	(无考)	居民点	西湖(岙)[元延祐四明志][元大德志]	—	—
177	(无考)	居民点	蚶岙[元延祐四明志][元大德志]	—	—
178	(无考)	居民点	虞家岙[元延祐四明志][元大德志]	—	—
179	(无考)	居民点	蚕岙白泉[明天启志]	—	—
180	(无考)	居民点	孟家岙[元延祐四明志][元大德志][明天启志]	—	—
181	(无考)	居民点	长岙[明天启志]	—	—
182	万金桥	桥梁	万金桥[清光绪志]	—	—
183	汇泉桥	桥梁	汇泉桥[清光绪志]	—	—
184	李家桥	桥梁	李家桥[清光绪志]	—	—
185	金锁桥	桥梁	金锁桥[清光绪志]	—	—
186	护谷桥	桥梁	护谷桥[清光绪志]	—	—
187	木龙桥	桥梁	木龙桥[清康熙志]	—	—
188	广心桥	桥梁	广心桥[清光绪志]	—	—

续表

序号	现行名称	类别	清及清前	民国	地名志
189	积善桥	桥梁	积善桥[清康熙志][清光绪志]	—	—
190	念母桥	桥梁	念母桥[清康熙志][清光绪志]	—	—
191	太平桥	桥梁	太平桥[清康熙志]	—	—
192	顾家桥	桥梁	顾家桥[清光绪志]	—	—
193	乌石桥	桥梁	乌石桥[清康熙志],石桥[清光绪志]	—	—
194	乌石山桥	桥梁	乌石山桥[清光绪志]	—	—
195	棕树桥	桥梁	棕树桥[清光绪志]	—	—
196	皋桥	桥梁	皋桥[清光绪志]	—	—
197	木桥头	桥梁	木桥[清康熙志][清光绪志]	木桥[民国志]	—
198	王家桥	桥梁	王家桥[明天启志][清康熙志][清光绪志]	王家桥[民国志]	—
199	竹桥	桥梁	竹桥[清光绪志]	—	—
200	宝金桥	桥梁	宝金桥[清光绪志]	宝金桥[民国志]	—
201	永成桥	桥梁	永成桥[清光绪志]	永成桥[民国志]	—
202	永安桥	桥梁	永安桥[清光绪志]	—	—
203	(已废)	桥梁	龙锁桥[清光绪志]	—	—
204	龙首桥	桥梁	龙首桥[清光绪志]	龙首桥[民国志]	—
205	甘溪桥	桥梁	甘溪桥[清光绪志]	永安桥[民国志]	—
206	高桥	桥梁	高桥[清康熙志][清光绪志]	高桥[民国志]	—
207	新桥	桥梁	新桥[清光绪志]	—	—
208	护云桥	桥梁	护云桥[清光绪志]	护云桥[民国志]	—
209	吐虹桥	建筑物	吐虹桥[清康熙志]	—	—
210	三板桥	建筑物	三板桥[清康熙志]	—	—
211	(已废)	建筑物	赤石堠[明天启志],赤石烟墩[清康熙志],赤石台[清光绪志]	—	—
212	(已废)	建筑物	程家堠[明天启志],程家台[清康熙志]	—	—

续表

序号	现行名称	类别	清及清前	民国	地名志
213	(已废)	建筑物	小展堠[明天启志],小展烟墩[清康熙志],望姑台[清光绪志]	—	—
214	(已废)	建筑物	石墠堠[明天启志]	—	—
215	(已废)	建筑物	钓屿堠[明天启志],钓鱼台[清光绪志]	—	—
216	(已废)	建筑物	积善亭[清光绪志]	—	—
217	(已废)	建筑物	泉济亭[清光绪志]	—	—
218	(已废)	建筑物	—	永福亭[地形图]	—
219	(已废)(在桥头陈)	建筑物	—	永□亭[地形图]	—
220	(已废)	堤堰	大支塘[清康熙志][清光绪志]	大支塘[民国志]	—
221	(已废)	堤堰	大支外塘[清光绪志]	大支外塘[民国志]	—
222	(已废)	堤堰	小支塘[清康熙志][清光绪志]	小支塘[民国志]	—
223	(已废)	堤堰	计工塘(未筑)[清康熙志],计工塘[清光绪志]	计工塘[民国志]	—
224	(已废)	堤堰	保安塘[清光绪志]	保安塘[民国志]	—
225	(已废)	堤堰	万金塘[清光绪志]	万金塘[民国志]	—
226	(已废)	堤堰	宝金塘[清光绪志]	宝金塘[民国志]	—
227	(已废)	堤堰	大塘[清康熙志],北墠塘[明天启志][清康熙志][清光绪志]	北墠塘[民国志]	—
228	(已废)	堤堰	小展塘[清康熙志]	小展塘[民国志]	—
229	(已废)	堤堰	—	黄金塘[民国志]	—
230	(已废)	堤堰	大柯梅塘[清光绪志]	大柯梅塘[民国志]	—
231	(已废)	堤堰	柯梅塘[明天启志][清光绪志]	老碶头塘[民国志]	—
232	(已废)	堤堰	竹桥里塘[清康熙志][清光绪志]	竹桥里塘[民国志]	—
233	(已废)	堤堰	竹插塘[清康熙志][清光绪志]	竹插塘[民国志]	—

续表

序号	现行名称	类别	清及清前	民国	地名志
234	（已废）	堤堰	唐家岙塘［清康熙志］，唐家隩塘［清光绪志］	唐家隩塘［民国志］	—
235	（已废）	堤堰	庙下塘（未筑）［清康熙志］，庙下塘（已圮）［清光绪志］	—	—
236	（已废）	堤堰	朱家河塘［清康熙志］，朱家河塘（已圮）［清光绪志］	—	—
237	（已废）	堤堰	中塘（已圮）［清光绪志］	—	—
238	（已废）	堤堰	钓马塘（已圮）［清光绪志］	—	—
239	（已废）	水闸	东作碶［清光绪志］	东作碶［民国志］	—
240	（已废）	水闸	西成碶［清光绪志］	西成碶［民国志］	—
241	（已废）	水闸	里碶［清光绪志］	—	—
242	（已废）	水闸	平水碶［清光绪志］	—	—
243	（已废）	水闸	北墠碶［清康熙志］［清光绪志］	北墠碶［民国志］	—
244	（已废）	水闸	大支碶［清康熙志］［清光绪志］	大支碶［民国志］	—
245	福寿禅寺	宗教纪念地	福寿寺［清光绪志］	—	—
246	（已废）	宗教纪念地	隆昌庵［清光绪志］	隆昌庵［民国志］	—
247	（已废）	—	永寿庵［清光绪志］	永寿庵［民国志］	—
248	梅山禅寺	—	梅山庵［清光绪志］	—	—
249	（已废）	宗教纪念地	永济庵［清康熙志］［清光绪志］	永济庵［民国志］	—
250	（已废）	宗教纪念地	文昌阁［清光绪志］	文昌阁［民国志］	—
251	复喜寺	宗教纪念地	复熙庵［清康熙志］，复喜庵［清光绪志］	—	—
252	（已废）	宗教纪念地	磊石庵［清康熙志］［清光绪志］	磊石庵［民国志］	—

续表

序号	现行名称	类别	清及清前	民国	地名志
253	崇圣宫	宗教纪念地	崇圣宫[清光绪志]	崇圣庙[民国志]	—
254	积善庵	宗教纪念地	积善庵[清康熙志][清光绪志]	积善庵[民国志]	—
255	万金湖庙	宗教纪念地	黄金湖庙[清康熙志],万金湖庙[明天启志][清光绪志]	万金湖庙[民国志]	—
256	(已废)	宗教纪念地	永福庵[清康熙志][清光绪志]	永福庵[民国志]	—
257	(已废)	宗教纪念地	土地祠[清光绪志]	土地祠[民国志]	—
258	(已废)	宗教纪念地	安乡庙[清康熙志]	安乡庙[民国志]	—
259	大柯梅庙	宗教纪念地	大柯梅庙[清康熙志]	大柯梅庙[民国志]	—
260	(已废)	宗教纪念地	老殿[清光绪志]	义火祠老殿[民国志],义火祠[民国志]	—
261	(已废)	宗教纪念地	高庙[清康熙志][清光绪志],皋庙[清康熙志]	高(皋)庙[民国志]	—
262	(已废)	宗教纪念地	普济庵[清康熙志][清光绪志]	普济庵[民国志]	—
263	(已废)	宗教纪念地	菁莪庵[清光绪志]	菁莪庵[民国志]	
264	白鹤庙	宗教纪念地	白鹤庙[清康熙志][清光绪志]	白鹤庙[民国志]	—
265	日照寺	宗教纪念地	日照庵[清光绪志]	日照庵[民国志]	—
266	(已废)	宗教纪念地	唐梓庙[清康熙志],唐子庙[清康熙志],唐梓老庙[清光绪志]	老唐梓庙[民国志]	—
267	唐梓庙	宗教纪念地	唐梓庙[清光绪志]	唐梓庙[民国志]	—

续表

序号	现行名称	类别	清及清前	民国	地名志
268	（已废）	宗教纪念地	定香庵[清康熙志][清光绪志]	定香庵[民国志]	—
269	（已废）	宗教纪念地	地藏殿[清光绪志]	地藏殿	—
270	翠萝禅寺	宗教纪念地	翠螺寺基[清康熙志]，翠螺寺[清光绪志]	翠萝寺[民国志]	—
271	藏经寺	宗教纪念地	—	藏经寺[民国志]	—
272	（已废）	宗教纪念地	太平庵[清康熙志][清光绪志]	太平庵[民国志]	—
273	大支庙	宗教纪念地	大支庙[清康熙志][清光绪志]	大支庙[民国志]	—
274	（已废）	宗教纪念地	曹家寺[清光绪志]	曹家寺[民国志]	—
275	小支庙	宗教纪念地	小支庙[清康熙志][清光绪志]	小支庙[民国志]	—
276	海云寺	宗教纪念地	海云庵[清光绪志]	海云庵[民国志]	—
277	下横洋庙	宗教纪念地	下横洋庙[清康熙志][清光绪志]	下横洋庙[民国志]	—
278	（已废）	宗教纪念地	小喊庙[清康熙志]，小龛庙[清光绪志]	小龛庙[民国志]	—
279	（已废）	宗教纪念地	增福庵[清光绪志]	增福庵[民国志]	—
280	万寿庵	宗教纪念地	万寿庵[清光绪志]	万寿庵[民国志]	—
281	（已废）	宗教纪念地	定光庵[清光绪志]	定光庵[民国志]	—
282	（已废）	宗教纪念地	—	静心堂[民国志]	—
283	竺灵寺	宗教纪念地	—	竺灵寺[民国志]	—

续表

序号	现行名称	类别	清及清前	民国	地名志
284	大喊庙	宗教纪念地	大喊庙[清康熙志],大龛庙[清光绪志]	大龛庙[民国志]	—
285	(已废)	宗教纪念地	关圣庙[清康熙志],关帝殿[清光绪志]	—	—
286	洋小庙	宗教纪念地	洋山庙[清光绪志]	洋山庙[民国志]	—
287	(已废)	宗教纪念地	新丘庙[清康熙志],新坵庙[清光绪志]	新邱庙[民国志]	—
288	甘溪庙	宗教纪念地	甘溪庙[清光绪志]	甘溪庙[民国志]	—
289	张相宫	宗教纪念地	张相公殿[清光绪志]	张相公庙[民国志]	—
290	东岳宫	宗教纪念地	岳帝庙[清光绪志]	岳帝庙[民国志]	—
291	(已废)	宗教纪念地	蒲湾庙[清光绪志]	蒲湾庙[民国志]	—
292	(已废)	宗教纪念地	兴福庵[清光绪志]	兴福庵[民国志]	—
293	(已废)	宗教纪念地	兴善庵[清康熙志][清光绪志]	兴善庵[民国志]	—
294	都总管庙	宗教纪念地	都总庙[清康熙志],都总管庙[清光绪志]	都总管庙[民国志]	—
295	大莱庙	宗教纪念地	大莱庙[清光绪志]	大莱庙[民国志]	—
296	(已废)	宗教纪念地	—	报本堂[民国志]	—
297	财神殿	宗教纪念地	财神殿[清光绪志]	财神殿[民国志]	—
298	(已废)	宗教纪念地	—	镇泉宫[民国志]	—
299	(已废)	宗教纪念地	中福庵[清康熙志][清光绪志]	—	—

续表

序号	现行名称	类别	清及清前	民国	地名志
300	（已废）	宗教纪念地	白云庵［清光绪志］	白云庵［民国志］	—
301	（已废）	宗教纪念地	瑞松庵［清康熙志］［清光绪志］	瑞松庵［民国志］	—
302	小展岭庵	宗教纪念地	小展岭庵［清康熙志］［清光绪志］	小展岭庵［民国志］	—
303	鸭蛋岭	古道	叠石岭［明天启志］［清康熙志］［清光绪志］	叠石岭［地形图］［民国志］	鸭蛋岭
304	塌岭	古道	塌洞（岭）［明天启志］，塌岭［清光绪志］	塌岭［地形图］［民国志］	塌岭
305	弄堂岭	古道	龙塘岭［明天启志］，龙堂岭［清康熙志］［清光绪志］	衕堂岭［地形图］，龙堂岭［民国志］	弄堂岭
306	苦竹岭	古道	苦竹岭［清康熙志］［清光绪志］	紫竹岭［地形图］，苦竹岭［民国志］	苦竹岭
307	小岭	古道	小山岭［清光绪志］	—	小岭
308	章松岭	古道	拗柘岭［清光绪志］	—	章松岭
309	白泉岭	古道	白泉岭［明天启志］［清康熙志］［清光绪志］	白泉岭［地形图］［民国志］	白泉岭
310	中竹岭	古道	—	—	中竹岭
311	白泉大岭	古道	—	大岭［地形图］	
312	梅前岭	古道	梅前岭［清光绪志］	—	梅前岭（梅直岭）
313	柯梅岭	古道	柯梅岭［明筹海图编］［明天启志］［清康熙志］［清光绪志］	柯梅岭［地形图］［民国志］	柯梅岭
314	黄天岭	古道	—	皇天岭［民国志］	黄天岭
315	沈公岭	古道	沈公岭［明天启志］［清康熙志］［清光绪志］	沈公岭［地形图］［民国志］	沈公岭
316	方岭	古道	方岭［清康熙志］［清光绪志］	—	方岭
317	前洞岭	古道	前洞岭［清康熙志］［清光绪志］	钱同岭［地形图］［民国志］	钱洞岭

序号	现行名称	类别	清及清前	民国	地名志
318	东皋岭	古道	东高岭[清康熙志],东皋岭[明天启志][清康熙志][清光绪志]	东皋岭[地形图][民国志]	东高岭
319	唐高岭	古道	唐鉴岭[清康熙志][清光绪志]	唐鉴岭[地形图][民国志]	唐高岭
320	太平岭	古道	太平岭[清康熙志][清光绪志]	米岭[地形图]	—
321	财神岭	古道	财神岭[清光绪志]	—	—
322	贩鲜岭	古道	贩鲜岭[清康熙志][清光绪志]	—	贩鲜岭
323	灌门岭	古道	灌门岭[清康熙志][清光绪志]	灌门岭[地形图][民国志]	—
324	摩鼻岭	古道	摩鼻岭[明天启志][清光绪志]	摩鼻岭[地形图][民国志]	摩鼻岭
325	小展岭	古道	小展岭[明天启志][清光绪志]	小展岭[地形图][民国志]	小展岭
326	—	古道	松子岭[清光绪志]	—	—
327	黄沙岭	古道	黄沙岭[清康熙志][清光绪志]	—	黄沙岭
328	杨梅岭	古道	杨梅岭[清光绪志]	—	—
329	椅子岭	古道	—	饴支岭[地形图],榆子岭[民国志]	椅子岭
330	鸭蛋岭山	山(峰)	叠石山[清康熙志][清光绪志]	叠石岭[地形图][民国志]	—
331	大庵岗	山(峰)	宋平冈[清光绪志]	宋平岗[地形图][民国志]	大庵岗
332	竹箭岗	山(峰)	竹箭冈[清光绪志]	竹箭冈[民国志]	竹箭岗
333	鹰嘴岩峰	山(峰)	白泉山[清康熙志],鹰窠尖[清光绪志]	—	鹰嘴岩峰
334	柯梅山	山(峰)	柯梅山[明筹海图编][明天启志][清光绪志]	柯梅山[地形图][民国志]	柯梅山

续表

序号	现行名称	类别	清及清前	民国	地名志
335	书房园山	山(峰)	—	书房园山[地形图]	—
336	大象山	山(峰)	—	虎尾把[地形图][民国志]	大象山
337	马腰岗	山(峰)	—	瓦窑山[地形图]	马腰岗
338	后岙岗	山(峰)	—	后岙岗[地形图]	后岙岗(大东岙岗)
339	牛山	山(峰)	东山[清光绪志]	—	牛山
340	总障山	山(峰)	总障山[清光绪志]	—	—
341	柯梅大山岗	山(峰)	万壁尖[清康熙志][清光绪志]	万壁尖[地形图][民国志]	大山岗
342	黄虎岗	山(峰)	黄虎冈[清康熙志],黄虎冈山[清光绪志]	黄虎岗[地形图]	黄虎岗
343	万变山	山(峰)	万壁山[清康熙志][清光绪志]	—	—
344	长岗山	山(峰)	长冈山[清康熙志][清光绪志]	长岗山[地形图]	长岗山
345	东长岗	山(峰)	东长冈[清光绪志]	—	东长岗
346	大尖头峰	山(峰)	—	大尖头[地形图][民国志]	大尖头峰
347	横山岗	山(峰)	—	横山岗[地形图][民国志]	—
348	笔架山	山(峰)	黄泥山[清康熙志][清光绪志]	—	—
349	营山	山(峰)	营山[清光绪志]	—	—
350	寺山	山(峰)	—	寺山[地形图]	—
351	东湖大山	山(峰)	栗山冈[清光绪志]	东湖大山岗[地形图][民国志]	东湖大山
352	虎啸山	山(峰)	虎啸山[清光绪志]	—	—

续表

序号	现行名称	类别	清及清前	民国	地名志
353	炭山	山(峰)	炭山[明天启志][清光绪志]	—	—
354	翠螺山	山(峰)	翠螺山[清康熙志],翠螺尖[清光绪志]	—	—
355	石笋尖	山(峰)	石笋[清康熙志],石笋尖[清光绪志]	—	—
356	尖峰岗	山(峰)	鲍家山[清光绪志]	鲍家山[民国志]	尖峰岗
357	稻蓬岗	山(峰)	太平山[清光绪志]	—	稻蓬岗
358	大尖头岗	山(峰)	—	小尖山[地形图]	大尖头岗
359	碶头山	山(峰)	天打岩[清光绪志]	天打岩[民国志]	碶头山
360	烟墩山	山(峰)	程家山[明天启志],烟墩[清康熙志]	—	烟墩山
361	观音洞山	山(峰)	观音洞[清光绪志]	—	观音洞山
362	上树山	山(峰)	层棚岩山[清康熙志],层棚山[清光绪志]	—	上树山
363	炮台山	山(峰)	烟墩冈[清康熙志],灌门山[清康熙志][清光绪志]	灌门山[地形图]	炮台山
364	悬山	山(峰)	圆山[清光绪志]	—	—
365	庙山	山(峰)	蝙蝠洞[清光绪志]	—	—
366	七石嘴	山(峰)	赤石嘴[明天启志][清康熙志][清光绪志]	—	—
367	大湾岗	山(峰)	井湾山[清光绪志]	—	大湾岗 小湾岗
368	小展山	山(峰)	小展山[清光绪志]	—	小展山
369	黄杨尖	山(峰)	黄杨尖[明天启志][清康熙志][清光绪志]	黄杨尖[地形图][民国志]	黄杨尖
370	馒头山	山(峰)	馒头山[清康熙志][清光绪志]	—	馒头山
371	石蛤蚆山	山(峰)	石蛤蚆山[清光绪志]	—	石蛤巴山
372	白岩山	山(峰)	白岩山[清康熙志][清光绪志]	白岩[地形图],白岩山[民国志]	—
373	石礁头山	山(峰)	石礁头[清康熙志],石礁[清光绪志]	—	—

续表

序号	现行名称	类别	清及清前	民国	地名志
374	大山	山(峰)	钓鱼台[清光绪志]	钓鱼台山[地形图]	大山
375	无考	山(峰)	南(北)埠山[清康熙志]	—	—
376	庙山	山(峰)	庙山[清康熙志]	—	—
377	高道山	山(峰)	高大山[清康熙志][清光绪志]	高大山[地形图][民国志]	高道山
378	钓山	山(峰)	钓屿山[元大德志],吊屿[宋乾道志][明筹海图编][明天启志],吊屿山[宋宝庆志][清康熙志],吊门山[清康熙志][清光绪志]	钓门山[地形图][民国志]	钓山(原为海岛,1974年筑海塘与舟山岛相连)
379	活狲峙(因钓梁围垦工程与舟山岛相连)	山(峰)	—	—	活狲峙(时为海岛)
380	乌龟山(因钓梁围垦工程与舟山岛相连,成为山丘)	山(峰)	龟山[清康熙志]	—	卒山(乌龟山)(时为海岛)
381	浣青溪	河流	浣青溪[清光绪志]	—	—
382	白泉河	河流	河溪[明天启志]	—	—
383	九曲河	河流	九曲河[清光绪志]	—	—
384	朱家河	河流	朱家河[清光绪志]	朱家河[民国志]	—
385	白泉浦	河流	柯梅浦[明天启志],白泉浦[清光绪志]	白泉浦[民国志]	—
386	(已湮塞)	湖泊	富都湖[宋宝庆志],白泉湖(万金湖)[明天启志]	—	—
387	(已湮塞)	湖泊	东湖[明天启志][清光绪志]	东湖[民国志]	—
388	(已湮塞)	湖泊	西湖[元大德志]	—	—
389	(已湮废)	水潭	高大山龙潭[明天启志],高大山潭[清康熙志]	—	—

舟山市定海区干礁镇新旧地名录

（居民点和山水等陆域类地名）

<table>
<tr><th>序号</th><th colspan="2">现行名称</th><th>类别</th><th>清及清前</th><th>民国</th><th>地名志</th></tr>
<tr><td>1</td><td colspan="2">干礁</td><td>居民点</td><td>竿缆［宋宝庆志］，干礁（岙）［元延祐四明志］［元大德志］，干礁岙［明天启志］［明筹海图编］［清康熙志］，干礁隩［清光绪志］</td><td>干礁［民国志］</td><td>干礁</td></tr>
<tr><td>2</td><td colspan="2">龙潭街</td><td>居民点</td><td>大芦岙［元延祐四明志］［元大德志］，龙潭［清康熙志］</td><td>虹桥镇［地形图］［民国志］</td><td>龙潭街</td></tr>
<tr><td rowspan="3">3</td><td rowspan="3">朝阳</td><td>居民点</td><td rowspan="3">居民点</td><td>—</td><td>—</td><td>李家</td></tr>
<tr><td>居民点</td><td>—</td><td>—</td><td>张家</td></tr>
<tr><td>居民点</td><td>—</td><td>—</td><td>裘家</td></tr>
<tr><td>4</td><td colspan="2">樟山下</td><td>居民点</td><td>—</td><td>戚家［地形图］</td><td>樟山下</td></tr>
<tr><td>5</td><td colspan="2">盐厂里</td><td>居民点</td><td>—</td><td>—</td><td>盐厂里</td></tr>
<tr><td rowspan="10">6</td><td rowspan="10">小芦</td><td rowspan="2">郭家</td><td rowspan="10">居民点</td><td rowspan="10">小路岙［清康熙志］，小芦隩［清光绪志］</td><td rowspan="10">小芦［民国志］</td><td>郭家</td></tr>
<tr><td>老郭家（1962 年迁）</td></tr>
<tr><td>塘头面</td><td>塘头面</td></tr>
<tr><td>王家</td><td>王家</td></tr>
<tr><td>郑家</td><td>郑家</td></tr>
<tr><td>潘家</td><td>潘家</td></tr>
<tr><td>东夹岙</td><td>东夹岙</td></tr>
<tr><td>半山陈</td><td>半山陈</td></tr>
<tr><td>杨 家</td><td>杨 家</td></tr>
<tr><td>钱家</td><td>钱家</td></tr>
<tr><td>7</td><td colspan="2">九溪岩头</td><td>居民点</td><td>—</td><td>—</td><td>九溪岩头</td></tr>
<tr><td>8</td><td colspan="2">外邵</td><td>居民点</td><td>—</td><td rowspan="3">芦溪头［地形图］［民国志］</td><td>外邵</td></tr>
<tr><td>9</td><td colspan="2">田中央</td><td>居民点</td><td>—</td><td>田中央</td></tr>
<tr><td>10</td><td colspan="2">厉家</td><td>居民点</td><td>—</td><td>厉家</td></tr>
</table>

续表

<table>
<tr><th>序号</th><th colspan="2">现行名称</th><th>类别</th><th>清及清前</th><th>民国</th><th>地名志</th></tr>
<tr><td>11</td><td colspan="2">庄家</td><td>居民点</td><td>—</td><td>—</td><td>庄家</td></tr>
<tr><td>12</td><td colspan="2">砖瓦厂</td><td>居民点</td><td>—</td><td>—</td><td>砖瓦厂</td></tr>
<tr><td>13</td><td colspan="2">新屋里</td><td>居民点</td><td>—</td><td>—</td><td>新屋里</td></tr>
<tr><td>14</td><td colspan="2">烟墩岭</td><td>居民点</td><td>烟墩岭［清康熙志］［清光绪志］</td><td>烟墩岭［地形图］［民国志］</td><td>烟墩岭</td></tr>
<tr><td>15</td><td colspan="2">高坎墩</td><td>居民点</td><td>—</td><td>—</td><td>高坎墩</td></tr>
<tr><td>16</td><td colspan="2">下屋张</td><td>居民点</td><td>—</td><td>—</td><td>下屋张</td></tr>
<tr><td rowspan="2">17</td><td colspan="2" rowspan="2">里邵</td><td rowspan="2">居民点</td><td rowspan="2">—</td><td rowspan="2">—</td><td>里邵</td></tr>
<tr><td>虞家（废村）</td></tr>
<tr><td>18</td><td colspan="2">孙家</td><td>居民点</td><td>—</td><td>—</td><td>孙家</td></tr>
<tr><td>19</td><td colspan="2">蒋家井</td><td>居民点</td><td>—</td><td>—</td><td>蒋家井</td></tr>
<tr><td>20</td><td colspan="2">大岙里</td><td>居民点</td><td>—</td><td>大湾里［地形图］［民国志］</td><td>大岙里</td></tr>
<tr><td>21</td><td colspan="2">井头岙</td><td>居民点</td><td>—</td><td>井头岙［地形图］［民国志］</td><td>井头岙</td></tr>
<tr><td>22</td><td colspan="2">下黄沙</td><td>居民点</td><td>—</td><td>下沙头［民国志］</td><td>下黄沙</td></tr>
<tr><td rowspan="2">23</td><td colspan="2" rowspan="2">枇杷岙</td><td rowspan="2">居民点</td><td>—</td><td>枇杷岙［地形图］［民国志］</td><td>枇杷岙</td></tr>
<tr><td>—</td><td>—</td><td>东碶头</td></tr>
<tr><td>24</td><td colspan="2">洪家</td><td>居民点</td><td>—</td><td>—</td><td>洪家</td></tr>
<tr><td rowspan="2">25</td><td rowspan="2">东方红</td><td>龙头周</td><td rowspan="2">居民点</td><td>—</td><td>上沙头［地形图］［民国志］</td><td>龙头周</td></tr>
<tr><td>桥头周</td><td>—</td><td>—</td><td>桥头周</td></tr>
<tr><td>26</td><td colspan="2">下新屋</td><td>居民点</td><td>—</td><td>—</td><td>下新屋</td></tr>
<tr><td>27</td><td colspan="2">杨家</td><td>居民点</td><td rowspan="5">西岙［清康熙志］</td><td>杨家［地形图］［民国志］</td><td>杨家</td></tr>
<tr><td>28</td><td colspan="2">鲍家</td><td>居民点</td><td rowspan="2">—</td><td>鲍家</td></tr>
<tr><td>29</td><td colspan="2">陈家</td><td>居民点</td><td>陈家（废村）</td></tr>
<tr><td rowspan="2">30</td><td colspan="2" rowspan="2">何家</td><td rowspan="2">居民点</td><td>—</td><td>陈家</td></tr>
<tr><td>—</td><td>何家</td></tr>
</table>

续表

<table>
<tr><th>序号</th><th colspan="2">现行名称</th><th>类别</th><th>清及清前</th><th>民国</th><th>地名志</th></tr>
<tr><td rowspan="2">31</td><td colspan="2" rowspan="2">王家</td><td rowspan="2">居民点</td><td>—</td><td>—</td><td>王家</td></tr>
<tr><td>—</td><td>—</td><td>何家</td></tr>
<tr><td>32</td><td colspan="2">张山岭</td><td>居民点</td><td>江山岭[清光绪志]</td><td>江山岭[地形图]</td><td>张山岭</td></tr>
<tr><td rowspan="2">33</td><td colspan="2" rowspan="2">颜家</td><td rowspan="2">居民点</td><td>—</td><td>—</td><td>上颜</td></tr>
<tr><td>—</td><td>—</td><td>下颜</td></tr>
<tr><td>34</td><td colspan="2">黄沙周</td><td>居民点</td><td>黄沙隩[清光绪志]</td><td>干烦黄沙洲[地形图],黄沙洲[民国志]</td><td>黄沙周</td></tr>
<tr><td>35</td><td colspan="2">岙里</td><td>居民点</td><td>—</td><td>岙里周[地形图][民国志]</td><td>岙里</td></tr>
<tr><td>36</td><td colspan="2">林山周</td><td>居民点</td><td>黄山岙[清康熙志]</td><td>灵山岙[地形图][民国志]</td><td>林山周</td></tr>
<tr><td>37</td><td colspan="2">忻家</td><td>居民点</td><td>—</td><td>—</td><td>忻家</td></tr>
<tr><td>38</td><td colspan="2">山头周</td><td>居民点</td><td>—</td><td>—</td><td>山头周</td></tr>
<tr><td>39</td><td colspan="2">姚家</td><td>居民点</td><td>—</td><td>姚家[地形图]</td><td>姚家</td></tr>
<tr><td rowspan="2">40</td><td colspan="2" rowspan="2">半山里</td><td rowspan="2">居民点</td><td>—</td><td>—</td><td>半山里</td></tr>
<tr><td>—</td><td>—</td><td>胡家</td></tr>
<tr><td rowspan="2">41</td><td colspan="2" rowspan="2">南岙周</td><td rowspan="2">居民点</td><td>—</td><td>—</td><td>南岙周</td></tr>
<tr><td>—</td><td>—</td><td>对面南岙周</td></tr>
<tr><td>42</td><td colspan="2">王家</td><td>居民点</td><td>—</td><td>—</td><td>王家</td></tr>
<tr><td>43</td><td colspan="2">里陈</td><td>居民点</td><td>—</td><td>—</td><td>里陈</td></tr>
<tr><td>44</td><td colspan="2">里新屋</td><td>居民点</td><td>—</td><td>里新屋[地形图],新里屋[民国志]</td><td>里新屋</td></tr>
<tr><td>45</td><td colspan="2">墙里周</td><td>居民点</td><td>—</td><td>—</td><td>墙里周</td></tr>
<tr><td rowspan="7">46</td><td rowspan="7">南洞</td><td>半山里</td><td rowspan="7">居民点</td><td>圆垆岙[明天启志],南洞岙[清康熙志],南洞隩[清光绪志]</td><td>南洞[地形图][民国志]</td><td>半山里</td></tr>
<tr><td>顾家</td><td>—</td><td>—</td><td>顾家</td></tr>
<tr><td>陈家</td><td>—</td><td>—</td><td>陈家</td></tr>
<tr><td>袁家</td><td>—</td><td>—</td><td>袁家</td></tr>
<tr><td>里张山</td><td>—</td><td>—</td><td>里张山</td></tr>
<tr><td rowspan="2">大地爿</td><td>—</td><td>—</td><td>大地爿</td></tr>
<tr><td>—</td><td>—</td><td>陶家洋</td></tr>
</table>

续表

序号	现行名称	类别	清及清前	民国	地名志
47	西码头	居民点	—	西碶头［地形图］［民国志］	西码
48	沙井头	居民点	—	—	沙井头
49	上沙头	居民点	—	—	上沙头
50	（已废）	建筑物	西碶寨［明筹海图编］［两浙海防类考续编］［明天启舟山志］［清康熙志］	—	—
51	（已废）	建筑物	干礁堠［明筹海图编］［两浙海防类考续编］［明天启舟山志］，干礁台［清光绪志］	—	—
52	虹桥	桥梁	虹桥［清康熙志］［清光绪志］	虹桥［民国志］	—
53	大四桥	桥梁	大四桥［清康熙志］	—	—
54	马岙桥	桥梁	马岙桥［清康熙志］，长清桥［清光绪志］	—	—
55	沟溪桥	桥梁	乾溪桥［清康熙志］［清光绪志］	沟溪桥［地形图］	—
56	（已废）	桥梁	附仙桥［清光绪志］	—	—
57	隆兴桥	桥梁	隆兴桥［清光绪志］	隆兴桥［民国志］	—
58	（已废）	桥梁	大兴桥［清康熙志］［清光绪志］	—	—
59	卢宁桥	桥梁	卢宁桥［清光绪志］	—	—
60	桃源桥	桥梁	桃源桥［清光绪志］	—	—
61	（无考）	桥梁	于溪桥［清康熙志］	—	—
62	（已废）	堤堰	小芦塘［清康熙志］［清光绪志］，小路塘［清康熙志］	小芦塘［民国志］	—
63	（已废）	堤堰	永终塘［清康熙志］	—	—
64	（已废）	堤堰	灌门塘［清光绪志］	灌门塘［民国志］	—
65	（已废）	堤堰	金钵盂塘［明天启志］，金钵塘［清康熙志］［清光绪志］	金钵塘［民国志］	—
66	（已废）	堤堰	戚家塘［清光绪志］	戚家塘［地形图］［民国志］	—
67	（已废）	堤堰	枯树塘［明天启志］，朴树塘［清光绪志］	朴树塘［地形图］［民国志］	—

续表

序号	现行名称	类别	清及清前	民国	地名志
68	（已废）	堤堰	锡杖塘[清光绪志]	锡杖塘[民国志]	—
69	—	堤堰	戚家庙前塘[清光绪志]	戚家庙前塘[民国志]	—
70	—	堤堰	小芦碶[清康熙志][清光绪志]	小芦碶[民国志]	—
71	东碶	水闸	东碶[清康熙志]	—	—
72	西碶	水闸	西碶[明筹海图编][明天启志][清康熙志]	—	—
73	（已废）	水闸	郭公碶[清光绪志]	郭公碶	—
74	（已废）	水闸	金钵（盂）碶[清康熙志][清光绪志]	金钵盂碶[民国志]	—
75	（已废）	水闸	朴树碶[清光绪志]	朴树碶[民国志]	—
76	（已废）	水闸	锡杖碶[清光绪志]	锡杖碶[民国志]	—
77	隆教寺	宗教纪念地	隆教寺[宋宝庆志][元大德志][明天启志][清康熙志][清光绪志]	隆教寺[民国志]	隆教寺
78	龙王宫	宗教纪念地	龙王宫（庙）[清康熙志]（在灌门），龙王宫[清光绪志]	龙王宫[民国志]	—
79	天后宫	宗教纪念地	天妃宫[清康熙志]，天后宫[清光绪志]	—	—
80	戚家庙	宗教纪念地	戚家庙[清康熙志][清光绪志]	戚家庙	—
81	永障庙	宗教纪念地	永障庙[清康熙志][清光绪志]	小芦庙[地形图]，小芦庵[民国志]，永障庙[民国志]	—
82	余陈二相公庙	宗教纪念地	余陈二相公庙[清康熙志]	—	—
83	西来庵	宗教纪念地	西来庵[清康熙志][清光绪志]	西来庵[民国志]	—
84	李家庙	宗教纪念地	李家庙[清康熙志][清光绪志]	李家庙[民国志]	—
85	龙王堂	宗教纪念地	龙王堂[清康熙志]	—	—

续表

序号	现行名称	类别	清及清前	民国	地名志
86	大芦庙	宗教纪念地	大芦庙[清康熙志],大卢庙[清光绪志]	大卢庙[民国志]	—
87	(已废)	宗教纪念地	大罗庙[清康熙志]	—	—
88	郭公庙	宗教纪念地	郭家庙[清康熙志],郭公庙[清光绪志]	郭公庙[民国志]	—
89	洋山庙	宗教纪念地	洋山庙[清康熙志],洋汛庙[清光绪志]	洋汛庙[民国志]	—
90	(已废)	宗教纪念地	跳头庙[清光绪志]	跳头庙[民国志]	—
91	(已废)	宗教纪念地	晏家庙[清康熙志][清光绪志],燕家庙[清康熙志]	晏家庙[民国志]	—
92	(已废)	宗教纪念地	陆家庵[清光绪志]	陆家庵[民国志]	—
93	太平宫	宗教纪念地	太平宫[清光绪志]	太平宫[民国志]	—
94	(已废)	宗教纪念地	地藏殿[清康熙志][清光绪志]	—	—
95	(已废)	宗教纪念地	它山庙[清光绪志]	它山庙[民国志]	—
96	五雷寺	宗教纪念地	—	五雷寺[民国志]	—
97	金陈二相公庙	宗教纪念地	金陈二相公庙[清康熙志][清光绪志]	金陈二相公庙[民国志]	—
98	十七房岭	古道	三冈岭[清康熙志][清光绪志]	三江岭[地形图],三冈岭[民国志]	十七房岭
99	西岭	古道	西岭[清康熙志]	—	—
100	沙直岭	古道	沙屿岭[清康熙志][清光绪志]	沙屿岭[地形图][民国志]	沙直岭
101	白泉岭	古道	白泉岭[清康熙志][清光绪志]	白泉岭[地形图]	白泉岭

续表

序号	现行名称	类别	清及清前	民国	地名志
102	柯梅岭	古道	柯梅岭[明筹海图编][明天启志][清康熙志][清光绪志]	柯梅岭[地形图][民国志]	柯梅岭
103	烟墩岭	古道	烟墩岭[清康熙志][清光绪志]	烟墩岭[地形图][民国志]	烟墩岭
104	灌门岭	古道	灌门岭[清光绪志]	灌门岭	—
105	大碶岭	古道	大起岭[清光绪志]	大碶岭[地形图][民国志]	大碶岭
106	郭公岭	古道	郭公岭[清光绪志]	郭公岭[地形图]	—
107	十六房岭	古道	十六房岭[清光绪志]	十六房岭[地形图][民国志]	十六房岭
108	小芦岭	古道	小芦岭[清光绪志]	小芦岭[地形图][民国志]	小芦岭
109	平石岭	古道	平石岭[清光绪志]	平石岭[地形图][民国志]	平石岭
110	张古道	古道	江古道[清光绪志]	江古道[地形图][民国志]	张古道
111	周家岭	古道	周家岭[清光绪志]	周家岭[地形图]	周家岭
112	坟沙岭	古道	—	坟所岭[地形图][民国志]	坟沙岭
113	马家岭	古道	—	马家岭[地形图]	—
114	鸡绞岭	古道	—	—	鸡绞岭
115	五雷山	山(峰)	五雷山[清康熙志]	五雷山[地形图][民国志]	五雷山
116	长青山	山(峰)	仙居山[清康熙志],仙居山[清光绪志]	虎尾把[地形图],虎尾巴[民国志]	长青山
117	翠屏山	山(峰)	南屏山[元大德志],翠屏山[明天启志]	—	—
118	凤凰山	山(峰)	凤凰山[清康熙志],凤皇山[清光绪志]	文王山[地形图]	凤凰山

续表

序号	现行名称	类别	清及清前	民国	地名志
119	惊蛇山	山(峰)	惊蛇山[清康熙志][清光绪志]	—	—
120	华其山	山(峰)	华屿山[清康熙志](时为海岛),华屿山[清光绪志](已围垦并入舟山岛)	华屿山[民国志]	—
121	唐家山	山(峰)	唐家山[清康熙志]	—	—
122	庙山	山(峰)	木杓山[清康熙志][清光绪志]	—	—
123	木船山	山(峰)	木船山[清康熙志]	—	—
124	灌门山	山(峰)	灌门山[清光绪志]	灌门山[地形图]	—
125	大碶山	山(峰)	削白山[清光绪志]	—	大碶山
126	层棚岩山	山(峰)	层棚山[清光绪志]	—	—
127	炮台山	山(峰)	营房山[清光绪志]	营房山[地形图][民国志]	炮台山
128	朱朗山	山(峰)	朱朗山[清康熙志],朱郎山[清光绪志]	朱郎山[地形图]	长跳山
129	唐家山	山(峰)	后家山[清光绪志]	—	唐家山
130	斗门山	山(峰)	斗门山[清光绪志]	—	小尖山
131	虾须山	山(峰)	—	虾须山[地形图]	—
132	樟山	山(峰)	—	炮台山[地形图]	樟山
133	鸡雄山	山(峰)	—	鸡雄山[地形图]	—
134	属马岙	山(峰)	—	狮子山[地形图]	属马岙
135	马鞍岗	山(峰)	—	瓦窑山[地形图]	马鞍岗
136	柯梅山	山(峰)	柯梅山[明筹海图编],戴家山[清康熙志][清光绪志]	柯梅山[地形图][民国志]	柯梅山
137	青龙山	山(峰)	—	—	青龙山
138	大山岗	山(峰)	万壁尖[清光绪志]	万壁尖[地形图][民国志]	大山岗
139	白鹤山	山(峰)	—	三江山[地形图][民国志]	白鹤山
140	炮台山	山(峰)	—	—	炮台山
141	(无考)	河流	泥河[清康熙志]	—	—

续表

序号	现行名称	类别	清及清前	民国	地名志
142	（已湮废）	水潭	龙潭［清康熙志］，灌门龙潭［清光绪志］	—	—
143	龙潭	水潭	龙潭（在龙潭街）［清康熙志］	—	龙潭
144	斗门龙潭	水潭	龙潭（在南洞岙）［清康熙志］，斗门龙潭［清光绪志］	—	—

舟山市普陀区沈家门街道新旧地名录

（街路地名）

序号	现行名称	清代及民国	“文革”期间	地名志
1	滨港路	东滨港路[地名档案]	沿港马路[地名档案]	滨港路
		西滨港路[地名档案]		
		龙眼路[地名档案]		
		荷外路[地名档案]		
2	东海东路	定沈公路[地名档案]	学前路[地名档案]	东海东路
3	东海中路	定沈公路[地名档案]	教场路[地名档案]	东海中路
			定沈公路[地名档案]	
4	东海西路	定沈公路[地名档案]	定沈公路[地名档案]	东海西路
5	东河路	—	—	体育路
6	新街	泰来街[地名档案]	泰来路[地名档案]	新街
		新街[地名档案]	新街[地名档案]	
		鹤龄路[地名档案]	鹤龄路[地名档案]	
7	中大街	中大街[地名档案]	中大街[地名档案]	中大街
		缪家塘[地名档案]	—	剧院路
8	东大街	沈家门街[清光绪志]，司湾塘[清光绪志][民国志]，东横塘[民国志]，东大街[地名档案]	东大街[地名档案]	东大街
9	西大街	沈家门街[清光绪志]，西横塘[民国志]，西大街[地名档案]	西大街[地名档案]	西大街
10	渔市大街	—	—	渔市大街
11	荷外路	—	荷外路[地名档案]	荷外路
12	荷里路	—	—	荷里路
				滨港十五弄
13	中兴路	—	—	中兴路
14	裕山路	—	—	裕山路
15	龙眼路	—	—	龙眼路

续表

序号	现行名称	清代及民国	“文革”期间	地名志
16	健民路	—	—	—
17	新开路	—	东兴桥路[地名档案]	新开路
18	文化路	—	—	文化路
19	缪家塘路	缪家塘[地名档案]	—	—
20	北安路	半边街[地名档案],老街[地名档案]	—	北安路
21	陈家塘路	陈家塘[地名档案]	—	陈家塘路
22	宫下路	—	—	宫下路
23	法院路	金家路[地名档案]	—	法院路
24	同济路	童子路[地名档案]	—	同济路
25	伏虎路	—	—	伏虎路
26	菜市路	—	—	菜市路
27	戚家湾路	戚家湾[地名档案],七家湾[地名档案]	—	戚家湾
28	泗湾路	—	—	泗湾路
29	东泗湾路	—	—	泗湾东路
30	教北路	—	—	教场北路
31	教中路	—	—	教场中路
32	游泳池路	—	—	游泳池路
33	兴建路	—	—	兴建路
34	食品厂路	—	—	食品厂路
35	船厂路	—	—	船厂路
36	中洲路	—	—	中洲路[地名档案]
37	外河口路	—	—	外河口路[地名档案]
38	长地畈路	—	—	长地爿
39	天打岩路	—	—	天打岩
40	半塘路	—	—	半塘路[地名档案]
41	大茶湾路	—	—	大茶湾路[地名档案]

续表

序号	现行名称	清代及民国	“文革”期间	地名志
42	已废,于2005—2016年拆建	—	—	鲁家峙路
43	已废,于2005—2016年拆建	—	—	鲁家峙中路
44	已废,于2005—2016年拆建	—	—	鲁家峙东路
45	已废,于2005—2015年拆建	—	—	红山路
46	已废,于1997年拆建	—	—	滨港一弄
47	已废,于1997年拆建	—	—	滨港二弄
48	已废,1997年因建沈家门客运站大楼拆迁	横直弄[地名档案]	—	滨港三弄
49	已废,1990年因建普陀物资大楼拆迁	—	—	滨港四弄
50	已废,1989年因扩建菜市路拆迁	—	—	滨港五弄
51	(已废)	—	—	滨港六弄
52	滨港路107弄	—	—	滨港七弄
53	(已废)	—	—	滨港八弄
54	滨港路154弄	—	—	滨港九弄
55	滨港路158弄	天公胜弄[地名档案] 会馆弄[地名档案] 袁家弄[地名档案]	—	滨港十弄
56	(已废)	—	—	滨港十一弄
57	东升桥弄	—	—	滨港十二弄
58	滨港路276弄	—	—	滨港十三弄 龙眼弄
59	滨港路312弄	羊府道头[地名档案]	—	滨港十四弄

续表

序号	现行名称	清代及民国	“文革”期间	地名志
60	滨港路341弄	陆家道地[地名档案]	—	滨港十六弄
61	滨港路346弄	—	—	滨港十七弄
62	荷外路358号	—	—	滨港十八弄
63	滨港362号	—	—	滨港十九弄
64	滨港371号	裕山道头[地名档案]	—	滨港二十弄
65	滨港379号	张文兴道头[地名档案]	—	滨港二十一弄
66	滨港388号	张文兴道头[地名档案]	—	滨港二十二弄
67	中兴路1号	张文兴道头[地名档案]	—	滨港二十三弄
68	滨港406弄	张文兴道头[地名档案]	—	滨港二十四弄
69	滨港415弄	—	—	滨港二十五弄
70	滨港二十六弄	徐家弄[地名档案]	—	滨港二十六弄
71	滨港二十七弄	—	市场道头[地名档案]	滨港二十七弄
72	已废,于2014年拆迁	24间头[地名档案]	—	滨港二十八弄
73	滨港路536弄	贺家道地[地名档案]	—	滨港二十九弄
74	外道头路	外道头[地名档案]	—	滨港三十弄
75	已废,于2014年拆迁	—	—	外道头弄
76	水产弄	—	—	水产弄
77	溪坑弄	—	—	溪坑弄
78	马家弄	—	—	马家弄
79	里坑弄	—	—	里坑弄
80	中兴路127弄	—	—	福兴弄
81	荷里路106弄	张家弄[地名档案]	—	安吉弄
82	新兴里弄	—	—	新兴里弄
83	立新弄	—	—	立新弄
84	碶边弄	—	—	碶边弄
85	小井头弄	—	—	小井头弄
86	日新弄	—	—	日新弄
87	健康弄	—	—	健康弄
88	新桥弄	周祥茂弄	—	新桥弄
89	新春弄	杨家井头	—	新春弄
90	学前弄	—	—	学前弄
91	劳动弄	赵家弄	劳动弄[地名档案]	劳动弄

续表

序号	现行名称	清代及民国	“文革”期间	地名志
92	油车弄	陈家后弄	—	油车弄
93	文化弄	—	—	文化弄
94	新街93弄	—	—	文明弄
95	文阳弄	—	—	文阳弄
96	文卫弄	陈家弄前[地名档案]	—	文卫弄
97	文军弄	—	—	文军弄
98	长安弄	—	—	长安弄
99	长青弄	—	—	长青弄
100	长乐弄	邵家弄	—	长乐弄
101	顾家弄	—	—	顾家弄
102	车家弄	—	—	车家弄
103	方家弄	—	—	方家弄
104	鼎丰弄	—	—	鼎丰弄
105	宋家弄	—	—	宋家弄
106	民济弄	广济弄	—	民济弄
107	广济弄	江建弄	—	广济弄
108	群济弄	老宋家弄 新宋家弄	—	群济弄
109	石灰弄	石灰道头[地名档案]	—	石灰弄
110	富强弄	—	—	富强弄
111	富民弄	—	—	富民弄
112	水作弄	—	—	水作弄
113	富裕弄	—	—	富裕弄
114	德顺坊弄	—	—	德顺坊弄
115	曾家弄	—	—	曾家弄
116	小西湖弄	—	—	小西湖弄
117	长兴弄	—	—	长兴弄
118	丁家弄	—	—	丁家弄
119	郑家弄	—	—	郑家弄
120	教中路24弄	—	—	小溪坑弄
121	东海中路186弄	—	—	建筑弄
122	东海中路162弄	—	—	天房弄

续表

序号	现行名称	清代及民国	“文革”期间	地名志
123	创建弄	—	—	创建弄
124	镬厂弄	—	—	镬厂弄
125	合姓路	—	—	合姓路
126	万德堂路	—	—	万德堂路
127	傅家墩路	—	—	傅家墩路
128	东蒲湾路	—	—	蒲湾东路

舟山市普陀区沈家门街道新旧地名录

（居民点和山水等陆域类地名）

序号	现行名称	类别	清及清前	民国	地名志
1	沈家门城区	居民点	沈家门［宋乾道志］［宋宝庆志］［元延祐四明志］［元大德志］［明全浙兵制］［明天启志］［清康熙志］，沈家门镇［清光绪志］	沈家门［地形图］［民国志］	沈家门镇
2	荷外	区片	—	荷叶湾［地形图］［民国志］	—
3	半升洞	区片	半升桶［清光绪志］	半升桶［民国志］，半升塘［地形图］	—
4	大蒲湾	居民点	人蒲湾［明天启志］，大蒲湾［清康熙志］［清光绪志］ 郭家墩［清光绪志］	大蒲湾［地形图］［民国志］	大蒲湾
5	小蒲湾	居民点	小蒲湾［清光绪志］	小蒲湾［地形图］［民国志］	小蒲湾
6	长地爿	居民点	—	仗里牌［地形图］［民国志］	长地爿
7	墩头	居民点	—	墩头［地形图］［民国志］	墩头
8	天打岩	居民点	丘家礁［元延祐四明志］［元大德志］［清康熙志］，邱家礁［清光绪志］，天打岩［清光绪志］	邱家礁［民国志］	天打岩
9	小茶湾	居民点	—	小茶湾［地形图］［民国志］，小蛇湾［地名档案］	小茶湾
10	大茶湾	居民点	—	大茶湾［地形图］［民国志］，大蛇湾［地名档案］	大茶湾

续表

序号	现行名称	类别	清及清前	民国	地名志
11	教场	居民点	—	高樯［地形图］,高桥［民国志］,校场下［地名档案］,教场下［地名档案］	教场
12	戚家湾	居民点	—	七家湾［地名档案］	戚家湾
13	陈家塘	居民点	—	陈家塘［地形图］,陈家堂［民国志］	陈家塘
14	外泗湾	居民点	司基岙［明天启志］,司湾［清光绪志］	司湾［民国志］	外泗湾
15	里泗湾	居民点			里泗湾
16	已废,于2010年拆迁	居民点	—	—	红山
17	已废,于2014年拆迁	居民点	—	—	门峡里
18	已废,于2016年拆迁	居民点	—	—	泥涂里
19	已废,于2016年迁至琪鲁嘉园	居民点	—	—	花地里
20	涨道门	居民点	—	—	涨道门
21	已废,2016年迁至海景湾等地	居民点	—	—	蚂蚁山
22	已废,于2014年迁至琪鲁嘉园等地	居民点	—	—	丁家
23	胡家	居民点	—	—	胡家
24	俞家	居民点	—	—	俞家
25	应家岙	居民点	—	—	应家岙
26	新桥头	居民点	—	—	板桥头
27	夏家	居民点	—	—	夏家
28	中弄	居民点	—	陈家塘［地形图］	中弄
29	平阳浦	居民点	—	—	平阳浦
30	邬家	居民点	—	—	邬家
31	沈家	居民点	—	—	沈家
32	洪家	居民点	—	—	洪家
33	下厂	居民点	—	—	下厂

续表

<table>
<tr><th>序号</th><th>现行名称</th><th>类别</th><th>清及清前</th><th>民国</th><th>地名志</th></tr>
<tr><td>34</td><td>芦西</td><td>居民点</td><td>—</td><td>—</td><td>芦西</td></tr>
<tr><td>35</td><td>下张家</td><td>居民点</td><td>—</td><td>—</td><td>下张家</td></tr>
<tr><td rowspan="2">36</td><td rowspan="2">大干</td><td rowspan="2">居民点</td><td rowspan="2">—</td><td>大干[地形图]
[民国志]</td><td rowspan="2">大干</td></tr>
<tr><td>龙堂湾[民国志]</td></tr>
<tr><td>37</td><td>中沙潭</td><td>居民点</td><td>—</td><td>中沙潭[地形图]
[民国志]</td><td>中沙潭</td></tr>
<tr><td>38</td><td>石弄</td><td>居民点</td><td>—</td><td>石弄[地形图],
石弄堂[民国志]</td><td>石弄</td></tr>
<tr><td>39</td><td>翟岙</td><td>居民点</td><td>—</td><td>狄岙[地形图],
翟岙[民国志]</td><td>翟岙</td></tr>
<tr><td>40</td><td>黄子湾</td><td>居民点</td><td>—</td><td>—</td><td>黄子湾</td></tr>
<tr><td>41</td><td>平阳</td><td>居民点</td><td>—</td><td>—</td><td>平阳</td></tr>
<tr><td>42</td><td>马峙东岙</td><td>居民点</td><td>—</td><td>—</td><td>东岙</td></tr>
<tr><td>43</td><td>马峙沙头</td><td>居民点</td><td>—</td><td>—</td><td>沙头</td></tr>
<tr><td>44</td><td>大山</td><td>居民点</td><td>—</td><td>小干[地形图]
[民国志]</td><td>大山</td></tr>
<tr><td>45</td><td>大井潭</td><td>居民点</td><td>—</td><td>—</td><td>大井潭</td></tr>
<tr><td>46</td><td>小井潭</td><td>居民点</td><td>—</td><td>—</td><td>小井潭</td></tr>
<tr><td>47</td><td>外墩头</td><td>居民点</td><td>—</td><td>—</td><td>外墩头</td></tr>
<tr><td rowspan="2">48</td><td rowspan="2">鸡冠</td><td rowspan="2">居民点</td><td rowspan="7">登部岙[元延祐四明志]
[元大德志]</td><td>鸡冠礁村[地形图]
[民国志]</td><td rowspan="2">鸡冠
(别名沙头)</td></tr>
<tr><td>陆家岙[地形图]
[民国志]</td></tr>
<tr><td rowspan="2">49</td><td rowspan="2">李家岙</td><td rowspan="2">居民点</td><td>李家岙[地形图]
[民国志]</td><td rowspan="2">李家岙</td></tr>
<tr><td>周家[地形图]</td></tr>
<tr><td>50</td><td>后山</td><td>居民点</td><td>—</td><td>后山</td></tr>
<tr><td>51</td><td>1987 年废止</td><td>居民点</td><td>陈家岙[地形图]
[民国志]</td><td>陈家岙</td></tr>
<tr><td>52</td><td>蛏子港</td><td>居民点</td><td>蛏子港村[地形图]
[民国志]</td><td>蛏子港</td></tr>
</table>

续表

<table>
<tr><th>序号</th><th>现行名称</th><th>类别</th><th>清及清前</th><th>民国</th><th>地名志</th></tr>
<tr><td>53</td><td>（已废）</td><td>居民点</td><td rowspan="18">登部岙[元延祐四明志]
[元大德志]</td><td>王家岙[地形图]
[民国志]</td><td>—</td></tr>
<tr><td>54</td><td>朱家塘</td><td>居民点</td><td>—</td><td>朱家塘</td></tr>
<tr><td>55</td><td>冯家塘</td><td>居民点</td><td>—</td><td>冯家塘</td></tr>
<tr><td>56</td><td>20 世纪 70 年代初废止</td><td>居民点</td><td>贺家塘[地形图]，
贺家岙[民国志]</td><td>贺家塘</td></tr>
<tr><td>57</td><td>大涂面</td><td>居民点</td><td>大涂面村[地形图]
[民国志]</td><td>大涂面</td></tr>
<tr><td>58</td><td>余家岙</td><td>居民点</td><td>余家岙[民国志]</td><td>余家岙</td></tr>
<tr><td rowspan="2">59</td><td rowspan="2">大岙</td><td rowspan="2">居民点</td><td>大岙村[地形图]
[民国志]</td><td rowspan="2">大岙</td></tr>
<tr><td>大田畈村[地形图]，
大田畈[民国志]</td></tr>
<tr><td>60</td><td>六份头</td><td>居民点</td><td>六份头[地形图]
[民国志]</td><td>六份头</td></tr>
<tr><td>61</td><td>（已废）</td><td>居民点</td><td>后门[民国志]</td><td>—</td></tr>
<tr><td>62</td><td>石弄塘</td><td>居民点</td><td>石衖塘村[地形图]，
石弄塘[民国志]</td><td>石弄塘</td></tr>
<tr><td>63</td><td>20 世纪 80 年代末废止</td><td>居民点</td><td>俞谢村[地形图]
[民国志]</td><td>俞谢</td></tr>
<tr><td rowspan="2">64</td><td rowspan="2">西岙</td><td rowspan="2">居民点</td><td>西岙[地形图]
[民国志]</td><td rowspan="2">西岙</td></tr>
<tr><td>方家岙[地形图]
[民国志]</td></tr>
<tr><td>65</td><td>南岙</td><td>居民点</td><td>沈家塘[地形图]
[民国志]</td><td>南岙</td></tr>
<tr><td rowspan="2">66</td><td rowspan="2">小山下</td><td rowspan="2">居民点</td><td>小山村[地形图]，
小山下村[民国志]</td><td rowspan="2">小山下</td></tr>
<tr><td>上角头[地形图]
[民国志]</td></tr>
<tr><td>67</td><td>蒋庙湾</td><td>居民点</td><td>张网湾村[地形图]
[民国志]</td><td>蒋庙湾</td></tr>
</table>

续表

序号	现行名称	类别	清及清前	民国	地名志
68	李家堂	居民点	登部岙[元延祐四明志][元大德志]	庙湾村[地形图][民国志]	李家堂
69	里厂堂	居民点			里厂堂
70	新厂堂	居民点			新厂堂
71	已废,1988 年迁至东湾	居民点		—	岗登塘
72	前沙头	居民点	—	前沙头村[地形图][民国志]	前沙头
73	后沙头	居民点	—	后沙头村[地形图][民国志]	后沙头
74	长沙塘	居民点	—	长沙塘[地形图][民国志]	长沙塘
75	后岙	居民点	—	后岙[地形图][民国志]	后岙
76	红船岙	居民点	—	—	洪船岙
77	穿山岙	居民点	—	川山岙[地形图][民国志]	穿山岙
78	2009 年拆迁至怡和苑	居民点	—	大岙[地形图][民国志] 沙岙[地形图][民国志]	大岙
79	2010 年拆迁到谐和苑	居民点	—	—	兰田岙
80	2010 年拆迁到谐和苑	居民点	—	仙人洞岙[地形图][民国志]	仙人洞岙
81	(已废)	桥梁	—	福寿桥[民国志]	—
82	(已废)	建筑物	沈家门寨[明天启志]	—	—
83	(已废)	建筑物	沈家门烽堠[两浙海防类考续编][明筹海图编][明天启志]	—	—
84	(已废)	建筑物	石衕烽堠[明天启志],大干台[清康熙志]	—	—
85	(已废)	建筑物	宝陀巡检司[明筹海图编]	—	—
86	(已废)	堤堰	芦东塘[清光绪志]	芦东塘[民国志]	—

续表

序号	现行名称	类别	清及清前	民国	地名志
87	（已废，今作路）	堤堰	芦西塘[清光绪志]	陈家塘[地形图]，芦西塘[民国志]	—
88	（已废）	堤堰	蒲东塘[清光绪志]	蒲东塘[民国志]	—
89	（已废）	堤堰	三益塘[清光绪志]	观音塘[地形图]，三益塘[民国志]	—
90	（已废，今作路）	堤堰	蒲西塘[清光绪志]	蒲西塘[民国志]	—
91	（已废，今作路）	堤堰	墩头塘[清光绪志]	墩头塘[民国志]	—
92	（已废，今作路）	堤堰	石龙塘[清光绪志]	石龙塘[民国志]	—
93	（已废，今作路）	堤堰	翟隩塘[清光绪志]	翟岙塘[民国志]	—
94	（已废）	堤堰	中沙潭塘[清光绪志]	中沙潭塘[民国志]	—
95	（已废，今作路）	堤堰	茶湾塘[清康熙志]，大茶湾塘[清光绪志]	大茶湾塘[民国志]	—
96	（已废，今作路）	堤堰	小茶湾塘[清光绪志]	小茶湾塘[民国志]	—
97	（已废）	堤堰	大蒲湾塘[清康熙志]	中弄	—
98	已改建为西大街	堤堰	西横塘[清光绪志]	西横塘[民国志]	已改建为西大街
99	已改建为东大街	堤堰	司湾塘[清康熙志]，司湾塘（东横塘）[清光绪志]	司湾塘（东横塘）[民国志]	已改建为东大街
100	（已废）	堤堰	荷叶湾塘[清光绪志]	荷叶湾塘[民国志]	—
101	现为二线海塘	堤堰	—	安澜塘[民国志]	—
102	现为二线海塘	堤堰	庙湾前塘[当地水利资料]	庙湾前塘[当地水利资料]	—
103	现为二线海塘	堤堰	庙湾后塘[当地水利资料]	庙湾后塘[当地水利资料]	—
104	现为二线海塘	堤堰	大涂面塘[当地水利资料]	大涂面塘[当地水利资料]	—

续表

序号	现行名称	类别	清及清前	民国	地名志
105	现为二线海塘	堤堰	蛏子港塘[当地水利资料]	蛏子港塘[当地水利资料]	—
106	(已废)	水闸	蒲西碶[清光绪志]	蒲西碶[民国志]	—
107	(已废)	水闸	三益碶[清光绪志]	三益碶[民国志]	—
108	(已废)	水闸	招风旗碶[清康熙志]	—	—
109	(已废)	水闸	大蒲湾碶[清康熙志]	—	—
110	(已废)	水闸	司湾碶[清康熙志]	司湾碶[民国志]	—
111	(已废)	宗教纪念地	天妃宫[明天启志][清康熙志],圣母庙[清康熙志],天后宫[清光绪志]	天后宫[民国志]	—
112	马鸣王庙(已迁址)	宗教纪念地	马鸣王(皇)庙[清光绪志]	马鸣王庙[民国志]	—
113	天丰寺	宗教纪念地	天丰寺[清光绪志]	天丰寺[民国志]	—
114	接待寺	宗教纪念地	—	接待庵[民国志]	—
115	(已废)	宗教纪念地	真武宫[清光绪志]	真武宫[民国志]	—
116	(已废)	宗教纪念地	丘蓝庙[清光绪志]	邱蓝(监)庙[民国志]	—
117	(已废)	宗教纪念地	大蒲湾庙[清光绪志]	大蒲湾庙[民国志]	—
118	(已废)	宗教纪念地	—	东岳宫[民国志]	—
119	(已废)	宗教纪念地	中沙头庙[清康熙志]	—	—
120	(已废)	宗教纪念地	大干庙[清康熙志]	—	—
121	(已废)	宗教纪念地	—	羊府庙[民国志]	—
122	(已废)	宗教纪念地	观音堂[清光绪志]	—	—

续表

序号	现行名称	类别	清及清前	民国	地名志
123	忠和庙(登步)	宗教纪念地	—	忠和庙[民国志]	—
124	财神殿	宗教纪念地	—	财神殿[民国志]	—
125	(已废)	宗教纪念地	—	东岳宫[民国志]	—
126	大岭	古道	大岭[清康熙志][清光绪志]	大岭[地形图][民国志]	—
127	香湾岭	古道	香湾岭[清光绪志]	相湾岭[地形图],香湾岭[民国志]	—
128	沈家门大岗	山(峰)	沈家门山[明天启志][清康熙志][清光绪志]	沈家门山[地形图]	大岗
129	青龙山	山(峰)	—	登龙冈[地形图]	青龙山
130	邻舵山	山(峰)	五雷峰[清康熙志],五垒峰[清光绪志]	五雷峰[地形图],五垒峰[民国志]	岭陀山
131	伏虎山	山(峰)	伏虎山[清光绪志]	虎山嘴[地形图]	—
132	大平岗	山(峰)	大岭山[清康熙志]	—	大平岗
133	刺棚山	山(峰)	—	刺棚山[地形图]	刺棚山
134	石弄炮台岗	山(峰)	—	弄堂湾山[地形图]	炮台岗
135	马鞍岗	山(峰)	邱家礁山[明天启志]	炮台山	马鞍岗
136	永兴太平岗	山(峰)	—	太平岗[地形图]	—
137	肚脐山	山(峰)	—	锅底山[地形图]	—
138	小干大岗顶	山(峰)	—	—	大岗顶山(小干)
139	小干小山	山(峰)	—	小山[地形图][民国志]	—
140	蚂蚁山	山(峰)	—	大蚂蚁山[地形图]	蚂蚁山
141	蚂蚁里小山	山(峰)	—	里小山(时为小岛)[地形图][民国志]	—
142	蚂蚁外小山	山(峰)	—	外小山(时为小岛)[地形图][民国志]	外小山

续表

序号	现行名称	类别	清及清前	民国	地名志
143	登步大山	山(峰)	—	大山[地形图][民国志]	—
144	流水岩山	山(峰)	—	流水岩山[地形图][民国志]	—
145	野猪岗墩	山(峰)	—	野猪塘山[地形图]	野猪岗墩
146	竹山	山(峰)	—	竹山[地形图]	—
147	半边山	山(峰)	—	半边山[地形图]	—
148	仰天头山	山(峰)	—	仰天头[地形图]	—
149	登步炮台山	山(峰)	—	炮台山[地形图][民国志]	炮台山
150	火烧湾山	山(峰)	—	火烧湾山[地形图]	火烧湾山
151	庙山	山(峰)	—	庙山[地形图]	—
152	蒋庙湾山	山(峰)	—	张网湾山[地形图][民国志]	—
153	(已废)	渡口	沈家门渡[元大德志][明天启志]	—	—
154	芦花浦	河流	芦花岙浦[清康熙志],芦花浦[清光绪志]	芦花浦[民国志]	芦花浦
155	平阳浦	河流	平洋浦[清光绪志]	平洋浦[民国志]	平阳浦
156	已湮废,现为居民地和工业区	水潭	—	新花池[地形图]	—

舟山市普陀区东港街道新旧地名录

（居民点和山水等陆域类地名）

<table>
<tr><th>序号</th><th>现行名称</th><th>类别</th><th>清及清前</th><th>民国</th><th>地名志</th></tr>
<tr><td>1</td><td>黄沙湾</td><td>居民点</td><td>黄沙湾[清光绪志]</td><td>—</td><td>黄沙湾</td></tr>
<tr><td>2</td><td>刺棚山</td><td>居民点</td><td>—</td><td>刺棚山庄[地形图]</td><td>刺棚山</td></tr>
<tr><td>3</td><td>黄舵岙</td><td>居民点</td><td>王大簄岙[元延祐四明志][元大德志],黄大岙[清康熙志],黄大隩[清光绪志]</td><td>黄大岙[地形图],王大岙[民国志]</td><td>黄舵岙（黄陀岙）</td></tr>
<tr><td>4</td><td>2010 年废止</td><td>居民点</td><td>—</td><td>—</td><td>大路下沙</td></tr>
<tr><td>5</td><td>2010 年废止</td><td>居民点</td><td>—</td><td>—</td><td>小路下沙</td></tr>
<tr><td>6</td><td>老基</td><td>居民点</td><td>—</td><td>—</td><td>老基</td></tr>
<tr><td>7</td><td>2010 年废止</td><td>居民点</td><td>—</td><td>—</td><td>横路里</td></tr>
<tr><td>8</td><td>五罾埠</td><td>居民点</td><td>—</td><td>伍埠[地形图],五埠[民国志]</td><td>五罾埠</td></tr>
<tr><td>9</td><td>大缆头</td><td>居民点</td><td>—</td><td>—</td><td>大缆头</td></tr>
<tr><td>10</td><td>下厂</td><td>居民点</td><td>—</td><td>—</td><td>下厂</td></tr>
<tr><td>11</td><td>平岩</td><td>居民点</td><td>—</td><td>—</td><td>平岩</td></tr>
<tr><td>12</td><td>碾子墩</td><td>居民点</td><td>—</td><td rowspan="7">陈家岙[地形图][民国志]</td><td>碾子墩</td></tr>
<tr><td>13</td><td>寺基潭</td><td>居民点</td><td>—</td><td>寺基潭</td></tr>
<tr><td>14</td><td>溪坑头</td><td>居民点</td><td>—</td><td>溪坑头</td></tr>
<tr><td>15</td><td>庙嘴头</td><td>居民点</td><td>—</td><td>庙嘴头</td></tr>
<tr><td>16</td><td>陈家后张家</td><td>居民点</td><td>—</td><td>张家</td></tr>
<tr><td>17</td><td>陈家后王家</td><td>居民点</td><td>—</td><td>王家</td></tr>
<tr><td>18</td><td>夹地爿</td><td>居民点</td><td>—</td><td>—</td></tr>
<tr><td>19</td><td>沙里</td><td>居民点</td><td>—</td><td>—</td><td>沙里</td></tr>
<tr><td>20</td><td>2010 年废止</td><td>居民点</td><td>—</td><td>—</td><td>方树弄</td></tr>
<tr><td>21</td><td>2010 年废止</td><td>居民点</td><td>—</td><td>—</td><td>青山潭</td></tr>
</table>

续表

序号	现行名称	类别	清及清前	民国	地名志
22	2010 年废止	居民点	—	沙头[地形图][民国志]	中段半山
23	2010 年废止	居民点	—		隔山
24	2010 年废止	居民点	—		吕家
25	2010 年废止	居民点	—		徐家
26	2010 年废止	居民点	—		吴家
27	2010 年废止	居民点	—		朱家
28	塘头山潭	居民点	—	—	三潭
29	2010 年废止	居民点	—	—	青石子
30	陆房	居民点	—	何家[地形图][民国志]	陆房
31	中厂	居民点	下塘头[元延祐四明志][元大德志],塘头[明天启志][清康熙志][清光绪志]	塘头[地形图][民国志]	中厂
32	下老厂	居民点			下老厂
33	上老厂	居民点			上老厂
34	(已废)	居民点	—	长沙[地形图][民国志]	长沙
35	(已废)	居民点	—	—	王家
36	(已废)	居民点	—	短沙[地形图][民国志]	短沙
37	芦花	居民点	芦花岙[元延祐四明志][元大德志],芦花大岙[明天启志],芦花岙[明天启志],静露[清康熙志]	芦花庄[地形图][民国志]	芦花
38	洪洞岙	居民点	洪洞墺[清光绪志]	黄洞岙[地形图],黄铜岙[民国志],洪洞墺[民国志]	洪洞岙
39	大树下	居民点	—	—	大树下
40	徐家山	居民点	—	—	徐家山
41	老屋基	居民点	—	荷叶地[地形图][民国志]	老屋基
42	芦花涨	居民点	—		芦花涨
43	沙塘	居民点	—	—	沙塘
44	(已废)	居民点	芦花岭[明天启志][清光绪志]	—	芦花岭下

续表

<table>
<tr><th>序号</th><th colspan="2">现行名称</th><th>类别</th><th>清及清前</th><th>民国</th><th>地名志</th></tr>
<tr><td>45</td><td colspan="2">岱浦庙</td><td>居民点</td><td>缪岙[清康熙志],袋浦缪岙[清康熙志],袋浦缪隩[清光绪志]</td><td>代捕缪[地形图]
代浦缪[民国志]</td><td>岱浦庙</td></tr>
<tr><td>46</td><td colspan="2">施家岙</td><td>居民点</td><td rowspan="3">施家岙[元延祐四明志][元大德志][明天启志][清康熙志]</td><td rowspan="3">施家岙[地形图],
施家隩[民国志]</td><td>施家岙
(楼屋里)</td></tr>
<tr><td>47</td><td colspan="2">外山头王</td><td>居民点</td><td>外山头王</td></tr>
<tr><td>48</td><td colspan="2">里山头王</td><td>居民点</td><td>里山头王</td></tr>
<tr><td>49</td><td colspan="2">东南村</td><td>居民点</td><td>—</td><td>—</td><td>东南村</td></tr>
<tr><td rowspan="5">50</td><td rowspan="5">小蒲岙</td><td>小蒲岙陈家</td><td>居民点</td><td rowspan="4">小莆岙[元延祐四明志][元大德志],小蒲岙[明天启志][清康熙志],小蒲隩[清光绪志]</td><td rowspan="4">小蒲岙[地形图]
[民国志]</td><td>陈家</td></tr>
<tr><td>小蒲岙李家</td><td>居民点</td><td>李家</td></tr>
<tr><td>对头</td><td>居民点</td><td>对头</td></tr>
<tr><td>张家山</td><td>居民点</td><td>张家山</td></tr>
<tr><td>潘家岙</td><td>居民点</td><td>潘家隩[清光绪志]</td><td>潘家岙[民国志]</td><td>潘家岙</td></tr>
<tr><td>51</td><td colspan="2">观碶头</td><td>居民点</td><td>鹳屿[清光绪志]</td><td>欢碶头[地形图],
鹳碶头[民国志]</td><td>观碶头</td></tr>
<tr><td>52</td><td colspan="2">上何家</td><td>居民点</td><td>—</td><td>夏家[地形图]</td><td>上何家</td></tr>
<tr><td>53</td><td colspan="2">中塆</td><td>居民点</td><td>—</td><td>—</td><td>—</td></tr>
<tr><td>54</td><td colspan="2">周家</td><td>居民点</td><td>—</td><td>众村[民国志]</td><td>周家</td></tr>
<tr><td>55</td><td colspan="2">半塘</td><td>居民点</td><td>—</td><td>—</td><td>半塘</td></tr>
<tr><td>56</td><td colspan="2">缪家</td><td>居民点</td><td>—</td><td>—</td><td>缪家</td></tr>
<tr><td>57</td><td colspan="2">上戚家</td><td>居民点</td><td>—</td><td>(七)家村[地形图]</td><td>上戚家</td></tr>
<tr><td>58</td><td colspan="2">2003 年迁往
浦东花苑</td><td>居民点</td><td>—</td><td>—</td><td>乐家</td></tr>
<tr><td>59</td><td colspan="2">2003 年迁往
浦东花苑</td><td>居民点</td><td>—</td><td>何家[地形图]
[民国志]</td><td>下何家</td></tr>
<tr><td>60</td><td colspan="2">新塘</td><td>居民点</td><td>—</td><td>—</td><td>新塘</td></tr>
<tr><td>61</td><td colspan="2">碶湾塘</td><td>居民点</td><td>—</td><td>汪家[地形图]
[民国志]</td><td>碶湾塘</td></tr>
<tr><td>62</td><td colspan="2">红旗赵家</td><td>居民点</td><td>—</td><td>—</td><td>赵家</td></tr>
<tr><td>63</td><td colspan="2">刘家湾</td><td>居民点</td><td>刘家湾[清光绪志]</td><td>刘家湾[地形图]
[民国志]</td><td>刘家湾</td></tr>
<tr><td>64</td><td colspan="2">谢家</td><td>居民点</td><td>—</td><td>—</td><td>—</td></tr>
</table>

续表

序号	现行名称	类别	清及清前	民国	地名志
65	俞家	居民点	—	—	俞家
66	刘家湾陈家	居民点	—	石子门堂[地形图]，石子明堂[民国志]	陈家
67	吴家岙中段	居民点	吴家岙[明天启志]，何家岙[清康熙志]	胡家[地形图][民国志]	中段
68	吴家岙下段	居民点	吴家岙[明天启志]，何家岙[清康熙志]	胡家[地形图][民国志]	下段
69	庵边	居民点	吴家岙[明天启志]，何家岙[清康熙志]	胡家[地形图][民国志]	庵边
70	上贺家	居民点	吴家岙[明天启志]，何家岙[清康熙志]	胡家[地形图][民国志]	上贺家
71	徐家	居民点	—	碶头[地形图][民国志]	徐家
72	史家	居民点	史家塘[清康熙志][清光绪志]	碶头[地形图][民国志]	史家
73	沙嘴湾	居民点	—	—	沙嘴湾
74	花树岙	居民点	花树岙[清康熙志][清光绪志]	花树岙[地形图]，桃树湾[民国志]	花树岙
75	已迁往舵岙花苑	居民点	大岙[明天启志]	大岙[地形图]，舵岙庄[民国志]	碾子山潭
76	已迁往舵岙花苑	居民点	大岙[明天启志]	大岙[地形图]，舵岙庄[民国志]	山潭
77	已迁往舵岙花苑	居民点	大岙[明天启志]	大岙[地形图]，舵岙庄[民国志]	林家
78	已迁往舵岙花苑	居民点	—	—	王家
79	已迁往舵岙花苑	居民点	—	—	范家墩
80	已迁往舵岙花苑	居民点	祝家岙[元大德志][明天启志]，章家岙[清康熙志]	—	—
81	已迁往舵岙花苑	居民点	乌岙[清康熙志]，邬隩[清光绪志]	邬岙[民国志]	郑家
82	已迁往舵岙花苑	居民点	—	—	孙家
83	已迁往舵岙花苑	居民点	裘家岙[清康熙志]	—	—
84	已迁往舵岙花苑	居民点	西岙[明天启志][清康熙志]，西隩[清光绪志]	西岙[地形图][民国志]	西岙
85	已迁往舵岙花苑	居民点	应家湾[清康熙志][清光绪志]	应家湾[民国志]	中应
86	已迁往舵岙花苑	居民点	应家湾[清康熙志][清光绪志]	应家湾[民国志]	外应
87	已迁往舵岙花苑	居民点	应家湾[清康熙志][清光绪志]	应家湾[民国志]	里应
88	已迁往舵岙花苑	居民点	—	—	里山
89	接待寺	居民点	接待寺[明天启志][清康熙志][清光绪志]	接代寺[地形图]，接待寺[民国志]	接代寺

续表

序号	现行名称	类别	清及清前	民国	地名志
90	1956年建 芦东水库拆迁	居民点	龙潭[清康熙志],东龙堂[清光绪志]	东龙堂[民国志]	—
91	（已废）	居民点	—	—	上长坑
92	（已废）	居民点	—	—	下长坑
93	（已废）	居民点	—	金宝岭[地形图] [民国志]	鸡宝岭
94	（已废）	居民点	里石门[清光绪志]	里石门[民国志]	里石门
95	武岭	居民点	—	—	武岭
96	黄泥岭	居民点	—	黄泥岭[地形图], 黄泥岗岭[民国志]	黄泥岭
97	樟树潭	居民点	—	—	樟树潭
98	邵岙	居民点	孟家岙[元延祐四明志][元大德志],邵岙[明天启志][清康熙志],邵隩[清光绪志]	谢家岙[地形图] [民国志]	邵岙
99	邵岙陆家	居民点	—	陆家岙[地形图] [民国志]	陆家
100	大道地	居民点	塔岭岙[明天启志],塔岙[清康熙志]	塔岭下[地形图] [民国志]	大道地
101	下新屋	居民点			下新屋
102	塔岭下何家	居民点			何家
103	三房头	居民点			三房头
104	六房	居民点	—	—	六房
105	黄泥埠头	居民点	—	—	黄泥埠头
106	塔岭下李家	居民点	—	—	李家
107	对面山	居民点	—	—	对面山
108	下山头	居民点	—	—	下山头
109	翁家弄	居民点	—	—	翁家弄
110	三和	居民点	—	—	三和
111	坟头下	居民点	—	—	坟头下

续表

序号	现行名称	类别	清及清前	民国	地名志
112	南岙老屋	居民点	南岙[元延祐四明志][元大德志][明天启志][清康熙志]，南隩[清光绪志]	内岙[地形图]，南岙[民国志]	老屋
113	中段里	居民点			中段里
114	五房	居民点			五房
115	柏三	居民点			柏三
116	南岙半山	居民点			半山
117	荒地湾	居民点			荒地湾
118	西岙岭下	居民点			西岙岭下
119	里新屋	居民点			里新屋
120	鲁家园	居民点	—	—	鲁家园
121	赵家岙	居民点	赵家岙[清康熙志][清光绪志]	赵家岙[地形图][民国志]	赵家岙
122	任家堂	居民点	郑家岙[清康熙志]	大岭下[地形图][民国志]	任家堂
123	已迁往新兴苑	居民点			卢家堂
124	已迁往新兴苑	居民点			严家堂
125	已迁往新兴苑	居民点	小岭[清康熙志][清光绪志]	小岭[民国志]	王家堂
126	外勾山	居民点	—	外狗山[地形图] 勾山[地形图][民国志]	外勾山
127	棉农点	居民点	—	—	棉农点
128	两眼碶	居民点	—	—	两眼碶
129	金家桥	居民点	—	金家桥头[地形图]	金家桥
130	上横	居民点	—	—	上横
131	中横	居民点	—	—	中横
132	下横	居民点	—	—	下横
133	塘嘴头	居民点	—	—	塘嘴头
134	庙面前	居民点	—	—	庙面前
135	九眼碶	居民点	九眼碶[清光绪志]	大同里[地形图]，九眼碶[民国志]	九眼碶
136	浦东	居民点	—	—	三岔路口
137	观音堂	居民点	观音堂[清光绪志]	观音堂[民国志]	观音堂

续表

序号	现行名称	类别	清及清前	民国	地名志
138	2005 年迁往水岸丽都小区	居民点	—	—	六春山
139	黄雉朱家	居民点	—	—	朱家
140	黄雉任家	居民点	—	—	任家
141	李家塘	居民点	—	—	李家塘
142	泉水岙	居民点	泉水隩[清光绪志]	泉水岙[民国志]	泉水岙
143	泉水岙吴家	居民点		—	吴家
144	下童家	居民点		童家[地形图]	下童家
145	泉水岙陈家	居民点		—	陈家
146	泉水岙李家	居民点		李家[地形图]	李家(老塘)
147	黄家跳	居民点	—	—	黄家跳
148	山头黄	居民点	—	王家汀[地形图][民国志]	山头黄
149	2016 年拆迁	居民点	—	—	蔡家岙
150	茶茶岭	居民点	大莆岙[元延祐四明志][元大德志],大蒲岙[明天启志][清康熙志][清光绪志],蒲岙[明天启志]	大浦岙[民国志]	茶茶岭
151	敖干	居民点	—	敖间[地形图][民国志]	敖干
152	蒋家	居民点	—	—	蒋家
153	郑家湾	居民点	郑家湾[清光绪志]	郑家湾[地形图][民国志]	郑家湾
154	大西岸	居民点	—	大西湾[地形图],大西沿[民国志]	大西岸
155	小西岸	居民点	—	傅家山跐[民国志]	小西岸
156	桐岭张家	居民点	—	—	张家
157	向家	居民点	—	—	向家
158	桐岭郑家	居民点	—	—	郑家
159	姚家湾	居民点	姚家岙[元大德志],姚家湾[清光绪志]	姚家岙[民国志]	姚家湾
160	陈家坑头	居民点	—	陈家山地[地形图]	陈家坑头

续表

序号	现行名称	类别	清及清前	民国	地名志
161	姚家湾陆家	居民点	—	—	陆家
162	姚坝门	居民点	摇芭门[清光绪志]	摇芭门[民国志]	姚坝门
163	虞家湾	居民点	—	—	虞家湾
164	大地沙	居民点	—	—	大地沙
165	1996 年迁往蒲岙	居民点	—	—	中段
166	1996 年迁往蒲岙	居民点	—	—	下李家
167	1996 年迁往蒲岙	居民点	—	—	上李家
168	1996 年迁往蒲岙	居民点	—	—	郑家坑
169	老佃厂	居民点	—	—	老佃厂
170	沙埕	居民点	—	里岙[地形图][民国志]	沙埕
171	宫沿	居民点	—	—	宫沿
172	小黄沙头	居民点	—	—	小黄沙头
173	明代已废,今无考	居民点	马岙[元大德志]	—	—
174	明代已废,今无考	居民点	东村[元延祐四明志][元大德志]	—	—
175	明代废,今无考	居民点	茅浦[元大德志]	—	—
176	1956 年废止	桥梁	太平桥[清光绪志]	太平桥[民国志]	—
177	1956 年废止	桥梁	福寿桥[清光绪志]	—	—
178	万安桥	桥梁	万安桥[清光绪志]	万安桥[民国志]	—
179	高桥	桥梁	高桥[清光绪志]	高桥[民国志]	—
180	泥桥	桥梁	泥桥[清康熙志][清光绪志]	泥桥[民国志]	—
181	中和桥	桥梁	中和桥[清光绪志]	中和桥[民国志]	—
182	金家桥	桥梁	生生桥[清光绪志]	—	—
183	新桥	桥梁	新桥[清康熙志]	—	—
184	(已废)	建筑物	塘头烽堠[明筹海图编][明天启志],塘头嘴台[清光绪志]	—	—
185	(已废)	建筑物	接待烽堠[明筹海图编][明天启志]	—	—
186	(已废,今作路)	堤堰	芦花塘[清康熙志][清光绪志]	芦花塘[民国志]	—
187	(已废,今作路)	堤堰	鹳屿塘[清康熙志]	鹳屿塘[民国志]	—

续表

序号	现行名称	类别	清及清前	民国	地名志
188	（已废）	堤堰	月东塘[清光绪志]	月东塘[民国志]	—
189	（已废，今作路）	堤堰	月西塘[清光绪志]	月西塘[民国志]	—
190	（已废）	堤堰	直塘[清康熙志]	—	—
191	（已废）	堤堰	大蒲岙塘[清康熙志]，中塘[清康熙志]，大蒲岙塘[清光绪志]	大蒲岙塘[民国志]	—
192	（已废）	堤堰	夹屿塘[清康熙志]，凤塘[清康熙志]，夹屿塘[清光绪志]	夹屿塘[民国志]	—
193	（现为二线海塘）	堤堰	三益塘[清光绪志]	观音塘[地形图]，三益塘[民国志]	—
194	（已废，今作路）	堤堰	史家塘[清光绪志]	史家塘[民国志]	—
195	（已废，今作路）	堤堰	点灯塘[清康熙志][清光绪志]	点灯塘[民国志]	—
196	（已废）	堤堰	东塘[清光绪志]	—	—
197	（已废，今作路）	堤堰	蒲西塘[清光绪志]	蒲西塘[民国志]	—
198	（已废）	堤堰	蒲东塘[清光绪志]	蒲东塘[民国志]	—
199	（已废）	堤堰	芦东塘[清光绪志]	芦东塘[民国志]	—
200	（现为二线海塘）	堤堰	新花塘[清光绪志]	—	—
201	（已废，今作路）	堤堰	芦西塘[清光绪志]	芦西塘[民国志]	—
202	（已废，今作路）	堤堰	—	墩头大塘[民国志]	—
203	（已废）	堤堰	外塘[清康熙志]	外塘[民国志]	—
204	（已废）	堤堰	永丰塘[清光绪志]	永丰塘[民国志]	—
205	（现为二线海塘）	堤堰	芦花浦东塘[清光绪志]	芦花浦东塘[民国志]	—
206	（已废）	堤堰	芦屿塘[清光绪志]	芦屿塘[民国志]	—
207	（已废）	堤堰	料缴塘[清康熙志]，料缴塘（已圮）[清光绪志]	—	—
208	（已废）	水闸	颜家碶[清光绪志]	颜家碶[民国志]	—
209	（已废）	水闸	西允碶[清光绪志]	西允碶[民国志]	—
210	（已废）	水闸	五眼碶[清光绪志]	五眼碶[民国志]	—
211	（已废）	水闸	芦花碶[清康熙志][清光绪志]	芦花碶[民国志]	—
212	（已废）	水闸	鹳屿碶[清康熙志]	鹳屿碶[民国志]	—

续表

序号	现行名称	类别	清及清前	民国	地名志
213	(已废)	水闸	大蒲岙碶[清康熙志]	—	—
214	(已废)	水闸	夹屿碶[清康熙志]	—	—
215	(已废)	水闸	外碶[清康熙志]	—	—
216	(已废)	水闸	芦屿碶[清光绪志]	—	—
217	(已废)	水闸	三益碶[清光绪志]	三益碶[民国志]	—
218	(已废)	水闸	蒲西碶[清光绪志]	蒲西碶[民国志]	—
219	(已废)	水闸	史家碶[清康熙志][清光绪志]	史家碶[民国志]	—
220	(已废)	水闸	点灯碶[清康熙志][清光绪志]	点灯碶[民国志]	—
221	(已废)	水闸	永丰碶[清光绪志]	永丰碶[民国志]	—
222	(已废)	水闸	料缴碶[清康熙志],料缴碶(已圮)[清光绪志]	—	—
223	(已废)	宗教纪念地	杨地章庙[清康熙志]	杨地章庙[民国志]	—
224	(已废)	宗教纪念地	傅家庙[清康熙志]	—	—
225	(已废)	宗教纪念地	黄沙湾庙[清康熙志],黄沙湾(已圮)[清光绪志]	—	—
226	广济庙	宗教纪念地	舵岙庙[清康熙志],舵岙庙(已圮)[清光绪志]	—	—
			广济庙[清康熙志][清光绪志]	广济庙[民国志]	
227	(已废)	宗教纪念地	大岭下庙[清康熙志]	—	—
228	前堂庙	宗教纪念地	大舜庙[清光绪志]	大舜庙[民国志]	—
229	塘头天后宫	宗教纪念地	天后宫[清光绪志]	天后宫[民国志]	—
230	(已废)	宗教纪念地	财神殿[清光绪志]	财神殿[民国志]	—
231	富孙庙	宗教纪念地	富孙庙[清光绪志]	富孙庙[民国志]	—

续表

序号	现行名称	类别	清及清前	民国	地名志
232	永兴庙	宗教纪念地	永兴庙[清光绪志]	永兴庙[民国志]	—
233	(已废)	宗教纪念地	胡家庙[清康熙志],胡家庙(已圮)[清光绪志]	—	—
234	(已废)	宗教纪念地	长安庙[清光绪志]	长安庙[民国志]	—
235	(已废)	宗教纪念地	来春庙[清光绪志]	来春庙[民国志]	—
236	(已废)	宗教纪念地	化树庙[清康熙志],化树庙(已圮)[清光绪志]	—	—
237	中和庙	宗教纪念地	蒲岙庙[清康熙志],中和庙[清光绪志]	中和庙[民国志]	—
238	上和庙	宗教纪念地	上和庙[清光绪志]	上和庙[民国志]	—
239	平和庙	宗教纪念地	平和庙[清光绪志]	平和庙[民国志]	—
240	三和庙	宗教纪念地	三和庙[清光绪志]	三和庙[民国志]	—
241	茹家庙	宗教纪念地	茹家庙[清光绪志]	茹家庙[民国志]	—
242	普济庙	宗教纪念地	普济庙[清光绪志]	普济庙[民国志]	—
243	南保庙	宗教纪念地	南保庙[清康熙志][清光绪志]	南保庙[民国志]	—
			南岙庙[清康熙志][清光绪志]	南岙庙[民国志]	
244	(已废)	宗教纪念地	三官殿[清光绪志]	三官殿[民国志]	—
245	(已废)	宗教纪念地	都总庙(七场都总庙)[明天启志][清康熙志][清光绪志]	都总庙[民国志]	—
246	金平庙	宗教纪念地	施家隩庙[清光绪志]	施家岙庙[民国志]	—

续表

序号	现行名称	类别	清及清前	民国	地名志
247	赵家岙庙	宗教纪念地	赵家庙[清康熙志],赵家隩庙[清光绪志]	赵家岙庙[民国志]	—
248	孟嘉庙	宗教纪念地	孟家庙[清康熙志],孟嘉庙[清光绪志]	孟嘉庙[民国志]	—
249	(已废)	宗教纪念地	郑家庙[清康熙志],郑家庙(已圮)[清光绪志]	—	—
250	(已废)	宗教纪念地	何家庙(已圮)[清光绪志]	—	—
251	(已废)	宗教纪念地	东永庙[清康熙志],东雍庙[清光绪志]	东雍庙[民国志]	—
252	(已废)	宗教纪念地	关圣殿[清光绪志]	—	—
253	(已废)	宗教纪念地	泉水庙[清康熙志]	—	—
254	杨枝庵	宗教纪念地	杨枝冈庵[清光绪志]	杨枝冈庵[民国志]	—
255	(已废)	宗教纪念地	—	福泉庵[民国志]	—
256	(已废)	宗教纪念地	龙德庵[清光绪志]	龙德庵(十方庵)[民国志]	—
257	(已废)	宗教纪念地	作庵[清光绪志]	作庵[民国志]	—
258	(已废)	宗教纪念地	乘芦庵[清光绪志]	乘芦庵[民国志]	—
259	慧隆寺	宗教纪念地	慧隆寺[清康熙志][清光绪志]	慧隆寺[民国志]	—
260	(已废)	宗教纪念地	善福庵[清康熙志],兴福庵[清光绪志]	兴福庵[民国志]	—
261	秀竹庵	宗教纪念地	秀竹庵[清光绪志]	秀竹庵[民国志]	—
262	(已废)	宗教纪念地	天开庵[清光绪志]	天开庵[民国志]	—

续表

序号	现行名称	类别	清及清前	民国	地名志
263	（已废）	宗教纪念地	普庆庵[清康熙志][清光绪志]	普庆庵[民国志]	—
264	古接待寺	宗教纪念地	接待寺[明天启志][清康熙志][清光绪志]	接待寺[民国志]	—
265	雷峰寺	宗教纪念地	雷峰寺[清光绪志]	雷峰寺[民国志]	—
266	（已废）	宗教纪念地	慧隆庵[清光绪志]	—	—
267	葫芦天后宫	宗教纪念地	—	天后宫[地形图][民国志]	—
268	（已废）	古道	路口岭[明天启志][清康熙志][清光绪志]	路口岭[地形图][民国志]	—
269	大岭	古道	大岭[明天启志][清康熙志][清光绪志]	大岭[地形图][民国志]	—
270	（已废）	古道	香湾岭[清光绪志]	相湾岭[地形图]，香湾岭[民国志]	—
271	西岙岭	古道	西岙岭[明天启志][清康熙志]，西隩岭[清光绪志]	西岙岭[地形图][民国志]	—
272	武岭	古道	武岭[清光绪志]	分水岭[地形图][民国志]	—
273	分水岭	古道	分水岭[明天启志][清康熙志]	分水岭[民国志]	—
274	鸡宝岭	古道	—	金宝岭[地形图][民国志]	—
275	滕横岭	古道	—	滕横岭[地形图]	—
276	黄泥岭	古道	—	黄泥岭[地形图]	—
277	塔岭	古道	塔岭[明天启志][清康熙志][清光绪志]	塔岭[地形图][民国志]	—
278	芦花岭	古道	芦花岭[明天启志][清康熙志][清光绪志]	芦花岭[地形图]	—
279	桂家岭	古道	桂岭[明天启志]，桂家岭[清光绪志]	—	—

续表

序号	现行名称	类别	清及清前	民国	地名志
280	洞岭	古道	洞岭[清光绪志]	洞岭[地形图][民国志]	—
281	张家岭	古道	张家岭[清康熙志][清光绪志]	张家岭[地形图][民国志]	—
282	白家岭	古道	外张家岭[清康熙志]	—	—
283	徐井岭	古道	徐井岭[清光绪志]	徐井岭[民国志]	—
284	小弯岭	古道	新岭[明天启志][清康熙志][清光绪志]	新岭[民国志]	—
285	乌柏岭	古道	乌柏树岭[清光绪志]	乌柏树岭[民国志]	—
286	大干岭	古道	大干岭[明天启志],小岭[清康熙志]	—	—
287	茶茶岭	古道	茶茶岭[明天启志]	—	—
288	尖峰岗	山(山峰)	透火尖[清光绪志]	透火尖[地形图]	—
289	刁芦稷岗	山(山峰)	—	七家山[地形图]	—
290	南中山	山(山峰)	邵岙山[清康熙志][清光绪志]	南中山[地形图][民国志]	南中山
291	南岙山	山(山峰)	—	鸵山冈[地形图][民国志]	南岙山
292	武尖山	山(山峰)	—	南岙山[地形图]	武尖山
293	帽尖山	山(山峰)	—	—	帽尖山
294	塘头岗	山(山峰)	下塘山[明天启志],洋宕山[清康熙志]	何尖冈[地形图]	—
295	反岗	山(山峰)	—	—	反岗
296	花轿顶	山(山峰)	—	—	花轿顶
297	凤尖山	山(山峰)	凤尖山[清康熙志][清光绪志]	念四腰冈[地形图],凤尖山[民国志]	凤尖山
298	牛头山	山(山峰)	—	—	牛头山(原为小岛)
299	大展湾岗	山(山峰)	凤尖山东翼[清康熙志]	—	大展湾岗
300	担柱岗	山(山峰)	凤尖山西翼[清康熙志]	—	—
301	美女山	山(山峰)	西岙岭山[清康熙志]	双峰尖[地形图]	—

序号	现行名称	类别	清及清前	民国	地名志
302	大平岗	山(山峰)	大岭山[清康熙志]	—	大平岗
303	已在东港城区开发建设过程中开平	山(山峰)	小岭山[清康熙志]	—	—
304	(今无考)	山(山峰)	鸟窝尖[清康熙志]	—	—
305	龙头山	山(山峰)	龙头山[清康熙志][清光绪志]	—	—
306	雷火地岗	山(山峰)	—	郑家山[地形图]	雷火地
307	老虎岩岗	山(山峰)	—	老虎石岩冈[地形图]	老虎岩岗
308	麒麟山	山(山峰)	塘头嘴(时为海岛)[清康熙志][清光绪志],塘头山[清南海普陀山志][清普陀山志][清普陀全胜],黄岛(时为海岛)[八省图]	麒麟山(时已与舟山岛相连)[地形图][民国志]	麒麟山
309	牛山	山(山峰)	—	牛山[地形图][民国志]	—
310	塔岭山	山(山峰)	塔岭山[明天启志],塔山[清康熙志][清光绪志]	蜻蜓山[地形图],塔山[民国志]	青岭山
311	顶凉尖山	山(山峰)	顶凉尖[清康熙志],鼎凉尖山[清康熙志][清光绪志]	鼎凉尖[地形图][民国志]	顶梁尖
312	响岩岗	山(山峰)	响岩冈[清光绪志]	畚斗岩岗[地形图],香岩冈[民国志]	—
313	响岩山	山(山峰)	—	香岩山[地形图][民国志]	—
314	黄泥岗	山(山峰)	黄泥冈[清光绪志]	黄泥冈[地形图],黄泥岗[民国志]	—
315	槎山	山(山峰)	槎山[清康熙志][清光绪志]	—	—
316	大蒲岙山	山(山峰)	大蒲岙山[明天启志]	—	—
317	黄雉山	山(山峰)	黄雉山[清光绪志]	—	—
318	(已废)	山(山峰)	—	月台山[民国志]	—
319	芦花山	山(山峰)	芦花山[明天启志][清康熙志]	—	—
320	黄顶尖	山(山峰)	袋浦山[清康熙志],袋浦缪山[清光绪志]	代捕缪山[地形图]	—

续表

序号	现行名称	类别	清及清前	民国	地名志
321	老虎山	山(山峰)	—	老虎山[地形图]	老虎山
322	老虎石岩岗	山(山峰)	公鹅塚[清光绪志]	公鹅竹岗[地形图], 公鹅塚[民国志]	老虎石岩岗
323	洪洞岙岗	山(山峰)	—	黄洞岙冈[地形图]	—
324	(无考)	山(山峰)	—	马尾冈[地形图]	—
325	鹳峙山	山(山峰)	鹳屿[清光绪志]	—	—
326	勾山	山(山峰)	狗山[清光绪志]	狗山[地形图]	—
327	芦峙	山(山峰)	芦屿[清光绪志]	—	—
328	葫芦大山岗	山(山峰)	—	—	大山岗墩
329	芦花浦	河流	芦花岙浦[清康熙志],芦花浦 [明天启志][清光绪志]	芦花浦[民国志]	芦花浦
330	平阳浦	河流	平洋浦[清光绪志]	平洋浦[民国志]	平阳浦
331	已湮废,现为 居民地和工业区	水潭	—	新花池[地形图]	—
332	1956 年 建芦东水库废	水潭	龙潭[清康熙志],东龙潭[清 光绪志]	东龙潭[民国志]	—

舟山市普陀区朱家尖街道新旧地名录

（居民点和山水等陆域类地名）

序号	现行地名	类别	清及清前	民国	地名志
1	大洞岙	居民点	—	大同岙[地形图][民国志]	大洞岙
2	台州厂	居民点	—	—	台州厂
3	月岙	居民点	—	月岙[地形图][民国志]	月岙
4	月岙小岙	居民点	—	—	小岙
5	小月岙	居民点	—	小月岙[地形图][民国志]	小月岙
6	葫芦颈	居民点	—	—	葫芦颈
7	外樟州	居民点	—	庄周村[地形图]	外樟州
8	里樟州	居民点	—		里樟州
9	小烂田	居民点	—	—	小烂田
10	已废,2000 年迁至小烂田	居民点	—	—	乌龟门
11	里湾	居民点	—	长湾[地形图],张湾[民国志]	里湾
12	老佃房	居民点	—	老佃房[地形图]	老佃房
13	大沙里	居民点	—	—	大沙里
14	已废,2000 年迁至老佃房	居民点	—	—	外厂
15	朱家	居民点	—	朱家[地形图][民国志]	朱家
16	沙里三官堂	居民点	—	—	三官堂
17	西风庵	居民点	—	周家[地形图][民国志]	西风庵
18	小山下	居民点	—	张家[地形图]	小山下
19	正觉庵	居民点	—	—	正觉庵
20	关爷殿	居民点	—	—	关爷殿
21	修竹庵	居民点	—	—	修竹庵
22	杨家	居民点	—	杨家[地形图]	杨家
23	大乘庵	居民点	—	—	大乘庵

续表

<table>
<tr><th>序号</th><th>现行地名</th><th>类别</th><th>清及清前</th><th>民国</th><th>地名志</th></tr>
<tr><td>24</td><td>香莲三官堂</td><td>居民点</td><td rowspan="5">南田[元延祐四明志][元大德志],烂田湾[明全浙兵制]</td><td>三官塘[地形图][民国志]</td><td>三官堂</td></tr>
<tr><td>25</td><td>里厂</td><td>居民点</td><td>里厂[民国志]
岭下[地形图][民国志]</td><td>里厂</td></tr>
<tr><td>26</td><td>已废,2008 年迁至大洞岙香荷小区</td><td>居民点</td><td>外厂[地形图]</td><td>外厂</td></tr>
<tr><td>27</td><td>大水潭</td><td>居民点</td><td>大水头[地形图],大水潭[民国志]</td><td>大水潭</td></tr>
<tr><td>28</td><td>太古塘</td><td>居民点</td><td>太古堂[地形图][民国志]</td><td>太古塘</td></tr>
<tr><td>29</td><td>盐厂头</td><td>居民点</td><td>—</td><td>—</td><td>盐厂头</td></tr>
<tr><td>30</td><td>荒地里</td><td>居民点</td><td>—</td><td>—</td><td>荒地里</td></tr>
<tr><td>31</td><td>磐陀庵</td><td>居民点</td><td>—</td><td>—</td><td>磐陀庵</td></tr>
<tr><td>32</td><td>卖盐山嘴</td><td>居民点</td><td>—</td><td>卖盐山嘴[地形图][民国志]</td><td>卖盐山嘴</td></tr>
<tr><td>33</td><td>白山后厂</td><td>居民点</td><td>—</td><td>千丈岩村[地形图],千丈岩[民国志]</td><td>后厂</td></tr>
<tr><td>34</td><td>白山外塘</td><td>居民点</td><td>—</td><td>—</td><td>外塘</td></tr>
<tr><td>35</td><td>白山碶门潭</td><td>居民点</td><td>—</td><td>碶门口[地形图]</td><td>碶门潭</td></tr>
<tr><td>36</td><td>白山外厂</td><td>居民点</td><td>—</td><td>外厂[地形图][民国志]</td><td>外厂</td></tr>
<tr><td>37</td><td>已废,2009 年迁至北塘</td><td>居民点</td><td>—</td><td>沙帽尖[地形图],纱帽尖村[民国志]</td><td>纱帽尖</td></tr>
<tr><td>38</td><td>沙里塔</td><td>居民点</td><td>—</td><td>—</td><td>沙里塔</td></tr>
<tr><td>39</td><td>白山头</td><td>居民点</td><td>—</td><td>白山头[地形图],白山豆[民国志]</td><td>白山头</td></tr>
<tr><td>40</td><td>佛手岙</td><td>居民点</td><td>—</td><td>—</td><td>佛手岙</td></tr>
<tr><td>41</td><td>半山庵</td><td>居民点</td><td>—</td><td>—</td><td>半山庵</td></tr>
<tr><td>42</td><td>乱石坑</td><td>居民点</td><td>—</td><td>乱石岙[地形图][民国志]</td><td>乱石坑</td></tr>
<tr><td>43</td><td>西山</td><td>居民点</td><td>—</td><td>西山[地形图]
刘家[地形图][民国志]
西山下[地形图][民国志]</td><td>西山</td></tr>
</table>

续表

序号	现行地名	类别	清及清前	民国	地名志
44	小水潭	居民点	—	小水头[地形图], 小水潭[民国志]	小水潭
45	北塘	居民点	—	—	北塘
46	篁厂里	居民点	—	福厂[地形图], 小厂[民国志]	篁厂里
47	大沙塘	居民点	—	小岙[地形图] [民国志]	大沙塘
48	五眼碶	居民点	—	大岙[地形图] [民国志]	五眼碶
49	糯米潭	居民点	—	糯米团[地形图]	糯米潭
50	南塘	居民点	—	—	南塘
51	中塘	居民点	—	—	中塘
52	大岐山嘴	居民点	—	—	大岐山嘴
53	洪福房	居民点	—	庙后豆[地形图] [民国志]	洪福房
54	塘角	居民点	—	小同岙[地形图] [民国志]	塘角
55	何家	居民点	—	—	何家
56	庙跟	居民点	—	庙根[地形图] [民国志]	庙跟
57	庙跟新村	居民点	—	—	—
58	已废,1996 年 迁至庙跟新村	居民点	—	—	大坑
59	已废,1998 年 迁至庙跟后厂	居民点	—	洪铺湾[地形图] [民国志]	翁浦湾
60	庙跟后厂	居民点	—	—	后厂
61	庙跟外塘	居民点	—	外塘[地形图] [民国志]	外塘
62	小山下	居民点	—	—	小山下
63	庙湾	居民点	—	庙弄[地形图] [民国志]	庙湾

续表

<table>
<tr><th>序号</th><th>现行地名</th><th>类别</th><th>清及清前</th><th>民国</th><th>地名志</th></tr>
<tr><td>64</td><td>朝东湾</td><td>居民点</td><td>—</td><td>牛角湾[地形图]
[民国志]</td><td>朝东湾</td></tr>
<tr><td>65</td><td>弹路湾</td><td>居民点</td><td>—</td><td>—</td><td>弹涂湾</td></tr>
<tr><td>66</td><td>泽山碶门头</td><td>居民点</td><td>—</td><td>—</td><td>碶门潭</td></tr>
<tr><td>67</td><td>寺基</td><td>居民点</td><td>—</td><td>—</td><td>寺基</td></tr>
<tr><td>68</td><td>已废,1998 年
迁至寺基</td><td>居民点</td><td>—</td><td>—</td><td>姆岭</td></tr>
<tr><td>69</td><td>南沙</td><td>居民点</td><td>—</td><td>南沙头[地形图],
南沙豆[民国志]</td><td>南沙</td></tr>
<tr><td>70</td><td>已废,1997 年
迁至寺岙</td><td>居民点</td><td>—</td><td>—</td><td>小田湾</td></tr>
<tr><td>71</td><td>黄家</td><td>居民点</td><td>—</td><td>—</td><td>黄家</td></tr>
<tr><td>72</td><td>寺岙碶门头</td><td>居民点</td><td>—</td><td>—</td><td>碶门潭</td></tr>
<tr><td>73</td><td>梅岭下</td><td>居民点</td><td>—</td><td>美岭下[地形图]</td><td>梅岭下</td></tr>
<tr><td>74</td><td>万顺</td><td>居民点</td><td>—</td><td></td><td>万顺</td></tr>
<tr><td>75</td><td>董家</td><td>居民点</td><td>—</td><td>—</td><td>万顺</td></tr>
<tr><td>76</td><td>已废,2010 年迁至东荷嘉园</td><td>居民点</td><td>—</td><td rowspan="6">东路花池[地形图]</td><td>老山</td></tr>
<tr><td>77</td><td>已废,2010 年迁至东荷嘉园</td><td>居民点</td><td>—</td><td>太平庵</td></tr>
<tr><td>78</td><td>已废,2010 年迁至东荷嘉园</td><td>居民点</td><td>—</td><td>全内庵</td></tr>
<tr><td>79</td><td>杨枝庵</td><td>居民点</td><td>—</td><td>杨枝庵</td></tr>
<tr><td>80</td><td>已废,2010 年迁至东荷嘉园</td><td>居民点</td><td>—</td><td>里沙</td></tr>
<tr><td>81</td><td>已废,2010 年迁至东荷嘉园</td><td>居民点</td><td>—</td><td>外沙</td></tr>
<tr><td>82</td><td>小乌石塘</td><td>居民点</td><td>—</td><td>乌石塘[地形图],
小乌石塘[民国志]</td><td>小乌石塘</td></tr>
<tr><td>83</td><td>馒头峧</td><td>居民点</td><td>—</td><td>馒头峧[地形图]
[民国志]</td><td>馒头峧</td></tr>
</table>

续表

序号	现行地名	类别	清及清前	民国	地名志
84	细沙	居民点	—	细沙[地形图]，涂细沙[民国志]	细沙
85	粗沙	居民点	—	粗沙[地形图][民国志]	粗沙
86	钓鱼礁	居民点	—	—	钓鱼礁
87	龙口	居民点	—	—	外龙口
			—	中龙口[地形图][民国志]	中龙口
88	山坑	居民点	—	—	山坑
89	砟山嘴	居民点	—	—	砟山嘴
90	庙篷	居民点	—	—	庙篷
91	沙岙	居民点	—	水彭[地形图]，水棚[民国志]	沙岙
92	北站	居民点	—	北岙[地形图][民国志]	北站
93	凉帽头	居民点	—	凉笠头[地形图]，凉帽豆[民国志]	凉帽潭
94	新厂	居民点	—	—	新厂
95	龙舌	居民点	—	龙舌[地形图][民国志]	龙舌
96	罗余塘	居民点	—	余家塘[地形图][民国志]	罗余塘
97	柳家	居民点	—	—	柳家
98	俞家塘	居民点	—	—	俞家塘
99	东塘	居民点	—	东塘[地形图][民国志]	东塘
100	东青	居民点	—	冬青[地形图][民国志]	东清
101	小沙碗	居民点	—	—	小沙碗
102	龙须竹园	居民点	—	—	龙须竹园
103	张家山	居民点	—	—	张家山
104	冷湾	居民点	—	冷湾[地形图][民国志]	冷湾
105	泗苏	居民点	—	四须村[地形图]，四苏[民国志]	泗苏
106	曙光农场	居民点	—	—	曙光农场
107	西岙大岙	居民点	大马秦岙[元延祐四明志][元大德志]	大岙[地形图][民国志]	大岙
108	西岙小岙	居民点		小岙[地形图]	小岙
109	九礁	居民点	—	九礁[地形图][民国志]	九礁

续表

序号	现行地名	类别	清及清前	民国	地名志
110	小小岙	居民点	—		小小岙
111	高涂	居民点	—	高沙[地形图], 高涂[民国志]	高涂
112	牛角湾	居民点	—	牛角湾[地形图][民国志]	牛角湾
113	安丰	居民点	—	—	—
114	小娘坟头	居民点	—	小娘门头[地形图], 小娘坟头[民国志]	小娘坟头
115	已废,2011 年 迁至北塘	居民点	—	—	癞头山
116	梓岙	居民点	枝岙[元延祐四明志] [元大德志]	梓岙[民国志]	梓岙
117	大王岩	居民点	—	大王庵[地形图], 大王庙[民国志]	大王岩
118	黄沙	居民点	黄砂岙[元延祐四明志] [元大德志]	黄沙村[地形图][民国志]	黄沙
119	兵船湾	居民点	—	船湾[地形图][民国志]	兵船湾
120	大王岩小山	居民点	—	—	—
121	筲箕湾	居民点	—	筲箕湾[地形图][民国志]	筲箕湾
122	已废,1987 年 迁至安丰	居民点	—	小髭安[地形图][民国志]	小彭安
123	已废,1987 年 迁至安丰	居民点	—	大髭安[地形图][民国志]	大彭安
124	已废,1987 年 迁至安丰	居民点	—	箬槽[地形图], 箬漕[民国志]	猫跳
125	已废,1987 年 迁至安丰	居民点	—	—	龙潭坑
126	已废,1987 年 迁至安丰	居民点	—	收鲜岙[地形图] [民国志]	下岙
127	已废,1987 年 迁至安丰	居民点	—	西风岙[地形图] [民国志]	上岙
128	已废,2007 年迁至 大洞岙香荷小区	居民点	蛎岙[元延祐四明志] [元大德志]	西路花池[地形图] [民国志]	里岙

续表

<table>
<tr><th>序号</th><th>现行地名</th><th>类别</th><th>清及清前</th><th>民国</th><th>地名志</th></tr>
<tr><td>129</td><td>已废,2007 年迁至大洞岙香荷小区</td><td>居民点</td><td>—</td><td>青山岙[地形图][民国志]</td><td>青山</td></tr>
<tr><td>130</td><td>后沙头</td><td>居民点</td><td rowspan="4">北砂岙[元延祐四明志][元大德志]</td><td>—</td><td>后沙头</td></tr>
<tr><td>131</td><td>大沙头</td><td>居民点</td><td>—</td><td>大沙头</td></tr>
<tr><td>132</td><td>小沙头</td><td>居民点</td><td>小沙头[地形图]</td><td>小沙头</td></tr>
<tr><td>133</td><td>黄沙头</td><td>居民点</td><td>黄沙头[地形图]</td><td>黄沙头</td></tr>
<tr><td>134</td><td>港里</td><td>居民点</td><td>—</td><td rowspan="9">港里村[地形图]</td><td rowspan="9">港里</td></tr>
<tr><td>135</td><td>岙里头</td><td>居民点</td><td>—</td></tr>
<tr><td>136</td><td>大中里</td><td>居民点</td><td>—</td></tr>
<tr><td>137</td><td>龙眼里</td><td>居民点</td><td>—</td></tr>
<tr><td>138</td><td>柴山大岙</td><td>居民点</td><td>—</td></tr>
<tr><td>139</td><td>照面</td><td>居民点</td><td>—</td></tr>
<tr><td>140</td><td>东极</td><td>居民点</td><td>—</td></tr>
<tr><td>141</td><td>柴山小岙</td><td>居民点</td><td>—</td></tr>
<tr><td>142</td><td>老厂</td><td>居民点</td><td>—</td></tr>
<tr><td>143</td><td>历史地名,位置无考</td><td>居民点</td><td>木邱(岙)[元大德志]</td><td>—</td><td>—</td></tr>
<tr><td>144</td><td>历史地名,位置无考,疑为西 岙大岙一带</td><td>居民点</td><td>大马秦岙[元大德志]</td><td>—</td><td>—</td></tr>
<tr><td>145</td><td>历史地名,位置无考</td><td>居民点</td><td>沙角岙[元延祐四明志][元大德志]</td><td>—</td><td>—</td></tr>
<tr><td>146</td><td>历史地名,位置无考</td><td>居民点</td><td>螺岙[元延祐四明志][元大德志]</td><td>—</td><td>—</td></tr>
<tr><td>147</td><td>疑为朱家尖福兴、中欣等社区</td><td>居民点</td><td>小马秦岙[元延祐四明志][元大德志]</td><td>—</td><td>—</td></tr>
<tr><td>148</td><td>历史地名,位置无考</td><td>居民点</td><td>富溪岙[元大德志]</td><td>—</td><td>—</td></tr>
<tr><td>149</td><td>历史地名,位置无考</td><td>居民点</td><td>册子岙[元延祐四明志][元大德志]</td><td>—</td><td>—</td></tr>
<tr><td>150</td><td>历史地名,位置无考</td><td>居民点</td><td>陈家岙[元延祐四明志][元大德志]</td><td>—</td><td>—</td></tr>
<tr><td>151</td><td>历史地名,位置无考</td><td>居民点</td><td>石述岙[元延祐四明志][元大德志]</td><td>—</td><td>—</td></tr>
<tr><td>152</td><td>(已废)</td><td>建筑物</td><td>顺母涂烽堠[明天启志]</td><td>—</td><td>—</td></tr>
</table>

续表

序号	现行地名	类别	清及清前	民国	地名志
153	(已废)	建筑物	朱家尖烽堠[明天启志]	—	—
154	(已废)	宗教纪念地	碧云庵[元大德志]	—	—
155	香和庙	宗教纪念地	—	香和庙[民国志]	—
156	中和庙	宗教纪念地	—	中和庙[民国志]	—
157	广泽庙	宗教纪念地	—	广泽庙[民国志]	—
158	天主堂	宗教纪念地	—	天主堂[民国志]	—
159	历史地名,位置无考,疑为大青山	山(峰)	莲花峰[元大德志]	—	—
160	朱家尖大山	山(峰)	—	大山[地形图][民国志]	庙跟大山
161	大青山	山(峰)	—	青山[地形图]	大青山
162	南长坑山	山(峰)	—	—	南长坑
163	北长坑山	山(峰)	—	—	北长坑
164	月岙山	山(峰)	—	月岙山[地形图][民国志]	月岙山
165	南风山炮台岗	山(峰)	—	南峰山[地形图][民国志]	炮台岗
166	大平岗	山(峰)	—	太平岗[地形图]	大平岗
167	小水头山	山(峰)	—	佃王山[地形图]	小水头山
168	蜈蚣峙山	山(峰)	—	蜈蚣筛[地形图][民国志]	—
169	顺母山	山(峰)	石牛山[宋乾道志][宋宝庆志][元延祐四明志][元大德志][清南海普陀山志][清普陀全胜],顺母山[元大德志],顺母涂山[清南海普陀山志][清康熙志],顺母涂[清普陀全胜][清光绪志],经何*(时为海岛)[八省图]	顺母山[地形图][民国志],十亩涂[民国志],凤栖约*(时为海岛)[民国志]	顺母山

续表

序号	现行地名	类别	清及清前	民国	地名志
170	金钵盂山	山(峰)	金钵盂山[明万历普陀山志][清南海普陀山志][清康熙志],金钵盂[清光绪志],顶好＊[八省图]	金钵屿(时为海岛)[地形图][民国志]	金钵盂
171	泗苏山	山(峰)	—	四须山(时为海岛)[地形图],四苏山(时为海岛)[民国志]	—
172	卖盐山	山(峰)	—	卖盐山[地形图]	—
173	糯米岗头墩	山(峰)	—		岗头墩
174	庙跟山	山(峰)	—	—	庙跟山
175	洗帚山	山(峰)	—	—	洗帚山
176	顺母炮台岗	山(峰)	—	炮台山[地形图](在顺母)	—
177	茶山	山(峰)	—	茶山[地形图]	—
178	西山	山(峰)	—	西山[地形图][民国志]	—
179	四柱山	山(峰)	—	四柱山[地形图][民国志]	四柱山
180	牛泥塘山	山(峰)	—	牛泥塘山[地形图]	牛泥塘山
181	东沙炮台山	山(峰)	—	—	炮台山
182	兵船湾炮台岗	山(峰)	—	大王岩[民国志]	炮台岗
183	老鹰窝岗	山(峰)	—	—	老鹰窝
184	老鹰岗	山(峰)	—	—	老鹰岗
185	四姑坪	山(峰)	—	—	四姑平
186	牛头山	山(峰)	—	—	牛头山
187	马鞍岗	山(峰)	—	马鞍岗[地形图],马鞍山[民国志]	—
188	西峰平岗墩	山(峰)	—	—	平岗墩
189	西峰大头岗	山(峰)	—	—	大头岗
190	西峰上山岗	山(峰)	—	收鲜屿[民国志]	上山岗
191	梅岭山	山(峰)	—	梅岭山[地形图]	—
192	白沙大山岗	山(峰)	—	—	大山岗
193	安期洞	洞穴	安期洞[宋乾道志][明天启志][清康熙志]	—	—
194	(无考)	岩	箭岩[元大德志][明天启志][清康熙志]	—	—

续表

序号	现行地名	类别	清及清前	民国	地名志
195	（无考）	岩	响岩［元大德志］［明天启志］［清康熙志］	—	—
196	历史地名，位置无考	岩	响岩［元大德志］［明天启志］	—	—
197	历史地名，位置无考	岩	箭岩［元大德志］［明天启志］	—	—
198	历史地名，位置无考，疑青山岙横路墩附近	岩	歇轿岸［元大德志］，歇轿岩［明天启志］［清康熙志］	—	—
199	石牛港	河流	石牛港（时为海中水道）［明全浙兵制］［明两浙海防类考续编］［明两嘉靖定海县志］［明万历普陀山志］［明天启舟山志］［清南海普陀山志］［清康熙志］［清光绪志］	石牛港（时为海中水道）［地形图］［民国志］	—

舟山市普陀区展茅街道新旧地名录

（居民点和山水等陆域类地名）

序号	现行地名	类别	清及清前	民国	地名志
1	大展	居民点	大簳[元延祐四明志][元大德志]，大展岙[明天启志][清康熙志]，大展庄[清光绪志]	大展庄[地形图][民国志]	大展
2	庄家	居民点	大岙[清康熙志]	章家[地形图]， 张家[民国志]	庄家
3	柴家翁家	居民点	—	—	翁家
4	梁家	居民点	—	—	梁家
5	水库下	居民点	大使岙[清康熙志]，大使隩[清光绪志]	楼施岙[地形图]，大施岙[地形图]	大使岙水库下 白路坑
6	白路坑	居民点	白雾隩[清光绪志]		—
7	山墩	居民点	—	—	山澄
8	小庵弄	居民点	—	鳌山[民国志]	小庵弄
9	上湍	居民点	—	—	上湍
10	水仓湾	居民点	—	小汤湾[地形图][民国志]	水仓湾
11	翁家岙	居民点	翁家岙[清康熙志]，翁家隩[清光绪志]	翁夹岙[地形图]， 翁家岙[民国志] 龙潭[民国志]	翁家岙
12	倒峙龙(1997 年展茅镇志)	居民点	—	—	—
13	营房点	居民点	—	—	—

续表

<table>
<tr><th>序号</th><th>现行地名</th><th>类别</th><th>清及清前</th><th>民国</th><th>地名志</th></tr>
<tr><td>14</td><td>汪家</td><td>居民点</td><td rowspan="10">茅洋岙[明天启志][清康熙志],茅洋隩[清光绪志]</td><td rowspan="7">宋山下[地形图][民国志]</td><td>汪家</td></tr>
<tr><td>15</td><td>松山张家</td><td>居民点</td><td>张家</td></tr>
<tr><td>16</td><td>松山郑家</td><td>居民点</td><td>郑家</td></tr>
<tr><td>17</td><td>沈家</td><td>居民点</td><td>沈家</td></tr>
<tr><td>18</td><td>夏家</td><td>居民点</td><td>夏家</td></tr>
<tr><td>19</td><td>林家</td><td>居民点</td><td>林家</td></tr>
<tr><td>20</td><td>吴家</td><td>居民点</td><td>吴家</td></tr>
<tr><td rowspan="2">21</td><td rowspan="2">下林家</td><td rowspan="2">居民点</td><td>—</td><td>—</td></tr>
<tr><td>茅洋[地形图]</td><td>茅洋</td></tr>
<tr><td>22</td><td>茅洋</td><td>居民点</td><td>洪家[地形图][民国志]</td><td></td></tr>
<tr><td>23</td><td>庙后王</td><td>居民点</td><td>—</td><td>王家[地形图][民国志]</td><td>庙后王</td></tr>
<tr><td>24</td><td>竺家</td><td>居民点</td><td>—</td><td>—</td><td>竺家</td></tr>
<tr><td>25</td><td>蒋家</td><td>居民点</td><td>—</td><td>—</td><td>蒋家</td></tr>
<tr><td>26</td><td>路下徐</td><td>居民点</td><td>路下徐[清光绪志]</td><td>路下徐[地形图][民国志]</td><td>路下徐</td></tr>
<tr><td>27</td><td>路墩</td><td>居民点</td><td>—</td><td>—</td><td>—</td></tr>
<tr><td>28</td><td>上潘孙</td><td>居民点</td><td>上泮孙[清光绪志]</td><td>上泮孙[地形图][民国志]</td><td>上潘孙</td></tr>
<tr><td>29</td><td>上潘孙郑家</td><td>居民点</td><td>更鼓庵[清光绪志],更鼓楼[清光绪志]</td><td>更鼓楼[民国志]</td><td>郑家</td></tr>
<tr><td>30</td><td>路下王</td><td>居民点</td><td>—</td><td>—</td><td>路下王</td></tr>
<tr><td>31</td><td>干施岙</td><td>居民点</td><td>干施岙[清康熙志],干施隩[清光绪志]</td><td>甘施岙[地形图][民国志]</td><td>干施岙</td></tr>
<tr><td>32</td><td>乐家</td><td>居民点</td><td>—</td><td>—</td><td>乐家</td></tr>
<tr><td>33</td><td>乌石坑</td><td>居民点</td><td>—</td><td>—</td><td>乌石坑</td></tr>
<tr><td>34</td><td>长湾</td><td>居民点</td><td>—</td><td>—</td><td>长湾</td></tr>
<tr><td>35</td><td>冯家</td><td>居民点</td><td>—</td><td>—</td><td>冯家</td></tr>
<tr><td>36</td><td>应家</td><td>居民点</td><td>—</td><td>—</td><td>应家</td></tr>
<tr><td>37</td><td>蛇岗嘴</td><td>居民点</td><td>—</td><td>—</td><td>蛇岗嘴</td></tr>
<tr><td>38</td><td>外地厂</td><td>居民点</td><td>—</td><td>—</td><td>外地厂</td></tr>
<tr><td>39</td><td>六家湾</td><td>居民点</td><td>—</td><td>—</td><td>六家湾</td></tr>
<tr><td>40</td><td>长笆弄</td><td>居民点</td><td>—</td><td>—</td><td>长笆弄</td></tr>
</table>

续表

<table>
<tr><th>序号</th><th>现行地名</th><th>类别</th><th>清及清前</th><th>民国</th><th>地名志</th></tr>
<tr><td>41</td><td>已废,20 世纪 90 年代初拆迁</td><td>居民点</td><td>洋岩山[清康熙志]</td><td>—</td><td>里羊岩</td></tr>
<tr><td>42</td><td>外羊岩</td><td>居民点</td><td>—</td><td>—</td><td>外羊岩</td></tr>
<tr><td>43</td><td>风水岭</td><td>居民点</td><td>—</td><td>分水岭[民国志]</td><td>风水岭</td></tr>
<tr><td>44</td><td>已废,20 世纪 90 年代初拆迁</td><td>居民点</td><td rowspan="6">田公岙[元延祐四明志][元大德志][明天启志][清康熙志]</td><td rowspan="6">田公岙[地形图][民国志]</td><td>畚箕湾</td></tr>
<tr><td>45</td><td>杨家</td><td>居民点</td><td>杨家</td></tr>
<tr><td>46</td><td>青山</td><td>居民点</td><td>青山</td></tr>
<tr><td>47</td><td>上田中央</td><td>居民点</td><td>上田中央</td></tr>
<tr><td>48</td><td>下田中央</td><td>居民点</td><td>下田中央</td></tr>
<tr><td>49</td><td>黄蛇头</td><td>居民点</td><td>黄蛇头</td></tr>
<tr><td>50</td><td>陈家</td><td>居民点</td><td>—</td><td>—</td><td>陈家</td></tr>
<tr><td>51</td><td>村门口</td><td>居民点</td><td>—</td><td>—</td><td>—</td></tr>
<tr><td>52</td><td>螺门</td><td>居民点</td><td>螺门[元延祐四明志][元大德志][清光绪志]</td><td>螺门[地形图][民国志]</td><td>螺门</td></tr>
<tr><td>53</td><td>后沙洋</td><td>居民点</td><td>—</td><td>—</td><td>后沙洋</td></tr>
<tr><td>54</td><td>半塘</td><td>居民点</td><td>—</td><td>—</td><td>半塘</td></tr>
<tr><td>55</td><td>晓辉</td><td>居民点</td><td>烧灰隩[清光绪志]</td><td>烧灰岙[地形图][民国志]</td><td>晓辉</td></tr>
<tr><td>56</td><td>炮台山</td><td>居民点</td><td>—</td><td>—</td><td>炮台山</td></tr>
<tr><td>57</td><td>螺门贝家</td><td>居民点</td><td>—</td><td>—</td><td>贝家</td></tr>
<tr><td>58</td><td>水浇岩</td><td>居民点</td><td>—</td><td>—</td><td>水浇岩</td></tr>
<tr><td>59</td><td>黄湾</td><td>居民点</td><td>—</td><td>—</td><td>黄湾</td></tr>
<tr><td>60</td><td>王家</td><td>居民点</td><td>—</td><td>—</td><td>王家</td></tr>
<tr><td>61</td><td>已废,2008 年 5 月拆迁至螺门、大使岙</td><td>居民点</td><td>—</td><td>大岙[民国志]</td><td>(梁横)大岙</td></tr>
<tr><td>62</td><td>已废,2008 年 5 月拆迁至螺门、大使岙</td><td>居民点</td><td>—</td><td>—</td><td>(梁横)小坑</td></tr>
<tr><td>63</td><td>已废,2008 年 5 月拆迁至螺门、大使岙</td><td>居民点</td><td>—</td><td>小岙[民国志]</td><td>(梁横)小岙</td></tr>
<tr><td>64</td><td>卧龙桥</td><td>桥梁</td><td>卧龙桥[清光绪志]</td><td>—</td><td>—</td></tr>
<tr><td>65</td><td>水源桥</td><td>桥梁</td><td>水源桥[清光绪志]</td><td>—</td><td>—</td></tr>
</table>

续表

序号	现行地名	类别	清及清前	民国	地名志
66	（已废）	建筑物	赤石烽堠［明筹海图编］［明天启志］，赤石烟墩［清康熙志］，赤石台［清光绪志］	—	—
67	（已废）	堤堰	陆家塘［清光绪志］	陆家塘堤［地形图］，陆家塘［民国志］	—
68	（已废）	堤堰	大展塘［清康熙志］，缪公塘［清光绪志］	缪公塘［民国志］	—
69	（已废）	堤堰	老塘（时已废，改作路）［清光绪志］	—	—
70	（已废）	堤堰	茅洋塘［清康熙志］［清光绪志］	—	—
71	（已废）	堤堰	茅洋碶［清康熙志］［清光绪志］	茅洋碶［民国志］	—
72	（已废）	水闸	白礁碶［清康熙志］［清光绪志］	白礁碶［地形图］［民国志］	—
73	（已废）	水闸	大展新碶［清光绪志］	—	—
74	（已废）	水闸	中碶［清康熙志］，半碶［清光绪志］	—	—
75	浮来庙	宗教纪念地	浮来庙［清康熙志］［清光绪志］	浮来庙［民国志］	浮来庙
76	茅洋都神殿	宗教纪念地	都神殿［清光绪志］	都神殿［民国志］	茅洋都神殿
77	龙王宫	宗教纪念地	龙王宫［清光绪志］	龙王宫［民国志］	—
78	广惠庙	宗教纪念地	广惠庙［清光绪志］	广惠庙［民国志］	—
79	西庄庙	宗教纪念地	西庄庙［清光绪志］	西庄庙［民国志］	—
80	烧灰庙（晓辉庙）	宗教纪念地	烧灰庙［清光绪志］	烧灰庙［民国志］（正文），半溪庙［民国志］（地图）	—

续表

序号	现行地名	类别	清及清前	民国	地名志
81	螺门庙	宗教纪念地	螺门庙[清光绪志]	龙门庙[民国志]	—
82	半碶庙	宗教纪念地	半碶庙[清光绪志]	半碶庙[民国志]	—
83	干溪庙	宗教纪念地	干溪庙[清康熙志],干溪庙(时已圮)[清光绪志]	—	—
84	丘庙	宗教纪念地	丘庙[清康熙志]	—	—
85	关圣殿	宗教纪念地	关圣殿[清光绪志]	—	—
86	后堂庙	宗教纪念地	后塘庙[清光绪志]	后塘庙[民国志]	—
87	都管庙	宗教纪念地	总管庙[明天启志],都管庙[清康熙志][清光绪志]	都管庙[民国志]	—
88	茅洋庙	宗教纪念地	茅洋庙[清康熙志][清光绪志]	—	—
89	南庄庙	宗教纪念地	干施庙[清光绪志]	干施庙[民国志]	—
90	(已废)	宗教纪念地	田公庙[清光绪志]	田公庙[民国志]	—
91	东庄庙	宗教纪念地	东庄庙[清光绪志]	东庄庙[民国志]	—
92	长寿寺	宗教纪念地	长寿庵[清光绪志]	长寿庵[民国志]	—
93	积善寺	宗教纪念地	积善庵[清康熙志][清光绪志]	积善庵[民国志]	—
94	已废,20世纪60年代因建造水库拆除	宗教纪念地	坝头庵[清康熙志][清光绪志]	霸头庵[民国志]	—
95	法云寺	宗教纪念地	法云寺[清光绪志]	法云寺[民国志]	—

续表

序号	现行地名	类别	清及清前	民国	地名志
96	回龙庵	宗教纪念地	回龙庵[清光绪志]	回龙庵[地形图][民国志]	—
97	保家庵	宗教纪念地	宝积庵[清康熙志]	—	—
98	圣莲庵	宗教纪念地	圣莲庵[清康熙志]	—	—
99	更鼓庵	宗教纪念地	更鼓庵[清康熙志]	—	—
100	摩鼻岭	古道	摩鼻岭[清康熙志][清光绪志]	摩鼻岭[地形图][民国志]	
101	卖盐岭	古道	—	卖盐岭[地形图]	卖盐岭
102	黄泥岭	古道	—	黄泥岭[地形图]	黄泥岭
103	塔岭	古道	塔岭[明天启志][清康熙志][清光绪志]	塔岭[地形图][民国志]	—
104	分水岭	古道	分水岭[明天启志][清康熙志]	分水岭[民国志]	—
105	双岗岭	古道	沙岗岭[清康熙志],沙冈岭[清光绪志]	沙冈岭[地形图],沙岗岭[民国志]	—
106	烧灰岗	山(峰)	—	烧灰冈[地形图],烧灰岗[民国志]	烧灰岗
107	水浇岩岗	山(峰)	—	水浇岩[地形图]	水浇岩岗
108	炮台岗	山(峰)	赤石山[清康熙志][清光绪志]	炮头冈[地形图]	炮台岗
109	洪家山	山(峰)	洪家山[清光绪志]	洪家小山[地形图]	—
110	黄杨尖山	山(峰)	翁洲山[明天启志],黄杨山[元大德志],黄杨尖山[明天启志][清康熙志],黄杨尖[清光绪志]	黄杨尖[地形图][民国志]	黄杨尖
111	老虎山	山(峰)	—	老虎山[地形图]	老虎山

续表

序号	现行地名	类别	清及清前	民国	地名志
112	响岩岗	山(峰)	响岩冈[清光绪志]	畚斗岩岗[地形图],香岩冈[民国志]	—
113	响岩山	山(峰)	—	香岩山[地形图][民国志]	—
114	老虎石岩岗	山(峰)	公鹅冢[清光绪志]	公鹅竹岗[地形图],公鹅冢[民国志]	老虎石岩岗
115	风门岗	山(峰)	风门[清光绪志]	风门冈[民国志]	—
116	青岭山	山(峰)	塔岭山[明天启志],塔山[清康熙志][清光绪志]	蜻蜓山[地形图],塔山[民国志]	青岭山
117	凤尖山	山(峰)	大展山[明天启志],凤尖山[清康熙志][清光绪志]	念四腰冈[地形图],凤尖山[民国志]	凤尖山
			凤尖山东翼[清康熙志]		
			凤尖山西翼[清康熙志]		
118	大展湾岗	山(峰)	田公山[清康熙志][清光绪志]	—	大展湾岗
119	老虎岩岗	山(峰)	—	老虎石岩冈[地形图]	老虎岩岗
120	顶凉尖山	山(峰)	顶凉尖[清康熙志],鼎凉尖山[清康熙志][清光绪志]	鼎凉尖[地形图][民国志]	顶梁尖
121	雷火地	山(峰)	郑山[明天启志],郑家山[清康熙志][清光绪志]	郑家山[地形图][民国志]	雷火地
122	老虎岩岗	山(峰)	—	老虎石岩冈[地形图]	老虎岩岗
123	鳌山	山(峰)	—	鳌山[地形图]	—
124	乌龟山	山(峰)	—	龟山[地形图]	—
125	竹山	山(峰)	竹山[清光绪志]	—	—
126	塘头岗	山(峰)	下塘山[明天启志],洋宕山[清康熙志]	何尖冈[地形图]	—
127	长春岗	山(峰)	—	—	长春岗
128	万山岗	山(峰)	—	—	万山岗
129	龙潭	水潭	郑山龙潭志[明天启志],潭[清康熙志][清光绪志]	龙潭[民国志]	—

舟山市普陀区普陀山镇新旧地名录

（居民点和山水等陆域类地名）

序号	现行名称	类别	清及清前	民国	地名志
1	前寺	居民点	—	—	前寺
2	西山新村	居民点	—	—	—
3	龙沙新村	居民点	—	—	—
4	佛顶下院	居民点	—	—	佛顶下院
5	三官堂	居民点	三官堂［明万历普陀山志］［清康熙志］，三元殿［明万历普陀山志］	三官堂（时为宗教场所）［普陀洛迦新志］［民国志］	三官堂
6	（已废）	居民点	—	如意篷（时为宗教场所）［普陀洛迦新志］［民国志］	如意篷
7	茅草寮	居民点	—	茅草寮（时为宗教场所）［普陀洛迦新志］［民国志］	茅草寮
8	澄心堂	居民点（市级文保单位）	澄心堂［清南海普陀山志］［清普陀山志］	澄心堂［普陀洛迦新志］［民国志］	澄心堂
9	兴善堂	居民点	—	兴善堂［普陀洛迦新志］	—
10	下法如庵	宗教纪念地	法如堂［清南海普陀山志］［清普陀山志］	法如庵［普陀洛迦新志］［民国志］，下法如庵［普陀洛迦新志］	—
11	净土庵	居民点	净土庵［明万历普陀山］［清南海普陀山志］［清康熙志］［清普陀山志］	净土庵（时为宗教场所）［普陀洛迦新志］［民国志］	净土庵
12	永福庵	居民点	永福庵［清南海普陀山志］［清普陀山志］	永福庵（时为宗教场所）［普陀洛迦新志］［民国志］	永福庵
13	西竺庵	居民点	—	西竺庵（时为宗教场所）［普陀洛迦新志］［民国志］	西竺庵

续表

序号	现行地名	类别	清及清前	民国	地名志
14	白莲台	居民点	—	白莲台［普陀洛迦新志］，白莲庵（时为宗教场所）［民国志］	白莲台
15	禅那庵	居民点	禅那庵［明万历普陀山志］［清南海普陀山志］［清普陀山志］	禅那庵（时为宗教场所）［普陀洛迦新志］［民国志］	禅那庵
16	栴檀庵	居民点（市级文物保护单位）	栴檀庵［明万历普陀山志］，旃檀庵［清南海普陀山志］［清普陀山志］	栴檀庵（时为宗教场所）［普陀洛迦新志］［民国志］	栴檀庵
17	中山新村	居民点	—	—	—
18	中山街	居民点	—	—	—
19	逸云庵	居民点	逸庵［清南海普陀山志］，逸云庵［清普陀山志］	逸云庵（时为宗教场所）［普陀洛迦新志］［民国志］	逸云庵
20	极乐庵	居民点	极乐庵［清南海普陀山志］［清普陀山志］	极乐庵（废庵）［普陀洛迦新志］［民国志］	极乐庵
21	宝月庵	居民点	—	宝月庵（时为宗教场所）［普陀洛迦新志］［民国志］	宝月庵
22	里落潮	居民点	—	—	里落潮
23	外落潮	居民点	—	—	外落潮
24	大雪浪	居民点	—	—	大雪浪
25	华落篷所	居民点	—	华落篷（时为宗教场所）［普陀洛迦新志］	华落篷
26	下院篷	居民点	—	下院篷（时为宗教场所）［普陀洛迦新志］	下院篷
27	常乐庵	居民点	常乐庵［清南海普陀山志］［清普陀山志］	常乐庵（时为宗教场所）［普陀洛迦新志］［民国志］	常乐庵
28	（已废）	居民点	—	—	小洋山
29	（已废）	居民点	—	—	小店爿
30	下厂	居民点	—	—	下厂
31	海澄庵	居民点	海澄庵［清南海普陀山志］［清普陀山志］	海澄庵（时为宗教场所）［普陀洛迦新志］［民国志］	海澄庵

续表

序号	现行地名	类别	清及清前	民国	地名志
32	芦干庵	居民点	—	—	芦干庵
33	西园	居民点	—	—	西院
34	马腰峧	居民点	—	—	马腰峧
35	龙头	居民点	—	—	龙头
36	新厂	居民点	—	—	新厂
37	合兴小区	居民点	—	—	—
38	岗墩	居民点	—	—	岗墩
39	(已废)	居民点	—	—	小雪浪
40	新厂弥陀庵	居民点	弥陀庵[清南海普陀山志][清普陀山志]	弥陀庵(废庵)[普陀洛迦新志]	弥陀庵
41	(已废,位置无考)	—	外党岙[元延祐四明志][元大德志]	—	—
42	(已废,位置无考)	—	桑木湾[元延祐四明志][元大德志]	—	—
43	(已废,位置无考)	—	里党岙[元延祐四明志][元大德志]	—	—
44	妙庄严路	街巷	妙庄严路[清南海普陀山志][清康熙志][清普陀山志][清普陀全胜]	妙庄严路[普陀洛迦新志][民国志]	—
45	(已废)	街巷	玉堂街[明万历普陀山志][清南海普陀山志][清普陀山志][清普陀全胜]	玉堂街[普陀洛迦新志][地形图]	—
46	香云路	街巷	—	香云路[普陀洛迦新志]	—
47	香华街	街巷	—	横街[地名档案] 直街[地名档案]	—
48	梅岑路	街巷	—	—	—
49	金沙路	街巷	—	—	—
50	紫竹路	街巷	—	—	—
51	普济路	街巷	—	—	—
52	法雨路	街巷	—	—	—
53	法音路	街巷	—	—	—
54	海天路	街巷	—	—	—

续表

序号	现行地名	类别	清及清前	民国	地名志
55	雪浪路	街巷	—	—	—
56	六峤路	街巷	—	—	—
57	白云路	街巷	—	—	—
58	佛顶山路	街巷	—	—	—
59	菩提路	街巷	—	—	—
60	天福路	街巷	—	—	—
61	龙竺路	街巷	—	—	—
62	善财路	街巷	—	—	—
63	药师殿弄	街巷	—	—	—
64	中山街	街巷	—	—	—
65	洛迦山路	街巷	—	—	—
66	永寿桥	桥梁	永寿桥[清南海普陀山志][清康熙志][清普陀山志][清普陀全胜]	永寿桥[普陀洛迦新志]	永寿石桥
67	瑶池桥	桥梁	莲花桥[明万历普陀山志],瑶池桥[清南海普陀山志][清康熙志][清普陀山志][清普陀全胜]	瑶池桥[普陀洛迦新志]	—
68	平桥	桥梁	罗汉桥[清普陀山志]	—	—
69	海会桥	桥梁	—	海会桥[普陀洛迦新志]	—
70	智度桥	桥梁	智度桥[明万历普陀山志][清南海普陀山志][清康熙志][清普陀山志][清普陀全胜],智渡桥[清康熙志]	智度桥[普陀洛迦新志]	—
71	雨瀑桥	桥梁	雨瀑桥[清南海普陀山志][清康熙志][清普陀山志][清普陀全胜]	雨瀑桥[普陀洛迦新志]	—
72	大士桥	桥梁	大士桥[元补陀洛迦山志][明万历普陀山志][清南海普陀山志][清普陀山志][清普陀全胜]	大士桥[普陀洛迦新志]	—
73	环龙桥	桥梁	大观桥[清普陀山志]	蓝桥[普陀洛迦新志],环龙桥[普陀洛迦新志]	—

续表

序号	现行地名	类别	清及清前	民国	地名志
74	玉带桥	桥梁	—	玉带桥[普陀洛迦新志]	—
75	西方桥	桥梁	—	—	—
76	西山桥	桥梁	—	—	—
77	圆觉塔桥	桥梁	—	—	—
78	仙桥	桥梁	—	—	—
79	多宝塔	建筑物（全国文物保护单位）	太子塔[明万历普陀山志][清康熙志][清普陀山志][清普陀全胜]	多宝佛塔[普陀洛迦新志]	多宝塔
80	普门万佛宝塔	建筑物	—	—	—
81	天灯塔	建筑物		天灯塔[普陀洛迦新志]	
82	洛迦山灯塔	建筑物	—	—	—
83	妙湛塔	建筑物	—	—	—
84	圆觉塔	建筑物	—	—	—
85	普门万佛宝塔	建筑物	—	—	—
86	普同塔	建筑物	普同塔[明万历普陀山志][清南海普陀山志][清普陀山志]	普济普同塔[普陀洛迦新志]	—
87	金刚塔	建筑物	金刚塔[明万历普陀山志][清普陀山志][清普陀全胜]	金刚塔[普陀洛迦新志]	—
88	（已废）	建筑物	一乘塔[明万历普陀山志]	—	—
89	（已废）	建筑物	华严铜塔[明万历普陀山志][清普陀山志][清普陀全胜]	华严铜塔[普陀洛迦新志]	—
90	（已废）	建筑物	千佛塔[明万历普陀山志][清普陀山志][清普陀全胜]	千佛塔[普陀洛迦新志]	—
91	（已废）	建筑物	大智塔[明万历普陀山志]	—	—
92	（已废）	建筑物	舍利塔[明万历普陀山志]	—	—
93	杨枝观音碑	建筑物（全国文物保护单位）	—	—	杨枝观音碑
94	五祖碑	建筑物	—	—	五祖碑
95	禁止舍身燃指碑	建筑物	—	—	—

续表

序号	现行地名	类别	清及清前	民国	地名志
96	（已废）	建筑物	—	化身塔［普陀洛迦新志］［民国志］	—
97	正趣亭	建筑物	正趣亭（坐坐亭）［清南海普陀山志］［清普陀山志］，半路亭［清康熙志］［清普陀山志］	—	正趣亭
98	回澜亭	建筑物	回澜亭［清普陀山志］	［民国志］	—
99	定香亭	建筑物	八角水亭［清普陀山志］	—	—
100	康熙万寿御碑亭	建筑物	万寿亭［清普陀山志］	万寿御碑亭［普陀洛迦新志］	御碑亭
101	雍正御碑亭	建筑物	御碑亭［清普陀山志］	御碑亭［普陀洛迦新志］	御碑亭
102	梵山亭	建筑物	—	—	—
103	六观亭	建筑物	—	—	—
104	揽霞亭	建筑物	—	—	—
105	极乐亭	建筑物	—	—	—
106	澮澮亭	建筑物	—	—	—
107	望海亭	建筑物	—	—	—
108	洗心亭	建筑物	—	—	—
109	纳霞亭	建筑物	—	—	—
110	心慈亭	建筑物	—	—	—
111	师石亭	建筑物	—	—	—
112	六观亭	建筑物	—	—	—
113	朝阳亭	建筑物	—	—	—
114	香云亭	建筑物	—	半路亭［普陀洛迦新志］	—
115	梵香亭	建筑物	—	—	—
116	梵音亭	建筑物	—	—	—
117	瞻圣亭	建筑物	—	—	瞻圣阁
118	师石亭	建筑物	—	—	—
119	隐秀亭	建筑物	—	—	—
120	闻思亭	建筑物	—	—	—
121	云来亭	建筑物	—	—	—
122	（已废）	建筑物	—	宏凉亭［普陀洛迦新志］	—

续表

序号	现行地名	类别	清及清前	民国	地名志
123	（已废）	建筑物	玉音亭［明万历普陀山志］［清南海普陀山志］［清普陀山志］	玉音亭［普陀洛迦新志］	—
124	（已废）	建筑物	御制藏经序碑亭（宋代建，其时已废）［明万历普陀山志］［清南海普陀山志］［清普陀山志］	制藏经序碑亭［普陀洛迦新志］	—
125	（已废）	建筑物	应制经赞序碑亭（其时已废）［明万历普陀山志］［清普陀山志］	应制经赞序碑亭［普陀洛迦新志］	—
126	（已废）	建筑物	怀阙亭（其时已废）［明万历普陀山志］［清南海普陀山志］	—	—
127	（已废）	建筑物	渡海纪事碑亭［明万历普陀山志］［清普陀山志］	渡海纪事碑亭	—
128	（已废）	建筑物	劝人莫要舍身亭［明万历普陀山志］，莫舍身亭［清南海普陀山志］［清普陀山志］	莫舍身亭［清普陀山志］	—
129	（已废）	建筑物	着衣亭［明万历普陀山志］，著衣亭［清南海普陀山志］［清普陀山志］	著衣亭［清普陀山志］	—
130	（已废）	建筑物	观亭［明万历普陀山志］	—	—
131	（已废）	建筑物	怀阙亭［清普陀山志］	怀阙亭［普陀洛迦新志］	—
132	（已废）	建筑物	清净境亭［清南海普陀山志］	清净境亭［普陀洛迦新志］	—
133	（已废）	建筑物	—	观旭亭［普陀洛迦新志］	—
134	（已废）	建筑物	—	梵心亭［民国志］	—
135	（已废）	建筑物	—	光熙亭［民国志］	—
136	（已废）	建筑物	茶亭［明万历普陀山志］	—	
137	西方船	建筑物	—	—	—
138	朝阳阁	建筑物	—	—	—
139	天后阁	建筑物	—	天后阁［普陀洛迦新志］	—
140	天华阁	建筑物	—	—	—

续表

序号	现行地名	类别	清及清前	民国	地名志
141	(已废)	建筑物	龙章阁[明万历普陀山志][清南海普陀山志][清普陀山志]	龙章阁[普陀洛迦新志]	—
142	(已废)	建筑物	关帝阁[清南海普陀山志],关圣阁[清普陀山志]	关圣阁[普陀洛迦新志]	—
143	(已废)	建筑物	不二阁[明万历普陀山志][清南海普陀山志][清普陀山志]	—	—
144	(已废)	建筑物	白华馆(其时已废)[明万历普陀山志][清南海普陀山志][清普陀山志]	—	—
145	(已废)	建筑物	烟霞馆[明万历普陀山志][清普陀山志],四监祠[清南海普陀山志][清普陀山志]	四监祠[普陀洛迦新志]	—
146	(明末废)	建筑物	铁瓦殿[清南海普陀山志][清普陀山志]	铁瓦殿(废庵)[普陀洛迦新志]	—
147	(明末废)	建筑物	琉璃殿[清南海普陀山志][清普陀山志]	琉璃殿(废庵)[普陀洛迦新志]	—
148	(明末废)	建筑物	无梁殿(其时已废)[清南海普陀山志][清普陀山志]	无量殿(废庵)[普陀洛迦新志]	—
148	(明末废)	建筑物	梵王宫(其时已废)[清南海普陀山志][清普陀山志]	—	—
149	海岸牌坊	建筑物	—	海岸牌坊[普陀洛迦新志]	—
150	普济寺石牌坊	建筑物	—	石牌坊[普陀洛迦新志]	—
151	洛迦山石坊	建筑物	—	—	—
152	(已废)	建筑物	—	木华表[普陀洛迦新志]	—
153	菩萨墙	建筑物	—	—	—
154	九龙壁	建筑物	—	—	—
155	(已废)	堤堰	司基塘[清康熙志]	—	—

续表

序号	现行地名	类别	清及清前	民国	地名志
156	普陀山客运码头	码头	—	—	—
157	短姑道头	码头	短股[宋云麓漫钞·补陀洛迦山][元延祐四明志][元大德志],短姑道头[明万历普陀山志][清南海普陀山志],短姑圣迹[清普陀山志]	短姑道头埠[普陀洛迦新志],短姑道头[地形图]	短姑道头
158	(已废)	码头	高丽道头[宋云麓漫钞·补陀洛迦山]	—	—
159	(已废)	码头	—	弥陀道头[地名档案]	—
160	南天门景区	景区	—	—	—
161	普济寺景区	景区	—	—	—
162	潮音洞至观音跳景区	景区	—	—	—
163	西天门至风洞嘴景区	景区	—	—	—
164	法雨寺景区	景区	—	—	—
165	佛顶山慧济寺景区	景区	—	—	—
166	飞沙岙至梵音洞景区	景区	—	—	—
167	百步沙千步沙景区	景区	—	—	—
168	海澄庵至后岙沙景区	景区	—	—	—
169	洛迦山景区	景区	—	—	—
170	普陀圣境门阙	景点	—	—	—
171	千步沙	景点	千步沙[明万历普陀山志][清南海普陀山志][清康熙志][清普陀山志][清普陀全胜]	千步沙[普陀洛迦新志][地形图]	千步沙
172	百步沙	景点	金沙[明万历普陀山志],金沙滩[明万历普陀山志],塔前沙[清南海普陀山志][清普陀山志][清普陀全胜]	塔前沙[普陀洛迦新志]	百步沙
			龙沙[清南海普陀山志][清普陀山志][清普陀全胜]	龙沙[普陀洛迦新志]	

续表

序号	现行地名	类别	清及清前	民国	地名志
173	金沙	景点	金沙[清南海普陀山志][清普陀山志][清普陀全胜]	金沙[普陀洛迦新志][地形图][民国志]	—
174	后岙沙	景点	—	—	—
175	百步沙海滨浴场	景点	—	—	百步沙海滨浴场
176	南天门	景点	南天门[清康熙志]	南天门[普陀洛迦新志][地形图][民国志]	南天门
177	潮音洞	景点	潮音洞[宋乾道志][元补陀洛迦山志][明万历普陀山志][清南海普陀山志][清康熙志][清普陀全胜]	潮音洞[普陀洛迦新志]	潮音洞
178	梵音洞	景点	梵音洞[清南海普陀山志][清康熙志][清普陀山志][清普陀全胜]	梵音洞[普陀洛迦新志][地形图][民国志]	梵音洞
179	朝阳洞	景点	潮阳洞[清南海普陀山志],朝阳洞[清普陀山志][清普陀全胜]	朝阳洞[普陀洛迦新志][地形图][民国志]	朝阳洞
180	观音洞	景点	—	—	观音洞
181	南海观音	景点	—	—	—
182	观音跳	景点	观音跳石[明万历普陀山志],观音跳[清普陀全胜]	观音跳[地形图]	—
183	东天门	景点	东天门[清南海普陀山志][清普陀山志][清普陀全胜]	东天门[普陀洛迦新志]	—
184	(已废)	景点	求现台[明万历普陀山志][清普陀山志]	—	—
185	西天门	景点	西天门石[明万历普陀山志],西天门[清南海普陀山志][清普陀山志][清普陀全胜]	西天门[普陀洛迦新志]	—
186	千年樟	景点	—	—	—
187	(已废)	景点	—	大佛头[民国志]	—
188	华顶云涛	景点	—	—	—

续表

序号	现行地名	类别	清及清前	民国	地名志
189	磐陀石	景点	宝陁岩[元补陀洛迦山志],磐陀石[明万历普陀山志][清南海普陀山志][清康熙志][清普陀山志][清普陀全胜]	磐陀石[普陀洛迦新志][地形图],盘陀石[民国志]	磐陀石
190	二龟听法石	景点	二龟听法石[清南海普陀山志][清普陀山志][清普陀全胜]	二龟听法石[普陀洛迦新志][民国志]	二龟听法石
191	五十三参石	景点	五十三参石[清南海普陀山志][清普陀山志][清普陀全胜]	五十三参石[普陀洛迦新志]	五十三参石
192	说法台	景点	说法台石[清南海普陀山志][清普陀山志][清普陀全胜]	说法台石[普陀洛迦新志],说法台[民国志]	—
193	海天佛国石	景点	海天佛国石[明万历普陀山志]	海天佛国(石)[民国志]	海天佛国石
194	云扶石	景点	云扶石[清南海普陀山志][清普陀山志][清普陀全胜]	云扶石[普陀洛迦新志][民国志]	云扶石
195	一叶扁舟石	景点	一叶扁舟[明万历普陀山志][清南海普陀山志][清普陀全胜]	一叶扁舟石[普陀洛迦新志]	一叶扁舟石
196	水晶宫	景点	—	—	水晶宫
197	普济禅寺	宗教纪念地(全国文物保护单位)	宝陀观音寺[宋乾道志],梅岑山观音宝陀寺[宋宝庆志],宝陀寺[元补陀洛迦山志],护国永寿普陀禅寺[明万历普陀山志],普陀寺[明天启志],普济寺[清康熙志][清普陀山志],前寺[清康熙志][清普陀山志][清普陀全胜],梅岑山观音宝陀寺[清光绪志],普济禅寺[清南海普陀山志][清普陀山志][清光绪志]	普济寺[地形图],普济禅寺[普陀洛迦新志][民国志]	普济禅寺

续表

序号	现行地名	类别	清及清前	民国	地名志
198	法雨禅寺	宗教纪念地（全国文物保护单位）	护国镇海禅寺[明万历普陀山志][明天启志]，海潮寺[明天启志]，法雨寺[清南海普陀山志][清康熙志]，后寺[清康熙志][清普陀全胜]，法雨禅寺[清南海普陀山志][清普陀山志][清光绪志]	法雨寺[地形图]，法雨禅寺[普陀洛迦新志][民国志]	法雨禅寺
199	慧济禅寺	宗教纪念地（市级文物保护单位）	慧济庵[清南海普陀山志][清普陀山志]，慧济禅寺[清光绪志]	慧济寺[地形图]，慧济禅寺[普陀洛迦新志][民国志]	慧济禅寺
200	宝陀讲寺	宗教纪念地	—	—	—
201	慈云禅院	宗教纪念地	慈云庵[明万历普陀山志][清南海普陀山志][清普陀山志]	慈云庵[普陀洛迦新志][民国志]	—
202	白华庵	宗教纪念地	白华庵[明万历普陀山志][清南海普陀山志][清康熙志][清普陀山志][清光绪志]	白华庵[普陀洛迦新志][民国志]	白华庵（时为居民点）
203	隐秀讲院	宗教纪念地	隐秀庵[清南海普陀山志][清康熙志][清普陀山志]	隐秀庵（时为宗教场所）[普陀洛迦新志][民国志]	隐秀庵（时为居民点）
204	福泉禅林	宗教纪念地	天妃祠[明万历普陀山志]，天妃宫[清南海普陀山志][清普陀山志]	福泉庵[普陀洛迦新志][地形图][民国志]	—
205	观音洞庵	宗教纪念地	观音洞庵[清南海普陀山志][清普陀山志]	观音洞庵[普陀洛迦新志]	—
206	芥瓶禅院	宗教纪念地	芥瓶庵[清南海普陀山志][清普陀山志]	芥瓶庵（时为宗教场所）[普陀洛迦新志][民国志]	芥瓶庵（时为居民点）
207	灵石禅院	宗教纪念地	—	灵石庵[普陀洛迦新志][民国志]	—

续表

序号	现行地名	类别	清及清前	民国	地名志
208	梅福禅院	宗教纪念地	梅岑庵(梅福庵)[明万历普陀山志][清南海普陀山志][清康熙志][清普陀山志]	梅岑庵[普陀洛迦新志][民国志]	梅福庵
209	圆通禅林	宗教纪念地(市级文物保护单位)	圆通庵[明万历普陀山志][清南海普陀山志][清普陀山志]	圆通庵[普陀洛迦新志][民国志]	圆通庵(舟山海洋渔业公司招待所使用)
210	宝莲禅院	宗教纪念地	—	宝莲庵[普陀洛迦新志][民国志]	宝莲庵(时为居民点)
211	息耒院	宗教纪念地	息耒庵[清南海普陀山志][清普陀山志]	息耒院[普陀洛迦新志],息耒庵[民国志]	息耒院饭店
212	锡麟堂	宗教纪念地	锡麟堂[清南海普陀山志][清普陀山志]	锡麟堂[普陀洛迦新志][民国志]	锡麟堂旅社
213	积善堂	宗教纪念地	积善堂[清南海普陀山志][清普陀山志]	积善堂[普陀洛迦新志][民国志]	积善堂(普陀山乡政府旅社使用)
214	晏坐堂	宗教纪念地	晏坐堂[清南海普陀山志][清普陀山志]	宴坐堂[普陀洛迦新志],承恩晏坐堂[民国志]	—
215	报本堂	宗教纪念地	报本堂[清南海普陀山志][清普陀山志]	报本堂[普陀洛迦新志][民国志]	报本堂(时为居民点)
216	承恩堂	宗教纪念地	—	承恩堂[普陀洛迦新志][民国志]	承恩堂(时为居民点)
217	天华堂	宗教纪念地	—	天华堂[普陀洛迦新志][民国志]	天华堂(时为居民点)
218	百子堂	宗教纪念地(市级文物保护单位)	柏子庵[明万历普陀山志][清南海普陀山志][清普陀山志],百子庵[清康熙志]	百子堂(时为宗教场所)[普陀洛迦新志][民国志]	百子堂(时为居民点)
219	多宝塔院	宗教纪念地	太子塔院[清南海普陀山志][清普陀山志]	—	—
220	西方净苑	宗教纪念地	西方庵[清南海普陀山志][清普陀山志]	西方庵[普陀洛迦新志][民国志]	—

续表

序号	现行地名	类别	清及清前	民国	地名志
221	紫竹禅林	宗教纪念地	听潮庵[清南海普陀山志][清普陀山志]	听潮庵[民国志],紫竹林庵[普陀洛迦新志]	紫竹林(时为居民点)
222	不肯去观音院	宗教纪念地	—	不肯云观音院[普陀洛迦新志]	—
223	法华楼	宗教纪念地	法华洞[明万历普陀山志],法华洞庵[清南海普陀山志][清普陀山志]	法华洞庵[普陀洛迦新志][民国志]	法华洞(时为居民点)
224	悦岭禅院	宗教纪念地(市级文物保护单位)	悦岭庵[清南海普陀山志][清普陀山志]	悦岭庵[普陀洛迦新志][民国志]	—
225	香林净苑	宗教纪念地	—	香林庵[普陀洛迦新志][民国志]	—
226	大乘禅院	宗教纪念地	—	大乘庵[普陀洛迦新志][民国志]	大乘庵
227	鹤鸣禅院	宗教纪念地	—	鹤鸣庵[普陀洛迦新志][民国志]	—
228	常乐禅院	宗教纪念地	—	常乐庵[普陀洛迦新志][民国志]	—
229	长生禅林	宗教纪念地	长生庵[清普陀山志]	长生庵(时为宗教场所)[普陀洛迦新志][民国志]	长生庵(时为居民点)
230	龙寿禅院	宗教纪念地(市级文物保护单位)	龙寿庵[清南海普陀山志][清普陀山志]	龙寿庵(时为宗教场所)[普陀洛迦新志][民国志]	龙寿庵(时为居民点)
231	双泉禅院	宗教纪念地	双泉庵[明万历普陀山志][清南海普陀山志][清普陀山志]	双泉庵[普陀洛迦新志][民国志]	双泉饭店
232	伴山禅院	宗教纪念地	伴云庵[明万历普陀山志],伴山庵[清南海普陀山志][清普陀山志]	伴山庵[普陀洛迦新志]	伴山庵(时为居民点)

续表

序号	现行地名	类别	清及清前	民国	地名志
233	杨枝禅林	宗教纪念地	杨枝庵［明万历普陀山志］［清南海普陀山志］［清普陀山志］	杨枝庵［普陀洛迦新志］［民国志］	杨枝庵（舟山地区商业学校使用）
234	弥勒庵	宗教纪念地	弥勒庵［清南海普陀山志］［清普陀山志］	弥勒庵［普陀洛迦新志］［民国志］	弥勒庵（舟山商业学校招待所）
235	祥慧净院	宗教纪念地	—	祥慧庵（时为宗教场所）［普陀洛迦新志］［民国志］	祥慧庵（时为居民点）
236	梵音洞庵	宗教纪念地	梵音洞庵［清南海普陀山志］［清普陀山志］	梵音洞庵［普陀洛迦新志］［民国志］	—
237	善财洞庵	宗教纪念地	—	善财洞庵［民国志］	—
238	古佛洞庵	宗教纪念地	—	古佛洞庵［普陀洛迦新志］［民国志］	—
239	圆通禅院	宗教纪念地	圆通篷［明万历普陀山志］［清南海普陀山志］［清普陀山志］	圆通篷［普陀洛迦新志］	—
240	大觉禅院	宗教纪念地	—	观觉篷［普陀洛迦新志］	—
241	洛迦山大悲殿	宗教纪念地	—	自在篷［普陀洛迦新志］	—
242	海岸庵	宗教纪念地	海岸庵［清南海普陀山志］［清普陀山志］	海岸庵［普陀洛迦新志］［民国志］	—
243	羼提庵	宗教纪念地	羼提庵［清南海普陀山志］［清普陀山志］	羼提庵［普陀洛迦新志］［民国志］	羼提庵（时为居民点）
244	普门庵	宗教纪念地	普门庵［清南海普陀山志］［清普陀山志］	普门庵［普陀洛迦新志］［民国志］	普门庵（时为居民点）
245	积善庵	宗教纪念地	积善庵［明万历普陀山志］［清南海普陀山志］［清普陀山志］	积善庵（时为宗教场所）［普陀洛迦新志］［民国志］	积善庵（时为居民点）
246	三圣堂（三圣堂饭店使用）	原宗教纪念地	三圣堂［明万历普陀山志］［清普陀山志］	三圣堂［普陀洛迦新志］［民国志］	—

续表

序号	现行地名	类别	清及清前	民国	地名志
247	广福庵（海通宾馆使用）	原宗教纪念地	—	关圣祠[普陀洛迦新志]，广福庵[民国志]	—
248	普慧庵（普陀山旅游集团使用。改建中）	原宗教纪念地	普慧庵[清南海普陀山志][清普陀山志]	普慧庵[普陀洛迦新志][民国志]	—
249	磐陀庵（普陀山镇政府使用）	原宗教纪念地	祝延圣寿磐陀禅院[明万历普陀山志]，盘陀庵[清康熙志][清普陀山志]，磐陀庵[清南海普陀山志][清康熙志]	磐陀庵[普陀洛迦新志][民国志]	—
250	药师殿（医院职工宿舍使用）	原宗教纪念地（市级文物保护单位）	药师殿[清南海普陀山志][清普陀山志]	药师殿[普陀洛迦新志][民国志]	药师殿（时为居民点）
251	大悲殿（空置）	宗教纪念地	大悲殿[清南海普陀山志][清普陀山志]	大悲殿[普陀洛迦新志][民国志]	大悲殿（时为居民点）
252	法喜斋（空置）	原宗教纪念地（市级文物保护单位）	—	法喜斋[普陀洛迦新志]	法喜斋（时为前寺居委会使用）
253	清一堂（普陀山园林处宿舍使用）	原宗教纪念地（市级文物保护单位）	镜花院[清南海普陀山志][清普陀山志]	清一堂[普陀洛迦新志]	—
254	洪筏房（筏山庄使用）	原宗教纪念地（市级文物保护单位）	洪筏堂[清南海普陀山志][清普陀山志]	洪筏堂[普陀洛迦新志][民国志]	—
255	文昌阁（碧海山庄使用）	原宗教纪念地	—	文昌阁[民国志]	—
256	天福庵（普陀山公安分局使用）	原宗教纪念地	—	天福庵[普陀洛迦新志][民国志]	—
257	禅那庵（太虚兰若使用）	原宗教纪念地	—	禅那庵[民国志]	禅那庵（时为居民点）

续表

序号	现行地名	类别	清及清前	民国	地名志
258	（现代废）	原宗教纪念地	—	莲蓬庵[普陀洛迦新志][民国志]	—
259	（现代废）	原宗教纪念地	金粟庵[明万历普陀山志][清南海普陀山志][清普陀山志]	金粟庵[普陀洛迦新志][民国志]	—
260	（现代废）	原宗教纪念地	佛首庵[清南海普陀山志][清普陀山志]	佛首庵[普陀洛迦新志][民国志]	—
261	（现代废）	原宗教纪念地	宝称庵[清南海普陀山志][清普陀山志]	宝称庵[普陀洛迦新志][民国志]	—
262	（现代废）	原宗教纪念地	清凉庵[明万历普陀山志][清南海普陀山志][清普陀山志]	清凉寺[地形图]，清凉庵[普陀洛迦新志][民国志]	—
263	（现代废）	原宗教纪念地	—	广修庵[普陀洛迦新志]，金刚篷[普陀洛迦新志]	—
264	（现代废）	原宗教纪念地	弘隐庵[清南海普陀山志][清普陀山志]	弘隐庵[普陀洛迦新志]	—
265	（现代废）	原宗教纪念地	—	龙华庵（时为宗教场所）[普陀洛迦新志][民国志]	龙华庵（时为居民点）
266	（现代废）	原宗教纪念地	白象庵[明万历普陀山志][清南海普陀山志][清普陀山志]	白象庵[普陀洛迦新志][民国志]	—
267	（现代废）	原宗教纪念地	—	伏羲庵[普陀洛迦新志][民国志]	—
268	（现代废）	原宗教纪念地	勺庵[清南海普陀山志][清普陀山志]	勺庵[普陀洛迦新志][民国志]	—
269	（现代废）	原宗教纪念地	—	弥陀庵（在西方船附近）[普陀洛迦新志][民国志]	—
270	（现代废）	原宗教纪念地	金沙庵[清南海普陀山志][清普陀山志]	金沙庵[普陀洛迦新志]	—
271	（现代废）	原宗教纪念地	正觉庵[清南海普陀山志][清普陀山志]	正觉庵[普陀洛迦新志][民国志]	—

续表

序号	现行地名	类别	清及清前	民国	地名志
272	（现代废）	原宗教纪念地	—	常明庵[普陀洛迦新志][民国志]	—
273	（现代废）	原宗教纪念地	龙沙庵[清南海普陀山志][清普陀山志]	龙沙庵(废庵)[普陀洛迦新志]	—
274	（现代废）	原宗教纪念地	修竹庵[明万历普陀山志][清南海普陀山志][清普陀山志]	修竹庵[普陀洛迦新志][民国志]	—
275	（现代废）	原宗教纪念地	—	妙峰庵[普陀洛迦新志][民国志]	—
276	（现代废）	原宗教纪念地	朝阳洞庵[清南海普陀山志][清普陀山志]	朝阳洞庵[普陀洛迦新志][民国志]	—
277	（现代废）	原宗教纪念地	妙智庵[清南海普陀山志][清普陀山志]	妙智庵[普陀洛迦新志][民国志]	—
278	（现代废）	原宗教纪念地	—	下清凉庵[普陀洛迦新志][民国志]	—
279	（现代废）	原宗教纪念地	海曙庵[明万历普陀山志][清南海普陀山志][清普陀山志]	海曙庵[普陀洛迦新志][民国志]	—
280	（现代废）	原宗教纪念地	法喜庵[明万历普陀山志][清南海普陀山志][清普陀山志]	法喜庵[普陀洛迦新志]，法喜院[民国志]	—
281	（现代废）	原宗教纪念地	天竺庵[清南海普陀山志][清普陀山志]	天竺庵[普陀洛迦新志][地形图][民国志]	—
282	（现代废）	原宗教纪念地	雨华庵[明万历普陀山志][清南海普陀山志][清普陀山志]	雨华庵(废庵)[普陀洛迦新志][民国志]	雨华庵(时为居民点)
283	（现代废）	原宗教纪念地	昙花庵[清南海普陀山志]，昙华庵[清普陀山志]	昙华庵[普陀洛迦新志][民国志]	昙华庵
284	（清道光年间废）	宗教纪念地	显圣庵显圣庵[明万历普陀山志][清南海普陀山志][清普陀山志]	—	—
285	（清末废）	宗教纪念地	海印庵[明万历普陀山志][清南海普陀山志][清普陀山志]	海印庵(废庵)[普陀洛迦新志]，海印庵[民国志]	—

续表

序号	现行地名	类别	清及清前	民国	地名志
286	(清末废)	宗教纪念地	大观庵[清普陀山志]	大观庵[民国志]	—
287	(清末废)	宗教纪念地	文殊院[清南海普陀山志][清普陀山志]	文殊院(废庵)[普陀洛迦新志],文殊院[民国志]	—
288	(已废)	宗教纪念地	圆隐堂[清南海普陀山志][清普陀山志]	圆隐堂(废庵)[普陀洛迦新志]	—
289	普门庵	宗教纪念地	—	圆隐庵(废庵)[普陀洛迦新志]	—
290	(已废)	宗教纪念地	证觉堂[清南海普陀山志][清普陀山志]	证觉堂(废庵)[普陀洛迦新志]	—
291	(已废)	宗教纪念地	善庆堂[清南海普陀山志][清普陀山志]	善庆堂(废庵)[普陀洛迦新志]	—
292	(已废)	宗教纪念地	枕石居[清南海普陀山志][清普陀山志]	枕石居(废庵)[普陀洛迦新志]	—
293	(已废)	宗教纪念地	妙玄堂[清南海普陀山志][清普陀山志]	—	—
294	(已废)	宗教纪念地	瑞瑞堂[清南海普陀山志]	—	—
295	(已废)	宗教纪念地	新安堂[清南海普陀山志][清普陀山志]	—	—
296	(已废)	宗教纪念地	供石斋[清南海普陀山志][清普陀山志]	供石斋(废庵)[普陀洛迦新志]	—
297	(已废)	宗教纪念地	松雪斋[清南海普陀山志][清普陀山志]	松雪斋(废庵)[普陀洛迦新志]	—
298	(已废)	宗教纪念地	太古堂[清南海普陀山志][清普陀山志]	太古堂(废庵)[普陀洛迦新志]	—
299	(已废)	宗教纪念地	三会堂[清南海普陀山志][清普陀山志]	—	—
300	(已废)	宗教纪念地	善法堂[清南海普陀山志][清普陀山志]	善法堂(废庵)[普陀洛迦新志]	—
301	(已废)	宗教纪念地	水月堂[清南海普陀山志][清普陀山志]	—	—

续表

序号	现行地名	类别	清及清前	民国	地名志
302	(已废)	宗教纪念地	萝月堂[清南海普陀山志][清普陀山志]	萝月堂(废庵)[普陀洛迦新志]	—
303	(已废)	宗教纪念地	美胜堂[清南海普陀山志][清普陀山志]	美胜堂(废庵)[普陀洛迦新志]	—
304	(已废)	宗教纪念地	水天斋[清南海普陀山志][清普陀山志]	水天斋(废庵)[普陀洛迦新志]	—
305	(已废)	宗教纪念地	恩荣堂[清南海普陀山志][清普陀山志]	—	—
306	(已废)	宗教纪念地	衣珠堂[清南海普陀山志][清普陀山志]	衣珠堂(废庵)[普陀洛迦新志]	—
307	(已废)	宗教纪念地	天机堂[清南海普陀山志][清普陀山志]	天机堂(废庵)[普陀洛迦新志]	—
308	(已废)	宗教纪念地	见空堂[清南海普陀山志][清普陀山志]	见空堂(废庵)[普陀洛迦新志]	—
309	(已废)	宗教纪念地	仁德堂[清南海普陀山志][清普陀山志]	仁德堂(废庵)[普陀洛迦新志]	—
310	(已废)	宗教纪念地	归元堂[清南海普陀山志][清普陀山志]	归元堂(废庵)[普陀洛迦新志]	—
311	(已废)	宗教纪念地	佑启堂[清南海普陀山志][清普陀山志]	佑启堂(废庵)[普陀洛迦新志]	—
312	(明末废)	宗教纪念地	中法如堂[清南海普陀山志]	中法如堂(废庵)[普陀洛迦新志]	—
313	(已废)	宗教纪念地	宝林堂[清南海普陀山志][清普陀山志]	宝林堂(废庵)[普陀洛迦新志]	—
314	(已废)	宗教纪念地	斗室斋[清南海普陀山志][清普陀山志]	斗室斋(废庵)[普陀洛迦新志]	—
315	(已废)	宗教纪念地	大寺茶庵[清南海普陀山志][清普陀山志]	—	—
316	(已废)	宗教纪念地	—	前寺下院[民国志]	—
317	(已废)	宗教纪念地	—	后寺下院[民国志]	—

续表

序号	现行地名	类别	清及清前	民国	地名志
318	(已废)	宗教纪念地	—	多密篷[普陀洛迦新志][民国志]	—
319	(已废)	宗教纪念地	—	梵林篷[普陀洛迦新志][民国志]	—
320	(民国废)	宗教纪念地	韦驮殿[明万历普陀山志][清南海普陀山志][清普陀山志]	韦驮殿[民国志]	—
321	(已废)	宗教纪念地	—	龙王宫(在文昌阁附近)[民国志]	—
322	(已废)	宗教纪念地	—	兴善庵[民国志]	—
323	(清末废)	宗教纪念地	大悲庵[明万历普陀山志][清南海普陀山志][清普陀山志]	大悲庵(废庵)[普陀洛迦新志]	
324	(已废)	宗教纪念地	—	金仙阁[民国志]	—
325	(已废)	宗教纪念地	—	隐度蓬[民国志]	—
326	(已废)	宗教纪念地	—	隐贤蓬[民国志]	—
327	(已废)	宗教纪念地	—	观音阁[民国志]	—
328	(已废)	宗教纪念地	—	定慧阁[民国志]	—
329	(已废)	宗教纪念地	—	阿逸蓬[民国志]	—
330	(已废)	宗教纪念地	—	宝珠蓬[民国志]	—
331	(已废)	宗教纪念地	—	得胜蓬[民国志]	—
332	(已废)	宗教纪念地	—	金刚蓬[民国志]	—

续表

序号	现行地名	类别	清及清前	民国	地名志
333	（已废）	宗教纪念地	—	药师蓬［民国志］	—
334	（已废）	宗教纪念地	—	菩提蓬［民国志］	—
335	（已废）	宗教纪念地	—	华严蓬［民国志］	—
336	（已废）	宗教纪念地	—	香山蓬［民国志］	—
337	（已废）	宗教纪念地	—	三摩蓬［民国志］	—
338	（清末废）	宗教纪念地	般若庵［明万历普陀山志］［清南海普陀山志］［清普陀山志］	般若庵（废庵）［普陀洛迦新志］，般若精舍［民国志］	—
339	灵石庵	宗教纪念地	灵石庵［明万历普陀山志］［清南海普陀山志］［清普陀山志］	灵石庵［民国志］	—
340	（已废）	宗教纪念地	—	无量蓬［民国志］	—
341	（已废）	宗教纪念地	—	清虚阁［民国志］	—
342	（已废）	宗教纪念地	—	仙岩蓬［民国志］	—
343	（已废）	宗教纪念地	—	普慧庵［民国志］	—
344	（已废）	宗教纪念地	隐修庵［清光绪志］	隐修庵［民国志］	—
345	（已废）	宗教纪念地	—	金沙寺（在善财洞以北）［地形图］	—
346	（清道光年间废）	宗教纪念地	朝阳庵［明万历普陀山志］［清南海普陀山志］［清普陀山志］	朝阳庵（废庵）［普陀洛迦新志］	—
347	（清末废）	宗教纪念地	圆觉庵［明万历普陀山志］［清南海普陀山志］［清普陀山志］	圆觉庵（废庵）［普陀洛迦新志］	—

续表

序号	现行地名	类别	清及清前	民国	地名志
348	（已废）	宗教纪念地	吉祥庵［明万历普陀山志］［清普陀山志］	吉祥庵（废庵）［普陀洛迦新志］	—
349	（清末废）	宗教纪念地	方广庵［明万历普陀山志］［清普陀山志］	方广庵（废庵）［普陀洛迦新志］	—
350	（清末废）	宗教纪念地	梵音庵［明万历普陀山志］［清南海普陀山志］［清普陀山志］［清光绪志］	梵音庵（废庵）［普陀洛迦新志］	—
351	（清末废）	宗教纪念地	琉璃庵［明万历普陀山志］［清南海普陀山志］［清普陀山志］	琉璃庵（废庵）［普陀洛迦新志］	—
352	（清末废）	宗教纪念地	观音庵［明万历普陀山志］［清普陀山志］	观音庵（废庵）［普陀洛迦新志］	—
353	（清末废）	宗教纪念地	崇德庵［明万历普陀山志］［清南海普陀山志］［清普陀山志］	崇德庵（废庵）［普陀洛迦新志］	—
354	（清末废）	宗教纪念地	涌泉庵［明万历普陀山志］［清南海普陀山志］［清普陀山志］	涌泉庵（废庵）［普陀洛迦新志］	—
355	（清末废）	宗教纪念地	华严庵［明万历普陀山志］［清南海普陀山志］［清普陀山志］	华严庵（废庵）［普陀洛迦新志］	—
356	（清末废）	宗教纪念地	弘觉庵［明万历普陀山志］［清南海普陀山志］［清普陀山志］	弘觉庵（废庵）［普陀洛迦新志］	—
357	（清末废）	宗教纪念地	智胜庵［明万历普陀山志］［清南海普陀山志］［清普陀山志］	智胜庵（废庵）［普陀洛迦新志］	—
358	（清末废）	宗教纪念地	圆应庵［明万历普陀山志］［清南海普陀山志］［清普陀山志］	—	—
359	（清末废）	宗教纪念地	灵瑞庵［明万历普陀山志］［清南海普陀山志］［清普陀山志］	灵瑞庵（废庵）［普陀洛迦新志］	—

续表

序号	现行地名	类别	清及清前	民国	地名志
360	（清末废）	宗教纪念地	餐霞庵［清南海普陀山志］［清普陀山志］	餐霞庵（废庵）［普陀洛迦新志］	—
361	（清末废）	宗教纪念地	大休庵［清南海普陀山志］［清普陀山志］	大休庵（废庵）［普陀洛迦新志］	—
362	（清康熙年间废）	宗教纪念地	慧日庵［明万历普陀山志］［清南海普陀山志］［清普陀山志］	慧日庵（废庵）［普陀洛迦新志］	—
363	（清末废）	宗教纪念地	智度庵［明万历普陀山志］［清南海普陀山志］［清普陀山志］	智度庵（废庵）［普陀洛迦新志］	—
364	（清末废）	宗教纪念地	月印庵［明万历普陀山志］［清南海普陀山志］［清普陀山志］	月印庵（废庵）［普陀洛迦新志］	—
365	（清末废）	宗教纪念地	圆信庵［明万历普陀山志］［清南海普陀山志］［清普陀山志］	圆信庵（废庵）［普陀洛迦新志］	—
366	（清末废）	宗教纪念地	摩尼庵［明万历普陀山志］［清南海普陀山志］［清普陀山志］	—	—
367	（清末废）	宗教纪念地	雪浪庵［明万历普陀山志］［清南海普陀山志］［清普陀山志］	雪浪庵（废庵）［普陀洛迦新志］	—
368	（清道光年间废）	宗教纪念地	甘露庵［明万历普陀山志］［清南海普陀山志］［清普陀山志］	—	—
369	（清末废）	宗教纪念地	资福庵［明万历普陀山志］［清南海普陀山志］［清普陀山志］	资福庵（废庵）［普陀洛迦新志］	—
370	（清末废）	宗教纪念地	回龙庵［明万历普陀山志］［清南海普陀山志］［清普陀山志］	回龙庵（废庵）［普陀洛迦新志］	—
371	（清末废）	宗教纪念地	盘龙庵［明万历普陀山志］［清南海普陀山志］［清普陀山志］	盘龙庵（废庵）［普陀洛迦新志］	—

续表

序号	现行地名	类别	清及清前	民国	地名志
372	（清末废）	宗教纪念地	真歇庵［元补陀洛迦山志］，真歇庵（栖真庵）［明万历普陀山志］［清南海普陀山志］［清普陀山志］	真歇庵（废庵）［普陀洛迦新志］	—
373	（清康熙年间废）	宗教纪念地	海云庵［明万历普陀山志］［清南海普陀山志］［清普陀山志］	海云庵（废庵）［普陀洛迦新志］	—
374	（已废）	宗教纪念地	总静室（云林总会）［明万历普陀山志］［清南海普陀山志］［清普陀山志］	总静室（废庵）［普陀洛迦新志］	—
375	（清末废）	宗教纪念地	永胜庵［明万历普陀山志］［清南海普陀山志］［清普陀山志］	永胜庵（废庵）［普陀洛迦新志］	—
376	（清康熙年间废）	宗教纪念地	宝函室［明万历普陀山志］［清南海普陀山志］［清普陀山志］	宝函堂（废庵）［普陀洛迦新志］	—
377	（清末废）	宗教纪念地	白云庵［明万历普陀山志］［清南海普陀山志］［清普陀山志］	白云庵（废庵）［普陀洛迦新志］	—
378	（清末废）	宗教纪念地	娑罗庵［明万历普陀山志］［清南海普陀山志］［清普陀山志］	娑罗庵（废庵）［普陀洛迦新志］	—
379	（清末废）	宗教纪念地	莲华庵［明万历普陀山志］，莲花庵［清南海普陀山志］［清普陀山志］	莲花庵（废庵）［普陀洛迦新志］	—
380	（清末废）	宗教纪念地	大觉庵［明万历普陀山志］［清南海普陀山志］［清普陀山志］	大觉庵（废庵）［普陀洛迦新志］	—
381	（清康熙年间废）	宗教纪念地	大慈庵［明万历普陀山志］［清南海普陀山志］［清普陀山志］	大慈庵（废庵）［普陀洛迦新志］	—
382	（清末废）	宗教纪念地	灵芝庵［明万历普陀山志］［清南海普陀山志］［清普陀山志］	灵芝庵（废庵）［普陀洛迦新志］	—
383	（清末废）	宗教纪念地	清籁庵［明万历普陀山志］［清南海普陀山志］［清普陀山志］	清籁庵（废庵）［普陀洛迦新志］	—

续表

序号	现行地名	类别	清及清前	民国	地名志
384	（清末废）	宗教纪念地	法华庵［明万历普陀山志］［清南海普陀山志］［清普陀山志］	法华庵（废庵）［普陀洛迦新志］	—
385	（清道光年间废）	宗教纪念地	西资庵［明万历普陀山志］［清南海普陀山志］［清普陀山志］	西资庵（废庵）［普陀洛迦新志］	—
386	（清末废）	宗教纪念地	金刚庵［明万历普陀山志］［清南海普陀山志］［清普陀山志］	金刚庵（废庵）［普陀洛迦新志］	—
387	（清康熙年间废）	宗教纪念地	育恩院［明万历普陀山志］［清南海普陀山志］［清普陀山志］	育恩院（废庵）［普陀洛迦新志］	—
388	（已废）	宗教纪念地	复喜庵［清南海普陀山志］［清普陀山志］	—	—
389	（清末废）	宗教纪念地	林樾庵［清南海普陀山志］［清普陀山志］	林樾庵（废庵）［普陀洛迦新志］	—
390	（清末废）	宗教纪念地	盼鹤庵［明万历普陀山志］	—	—
391	（清康熙年间废）	宗教纪念地	圆悟庵［明万历普陀山志］	—	—
392	（已废）	宗教纪念地	—	—	—
393	（已废）	宗教纪念地	海岸孤绝处［明万历普陀山志］	海岸孤绝处（废庵）［普陀洛迦新志］	—
394	（清末废）	宗教纪念地	无垢庵［清南海普陀山志］［清普陀山志］	无垢庵（废庵）［普陀洛迦新志］	—
395	（清末废）	宗教纪念地	竹林庵［清南海普陀山志］［清普陀山志］	竹林庵（废庵）［普陀洛迦新志］	—
396	（清末废）	宗教纪念地	慈音庵［清南海普陀山志］［清普陀山志］	慈音庵（废庵）［普陀洛迦新志］	—
397	（清末废）	宗教纪念地	中峰庵［清南海普陀山志］［清普陀山志］	—	—
398	（清末废）	宗教纪念地	金刚洞庵［清南海普陀山志］［清普陀山志］	金刚洞庵（废庵）［普陀洛迦新志］	—

续表

序号	现行地名	类别	清及清前	民国	地名志
399	（清末废）	宗教纪念地	至善庵［清南海普陀山志］［清普陀山志］	至善庵（废庵）［普陀洛迦新志］	—
400	（清末废）	宗教纪念地	祇圆庵［清南海普陀山志］，祇园庵［清普陀山志］	祇园庵（废庵）［普陀洛迦新志］	—
401	（清末废）	宗教纪念地	法华团瓢［清南海普陀山志］［清普陀山志］	法华团瓢（废庵）［普陀洛迦新志］	—
402	（清末废）	宗教纪念地	东照庵［清南海普陀山志］［清普陀山志］	东照庵（废庵）［普陀洛迦新志］	—
403	（清末废）	宗教纪念地	竹石居［清南海普陀山志］［清普陀山志］	竹石居（废庵）［普陀洛迦新志］	—
404	（清末废）	宗教纪念地	平天洞庵［清普陀山志］	平天洞庵（废庵）［普陀洛迦新志］	—
405	（清末废）	宗教纪念地	小山洞庵［清普陀山志］	—	—
406	（清末废）	宗教纪念地	宜庵［清普陀山志］	宜庵（废庵）［普陀洛迦新志］	—
407	（清末废）	宗教纪念地	菩提庵［清南海普陀山志］［清普陀山志］	菩提庵（废庵）［普陀洛迦新志］	—
408	（清末废）	宗教纪念地	芥光庵［清南海普陀山志］［清普陀山志］	芥光庵（废庵）［普陀洛迦新志］	—
409	（清末废）	宗教纪念地	宝华庵［清南海普陀山志］［清普陀山志］	宝华庵（废庵）［普陀洛迦新志］	—
410	（清末废）	宗教纪念地	功德林庵［清南海普陀山志］［清普陀山志］	功德林庵（废庵）［普陀洛迦新志］	—
411	（清末废）	宗教纪念地	慈慧庵［清南海普陀山志］［清普陀山志］	慈慧庵（废庵）［普陀洛迦新志］	—
412	（清末废）	宗教纪念地	—	弥勒洞庵（废庵）［普陀洛迦新志］	—
413	（清末废）	宗教纪念地	德邻庵［清南海普陀山志］［清普陀山志］	德邻庵（废庵）［普陀洛迦新志］	—

续表

序号	现行地名	类别	清及清前	民国	地名志
414	（清末废）	宗教纪念地	定慧庵［清南海普陀山志］［清普陀山志］	定慧庵（废庵）［普陀洛迦新志］	—
415	（清末废）	宗教纪念地	欢乐庵［清南海普陀山志］［清普陀山志］	—	—
416	（清末废）	宗教纪念地	月峰庵［清南海普陀山志］［清普陀山志］	月峰庵（废庵）［普陀洛迦新志］	—
417	（清末废）	宗教纪念地	鸡足庵［清普陀山志］	鸡足庵（废庵）［普陀洛迦新志］	—
418	（清末废）	宗教纪念地	憨山居［清普陀山志］	憨山居（废庵）［普陀洛迦新志］	—
419	（清末废）	宗教纪念地	象中庵［清普陀山志］	象中庵（废庵）［普陀洛迦新志］	—
420	（清末废）	宗教纪念地	万松庵［清普陀山志］	万松庵（废庵）［普陀洛迦新志］	—
421	（清末废）	宗教纪念地	方圆庵［清南海普陀山志］［清普陀山志］	方圆庵（废庵）［普陀洛迦新志］	—
422	（清道光年间废）	宗教纪念地	望槎庵［清南海普陀山志］［清普陀山志］	望槎庵（废庵）［普陀洛迦新志］	—
423	（清末废）	宗教纪念地	福源庵［清南海普陀山志］［清普陀山志］	福源庵（废庵）［普陀洛迦新志］	—
424	（清道光年间废）	宗教纪念地	秀莲庵［清南海普陀山志］［清普陀山志］	秀莲庵（废庵）［普陀洛迦新志］	—
425	（已废）	宗教纪念地	大智塔庵［清普陀山志］	—	—
426	（清道光年间废）	宗教纪念地	慈源庵［清南海普陀山志］［清普陀山志］	慈源庵（废庵）［普陀洛迦新志］	—
427	（清末废）	宗教纪念地	翠微庵［清南海普陀山志］［清普陀山志］	翠微庵（废庵）［普陀洛迦新志］	—
428	（清末废）	宗教纪念地	瑞云庵［清南海普陀山志］［清普陀山志］	瑞云庵（废庵）［普陀洛迦新志］	—
429	（清末废）	宗教纪念地	大中庵［清南海普陀山志］［清普陀山志］	大中庵（废庵）［普陀洛迦新志］	—

续表

序号	现行地名	类别	清及清前	民国	地名志
430	（清末废）	宗教纪念地	开智庵［清南海普陀山志］［清普陀山志］	开智庵（废庵）［普陀洛迦新志］	—
431	（清末废）	宗教纪念地	南山庵［清南海普陀山志］［清普陀山志］	南山庵（废庵）［普陀洛迦新志］	—
432	（清末废）	宗教纪念地	万佛庵［清南海普陀山志］［清普陀山志］	万佛庵（废庵）［普陀洛迦新志］	—
433	（清末废）	宗教纪念地	龙树庵［明万历普陀山志］［清南海普陀山志］［清普陀山志］	龙树庵（废庵）［普陀洛迦新志］	—
434	（清末废）	宗教纪念地	金陵庵［清普陀山志］	金陵庵（废庵）［普陀洛迦新志］	—
435	（清道光年间废）	宗教纪念地	金地庵［清南海普陀山志］［清普陀山志］	金地庵（废庵）［普陀洛迦新志］	—
436	（清末废）	宗教纪念地	莲台洞庵［清南海普陀山志］［清普陀山志］	—	—
437	（清道光年间废）	宗教纪念地	天王殿［清南海普陀山志］［清普陀山志］	天王殿（废庵）［普陀洛迦新志］	—
438	（清末废）	宗教纪念地	万年庵［清南海普陀山志］［清普陀山志］	万年庵（废庵）［普陀洛迦新志］	—
439	（清末废）	宗教纪念地	融彻室［清南海普陀山志］［清普陀山志］	融彻庵（废庵）［普陀洛迦新志］	—
440	（清末废）	宗教纪念地	大士庵［清南海普陀山志］［清普陀山志］	大士庵（废庵）［普陀洛迦新志］	—
441	（清末废）	宗教纪念地	清净庵［清南海普陀山志］［清普陀山志］	清净庵（废庵）［普陀洛迦新志］	—
442	（清末废）	宗教纪念地	楞伽庵［清南海普陀山志］［清普陀山志］	楞枷庵（废庵）［普陀洛迦新志］	—
443	（清末废）	宗教纪念地	双隐庵［清南海普陀山志］［清普陀山志］	双隐庵（废庵）［普陀洛迦新志］	—
444	（清末废）	宗教纪念地	青莲庵［清南海普陀山志］［清普陀山志］	青莲庵（废庵）［普陀洛迦新志］	—

续表

序号	现行地名	类别	清及清前	民国	地名志
445	(清末废)	宗教纪念地	宁喜庵[清南海普陀山志][清普陀山志]	宁喜庵(废庵)[普陀洛迦新志]	—
446	(清末废)	宗教纪念地	白衣庵[清南海普陀山志][清普陀山志]	白衣庵(废庵)[普陀洛迦新志]	—
447	(清末废)	宗教纪念地	一草庵[清普陀山志]	一草庵(废庵)[普陀洛迦新志]	—
448	(清末废)	宗教纪念地	别峰居[清南海普陀山志][清普陀山志]	别峰居(废庵)[普陀洛迦新志]	—
449	(清末废)	宗教纪念地	雪云居[清普陀山志]	雪云庵(废庵)[普陀洛迦新志]	—
450	(清末废)	宗教纪念地	狮子庵[清南海普陀山志][清普陀山志]	师子庵(废庵)[普陀洛迦新志]	—
451	(明末废)	宗教纪念地	—	堆云庵(废庵)[普陀洛迦新志]	—
452	(清末废)	宗教纪念地	地藏庵[清南海普陀山志][清普陀山志]	地藏庵(废庵)[普陀洛迦新志]	—
453	(清末废)	宗教纪念地	龙兴庵[清南海普陀山志][清普陀山志]	龙兴庵(废庵)[普陀洛迦新志]	—
454	(清末废)	宗教纪念地	松云庵[清南海普陀山志][清普陀山志]	松云庵(废庵)[普陀洛迦新志]	—
455	(已废)	宗教纪念地	云室[清南海普陀山志][清普陀山志]	—	—
456	(已废)	宗教纪念地	上乘庵[清普陀山志]	上乘庵(废庵)[普陀洛迦新志]	—
457	(已废)	宗教纪念地	弹指庵[清南海普陀山志][清普陀山志]	弹指庵(废庵)[普陀洛迦新志]	—
458	(已废)	宗教纪念地	水济庵[清普陀山志]	水济庵(废庵)[普陀洛迦新志]	—
459	(已废)	宗教纪念地	福幢庵[清普陀山志]	—	—
460	(清末废)	宗教纪念地	月光室[清南海普陀山志][清普陀山志]	月光庵(废庵)[普陀洛迦新志]	—

续表

序号	现行地名	类别	清及清前	民国	地名志
461	（清末废）	宗教纪念地	指南庵[清南海普陀山志][清普陀山志]	指南庵(废庵)[普陀洛迦新志]	—
462	（清末废）	宗教纪念地	青鼓庵[清南海普陀山志][清普陀山志]	青鼓庵(废庵)[普陀洛迦新志]	—
463	（清末废）	宗教纪念地	智定庵[清南海普陀山志][清普陀山志]	智定庵(废庵)[普陀洛迦新志]	—
464	（清末废）	宗教纪念地	太平庵[清南海普陀山志][清普陀山志]	太平庵(废庵)[普陀洛迦新志]	—
465	（清道光年间废）	宗教纪念地	海常庵[清南海普陀山志][清普陀山志]	海常庵(废庵)[普陀洛迦新志]	—
466	（清末废）	宗教纪念地	龙珠庵[清南海普陀山志][清普陀山志]	龙珠庵(废庵)[普陀洛迦新志]	—
467	（已废）	宗教纪念地	水月庵[清南海普陀山志][清普陀山志]	水月庵(废庵)[普陀洛迦新志]	—
468	（清末废）	宗教纪念地	普济庵[清南海普陀山志][清普陀山志]	普济庵(废庵)[普陀洛迦新志]	—
469	（清末废）	宗教纪念地	瑞胜庵[清南海普陀山志][清普陀山志]	瑞胜庵(废庵)[普陀洛迦新志]	—
470	（清康熙年间废）	宗教纪念地	祖音庵[清南海普陀山志][清普陀山志]	祖音庵(废庵)[普陀洛迦新志]	—
471	（清末废）	宗教纪念地	六明庵[清普陀山志]	六明庵(废庵)[普陀洛迦新志]	—
472	（已废）	宗教纪念地	—	善说斋(废庵)[普陀洛迦新志]	—
473	（清末废）	宗教纪念地	普同塔院[清南海普陀山志][清普陀山志]	—	—
474	（已废）	宗教纪念地	法善庵[清南海普陀山志][清普陀山志]	法善庵(废庵)[普陀洛迦新志]	—
475	（清末废）	宗教纪念地	龙泉庵[清南海普陀山志][清普陀山志]	龙泉庵(废庵)[普陀洛迦新志]	—
476	（清末废）	宗教纪念地	圣寿庵[清南海普陀山志][清普陀山志]	圣寿庵(废庵)[普陀洛迦新志]	—

续表

序号	现行地名	类别	清及清前	民国	地名志
477	—	宗教纪念地	镇龙庵[清南海普陀山志][清普陀山志]	镇龙庵(废庵)[普陀洛迦新志]	—
478	(清道光年间废)	宗教纪念地	仙井庵[清南海普陀山志][清普陀山志]	—	—
479	(清末废)	宗教纪念地	迎旭庵[清南海普陀山志][清普陀山志]	迎旭庵(废庵)[普陀洛迦新志]	—
480	(清末废)	宗教纪念地	律堂[清南海普陀山志][清普陀山志]	律堂(废庵)[普陀洛迦新志]	—
481	(清末废)	宗教纪念地	桂花庵[清南海普陀山志][清普陀山志]	桂花庵(废庵)[普陀洛迦新志]	—
482	(清末废)	宗教纪念地	长寿庵[清南海普陀山志][清普陀山志]	长寿庵(废庵)[普陀洛迦新志]	—
483	(清末废)	宗教纪念地	上方庵[清南海普陀山志][清普陀山志]	上方庵(废庵)[普陀洛迦新志]	—
484	(清末废)	宗教纪念地	弥勒室[清南海普陀山志][清普陀山志]	弥勒室(废庵)[普陀洛迦新志]	—
485	(清末废)	宗教纪念地	树德庵[清南海普陀山志][清普陀山志]	树德堂(废庵)[普陀洛迦新志]	—
486	(清末废)	宗教纪念地	明净庵[清南海普陀山志][清普陀山志]	明净庵(废庵)[普陀洛迦新志]	—
487	(清末废)	宗教纪念地	离垢庵[清南海普陀山志][清普陀山志]	离垢庵(废庵)[普陀洛迦新志]	—
488	(清末废)	宗教纪念地	寄余庵[清普陀山志]	寄余庵(废庵)[普陀洛迦新志]	—
489	(清末废)	宗教纪念地	福慧庵[清南海普陀山志][清普陀山志]	福慧庵(废庵)[普陀洛迦新志]	—
490	(清末废)	宗教纪念地	圆通境庵[清南海普陀山志][清普陀山志]	圆通境庵(废庵)[普陀洛迦新志]	—
491	(清末废)	宗教纪念地	净胜庵[清南海普陀山志][清普陀山志]	净胜庵(废庵)[普陀洛迦新志]	—
492	土地祠	宗教纪念地	土地祠[清南海普陀山志][清普陀山志]	土地祠[普陀洛迦新志],土地堂[民国志]	—

续表

序号	现行地名	类别	清及清前	民国	地名志
493	(已废)	宗教纪念地	—	天后宫[民国志]	—
494	(已废)	宗教纪念地	关圣祠[明万历普陀山志][清南海普陀山志][清普陀山志]	关圣祠[普陀洛迦新志]	—
495	(已废)	宗教纪念地	五公祠[清南海普陀山志][清普陀山志]	五公祠[普陀洛迦新志]	—
496	(已废)	宗教纪念地	三公祠[明万历普陀山志]	—	—
497	(清康熙年间废)	宗教纪念地	陆公祠[清南海普陀山志][清普陀山志]	陆公祠[普陀洛迦新志]	—
498	(已废)	宗教纪念地	黄公祠[清南海普陀山志][清普陀山志]	黄公祠[普陀洛迦新志]	—
499	(已废,今为商店)	宗教纪念地	—	龙王堂[普陀洛迦新志]	—
500	(已废)	宗教纪念地	—	陈黄二公祠[普陀洛迦新志]	—
501	(已废,商店使用)	宗教纪念地	娑竭龙王祠[明万历普陀山志][清南海普陀山志][清普陀山志]	娑竭龙王祠[普陀洛迦新志]	—
502	(已废)	宗教纪念地	蓝公祠大中[清普陀山志]	蓝公祠[普陀洛迦新志]	—
503	(已废)	宗教纪念地	何公祠[清南海普陀山志][清普陀山志]	何公祠[普陀洛迦新志]	—
504	(已废)	宗教纪念地	—	施公祠[普陀洛迦新志]	—
505	(已废)	宗教纪念地	—	留衣堂[普陀洛迦新志]	—
506	几宝岭	古道	饥饱岭[明万历普陀山志],饥饱岭[清康熙志],几宝岭[清南海普陀山志][清康熙志][清普陀山志][清普陀全胜][清光绪志]	八宝岭[地形图],几宝岭[普陀洛迦新志][民国志]	—

续表

序号	现行地名	类别	清及清前	民国	地名志
507	白华岭	古道	白华岭[明万历普陀山志][清康熙志][清普陀全胜][清普陀山志][清光绪志]	白华岭[普陀洛迦新志]	—
508	旃檀岭	古道	栴檀岭[明万历普陀山志],旃檀岭[清南海普陀山志][清康熙志][清普陀全胜][清光绪志]	栴檀岭[普陀洛迦新志]	—
509	圆通岭	古道	圆通岭[明万历普陀山志][清南海普陀山志][清康熙志][清普陀山志][清普陀全胜][清光绪志]	圆通岭[普陀洛迦新志]	—
510	欢喜岭	古道	欢喜岭[清南海普陀山志][清康熙志][清普陀山志][清普陀全胜][清光绪志]	欢喜岭[普陀洛迦新志]	—
511	葡萄岭	古道	葡萄岭[清南海普陀山志][清康熙志][清普陀山志][清普陀全胜][清光绪志]	葡萄岭[普陀洛迦新志]	—
512	香云岭	古道	—	香云岭(香云路)[普陀洛迦新志]	—
513	朝阳岭	古道	朝阳岭[清南海普陀山志][清康熙志][清普陀山志][清普陀全胜][清光绪志]	朝阳岭[普陀洛迦新志]	—
514	功德岭	古道	东屏岭[清康熙志][清普陀山志][清普陀全胜][清光绪志],功德岭[清普陀山志][清普陀全胜][清光绪志]	东屏岭[普陀洛迦新志]	—
515	孝顺岭	古道	孝顺岭[清南海普陀山志][清康熙志][清普陀山志][清普陀全胜][清光绪志]	孝顺岭[普陀洛迦新志]	—

续表

序号	现行地名	类别	清及清前	民国	地名志
516	青鼓岭	古道	青鼓岭[明万历普陀山志][清南海普陀山志][清康熙志][清普陀全胜][清光绪志]	青鼓岭[普陀洛迦新志]	—
517	笑天狮子岭	古道	笑天狮子岭[明万历普陀山志][清南海普陀山志][清康熙志][清普陀山志][清普陀全胜][清光绪志]	啸天狮子岭[普陀洛迦新志]	—
518	双峰山	山(峰)	双峰山[清南海普陀山志]	双峰山[普陀洛迦新志]	—
519	佛顶山	山(峰)	长智囊佛顶山[清光绪志]	佛顶山[普陀洛迦新志][民国志]	佛顶山
520	雪浪山	山(峰)	雪浪山[清南海普陀山志][清康熙志][清普陀山志][清普陀全胜]	雪浪山[普陀洛迦新志][民国志]	水浪山
521	锦屏山	山(峰)	锦屏山[清南海普陀山志][清康熙志][清普陀山志][清普陀全胜]	锦屏山[普陀洛迦新志][民国志]	—
522	长短山	山(峰)	长短山[清南海普陀山志][清康熙志][清南海普陀山志][清普陀山志][清普陀全胜]	长短山[普陀洛迦新志]	—
523	龙头山	山(峰)	伏龙山[清南海普陀山志][清康熙志][清普陀山志][清普陀全胜],龙头山[清普陀山志][清普陀全胜]	龙头山[普陀洛迦新志][地形图],伏龙山[普陀洛迦新志][民国志]	龙头山
524	光熙峰	山(峰)	光熙峰[明万历普陀山志][清南海普陀山志][清康熙志][清普陀山志][清普陀全胜]	光熙峰[普陀洛迦新志][民国志]	—
525	茶山	山(峰)	茶山[明万历普陀山志][清南海普陀山志][清康熙志][清普陀山志][清普陀全胜]	茶山[普陀洛迦新志][地形图][民国志]	—

续表

序号	现行地名	类别	清及清前	民国	地名志
526	六峤山	山(峰)	鹿峤[两浙海防类考续编][明万历普陀山志],鹿峤山[清南海普陀山志][清普陀山志],六峤山[清南海普陀山志][清普陀山志][清普陀全胜]	六峤山[普陀洛迦新志][地形图],六峤(山)[民国志]	—
527	大山	山(峰)	—	—	大山
528	观音跳山	山(峰)	观音跳山[清南海普陀山志][清康熙志][清普陀山志]	观音跳山[普陀洛迦新志][民国志]	—
529	白华山	山(峰)	白华山[明万历普陀山志]	白华山[民国志]	白华山
530	梅岑山	山(峰)	梅岑峰[清南海普陀山志][清康熙志][清普陀山志][清普陀全胜]	梅岑峰[普陀洛迦新志],六桥山[地形图],梅岑山[民国志]	—
531	擂鼓山	山(峰)	—	—	雷鼓山
532	梵山	山(峰)	梵山[明万历普陀山志][清南海普陀山志][清康熙志][清普陀山志][清普陀全胜]	梵山[普陀洛迦新志][地形图][民国志]	—
533	外梵山	山(峰)	外梵山[清康熙志]	—	—
534	莲台山	山(峰)	莲台山[清南海普陀山志][清康熙志][清普陀山志][清普陀全胜]	莲台山[普陀洛迦新志]	—
535	天竺山	山(峰)	天竺山[清南海普陀山志][清康熙志][清普陀山志][清普陀全胜]	天竺山[普陀洛迦新志]	—
536	毛跳山	山(峰)	毛跳山[清南海普陀山志][清康熙志][清普陀全胜]	毛跳山[普陀洛迦新志][民国志]	—
537	风洞嘴山	山(峰)	风洞嘴[清南海普陀山志][清普陀山志][清普陀全胜][清光绪志],喇叭嘴山[清康熙志]	风洞嘴[民国志],塔子峰[地形图]	—

续表

<table>
<tr><th>序号</th><th>现行地名</th><th>类别</th><th>清及清前</th><th>民国</th><th>地名志</th></tr>
<tr><td>538</td><td>喇叭嘴山</td><td>山(峰)</td><td>喇叭嘴山[清南海普陀山志][清康熙志][清普陀山志][清普陀全胜]</td><td>喇叭嘴山[普陀洛迦新志],喇叭嘴[民国志]</td><td>—</td></tr>
<tr><td>539</td><td>几宝山</td><td>山(峰)</td><td>宝几山[清普陀山志],几宝山[清南海普陀山志][清普陀全胜]</td><td>—</td><td>—</td></tr>
<tr><td>540</td><td>青鼓垒</td><td>山(峰)</td><td rowspan="2">青鼓雷[明万历普陀山志],青鼓山[清南海普陀山志][清康熙志][清普陀山志][清普陀全胜],青鼓磊[清康熙志][清普陀山志]</td><td rowspan="2">青鼓垒[民国志],青鼓山[普陀洛迦新志][地形图]</td><td>—</td></tr>
<tr><td>541</td><td>金沙山</td><td>山(峰)</td><td>—</td></tr>
<tr><td>542</td><td>天灯顶</td><td>山(峰)</td><td>菩萨顶[明万历普陀山志],白华顶[清南海普陀山志][清康熙志][清普陀山志][清普陀全胜][清光绪志]</td><td>菩萨顶[民国志]</td><td>—</td></tr>
<tr><td>543</td><td>踞狮峰</td><td>山(峰)</td><td>踞狮峰[清南海普陀山志][清康熙志][清普陀山志][清普陀全胜]</td><td>踞狮峰[普陀洛迦新志]</td><td>—</td></tr>
<tr><td>544</td><td>翔凤峰</td><td>山(峰)</td><td>翔凤峰[清南海普陀山志][清康熙志][清普陀山志][清普陀全胜]</td><td>翔凤峰[普陀洛迦新志]</td><td>—</td></tr>
<tr><td>545</td><td>圆应峰</td><td>山(峰)</td><td>圆应峰[清南海普陀山志][清康熙志][清普陀山志][清普陀全胜]</td><td>圆应峰[普陀洛迦新志]</td><td>—</td></tr>
<tr><td>546</td><td>香火岗</td><td>山(峰)</td><td>—</td><td>香火冈[地形图]</td><td>—</td></tr>
<tr><td>547</td><td>清凉峰</td><td>山(峰)</td><td>清凉冈[清普陀山志][清普陀全胜]</td><td>清凉冈[地形图],清凉峰[民国志]</td><td>—</td></tr>
<tr><td>548</td><td>象王峰</td><td>山(峰)</td><td>象王峰[清南海普陀山志][清普陀山志][清普陀全胜]</td><td>象王峰[普陀洛迦新志][民国志]</td><td>—</td></tr>
<tr><td>549</td><td>烟墩峰</td><td>山(峰)</td><td>烟墩峰[清普陀山志][清普陀全胜]</td><td>烟墩峰[普陀洛迦新志][地形图]</td><td>—</td></tr>
</table>

续表

序号	现行地名	类别	清及清前	民国	地名志
550	达摩峰	山(峰)	达磨峰[明万历普陀山志][清南海普陀山志][清普陀山志][清普陀全胜],达摩峰[清康熙志]	达磨峰[普陀洛迦新志][民国志]	—
551	灵鹫峰	山(峰)	灵鹫峰[元补陀洛迦山志][明万历普陀山志][清南海普陀山志][清普陀山志][清普陀全胜][清光绪志]	灵鹫峰[普陀洛迦新志]	—
552	正趣峰	山(峰)	正趣峰[元补陀洛迦山志][清南海普陀山志][清普陀山志],玉趣峰[明万历普陀山志][清康熙志][清普陀全胜]	正趣峰[普陀洛迦新志][民国志]	—
553	炼丹峰	山(峰)	炼丹峰[明万历普陀山志][清南海普陀山志][清康熙志][清普陀山志][清普陀全胜]	炼丹峰[普陀洛迦新志]	—
554	白衣峰	山(峰)	白衣峰[清南海普陀山志][清康熙志][清普陀山志][清普陀全胜]	—	—
555	观音峰	山(峰)	观音峰[元补陀洛迦山志][明万历普陀山志][清南海普陀山志][清康熙志][清普陀山志][清普陀全胜]	观音峰[普陀洛迦新志]	—
556	塔子峰	山(峰)	塔子峰[明万历普陀山志][清康熙志][清普陀山志][清普陀全胜]	塔子峰[普陀洛迦新志]	—
557	弥陀峰	山(峰)	弥陀峰[明万历普陀山志][清南海普陀山志][清康熙志][清普陀山志][清普陀全胜]	弥陀峰[普陀洛迦新志]	—
558	雨华峰	山(峰)	雨花峰[清南海普陀山志],雨华峰[清康熙志][清普陀山志][清普陀全胜]	雨华峰[普陀洛迦新志]	—

续表

<table>
<tr><th>序号</th><th>现行地名</th><th>类别</th><th colspan="2">清及清前</th><th>民国</th><th>地名志</th></tr>
<tr><td>559</td><td>妙应峰</td><td>山(峰)</td><td>妙应峰[明万历普陀山志][清南海普陀山志][清普陀山志][清普陀全胜]</td><td rowspan="2">会妙峰[清康熙志]</td><td>妙应峰[普陀洛迦新志]</td><td>—</td></tr>
<tr><td>560</td><td>会仙峰</td><td>山(峰)</td><td>会仙峰[明万历普陀山志][清南海普陀山志][清普陀山志][清普陀全胜]</td><td>会仙峰[普陀洛迦新志]</td><td>—</td></tr>
<tr><td>561</td><td>金刚峰</td><td>山(峰)</td><td colspan="2">金刚峰[明万历普陀山志][清南海普陀山志][清康熙志][清普陀山志][清普陀全胜]</td><td>金刚峰[普陀洛迦新志]</td><td>—</td></tr>
<tr><td>562</td><td>梅湾</td><td>山谷</td><td colspan="2">—</td><td>梅湾[普陀洛迦新志]</td><td>—</td></tr>
<tr><td>563</td><td>青石湾</td><td>山谷</td><td colspan="2">青石湾[清南海普陀山志][清普陀山志][清普陀全胜][清光绪志]</td><td>青石湾[普陀洛迦新志]</td><td>—</td></tr>
<tr><td>564</td><td>后岙</td><td>山谷</td><td colspan="2">后岙[清南海普陀山志][清康熙志][清普陀全胜]</td><td>后岙[普陀洛迦新志][地形图]</td><td>—</td></tr>
<tr><td>565</td><td>司基畈</td><td>山谷</td><td colspan="2">梅岑岙[元延祐四明志][元大德志],司基湾[明万历普陀山志][清南海普陀山志][清普陀山志][清普陀全胜][清光绪志]</td><td>司基湾[普陀洛迦新志]</td><td>—</td></tr>
<tr><td>566</td><td>法雨岙</td><td>山谷</td><td colspan="2">法雨岙[清康熙志]</td><td>—</td><td>—</td></tr>
<tr><td>567</td><td>吉祥岙</td><td>山谷</td><td colspan="2">吉祥岙[清南海普陀山志][清康熙志][清普陀山志][清普陀全胜]</td><td>吉祥岙[普陀洛迦新志]</td><td>—</td></tr>
<tr><td>568</td><td>飞沙岙</td><td>山谷</td><td colspan="2">飞沙岙[明万历普陀山志][清南海普陀山志][清康熙志][清普陀山志][清普陀全胜]</td><td>飞沙岙[普陀洛迦新志][地形图][民国志]</td><td>—</td></tr>
</table>

续表

序号	现行地名	类别	清及清前	民国	地名志
569	虓虎岙	山谷	虓虎岙[清南海普陀山志][清康熙志][清普陀山志][清普陀全胜]	虓虎岙[普陀洛迦新志]	—
570	梵岙	山谷	长股岙[元大德志],捣饭岙[明万历普陀山志][清普陀山志],梵岙[清南海普陀山志][清康熙志][清普陀山志],	梵岙[普陀洛迦新志]	—
571	雨华岙	山谷	雨花岙[清南海普陀山志],雨华岙[清普陀山志][清普陀全胜]	雨华岙[普陀洛迦新志]	—
572	龙湾	山谷	龙湾[清南海普陀山志][清普陀山志][清普陀全胜][清光绪志]	龙湾[普陀洛迦新志][地形图]	—
573	幽静湾	山谷	幽静湾[清南海普陀山志][清康熙志][清普陀山志][清普陀全胜]	幽静湾[普陀洛迦新志]	—
574	入三摩地	山谷	三摩地[元补陀洛迦山志][明万历普陀山志][清南海普陀山志][清普陀山志][清普陀全胜]	三摩地[普陀洛迦新志]	—
575	清净境	山谷	清净境[明万历普陀山志][清南海普陀山志][清普陀山志][清普陀全胜]	清净境[普陀洛迦新志]	—
576	藤萝境	山谷	藤萝境[明万历普陀山志][清南海普陀山志][清普陀山志][清普陀全胜]	藤萝境[普陀洛迦新志]	—
577	西方境	山谷	西方境[明万历普陀山志][清南海普陀山志][清普陀山志][清普陀全胜]	西方境[普陀洛迦新志]	—
578	空有境	山谷	空有境[明万历普陀山志][清南海普陀山志][清普陀山志][清普陀全胜]	空有境[普陀洛迦新志]	—

续表

序号	现行地名	类别	清及清前	民国	地名志
579	(无考)	岩石	善才岩[宋乾道志],善财岩[元补陀洛迦山志]	—	—
580	八仙岩	岩石	八仙岩[清南海普陀山志][清康熙志][清普陀山志][清普陀全胜]	八仙岩[普陀洛迦新志]	—
581	东方岩	岩石	东方岩[明万历普陀山志][清南海普陀山志][清康熙志][清普陀山志][清普陀全胜]	东方岩[普陀洛迦新志]	—
582	西方岩	岩石	西方岩[明万历普陀山志][清康熙志][清普陀山志][清普陀全胜]	西方岩[普陀洛迦新志]	—
583	玲珑岩	岩石	玲珑岩[明万历普陀山志][清南海普陀山志][清康熙志][清普陀山志][清普陀全胜]	玲珑岩[普陀洛迦新志]	—
584	石浪岩	岩石	石浪岩[清南海普陀山志][清康熙志][清普陀山志][清普陀全胜]	石浪岩[普陀洛迦新志]	—
585	圆通岩	岩石	圆通岩[明万历普陀山志][清南海普陀山志][清康熙志][清普陀山志][清普陀全胜]	圆通岩[普陀洛迦新志]	—
586	狮子岩	岩石	狮子岩[宋乾道志][元补陀洛迦山志][明万历普陀山志][清南海普陀山志][清康熙志][清普陀山志][清普陀全胜]	狮子岩[普陀洛迦新志]	—
587	蟒首岩	岩石	—	—	—
588	梅公鼎岩	岩石	—	—	—
589	狮象岩	岩石	狮岩[清康熙志],狮象岩[清南海普陀山志][清普陀山志][清普陀全胜]	狮象岩[普陀洛迦新志]	—

续表

序号	现行地名	类别	清及清前	民国	地名志
590	象岩	岩石	象岩[明万历普陀山志][清南海普陀山志][清康熙志][清普陀山志][清普陀全胜]	象岩[普陀洛迦新志]	—
591	龙岩	岩石	龙岩[清南海普陀山志][清康熙志][清普陀山志][清普陀全胜]	龙岩[普陀洛迦新志]	—
592	虎岩	岩石	虎岩[明万历普陀山志][清南海普陀山志][清康熙志][清普陀山志][清普陀全胜]	虎岩[普陀洛迦新志]	—
593	鹰岩	岩石	鹰嘴岩[明万历普陀山志],鹰岩[清南海普陀山志][清康熙志][清普陀山志]	鹰岩[普陀洛迦新志]	—
594	白华岩	岩石	白华岩[清南海普陀山志][清康熙志]	—	—
595	兔岩	岩石	兔岩[清南海普陀山志][清康熙志][清普陀山志][清普陀全胜]	兔岩[普陀洛迦新志]	—
596	(已废)	岩石	几宝岩[清康熙志]	—	—
597	(无考)	岩石	旃檀岩[清康熙志]	—	—
598	文殊岩	岩石	文殊岩[清南海普陀山志][清康熙志][清普陀山志][清普陀全胜]	文殊岩[普陀洛迦新志]	—
599	佛手岩	岩石	佛手岩[明万历普陀山志][清南海普陀山志][清康熙志][清普陀山志][清普陀全胜]	佛手岩[普陀洛迦新志]	—
600	鹫岩	岩石	鹫岩[清普陀全胜]	—	—
601	天篚石	岩石	天篚石[明万历普陀山志][清南海普陀山志][清普陀山志][清普陀全胜]	天篚石[普陀洛迦新志]	—
602	心字石	岩石	—	—	—

续表

序号	现行地名	类别	清及清前	民国	地名志
603	佛牙石	岩石	佛牙石[明万历普陀山志][清南海普陀山志][清普陀山志][清普陀全胜]	佛牙石[普陀洛迦新志]	—
604	毛跳石	岩石	毛跳石[明万历普陀山志]	—	—
605	真歇石	岩石	真歇石[明万历普陀山志][清南海普陀山志][清普陀山志][清普陀全胜]	真歇石[普陀洛迦新志]	—
606	巫山石	岩石	巫山石[明万历普陀山志][清南海普陀山志][清普陀山志][清普陀全胜]	巫山石[普陀洛迦新志]	—
607	不二石	岩石	不二石[明万历普陀山志][清南海普陀山志][清普陀山志][清普陀全胜]	不二石[普陀洛迦新志]	—
608	香炉石	岩石	香炉石[明万历普陀山志][清普陀山志][清普陀全胜],香炉峰[清南海普陀山志]	香炉石[普陀洛迦新志]	—
609	师石	岩石	—	—	师石
610	无畏石	岩石	无畏石[元补陀洛迦山志][明万历普陀山志][清南海普陀山志][清普陀山志][清普陀全胜]	无畏石[普陀洛迦新志]	—
611	叠子石	岩石	叠子石[明万历普陀山志][清南海普陀山志][清普陀山志][清普陀全胜]	叠子石[普陀洛迦新志]	—
612	八卦石	岩石	八卦石[清南海普陀山志][清普陀山志][清普陀全胜]	八卦石[普陀洛迦新志]	—

续表

序号	现行地名	类别	清及清前	民国	地名志
613	（已废）	岩石	马鞍石［清南海普陀山志］［清普陀山志］［清普陀全胜］	马鞍石［普陀洛迦新志］	—
614	（已废）	岩石	仙掌石［清南海普陀山志］［清普陀山志］［清普陀全胜］	仙掌石［普陀洛迦新志］	—
615	（已废）	岩石	鹦哥石［清南海普陀山志］［清普陀山志］［清普陀全胜］	鹦哥石［普陀洛迦新志］	—
616	（已废）	岩石	水墨石［清南海普陀山志］［清普陀山志］［清普陀全胜］	水墨石［普陀洛迦新志］	—
617	（已废）	岩石	点头石［清普陀山志］［清普陀全胜］	点头石［普陀洛迦新志］	—
618	蛤蟆石	岩石	虾蟆石［清南海普陀山志］［清普陀山志］［清普陀全胜］	虾蟆石［普陀洛迦新志］	—
619	（已废）	岩石	灵芝石［清南海普陀山志］［清普陀山志］［清普陀全胜］	灵芝石［普陀洛迦新志］	—
620	（已废）	岩石	慈云石［清南海普陀山志］［清普陀山志］［清普陀全胜］	慈云石［普陀洛迦新志］	—
621	（已废）	岩石	鼓石［清南海普陀山志］［清普陀山志］［清普陀全胜］	鼓石［普陀洛迦新志］	—
622	（已废）	岩石	柱空石［清南海普陀山志］［清普陀山志］［清普陀全胜］	柱空石［普陀洛迦新志］	—
623	（已废）	岩石	—	紫云屏石［普陀洛迦新志］	—
624	（已废）	岩石	—	白马石［普陀洛迦新志］	—
625	（已废）	岩石	—	狮子石［普陀洛迦新志］	—
626	龙女洞	洞穴	龙女洞［明万历普陀山志］［清康熙志］［清普陀山志］［清普陀全胜］	善财龙女洞［普陀洛迦新志］	—

续表

序号	现行地名	类别	清及清前	民国	地名志
627	法华洞	洞穴	法华洞[明万历普陀山志][清康熙志][清普陀全胜]	法华洞[普陀洛迦新志][民国志]	—
628	摩尼洞	洞穴	摩尼洞[明万历普陀山志][清南海普陀山志][清康熙志][清普陀山志][清普陀全胜]	摩尼洞[普陀洛迦新志]	—
629	白云洞	洞穴	白云洞[清南海普陀山志][清康熙志][清普陀山志][清普陀全胜]	白云洞[普陀洛迦新志]	—
630	金刚窟	洞穴	金刚窟[明万历普陀山志][清康熙志][清普陀山志][清普陀全胜]	金刚洞[普陀洛迦新志]	—
631	金刚洞	洞穴	金刚洞[清南海普陀山志][清康熙志][清普陀山志][清普陀全胜]	金刚古洞[民国志],金刚洞[民国志]	—
632	宝塔洞	洞穴	宝塔洞[清南海普陀山志][清康熙志][清普陀山志][清普陀全胜]	宝塔洞[普陀洛迦新志]	—
633	碧峰洞	洞穴	—	—	—
634	莲台洞	洞穴	莲台洞[清南海普陀山志][清康熙志][清普陀山志][清普陀全胜]	莲台洞[普陀洛迦新志][民国志]	—
635	观音洞	洞穴	观音洞[清南海普陀山志][清康熙志][清普陀山志][清普陀全胜]	观音洞[普陀洛迦新志]	—
636	洛伽洞	洞穴	落迦洞[清康熙志],洛伽洞[清南海普陀山志][清普陀山志][清普陀全胜]	洛迦洞[普陀洛迦新志],洛伽洞[地形图][民国志]	—
637	平天洞	洞穴	平天洞[清南海普陀山志][清康熙志][清普陀山志][清普陀全胜]	平天洞[普陀洛迦新志]	—
638	小山洞	洞穴	小山洞[清南海普陀山志][清康熙志][清普陀全胜]	小山洞[普陀洛迦新志]	—
639	普贤洞	洞穴	—	普贤洞[民国志]	—

续表

序号	现行地名	类别	清及清前	民国	地名志
640	文殊洞	洞穴	文殊洞[清普陀全胜]	文殊洞[民国志]	—
641	弥勒洞	洞穴	弥勒洞[清普陀全胜]	弥勒洞[普陀洛迦新志]	—
642	古佛洞	洞穴	—	古佛洞[普陀洛迦新志][地形图][民国志]	—
643	狮子洞	洞穴	—	狮子洞[民国志]	—
644	善财洞	洞穴	善财洞[元补陀洛迦山志][清普陀全胜]	—	—
645	九难洞	洞穴	—	—	—
646	灵佑洞	洞穴	—	灵佑洞[普陀洛迦新志]	—
647	(已废)	洞穴	—	送子洞[民国志]	—
648	云水洞	洞穴	—	云水洞[民国志]	—
649	青玉涧	河流	青玉涧[清南海普陀山志][清康熙志][清普陀山志][清普陀全胜]	青玉涧[普陀洛迦新志]	—
650	雪浪涧	河流	雪浪涧[清南海普陀山志][清康熙志][清普陀山志][清普陀全胜]	雪浪涧[普陀洛迦新志]	—
651	东涧	河流	东涧[清南海普陀山志][清康熙志][清普陀山志][清普陀全胜],东沟[清南海普陀山志][清普陀山志]	东涧[普陀洛迦新志],东沟[普陀洛迦新志]	—
652	西涧	河流	西涧[清南海普陀山志][清康熙志][清普陀山志][清普陀全胜],西沟[清南海普陀山志][清普陀山志]	西涧[普陀洛迦新志],西沟[普陀洛迦新志]	—
653	中涧	河流	中涧[清南海普陀山志][清康熙志][清普陀山志][清普陀全胜],川沟[清南海普陀山志][清普陀山志]	中涧[普陀洛迦新志]	—
654	澄灵涧	河流	澄灵涧[清南海普陀山志][清康熙志][清普陀山志][清普陀全胜]	澄灵涧[普陀洛迦新志]	—

续表

序号	现行地名	类别	清及清前	民国	地名志
655	菩萨泉	泉	菩萨泉[元补陀洛迦山志][清南海普陀山志][清普陀山志][明万历普陀山志][清普陀全胜]	菩萨泉[普陀洛迦新志]	—
656	菩提泉	泉	菩提泉[清南海普陀山志][清康熙志][清普陀山志][清普陀全胜]	菩提泉[普陀洛迦新志]	—
657	活眼泉	泉	活眼泉[清南海普陀山志][清康熙志][清普陀山志][清普陀全胜]	活眼泉[普陀洛迦新志]	—
658	八功德泉	泉	八功德泉[清南海普陀山志][清康熙志][清普陀山志][清普陀全胜]	八功德泉[普陀洛迦新志]	—
659	滌心泉	泉	滌心泉[清南海普陀山志][清康熙志][清普陀山志][清普陀全胜]	滌心泉[普陀洛迦新志]	—
660	灵一泉	泉	灵一泉[明万历普陀山志]	灵一泉[普陀洛迦新志]	—
661	龙眼泉	泉	—	龙眼泉[普陀洛迦新志]	—
662	功德泉	泉	功德泉[清康熙志]	功德泉[普陀洛迦新志]	—
663	真歇泉	泉	真歇泉[清普陀山志][清普陀全胜]	真歇泉[普陀洛迦新志]	—
664	龙泉	泉	龙泉[清普陀山志][清普陀全胜]	龙泉[普陀洛迦新志]	—
665	三昧泉	泉	三昧泉[清南海普陀山志][清康熙志][清普陀山志][清普陀全胜]	三昧泉[普陀洛迦新志]	—
666	仙人井	井	仙人井[明万历普陀山志][清南海普陀山志][清康熙志][清普陀山志][清普陀全胜][清光绪志]	仙人井[普陀洛迦新志][民国志]	—
667	梅福井	井	—	梅福丹井[民国志],梅福井[普陀洛迦新志]	—

续表

序号	现行地名	类别	清及清前	民国	地名志
668	金沙井	井	金沙井[明万历普陀山志][清南海普陀山志][清康熙志][清普陀山志][清普陀全胜]	金沙井[普陀洛迦新志]	仙人井
669	葛洪井	井	葛洪井[明万历普陀山志][清南海普陀山志][清康熙志][清普陀山志][清普陀全胜][清光绪志]	葛洪井[普陀洛迦新志]	—
670	龙泉古井	井	—	—	—
671	（已废）	井	—	清泉井[民国志]	—
672	龙潭	水潭	龙潭[明万历普陀山志][清南海普陀山志][清普陀山志][清普陀全胜]	龙潭[普陀洛迦新志]	—
673	龟潭	水潭	龟潭[明万历普陀山志][清南海普陀山志][清普陀山志][清普陀全胜]	龟潭[普陀洛迦新志]	—
674	海印池	水潭	放生池[明万历普陀山志][清南海普陀山志][清普陀全胜][清普陀山志] 莲花池[明万历普陀山志][清普陀山志] 荷花池[清康熙志]，海印池[清南海普陀山志][清普陀山志][清普陀全胜]	海印池[普陀洛迦新志][民国志]	—
675	莲池	水潭	—	莲池[普陀洛迦新志][民国志]	—
676	洗心池	水潭	—	洗心池[普陀洛迦新志][民国志]	—
677	甘露池	水潭	—	甘露池[民国志]	—
678	育龙池	水潭	—	育龙池[普陀洛迦新志]	—
679	月印池	水潭	—	月印池[普陀洛迦新志]	—

续表

序号	现行地名	类别	清及清前	民国	地名志
680	光明池	水潭	光明池[明万历普陀山志][清南海普陀山志][清普陀山志][清普陀全胜]	光明池[普陀洛迦新志]	—
681	翦鉴池	水潭	剪鉴池[清南海普陀山志][清普陀山志][清普陀全胜]	翦鉴池[普陀洛迦新志]	—
682	莲花池	水潭	—	莲花池[普陀洛迦新志]	—

舟山市普陀区六横镇新旧地名录

（居民点和山水等陆域类地名）

<table>
<tr><th>序号</th><th>现行地名</th><th>类别</th><th>清及清前</th><th>民国</th><th>地名志</th></tr>
<tr><td>1</td><td>峧头</td><td>居民点</td><td>—</td><td>峧头[地形图]</td><td>峧头</td></tr>
<tr><td>2</td><td>峧头小岙</td><td>居民点</td><td>—</td><td>—</td><td>小岙</td></tr>
<tr><td>3</td><td>老立成</td><td>居民点</td><td>—</td><td>—</td><td>老立成</td></tr>
<tr><td>4</td><td>峧头陈家岙</td><td>居民点</td><td>—</td><td>—</td><td>陈家</td></tr>
<tr><td>5</td><td>荷花池刘</td><td>居民点</td><td>—</td><td>荷花峙[地形图]</td><td>荷花池</td></tr>
<tr><td>6</td><td>郑家塘</td><td>居民点</td><td>—</td><td>—</td><td>郑家塘</td></tr>
<tr><td>7</td><td>范家</td><td>居民点</td><td>—</td><td>范家[地形图]</td><td>范家</td></tr>
<tr><td>8</td><td>庙后岗</td><td>居民点</td><td>—</td><td>—</td><td>庙后岗</td></tr>
<tr><td>9</td><td>裕号里</td><td>居民点</td><td>—</td><td>—</td><td>裕号里</td></tr>
<tr><td>10</td><td>邵家</td><td>居民点</td><td>—</td><td>—</td><td>邵家</td></tr>
<tr><td>11</td><td>邵家后岙</td><td>居民点</td><td>—</td><td>—</td><td>邵家后岙</td></tr>
<tr><td>12</td><td>边蒲岙</td><td>居民点</td><td>匾蒲隩[清光绪志]</td><td>扁浦岙[地形图][民国志]</td><td>边蒲岙</td></tr>
<tr><td>13</td><td>邬家</td><td>居民点</td><td>—</td><td>—</td><td>邬家</td></tr>
<tr><td>14</td><td>峙山跟</td><td>居民点</td><td>—</td><td>—</td><td>峙山跟</td></tr>
<tr><td>15</td><td>水潭跟</td><td>居民点</td><td>—</td><td>大岭下[地形图]</td><td>水潭跟</td></tr>
<tr><td>16</td><td>上大岙</td><td>居民点</td><td>—</td><td>大岙[地形图]
[民国志]</td><td>大岙</td></tr>
<tr><td>17</td><td>周家岙</td><td>居民点</td><td>—</td><td>周家山嘴[地形图]</td><td>周家岙</td></tr>
<tr><td>18</td><td>已废,2008 年
迁至大岙小区</td><td>居民点</td><td>—</td><td>—</td><td>后岙</td></tr>
<tr><td>19</td><td>张网岙</td><td>居民点</td><td>—</td><td>—</td><td>张网岙</td></tr>
<tr><td>20</td><td>缉网岙</td><td>居民点</td><td>—</td><td>—</td><td>缉网岙</td></tr>
<tr><td>21</td><td>石柱头后岙</td><td>居民点</td><td rowspan="3">硃岙[元延祐四明志][元大德志],石住头[清光绪志]</td><td rowspan="3">石柱头[地形图]
[民国志]</td><td>后岙</td></tr>
<tr><td>22</td><td>石柱头前岙</td><td>居民点</td><td>前岙</td></tr>
<tr><td>23</td><td>石柱头中岙</td><td>居民点</td><td>中岙</td></tr>
<tr><td>24</td><td>石柱头半塘</td><td>居民点</td><td>—</td><td>半塘里[地形图][民国志]</td><td>半塘</td></tr>
</table>

续表

序号	现行地名	类别	清及清前	民国	地名志
25	小曹家	居民点	—	小曹家[地形图]	小曹家
26	翁家嘴	居民点	翁家嘴[清光绪志]	翁家嘴[地形图][民国志]	翁家嘴
27	山后背	居民点	—	—	山后背
28	大井湾	居民点	—	—	大井湾
29	河塘	居民点	—	—	河塘
30	大墩	居民点	—	—	大墩
31	坦岙外岙	居民点	—	—	外岙
32	贺家岙	居民点	—	—	贺家岙
33	坦岙	居民点	—	淡岙[地形图]	坦岙
34	马家	居民点	—	—	马家
35	外李家	居民点	—	—	外李家
36	余姚房	居民点	—	余姚房[地形图][民国志]	余姚房
37	(已废)	居民点	—	西厂	—
38	礁潭里湾	居民点	—	—	里湾
39	外湾	居民点	—	外湾[地形图][民国志] 青山嘴[地形图]	外湾
40	石塘埂	居民点	—	—	石塘埂
41	大葛藤	居民点	葛藤山[清光绪志]	大葛藤[地形图][民国志]	大夹屯
42	前岸	居民点	—	—	前岸
43	后岸	居民点	—	—	后岸
44	小葛藤	居民点	—	小葛藤[地形图][民国志]	小夹屯
45	李家	居民点	—	西厂[民国志]	李家
46	沃家	居民点	—	—	沃家
47	岭下	居民点	—	—	岭下
48	礁潭史家	居民点	—	—	史家
49	下宅山王家岙	居民点	下竹山[清光绪志]	下竹山[地形图][民国志]	王家岙
50	傅家岙	居民点	—	—	傅家岙
51	虞家岙	居民点	—	—	虞家岙
52	湾里	居民点	—	—	湾里
53	台门中央岙	居民点	中心岙[元延祐四明志][元大德志],中央墺[清光绪志]	中央岙[地形图][民国志]	中央岙

续表

<table>
<tr><th>序号</th><th>现行地名</th><th>类别</th><th>清及清前</th><th colspan="2">民国</th><th>地名志</th></tr>
<tr><td>54</td><td>高岗新村</td><td>居民点</td><td>—</td><td colspan="2">—</td><td>—</td></tr>
<tr><td>55</td><td>蚊虫山</td><td>居民点</td><td>—</td><td colspan="2">—</td><td>蚊虫山</td></tr>
<tr><td>56</td><td>中胜后岙</td><td>居民点</td><td>—</td><td colspan="2">后岙[地形图][民国志]</td><td>后岙</td></tr>
<tr><td>57</td><td>葛山</td><td>居民点</td><td>—</td><td colspan="2">—</td><td>葛山</td></tr>
<tr><td>58</td><td>礁潭大岙</td><td>居民点</td><td>蛟潭[清光绪志]，椒潭[清光绪志·军政]</td><td rowspan="4">焦头大岙[地形图]，礁潭[民国志]</td><td>大岙里[地形图][民国志]</td><td>大岙</td></tr>
<tr><td>59</td><td>清凉庵下</td><td>居民点</td><td>—</td><td>—</td><td>陈家岙</td></tr>
<tr><td>60</td><td>山碗</td><td>居民点</td><td>—</td><td>—</td><td>山碗</td></tr>
<tr><td>61</td><td>唐家岙</td><td>居民点</td><td>—</td><td>—</td><td>唐家岙</td></tr>
<tr><td>62</td><td>（已废）</td><td>居民点</td><td>—</td><td colspan="2">田厂[地形图]</td><td>—</td></tr>
<tr><td>63</td><td>台门湾</td><td>居民点</td><td>台门[清光绪志]</td><td colspan="2">台门[地形图]</td><td>台门湾</td></tr>
<tr><td>64</td><td>乌龟山</td><td>居民点</td><td>乌龟山[清光绪志]</td><td colspan="2">乌龟山[地形图][民国志]</td><td>乌龟山</td></tr>
<tr><td>65</td><td>撩箬湾</td><td>居民点</td><td>—</td><td colspan="2">撩箬湾[地形图][民国志]
坑顶[地形图][民国志]</td><td>撩箬湾</td></tr>
<tr><td>66</td><td>丁船湾</td><td>居民点</td><td>—</td><td colspan="2">钉船湾[地形图][民国志]</td><td>停船湾</td></tr>
<tr><td>67</td><td>门头</td><td>居民点</td><td>—</td><td colspan="2">门头[地形图][民国志]</td><td>—</td></tr>
<tr><td>68</td><td>上东岙</td><td>居民点</td><td rowspan="2">—</td><td colspan="2" rowspan="2">东岙[地形图]</td><td rowspan="2">东岙</td></tr>
<tr><td>69</td><td>下东岙</td><td>居民点</td></tr>
<tr><td>70</td><td>龙头跳</td><td>居民点</td><td>吴家跳[元延祐四明志][元大德志]，清水跳[明两汇报海防类考续编]</td><td colspan="2">龙头跳[地形图][民国志]</td><td>龙头跳</td></tr>
<tr><td>71</td><td>高岗</td><td>居民点</td><td>—</td><td colspan="2">山头墩[地形图][民国志]</td><td>高岗</td></tr>
<tr><td>72</td><td>任家</td><td>居民点</td><td rowspan="3">田隩[清光绪志]</td><td rowspan="3">田岙[地形图][民国志]</td><td>—</td><td>任家</td></tr>
<tr><td>73</td><td>田岙陈家岙</td><td>居民点</td><td>陈家[地形图]</td><td>陈家岙</td></tr>
<tr><td>74</td><td>馒头山</td><td>居民点</td><td>—</td><td>馒头山</td></tr>
<tr><td>75</td><td>田岙小沙头</td><td>居民点</td><td>—</td><td colspan="2">锁岙[地形图]</td><td>小沙头</td></tr>
<tr><td>76</td><td>赵家</td><td>居民点</td><td>—</td><td colspan="2">赵家岙[地形图]</td><td>赵家</td></tr>
<tr><td>77</td><td>王隘</td><td>居民点</td><td>—</td><td colspan="2">王家[地形图]，田岙庙[民国志]</td><td>王街</td></tr>
<tr><td>78</td><td>西边</td><td>居民点</td><td>—</td><td colspan="2">—</td><td>西边</td></tr>
<tr><td>79</td><td>里胡家</td><td>居民点</td><td>—</td><td colspan="2">—</td><td>里胡家</td></tr>
<tr><td>80</td><td>外胡家</td><td>居民点</td><td>—</td><td colspan="2">吴家[地形图]</td><td>外胡家</td></tr>
</table>

续表

序号	现行地名	类别	清及清前	民国	地名志
81	小沙浦	居民点	—	小沙浦[地形图][民国志]	小沙浦
82	唐家山嘴	居民点	—	—	老唐家
83	龙头山	居民点	—	—	龙头山
84	小湾	居民点	—	外湾[地形图]	小湾
85	龙山王家岙	居民点	—	—	黄家岙
86	峧后头	居民点	—	—	峧后头
87	竹山	居民点	—	竹山[地形图][民国志]	竹山
88	墩里	居民点	—	—	墩里
89	天福堂	居民点	—	—	天福堂
90	邵家岙	居民点	—	—	—
91	丁家岙	居民点	—	—	丁家岙
92	曹家岙	居民点	大浦[清光绪志]	大浦岙[地形图][民国志]	曹家岙
93	俞家岙	居民点			俞家岙
94	陈家堂	居民点			陈家堂
95	孙家岙	居民点			孙家岙
96	金家堂	居民点			金家堂
97	郑家岙	居民点			郑家堂
98	刘家堂	居民点			刘家堂
99	上龙山史家	居民点	—	岙底[地形图][民国志]	史家
100	老厂跟	居民点	—	龙浦	老厂跟
101	里半塘	居民点	—	—	里半塘
102	西山脚下	居民点	—	—	西山脚下
103	（已废）	居民点	—	头湾[民国志]	—
104	（已废）	居民点	—	泥湾[地形图]， 二湾[民国志]	—
105	七洞岙	居民点	五宝隩[清光绪志]	挈桶岙[地形图][民国志]	七洞岙
106	半掘浦	居民点	半橛浦[清光绪志]	半橛浦岙[地形图]	半掘浦
107	大沙浦	居民点	大沙浦[清光绪志]	大沙浦[地形图]， 大沙浦岙[民国志]	大沙浦
108	王家	居民点	—	沙浦	王家
109	庄家	居民点	—	—	庄家
110	沙浦杜家	居民点	—	—	杜家

续表

序号	现行地名	类别	清及清前	民国	地名志
111	俞家	居民点	—	—	俞家
112	（已废）	居民点	—	—	老屋里
113	（已废）	居民点	—	—	外局头
114	沙浦	居民点	—	—	南岙
115	（已废）	居民点	—	—	沙塘
116	外周家	居民点	大麦坑［明两浙海防类考续编］［明全浙兵制］，大脉坑［清光绪志］	大麦坑［地形图］［民国志］	外周家
117	岙里头	居民点			岙里头
118	里周家	居民点			里周家
119	大脉坑王家塘	居民点			王家塘
120	蒋家塘	居民点	—	—	蒋家塘
121	江家塘	居民点	—	—	江家塘
122	沙岙	居民点	沙隩［清光绪志］	锁岙［地形图］，沙岙［民国志］	沙岙
123	已废于2008年迁居龙山棕榈湾小区	居民点	—	棕榈外湾［地形图］［民国志］	大外湾
124	已废，于2008年迁居龙山棕榈湾小区	居民点	—	—	小外湾
125	已废，于2008年迁居龙山棕榈湾小区	居民点	—	—	外石家
126	已废，于2008年迁居龙山棕榈湾小区	居民点	—	—	里石家
127	庙头山	居民点	—	棕榈湾［地形图］［民国志］	庙头山
128	棕榈湾陈家岙	居民点	—	—	陈家岙
129	棕榈湾刘家岙	居民点	—	—	刘家岙
130	棕榈湾周家岙	居民点	—	—	周家岙
131	棕榈湾王家塘	居民点	—	—	王家塘
132	蟑螂山	居民点	蟑螂山［清光绪志］	蟑螂山［地形图］，蜣螂山［民国志］	蟑螂山
133	里山头浦	居民点	山头浦［清光绪志］	山豆浦［地形图］，山头浦［民国志］	里山头浦
134	外山头浦	居民点			外山头浦
135	（已废）	居民点	—	王沙塘［地形图］	黄沙塘
136	峧西	居民点	—	金家峧［地形图］［民国志］	峧西

续表

<table>
<tr><th>序号</th><th>现行地名</th><th>类别</th><th colspan="2">清及清前</th><th>民国</th><th>地名志</th></tr>
<tr><td>137</td><td>碶门头</td><td>居民点</td><td colspan="2">—</td><td>—</td><td>碶门头</td></tr>
<tr><td>138</td><td>沈家</td><td>居民点</td><td colspan="2">—</td><td>—</td><td>—</td></tr>
<tr><td>139</td><td>徒家</td><td>居民点</td><td colspan="2">—</td><td>—</td><td>—</td></tr>
<tr><td>140</td><td>大教场东岙</td><td>居民点</td><td rowspan="2">郎家东岙[元大德志]</td><td>大教场[清光绪志]</td><td>大教场[地形图][民国志]</td><td>大教场</td></tr>
<tr><td>141</td><td>大教场西岙</td><td>居民点</td><td>—</td><td>—</td><td>西岙</td></tr>
<tr><td>142</td><td>小教场</td><td>居民点</td><td colspan="2">小教场[清光绪志]</td><td>小教场[地形图][民国志]</td><td>小教场</td></tr>
<tr><td>143</td><td>半塘</td><td>居民点</td><td colspan="2">—</td><td>—</td><td>半塘</td></tr>
<tr><td>144</td><td>外岙</td><td>居民点</td><td colspan="2">—</td><td>狗头颈[地形图][民国志]</td><td>刘家外岙</td></tr>
<tr><td>145</td><td>积峙山</td><td>居民点</td><td colspan="2">岐山庙[清光绪志]</td><td>积峙[地形图]，
峙山庙[民国志]</td><td>积峙</td></tr>
<tr><td>146</td><td>积峙捕厂湾</td><td>居民点</td><td colspan="2">—</td><td>—</td><td>捕厂湾</td></tr>
<tr><td>147</td><td>骑马湾</td><td>居民点</td><td colspan="2">—</td><td>—</td><td>骑马湾</td></tr>
<tr><td>148</td><td>西坑</td><td>居民点</td><td rowspan="5">郎家西岙[元大德志]</td><td rowspan="3">横被塘[清光绪志]</td><td>横皮塘西坑[地形图]，
西坑[民国志]</td><td>西坑</td></tr>
<tr><td>149</td><td>五星中岙</td><td>居民点</td><td>横皮塘中坑[地形图]，
中坑[民国志]</td><td>中岙</td></tr>
<tr><td>150</td><td>东坑</td><td>居民点</td><td>横皮塘东坑[地形图]，
东坑[民国志]</td><td>东坑</td></tr>
<tr><td>151</td><td>谢家屋后</td><td>居民点</td><td>—</td><td rowspan="2">里岙[地形图][民国志]</td><td rowspan="2">里岙</td></tr>
<tr><td>152</td><td>俞家屋后</td><td>居民点</td><td>—</td></tr>
<tr><td>153</td><td>里岙中央岙</td><td>居民点</td><td colspan="2">—</td><td>—</td><td>中央岙</td></tr>
<tr><td>154</td><td>饭蒸岙</td><td>居民点</td><td colspan="2">—</td><td rowspan="2">外岙[地形图][民国志]</td><td>饭蒸岙</td></tr>
<tr><td>155</td><td>斗进岙</td><td>居民点</td><td colspan="2">—</td><td>斗进岙</td></tr>
<tr><td>156</td><td>茹家</td><td>居民点</td><td colspan="2">—</td><td>—</td><td>茹家</td></tr>
<tr><td>157</td><td>大支</td><td>居民点</td><td colspan="2">大枝隩[清光绪志]</td><td>大支[地形图][民国志]</td><td>大支</td></tr>
<tr><td>158</td><td>小支</td><td>居民点</td><td colspan="2">小枝隩[清光绪志]</td><td>小支[地形图][民国志]</td><td>小支</td></tr>
<tr><td>159</td><td>徐家岙</td><td>居民点</td><td colspan="2">—</td><td>长涂</td><td>徐家岙</td></tr>
<tr><td rowspan="2">160</td><td rowspan="2">上长涂</td><td rowspan="2">居民点</td><td colspan="2" rowspan="2">上长涂[清光绪志]</td><td>上长涂[地形图][民国志]</td><td rowspan="2">上长涂</td></tr>
<tr><td>李家[地形图]</td></tr>
<tr><td>161</td><td>下长涂</td><td>居民点</td><td colspan="2">下长涂[清光绪志]</td><td>下长涂[地形图][民国志]</td><td>下长涂</td></tr>
</table>

续表

序号	现行地名	类别	清及清前	民国	地名志
162	黄岩头	居民点	黄岩头[清光绪志]	黄岩豆[地形图]，黄岩头[民国志]	—
163	协丰小岙	居民点	小隩[清光绪志]	小岙[地形图][民国志]	小岙
164	轮船码头	居民点	—	—	—
165	涨起港外湾	居民点	双屿港[明经世文编·双屿填港工完事疏][明两浙海防类考续编]，涨起港[清光绪志]	涨起港[地形图][民国志]	外湾
166	涨起港大岙	居民点			大岙
167	上厂	居民点			上厂
168	李家塘	居民点	—		李家塘
169	涨起港张家塘	居民点			张家塘
170	（已废）	居民点	竹湾[清光绪志]	竹湾[地形图]	竹湾
171	张家塘	居民点	—	蒋家塘[地形图][民国志]	张家塘
172	上张家塘	居民点	脱湾窔[清光绪志]	脱湾窔[地形图]	中岙
173	后峧	居民点	—	后窔[地形图]	后峧
174	长山嘴	居民点	长山嘴[清光绪志]	长山嘴[地形图][民国志]	长山嘴
175	马鞍峙	居民点	—	马鞍峙[地形图][民国志]	马鞍峙
176	双塘孙家	居民点	—	—	孙家
177	孙家半塘	居民点	—	—	半塘
178	平岩潭	居民点	—	平岩台[地形图]	平岩潭
179	应家	居民点	—	—	应家
180	应家外湾	居民点	—	—	外湾
181	月亮边	居民点	—	—	月亮边
182	双塘东岙	居民点	双塘岙[清康熙志]，双塘隩[清光绪志]	双堂岙[地形图][民国志]	东岙
183	双塘西岙	居民点		—	西岙
184	童家岙	居民点	—	—	童家岙
185	千丈塘	居民点	千丈塘[清光绪志]	千丈塘[地形图]	—
186	东冲山嘴	居民点	—	—	—
187	滚龙岙中岙	居民点	滚龙隩[清光绪志]	液龙岙[地形图]，混龙岙[民国志]	中岙
188	滚龙岙西岙	居民点			西岙
189	滚龙岙东岙	居民点			东岙
190	小台湾	居民点			外湾
191	仰天	居民点	—	仰天岙[地形图][民国志]	仰天

续表

序号	现行地名	类别	清及清前	民国	地名志
192	张府庙后	居民点	张家竂[清光绪志]	张家竂[地形图]，张家庵[民国志]	庙后
193	张府庙前	居民点			庙前
194	魏家	居民点	—	—	—
195	夏家	居民点	—	—	夏家
196	大塘外	居民点	—	—	大塘外
197	大曹家	居民点	—	大曹家[地形图]	大曹家
198	干岩孙家	居民点	—	干岩	孙家
199	干岩洪家	居民点	—	—	洪家
200	里干岩	居民点	—	里狗头颈[地形图]，里狗眼头[民国志]	里干岩
201	外干岩	居民点	—	外狗头颈[地形图]，外狗眼头[民国志]	外干岩
202	（已废）	居民点	—	夹焦峙[地形图]，夹礁峙[民国志]	—
203	施家	居民点	—	—	施家
204	干岩半塘	居民点	—	—	半塘
205	青山杜家	居民点	—	—	杜家
206	青山王家	居民点	—	—	王家
207	庙跟	居民点	青山庙[清光绪志]	青山庙[地形图][民国志]	庙跟
208	贺家	居民点	—	—	贺家
209	南里	居民点	—	—	南里
210	周家	居民点	—	—	周家
211	半塘刘家岙	居民点	—	—	刘家岙
212	清港小岙	居民点	—	—	小岙
213	新农村	居民点	—	—	新农村
214	清港竹湾	居民点	清纲岙[清康熙志]，清江隩[清光绪志]	青江岙[地形图][民国志]	竹湾
215	外厂	居民点	—	—	外厂
216	外黄家	居民点	—	—	外黄家
217	外山嘴	居民点	劈鲞嘴[清光绪志]	—	外山嘴
218	（已废）	居民点	—	徐江岙[地形图][民国志]	—
219	（已废）	居民点	—	—	三户头

续表

序号	现行地名	类别	清及清前	民国	地名志
220	外沙头	居民点	—	沙头[地形图], 大沙头[民国志]	外沙头
221	练家	居民点	—	—	练家
222	杨家	居民点	—	—	杨家
223	小沙头	居民点	—	—	小沙头
224	双塘陈家	居民点	—	陈家岙[地形图][民国志]	陈家
225	双塘黄沙	居民点	—	—	黄沙
226	练家	居民点	—	—	练家
227	桔树湾	居民点	—	—	桔树湾
228	梅峙东	居民点	—	梅峙岙[地形图][民国志] 盘峙湾[地形图][民国志]	梅峙岙
229	梅峙小山	居民点	梅屿山[清光绪志]	梅峙小山[地形图]	梅峙山
230	外塘	居民点	—	—	—
231	岙里	居民点	—	—	岙里
232	西湾	居民点	—	西湾[地形图]	西湾
233	里平岐	居民点	平窔[清光绪志]	里平窔[地形图], 平岐[民国志] 南湾[地形图], 南湾[民国志]	里平岐
234	仰天岗新村	居民点	—	仰天岗[地形图][民国志]	仰天岗
235	裕太	居民点	—	—	裕太
236	戏文山	居民点	—	戏文山[地形图]	戏文山
237	上冲里	居民点	—	—	—
238	凉帽潭	居民点	—	—	—
239	里青山	居民点	青山隩[清光绪志]	青山岙[地形图][民国志] 老虎岩[地形图]	里青山
240	外青山	居民点	—	—	外青山
241	伴山	居民点	—	—	半山里
242	外平岐	居民点	—	里平窔[地形图] 外山嘴[地形图]	外平岐
243	小湖	居民点	小坞[清光绪志]	小湖[地形图][民国志]	小湖
244	外黄沙	居民点	—	—	外黄沙

续表

<table>
<tr><th>序号</th><th>现行地名</th><th>类别</th><th>清及清前</th><th>民国</th><th>地名志</th></tr>
<tr><td>245</td><td>洪家</td><td>居民点</td><td>—</td><td>—</td><td>洪家</td></tr>
<tr><td>246</td><td>戎家</td><td>居民点</td><td>—</td><td>上登[地形图]，
岗登[民国志]</td><td>戎家</td></tr>
<tr><td>247</td><td>老庵基</td><td>居民点</td><td>—</td><td>资福庵[地形图]</td><td>老庵基</td></tr>
<tr><td>248</td><td>贺家半塘</td><td>居民点</td><td>—</td><td>—</td><td>半塘</td></tr>
<tr><td>249</td><td>老贺家</td><td>居民点</td><td>—</td><td>—</td><td>老贺家</td></tr>
<tr><td>250</td><td>东岸</td><td>居民点</td><td>—</td><td>—</td><td>东岸</td></tr>
<tr><td>251</td><td>新贺家</td><td>居民点</td><td>—</td><td>新贺家[地形图][民国志]</td><td>新贺家</td></tr>
<tr><td>252</td><td>杜庄</td><td>居民点</td><td>杜庄(岙)[元大德志]，杜章岙[清康熙志]，杜庄[清光绪志]</td><td>杜庄[地形图][民国志]</td><td>杜庄</td></tr>
<tr><td>253</td><td>庙后背</td><td>居民点</td><td>—</td><td>—</td><td>—</td></tr>
<tr><td>254</td><td>后沙塘</td><td>居民点</td><td>—</td><td>—</td><td>—</td></tr>
<tr><td>255</td><td>仁房</td><td>居民点</td><td>—</td><td>—</td><td>—</td></tr>
<tr><td>256</td><td>沙城</td><td>居民点</td><td>—</td><td>—</td><td>—</td></tr>
<tr><td rowspan="2">257</td><td rowspan="2">横安</td><td rowspan="2">居民点</td><td rowspan="2">—</td><td>里横庵[地形图]，
横桉[民国志]</td><td rowspan="2">横安</td></tr>
<tr><td>横庵沙头[地形图]</td></tr>
<tr><td>258</td><td>小苍洞</td><td>居民点</td><td>—</td><td>小苍洞[地形图]，小仓洞</td><td>小苍洞</td></tr>
<tr><td>259</td><td>小苍洞小岙</td><td>居民点</td><td>—</td><td>—</td><td>小岙</td></tr>
<tr><td>260</td><td>大苍洞岙</td><td>居民点</td><td>苍桐隩[清光绪志]</td><td>苍洞[地形图]，
大仓洞[民国志]</td><td>大苍洞</td></tr>
<tr><td>261</td><td>苍洞东岙</td><td>居民点</td><td>—</td><td>—</td><td>东岙</td></tr>
<tr><td>262</td><td>曹家</td><td>居民点</td><td>—</td><td>仇家[地形图]</td><td>曹家</td></tr>
<tr><td>263</td><td>山坑</td><td>居民点</td><td>—</td><td>三坑[地形图]</td><td>三坑</td></tr>
<tr><td>264</td><td>草盘</td><td>居民点</td><td>—</td><td>—</td><td>草盘</td></tr>
<tr><td>265</td><td>川江</td><td>居民点</td><td>—</td><td>川岙[地形图][民国志]</td><td>川江</td></tr>
<tr><td>266</td><td>道头嘴</td><td>居民点</td><td>—</td><td>—</td><td>道头嘴</td></tr>
<tr><td>267</td><td>上扑蛇</td><td>居民点</td><td>—</td><td rowspan="2">扑蛇岙[地形图]</td><td>上扑蛇</td></tr>
<tr><td>268</td><td>下扑蛇</td><td>居民点</td><td>—</td><td>下扑蛇</td></tr>
<tr><td>269</td><td>佛东岙</td><td>居民点</td><td>—</td><td>东岙[地形图]</td><td>东岙</td></tr>
<tr><td>270</td><td>(已废)</td><td>居民点</td><td>—</td><td>小北岙[地形图][民国志]</td><td>—</td></tr>
</table>

续表

<table>
<tr><th>序号</th><th>现行地名</th><th>类别</th><th>清及清前</th><th>民国</th><th>地名志</th></tr>
<tr><td>271</td><td>大北岙</td><td>居民点</td><td>—</td><td>大北岙[地形图][民国志]</td><td>大北岙</td></tr>
<tr><td>272</td><td>鸡爪湾</td><td>居民点</td><td rowspan="9">浡涂岙[元延祐四明志][元大德志]</td><td>鸡爪湾[地形图][民国志]</td><td>鸡爪湾</td></tr>
<tr><td>273</td><td>豁蛋岙</td><td>居民点</td><td>忽唐岙[地形图],忽塘岙[民国志]</td><td>豁蛋岙</td></tr>
<tr><td>274</td><td>石塘岙</td><td>居民点</td><td>石塘岙[地形图][民国志]</td><td>石塘岙</td></tr>
<tr><td>275</td><td>大厂跟</td><td>居民点</td><td>—</td><td>大厂跟</td></tr>
<tr><td>276</td><td>石门下</td><td>居民点</td><td>石门下[地形图][民国志]</td><td>石门下</td></tr>
<tr><td>277</td><td>石门小岙</td><td>居民点</td><td>—</td><td>小岙</td></tr>
<tr><td>278</td><td>地爿</td><td>居民点</td><td>地棚里[地形图][民国志]</td><td>地爿</td></tr>
<tr><td>279</td><td>佛渡捕厂湾</td><td>居民点</td><td>庙葛湾[地形图],
蒲菖湾[民国志]</td><td>捕厂湾</td></tr>
<tr><td>280</td><td>捕南岙</td><td>居民点</td><td>南岙[地形图][民国志]</td><td>南岙</td></tr>
<tr><td>281</td><td>大沙岙</td><td>居民点</td><td>—</td><td>大沙岙[地形图][民国志]</td><td>大沙岙</td></tr>
<tr><td>282</td><td>小沙岙</td><td>居民点</td><td>—</td><td>小沙岙[地形图][民国志]</td><td>小沙岙</td></tr>
<tr><td>283</td><td>大鱼厂</td><td>居民点</td><td>—</td><td>大鱼厂[地形图][民国志]</td><td>大鱼厂</td></tr>
<tr><td>284</td><td>小连三弯</td><td>居民点</td><td>—</td><td>—</td><td>小连三弯</td></tr>
<tr><td>285</td><td>大筲箕</td><td>居民点</td><td>—</td><td>大沙基[地形图][民国志]</td><td>大筲箕</td></tr>
<tr><td>286</td><td>长坑</td><td>居民点</td><td>—</td><td>长坑[地形图]</td><td>长坑</td></tr>
<tr><td>287</td><td>(已废)</td><td>居民点</td><td>—</td><td>上岗[地形图]</td><td>—</td></tr>
<tr><td>288</td><td>悬山黄沙</td><td>居民点</td><td>—</td><td>黄沙[地形图]</td><td>黄沙</td></tr>
<tr><td>289</td><td>半边山</td><td>居民点</td><td>—</td><td>半边山[地形图][民国志]</td><td>半边山</td></tr>
<tr><td>290</td><td>已废,2008年迁往台门凉潭新村</td><td>居民点</td><td>—</td><td rowspan="2">大梁头[地形图],
大两段[民国志]</td><td>大宗里</td></tr>
<tr><td>291</td><td>已废,2008年迁往台门凉潭新村</td><td>居民点</td><td>—</td><td>裘家岙</td></tr>
<tr><td>292</td><td>已废,2008年迁往台门凉潭新村</td><td>居民点</td><td>—</td><td>小梁头[地形图],
小两段[民国志]</td><td>小凉潭</td></tr>
<tr><td rowspan="2">293</td><td rowspan="2">对面山</td><td rowspan="2">居民点</td><td>—</td><td>对面山[地形图],
下岙[民国志]</td><td>下岙</td></tr>
<tr><td>—</td><td>上岙[民国志]</td><td>上岙</td></tr>
<tr><td>294</td><td>杨柳坑</td><td>居民点</td><td>—</td><td>杨柳坑[地形图][民国志]</td><td>杨柳坑</td></tr>
</table>

续表

序号	现行地名	类别	清及清前	民国	地名志
295	西平岗	居民点	—	西平冈[民国志]	西平岗（西平岩）
296	小筲箕	居民点	—	小扫箕[地形图]，小扫帚[民国志]	小筲箕
297	马跳头	居民点	—	马跳头[地形图][民国志]	马跳头
298	后门	居民点	—	—	后门
299	老宫后	居民点	—	—	—
300	新厂跟	居民点	—	新厂根[地形图]	新厂跟
301	（已废）	居民点	—	大坪岗[地形图]	—
302	田湾	居民点	—	田湾[地形图]	田湾
303	小田湾	居民点	—	小田湾[地形图][民国志]	—
304	（已废）	居民点	—	小坑[地形图]	—
305	大山头	居民点	—	大山头[地形图]	大山头
306	狗头颈	居民点	—	狗头颈[地形图][民国志]	狗头颈
307	铜锣甩	居民点	—	铜锣甩[地形图]，铜锣环[民国志]	铜锣甩
308	里青龙	居民点	—	里青龙[地形图]	—
309	（已废，址无考）	居民点	外岙[元延祐四明志][元大德志]	—	—
310	（已废，址无考）	居民点	车敖[元延祐四明志][元大德志]	—	—
311	（已废，址无考）	居民点	厉岙[元延祐四明志][元大德志]	—	—
312	（已废，址无考，疑为东浪嘴一带）	居民点	东茆岘[元延祐四明志][元大德志]	—	—
313	（已废，址无考）	居民点	竹头[元延祐四明志][元大德志]	—	—
314	（已废，址无考）	居民点	庙岙[元延祐四明志][元大德志]	—	—
315	（已废，址无考，疑为西浪嘴一带）	居民点	西茆岘[元延祐四明志][元大德志]	—	—

续表

序号	现行地名	类别	清及清前	民国	地名志
316	（已废）	建筑物	—	狮子亭[民国志]	—
317	（已废）	建筑物	—	海宴亭[民国志]	—
318	（已废）	建筑物	—	适中亭[民国志]	—
319	万年塘	堤堰	万年塘[清光绪志]	万年塘[民国志]	万年海塘
320	天助塘 （现为二线海塘）	堤堰	天助塘[清光绪志]	天助塘[民国志]	天助海塘
321	保安塘	堤堰	保安塘[清光绪志]	保安塘[民国志]	保安海塘
322	涨起港塘	堤堰	涨起港塘[清光绪志]	涨起港塘[民国志]	—
323	（已废，今作路）	堤堰	竹湾塘[清光绪志]	竹湾塘[民国志]	竹湾海塘
324	三角海塘 （现为二线海塘）	堤堰	—	三角海塘[地名资料]	三角海塘
325	棕榈湾塘	堤堰	棕榈湾塘[清光绪志]	棕榈湾塘[民国志]	—
326	大麦坑塘	堤堰	大麦坑塘[清光绪志]	大麦坑塘[民国志]	—
327	沙岙塘 （现为二线海塘）	堤堰	沙岙塘[清光绪志]	沙岙塘[民国志]	沙岙海塘
328	（已废）	堤堰	永丰塘[清光绪志]	永丰塘[民国志]	—
329	（已废）	堤堰	永亨塘[清光绪志]	西浪嘴塘[地形图]， 永亨塘[民国志]	永亨海塘
330	（已废）	堤堰	永安塘[清光绪志]	永安塘[地形图] [民国志]	永安海塘
331	永源塘 （现为三线海塘）	堤堰	永源塘[清光绪志]	老塘[地形图]	—
332	美在塘 （现为二线海塘）	堤堰	—	美在塘[地形图] [民国志]	—
333	太丰塘 （现为二线海塘）	堤堰	太丰塘[清光绪志]	泰丰塘[地形图]， 太丰塘[民国志]	—
334	五宝岙塘 （现为二线海塘）	堤堰	五宝岙塘[清光绪志]	五宝岙塘[民国志]	—
335	聚源塘	堤堰	聚源塘[清光绪志]	聚源塘[民国志]	聚源海塘
336	阜安塘（现二线海塘）	堤堰	阜安塘[清光绪志]	阜安塘[民国志]	—
337	（已废，今作路）	堤堰	千丈塘[清光绪志]	千丈塘[地形图][民国志]	—

续表

序号	现行地名	类别	清及清前	民国	地名志
338	永远塘（现为二线海塘）	堤堰	永远塘[清光绪志]	永远塘[地形图][民国志]	—
339	永平塘（现为二线海塘）	堤堰	—	永平塘[地形图]	—
340	（已废）	堤堰	—	西湾塘[地形图]	—
341	上塘（现为二线海塘）	堤堰	上塘[清光绪志]	上塘[民国志]	—
342	中塘（现为二线海塘）	堤堰	中塘[清光绪志]	中塘[民国志]	—
343	太丰塘（现为二线海塘）	堤堰	太丰塘[清光绪志]	太丰塘[民国志]	—
344	永全塘（现为二线海塘）	堤堰	永全塘[清光绪志]	永全塘[民国志]	—
345	兆余塘	堤堰	兆余塘[清光绪志]	兆余塘[民国志]	—
346	（已废，今作路）	堤堰	杜庄塘[清光绪志]	杜庄塘[民国志]	—
347	嘉源塘（现为二线海塘）	堤堰	嘉源塘[清光绪志]	嘉源塘[民国志]	—
348	丰余塘（现为二线海塘）	堤堰	丰余塘[清光绪志]	丰余塘[民国志]	—
349	庆元塘（现为二线海塘）	堤堰	庆元塘[清光绪志]	庆元塘[民国志]	—
350	阜庆塘（现为二线海塘）	堤堰	阜庆塘[清光绪志]	复青塘[地形图]，阜庆塘[民国志]	—
351	（已废，今作路）	堤堰	永清塘[清光绪志]	永清塘[民国志]	—
352	济庶塘（现为二线海塘）	堤堰	济庶塘[清光绪志]	济庶塘[民国志]	—
353	大支塘（现为二线海塘）	堤堰	大支塘[清光绪志]	大支塘[民国志]	—
354	小香塘（现为二线海塘）	堤堰	小香塘[清光绪志]	小香塘[民国志]	—
355	庆余塘	堤堰	庆余塘[清光绪志]	庆余塘[民国志]	—
356	庆全塘（现为二线海塘）	堤堰	庆全塘[清光绪志]	庆全塘[民国志]	—
357	（已废，今作路）	堤堰	耕余塘[清光绪志]	耕余塘[民国志]	—

续表

序号	现行地名	类别	清及清前	民国	地名志
358	庆丰塘 （现为二线海塘）	堤堰	庆丰塘［清光绪志］	庆丰塘［民国志］	—
359	安丰塘 （现为二线海塘）	堤堰	安丰塘［清光绪志］	安丰塘［民国志］	—
360	（已废）	堤堰	万利塘［清光绪志］	万利塘［民国志］	—
361	振绪塘 （现为二线海塘）	堤堰	振绪塘［清光绪志］	振绪塘［民国志］	—
362	靖余塘 （现为二线海塘）	堤堰	—	靖余塘［地形图］ ［民国志］	靖余海塘
363	川江新海塘	堤堰	—	川江新海塘［水利资料］	新海塘
364	北岙海塘	堤堰	—	北岙海塘［水利资料］	北岙海塘
365	小盐海塘	堤堰	—	小盐海塘［水利资料］	小盐海塘
366	鸡爪湾海塘	堤堰	—	鸡爪湾海塘［水利资料］	鸡爪湾海塘
367	外石海塘	堤堰	—	外石海塘［水利资料］	外石海塘
368	杨柳坑海塘	堤堰	—	杨柳坑海塘［水利资料］	杨柳坑海塘
369	大筲箕海塘	堤堰	—	大筲箕海塘［水利资料］	大筲箕海塘
370	小筲箕海塘	堤堰	—	小筲箕海塘［水利资料］	—
371	马跳头海塘	堤堰	—	马跳头海塘［水利资料］	—
372	（已废，无考）	宗教 纪念地	黄公祠［宋宝庆志］［元大德志］［明天启志］	—	—
373	太平庙	宗教 纪念地	太平庙［清光绪志］	太平庙［地形图］［民国志］	—
374	（已废）	宗教 纪念地	文武殿（在岐头）［清光绪志］	—	—
375	魁星阁	宗教 纪念地	魁星阁［清光绪志］	奎星阁［民国志］， 魁星阁［民国志］	—
376	（已废）	宗教 纪念地	—	正乙庙［民国志］	—
377	平安庙	宗教 纪念地	平安庙［清光绪志］	平安庙［地形图］ ［民国志］	—
378	天后宫	宗教 纪念地	天后宫［明筹海图编］，圣母宫［清光绪志］	天后宫［地形图］ ［民国志］	—

续表

序号	现行地名	类别	清及清前	民国	地名志
379	（已废）	宗教纪念地	财神殿［清光绪志］	—	—
380	庄穆庙	宗教纪念地	关圣殿［清光绪志］	—	—
381	（已废）	宗教纪念地	义火祠［清光绪志］	义火祠［民国志］	—
382	（已废）	宗教纪念地	岐山庙［清光绪志］	峙山庙［地形图］，岐山庙［民国志］	—
383	东岳宫	宗教纪念地	东岳宫［清光绪志］	东岳宫［民国志］	—
384	龙王宫	宗教纪念地	谢龙王宫	谢龙宫［民国志］，龙王宫［民国志］	—
385	（已废）	宗教纪念地	文武殿（古保安庙址）［清光绪志］	文武殿［地形图］［民国志］	—
386	张府庙	宗教纪念地	张府庙［清光绪志］	张府庙［地形图］［民国志］	—
387	双塘庙	宗教纪念地	双塘庙［清光绪志］	双塘庙［民国志］	—
388	（已废）	宗教纪念地	—	灵丹殿［民国志］	—
389	（已废）	宗教纪念地	—	后兴殿［民国志］	—
390	林府庙	宗教纪念地	林府庙［清光绪志］	林府庙［地形图］［民国志］	—
391	凝波庙	宗教纪念地	凝波庙［清光绪志］	凝波庙［民国志］	—
392	（已废）	宗教纪念地	—	树棚庙［民国志］	—
393	（已废）	宗教纪念地	永亨庙［清光绪志］	永亨庙［民国志］	—
394	田岙庙	宗教纪念地	田隩庙［清光绪志］	田岙庙［民国志］，田隩庙［民国志］	—

续表

序号	现行地名	类别	清及清前	民国	地名志
395	苍洞庙	宗教纪念地	苍桐庙	沧洞庙[民国志]	—
396	小湖庙	宗教纪念地	—	小湖庙[民国志]	—
397	杜庄庙	宗教纪念地	庄公庙[清光绪志]	杜庄庵[地形图]，杜庄庙[地形图]，庄公庙[民国志]	—
398	（已废）	宗教纪念地	—	朝圣庙[民国志]	—
399	青山庙	宗教纪念地	青山庙[清光绪志]	青山庙[地形图][民国志]	—
400	（已废）	宗教纪念地	—	天医殿[民国志]	—
401	（已废）	宗教纪念地	紫石庙[清光绪志]	紫石庙[民国志]	—
402	（已废）	宗教纪念地	—	马跳头庙[地形图][民国志]	—
403	洪泉寺	宗教纪念地	洪泉寺[清光绪志]	洪泉寺[地形图][民国志]	—
404	佛灵庵	宗教纪念地	佛灵庵[清光绪志]	佛灵庵[民国志]	—
405	（已废）	宗教纪念地	积泉庵[清光绪志]	积泉庵[民国志]	—
406	资福庵	宗教纪念地	资福庵[清光绪志]	资福庵[地形图][民国志]	—
407	金山寺	宗教纪念地	金山寺[清光绪志]	—	—

续表

序号	现行地名	类别	清及清前	民国	地名志
408	大浦岭	古道	大岭[清光绪志]	大岭[地形图]	—
409	黄荆岭	古道	黄荆岭[清光绪志]	—	—
410	大岙岭	古道	挈桶岭[清光绪志]	大岙岭[地形图] [民国志]	大岙岭
411	七洞岙岭	古道	—	—	—
412	棕榈湾	古道	棕梠湾岭[清光绪志]	棕梠岭[地形图] [民国志]	—
413	大脉坑岭	古道	大脉坑岭[清光绪志]	大麦岭[地形图] [民国志]	—
414	大沙浦岭	古道	—	大沙浦岭[地形图]	—
415	涨起港岭	古道	—	涨起岭[地形图] [民国志]	—
416	外岙岭	古道	—	外岙岭[地形图]	—
417	里岙岭	古道	里隩岭[清光绪志]	里岙岭[地形图] [民国志]	—
418	教场岭	古道	鹿厂隩岭[清光绪志]	教场岭[地形图]	—
419	新双塘岭	古道	—	新双堂岭[地形图]	—
420	老双塘岭	古道	双塘岭[清光绪志]	老双堂岭[地形图]	—
421	杜庄岭	古道	—	杜庄岭[地形图]	—
422	礁潭岭	古道	蛟潭岭[清光绪志]	焦头岭[地形图]	—
423	中央岙岭	古道	中央隩岭[清光绪志]	中央岭[地形图]	—
424	苍洞岭	古道	苍桐岭[清光绪志]	苍洞岭[地形图]	—
425	田岙岭	古道	田隩岭[清光绪志]	田岙岭[地形图]	—
426	走怕岭	古道	走怕岭[清光绪志]	狗婆岭[地形图]	—
427	老杜庄岭	古道	—	杜岙岭,老杜庄岭[地形图]	—
428	清港岭	古道	—	青江岙岭[地形图], 清江岭[民国志]	—
429	寺基岭	古道	—	寺基岭[地形图]	—
430	大山头	山(山峰)	—	大山头[地形图] [民国志]	—

续表

序号	现行地名	类别	清及清前	民国	地名志
431	东浪嘴山	山(山峰)	东浪嘴[清光绪志]	东浪嘴山[地形图] [民国志]	东浪咀山
432	宋家山	山(山峰)	—	宋家山[地形图]	—
433	蟑螂山	山(山峰)	蟑螂山[清光绪志]	蟑螂山[地形图], 蜣螂山[民国志]	蟑螂山
434	竹山	山(山峰)	—	竹山[地形图]	—
435	天皇堂山	山(山峰)	天皇道[清光绪志]	天皇脑[地形图] [民国志]	天王堂
436	(无考)	山(山峰)	仙人洞[清光绪志]	—	—
437	西浪嘴山	山(山峰)	浪擂头[明筹海图编],西浪嘴[清光绪志]	西浪嘴山[地形图] [民国志]	西浪嘴
438	炮头岗	山(山峰)	—	炮头山[地形图]	炮头岗
439	双顶山	山(山峰)	双顶山[清光绪志],五高峰*[八省图]	天王山,双顶山[地形图], 双顶山[民国志]	双顶山
440	下峙山	山(山峰)	—	峙山[地形图]	—
441	外岙山	山(山峰)	—	—	外岙山
442	庙山	山(山峰)	—	—	—
443	和尚山	山(山峰)	—	—	和尚山
444	东岗	山(山峰)	—	—	东岗
445	庙后岗	山(山峰)	—	—	庙后岗
446	石水岗	山(山峰)	—	黄岩豆山[地形图]	石水岗
447	火烧山嘴	山(山峰)	—	照应山[地形图]	火烧山嘴
448	里岙山	山(山峰)	—	胡家山[地形图]	—
449	大支炮台岗	山(山峰)	—	大支岗[地形图]	—
450	狮子山	山(山峰)	狮子山[清光绪志]	—	—
451	韭菜峙山	山(山峰)	—	韭菜峠[地形图], 韭菜峙[民国志]	—
452	积峙山	山(山峰)	鲫屿[明两浙海防类考续编],积岐[清光绪志]	积峙山[地形图] [民国志]	积峙山
453	嵩山道	山(山峰)	嵩山[清光绪志]	嵩山[地形图]	嵩山道
454	老虎岗	山(山峰)	—	—	老虎岗

续表

序号	现行地名	类别	清及清前	民国	地名志
455	将军山	山(山峰)	将军山[清光绪志]	—	—
456	贺家山	山(山峰)	—	何家山[地形图] [民国志]	贺家山
457	岑家山	山(山峰)	—	王家山[地形图]	—
458	白石岩岗	山(山峰)	—	白石岩岗[地形图]	—
459	洋山岗山	山(山峰)	—	临英山岗[地形图]	—
460	仰天岗	山(山峰)	—	仰天岗[地形图] [民国志]	仰天岗
461	西湾岗	山(山峰)	—	—	—
462	礁潭岗	山(山峰)	—	焦头岗[地形图]	外礁潭岗
463	大尖山峰	山(山峰)	双塘山[明两浙海防类考续编]	焦头大山[地形图] [民国志]	大尖山峰
464	马鞍岗	山(山峰)	—	马鞍岗[地形图]	—
465	大尖峰	山(山峰)	—	大尖峰(介于台门大石岩岗与炮台岗之间) [地形图]	—
466	大石岩岗	山(山峰)	—	石岩墩[地形图]	大石岩岗
467	蚊虫山	山(山峰)	—	枪山平岗[地形图]	—
468	马腰岗	山(山峰)	—	高塔岗[地形图]	马腰岗
469	老山岗	山(山峰)	—	劳山岗[地形图]	老山岗
470	小尖峰	山(山峰)	金竹岗[清光绪志]	小尖峰[地形图]	—
471	炮台岗	山(山峰)	炮台冈[清光绪志]	炮台岗[地形图]	炮台岗
472	大奶奶山	山(山峰)	—	—	大奶奶
473	大坑山	山(山峰)	—	—	大坑
474	老狮岩	山(山峰)	—	老狮岩[地形图]	—
475	老鹰嘴山	山(山峰)	—	老鹰嘴[地形图] [民国志]	老鹰咀
476	田岙岗	山(山峰)	—	田岙岗[地形图]	—
477	苍洞炮台岗	山(山峰)	—	螺丝嘴[地形图], 螺蛳嘴[民国志]	炮台岗
478	三坑大山	山(山峰)	—	三坑大山[地形图]	—

续表

序号	现行地名	类别	清及清前	民国	地名志
479	茶峙	山(山峰)	菜屿(时为小岛)[清光绪志]	茶屿山(时为小岛)[地形图],茶仲(时为小岛)[民国志]	—
480	沙头山	山(山峰)	—	沙头山[地形图],大沙头[民国志]	—
481	上峰山	山(山峰)	—		上峰山
482	双塘大平岗	山(山峰)	—	—	大平岗
483	猫头岗墩	山(山峰)	—	杜庄岗[地形图]	毛头岗墩
484	双塘大山	山(山峰)	—	后山岗[地形图]	大山
485	杨梅头岗墩	山(山峰)	—	—	杨梅头岗墩
486	小尖山	山(山峰)	—	—	小尖山
487	小湖大平岗	山(山峰)	—	强盗湾(山)[地形图]	大平岗
488	长礁岗	山(山峰)	—		长礁岗
489	磊落洪山	山(山峰)	—		磊落洪
490	公山	山(山峰)	—	佛渡山[地形图],佛肚山[民国志]	公山
491	佛渡岗墩	山(山峰)	—	—	岗登
492	小佛渡山	山(山峰)	—	小佛渡(时为小岛)[地形图],小佛肚[民国志]	小佛渡(燕子山)
493	西平岗	山(山峰)	—	西平冈[地形图][民国志]	—
494	长坑岗	山(山峰)	—	长坑岗[地形图]	—
495	大鱼厂山	山(山峰)	—	大鱼厂山[地形图]	—
496	峙家岩山	山(山峰)	—	—	峙家岩
497	后门山	山(山峰)	—	后门山[地形图][民国志](时为小岛)	后门山
498	外局马鞍岗	山(山峰)	—	马鞍岗[地形图]	—
499	悬山大平岗	山(山峰)	—	—	大平岗
500	铜锣甩山	山(山峰)	—	铜锣甩[地形图],铜锣环[民国志]	铜锣甩
501	半掘浦	河流	—	半橛浦[地形图]	—

舟山市普陀区虾峙镇新旧地名录

（居民点和山水等陆域类地名）

序号	现行名称	类别	清及清前	民国	地名志
1	南岙	居民点	—	南岙［地形图］［民国志］	南岙
			—	—	山脚下
2	沙头	居民点	—	—	沙头
3	已废，1983年迁往南岙	居民点	—	蓝田墩［地形图］，澜田敦［民国志］	烂田墩
4	（已废）	居民点	—	长坑岭［民国志］	—
5	已废，1983年迁往南岙	居民点	—	狗头颈［地形图］	狗头颈
6	大岙	居民点	石浜［元延祐四明志］，［元大德志］，石崩［明全浙兵制］［明两浙海防类考续编］	大岙［地形图］	大岙
7	大涂面	居民点	—	大度面［地形图］，大涂面［民国志］	大涂面
8	庙湾	居民点	—	圣塘庙［地形图］，庙湾［民国志］	庙湾
			—	—	南边
9	小庙湾	居民点	—	—	小庙湾
10	已废，2006年9月迁至庙湾	居民点	—	走马塘［地形图］［民国志］	走马塘
11	大沙头	居民点	—	岙口［地形图］［民国志］	大沙头
12	小沙头	居民点	—	—	小沙头
13	金竹坑	居民点	—	金竹坑［地形图］［民国志］	金竹坑
14	已废，1981年迁至岙口	居民点	—	箭箕岙［民国志］	—
15	1993年废止	居民点	—	石硼港沙头［民国志］	—
16	大庞公	居民点	—	大盘公［地形图］［民国志］	大庞公

续表

序号	现行地名	类别	清及清前	民国	地名志
17	小庞公	居民点	—	小盘公[地形图][民国志]	小庞公
18	(已废)	居民点	—	老虎嘴[民国志]	—
19	中弄里	居民点	—	—	中弄里
20	石子岙	居民点	—	石子岙[地形图]	石子岙
21	沙峧	居民点	—	—	沙峧
22	龙眼	居民点	—	龙眼[地形图]	龙眼
23	小沙碗	居民点	—	沙壕[地形图], 沙峧[民国志]	小沙碗
24	烂田湾	居民点	—	—	烂田湾
25	坟坑岙	居民点	—	坟坑山[地形图], 大坟坑[民国志]	坟坑岙
26	已废,1982 年 迁至沙峧	居民点	—	小坟坑[地形图], 小文坑[民国志]	小坟坑
27	蛤蚆岩	居民点	—	—	蛤蚆岩
28	已废,1981 年 迁至小虾峙	居民点	—	冈头墩[地形图], 冈豆墩[民国志]	—
29	栅棚	居民点	插排山[清光绪志·军政]	石硼[地形图], 插棚[民国志]	栅棚
30	后沙	居民点	—	后沙岙[民国志]	后沙
31	后太横	居民点	—	后太黄[民国志]	后太皇
32	大枫树岙	居民点	—	枫树岙[地形图][民国志]	大枫树岙
33	小枫树岙	居民点	—	—	小枫树岙
34	小虾峙	居民点	—	小虾峙[地形图]	小虾峙
35	里礁岙	居民点	—	里礁岙[地形图], 礁岙[民国志]	里礁岙
36	外礁岙	居民点	—	外礁岙[地形图]	外礁岙
37	大双北岙	居民点	—	北岙[地形图][民国志]	北岙
38	大双小岙	居民点	—	蒋岙[地形图][民国志]	小岙
39	茶岙	居民点	—	茶岙[地形图][民国志]	茶岙
40	长柄	居民点	—	长柄[地形图][民国志]	长柄
41	已废,1995 年 迁至小虾峙	居民点	—	小双山[民国志]	小双

续表

序号	现行地名	类别	清及清前	民国	地名志
42	大凉湖	居民点	—	大良和[地形图]，大梁湖[民国志]	大凉湖
43	小凉湖	居民点	—	小良和[地形图]，小凉湖[民国志]	小凉湖
44	半山里	居民点	—	—	半山里
45	镬潭里	居民点	—	—	镬潭里
46	金家塘	居民点	—	金家堂[地形图]	金家郎
47	庄家塘	居民点	—	沈家井[地形图]	庄家塘
48	下黄沙	居民点	黄沙[元延祐四明志][元大德志]	黄沙[地形图]，黄沙岙[民国志]	下黄沙
49	上黄沙	居民点		—	上黄沙
50	炼石岙	居民点	—	练石岙[地形图][民国志] 狮子岩[地形图][民国志]	炼石岙
51	对岸	居民点	—	对岸[地形图][民国志]	对岸
52	小陈家	居民点	—	流水坑[民国志]	小陈家
53	横头鼓	居民点	—	横头顾[地形图]，横擂鼓[民国志]	横头鼓
54	长坑	居民点	—	长坑村[地形图]，长坑[民国志]	长坑
55	上笔架山	居民点	—	笔架山村[地形图]	上笔架山
56	已废，1975 年迁至长坑	居民点	—		下笔架山 —
57	毕家郎	居民点	—	—	毕家郎
58	傅家郎	居民点	—	傅家堂[民国志]	傅家郎
59	唐家郎	居民点	—	—	唐家郎
60	周家	居民点	—	—	周家
61	屋山前	居民点	—	—	屋山前
62	下畈	居民点	—	—	下畈

续表

序号	现行地名	类别	清及清前	民国	地名志
63	河泥漕	居民点	黄砂[元延祐四明志][元大德志]	和义漕[民国志]	河泥漕
64	双王沙	居民点		双黄沙[民国志]	双王沙
				后黄沙[民国志]	—
65	外王家	居民点	—	山头墩[地形图],山豆墩[民国志]	外王家
66	(已废)	居民点	—	捣臼爿[民国志]	—
67	(已废)	居民点	—	仙人洞[民国志]	—
68	(已废)	居民点	—	横头山[民国志]	—
69	洪洞坑	居民点	—	—	洪洞坑
70	老厂跟	居民点	—	中岙[地形图][民国志]	老厂跟
71	湖泥西岙	居民点	—	西岙[地形图][民国志]	西岙
72	大小岙	居民点	—	大小岙[地形图][民国志]	大小岙
73	小小岙	居民点	—	—	小小岙
74	湖泥东湾	居民点	—	—	东湾
75	西白莲前岙	居民点	—	前岸[地形图][民国志]	前岙
76	隔壁岙	居民点	—	隔壁岙[地形图][民国志]	隔壁岙
77	已废,1986年迁至前岙和隔壁岙	居民点	—	后岸[地形图][民国志]	—
78	(已废,东白莲下岙)	居民点	—	南岙[地形图][民国志]	下岙
79	东白莲中岙	居民点	—	中岙[地形图][民国志]	中岙
80	(已废)	居民点	—	北岙[地形图][民国志]	—
81	已废,1956年迁至下岙	居民点	—	后岙[地形图][民国志]	—
82	(已废)	堤堰	—	金钵盂海塘[水利资料]	—
83	(已废)	堤堰	—	大肚面海塘[水利资料]	—
84	(已废)	堤堰	—	永清塘[水利资料]	—
85	(已废)	堤堰	—	三径塘[水利资料]	—
86	大沙塘	堤堰	—	大沙塘[水利资料]	—
87	小沙塘	堤堰	—	小沙塘[水利资料]	—
88	靖远(乾)塘(现为二线海塘)	堤堰	—	靖远(乾)塘[水利资料]	—
89	靖远(坤)塘	堤堰	—	靖远(坤)塘[水利资料]	—

续表

序号	现行地名	类别	清及清前	民国	地名志
90	裕金塘	堤堰	—	裕金塘[水利资料]	—
91	中岙塘（现为二线海塘）	堤堰	—	（东白莲）中岙塘[水利资料]	—
92	上岙塘（现为二线海塘）	堤堰	—	（东白莲）上岙塘[水利资料]	—
93	下岙塘（现为二线海塘）	堤堰	—	（东白莲）下岙塘[水利资料]	—
94	东湾塘	堤堰	—	（湖泥）东湾塘[水利资料]	东湾海塘
95	大小岙海塘	堤堰	—	（湖泥）大畈塘[水利资料]	大小岙海塘
96	汪家岙塘	堤堰	—	（湖泥）后岙塘[水利资料]	汪家岙海塘
97	前岸塘	堤堰	—	（西白莲）前岸塘[水利资料]	—
98	后岸塘	堤堰	—	（西白莲）后岸塘[水利资料]	—
99	（已废）	宗教纪念地	—	善庆庵[地形图][民国志]	—
100	玄坛庙	宗教纪念地	—	玄坛庙[民国志]	—
101	圣塘庙	宗教纪念地	—	圣塘庙[民国志]	—
102	清凉庵	宗教纪念地	—	清凉庵[民国志]	—
103	里礁岙山	山（峰）	—	里礁岙山[地形图]	—
104	礁岙山	山（峰）	—	茅草山[地形图]	礁岙山
105	茅草山	山（峰）	—	盘公山[地形图]	茅草山
106	石棚岗	山（峰）	—	石硼山[地形图]	—
107	炮台山	山（峰）	—	炮台山[地形图]	炮台山
108	张家塘山	山（峰）	—	长坑山[地形图]	—
109	凉湖岗	山（峰）	—	凉和岗[地形图]	凉湖岗

续表

序号	现行地名	类别	清及清前	民国	地名志
110	壁坑大平岗	山(峰)	—	—	壁坑
111	笔架山	山(峰)	—	笔架山[地形图]	—
112	前山	山(峰)	—	前山[地形图]	前山
113	将军山	山(峰)	—	将军山[民国志]	—
114	石门岗	山(峰)	—	—	石门岗
115	柴峞岗	山(峰)	—	—	柴峞岗
116	炮杖山	山(峰)	—	—	炮杖山
117	东湾炮杖山	山(峰)	—	—	东湾炮杖山
118	大山岗	山(峰)	—	—	大山岗
119	狮子岩山	山(峰)	—	—	狮子岩
120	凉湖炮台山	山(峰)	—	—	炮台山
121	山头顶	山(峰)	—	—	山头顶
122	外大山	山(峰)	—	—	外大山

舟山市普陀区桃花镇新旧地名录

（居民点和山水等陆域类地名）

<table>
<tr><th>序号</th><th>现行名称</th><th>类别</th><th colspan="2">清及清前</th><th>民国</th><th>地名志</th></tr>
<tr><td>1</td><td>公前</td><td>居民点</td><td rowspan="4">桃花村[宋宝庆志][元延祐四明志][元大德志][明天启志][清康熙志]，桃花岙[元延祐四明志][元大德志]</td><td>宫前[清光绪志]</td><td>宫前村[地形图][民国志]</td><td>公前</td></tr>
<tr><td>2</td><td>油草屋</td><td>居民点</td><td>—</td><td>小岙[地形图][民国志]</td><td>油草岙</td></tr>
<tr><td>3</td><td>（已废）</td><td>居民点</td><td>—</td><td>倒鸡台村[地形图][民国志]</td><td>—</td></tr>
<tr><td>4</td><td>蚂蝗坑</td><td>居民点</td><td>马蝗坑[清光绪志]</td><td>蚂蝗坑村[地形图][民国志]</td><td>蚂蝗坑（蚂蟥坑）</td></tr>
<tr><td>5</td><td>庆太</td><td>居民点</td><td colspan="2">—</td><td>—</td><td>庆太</td></tr>
<tr><td>6</td><td>洞太</td><td>居民点</td><td colspan="2">—</td><td>同泰里[地形图]，同太里[民国志]</td><td>洞太</td></tr>
<tr><td>7</td><td>茅草屋</td><td>居民点</td><td colspan="2">大枣隩[清光绪志]</td><td>茅草岙[地形图][民国志]</td><td>茅草屋（茅草岙）</td></tr>
<tr><td>8</td><td>里茅草屋</td><td>居民点</td><td colspan="2">—</td><td>—</td><td>里茅草屋</td></tr>
<tr><td>9</td><td>外茅草屋</td><td>居民点</td><td colspan="2">—</td><td>—</td><td>外茅草屋</td></tr>
<tr><td>10</td><td>上船跳</td><td>居民点</td><td colspan="2">—</td><td>上船跳[地形图][民国志]</td><td>上船跳</td></tr>
<tr><td>11</td><td>公前后沙头</td><td>居民点</td><td colspan="2">—</td><td>—</td><td>—</td></tr>
<tr><td>12</td><td>对峙新村</td><td>居民点</td><td colspan="2">—</td><td>—</td><td>—</td></tr>
<tr><td rowspan="2">13</td><td rowspan="2">茅山庙</td><td rowspan="2">居民点</td><td rowspan="2" colspan="2">洞下浦[清光绪志]</td><td>浦岙底[地形图][民国志]</td><td>茅山庙</td></tr>
<tr><td>洞下浦[地形图][民国志]</td><td>—</td></tr>
<tr><td>14</td><td>凉亭门口</td><td>居民点</td><td colspan="2">—</td><td>—</td><td>凉亭门口</td></tr>
<tr><td>15</td><td>南岸边</td><td>居民点</td><td colspan="2">—</td><td>—</td><td>南岸边</td></tr>
<tr><td>16</td><td>小碶门口</td><td>居民点</td><td colspan="2">—</td><td>—</td><td>小碶门口</td></tr>
<tr><td>17</td><td>岙里向</td><td>居民点</td><td colspan="2">—</td><td>—</td><td>岙里向</td></tr>
<tr><td>18</td><td>已废，1956年迁往大岭墩茅山和千步沙</td><td>居民点</td><td colspan="2">—</td><td>大岭顶村[地形图]，大岭顶[民国志]</td><td>—</td></tr>
</table>

续表

<table>
<tr><th>序号</th><th>现行地名</th><th>类别</th><th colspan="2">清及清前</th><th>民国</th><th>地名志</th></tr>
<tr><td>19</td><td>已废,1957 年搬迁至茅山岙里向</td><td>居民点</td><td colspan="2">—</td><td>小坑[地形图],小坑村[民国志]</td><td>小岙</td></tr>
<tr><td>20</td><td>张家</td><td>居民点</td><td colspan="2">—</td><td>张家[地形图]</td><td>张家</td></tr>
<tr><td>21</td><td>沙岙</td><td>居民点</td><td rowspan="2">黄岙[元延祐四明志][元大德志]</td><td>黄沙隩[清光绪志]</td><td>沙岙[地形图][民国志]</td><td>沙岙</td></tr>
<tr><td>22</td><td>稻篷</td><td>居民点</td><td>稻蓬山[清光绪志]</td><td>—</td><td>稻篷</td></tr>
<tr><td>23</td><td>胡家塘</td><td>居民点</td><td colspan="2">—</td><td>胡家村[地形图][民国志]</td><td>胡家塘</td></tr>
<tr><td>24</td><td>柏六房</td><td>居民点</td><td colspan="2">—</td><td></td><td>柏六房</td></tr>
<tr><td>25</td><td>九叉潭</td><td>居民点</td><td colspan="2">剑草田[清光绪志]</td><td>箭草田村[民国志]</td><td>九叉潭</td></tr>
<tr><td>26</td><td>寿坟跟</td><td>居民点</td><td colspan="2">—</td><td>—</td><td>窑厂跟</td></tr>
<tr><td>27</td><td>已废,1983 年—1985 年迁往胡家塘</td><td>居民点</td><td colspan="2">—</td><td>—</td><td>上屋塘</td></tr>
<tr><td>28</td><td>已废,1983 年搬迁至寿坟跟</td><td>居民点</td><td colspan="2">大深水隩[清光绪志]</td><td>大深水村[地形图][民国志]</td><td>大深水</td></tr>
<tr><td>29</td><td>客浦</td><td>居民点</td><td colspan="2">昆斗岙[宋宝庆志][元延祐四明志][元大德志],阔浦[清光绪志]</td><td>夏家塘[地形图][民国志]</td><td>客浦</td></tr>
<tr><td rowspan="2">30</td><td rowspan="2">小山头</td><td rowspan="2">居民点</td><td colspan="2" rowspan="2">—</td><td>小山[地形图][民国志]</td><td rowspan="2">小山头</td></tr>
<tr><td>南山岙[地形图][民国志]</td></tr>
<tr><td>31</td><td>汪家塘</td><td>居民点</td><td colspan="2">—</td><td>翁家塘[地形图]</td><td>汪家塘</td></tr>
<tr><td>32</td><td>茶山岙</td><td>居民点</td><td colspan="2">—</td><td>茶山岙[地形图][民国志]</td><td>茶山岙</td></tr>
<tr><td>33</td><td>小桥头</td><td>居民点</td><td colspan="2">—</td><td>小桥头[地形图][民国志]</td><td>小桥头</td></tr>
<tr><td>34</td><td>马家岙</td><td>居民点</td><td colspan="2">马家隩[清光绪志]</td><td>—</td><td>马家岙</td></tr>
<tr><td>35</td><td>大石头</td><td>居民点</td><td colspan="2">—</td><td>大佛头下村[地形图],大佛头下[民国志]</td><td>大石头</td></tr>
<tr><td>36</td><td>已废,1982 年迁往寿坟跟</td><td>居民点</td><td colspan="2">小深水[清光绪志]</td><td>小深水[民国志]</td><td>—</td></tr>
<tr><td>37</td><td>(已废)</td><td>居民点</td><td colspan="2">洋船湾[清光绪志]</td><td>—</td><td>—</td></tr>
<tr><td>38</td><td>已废,1966 年迁往大石头</td><td>居民点</td><td colspan="2">—</td><td>泥螺岙[民国志]</td><td>—</td></tr>
</table>

续表

<table>
<tr><th>序号</th><th>现行地名</th><th>类别</th><th>清及清前</th><th>民国</th><th>地名志</th></tr>
<tr><td>39</td><td>已废,1931 年迁往泥螺岙,1966 年转迁大石头</td><td>居民点</td><td>—</td><td>山头顶村[地形图]</td><td>—</td></tr>
<tr><td>40</td><td>韭菜</td><td>居民点</td><td>—</td><td>—</td><td>韭菜</td></tr>
<tr><td>41</td><td>连治山岙里向</td><td>居民点</td><td>—</td><td>练锤山[地形图]</td><td>岙里</td></tr>
<tr><td>42</td><td>外岙</td><td>居民点</td><td>—</td><td>—</td><td>外岙</td></tr>
<tr><td>43</td><td>潘家山嘴</td><td>居民点</td><td>—</td><td>—</td><td>潘家山嘴</td></tr>
<tr><td>44</td><td>池跟</td><td>居民点</td><td>—</td><td>—</td><td>池跟</td></tr>
<tr><td>45</td><td>团涂</td><td>居民点</td><td>—</td><td>断渡村[地形图][民国志]</td><td>团涂</td></tr>
<tr><td>46</td><td>后沙头</td><td>居民点</td><td>后沙头[清光绪志]</td><td>后沙头[民国志]</td><td>后沙头</td></tr>
<tr><td>47</td><td>小山头</td><td>居民点</td><td>—</td><td>—</td><td>小山头</td></tr>
<tr><td>48</td><td>贤丰岙</td><td>居民点</td><td>移风隩[清光绪志]</td><td></td><td>—</td></tr>
<tr><td>49</td><td>沙里</td><td>居民点</td><td>—</td><td>庙边村[地形图],西边村[民国志]</td><td>沙头</td></tr>
<tr><td rowspan="2">50</td><td rowspan="2">下透</td><td rowspan="2">居民点</td><td rowspan="2">—</td><td>下透[地形图][民国志]</td><td>下透</td></tr>
<tr><td>中透[地形图][民国志]</td><td>李家郎(李家堂)</td></tr>
<tr><td>51</td><td>后门</td><td>居民点</td><td rowspan="3">鹁鸪门[清光绪志]</td><td>—</td><td>后门</td></tr>
<tr><td>52</td><td>汤家塘</td><td>居民点</td><td>—</td><td>汤家塘</td></tr>
<tr><td>53</td><td>青龙首</td><td>居民点</td><td>青龙秀村[地形图][民国志]</td><td>青龙首</td></tr>
<tr><td rowspan="2">54</td><td rowspan="2">长坑</td><td rowspan="2">居民点</td><td rowspan="2">长坑[清光绪志]</td><td rowspan="2">长坑[地形图][民国志]</td><td>上长坑</td></tr>
<tr><td>下长坑</td></tr>
<tr><td>55</td><td>上厂</td><td>居民点</td><td>—</td><td>上厂[地形图][民国志]</td><td>—</td></tr>
<tr><td>56</td><td>下厂</td><td>居民点</td><td>—</td><td>下厂[地形图][民国志]</td><td>下厂</td></tr>
<tr><td>57</td><td>沙角里</td><td>居民点</td><td>—</td><td>沙谷里[地形图]</td><td>沙角里</td></tr>
<tr><td>58</td><td>李家岙</td><td>居民点</td><td>李家隩[清光绪志]</td><td>李家岙[地形图][民国志]</td><td>李家岙</td></tr>
<tr><td>59</td><td>千步沙</td><td>居民点</td><td>千步砂[元延祐四明志][元大德志],千步沙[清光绪志]</td><td>千步沙村[地形图][民国志]</td><td>千步沙</td></tr>
<tr><td>60</td><td>干家岙</td><td>居民点</td><td>—</td><td>干家岙[地形图][民国志]</td><td>干家岙</td></tr>
<tr><td>61</td><td>庵跟</td><td>居民点</td><td>—</td><td>庵跟村[民国志]</td><td>庵跟</td></tr>
</table>

续表

序号	现行地名	类别	清及清前	民国	地名志
62	龙头坑	居民点	墨夜坑[清光绪志]	鼋头坑村[地形图]， 龙潭坑村[民国志]	龙头坑
				龙头岗[地形图][民国志]	沈家堂
			埨湾[清光绪志]	大长头[地形图][民国志]	滩场头
63	（已废）	居民点	—	—	姚家堂
64	（已废）	居民点	上石水坑[清光绪志]	—	上石水岗
65	（已废）	居民点	—	外岙谢[地形图] [民国志]	—
66	（已废）	居民点	下石水坑[清光绪志]	石水缸村[地形图] [民国志]	下石水岗
67	米鱼洋	居民点	米鱼洋[清光绪志]	美鱼羊[地形图]， 米鱼洋村[民国志]	米鱼洋
				曾家[地形图]	
68	对峙长坑底	居民点	长坑岭	长坑村[地形图][民国志]	长坑底
69	王家	居民点	庙后坑[清光绪志]	庙后坑[地形图][民国志]	王家
70	仙人桥	居民点	仙人桥[清光绪志]	—	仙人桥
71	仰天盘	居民点	仰天坞[清光绪志]	仰天碗[地形图]， 仰天坞[民国志]	仰天盘
72	鹿教场	居民点	鹿教场[清光绪志]	鹿散场村[地形图]， 鹿教场村[民国志]	—
73	中段	居民点	乌石子隩[清光绪志]	乌石子村[地形图] [民国志]	岙里
					庙湾
			—	—	半截山
74	龙洞	居民点	龙洞[清光绪志]	龙洞[地形图]， 龙洞村[民国志]	龙洞
75	已废,2014 年 迁往对峙新村	居民点	—	—	谢家
76	已废,2014 年 迁往对峙新村	居民点	老埠头[清光绪志]	老埠头[地形图]， 老埠头村[民国志]	老埠头
77	（已废）	居民点	大唠隩[清光绪志]	—	—
78	（已废）	居民点	小唠隩[清光绪志]	—	—

续表

序号	现行地名	类别	清及清前	民国	地名志
79	已废,1991 年迁往对峙新村	居民点	小黄沙[清光绪志]	钟家[地形图],小黄沙村[民国志]	小黄沙头
80	水坑	居民点	水坑[清光绪志]	水坑村[地形图]	水坑
81	已废,1991 年迁往对峙新村	居民点	—	丁家[地形图]	丁家
82	王家	居民点	—	—	王家
83	已废,1992 年迁往对峙新村	居民点	—	—	陆家
84	1982 年废止	居民点	—	—	外湾
85	大黄沙	居民点	大黄沙[清光绪志]	大黄沙村[地形图][民国志]	大黄沙
86	已废,1992 年迁往对峙新村	居民点	—	—	王家岙
87	方家塘	居民点	药罅坪[清光绪志]	方家村[民国志]	磨盘岗
88	磨盘	居民点	—	—	下磨盘
			—	—	磨盘沙头
89	已废,1997 年迁往对峙新村	居民点	—	—	西嘴头
90	已废,1996 年迁往对峙新村	居民点	—	—	刘家塘
91	1981 年废止	居民点	—	蓝田村[地形图]	蓝田
92	已废,1968 年迁往磨盘王家塘	居民点	箬岭[清光绪志]	玉岭村[民国志]	—
93	(已废)	居民点	大潭港[清光绪志]	—	—
94	(已废)	居民点	小潭港[清光绪志]	—	—
95	1988 年废止	居民点	—	长坑村[地形图][民国志]	上长坑
96	下长坑				下长坑
97	已废,1980—2003 年迁往稻蓬寿坟跟、沙岙等地	居民点	栲树湾	栲树岙[地形图],栲树湾[民国志]	栲树湾
98	(已废)	居民点	桃花嘴[清光绪志]	桃花嘴村[地形图][民国志]	—

续表

序号	现行地名	类别	清及清前	民国	地名志
99	（1975 年废）	建筑物	—	万春桥［地形图］	—
100	（无考）	建筑物	问津亭［清光绪志］	—	—
101	（已废，今作路）	堤堰	留耕塘［清光绪志］	留耕塘［民国志］	—
102	学耕塘	堤堰	学耕塘［清光绪志］	学耕塘［民国志］	学耕海塘
103	协耕塘	堤堰	—	协耕塘［地名资料］	协耕海塘
104	（已废，今作路）	堤堰	天助塘［清光绪志］	天助塘［民国志］	—
105	（已废，今作路）	堤堰	永宁塘［清光绪志］	永宁塘［民国志］	—
106	裕宁塘	堤堰	裕宁塘［清光绪志］	裕宁塘［民国志］	裕宁海塘
107	（已废，今作路）	堤堰	太平塘［清光绪志］	—	—
108	（已废，今作路）	堤堰	神助塘［清光绪志］	神助塘［民国志］	—
109	止水碶	水闸	止水碶［清光绪志］	—	—
110	老白鹤庙	宗教纪念地	老白鹤庙［清光绪志］	老白鹤庙［民国志］	—
111	白鹤庙	宗教纪念地	新白鹤庙［清光绪志］	新白鹤庙［民国志］	—
112	茅山庙	宗教纪念地	茅山庙［清光绪志］	茅山庙［民国志］	—
113	（已废）	宗教纪念地	文武庙［清光绪志］	文武殿［民国志］，文武庙［民国志］	—
114	青山庙	宗教纪念地	青山庙［清光绪志］	青山庙［民国志］	—
115	龙王宫	宗教纪念地	龙王宫［清光绪志］	龙王宫［民国志］	—
116	天后宫	宗教纪念地	天后宫［清光绪志］	—	—
117	财神殿	宗教纪念地	财神殿［清光绪志］	财神殿（在茅草岙）［民国志］	—
118	财神殿	宗教纪念地	—	财神殿（在鹁鸪门）［民国志］	—
119	义火祠	宗教纪念地	义火祠［清光绪志］	义火祠［民国志］	—

续表

序号	现行地名	类别	清及清前	民国	地名志
120	白雀寺	宗教纪念地	白雀寺[清光绪志]	白雀寺[地形图][民国志]	—
121	圣岩寺	宗教纪念地	圣岩寺[清光绪志]	圣岩寺[地形图][民国志]	—
122	清修庵	宗教纪念地	清修庵[清光绪志]	清修庵[民国志]	—
123	（已废）	宗教纪念地	建宁禅院[元延四明志][清光绪志]	—	—
124	（已废）	宗教纪念地	茶庵[清光绪志]	—	—
125	（已废）	宗教纪念地	封崇院[宋宝庆志]	封崇院[民国志]	—
126	前寺	宗教纪念地	前寺[清光绪志]	—	—
127	（已废）	宗教纪念地	—	耶苏教堂（在茅山）[民国志]	—
128	公前岭	古道	宫前岭[清光绪志]	—	—
129	小茶岗岭	古道	小茶冈岭[清光绪志]	—	—
130	仙岭墩	古道	西岭[清光绪志]	—	—
131	大岭	古道	—	大岭[地形图][民国志]	—
132	棺材岭	古道	官才岭[清光绪志]	棺材岭[地形图]	—
133	香草岭	古道	香草岭[清光绪志]	香草岭[地形图]	—
134	团涂岭	古道	团涂岭[清光绪志]	—	—
135	李家岭	古道	李家岭[清光绪志]	—	—
136	鹁鸪岭	古道	鹁鸪岭[清光绪志]	—	—
137	连治山岭	古道	练搥山岭[清光绪志]	—	—
138	长坑岭	古道	长坑岭[清光绪志]	—	—
139	乌石子岭	古道	乌石子岭[清光绪志]	—	—
140	老埠头岭	古道	老埠头岭[清光绪志]	—	—
141	长坑岭	古道	长坑岭[清光绪志]	—	—
142	黄沙岭	古道	黄沙岭[清光绪志]	—	—
143	玉岭	古道	箬岭[清光绪志]	玉岭[民国志]	—

续表

序号	现行地名	类别	清及清前	民国	地名志
144	对峙山	山(峰)	对棋山[清光绪志]	对棋山[地形图][民国志]	对峙山
145	安期峰	山(峰)	对棋山[清光绪志]	对棋山[地形图]	—
146	鹰嘴岩山	山(峰)	—	英鸡岩山[地形图]	鹰嘴岩山
147	大岭山	山(峰)	—	大岭山[地形图]	大岭山
148	火烧山	山(峰)	—	—	火烧山
149	稻篷山	山(峰)	—	稻蓬村[民国志]	稻篷山
150	桃花嘴	山(峰)	—	—	桃花嘴
151	长大山	山(峰)	—	—	长大山
152	青山尖	山(峰)	—	—	青山尖
153	老鹰窠山	山(峰)	老鹰窠岩[清光绪志]	老鹰窝[地形图], 老鹰窠[民国志]	老鹰窠
154	磨盘顶山	山(峰)	磨盘顶[清光绪志]	—	—
155	大佛头山	山(峰)	—	大佛头[地形图]	大石头
156	裂山	山(峰)	仙人山[清光绪志]	—	裂山
157	馒头山	山(峰)	—	—	馒头山
158	悬鹁鸪山	山(峰)	—	—	悬鹁鸪山
159	小流水岩	山(峰)	—	—	—
160	大流水岩	山(峰)	—	—	—
161	马房山	山(峰)	—	—	—
162	青叶棚	山(峰)	—	—	—
163	小狼箕山	山(峰)	—	—	—
164	青柴树山	山(峰)	—	—	—
165	蒲帽顶	山(峰)	—	—	—
166	椅子山	山(峰)	—	—	—
167	鹁鸪门岗	山(峰)	—	—	—
168	小潭岗	山(峰)	—	—	—
169	弹指峰	山(峰)	—	—	龙女峰
170	团涂岗墩	山(峰)	—	—	—
171	蚂蟥坑岗	山(峰)	—	蚂蝗岗[地形图][民国志]	—
172	磨盘岗	山(峰)	—	—	—
173	大黄沙岗	山(峰)	—	—	—
174	西蟹钳岗	山(峰)	—	—	—

续表

序号	现行地名	类别	清及清前	民国	地名志
175	蓝田岗	山（峰）	—	—	—
176	尖刀山	山（峰）	—	—	—
177	摸九冲	山（峰）	—	—	—
178	脚踝头墩	山（峰）	—	—	—
179	殷家山	山（峰）	—	—	—
180	长坑岗墩	山（峰）	—	—	—
181	稻篷岗	山（峰）	—	西山［地形图］［民国志］	—
182	玉岭墩	山（峰）	箬岭［清光绪志］	玉岭山［地形图］	—
183	大岗墩	山（峰）	—	锦屏山［地形图］［民国志］	—
184	大岭墩	山（峰）	—	—	—
185	胡家塘岗	山（峰）	—	—	—
186	乌石子岗	山（峰）	—	乌石子山［地形图］［民国志］	—
187	（无考）	山（峰）	九洞天［清光绪志］	—	—
188	散花峰	山（峰）	散花峰［清光绪志］	散花峰［地形图］［民国志］	—
189	窝山	山（峰）	—	—	—
190	长峰山	山（峰）	—	—	—
191	大灰里	山（峰）	—	—	大灰里
192	老埠头山	山（峰）	—	—	老埠头山
193	大岗墩	山（峰）	—	—	大岗墩
194	前茅山	山（峰）	在茅草屋北面	大灶山［地形图］［民国志］	—
195	后茅山	山（峰）	—	猫山［地形图］	—
196	老鼠山	山（峰）	老鼠山（时为小岛）［清光绪志］	老鼠山（时为小岛）［地形图］［民国志］	—
197	大平岗	山（峰）	—	石水缸山［地形图］	—
198	韭菜山	山（峰）	韭菜山［清光绪志］	韭菜山［地形图］	—
199	尖峰山	山（峰）	—	尖山峰［地形图］［民国志］	尖峰山
200	长峰山	山（峰）	—	西瓜潭山［地形图］	—
201	花峙山	山（峰）	花屿（时为小岛）［清光绪志］	—	—
202	上船跳山	山（峰）	笑峰［清光绪志］	—	—
203	危峰	山（峰）	危峰［清光绪志］	—	—

续表

序号	现行地名	类别	清及清前	民国	地名志
204	老庙山	山(峰)	卓荦峰[清光绪志]	—	—
205	大石头	岩	大佛头岩	—	—
206	(无考)	岩	泼墨石[清光绪志]	—	—
207	狮子岩	岩	狮子岩[清光绪志]	—	—
208	仙人石	岩	仙人石[清光绪志]	—	—
209	酒甏岩	岩	酒甏岩[清光绪志]	—	—
210	(已废)	洞穴	仙人洞[清光绪志]	—	—
211	桃花龙潭	水潭	桃花山龙潭[清康熙志], 桃花龙潭[清光绪志]	—	—

舟山市普陀区东极镇新旧地名录

（陆域类）

序号	现行名称	类别	清及清前	民国	地名志
1	庙子湖南岙	居民点	—	南岙[地形图][民国志]	庙子湖南岙
2	八套里	居民点	—	—	八套里
3	庙子后岙	居民点	—	北岙[地形图][民国志]	后岙
4	达直岙	居民点	—	—	达直岙
5	西极	居民点	—	—	西极
6	庙岙	居民点	—	—	庙岙
7	南桃树坑（外岙）	居民点	—	—	南桃树坑
8	黄兴南岙	居民点	—	—	南岙
9	磨里	居民点	—	—	磨里
10	桃场湾	居民点	—	—	桃场湾
11	已废，20 世纪 80 年代末迁往磨里	居民点	—	—	鹿井沙头
12	桃树坑	居民点	—	—	桃树坑
13	已废，20 世纪 80 年代末迁往桃树坑	居民点	—	—	后岙
14	青浜南岙	居民点	—	—	南岙
15	沙浦	居民点	—	—	沙浦
16	南田湾	居民点	—	—	南田湾
17	西风湾	居民点	—	—	西风湾
18	青浜小岙	居民点	—	—	小岙
19	青浜后岙	居民点	—	—	—
20	已废，1994 年迁往青浜南岙	居民点	—	—	石柱湾
21	青浜大岙	居民点	—	—	大岙
22	东福大岙	居民点	—	东福村[地形图][民国志]	大岙

续表

序号	现行地名	类别	清及清前	民国	地名志
23	大树湾	居民点	—	—	大树湾
24	黄兴天后宫	宗教 纪念地	—	天后宫[地形图]	—
25	庙子天后宫	宗教 纪念地	—	天后宫[地形图]	—
26	青浜天后宫	宗教 纪念地	—	天后宫[地形图]	—
27	放火山岗	山(山峰)	—	—	八套里
28	西极岗	山(山峰)	—	庙子湖山[地形图]	西直岗
29	东极岗墩	山(山峰)	—	—	牛车盘
30	炮台岗	山(山峰)	—	—	—
31	拉柴岗墩	山(山峰)	—	—	—
32	大头岗	山(山峰)	—	—	珠凤墩
33	海蜒头岗墩	山(山峰)	—	—	南桃树坑
34	南岙岗墩 (庙岙岗墩)	山(山峰)	—	黄星山[地形图]	平岗
35	黄胖山	山(山峰)	—	青浜山[地形图]	黄胖老山
36	亮台灯岗	山(山峰)	—	—	亮台墩
37	仰天坪	山(山峰)	—	西福山[地形图]	仰天坪
38	上庵基岗	山(山峰)	—	—	上庵基

岱山县高亭镇新旧地名录

（居民点和山水等陆域类地名）

<table>
<tr><th>序号</th><th colspan="2">现行名称</th><th>类别</th><th>清及清前</th><th colspan="2">民国</th><th colspan="2">地名志</th></tr>
<tr><td rowspan="3">1</td><td rowspan="3">大岙</td><td>大岙</td><td rowspan="3">居民点</td><td rowspan="5">高亭岙[元延祐四明志][元大德志]，大高亭岙[清康熙志]，大高亭隩[清光绪志]</td><td rowspan="3">高亭镇，大岙[民国志]</td><td rowspan="5">大高亭[岱山镇志]</td><td rowspan="3">大岙</td><td>大岙</td></tr>
<tr><td>杨家</td><td>杨家</td></tr>
<tr><td>张家</td><td>张家</td></tr>
<tr><td>2</td><td colspan="2">於家</td><td>居民点</td><td>于家[民国志]</td><td colspan="2">於家</td></tr>
<tr><td>3</td><td colspan="2">赵家山嘴</td><td>居民点</td><td>赵家山嘴[地形图][民国志]</td><td colspan="2">赵家山嘴</td></tr>
<tr><td>4</td><td colspan="2">南岙</td><td>居民点</td><td>南亭岙[元延祐四明志][元大德志]</td><td colspan="2">奚姓岙[地形图][民国志]</td><td colspan="2">南岙</td></tr>
<tr><td>5</td><td colspan="2">里大岙</td><td>居民点</td><td>—</td><td colspan="2">—</td><td colspan="2">里大岙</td></tr>
<tr><td>6</td><td colspan="2">任家</td><td>居民点</td><td>—</td><td colspan="2">—</td><td colspan="2">任家</td></tr>
<tr><td>7</td><td colspan="2">庙后头</td><td>居民点</td><td>—</td><td colspan="2">沙碧岙[地形图][民国志]</td><td colspan="2">庙后头</td></tr>
<tr><td>8</td><td colspan="2">后沈家</td><td>居民点</td><td>—</td><td colspan="2">—</td><td colspan="2">后沈家</td></tr>
<tr><td>9</td><td colspan="2">邵家岙</td><td>居民点</td><td>—</td><td colspan="2">叶家岙[地形图][民国志]</td><td colspan="2">邵家岙</td></tr>
<tr><td>10</td><td colspan="2">栲岙</td><td>居民点</td><td>—</td><td colspan="2">—</td><td colspan="2">栲岙</td></tr>
<tr><td>11</td><td colspan="2">已废，原址
改建为恒丽府第</td><td>居民点</td><td>—</td><td colspan="2">掘洞岙[地形图][民国志]</td><td colspan="2">掘洞岙</td></tr>
<tr><td>12</td><td colspan="2">长岙</td><td>居民点</td><td>—</td><td colspan="2">长岙[地形图][民国志]</td><td colspan="2">长岙</td></tr>
<tr><td>13</td><td colspan="2">大深水</td><td>居民点</td><td>—</td><td colspan="2">姓施[地形图][民国志]</td><td colspan="2">大深水</td></tr>
<tr><td>14</td><td colspan="2">闸口</td><td>居民点</td><td>—</td><td colspan="2">闸口[地形图][民国志]</td><td colspan="2">闸口</td></tr>
<tr><td>15</td><td colspan="2">小高亭</td><td>居民点</td><td>小高亭岙[清康熙志][清光绪志]</td><td colspan="2">小高亭[地形图][民国志][岱山镇志]</td><td colspan="2">小高亭</td></tr>
<tr><td>16</td><td colspan="2">半山</td><td>居民点</td><td>—</td><td colspan="2">—</td><td colspan="2">半山</td></tr>
<tr><td>17</td><td colspan="2">岙里头</td><td>居民点</td><td>—</td><td colspan="2">—</td><td colspan="2">岙里头</td></tr>
<tr><td>18</td><td colspan="2">冷岙</td><td>居民点</td><td>冷隩[清光绪志]</td><td colspan="2">冷岙[地形图][民国志][岱山镇志]</td><td colspan="2">冷岙</td></tr>
</table>

续表

<table>
<tr><th>序号</th><th colspan="2">现行地名</th><th>类别</th><th>清及清前</th><th colspan="2">民国</th><th colspan="2">地名志</th></tr>
<tr><td>19</td><td colspan="2">王家岙</td><td>居民点</td><td>—</td><td colspan="2">—</td><td colspan="2">王家岙</td></tr>
<tr><td>20</td><td colspan="2">小岙</td><td>居民点</td><td>—</td><td colspan="2">小岙[地形图][民国志]</td><td colspan="2">小岙</td></tr>
<tr><td>21</td><td colspan="2">外小岙</td><td>居民点</td><td>—</td><td colspan="2">—</td><td colspan="2">外小岙</td></tr>
<tr><td>22</td><td colspan="2">山外</td><td>居民点</td><td>—</td><td colspan="2">山外[地形图]
[岱山镇志]</td><td colspan="2">山外</td></tr>
<tr><td>23</td><td colspan="2">沙涂</td><td>居民点</td><td>宫前镇[清光绪志]</td><td colspan="2">宫前[民国志],
宫前镇[岱山镇志]</td><td colspan="2">沙涂</td></tr>
<tr><td>24</td><td colspan="2">小蒲门</td><td>居民点</td><td>—</td><td rowspan="2">浦门[岱山镇志]</td><td>蒲门[民国志]</td><td colspan="2">小蒲门</td></tr>
<tr><td>25</td><td colspan="2">大蒲门</td><td>居民点</td><td>—</td><td>港北[地形图]
[民国志]</td><td colspan="2">大蒲门</td></tr>
<tr><td>26</td><td colspan="2">官山新村</td><td>居民点</td><td>—</td><td colspan="2">—</td><td colspan="2">官山新村</td></tr>
<tr><td>27</td><td colspan="2">鹿栈</td><td>居民点</td><td>—</td><td colspan="2">鹿检岙[地形图][民国志]</td><td colspan="2">鹿栈</td></tr>
<tr><td>28</td><td colspan="2">东岙</td><td>居民点</td><td>—</td><td colspan="2">东岙[地形图][民国志]</td><td colspan="2">东岙</td></tr>
<tr><td>29</td><td colspan="2">官山南岙</td><td>居民点</td><td>—</td><td colspan="2">南岙[地形图][民国志]</td><td colspan="2">官山南岙</td></tr>
<tr><td>30</td><td colspan="2">西岙</td><td>居民点</td><td>—</td><td colspan="2">西岙[地形图][民国志]</td><td colspan="2">西岙</td></tr>
<tr><td>31</td><td colspan="2">(已废)</td><td>居民点</td><td>—</td><td colspan="2">盘水岙(在官山东岸)
[地形图][民国志]</td><td colspan="2">(已废)</td></tr>
<tr><td>32</td><td colspan="2">江南</td><td>居民点</td><td>—</td><td colspan="2">港南[地形图]</td><td colspan="2">江南</td></tr>
<tr><td>33</td><td colspan="2">大峧山</td><td>居民点</td><td>—</td><td colspan="2">—</td><td colspan="2">大峧山</td></tr>
<tr><td rowspan="4">34</td><td rowspan="4">石马岙</td><td>石马岙</td><td rowspan="4">居民点</td><td rowspan="4">石马岙[清康熙志][清光绪志]</td><td colspan="2" rowspan="4">石马岙[地形图][民国志][岱山镇志],於家[地形图]</td><td rowspan="4">石马岙</td><td>石马岙</td></tr>
<tr><td>庙沿</td><td>庙沿</td></tr>
<tr><td>长墩</td><td>长墩</td></tr>
<tr><td>中屋</td><td>中屋</td></tr>
<tr><td>35</td><td colspan="2">蟹钳岙</td><td>居民点</td><td>蠏钳隩[清光绪志]</td><td colspan="2">蠏箝岙[地形图],
蜅拑岙[民国志]</td><td colspan="2">蟹钳岙</td></tr>
<tr><td>36</td><td colspan="2">孔家山嘴</td><td>居民点</td><td>—</td><td colspan="2">—</td><td colspan="2">孔家山嘴</td></tr>
<tr><td>37</td><td colspan="2">何家山嘴</td><td>居民点</td><td>—</td><td colspan="2">—</td><td colspan="2">何家山嘴</td></tr>
</table>

续表

<table>
<tr><th>序号</th><th>现行地名</th><th>类别</th><th colspan="2">清及清前</th><th>民国</th><th>地名志</th></tr>
<tr><td>38</td><td>枫树墩</td><td>居民点</td><td rowspan="2">岱山镇[宋宝庆志]</td><td>枫树垣岙[清康熙志],枫树岙[清康熙志],枫树墩隩[清光绪志]</td><td>枫树墩[地形图][民国志],枫树墩[岱山镇志]</td><td>枫树墩</td></tr>
<tr><td>39</td><td>酒坊</td><td>居民点</td><td>岱山坊[宋乾道志][宋宝庆志],酒坊隩[清光绪志]</td><td>酒坊岙[民国志]
[岱山镇志]</td><td>酒坊</td></tr>
<tr><td>40</td><td>大长坑</td><td>居民点</td><td colspan="2">大长坑[清光绪志]</td><td>长坑宓家[地形图],
大长坑[岱山镇志]</td><td>大长坑</td></tr>
<tr><td>41</td><td>小长坑</td><td>居民点</td><td colspan="2">—</td><td>小长坑[地形图]
[岱山镇志]</td><td>—</td></tr>
<tr><td>42</td><td>月亮下朱家</td><td>居民点</td><td colspan="2">—</td><td>—</td><td>月亮下朱家</td></tr>
<tr><td>43</td><td>纺车头</td><td>居民点</td><td colspan="2">—</td><td>—</td><td>纺车头</td></tr>
<tr><td>44</td><td>柳树沟</td><td>居民点</td><td colspan="2">—</td><td>—</td><td>柳树沟</td></tr>
<tr><td>45</td><td>夜雾岙</td><td>居民点</td><td colspan="2">—</td><td>—</td><td>夜雾岙</td></tr>
<tr><td>46</td><td>大田弄</td><td>居民点</td><td colspan="2">—</td><td>—</td><td>大田弄</td></tr>
<tr><td>47</td><td>墩子</td><td>居民点</td><td colspan="2">—</td><td>—</td><td>墩子</td></tr>
<tr><td>48</td><td>小田弄</td><td>居民点</td><td colspan="2">—</td><td>—</td><td>小田弄</td></tr>
<tr><td>49</td><td>五雀窠</td><td>居民点</td><td colspan="2">—</td><td>—</td><td>五雀窠</td></tr>
<tr><td>50</td><td>大峧</td><td>居民点</td><td colspan="2">大蛟[清康熙志],
大窔隩[清光绪志]</td><td>大峧里[地形图],大窔岙[民国志],大峧[岱山镇志]</td><td>大峧</td></tr>
<tr><td>51</td><td>小峧</td><td>居民点</td><td colspan="2">小窔隩[清光绪志]</td><td>小峧里[地形图],小窔岙[民国志],小峧[岱山镇志]</td><td>小峧</td></tr>
<tr><td>52</td><td>竹行干</td><td>居民点</td><td colspan="2">—</td><td>张干[地形图],
竹行跟[民国志]</td><td>竹行干</td></tr>
<tr><td>53</td><td>郑家间</td><td>居民点</td><td colspan="2">—</td><td>—</td><td>郑家间</td></tr>
<tr><td>54</td><td>前厂间</td><td>居民点</td><td colspan="2">—</td><td>—</td><td>前厂间</td></tr>
<tr><td>55</td><td>火烧浦</td><td>居民点</td><td colspan="2">—</td><td>火烧浦[地形图][民国志]</td><td>火烧浦</td></tr>
<tr><td>56</td><td>南浦</td><td>居民点</td><td colspan="2">南浦[清康熙志],[清光绪志]</td><td>南浦周家[地形图],
南浦[民国志]</td><td>南浦</td></tr>
<tr><td>57</td><td>缆头山</td><td>居民点</td><td colspan="2">—</td><td>癞豆山[民国志],
癞头山[岱山镇志]</td><td>癞头山</td></tr>
</table>

续表

序号	现行地名	类别	清及清前	民国	地名志
58	姚家岙	居民点	—	—	姚家岙
59	黄家岙	居民点	—	—	黄家岙
60	南浦刘家岙	居民点	—	刘家	南浦刘家岙
61	郑家	居民点	—	—	郑家
62	陈家	居民点	—	—	陈家
63	旱门	居民点	—	—	旱门
64	邹家	居民点	—	—	邹家
65	上毛家	居民点	—	—	上毛家
66	下毛家	居民点	—	—	下毛家
67	刘家岙	居民点	—	刘家岙[地形图][民国志]	刘家岙
68	下陈家	居民点	—	—	下陈家
69	方家岙	居民点	—	方家岙[地形图]	方家岙
70	李家	居民点	—	—	李家
71	范家	居民点	—	—	范家
72	费家岙	居民点	—	—	费家岙
73	郑家山嘴	居民点	—	—	郑家山嘴
74	董家岙	居民点	—	—	董家岙
75	陈家间	居民点	梅树岙[清康熙志]	梅树湾[岱山镇志]	陈家间
76	梅山沿	居民点			梅山沿
77	塘墩	居民点	—	塘墩[地形图][民国志]	塘墩
78	直塘	居民点	—	—	直塘
79	小浪激渚	居民点	—	小狼鹿嘴[地形图][民国志]	小浪激渚
80	浪激渚	居民点	—	大狼鹿嘴[地形图][民国志],浪激渚[岱山镇志]	浪激渚
81	邵家	居民点	—	—	邵家
82	戎家	居民点	—	—	戎家
83	林家	居民点	—	—	林家
84	黄官泥岙	居民点	王官人岙[清康熙志][清光绪志]	王官人[地形图],王官人岙[民国志]	黄官泥岙
85	外八庙	居民点	—	—	外八庙

续表

<table>
<tr><th>序号</th><th>现行地名</th><th>类别</th><th>清及清前</th><th colspan="2">民国</th><th>地名志</th></tr>
<tr><td>86</td><td>洪家门</td><td>居民点</td><td>—</td><td colspan="2">洪家门里[地形图][民国志]</td><td>洪家门</td></tr>
<tr><td>87</td><td>高坎墩</td><td>居民点</td><td>—</td><td colspan="2">—</td><td>高坎墩</td></tr>
<tr><td>88</td><td>陆家山嘴</td><td>居民点</td><td>—</td><td colspan="2">陆家山嘴[地形图][民国志]</td><td>陆家山嘴</td></tr>
<tr><td>89</td><td>板井潭</td><td>居民点</td><td>板井头岙[清康熙志]</td><td colspan="2">板井头[岱山镇志]，地湾[地形图][民国志]</td><td>板井潭</td></tr>
<tr><td>90</td><td>鲎山</td><td>居民点</td><td>鲎山[清光绪志]</td><td colspan="2">鲎山[民国志]</td><td>鲎山</td></tr>
<tr><td>91</td><td>沈家岙</td><td>居民点</td><td>—</td><td colspan="2">沈家[地形图]</td><td>沈家岙</td></tr>
<tr><td>92</td><td>沙塘</td><td>居民点</td><td>—</td><td colspan="2">—</td><td>沙塘</td></tr>
<tr><td>93</td><td>邬家岙</td><td>居民点</td><td>—</td><td colspan="2">—</td><td>邬家岙</td></tr>
<tr><td>94</td><td>太婆岙</td><td>居民点</td><td>—</td><td colspan="2">—</td><td>太婆岙</td></tr>
<tr><td>95</td><td>陆家岙</td><td>居民点</td><td>—</td><td colspan="2">陆家岙[地形图][民国志]</td><td>陆家岙</td></tr>
<tr><td>96</td><td>黄沙潭</td><td>居民点</td><td>—</td><td colspan="2">—</td><td>黄沙潭</td></tr>
<tr><td>97</td><td>里南峰</td><td>居民点</td><td>—</td><td rowspan="2">南峰山[岱山镇志]</td><td>里南峰[地形图][民国志]</td><td>里南峰</td></tr>
<tr><td>98</td><td>外南峰</td><td>居民点</td><td>—</td><td>外南峰[地形图][民国志]</td><td>外南峰</td></tr>
<tr><td>99</td><td>小深水</td><td>居民点</td><td>—</td><td colspan="2">小姓施[地形图]</td><td>小深水</td></tr>
<tr><td>100</td><td>双合</td><td>居民点</td><td>册子(海西)[元延祐四明志][元大德志]</td><td colspan="2">—</td><td>双合</td></tr>
<tr><td>101</td><td>火天</td><td>居民点</td><td rowspan="10">宜山[元延祐四明志][元大德志]</td><td colspan="2">—</td><td>火天</td></tr>
<tr><td>102</td><td>湖里底</td><td>居民点</td><td colspan="2">无底里[地形图][民国志]</td><td>湖里底</td></tr>
<tr><td>103</td><td>老厂基</td><td>居民点</td><td colspan="2">老厂基[地形图][民国志]</td><td>老厂基</td></tr>
<tr><td>104</td><td>长坑</td><td>居民点</td><td colspan="2">长坑[地形图][民国志]</td><td>长坑</td></tr>
<tr><td>105</td><td>大西洋</td><td>居民点</td><td colspan="2">大西洋[地形图][民国志]</td><td>大西洋</td></tr>
<tr><td>106</td><td>小东岙</td><td>居民点</td><td colspan="2">外东岙[地形图]</td><td>小东岙</td></tr>
<tr><td>107</td><td>湖庄潭</td><td>居民点</td><td colspan="2">—</td><td>湖庄潭</td></tr>
<tr><td>108</td><td>大东岙</td><td>居民点</td><td colspan="2">—</td><td>大东岙</td></tr>
<tr><td>109</td><td>小西洋</td><td>居民点</td><td colspan="2">小西洋[地形图][民国志]</td><td>小西洋</td></tr>
<tr><td>110</td><td>南水潭</td><td>居民点</td><td colspan="2">南水头[地形图]，南水镇[民国志]</td><td>南水潭</td></tr>
</table>

续表

序号	现行地名	类别	清及清前	民国	地名志
111	宫山	居民点	宜山[元延祐四明志][元大德志]	—	宫山
112	长礁	居民点		—	长礁
113	狗头颈	居民点		—	狗头颈
114	(已废)	桥梁	永兴桥[清康熙志]	—	—
115	得意桥	桥梁	—	得意桥[民国志]	—
116	永福桥	桥梁	永福桥(在枫树岙)[清光绪志]	永福桥[民国志]	—
117	王桥	桥梁	王桥(在枫树岙)[清光绪志]	王桥[民国志]	—
118	太平桥	桥梁	太平桥(在枫树岙)[清光绪志]	太平桥[岱山镇志][民国志]	—
119	河清桥	桥梁	河清桥(在岱中)[清光绪志]	河清桥[民国志]	河清桥
120	(已废)	桥梁	涟漪桥(在岱中)[清光绪志]	涟漪桥[民国志]	—
121	海晏桥	桥梁	海晏桥(在岱中)[清光绪志]	海晏桥[民国志]	—
122	(已废)	桥梁	—	三眼桥[岱山镇志]	—
123	(已废)	建筑物	岱山书院[元大德志][明天启志][清康熙志]	—	—
124	(已废)	建筑物	—	飞云亭[地形图][民国志],南浦飞云亭[岱山镇志]	—
125	(已废)	建筑物	—	南浦候潮亭(老凉亭)[岱山镇志]	—
126	南浦大塘(现为二线海塘)	堤堰	南浦大塘[清光绪志]	南浦大塘[民国志][岱山镇志]	—
127	(已废,今作路)	堤堰	永丰塘[清光绪志]	永丰塘[民国志],高亭永丰塘[岱山镇志]	—
128	(已废,今作路)	堤堰	蓬字老塘[清光绪志]	蓬字老塘[民国志],石马岙蓬字老塘[岱山镇志]	—

续表

序号	现行地名	类别	清及清前	民国	地名志
129	石字塘 （现为二线海塘）	堤堰	石字塘[清光绪志]	石字塘[民国志]	—
130	马字塘 （现为二线海塘）	堤堰	马字塘[清光绪志]	马字塘[民国志]， 石字塘[岱山镇志]	—
131	（已废）	堤堰	两横塘[清光绪志]	两横塘[民国志]， 两横塘[岱山镇志]	—
132	（已废，今作路）	堤堰	板井塘[清光绪志]	板井塘[民国志]	—
133	（已废，今作路）	堤堰	王官人隩塘[清光绪志]	王官人隩塘[民国志]， 黄官人岙[岱山镇志]	—
134	（已废）	—	—	石道头塘[民国志]	—
135	二龙碶	水闸	二龙碶[清光绪志]	二龙碶[民国志] [岱山镇志]	—
136	（已废）	水闸	永丰碶[清光绪志]	永丰碶[民国志]	—
137	塘墩东闸	水闸	东碶[清光绪志]	东碶闸[民国志]， 东碶[民国志]， 东碶闸浦[岱山镇志]	—
138	石碶	水闸	石碶[清光绪志]	石碶[民国志]， 石碶闸浦[岱山镇志]	—
139	（已废）	水闸	板井碶[清光绪志]	板井碶[民国志]， 板井岙板井碶[岱山镇志]	—
140	（已废）	水闸	王官人隩碶[清光绪志]	王官人隩碶[民国志]， 王官人岙碶[岱山镇志]	—
141	（已废）	渡口	—	南浦新埠头[岱山镇志]	—
142	（已废）	渡口	—	浪激渚埠头[岱山镇志]	—
143	（已废）	渡口	—	高亭老道头[岱山镇志]	—
144	（已废）	渡口	—	高亭新道头[岱山镇志]	—
145	慈云极乐寺	宗教 纪念地	慈云庵[清光绪志]	慈云庵[民国志] [岱山镇志]	慈云庵
146	天后宫	宗教 纪念地	天妃宫（在高亭）[清康熙志][清光绪志]	天后宫[民国志] [岱山镇志]	—
147	高显庙	宗教 纪念地	高显庙[清康熙志][清光绪志]	高显庙[民国志] [岱山镇志]	—

续表

序号	现行地名	类别	清及清前	民国	地名志
148	崇福庙	宗教纪念地	崇福庙[清康熙志][清光绪志]	崇福庙[地形图][民国志][岱山镇志]	崇福庙
149	石马庙	宗教纪念地	石马庙[清康熙志][清光绪志]	石马庙[民国志][岱山镇志]	—
150	龙山庙	宗教纪念地	龙山庙[清光绪志]	龙山庙[地形图][民国志][岱山镇志]	—
151	镇英庙	宗教纪念地	岱山陈大王庙[宋乾道志],岱山庙[宋宝庆志],陈大王庙[元大德志][明天启志],镇英庙[清康熙志][清光绪志]	镇英庙[民国志][岱山镇志]	镇英庙
152	吉庆宫	宗教纪念地	吉庆宫[清光绪志]	吉庆宫[民国志]	—
153	海晏宫	宗教纪念地	海晏宫[清光绪志]	海晏宫[民国志][岱山镇志]	—
154	司社庙	宗教纪念地	司社庙[清光绪志]	司社庙[民国志][岱山镇志]	—
155	天后宫	宗教纪念地	天后宫(在南峰)[清光绪志]	天后宫[民国志][岱山镇志]	—
156	湖中庙	宗教纪念地	湖中庙[清光绪志]	湖中庙[地形图][民国志]	—
157	海曙庙	宗教纪念地	海曙庙[清光绪志]	海曙庙[民国志]	—
158	永兴庙	宗教纪念地	王官人庙[清康熙志],永兴庙[清光绪志]	永兴庙[民国志][岱山镇志]	—
159	将军庙	宗教纪念地	将军庙[清光绪志]	将军庙[民国志],将军殿[岱山镇志]	—
160	陈君庙	宗教纪念地	陈君庙[清光绪志]	陈君庙[民国志][岱山镇志]	—
161	陈圣庙	宗教纪念地	陈圣庙[清光绪志]	陈圣庙[民国志]	—
162	宝筏庵	宗教纪念地	—	宝筏庵[民国志][岱山镇志]	—

续表

序号	现行地名	类别	清及清前	民国	地名志
163	（已废）	宗教纪念地	观海庵[清光绪志]	观海庵[民国志]	—
164	庆余庵	宗教纪念地	庆余庵[清光绪志]	庆余庵[民国志]	—
165	经堂	宗教纪念地	观音堂[清光绪志]	观音堂[民国志][岱山镇志]	—
166	观音庵	宗教纪念地	—	观音庵[民国志][岱山镇志]	—
167	（已废）	宗教纪念地	—	宝法庵[民国志]	—
168	（已废）	—	—	善庆庵[岱山镇志]	—
169	义火祠	宗教纪念地	—	义火祠[民国志][岱山镇志]	—
170	磨心岭	山岭	磨心岭[清光绪志]	磨心岭[地形图][岱山镇志]，摩心岭[民国志]	—
171	高亭岭	山岭	高亭岭[清康熙志]	—	—
172	石马岭	山岭	石马岭[清康熙志][清光绪志]	—	—
173	南峰山	山（峰）	南峰山[清康熙志][清光绪志]	南峰山[地形图][岱山镇志]	南峰山
174	月平岗	山（峰）	—	月平岗[岱山镇志]	—
175	旗杆山	山（峰）	大旗干冈，旗杆头山[清康熙志]，大旗杆冈[清光绪志]	大旗枰岗[地形图]，旗桿冈[民国志]，棋杆岗[岱山镇志]	—
176	磨心山	山（峰）	磨心山[清康熙志]	磨心岗[地形图]，磨心冈[民国志]，磨心山[岱山镇志]	磨心山
177	大峧山	山（峰）	大垴山[清康熙志]	—	—
178	小峧山	山（峰）	小垴山[清康熙志]	—	—

续表

序号	现行地名	类别	清及清前	民国	地名志
179	田弄岗	山(峰)	—	田龙岗[地形图], 田龙冈[民国志]	—
180	后宫山	山(峰)	—	后宫山[地形图] [民国志]	—
181	蟹钳岙山	山(峰)	—	蝻拑岙[民国志], 蟹箝岙[岱山镇志]	—
182	狮子山	山(峰)	狮子山[清光绪志]	狮子山[地形图] [民国志]	狮子山
183	西高山	山(峰)	西高冈[清光绪志]	西高山[地形图] [民国志]	—
184	磨盘山	山(峰)	护龙山[清光绪志]	磨盘山[地形图] [民国志]	磨盘山
185	蛇山	山(峰)	蛇山[清光绪志]	蛇山[民国志]	—
186	石沙山	山(峰)	—	石沙山[地形图] [民国志]	—
187	田螺山	山(峰)	—	田龙山[地形图] [民国志]	—
188	金鸡山	山(峰)	金鸡山[清光绪志]	金鸡山[民国志]	—
189	浪激渚山	山(峰)	—	狼麂山[民国志], 狼麂嘴[岱山镇志]	—
190	蟹钳岙山	山(峰)	—	蝻拑岙[民国志]	—
191	陆家山	山(峰)	—	陆家山[地形图] [民国志]	—
192	田山	山(峰)	—	田山[地形图][民国志]	—
193	大湾岗	山(峰)	—	大湾岗[地形图]	—
194	石马岗	山(峰)	—	石马岗[地形图]	—
195	蒋家岗	山(峰)	—	蒋家岗[地形图]	—
196	桥湾岗	山(峰)	—	桥湾岗[地形图]	—
197	黄虎山	山(峰)	老虎头山[清光绪志]	黄虎山[地形图]	—
198	长岙岗墩	山(峰)	—	长澳冈[民国志]	长岙岗墩

续表

序号	现行地名	类别	清及清前	民国	地名志
199	沿山	山(峰)	贤山(在枫树墩以北,长坑附近)[清光绪志]	贤山[岱山镇志]	—
200	官山炮台山	山(峰)	—	炮台山[地形图]	炮台山
201	高亭大浦	河流	高亭大浦[清康熙志][清光绪志]	—	—
202	南浦	河流	南浦[清康熙志][清光绪志]	南浦[地形图][民国志]	—
203	石马浦	河流	石马溪[清康熙志]	—	—
204	(已废)	水潭	—	八角浦[地形图]	—
205	(已湮废)	水潭	龙潭(在大蒲门)[清康熙志]	—	—
206	板井潭	水井	板井头[清康熙志]	板井[岱山镇志]	—

岱山县东沙镇新旧地名录

（居民点和山水等陆域类地名）

序号	现行名称	类别	清及清前	民国	地名志
1	东沙古镇	自然镇	东沙角镇[清光绪志]	东沙角[地形图][岱山镇志],东沙角镇[民国志] 铁板沙[岱山镇志] 高厂墩[岱山镇志] 营房山[岱山镇志]	东沙镇
2	司基	居民点	旧司基[清康熙志],司基隩[清光绪志]	四季岙[地形图],司基岙[民国志],司基[岱山镇志]	司基
3	泥峙	居民点	泥峙(寺)岙[清康熙志],泥峙隩[清光绪志]	泥峙庄[地形图],泥峙岙[民国志],泥峙[岱山镇志]	泥峙
4	费家门口	居民点	念母涂岙[清康熙志][清光绪志],念母岙[清康熙志]	念母香[地形图],廿亩岙[民国志]	费家门口
5	江窑湖	居民点	缸窑湾[清康熙志]、缸窑湖[清光绪志],	缸窑坞[地形图][民国志],缸窑湖[岱山镇志]	江窑湖
6	桥头	居民点	石桥镇[清光绪志]	石桥镇[地形图][民国志][岱山镇志]	桥头
7	(已废)	居民点	仙坛澳[清光绪志]	—	—
8	大长坑	居民点	大长坑[清光绪志]	长坑宓家[地形图]	大长坑
9	小长坑	居民点	小长坑	小长坑[地形图]	小长坑
10	(已废)	居民点	公厫[清光绪志]	—	—
11	小峧	居民点	小窔隩[清光绪志]	小峧里[地形图],小窔岙[民国志]	小峧
12	(已废)	居民点	盛厫[清光绪志]	—	—
13	新道头	居民点	—	新道头[地形图][岱山镇志],新道豆[民国志]	新道头

续表

<table>
<tr><th>序号</th><th>现行地名</th><th>类别</th><th>清及清前</th><th colspan="2">民国</th><th>地名志</th></tr>
<tr><td>14</td><td>邱家</td><td>居民点</td><td>—</td><td colspan="2">邱家潭[地形图][民国志]</td><td>邱家</td></tr>
<tr><td>15</td><td>下张家</td><td>居民点</td><td>—</td><td colspan="2">—</td><td>下张家</td></tr>
<tr><td>16</td><td>山前陈家</td><td>居民点</td><td>—</td><td colspan="2">山前陈家[地形图],山前[岱山镇志]</td><td>山前陈家</td></tr>
<tr><td>17</td><td>上金家</td><td rowspan="2">居民点</td><td rowspan="2">—</td><td colspan="2" rowspan="2">金家[地形图]</td><td>上金家</td></tr>
<tr><td>18</td><td>下金家</td><td>下金家</td></tr>
<tr><td>19</td><td>朝北岙</td><td>居民点</td><td rowspan="2">—</td><td colspan="2" rowspan="2">潮北岙[地形图][民国志],朝北岙[岱山镇志]</td><td>朝北岙</td></tr>
<tr><td>20</td><td>朝北岙王家</td><td>居民点</td><td>朝北岙王家</td></tr>
<tr><td>21</td><td>龙眼</td><td>居民点</td><td>—</td><td colspan="2">六岩[地形图],龙眼[民国志],龙眼村[岱山镇志]</td><td>龙眼</td></tr>
<tr><td>22</td><td>上石壁</td><td rowspan="2">居民点</td><td rowspan="2">石壁[清光绪志]</td><td rowspan="2">石壁岙[地形图],石壁下[民国志]</td><td>上石壁[岱山镇志]</td><td>上石壁</td></tr>
<tr><td>23</td><td>下石壁</td><td>下石壁[岱山镇志]</td><td>下石壁</td></tr>
<tr><td>24</td><td>宫门</td><td>居民点</td><td>—</td><td colspan="2">公门[地形图],宫门[岱山镇志]</td><td>宫门</td></tr>
<tr><td>25</td><td>外司基</td><td>居民点</td><td>—</td><td colspan="2">四季陈家[地形图]</td><td>外司基</td></tr>
<tr><td>26</td><td>竹行干</td><td>居民点</td><td>—</td><td colspan="2">竹行跟[民国志]</td><td>竹行干</td></tr>
<tr><td>27</td><td>南浦刘家岙</td><td>居民点</td><td>—</td><td colspan="2">刘家岙[地形图][民国志]</td><td>南浦刘家岙</td></tr>
<tr><td>28</td><td>西沙角</td><td>居民点</td><td>—</td><td colspan="2">西沙角[地形图][民国志][岱山镇志]</td><td>西沙角</td></tr>
<tr><td>29</td><td>后岙</td><td>居民点</td><td>—</td><td colspan="2">—</td><td>后岙</td></tr>
<tr><td>30</td><td>张家湾</td><td>居民点</td><td>—</td><td colspan="2">—</td><td>张家湾</td></tr>
<tr><td>31</td><td>余家</td><td>居民点</td><td>—</td><td colspan="2">—</td><td>余家</td></tr>
<tr><td>32</td><td>傅家</td><td>居民点</td><td>—</td><td colspan="2">—</td><td>傅家</td></tr>
</table>

续表

序号	现行地名	类别	清及清前	民国	地名志
33	燕窝山	居民点	—	燕窝沙[民国志],燕窝山[岱山镇志]	燕窝山
34	关帝殿	居民点	关圣殿[清康熙志],关圣庙[清光绪志]	关圣殿[地形图][民国志],关帝殿[岱山镇志]	关帝殿
35	(已废)	居民点	—	桶盘湾[岱山镇志]	桐盘湾
36	(已废)	居民点	—	施家岙[岱山镇志]	施家岙
37	(已废)	居民点	—	—	毛家岙
38	(已废)	居民点	—	黄沙湾[岱山镇志]	黄沙湾
39	小岙	居民点	—	—	小岙
40	岑家	居民点	—	—	岑家
41	上山朱家	居民点	—	—	上山朱家
42	下盐灶	居民点	—	—	下盐灶
43	童家山沿	居民点	—	—	童家山沿
44	任家	居民点	—	—	任家
45	油车	居民点	—	—	油车
46	胡家	居民点	—	—	胡家
47	毛家	居民点	—	貌山[民国志]	毛家
48	城墩	居民点	—	黔墩[岱山镇志]	城墩
49	小宫门	居民点	—	—	小宫门
50	(已废)	桥梁	资福桥[清康熙志]	—	—
51	(已废)	桥梁	南望桥[清光绪志]	南望桥[岱山镇志]	—
52	(已废)	桥梁	—	万善桥[岱山镇志]	—
53	蓬山书院	建筑物	蓬山书院[清光绪志]	蓬山书院[地形图],蓬山学校[民国志]	—
54	(已废)	建筑物	候潮亭[清光绪志]	—	—
55	(已废)	建筑物	聚封亭[清光绪志]	—	—
56	(已废)	建筑物	岑港司署[清光绪志]	—	—
57	(已废)	建筑物	驻防厅[清光绪志]	—	—
58	(已废)	渡口	泗洲塘渡[宋宝庆志][元大德志]	泗洲塘渡[地形图][民国志]	—
59	万柽柳塘(现为二线海塘)	堤堰	万柽柳塘[清光绪志]	泥峙峰万柽塘[岱山镇志],万柽柳塘[民国志]	—

续表

序号	现行地名	类别	清及清前	民国	地名志
60	（已废）	堤堰	—	宫门横塘［岱山镇志］，横塘［民国志］	—
61	念母岙塘（现为二线海塘）	堤堰	念母岙大塘［清光绪志］	念母岙大塘［民国志］［岱山镇志］	—
62	（已废）	水闸	永丰碶［清光绪志］	永丰碶［民国志］［岱山镇志］	—
63	（已废）	水闸	—	五虎礁碶［民国志］［岱山镇志］	—
64	（已废）	水闸	龙眼碶［清光绪志］	龙眼碶［民国志］［岱山镇志］	—
65	（已废）	渡口	—	东沙角埠头［岱山镇志］	—
66	（已废）	渡口	—	铁板沙大埠头［岱山镇志］	—
67	（已废）	渡口	—	新道头埠头［岱山镇志］	—
68	东岳宫	宗教纪念地	岱山东岳行宫［元大德志］，东岳行祠［明天启志］，东岳宫［清康熙志］［清光绪志］	东岳宫［民国志］［岱山镇志］	东岳宫
69	关圣殿	宗教纪念地	关圣殿［清康熙志］，关圣庙［清光绪志］	关圣殿［地形图］［民国志］，关帝殿［岱山镇志］	—
70	资福寺	宗教纪念地	资福寺［宋宝庆志］［清康熙志］［清光绪志］	资福寺［民国志］［岱山镇志］	资福寺
71	天后宫	宗教纪念地	天后宫（在江窑湖）［清光绪志］	天后宫［民国志］［岱山镇志］	燕窝山在
72	聚英庙	宗教纪念地	小跳庙［清康熙志］，聚英庙［清光绪志］	聚英庙［民国志］［岱山镇志］	—
73	泗神殿	宗教纪念地	泗神殿［清光绪志（图）］，泗洲殿［清光绪志］	泗洲殿［民国志］，泗神殿［岱山镇志］	—
74	天后宫	宗教纪念地	天后宫（泥峙）［清光绪志］	天后宫［民国志］［岱山镇志］	—

续表

序号	现行地名	类别	清及清前	民国	地名志
75	地藏殿	宗教纪念地	地藏殿[清光绪志]	地藏殿[民国志][岱山镇志]	—
76	运司庙	宗教纪念地	运司庙[清光绪志]	运司庙[民国志][岱山镇志]	—
77	羊府宫	宗教纪念地	羊府宫[清光绪志]	羊府宫[民国志][岱山镇志]	羊府宫
78	(已废)	宗教纪念地	文昌宫(在宫门)[清光绪志]	文昌宫[民国志][岱山镇志]	—
79	(已废)	宗教纪念地	文昌宫(在司基)[清光绪志]	文昌宫[民国志]	—
80	龙王宫	宗教纪念地	龙王宫[清光绪志]	龙王宫[民国志][岱山镇志]	—
81	(已废)	宗教纪念地	吉庆宫[清光绪志]	吉庆宫[民国志][岱山镇志]	—
82	司社庙	宗教纪念地	司社庙[清光绪志]	司社庙[民国志][岱山镇志]	—
83	太平庵	宗教纪念地	太平庵[清光绪志]	太平庵[民国志][岱山镇志]	—
84	(已废)	宗教纪念地	土地祠[清光绪志]	土地祠[民国志]	—
85	天后宫	宗教纪念地	天妃宫[清康熙志][清光绪志]	天后宫[民国志][岱山镇志]	—
86	(已废)	宗教纪念地	财神殿[清光绪志]	财神殿[民国志][岱山镇志]	—
87	都神殿	宗教纪念地	—	都神殿[岱山镇志]	—
88	圆明禅寺	宗教纪念地	圆明堂[清光绪志]	圆明堂[民国志][岱山镇志]	—
89	报恩禅寺	宗教纪念地	—	报恩寺[民国志][岱山镇志]	—
90	青莲禅院	宗教纪念地	—	青莲庵[民国志][岱山镇志]	—

续表

序号	现行地名	类别	清及清前	民国	地名志
91	（已废）	宗教纪念地	奎星阁[清光绪志]	奎星阁[民国志]	—
92	（已废）	宗教纪念地	—	善法庵[民国志][岱山镇志]	—
93	（已废）	宗教纪念地	—	圆庆庵[民国志][岱山镇志]	—
94	崇圣禅院	宗教纪念地	—	崇圣庵[民国志][岱山镇志]	—
95	（已废）	宗教纪念地	—	守清庵[民国志][岱山镇志]	—
96	张老相公庙	宗教纪念地	张老相公庙[清光绪志]	张老相公庙[民国志][岱山镇志]	—
97	玄坛庙	宗教纪念地	—	玄坛庙[岱山镇志]	—
98	（已废）	宗教纪念地	潮神庙[清康熙志]，潮神庙[清光绪志]	—	—
99	（已废）	宗教纪念地	—	福寿坛[岱山镇志]	—
100	（已废）	宗教纪念地	普明院（泗洲堂）[宋宝庆志][元至正志][元大德志]	普明院[岱山镇志]	—
101	寺岭	古道	寺岭[清康熙志][清光绪志]	峙岭[地形图]，寺岭[民国志][岱山镇志]	—
102	西沙角岭	古道	西沙角岭[清光绪志]	—	—
103	狗嘴哺岭	古道	—	狗嘴哺岭[岱山镇志]	—
104	小岭	古道	—	小岭[地形图]	—
105	宫后山	山（峰）	东茹山[宋奉使高丽图经]	—	—
106	椅门山	山（峰）	考门山[清康熙志]	考门山[地形图][民国志]	—
107	小炮台山	山（峰）	—	小炮头山[岱山镇志]	—

续表

序号	现行地名	类别	清及清前	民国	地名志
108	大炮台山	山(峰)	寺岭山[清康熙志]	峙岭尖[地形图],大炮头山[岱山镇志]	大炮山
109	白虎山	山(峰)	铁板沙山[清康熙志],五福山[清光绪志]	—	—
110	龙山	山(峰)	龙山[清康熙志]	龙山[地形图]	—
111	虎山	山(峰)	虎山[清康熙志][清光绪志]	虎山[地形图][民国志][岱山镇志]	—
112	铜锣礁岗墩	山(峰)	—	庙吟山[地形图]	—
113	燕窝山	山(峰)	燕窝山[清康熙志](时为海岛),铁墩,燕窝[清光绪志]	铁墩头山[地形图][民国志](时为海岛),燕窝山[岱山镇志]	—
114	凤凰山	山(峰)	凤凰山[清康熙志][清光绪志]	凤凰山[地形图]	凤凰山
115	一房山	山(峰)	一房山[清光绪志]	柱山[地形图],房山[民国志],一房山[岱山镇志]	—
116	石壁山	山(峰)	东乳山[宋乾道志][宋宝庆志][元大德志],石壁山[清光绪志]	—	—
117	宫门山	山(峰)	宫门山[清光绪志]	宫门山[民国志]	—
118	泥螺山	山(峰)	五虎礁(在江窑湖)[清光绪志]	五虎礁[地形图][民国志]	—
119	八卦山	山(峰)	—	—	—
120	老鹰山	山(峰蓬山)	—	老鹰尖[地形图],朗吟山[民国志],郎吟山[岱山镇志]	老鹰山
121	燕尾山	山(峰)	—	燕尾山[民国志]	—
122	泗洲岗	山(峰)	—	泗洲岗[岱山镇志]	—
123	营房山	山(峰)	东沙角山[清康熙志]	营房山[岱山镇志]	—
124	蛤蚆山	山(峰)	—	蛤蚆山[岱山镇志]	—
125	谢家山	山(峰)	—	貌山[民国志],猫山[岱山镇志]	—
126	老鼠山	山(峰)	—	老鼠山[岱山镇志]	—

续表

序号	现行地名	类别	清及清前	民国	地名志
127	大峧河	河流	大蛟(河)[清康熙志]	—	—
128	(已围垦)	河流	—	北浦[地形图][民国志]	—
129	(已废)	水潭	万工池[清康熙志]	—	—
130	东沙角大河	水潭	—	东沙角大河[岱山镇志]	—
131	(已废)	水潭	—	杨梅漕[岱山镇志]	—
132	(已废)	水潭	—	新河[岱山镇志]	—
133	(已废)	水潭	—	老虎潭[岱山镇志]	—
134	戊辰河	水潭	—	—	戊辰河
135	三眼井	水井	三眼井[清康熙志]	—	—
136	(已废)	水井	—	泥井[岱山镇志]	—
137	(已废)	水井	—	沙井[岱山镇志]	—

岱山县岱东镇新旧地名录

（居民点和山水等陆域类地名）

序号	现行名称	类别	清及清前	民国	地名志
1	沙洋	居民点	千步沙［元延祐四明志］［元大德志］	沙洋［地形图］［岱山镇志］	沙洋
2	龙头	居民点	—	龙头［地形图］，龙豆［民国志］	—
3	孝顺岙	居民点	孝顺岙［清康熙志］	孝顺岙［岱山镇志］	—
4	总吉岙	居民点	总吉岙［清康熙志］，总吉隩［清光绪志］	总吉隩［民国志］，总吉岙［岱山镇志］	总吉岙
5	洛沙湾	居民点	绿纱湾岙［清康熙志］	—	洛沙湾
6	冷坑	居民点	冷坑岙［清康熙志］	冷坑［地形图］［民国志］［岱山镇志］	冷坑
7	虎斗	居民点	岸斗［元延祐四明志］［元大德志］，浒兜岙［清康熙志］［清光绪志］	虎閗［地形图］，浒兜［地形图］，虎斗岙［岱山镇志］	虎斗
8	小岙	居民点	小岙［清康熙志］，小隩［清光绪志］	—	小岙
9	大岙	居民点	—	—	大岙
10	板井潭	居民点	板厥［清光绪志］	—	板井潭
11	天生堂	居民点	天生堂［清光绪志］	天生堂［地形图］	天生堂
12	应家	居民点	—	应家［地形图］	应家
13	庙后	居民点	—	下沙角［地形图］［民国志］	庙后
14	沙角	居民点	—	上沙角［地形图］［民国志］，沙角［岱山镇志］	沙角
15	叶家	居民点	—	叶家［地形图］	叶家
16	李家	居民点	—	李家［地形图］	李家
17	张家	居民点	—	张家［地形图］	张家

续表

序号	现行地名	类别	清及清前	民国	地名志
18	姚家	居民点	—	姚家［地形图］	姚家
19	上船跳	居民点	秦头［元延祐四明志］［元大德志］	上船跳［地形图］［民国志］	上船跳
20	曹家	居民点	—	曹家［地形图］	曹家
21	方家岙底	居民点	—	岙底［地形图］［民国志］，方家岙底［岱山镇志］	方家岙底
22	张家边	居民点	—	虾鱼叶［地形图］［民国志］	张家边
23	假山头	居民点	—	假山头［地形图］，假山豆［民国志］	假山头
24	礁门	居民点	—	蛟门山［民国志］	礁门
25	山下边	居民点	—	山下边［地形图］	山下边
26	刘四房	居民点	—	刘四房［地形图］，柳四房［民国志］	刘四房
27	方家岙	居民点	—	—	方家岙
28	郑家	居民点	—	—	郑家
29	戎家	居民点	—	—	戎家
30	（已废）	居民点	—	费家岙	费家岙
31	庙后头	居民点	—	—	庙后头
32	沙河口	居民点	—	—	沙河口
33	庙沿	居民点	—	—	庙沿
34	庙沿孔家	居民点	—	—	庙沿孔家
35	宓家	居民点	—	—	宓家
36	孔家	居民点	—	—	孔家
37	傅家	居民点	—	—	傅家
38	沈家湾	居民点	—	—	沈家湾
39	何家岙	居民点	—	—	何家岙

续表

序号	现行地名	类别	清及清前	民国	地名志
40	涂口	居民点	—	北峰山[岱山镇志]	涂口
41	外湾	居民点	—		外湾
42	庄家	居民点	—		庄家
43	江厂	居民点	—		江厂
44	韩家	居民点	—		韩家
45	徐家	居民点	—		徐家
46	涂口张家	居民点	—		涂口张家
47	宓家岙	居民点	—		宓家岙
48	大田湾	居民点	—		大田湾
49	文丘	居民点	—	—	文丘
50	俞家	居民点	—	—	俞家
51	柴家岙	居民点	—	—	柴家岙
52	铜匠岙	居民点	—	—	铜匠岙
53	陈家	居民点	—	—	陈家
54	凤凰山	居民点	—	—	凤凰山
55	西山脚下	居民点	—	—	西山脚下
56	戎家	居民点	—	—	戎家
57	方家	居民点	—	方家[地形图]	方家
58	任家	居民点	—	—	任家
59	虎斗俞家	居民点	—	—	虎斗俞家
60	杨家	居民点	—	—	杨家
61	墩子	居民点	—	—	墩子
62	厉家小岙	居民点	—	厉家[地形图]	厉家小岙
63	磨心	居民点	白峰[元延祐四明志][元大德志]	磨心[地形图]	磨心
64	太平岙	居民点	—	—	太平岙
65	陈家	居民点	—	—	陈家
66	王家	居民点	—	—	王家
67	洪家	居民点	—	—	洪家
68	万年桥	桥梁	万年桥[清光绪志]	万年桥[民国志][岱山镇志]	—
69	(已废)	桥梁	永镇桥[清光绪志]	永镇桥[民国志]	—

续表

序号	现行地名	类别	清及清前	民国	地名志
70	(已废)	桥梁	永丰桥[清光绪志]	永丰桥[民国志]	—
71	(已废)	桥梁	太平桥[清光绪志]	太平桥[民国志]	—
72	(已废)	建筑物	—	聚丰亭[岱山镇志]	—
73	(已废)	堤堰	浒兜塘[清光绪志]	浒斗岙虎斗塘[岱山镇志],浒兜塘[民国志]	—
74	(已废)	堤堰	总吉隩塘[清光绪志]	总吉隩塘[民国志][岱山镇志]	—
75	(已废)	堤堰	兜源碶[清光绪志]	兜源碶[民国志][岱山镇志]	—
76	(已废)	堤堰	总吉碶[清光绪志]	总吉碶[民国志][岱山镇志]	—
77	太平庙	宗教纪念地	太平庙[清康熙志][清光绪志]	太平庙[民国志][岱山镇志]	—
78	总吉庙	宗教纪念地	总吉庙[清康熙志][清光绪志]	总吉庙[民国志][岱山镇志]	—
79	(已废)	宗教纪念地	孝顺庙[清康熙志]	—	—
80	丰乐庙	宗教纪念地	丰乐庙[清康熙志][清光绪志]	丰乐庙[民国志][岱山镇志]	—
81	超果寺	宗教纪念地	超果寺[宋宝庆志][清康熙志][清光绪志]	超果寺[民国志][岱山镇志]	超果寺
82	宋使庙	宗教纪念地	宋使者庙[清光绪志]	宋使者庙[地形图][民国志][岱山镇志]	—
83	大舜庙	宗教纪念地	大舜庙[清光绪志]	大宋庙[地形图],大舜庙[民国志][岱山镇志]	—
84	(已废)	宗教纪念地	张公庙[清光绪志]	张公庙[民国志][岱山镇志]	—
85	海曙庙	宗教纪念地	海曙庙[清光绪志]	海曙庙[民国志]	属高亭
86	(已废)	宗教纪念地	天后宫[清光绪志]	天后宫[民国志][岱山镇志]	—

续表

序号	现行地名	类别	清及清前	民国	地名志
87	湖中庙	宗教纪念地	湖中庙[清光绪志]	湖中庙[地形图][岱山镇志]	属高亭
88	龙王宫	宗教纪念地	龙王宫[清光绪志]	龙王宫[民国志][岱山镇志]	—
89	护国寺	宗教纪念地	护国寺(天生堂)[清光绪志]	护国寺(天生堂)[民国志][岱山镇志]	—
90	(已废)	宗教纪念地	石佛庵[清光绪志]	石佛庵[民国志],顺山庙[岱山镇志]	—
91	(已废)	宗教纪念地	—	法云庵[民国志][岱山镇志]	—
92	石鹅山	山(峰)	鹿栏山[清康熙志][清光绪志]	—	石鹅山
93	鹿栏山	—	—	鹿栏山[岱山镇志]	鹿栏山
94	北峰山	山(峰)	北峰山[清康熙志][清光绪志]	北峰山[地形图][民国志][岱山镇志]	北峰山
95	凤凰山	山(峰)	凤凰山[清康熙志][清光绪志]	凤凰山[民国志]	—
96	老虎山	山(峰)	老虎头山[清光绪志]	老虎山[地形图]	老虎山
97	大旗杆岗	山(峰)	大棋干冈[清康熙志],大樟杆冈[清光绪志]	—	—
98	黄虎山	山(峰)	—	黄虎山[地形图]	—
99	总吉岗	山(峰)	—	总吉冈[地形图]	—
100	龙头山	山(峰)	—	龙头山[地形图]	—
101	板岗顶	山(峰)	—	坂岗顶[地形图]	—
102	礁门山	山(峰)	—	蛟门山[民国志]	—
103	(已废)	礁	刑马礁[元大德志][明天启志][清康熙志][清光绪志]	刑马礁[民国志]	—

岱山县岱西镇新旧地名录

（居民点和山水等陆域类地名）

序号	现行名称	类别	清及清前	民国	地名志
1	摇星浦	居民点	姚姓浦[清康熙志]，摇星浦[清光绪志]	摇星浦[地形图][民国志]	摇星浦
2	上厂				上厂
3	下厂				下厂
4	管船湾	居民点	—	棺材湾[地形图][民国志] 孙家头[地形图][民国志]	管船湾
5	前岸	居民点	稠江[元延祐四明志][元大德志]，剪厥[清光绪志]	剪刀豆[民国志]，剪刀头[地形图][岱山镇志]	前岸
6	营房根	居民点		营房跟[民国志]	营房根
7	大岙	居民点		—	大岙
8	外茶前山	居民点	—	外岙[民国志]	外茶前山
9	虞家山嘴	居民点	—	大湾[地形图]，虞家山嘴[岱山镇志]	虞家山嘴
10	张家塘墩	居民点	—	塘墩[民国志][地形图]	张家塘墩
11	塘角				塘角
12	塘墩金家				塘墩金家
13	下塘	居民点	—	塘堤[地形图][民国志]	下塘
14	俞家头	居民点	—	小湾[民国志]	俞家头
15	中茶前山	居民点	—	茶前山[民国志][岱山镇志]，中岙[民国志]，里茶前山[地形图]	中茶前山
16	上姚家	居民点	—	里岙[地形图]	上姚家
17	下姚家	居民点			下姚家
18	林家	居民点	—	—	林家
19	冯家	居民点	—	—	冯家
20	三户头	居民点	—	—	三户头

续表

<table>
<tr><th>序号</th><th colspan="2">现行地名</th><th>类别</th><th>清及清前</th><th colspan="2">民国</th><th colspan="2">地名志</th></tr>
<tr><td rowspan="2">21</td><td colspan="2" rowspan="2">金家岙</td><td>居民点</td><td>—</td><td colspan="2">馒头山[民国志]</td><td colspan="2">—</td></tr>
<tr><td>居民点</td><td>—</td><td colspan="2" rowspan="2">刘家岙[地形图][民国志]</td><td colspan="2" rowspan="2">金邱家</td></tr>
<tr><td>22</td><td colspan="2">外山嘴</td><td>居民点</td><td>—</td></tr>
<tr><td>23</td><td colspan="2">水白峧</td><td>居民点</td><td>水浡隩[清光绪志],水厩[清光绪志],水浡洨隩[清光绪志]</td><td colspan="2">水浡岙[民国志]</td><td colspan="2">水白峧</td></tr>
<tr><td rowspan="2">24</td><td colspan="2" rowspan="2">青黑小山</td><td>居民点</td><td rowspan="2">—</td><td rowspan="2">小山[岱山镇志]</td><td>下小山[地形图][民国志]</td><td colspan="2" rowspan="2">青黑小山</td></tr>
<tr><td>居民点</td><td>上小山[地形图][民国志]</td></tr>
<tr><td>25</td><td colspan="2">火盘</td><td>居民点</td><td>—</td><td colspan="2">火盘[岱山镇志]</td><td colspan="2">火盘</td></tr>
<tr><td>26</td><td colspan="2">石宫后</td><td>居民点</td><td>—</td><td colspan="2">—</td><td colspan="2">石宫后</td></tr>
<tr><td rowspan="2">27</td><td colspan="2">坑田湾</td><td rowspan="2">居民点</td><td rowspan="2">仙牛迹[清光绪志]</td><td colspan="2" rowspan="2">坑田湾[岱山镇志]</td><td colspan="2">坑田湾</td></tr>
<tr><td colspan="2">金家</td><td colspan="2">金家</td></tr>
<tr><td>28</td><td colspan="2">怀慈</td><td>居民点</td><td>青黑山[清光绪志]</td><td colspan="2">青黑山[民国志][岱山镇志],青岩山[地形图]</td><td colspan="2">青黑山</td></tr>
<tr><td>29</td><td colspan="2">—</td><td>居民点</td><td>—</td><td colspan="2">禹王湾[地形图]</td><td colspan="2">—</td></tr>
<tr><td>30</td><td colspan="2">后岸</td><td>居民点</td><td>—</td><td colspan="2">后颜[地形图]</td><td colspan="2">后岸</td></tr>
<tr><td>31</td><td colspan="2">石塘根</td><td>居民点</td><td>—</td><td colspan="2">—</td><td colspan="2">石塘根</td></tr>
<tr><td>32</td><td colspan="2">夏家</td><td>居民点</td><td>—</td><td colspan="2">—</td><td colspan="2">夏家</td></tr>
<tr><td rowspan="3">33</td><td colspan="2" rowspan="3">外湾</td><td>居民点</td><td>—</td><td colspan="2">里湾[地形图]</td><td colspan="2" rowspan="3">外湾</td></tr>
<tr><td>居民点</td><td>—</td><td colspan="2">外湾[地形图]</td></tr>
<tr><td>居民点</td><td>—</td><td colspan="2">高坎墩[民国志][地形图]</td></tr>
<tr><td rowspan="3">34</td><td rowspan="3">念母岙</td><td>王家</td><td rowspan="3">居民点</td><td rowspan="3">—</td><td colspan="2" rowspan="3">廿亩岙[民国志],念母岙[地形图][岱山镇志]</td><td rowspan="3">念母岙</td><td>王家</td></tr>
<tr><td>笆弄</td><td>笆弄</td></tr>
<tr><td>李家</td><td>李家</td></tr>
<tr><td>35</td><td colspan="2">(居民点已废)今为水库</td><td>居民点</td><td>—</td><td colspan="2">北畚斗[岱山镇志]</td><td colspan="2">—</td></tr>
<tr><td>36</td><td colspan="2">(居民点已废)今为水库</td><td>居民点</td><td>—</td><td colspan="2">南畚斗[岱山镇志]</td><td colspan="2">—</td></tr>
<tr><td>37</td><td colspan="2">(已废)</td><td>桥梁</td><td>—</td><td colspan="2">板桥[岱山镇志]</td><td colspan="2">—</td></tr>
</table>

续表

序号	现行地名	类别	清及清前	民国	地名志
38	(已废,今作路)	堤堰	茶前山塘[清光绪志]	茶前山塘[民国志][岱山镇志]	—
39	(已废,今作路)	堤堰	东塘[清光绪志]	东塘[民国志][岱山镇志]	—
40	(已废,今作路)	堤堰	西塘[清光绪志]	西塘[民国志][岱山镇志]	—
41	(已废)	水闸	通泉碶[清光绪志]	通泉碶[民国志][岱山镇志]	—
42	(已废)	水闸	西碶[清光绪志]	西碶[民国志][岱山镇志]	—
43	(已废)	水闸	东碶[清光绪志]	东碶[民国志][岱山镇志]	—
44	淡水庙	宗教纪念地	淡水湾庙[清康熙志],淡水庙[清光绪志]	淡水庙[民国志][岱山镇志]	—
45	禹王庙	宗教纪念地	禹王庙[清光绪志图],马王庙[清光绪志]	马王庙[民国志],大禹王庙[岱山镇志]	—
46	(已废)	宗教纪念地	财神殿[清光绪志]	财神殿[民国志][岱山镇志]	—
47	(已废)	宗教纪念地	正一(乙)庙[清光绪志]	正一庙[民国志]	—
48	(已废)	宗教纪念地	—	莲净庵[民国志][岱山镇志]	—
49	(已废)	宗教纪念地	泽莱宫[清光绪志]	泽莱宫[民国志][岱山镇志]	—
50	拷网山	山(峰)	—	拷网山[地形图][岱山镇志]	拷网山
51	茶前山	山(峰)	茶前山[清光绪志]	—	茶前山
52	青黑山	山(峰)	青黑山[清康熙志][清光绪志]	青黑山[民国志],青岩山[地形图]	青黑山
53	剪刀头山	山(峰)	剪刀头山[清康熙志],小刀头山[康熙志岱山图],剪刀头山[清光绪志]	剪刀豆山[民国志],剪刀头山[地形图]	—

续表

<table>
<tr><th>序号</th><th>现行地名</th><th>类别</th><th>清及清前</th><th>民国</th><th>地名志</th></tr>
<tr><td>54</td><td>双合山</td><td>山(峰)</td><td>两头洞山[清康熙志],双合山[清康熙志](时为海岛)</td><td>双合山[民国志](时为海岛)</td><td>—</td></tr>
<tr><td rowspan="3">55</td><td rowspan="3">南浦</td><td rowspan="3">河流</td><td>—</td><td>八角浦[民国志]</td><td rowspan="3">南浦</td></tr>
<tr><td>—</td><td>大卵湾[民国志]</td></tr>
<tr><td>南浦[清康熙志][清光绪志]</td><td>南浦[地形图][民国志]</td></tr>
<tr><td>56</td><td>摇星浦</td><td>河流</td><td>姚姓浦[清康熙志],摇星浦[清光绪志]</td><td>摇星浦[地形图][民国志]</td><td>摇星浦</td></tr>
<tr><td>57</td><td>(已废)</td><td>潭</td><td>龙湫[清光绪志]</td><td>龙湫[民国志]</td><td>—</td></tr>
</table>

岱山县衢山镇新旧地名录

（居民点和山水等陆域类地名）

<table>
<tr><th>序号</th><th>现行名称</th><th>类别</th><th>清及清前</th><th colspan="2">民国</th><th>地名志</th></tr>
<tr><td>1</td><td>岛斗岙</td><td>居民点</td><td>倒头隩［清光绪志］</td><td colspan="2">岛斗岙［地形图］，
倒斗岙［民国志］</td><td>岛斗岙</td></tr>
<tr><td>2</td><td>潮头门</td><td>居民点</td><td>—</td><td colspan="2">潮头门［地形图］，
朝头门［民国志］</td><td>潮头门</td></tr>
<tr><td>3</td><td>周家岙</td><td>居民点</td><td>—</td><td colspan="2">—</td><td>周家岙</td></tr>
<tr><td>4</td><td>上洞礁</td><td>居民点</td><td rowspan="3">洞礁［清光绪志］</td><td rowspan="3">洞礁［地形图］</td><td>上洞礁［民国志］</td><td>上洞礁</td></tr>
<tr><td>5</td><td>中洞礁</td><td>居民点</td><td>—</td><td>中洞礁</td></tr>
<tr><td>6</td><td>下洞礁</td><td>居民点</td><td>—</td><td>下洞礁</td></tr>
<tr><td>7</td><td>西鸡笼</td><td>居民点</td><td>—</td><td colspan="2">—</td><td>西鸡笼</td></tr>
<tr><td>8</td><td>岛扎</td><td>居民点</td><td>—</td><td colspan="2">里岛侧，外岛侧
［地形图］［民国志］</td><td>岛扎</td></tr>
<tr><td>9</td><td>枕头山</td><td>居民点</td><td>枕头山［清光绪志］</td><td colspan="2">枕头山［地形图］［民国志］</td><td>枕头山</td></tr>
<tr><td>10</td><td>岛渤</td><td>居民点</td><td>—</td><td colspan="2">岛白［地形图］［民国志］</td><td>岛 渤</td></tr>
<tr><td>11</td><td>北岙</td><td>居民点</td><td>—</td><td colspan="2">—</td><td>北岙</td></tr>
<tr><td>12</td><td>樟树镇</td><td>居民点</td><td>庄前竹［清光绪志］</td><td colspan="2">章贤镇［地形图］［民国志］</td><td>樟树镇</td></tr>
<tr><td>13</td><td>树镇</td><td>居民点</td><td>庄前竹［光绪厅志］</td><td colspan="2">章贤镇［地形图］［民国志］</td><td>树镇</td></tr>
<tr><td>14</td><td>大岙</td><td>居民点</td><td>庄前竹［清光绪志］</td><td colspan="2">章贤镇［地形图］［民国志］</td><td>大岙</td></tr>
<tr><td>15</td><td>南大岙</td><td>居民点</td><td>—</td><td colspan="2">棺材坑［地形图］，
官才坑［民国志］，
南陀岙［民国志］</td><td>南大岙</td></tr>
<tr><td>16</td><td>岛斗小岙</td><td>居民点</td><td>—</td><td colspan="2">—</td><td>小岙</td></tr>
<tr><td>17</td><td>上弄堂</td><td>居民点</td><td rowspan="2">—</td><td colspan="2" rowspan="2">龙潭［地形图］［民国志］，
南陀弄堂隩［民国志］</td><td>上弄堂</td></tr>
<tr><td>18</td><td>下弄堂</td><td>居民点</td><td>下弄堂</td></tr>
<tr><td>19</td><td>中柱新村（20 世纪 80 年代迁中柱新村）</td><td>居民点</td><td>—</td><td colspan="2">中柱山［民国志］</td><td>中柱新村</td></tr>
</table>

续表

<table>
<tr><th>序号</th><th colspan="2">现行地名</th><th>类别</th><th>清及清前</th><th>民国</th><th>地名志</th></tr>
<tr><td>20</td><td colspan="2">冷水潭干</td><td>居民点</td><td rowspan="3">—</td><td>冷水头根[地形图]
[民国志]</td><td>冷水潭干</td></tr>
<tr><td>21</td><td colspan="2">前刺笆弄</td><td>居民点</td><td rowspan="2">次波弄[地形图][民国志]</td><td>前刺笆弄</td></tr>
<tr><td>22</td><td colspan="2">后刺笆弄</td><td>居民点</td><td>后刺笆弄</td></tr>
<tr><td>23</td><td colspan="2">鹤冠</td><td>居民点</td><td>鹤冠岙[清光绪志]</td><td>鹤冠[地形图][民国志]</td><td>鹤冠</td></tr>
<tr><td>24</td><td colspan="2">李家岙</td><td>居民点</td><td>—</td><td>—</td><td>李家岙</td></tr>
<tr><td>25</td><td colspan="2">横勒山</td><td>居民点</td><td>—</td><td>—</td><td>横勒山</td></tr>
<tr><td>26</td><td colspan="2">里太平</td><td>居民点</td><td>—</td><td rowspan="2">太平山[民国志]</td><td>里太平</td></tr>
<tr><td>27</td><td colspan="2">外太平</td><td>居民点</td><td>—</td><td>外太平</td></tr>
<tr><td>28</td><td colspan="2">老鼠山</td><td>居民点</td><td>—</td><td>—</td><td>老鼠山</td></tr>
<tr><td>29</td><td colspan="2">皇坟基</td><td>居民点</td><td>环汾基[清光绪志]</td><td>王坟基[地形图][民国志]</td><td>皇坟基</td></tr>
<tr><td>30</td><td colspan="2">塘岙</td><td>居民点</td><td>大塘岙[清光绪志]</td><td>塘岙[地形图],
大塘岙[民国志]</td><td>塘岙</td></tr>
<tr><td>31</td><td colspan="2">峙坑</td><td>居民点</td><td>—</td><td>峙坑[地形图][民国志]</td><td>峙坑</td></tr>
<tr><td>32</td><td colspan="2">里打水</td><td>居民点</td><td>—</td><td>—</td><td>里打水</td></tr>
<tr><td>33</td><td colspan="2">中打水</td><td>居民点</td><td>—</td><td>—</td><td>中打水</td></tr>
<tr><td>34</td><td colspan="2">外打水</td><td>居民点</td><td>—</td><td>—</td><td>外打水</td></tr>
<tr><td>35</td><td colspan="2">打水新村</td><td>居民点</td><td>—</td><td>—</td><td>打水新村</td></tr>
<tr><td rowspan="4">36</td><td rowspan="4">黄沙</td><td>小黄沙</td><td rowspan="4">居民点</td><td>—</td><td rowspan="4">黄水[民国志]</td><td>小黄沙</td></tr>
<tr><td>黄沙夏家</td><td>—</td><td>夏家</td></tr>
<tr><td>王家</td><td>—</td><td>王家</td></tr>
<tr><td>方家</td><td>—</td><td>方家</td></tr>
<tr><td>37</td><td colspan="2">大平头</td><td>居民点</td><td>—</td><td>大平豆[地形图],
太平豆[民国志],
大屏坛[民国志]</td><td>大平头</td></tr>
<tr><td>38</td><td colspan="2">大紫金山</td><td>居民点</td><td rowspan="2">—</td><td rowspan="2">紫荆山[地形图][民国志],紫金山[民国志]</td><td>大紫金山</td></tr>
<tr><td>39</td><td colspan="2">小紫金山</td><td>居民点</td><td>小紫金山</td></tr>
<tr><td>40</td><td colspan="2">深水</td><td>居民点</td><td>—</td><td>倾波湾[地形图][民国志]</td><td>深水</td></tr>
<tr><td>41</td><td colspan="2">田厂</td><td>居民点</td><td>—</td><td>田厂[地形图][民国志]</td><td>田厂</td></tr>
<tr><td>42</td><td colspan="2">蛤蟆山</td><td>居民点</td><td>—</td><td>—</td><td>蛤蟆山</td></tr>
<tr><td>43</td><td colspan="2">东长沙</td><td>居民点</td><td rowspan="2">长沙岙[清光绪志]</td><td>东长沙[地形图][民国志]</td><td>东长沙</td></tr>
<tr><td>44</td><td colspan="2">西长沙</td><td>居民点</td><td>西长沙[地形图][民国志]</td><td>西长沙</td></tr>
</table>

续表

序号	现行地名	类别	清及清前	民国	地名志
45	下鸡笼	居民点	—	—	下鸡笼
46	上鸡笼	居民点	—	—	上鸡笼
47	中岙	居民点	—	—	中岙
48	上培荫	居民点	培荫隩[清光绪志]	—	上培荫
49	下培荫	居民点		—	下培荫
50	培荫	居民点		—	培荫
51	孙家岙	居民点	—	—	孙家岙
52	樟木山	居民点	樟木山[清光绪志]	—	樟木山
53	里高涂	居民点	高涂隩[清光绪志]	高涂[地形图][民国志]	里高涂
54	外高涂	居民点		外高涂[地形图][民国志]	外高涂
55	羊洞	居民点	—	—	羊洞
56	桂花园	居民点	桂花园[清光绪志]	桂花园[地形图][民国志]	桂花园
57	沙塘	居民点	沙塘隩[明全浙兵制]	沙塘[地形图][民国志]	沙塘
58	沼潭	居民点	礁潭[明两浙海防类考续编][明筹海图编],礁潭隩[清光绪志]	照豆[地形图],礁潭[民国志],蛟潭[民国志]	沼潭
59	沼潭嘴	居民点	—	礁豆嘴[地形图][民国志]	沼潭嘴
60	踏床头	居民点	—	—	踏床头
61	北扫箕	居民点	—	—	北扫箕
62	南扫箕	居民点	—	南帚箕[地形图]	南扫箕
63	西丰头	居民点	—	—	西丰头
64	大平岗	居民点	—	—	大平岗
65	大茶园	居民点	—	茶园里[地形图][民国志]	大茶园
66	小茶园	居民点			小茶园
67	石柱湾	居民点	—	—	石柱湾
68	石柱夏家	居民点	—	—	夏家
69	石子门	居民点	石子门[清康熙志][清光绪志]	石子门[地形图][民国志]	石子门
70	南岙	居民点	—	—	南岙
71	涨网套	居民点	—	—	涨网套
72	黄沙岙	居民点	—	—	黄沙岙
73	东山嘴	居民点	—	东山嘴[地形图][民国志]	东山嘴

续表

序号	现行地名	类别	清及清前	民国	地名志
74	大东岙	居民点	朐东[元延祐四明志][元大德志],衢东岙[明全浙兵制],衢东隩[清光绪志]	大东岙[地形图][民国志]	大东岙
75	小东岙	居民点		小东岙[地形图][民国志]	小东岙
76	鸡冠礁	居民点	鸡冠礁[清光绪志]	—	鸡冠礁
77	金家横	居民点	—	—	金家横
78	刘家横	居民点	—	—	刘家横
79	岗墩	居民点	—	—	岗墩
80	长弄堂	居民点	—	—	长弄堂
81	宁海岙	居民点	—	—	宁海岙
82	狗头颈	居民点	—	狗头颈[地形图], 九豆颈[民国志]	狗头颈
83	上冷峙	居民点	—	上冷峙[地形图][民国志]	上冷峙
84	凉峙	居民点	冷池[清光绪志]	冷峙[地形图][民国志]	凉峙
85	沙岭峧	居民点	沙岭窔[清光绪志]	沙岭峧[民国志]	沙岭峧
86	跳板头	居民点	—	—	跳板头
87	渔耕碗	居民点	渔畊埦	鱼羹碗[地形图][民国志]	渔耕碗
88	小渔耕碗	居民点	—	—	小渔耕碗
89	里厂	居民点	—	—	里厂
90	贺家坑	居民点	—	—	贺家坑
91	四平头	居民点	四平头[清光绪志]	四平头[地形图][民国志]	四平尖
92	马足	居民点	马足隩[清光绪志]	马足岙[地形图][民国志]	马足
93	大龙潭	居民点	龙潭隩[清光绪志]	龙潭[地形图][民国志]	大龙潭
94	小龙潭	居民点	小龙潭[清光绪志]	—	小龙潭
95	黄泥坎	居民点	—	—	黄泥坎
96	下黄泥坎	居民点	—	—	下黄泥坎
97	乍浦门	居民点	查浦[宋宝庆志],余浦[元延祐四明志][元大德志][延祐志],茶浦门[明两浙海防类考续编][明筹海图编],乍浦门[清光绪志]	乍浦门[地形图] [民国志]	乍浦门

续表

<table>
<tr><th>序号</th><th>现行地名</th><th>类别</th><th>清及清前</th><th colspan="2">民国</th><th>地名志</th></tr>
<tr><td>98</td><td>田涂</td><td>居民点</td><td>地砂[元延祐四明志][元大德志],田涂[清光绪志]</td><td colspan="2">田涂[地形图][民国志]</td><td>田涂</td></tr>
<tr><td>99</td><td>六条溪</td><td>居民点</td><td>—</td><td colspan="2">六条溪[地形图][民国志]</td><td>六条溪</td></tr>
<tr><td>100</td><td>万良岙</td><td>居民点</td><td>万两隩[清光绪志]</td><td colspan="2">—</td><td>—</td></tr>
<tr><td>101</td><td>葛藤岙</td><td>居民点</td><td>—</td><td colspan="2">葛藤岙[地形图][民国志]</td><td>葛藤岙</td></tr>
<tr><td>102</td><td>在船岙</td><td>居民点</td><td>—</td><td colspan="2">—</td><td>在船岙</td></tr>
<tr><td>103</td><td>旱门</td><td>居民点</td><td>—</td><td colspan="2">—</td><td>旱门</td></tr>
<tr><td>104</td><td>罗家岙</td><td>居民点</td><td>—</td><td colspan="2">—</td><td>罗家岙</td></tr>
<tr><td>105</td><td>网棚干</td><td>居民点</td><td>—</td><td colspan="2">—</td><td>网棚干</td></tr>
<tr><td>106</td><td>夏家厂干</td><td>居民点</td><td>—</td><td colspan="2">—</td><td>夏家厂干</td></tr>
<tr><td>107</td><td>樟套</td><td>居民点</td><td>庄套[清光绪志]</td><td colspan="2">—</td><td>樟套</td></tr>
<tr><td>108</td><td>羊元岙</td><td>居民点</td><td>—</td><td colspan="2">养元隩[民国志]</td><td>羊元岙</td></tr>
<tr><td>109</td><td>大胡琴岙</td><td>居民点</td><td>—</td><td>大胡琴岙[地形图]</td><td rowspan="2">胡琴岙[民国志]</td><td>大胡琴岙</td></tr>
<tr><td>110</td><td>小胡琴岙</td><td>居民点</td><td>—</td><td>小胡琴岙[地形图]</td><td>小胡琴岙</td></tr>
<tr><td>111</td><td>大竹管套</td><td>居民点</td><td rowspan="2">—</td><td colspan="2" rowspan="2">竹管套[地形图][民国志]</td><td>竹管套</td></tr>
<tr><td>112</td><td>小竹管套</td><td>居民点</td><td>小竹管套</td></tr>
<tr><td>113</td><td>蛇舌门(现无人居住)</td><td>居民点</td><td>—</td><td colspan="2">茶叶门[地形图][民国志]</td><td>蛇舌门</td></tr>
<tr><td>114</td><td>大沙碗</td><td>居民点</td><td>大沙[清光绪志]</td><td colspan="2">大沙湾[地形图][民国志]</td><td>大沙碗</td></tr>
<tr><td>115</td><td>高厂墩</td><td>居民点</td><td>—</td><td colspan="2">高厂墩[地形图][民国志]</td><td>高厂墩</td></tr>
<tr><td>116</td><td>外闸</td><td>居民点</td><td>外闸[清光绪志]</td><td colspan="2">—</td><td>外闸</td></tr>
<tr><td>117</td><td>已拆迁至岛斗鼠浪小区</td><td>居民点</td><td>鼠狼岙[明筹海图编]</td><td colspan="2">鼠狼湖[地形图][民国志]</td><td>万里岙</td></tr>
<tr><td>118</td><td>已拆迁至岛斗鼠浪小区</td><td>居民点</td><td>—</td><td colspan="2">南湖[地形图][民国志]</td><td>南湖</td></tr>
<tr><td>119</td><td>已拆迁至岛斗鼠浪小区</td><td>居民点</td><td>—</td><td colspan="2">高店豆[地形图志],高石豆[民国志]</td><td>—</td></tr>
<tr><td>120</td><td>已拆迁至岛斗鼠浪小区</td><td>居民点</td><td>—</td><td colspan="2">杜家山[地形图][民国志]</td><td>—</td></tr>
</table>

续表

序号	现行地名	类别	清及清前	民国	地名志
121	已拆迁至 岛斗鼠浪小区	居民点	—	坟基斗[地形图][民国志]	仰天碗
122	已废,拆迁至岛斗	居民点	—	宏山岙[地形图][民国志]	红山岙
123	已废,拆迁至岛斗	居民点	—	大西岙[地形图][民国志]	大南岙
124	已废,拆迁至岛斗	居民点	—	—	小南岙
125	已废,拆迁至岛斗	居民点	—	草岙[地形图][民国志]	黄泽南岙
126	已废,拆迁至岛斗	居民点	—	大岙[地形图][民国志]	黄泽大岙
127	已废,拆迁至岛斗	居民点	—	—	杜家岙
128	已废,拆迁至岛斗	居民点	—	—	黄家岙
129	已废,拆迁至岛斗	居民点	—	鞍山[地形图][民国志]	外藤棚
130	(已废,今作路)	堤堰	—	沙塘[民国志]	—
131	(已废,今作路)	堤堰	—	大塘[民国志]	—
132	(已废,今作路)	堤堰	—	小塘[民国志]	—
133	1238年迁昌国县城	宗教 纪念地	祖印院[宋宝庆志],祖印寺[元大德志][明天启志][清康熙志][清光绪志]	祖印寺[民国志]	—
134	广济禅寺	宗教 纪念地	观音寺[清光绪志]	观音寺[民国志], 洪福寺[民国志]	—
135	普庆寺	宗教 纪念地	普庆寺[清光绪志]	普庆寺[民国志]	—
136	三圣殿	宗教 纪念地	三圣殿[清光绪志]	三圣殿[民国志]	—
137	(已废)	宗教 纪念地	华云寺(香兰寺)[宋宝庆志][元大德志][元至正志]	华云寺(香兰寺)[民国志]	—
138	(已废)	—	蓬莱集仙道院[元大德志]	蓬莱集仙道院[民国志]	—
139	普济寺	宗教 纪念地	—	普济寺[民国志]	—
140	观音殿	宗教 纪念地	—	观音殿[民国志]	—

续表

序号	现行地名	类别	清及清前	民国	地名志
141	宋朝宫	宗教纪念地	宋朝宫[清光绪志]	宋朝宫[民国志]	—
142	东岳宫	宗教纪念地	东岳宫(在桂花园)[清光绪志]	东岳宫[民国志]	—
143	太平庙	宗教纪念地	太平庙[清光绪志]	太平庙[民国志]	—
144	韦驮殿	宗教纪念地	韦驮殿[清光绪志]	—	—
145	东岳宫	宗教纪念地	东岳宫(在乍浦门)[清光绪志]	东岳宫[民国志]	—
146	龙王宫	宗教纪念地	龙王宫[清光绪志]	龙王宫[民国志]	—
147	东山殿	宗教纪念地	东山殿[清光绪志]	东山殿[民国志]	—
148	天后宫	宗教纪念地	天后宫(在龙潭岙)[清光绪志]	—	—
149	天后宫	宗教纪念	天后宫(在渔耕碗)[清光绪志]	天后宫[民国志]	—
150	关圣殿	宗教纪念地	—	三圣宫(在礁潭)[民国志]	—
151	(已废)	宗教纪念地	—	三间宫[民国志]	—
152	(已废)	宗教纪念地	—	关圣殿[民国志]	—
153	玄坛庙	宗教纪念地	—	玄坛庙[民国志]	—
154	聚丰庙	宗教纪念地	—	聚丰庙[民国志]	—
155	羊府殿	宗教纪念地	—	羊府宫[民国志]	—
156	白庙	宗教纪念地	—	白庙[民国志]	—

续表

序号	现行地名	类别	清及清前	民国	地名志
157	王老爷宫	宗教纪念地	—	王府宫[民国志]	—
158	(已废)	—	—	李沈二公祠[民国志]	—
159	财神殿	宗教纪念地	财神殿(在岛斗)[清光绪志]	财神殿[民国志]	—
160	财神殿	宗教纪念地	—	财神殿(在岛扎)[民国志]	—
161	财神殿	宗教纪念地	—	财神殿(在下洞礁)[民国志]	—
162	财神殿	宗教纪念地	—	财神殿(在竹管套)[民国志]	—
163	(已废)	—	—	土地祠(在黄沙岙)[民国志]	—
164	(已废)	宗教纪念地	—	土地祠(在樟树镇)[民国志]	—
165	观音山	山(峰)	—	观音山[地形图][民国志]	观音山
166	狮子山	山(峰)	—	狮子山[地形图][民国志]	—
167	枕头山	山(峰)	枕头山[清光绪志]	枕头山[地形图][民国志]	—
168	鹤冠头山	山(峰)	—	鸡冠豆山[地形图],鹤冠豆山[民国志]	—
169	鹤冠山	山(峰)	—	鹤冠山[地形图][民国志]	鹤冠山
170	太平山	山(峰)	太平山[清光绪志]	太平山[地形图][民国志]	—
171	雷公山	山(峰)	—	雷公山[地形图][民国志]	雷公山
172	培荫山	山(峰)	—	被荫冈[地形图],培阴冈[民国志]	培荫山

续表

序号	现行地名	类别	清及清前	民国	地名志
173	东岙岗	山(峰)	—	东岙岗[地形图], 东岙冈[民国志]	东岙岗
174	雷鼓山	山(峰)	—	罗鼓山[地形图] [民国志]	雷鼓山
175	马足岗	山(峰)	—	马足岗[地形图], 马足冈[民国志]	马足岗
176	石子门岗	山(峰)	—	石子门岗[地形图], 石子门冈[民国志]	—
177	冷峙岗	山(峰)	—	冷峙岗[地形图], 冷峙冈[民国志]	—
178	东山	山(峰)	—	东山[地形图] [民国志]	—
179	五头山	山(峰)	—	鱼头山[地形图] [民国志]	五头山
180	蛇舌门岗	山(峰)	—	大头山[地形图] [民国志]	—
181	凉亭基岗	山(峰)	—	凉亭基岗[地形图], 凉亭基冈[民国志]	凉亭基岗
182	樟套岗	山(峰)	—	章套岗[地形图] [民国志]	—
183	坟基斗岗	山(峰)	—	坟基斗[地形图] [民国志]	坟基斗岗
184	中柱山	山(峰)	—	中柱山[民国志]	中柱山
185	长清河	河流	—	长清河[民国志]	—
186	聚丰河	河流	—	聚丰河[民国志]	—
187	桂平长河	河流	—	—	桂平长河

岱山县长涂镇新旧地名录

（居民点和山水等陆域类地名）

序号	现行名称	类别	清及清前	民国	地名志
1	倭井潭	居民点	倭井[清光绪志]	倭井豆[民国志]， 窝井头[地形图]	倭井潭
2	官厂基	居民点	—	官厂基[地形图][民国志]	官厂基
3	宫前	居民点	—	—	宫前
4	附马宫前	居民点	—	—	附马宫前
5	东小岙	居民点	东小隩[清光绪志]	东小隩[民国志]， 东小岙[地形图]	东小岙
6	中段	居民点	中段[清光绪志]	中厂[民国志]	中段
7	上厂	居民点	—	上厂[地形图][民国志]	上厂
8	下厂	居民点	—	下厂金家[地形图]	下厂
9	东厂	居民点	—	里厂[地形图][民国志]	东厂
10	溪门口	居民点	—	南小浦[地形图][民国志]	溪门口
11	中段	居民点	—	大龙头[地形图][民国志]	中段
12	（已废）	居民点	—	朝北岙[地形图][民国志]	—
13	上金家	居民点	—	上金家[地形图]	上金家
14	下金家	居民点	—	金下家[地形图]	—
15	罗 家	居民点	—	罗家[地形图]	—
16	大岙	居民点	—	大岙[地形图][民国志]	大岙
17	赵家岙	居民点	—	赵央岙[民国志]， 赵夹岙[地形图]	赵家岙
			—	叶家岙[地形图] [民国志]	虞家岙
18	仙草潭 （已拆）	居民点	—	仙草豆[民国志]， 仙草头[地形图]	西车头
19	（已拆）2005 年 金海湾征用	居民点	—	龙潭岙[地形图][民国志]	—
20	上胡家	居民点	—	—	上胡家

续表

序号	现行地名	类别	清及清前	民国	地名志
21	上船跳	居民点	上船跳[清光绪志]	上船跳[地形图][民国志]	上船跳
22	南小岙	居民点	南小澳[清光绪志]	南小澳[地形图][民国志]	南小岙
23	黄家岙	居民点	—	黄夹岙[地形图][民国志]	黄家岙
24	王家	居民点	—	—	王 家
25	定海湾	居民点	定海湾[清光绪志]	定海湾[地形图][民国志]	定海湾
26	(已废)	居民点	黄泥塴[清光绪志]	黄泥欿[地形图][民国志]	黄泥坎
27	新 行	居民点	新巷[清光绪志]	新巷[地形图][民国志]	新行
28	外老行	居民点	老巷[清光绪志]	老巷[地形图][民国志]	外老行
29	里老行	居民点	—	里岙[民国志]	里老行
30	娘基宫	居民点	娘基宫[清光绪志]	娘基宫[地形图][民国志]	娘基宫
31	小娘基宫	居民点	—	—	小娘基宫
32	牛头山	居民点	—	牛头山[地形图], 牛豆山[民国志]	牛头山
33	(已迁)	居民点	南障门[清光绪志]	南庄门[地形图][民国志]	南庄门
34	大沙河	居民点	大沙河[清光绪志]	大门坞[民国志], 大沙坞[地形图]	大沙河
35	小沙河	居民点	—	—	小沙河
36	钉嘴门	居民点	钉嘴门[清光绪志]	丁子门[地形图][民国志]	钉嘴门
37	(已迁)	居民点	大龙潭[清光绪志]	大龙豆[民国志], 大龙头[地形图]	大龙潭
38	(已迁)	居民点	—	—	小龙潭
39	(已迁)	居民点	沙墐[清光绪志]	沙墐[地形图]	
40	浪荡湾	居民点	浪通湾[清光绪志]	浪涨湾[地形图][民国志]	浪荡湾
41	外达昆	居民点	达滚	达滚岙[地形图][民国志], 上达滚[地形图][民国志]	外达昆
42	(已迁)	居民点	—	中达滚[地形图][民国志]	—
43	(已迁)	居民点	—	下达滚[地形图][民国志]	—
44	西剑	居民点	西剑[清康熙志] [清光绪定海厅志]	西剑[地形图][民国志]	西剑
45	(已迁)	居民点	—	小滩岙[地形图][民国志]	—

续表

序号	现行地名	类别	清及清前	民国	地名志
46	郑家岙	居民点	—	陈家岙[地形图][民国志]	郑家岙
47	皇坟基	居民点	—	王坟基[民国志],皇坟基[地形图]	皇坟基
48	中柱山	居民点	中柱山[清光绪志]	中柱山[地形图][民国志]	中柱山
49	戚家岙	居民点	七家隩[清光绪志]	—	戚家岙
50	(已废)	居民点	—	—	南头
51	(已废)	居民点	—	—	外南头
52	走马塘	居民点	—	走马塘[地形图][民国志]	走马塘
53	剑西岸	居民点	剑西岸[清光绪志]	剑周岸[民国志],剑身岸[地形图]	剑西岸
54	东剑	居民点	东剑[清康熙志][清光绪定海厅志]	东剑[地形图][民国志]	东剑
55	面前	居民点	—	面前[地形图][民国志]	面前
56	(已废)	居民点	—	秦王岭[民国志],杨家[地形图]	杨家坑
57	杨梅坑	居民点	杨梅坑[清光绪志]	杨梅坑[地形图][民国志]	杨梅坑
58	外岙底	居民点	鬒坑[清光绪志]	彭岙[地形图][民国志] 底岙[地形图][民国志]	外岙底
59	(已废)	居民点	—	秦王宣[地形图][民国志]	—
60	(已废)	居民点	—	外岙[地形图][民国志]	—
61	(已废)	居民点	—	大岙[地形图][民国志]	—
62	(已废)	居民点	—	东豆村[地形图][民国志]	东坑
63	(已废)	居民点	—	长坑村[地形图][民国志]	长坑
64	(已废)	居民点	—	岗豆墩[地形图][民国志]	—
65	(已废)	居民点	—	石板贡[地形图][民国志]	公板窑
66	江北塘	堤堰	江北塘[清光绪志]	江北塘[民国志]	—
67	大岙直塘(现为二线海塘)	堤堰	大隩直塘[清光绪志]	大隩直塘[民国志]	—
68	(已废,今作路)	堤堰	近圣村直塘[清光绪志]	近圣村直塘[民国志]	—
69	(已废)	堤堰	东小隩直塘[清光绪志]	东小隩直塘[民国志]	—

续表

序号	现行地名	类别	清及清前	民国	地名志
70	(已废)	堤堰	荟草田塘[清光绪志]	碶草田塘[民国志]	—
71	娘基宫塘 (现为二线海塘)	堤堰	娘基宫塘[清光绪志]	娘基宫塘[民国志]	—
72	(已废)	堤堰	老巷塘[清光绪志]	老巷塘[民国志]	—
73	(已废,今作路)	堤堰	向家隩塘[清光绪志]	向家隩塘[民国志]	—
74	—	堤堰	小隩塘[清光绪志]	小隩塘[民国志]	—
75	(已废)	堤堰	黄泥墈塘[清光绪志]	黄泥墈塘[民国志]	—
76	定海湾塘 (现为二线海塘)	堤堰	—	定海湾塘[民国志]	—
77	(已废)	堤堰	浪通湾塘[清光绪志]	浪通湾塘[民国志]	—
78	(已废)	堤堰	沙墐塘[清光绪志]	沙墐塘[民国志]	—
79	(已废,今作路)	堤堰	达滚塘[清光绪志]	达滚塘[民国志]	—
80	(已废)	堤堰	西剑塘[清光绪志]	西剑塘[民国志]	—
81	(已废)	堤堰	东剑塘(拥泥塘)	东剑塘[民国志]	—
82	(已废)	堤堰	—	—	五爪湖海塘
83	江北碶	水闸	江北碶[清光绪志]	江北碶[民国志]	—
84	(已废)	水闸	老巷碶[清光绪志]	老巷碶[民国志]	—
85	(已废)	水闸	—	达滚碶[民国志]	—
86	参府庙	宗教 纪念地	参府庙[清光绪志]	参府庙[民国志]	—
87	梅林庙	宗教 纪念地	梅林庙[清光绪志]	梅林庙[民国志]	—
88	永春庙	宗教 纪念地	永春庙[清光绪志]	永春庙[民国志]	—
89	太平庙	宗教 纪念地	太平庙[清光绪志]	太平庙[民国志]	—
90	羊府大殿	宗教 纪念地	羊府宫[清光绪志]	羊府宫[民国志]	—
91	关圣殿	宗教 纪念地	关圣殿[清光绪志]	—	—
92	韦驮殿	宗教 纪念地	韦驮殿[清光绪志]	韦驮殿[民国志]	—

续表

序号	现行地名	类别	清及清前	民国	地名志
93	天后宫	宗教纪念地	天后宫(在东小岙)[清光绪志]	天后宫[民国志]	—
94	娘基宫	宗教纪念地	天后宫(娘基宫)[清光绪志]	天后宫[民国志]	—
95	(已废)	宗教纪念地	天后宫(在老行)[清光绪志]	天后宫[民国志]	—
96	天后宫	宗教纪念地	天后宫(在东剑)[清光绪志]	天后宫[民国志]	—
97	(已废)	宗教纪念地	天后宫(在倭井潭)[清光绪志]	天后宫[民国志]	—
98	朝宗庙	宗教纪念地	朝宗庙[清光绪志]	朝宗庙[民国志]	—
99	石安庙	宗教纪念地	石安庙[清光绪志]	石安庙[民国志]	—
100	(已废)	宗教纪念地	财神殿(在老行)[清光绪志]	财神殿[民国志]	—
101	(已废)	宗教纪念地	财神殿(在南庄门)[清光绪志]	财神殿[民国志]	—
102	(已废)	宗教纪念地	财神殿(在老行东山嘴)[清光绪志]	财神殿[民国志]	—
103	(已废)	宗教纪念地	财神殿(在黄泥坎)[清光绪志]	财神殿[民国志]	—
104	(已废)	宗教纪念地	财神殿(在剑西岸)[清光绪志]	财神殿[民国志]	—
105	财神殿	宗教纪念地	财神殿(在中柱山)[清光绪志]	财神殿[民国志]	—
106	财神殿	宗教纪念地	财神殿(在黄沙潭)[清光绪志]	财神殿[民国志]	—
107	张老太公殿	宗教纪念地	财神殿(在杨梅坑)[清光绪志]	财神殿[民国志]	—
108	张公庙	宗教纪念地	张公庙(在元宝山)[清光绪志]	张公祠[民国志]	—

续表

序号	现行地名	类别	清及清前	民国	地名志
109	张太公庙	宗教纪念地	张公庙(在大沙河)[清光绪志]	张公祠[民国志]	—
110	张老相公庙	宗教纪念地	张公庙(在钉嘴门)[清光绪志]	张公祠[民国志]	—
111	龙王宫	宗教纪念地	—	龙王宫[民国志]	—
112	前王沙岭	古道	—	秦王岭[民国志][地形图]	前王沙岭
113	杨梅坑岭	古道	—	杨梅坑岭[地形图][民国志]	杨梅坑岭
114	高鳌山	山(峰)	栲鳌山,考鳌山[清康熙定海县志],高鳌山[清光绪志]	高敖山[地形图][民国志]	高鳌山
115	狮子山	山(峰)	—	—	狮子山
116	炮台山	山(峰)	—	炮台山[地形图]	炮台山
117	了高山	山(峰)	—	南山[地形图][民国志]	了高山
118	丁山	山(峰)	—	小龙山[地形图]	丁山
119	大龙山	山(峰)	—	大龙山[地形图][民国志]	大龙山
120	元宝山	山(峰)	元宝山[清光绪志]	—	—
121	剑东山	山(峰)	—	—	剑东山
122	后背山	山(峰)	—	—	后背山
123	走马塘山	山(峰)	—	—	走马塘山
124	中柱山	山(峰)	—	—	中柱山
125	尖锋道	山(峰)	—	—	尖锋道
126	纱帽丘	山(峰)	—	纱帽邱[地形图][民国志]	纱帽丘
127	狗山	山(峰)	—	狗山[地形图][民国志]	狗山
128	庙会山	山(峰)	—	杨梅坑山[地形图][民国志]	庙会山
129	剑山	山(峰)	剑山[清康熙定海县志][清光绪定海厅志]	—	剑山
130	凤凰山	山(峰)	凤皇山[清光绪志]	—	凤凰山
131	切断山	山(峰)	七断山[清光绪志]	—	—

续表

序号	现行地名	类别	清及清前	民国	地名志
132	朝门山	山(峰)	尖山＊[八省图]	水羊豆[民国志],木羊头[地形图]	朝门山
133	(已废)	水潭	高嶅山潭[元大德志],高鳌山潭[明天启志][清康熙志][清光绪志]	高鳌山潭[民国志]	—

岱山县秀山乡新旧地名录

（陆域类）

<table>
<tr><th>序号</th><th>现行名称</th><th>类别</th><th colspan="2">清及清前</th><th>民国</th><th>地名志</th></tr>
<tr><td>1</td><td>圆墩</td><td>居民点</td><td colspan="2">十亩间[清光绪志]</td><td>十亩间[民国志]</td><td>圆墩</td></tr>
<tr><td>2</td><td>大欢喜</td><td>居民点</td><td colspan="2">欢喜岙[清康熙志]，欢喜隩[清光绪志]</td><td>大欢喜岙[地形图]</td><td>大欢喜</td></tr>
<tr><td>3</td><td>小欢喜</td><td>居民点</td><td colspan="2">—</td><td>小欢喜岙[地形图]
[民国志]</td><td>小欢喜</td></tr>
<tr><td>4</td><td>仲 房</td><td>居民点</td><td colspan="2">—</td><td>—</td><td>仲 房</td></tr>
<tr><td>5</td><td>三份头</td><td>居民点</td><td colspan="2">—</td><td>—</td><td>三份头</td></tr>
<tr><td>6</td><td>里凤凰</td><td>居民点</td><td colspan="2">—</td><td>里凤凰[地形图][民国志]</td><td>里凤凰</td></tr>
<tr><td>7</td><td>外凤凰</td><td>居民点</td><td colspan="2">—</td><td>外凤凰[地形图][民国志]</td><td>外凤凰</td></tr>
<tr><td>8</td><td>郑家</td><td>居民点</td><td colspan="2">—</td><td>—</td><td>郑家</td></tr>
<tr><td>9</td><td>双鸾</td><td>居民点</td><td colspan="2">双鸾[清康熙志]，双鸾隩[清光绪志]</td><td>双鸾[地形图][民国志]</td><td>双鸾</td></tr>
<tr><td>10</td><td>黄泥坎</td><td>居民点</td><td colspan="2">—</td><td>黄泥堪[地形图]
黄泥塥[民国志]</td><td>黄泥坎</td></tr>
<tr><td>11</td><td>沈家</td><td>居民点</td><td colspan="2">—</td><td>沈家</td><td>沈家</td></tr>
<tr><td>12</td><td>高家</td><td>居民点</td><td colspan="2">梅湾[清光绪志]</td><td>—</td><td>高家</td></tr>
<tr><td>13</td><td>桃湾里</td><td>居民点</td><td colspan="2">桃湾[清光绪志]</td><td>姚湾[地形图]，
桃湾[民国志]</td><td>桃湾里</td></tr>
<tr><td>14</td><td>（已废）</td><td>居民点</td><td colspan="2">—</td><td>沈家[地形图]</td><td>—</td></tr>
<tr><td>15</td><td>顾家</td><td>居民点</td><td colspan="2">—</td><td>顾家[地形图]</td><td>顾家</td></tr>
<tr><td>16</td><td>竹山头</td><td>居民点</td><td rowspan="6">厉岙[元延祐四明志][元大德志]</td><td>—</td><td>竹山头[地形图][民国志]</td><td>竹山头</td></tr>
<tr><td>17</td><td>大坑</td><td>居民点</td><td>—</td><td>—</td><td>大坑</td></tr>
<tr><td>18</td><td>岙里头</td><td>居民点</td><td>—</td><td>—</td><td>岙里头</td></tr>
<tr><td>19</td><td>厉家</td><td>居民点</td><td>—</td><td>励家[地形图]</td><td>厉家</td></tr>
<tr><td>20</td><td>笆弄里</td><td>居民点</td><td>—</td><td>—</td><td>笆弄里</td></tr>
<tr><td>21</td><td>北浦</td><td>居民点</td><td>北浦[清康熙志][清光绪志]</td><td>—</td><td>北浦</td></tr>
</table>

续表

序号	现行地名	类别	清及清前	民国	地名志
22	田畈	居民点	—	—	田畈
23	唐家	居民点	—	唐家[地形图]	唐家
24	沙田	居民点	—	—	沙田
25	海岙外湾	居民点	—	—	海岙外湾
26	海岙	居民点	大蚶岙[清康熙志],大蚶隩[清光绪志]	大蚶隩[地形图][民国志]	海岙
27	小蚶	居民点	小蚶岙[清康熙志],小蚶隩[清光绪志]	小蚶隩[民国志]	小蚶
28	石弄堂	居民点	石衕堂[清光绪志]	石衕堂[地形图]	石弄堂
29	三礁	居民点	三招[清康熙志][清光绪志]	三礁村[地形图][民国志]	三礁
30	小九子	居民点	—	—	小九子
31	九子	居民点	—	九子[地形图][民国志]	九子
32	柳家	居民点	—	—	柳家
33	三礁岙里	居民点	—	—	三礁岙里
34	吽唬	居民点	吽虎[清康熙志][清光绪志]	吽虎村[地形图][民国志]	吽唬
35	王家	居民点	—	—	王家
36	庄家	居民点	—	—	庄家
37	乌岩头	居民点	乌岩头[清康熙志]	乌岩头[地形图][民国志]	乌岩头
38	凉帽山	居民点	—	—	凉帽山
39	沈家	居民点	—	—	沈家
40	岙里	居民点	—	—	岙里
41	外湾	居民点	—	—	外湾
42	塘嘴头	居民点	—	林家[地形图]	塘嘴头
43	李家	居民点	—	李家[地形图]	李家
44	(已废)	居民点	柳湾[清康熙志],大柳湾[清光绪志]	大柳湾[民国志],童家[地形图]	—
45	茶山坑(已废)	居民点	茶山[清光绪志]	茶山坑[地形图][民国志]	茶山坑
46	滕家	居民点	—	—	滕家

续表

<table>
<tr><th>序号</th><th>现行地名</th><th>类别</th><th colspan="2">清及清前</th><th>民国</th><th>地名志</th></tr>
<tr><td>47</td><td>南浦</td><td>居民点</td><td colspan="2">秀山[元延祐四明志][元大德志],南浦[清康熙志][清光绪志]</td><td>南浦[地形图][民国志]</td><td>南浦</td></tr>
<tr><td>48</td><td>石家</td><td>居民点</td><td colspan="2">—</td><td>石家[地形图]</td><td>石家</td></tr>
<tr><td>49</td><td>袁家</td><td>居民点</td><td colspan="2" rowspan="4">栖风湾[清光绪志]</td><td>袁家[地形图]</td><td>袁家</td></tr>
<tr><td>50</td><td>杨家</td><td>居民点</td><td>—</td><td>杨家</td></tr>
<tr><td>51</td><td>韩家</td><td>居民点</td><td>—</td><td>韩家</td></tr>
<tr><td>52</td><td>戴家</td><td>居民点</td><td>—</td><td>戴家</td></tr>
<tr><td>53</td><td>虞家</td><td>居民点</td><td colspan="2">—</td><td>莲花墩[地形图][民国志]</td><td>虞家</td></tr>
<tr><td rowspan="2">54</td><td rowspan="2">小兰山</td><td rowspan="2">居民点</td><td colspan="2">小兰山[清康熙志][清光绪志]</td><td>小兰山[民国志]</td><td rowspan="2">小兰山</td></tr>
<tr><td colspan="2">—</td><td>王家(大兰山东北)[地形图]</td></tr>
<tr><td>55</td><td>石井潭</td><td>居民点</td><td rowspan="3">灌门[元延祐四明志][元大德志]</td><td>石井头[清康熙志][清光绪志]</td><td>石井头[地形图][民国志]</td><td>石井潭</td></tr>
<tr><td>56</td><td>箬跳</td><td>居民点</td><td>箬跳[清康熙志][清光绪志]</td><td>箬跳[地形图][民国志]</td><td>箬跳</td></tr>
<tr><td>57</td><td>小岙</td><td>居民点</td><td>—</td><td>—</td><td>小岙</td></tr>
<tr><td>58</td><td>大长坑</td><td>居民点</td><td colspan="2">长坑[清康熙志][清光绪志]</td><td>长坑[地形图][民国志]</td><td>大长坑</td></tr>
<tr><td>59</td><td>宫前</td><td>居民点</td><td colspan="2">—</td><td>宫前[地形图]</td><td>宫前</td></tr>
<tr><td>60</td><td>斯美亭</td><td>建筑物</td><td colspan="2">斯美亭[清光绪志]</td><td>斯美亭[民国志]</td><td>—</td></tr>
<tr><td>61</td><td>(已废,今作路)</td><td>堤堰</td><td colspan="2">海晏塘[清光绪志]</td><td>海晏塘[民国志](清乾隆年间袁文奎建)</td><td>—</td></tr>
<tr><td>62</td><td>(已废,今作路)</td><td>堤堰</td><td colspan="2">北浦肥土塘[清光绪志]</td><td>北浦肥土塘[民国志],肥土塘[民国志]</td><td>—</td></tr>
<tr><td>63</td><td>(已废,今作路)</td><td>堤堰</td><td colspan="2">南浦大塘[清光绪志]</td><td>南浦大塘[民国志]</td><td>—</td></tr>
<tr><td>64</td><td>(已废)</td><td>水闸</td><td colspan="2">霖雨碶[清光绪志]</td><td>霖雨碶[民国志]</td><td>—</td></tr>
<tr><td>65</td><td>四旋庙</td><td>宗教纪念地</td><td colspan="2">北浦庙[清康熙志],四旋庙(北浦庙)[清光绪志]</td><td>四旋庙(北浦庙)[民国志]</td><td>—</td></tr>
<tr><td>66</td><td>莲花庙</td><td>宗教纪念地</td><td colspan="2">南浦庙[清康熙志],莲花庙(南浦庙)[清光绪志]</td><td>莲花庙(南浦庙)[民国志]</td><td>—</td></tr>
</table>

续表

序号	现行地名	类别	清及清前	民国	地名志
67	英峙庙	宗教纪念地	英峙(屿)庙[清光绪志]	英峙(屿)庙[民国志]	—
68	天后宫	宗教纪念地	天后宫[清光绪志]	天后宫[民国志]	—
69	竹山庙	宗教纪念地	竹山庙[清光绪志]	竹山庙[民国志]	—
70	诚信庙	宗教纪念地	诚信庙[清光绪志]	诚信庙[民国志]	—
71	长寿禅院	宗教纪念地	长寿庵[清光绪志]	长寿庵[民国志]	—
72	大岭	古道	—	大岭[地形图][民国志]	—
73	蚶岙岭	古道	—	蚶岙岭[地形图][民国志]	—
74	包家岭	古道	—	保驾岭(偷牛山东)[地形图]	—
75	寺岭	古道	寺岭[清康熙志][清光绪志]	寺岭[民国志](在南浦)	—
76	三礁岭	古道	三招岭[清康熙志]	—	—
77	秀峰	山(峰)	秀峰(在桃湾附近,梅山岗以东偏北)[清光绪志]	—	—
78	梅山岗	山(峰)	梅峰[清光绪志]	梅山岗[地形图][民国志]	梅山岗
79	仰天岗	山(峰)	—	仰天岗[地形图][民国志]	—
80	凤凰山	山(峰)	凤凰山[清康熙志],凤皇山[清光绪志]	凤凰山[地形图][民国志]	凤凰山
81	镬罩山	山(峰)	—	镬罩山[地形图](在海岙外湾山嘴上)	—
82	双鸾山	山(峰)	—	双鸾山[民国志]	—
83	蛇山	山(峰)	—	—	—
84	凉帽山	山(峰)	箬帽山[清康熙志],望东山[清光绪志]	笠帽山[地形图]	—

续表

序号	现行地名	类别	清及清前	民国	地名志
85	洞口山	山(峰)	洞山[清康熙志]	洞口山[地形图]	—
86	石弄堂山	山(峰)	—	石衕堂山[地形图][民国志]	—
87	九子山	山(峰)	—	九子山[地形图][民国志]	—
88	代耕山	山(峰)	—	代耕山[地形图][民国志]	—
89	大兰山	山(峰)	兰山[清康熙志][清光绪志]	大兰山[地形图][民国志]	大兰山
90	小兰山	山(峰)	小兰山[清康熙志][清光绪志]	小兰山[民国志]	—
91	偷牛山	山(峰)	—	脱牛山[地形图][民国志]	—
92	龟山	山(峰)	龟山[清康熙志][清光绪志]	—	—
93	马鞍山	山(峰)	马鞍山[清光绪志]	—	—
94	灌门山	山(峰)	灌门山[清康熙志]	—	—
95	书字岩	岩	书字岩[元大德志][明天启志][清康熙志][清光绪志]	—	—
96	北浦	河流	北浦[清康熙志][清光绪志]	北浦	—
97	南浦	河流	南浦[清康熙志][清光绪志]	南浦	—
98	(已废)	水潭	化龙池[清光绪志]	—	—
99	(已废)	湖	大生湖[清光绪志]	—	—

嵊泗县菜园镇新旧地名录

（居民点和山水等陆域类地名）

<table>
<tr><th>序号</th><th>现行名称</th><th>类别</th><th colspan="2">清及清前</th><th>民国</th><th>地名志</th></tr>
<tr><td>1</td><td>菜园</td><td>地片</td><td colspan="2">泗头岙[元延祐四明志][元大德志]，苏窦岙[明全浙兵制]，梳头岙[明两浙海防类考续编]</td><td>菜园村[地形图]</td><td>菜园</td></tr>
<tr><td rowspan="2">2</td><td rowspan="2">基湖</td><td rowspan="2">地片</td><td rowspan="2">嘉湖[元延祐四明志][元大德志]，菱湖[元延祐四明志][元大德志]，北基湖[明全浙兵制]</td><td>北基湖[明两浙海防类考续编]</td><td rowspan="2">鸡高岙[地形图]</td><td rowspan="2">基湖</td></tr>
<tr><td>南基湖[明两浙海防类考续编]</td></tr>
<tr><td>3</td><td>小基湖</td><td>居民点</td><td colspan="2">—</td><td>—</td><td>小基湖</td></tr>
<tr><td>4</td><td>四脚凉亭</td><td>居民点</td><td colspan="2">北基湖[明两浙海防类考续编]，北纪湖[清乾隆崇明县志]</td><td>凉亭[地形图]</td><td>四脚凉亭</td></tr>
<tr><td>5</td><td>老虎头</td><td>居民点</td><td colspan="2">南基湖[明两浙海防类考续编]，南纪湖[清乾隆崇明县志]</td><td>和尚观[地形图]</td><td>老虎头</td></tr>
<tr><td>6</td><td>高场湾</td><td>居民点</td><td colspan="2">坑柴（岙）[清乾隆崇明县志]</td><td>教场湾[地形图]，教场湾[奋进中的嵊泗列岛]</td><td>高场湾</td></tr>
<tr><td>7</td><td>沙塘</td><td>居民点</td><td colspan="2">—</td><td>砂荡[奋进中的嵊泗列岛]</td><td>沙塘</td></tr>
<tr><td>8</td><td>仰天院</td><td>居民点</td><td colspan="2">—</td><td>—</td><td>仰天院</td></tr>
<tr><td>9</td><td>茭白坑</td><td>居民点</td><td colspan="2">—</td><td>—</td><td>茭白坑</td></tr>
<tr><td>10</td><td>潘家岙</td><td>居民点</td><td colspan="2">—</td><td>—</td><td>潘家岙</td></tr>
</table>

续表

<table>
<tr><th>序号</th><th colspan="2">现行地名</th><th>类别</th><th colspan="2">清及清前</th><th>民国</th><th colspan="2">地名志</th></tr>
<tr><td rowspan="2">11</td><td colspan="2" rowspan="2">青沙滩</td><td rowspan="2">居民点</td><td rowspan="2">鲸门[元延祐四明志][元大德志],青沙[清光绪江苏沿海图说]</td><td>青砂[清乾隆崇明县志]</td><td rowspan="2">青沙滩[地形图]</td><td colspan="2" rowspan="2">青沙滩</td></tr>
<tr><td>南剑门[清乾隆崇明县志]</td></tr>
<tr><td>12</td><td colspan="2">石子岙</td><td>居民点</td><td colspan="2">黄家岙[元延祐四明志][元大德志]</td><td>石子岙[地形图]</td><td colspan="2">石子岙</td></tr>
<tr><td>13</td><td colspan="2">黄沙岙</td><td>居民点</td><td colspan="2">上黄砂[元延祐四明志][元大德志],黄砂岙[清乾隆崇明县志]</td><td>黄沙村[地形图]</td><td colspan="2">黄沙岙</td></tr>
<tr><td>14</td><td colspan="2">北鼎星
(1988 年迁至清沙滩)</td><td>居民点</td><td colspan="2">丁兴[宋乾道志][宋宝庆志][元延祐四明志][明天启志],北丁兴[明全浙兵制],北丁兴山[两浙海防类考续编],北鼎新[清光绪江苏沿海图说]</td><td>北鼎新[地形图][民国志]</td><td colspan="2">北鼎星</td></tr>
<tr><td rowspan="2">15</td><td rowspan="2">关岙</td><td>大关岙</td><td>居民点</td><td rowspan="2">关岙[宋宝庆志][元延祐四明志][元大德志][明两浙海防类考续编]</td><td>大官岙[清乾隆崇明县志]</td><td>大官岙[地形图],大关岙大关岙[民国崇明县志][奋进中的嵊泗列岛]</td><td rowspan="2">关岙</td><td>大关岙</td></tr>
<tr><td>小关岙</td><td>居民点</td><td>小官岙[清乾隆崇明县志]</td><td>小官岙[地形图],小关岙[民国崇明县志][奋进中的嵊泗列岛]</td><td>小关岙</td></tr>
<tr><td>16</td><td colspan="2">石柱</td><td>居民点</td><td colspan="2">大岙头[元延祐四明志][元大德志],石池[清乾隆崇明县志]</td><td>石柱[地形图]</td><td colspan="2">石柱</td></tr>
<tr><td>17</td><td colspan="2">马迹</td><td>居民点</td><td colspan="2">马迹[宋宝庆志][元延祐四明志][元大德志],马迹潭[明天启海盐县图经][清乾隆崇明县志]</td><td>马迹[奋进中的嵊泗列岛]</td><td colspan="2">马迹</td></tr>
<tr><td>18</td><td colspan="2">(已废)</td><td>居民点</td><td colspan="2">—</td><td>长坑村[地形图]</td><td colspan="2">牛竹园</td></tr>
<tr><td>19</td><td colspan="2">(已废)</td><td>居民点</td><td colspan="2">—</td><td>石龙岙[地形图]</td><td colspan="2">石弄</td></tr>
<tr><td>20</td><td colspan="2">黄泥坎</td><td>居民点</td><td colspan="2">—</td><td>黄泥堪[地形图]</td><td colspan="2">黄泥坎</td></tr>
<tr><td>21</td><td colspan="2">大鱼岙</td><td>居民点</td><td colspan="2">—</td><td>小鱼骨头[地形图]</td><td colspan="2">大鱼岙</td></tr>
<tr><td>22</td><td colspan="2">金鸡岙</td><td>居民点</td><td colspan="2">鸡鸣[元延祐四明志][元大德志]</td><td>金鸡奥[地形图]</td><td colspan="2">金鸡岙</td></tr>
</table>

续表

序号	现行地名	类别	清及清前	民国	地名志
23	小平头	居民点	北剑门[清乾隆崇明县志]	小平头[地形图]	小平头
24	车盘	居民点	—	—	车盘
25	金平小岙	居民点	—	小奥[地形图]	小岙
26	西岙	居民点	—	—	西岙
27	带船碗	居民点	—	—	带船碗
28	1992 年迁入菜园镇关岙	居民点	账徐翁山[宋参天台五台山记],徐公山[宋乾道志][宋宝庆志][元大德志][明嘉靖筹海图编][明两浙海防类考续编],徐公[明全浙兵制],房山[清崇明县志],马利臣岛[清新译海道图说]	徐公岛[地形图],徐公山[民国志],徐贡山[民国崇明县志]	徐公
29	1992 年迁入菜园镇关岙	居民点	—	—	沙角岙
30	反岗	居民点	落华(花)山[宋乾道志][宋宝庆志][明宁波郡志][明两浙海防类考续编],洛华[元大德志],洛华山[明天启志]	反岗[地形图]	反岗
31	绿华大岙	居民点		大岙	大岙
32	绿华小岙	居民点		小岙[地形图]	小岙
33	泥子坑	居民点		—	泥子坑
34	沙厂干	居民点		—	沙厂干
35	大塔	居民点		上塔[地形图]	大塔
36	后岙	居民点		—	后岙
37	中塔	居民点		中塔[地形图]	中塔
38	小塔	居民点		下塔[地形图]	小塔
39	东库	居民点	东枯山[宋乾道志][宋宝庆志][元大德志][明两浙海防类考续编],东科山[明筹海图编],东库山[清光绪江苏沿海图说]	东浦山[地形图][民国志]	东库
40	求子	居民点	裘子山[明两浙海防类考续编],仇子山[明两浙海防类考续编],求子山[明筹海图编]	外岙[地形图],柏子山[地形图][民国志]	求子
41	柱住	居民点	石蜀山[宋乾道志][宋宝庆志][元大德志],迟迟山[清光绪江苏沿海图说]	迟迟山[地形图][民国志]	柱住

续表

序号	现行地名	类别	清及清前	民国	地名志
42	羊府宫	宗教纪念地	—	—	羊府宫
43	金平天后宫	宗教纪念地	—	—	天后宫
44	海晏宫	宗教纪念地	—	—	海晏宫
45	菜园天后宫	宗教纪念地	—	—	天后宫
46	（已废）	宗教纪念地	—	—	徐公庙
47	新宫山	山（峰）	—	长坑山[地形图]	菜园山
48	泼辣山	山（峰）	—	舶来山[地形图]	磨山头
49	插旗岗	山（峰）	马迹中峰[清乾隆崇明县志]	石峰堂[地形图]，插旗岗[奋进中的嵊泗列岛]	插旗岗
50	尖山	山（峰）	—	尖山[地形图]	尖 山
51	天罗岗	山（峰）	—	老虎冈[地形图]	天罗岗
52	老虎头山	山（峰）	—	和尚观[地形图]	老虎头
53	（已废）	山（峰）	—	石龙头（岛屿）[地形图]	门峡小山（岛屿）
54	绿华小岙岗墩	山（峰）	—	牛头冈[地形图]	小岙岗墩
55	火铣山	山（峰）	—	大岙顶[地形图]	火铣山
56	天梯岗墩	山（峰）	—	—	天梯岗墩
57	仰天院山	山（峰）	—	—	仰天院
58	白影山	山（峰）	—	白云山[地形图]	宫山
59	关岙宫山	山（峰）	—	官山[地形图]	关山

嵊泗县嵊山镇新旧地名录

（居民点和山水等陆域类地名）

<table>
<tr><th>序号</th><th colspan="2">现行名称</th><th>类别</th><th colspan="2">清及清前</th><th colspan="2">民国</th><th colspan="2">地名志</th></tr>
<tr><td>1</td><td colspan="2">箱子岙</td><td>居民点</td><td rowspan="4">神前［宋乾道志］［元延祐四明志］［元大德志］，陈钱山［明两浙海防类考续编］［明筹海图编］，陈钱山［康熙］，嵊山［同治外海水师图］</td><td>箱子隩［清光绪志］</td><td colspan="2">陈钱［地形图］，
陈钱山［民国志］</td><td colspan="2">箱子岙</td></tr>
<tr><td>2</td><td colspan="2">大玉湾</td><td>居民点</td><td>—</td><td colspan="2">玉湾［地形图］</td><td colspan="2">大玉湾</td></tr>
<tr><td>3</td><td colspan="2">后头湾</td><td>居民点</td><td>—</td><td>后豆湾［地形图］</td><td>城子沙头［地名资料］
龙舌坑［地名资料］
大塔［地名资料］
石弄堂［地名资料］
二沙头［地名资料］
小娘沙头［地名资料］</td><td colspan="2">后头湾</td></tr>
<tr><td>4</td><td colspan="2">（已废）</td><td>居民点</td><td>—</td><td colspan="2">王落主［地形图］</td><td colspan="2">猢狲坑</td></tr>
<tr><td rowspan="3">5</td><td rowspan="3">满嘴头</td><td>南向</td><td rowspan="3">居民点</td><td colspan="2">—</td><td colspan="2" rowspan="2">满主［地形图］</td><td rowspan="3">满嘴头</td><td>南向</td></tr>
<tr><td>箦箕头</td><td colspan="2">—</td><td>箦箕头</td></tr>
<tr><td>后岗</td><td colspan="2">—</td><td colspan="2">草沙泥红［地形图］</td><td>后岗</td></tr>
<tr><td>6</td><td colspan="2">（已废）</td><td>居民点</td><td colspan="2"></td><td colspan="2">松坑［地形图］</td><td colspan="2">—</td></tr>
<tr><td>7</td><td colspan="2">（已废）</td><td>居民点</td><td colspan="2">—</td><td colspan="2">—</td><td colspan="2">青石子坑</td></tr>
<tr><td>8</td><td colspan="2">壁下</td><td>居民点</td><td colspan="2" rowspan="2">大小壁下［元延祐四明志］［元大德志］</td><td colspan="2">壁下山［地形图］</td><td colspan="2">—</td></tr>
<tr><td>9</td><td colspan="2">安基</td><td>居民点</td><td colspan="2">野猫洞［地形图］</td><td colspan="2">—</td></tr>
<tr><td>10</td><td colspan="2">大盘</td><td>居民点</td><td colspan="2">大板［元延祐四明志］［元大德志］</td><td colspan="2">大盘山［地形图］</td><td colspan="2">—</td></tr>
</table>

续表

序号	现行地名	类别	清及清前	民国	地名志
11	张其	居民点	—	涨屿[地形图]	—
12	嵊山天后宫	宗教纪念地	—	—	天后宫
13	龙王宫	宗教纪念地	—	—	—
14	老先生宫	宗教纪念地	—	—	—
15	福善禅寺	宗教纪念地	—	—	—
16	陈钱山	山(峰)	—	大展冈顶[地形图]	陈钱山
17	万金山	山(峰)	—	照面山[地形图]	万金山
18	羊角尖山	山(峰)	—	东页山[地形图]	—

嵊泗县洋山镇新旧地名录

（居民点和山水等陆域类地名）

<table>
<tr><th>序号</th><th colspan="2">现行名称</th><th>类别</th><th colspan="2">清及清前</th><th>民国</th><th colspan="2">地名志</th></tr>
<tr><td>1</td><td colspan="2">（已废）</td><td>居民点</td><td rowspan="16">三姑[宋乾道志][元延祐四明志][元大德志][明筹海图编][明两浙海防类考续编]</td><td>—</td><td>东岙[地形图]</td><td colspan="2">汪家岙</td></tr>
<tr><td>2</td><td colspan="2">（已废）</td><td>居民点</td><td>—</td><td>北沙角[地形图]</td><td colspan="2">大岙</td></tr>
<tr><td>3</td><td colspan="2">大岙</td><td>居民点</td><td>巡检岙[清顾金策防海议]，巡简奥[清方舆纪要]</td><td>大岙[地形图]，仁记隩[民国志]，人见隩[民国志]</td><td colspan="2">大岙</td></tr>
<tr><td>4</td><td colspan="2">钥匙岙</td><td>居民点</td><td>—</td><td>钥匙[地形图]</td><td colspan="2">钥匙岙</td></tr>
<tr><td>5</td><td colspan="2">小煤</td><td>居民点</td><td>—</td><td>—</td><td colspan="2">小煤</td></tr>
<tr><td>6</td><td colspan="2">东平</td><td>居民点</td><td>—</td><td>老宫[地名资料]</td><td colspan="2">东平</td></tr>
<tr><td>7</td><td colspan="2">新宫</td><td>居民点</td><td>—</td><td>山潭[地形图]</td><td colspan="2">新宫</td></tr>
<tr><td>8</td><td colspan="2">猢狲岙</td><td>居民点</td><td>—</td><td>猢狲岙[地形图]</td><td colspan="2">活孙岙</td></tr>
<tr><td rowspan="5">9</td><td rowspan="5">山墩</td><td>小蟹钳</td><td>居民点</td><td>—</td><td>小蟹钳[地形图]</td><td rowspan="5">山墩</td><td>小蟹钳</td></tr>
<tr><td>大蟹钳</td><td>居民点</td><td>—</td><td>大蟹钳[地形图]</td><td>大蟹钳</td></tr>
<tr><td>唐家岙</td><td>居民点</td><td>—</td><td>—</td><td>唐家岙</td></tr>
<tr><td>罗家岙</td><td>居民点</td><td>—</td><td>—</td><td>罗家岙</td></tr>
<tr><td>石子岙</td><td>居民点</td><td>—</td><td>石子岙[地形图]</td><td>石子岙</td></tr>
<tr><td>10</td><td colspan="2">云鹅头</td><td>居民点</td><td>—</td><td>雄河头[地形图]</td><td colspan="2">云鹅头</td></tr>
<tr><td>11</td><td colspan="2">里雄鹅</td><td>居民点</td><td>—</td><td>—</td><td colspan="2">里雄鹅</td></tr>
<tr><td>12</td><td colspan="2">外雄鹅</td><td>居民点</td><td>—</td><td>—</td><td colspan="2">外雄鹅</td></tr>
</table>

续表

<table>
<tr><th>序号</th><th>现行地名</th><th>类别</th><th colspan="2">清及清前</th><th>民国</th><th colspan="2">地名志</th></tr>
<tr><td>13</td><td>2002 年迁往嵊泗县菜园镇或上海市南汇区</td><td>居民点</td><td rowspan="10">大洋山(洋山)[宋乾道志]，洋山[元延祐四明志][元大德志][明筹海图编]，羊山[明两浙海防类考续编][明全浙兵制]，北羊山[明全浙兵制]，羊山(猴山)[清康熙志]</td><td rowspan="2">南小岙[清嘉庆松江府志]</td><td>南沙角[地形图]</td><td colspan="2">南岙</td></tr>
<tr><td>14</td><td>2002 年迁往嵊泗县菜园镇或上海市南汇区</td><td>居民点</td><td>北沙角[地形图]</td><td colspan="2">南沙</td></tr>
<tr><td rowspan="8">15</td><td rowspan="6">2002 年迁往嵊泗县菜园镇或上海市南汇区</td><td rowspan="6">居民点</td><td rowspan="3">—</td><td rowspan="6">—</td><td rowspan="6">大岙</td><td rowspan="2">北岙</td></tr>
<tr></tr>
<tr><td rowspan="2">北沙</td></tr>
<tr><td rowspan="3">—</td></tr>
<tr><td rowspan="2">中弄</td></tr>
<tr></tr>
<tr><td rowspan="2">2002 年迁往嵊泗县菜园镇或上海市南汇区</td><td rowspan="2">居民点</td><td>—</td><td rowspan="2">东岙[地形图]</td><td rowspan="2" colspan="2">东岙</td></tr>
<tr><td>—</td></tr>
<tr><td>16</td><td>滩浒</td><td>居民点</td><td colspan="2">滩山[宋乾道志][宋宝庆志][元大德志][明筹海图编]，许山[宋绍熙云间志][元至元嘉禾志]许山[明全浙兵制][明两浙海防类考续编]，浒山[清乾隆平湖县志]，许山(焦山)[清乾隆金山县志]，滩浒山[清光绪江苏沿海图说]</td><td>滩浒山[地形图][民国志]</td><td colspan="2">滩浒</td></tr>
<tr><td>17</td><td>(已废)</td><td>居民点</td><td colspan="2">滩山[宋乾道志][宋宝庆志][元大德志][明嘉靖定海县志图]，滩山[明全浙兵制][明两浙海防类考续编][清乾隆平湖县志][清道光洋防辑要][清光绪镇海县志]</td><td>白山[地形图][民国志]</td><td colspan="2">—</td></tr>
<tr><td>18</td><td>圣姑礁摩崖群</td><td>旅游地</td><td colspan="2">—</td><td>—</td><td colspan="2">圣姑礁摩崖群</td></tr>
<tr><td>19</td><td>小观音山摩崖群</td><td>旅游地</td><td colspan="2">—</td><td>—</td><td colspan="2">小观音山摩崖群</td></tr>
<tr><td>20</td><td>石龙</td><td>旅游地</td><td colspan="2">—</td><td>—</td><td colspan="2">石龙</td></tr>
<tr><td>21</td><td>姐妹石</td><td>旅游地</td><td colspan="2">—</td><td>—</td><td colspan="2">姊妹石</td></tr>
</table>

续表

序号	现行地名	类别	清及清前	民国	地名志
22	“海若波恬”摩崖	古迹	—	—	“海若波恬”摩崖
23	“注焉不满”摩崖	古迹	—	—	“注焉不满”摩崖
24	（已废）	建筑物	—	—	茶水亭（五里茶亭，仙鹤亭）
25	（已废）	宗教纪念地	洋山庙［宋宝庆志］［明天启志］，隋炀帝庙［元大德志］	—	洋山庙
26	大洋天后宫	宗教纪念地	—	—	天后宫
27	关圣殿	宗教纪念地	—	—	关圣殿
28	小梅山	山（峰）	—	小梅山［地形图］	小煤山
29	大梅山	山（峰）	梅峰山［明筹海图编］，梅山［清雍崇明县志］，雄鹅鼻［清光绪江苏沿海图说］，煤山［清雍正海防议］	大梅山［地形图］	大煤山
30	大山	山（峰）	—	—	大山
31	观音山	山（峰）	观音顶［清嘉庆松江府志］	观音山［地形图］	大观音山
32	大城子山	山（峰）	腊犁峰［清嘉庆松江府志］	—	大城子山
33	仰天盘岗墩	山（峰）	和尚头［清嘉庆松江府志］	—	仰天盘山
34	（已废）	水潭	乌龟潭［元大德志］	—	乌龟潭

舟山市嵊泗县五龙乡新旧地名录

（居民点和山水等陆域类地名）

<table>
<tr><th>序号</th><th colspan="2">现行名称</th><th>类别</th><th colspan="2">清及清前</th><th>民国</th><th colspan="2">地名志</th></tr>
<tr><td>1</td><td colspan="2">边礁岙</td><td>居民点</td><td colspan="2">礁岙[宋开庆四明志]，礁岙[元延祐四明志][元大德志]</td><td>北计岙[地形图]</td><td colspan="2">边礁岙</td></tr>
<tr><td>2</td><td colspan="2">和尚套</td><td>居民点</td><td colspan="2">—</td><td>—</td><td colspan="2">和尚套</td></tr>
<tr><td rowspan="3">3</td><td rowspan="3">会城岙</td><td>中会城</td><td rowspan="3">居民点</td><td colspan="2" rowspan="3">北砂山[宋乾道志][宋开庆四明志]，北砂[元延祐四明志][元大德志]</td><td rowspan="3">卫城[地形图]</td><td rowspan="3">会城岙</td><td>中会城</td></tr>
<tr><td>外山嘴</td><td>外山嘴</td></tr>
<tr><td>西会城</td><td>西会城</td></tr>
<tr><td>4</td><td colspan="2">北朝阳</td><td>居民点</td><td colspan="2">朝阳套[清乾隆崇明县志]</td><td>北朝阳[民国崇县志]，北廊垟[地形图]，朝阳澳[奋进中的嵊泗列岛]</td><td colspan="2">北朝阳</td></tr>
<tr><td rowspan="2">5</td><td colspan="2" rowspan="2">田岙</td><td rowspan="2">居民点</td><td>大田岙[元延祐四明志][元大德志]</td><td rowspan="2">田岙[明两浙海防类考续编][明天启海盐县志]</td><td rowspan="2">田岙[地形图]</td><td colspan="2" rowspan="2">田岙</td></tr>
<tr><td>小田岙[元延祐四明志][元大德志]</td></tr>
<tr><td rowspan="6">6</td><td rowspan="6">黄沙岙</td><td rowspan="2">小黄沙</td><td rowspan="6">居民点</td><td rowspan="6">下黄砂[元延祐四明志][元大德志]，黄沙套[清乾隆崇明县志]</td><td rowspan="3">小黄沙套[清光绪崇明县志]</td><td rowspan="3">小皇孙[地形图]</td><td rowspan="6">沙岙</td><td rowspan="2">大黄沙</td></tr>
<tr></tr>
<tr><td rowspan="2">大黄沙</td><td rowspan="2">小黄沙</td></tr>
<tr><td rowspan="3">大黄沙套[清光绪崇明县志]</td><td rowspan="3">大皇孙[地形图]</td></tr>
<tr><td rowspan="2">中黄沙</td><td rowspan="2">中黄沙</td></tr>
<tr></tr>
<tr><td>7</td><td colspan="2">灵音禅寺</td><td>宗教纪念地</td><td colspan="2">—</td><td>—</td><td colspan="2">—</td></tr>
<tr><td>8</td><td colspan="2">大悲山</td><td>山（峰）</td><td colspan="2">—</td><td>大悲山[地形图]，阿雄山[奋进中的嵊泗列岛]</td><td colspan="2">大悲山</td></tr>
</table>

续表

序号	现行地名	类别	清及清前	民国	地名志
9	东牛桩	山(峰)	—	卫城冈[地形图]	新公山
10	五龙牛头岗	山(峰)	—	百亩岗[地形图]	东山
11	鸡峰岗墩	山(峰)	—	北计岙岗[地形图]	鸡峰道岗墩
12	六井头山	山(峰)	落星头[明两浙海防类考续编][明全浙兵制]	鹿颈头[地形图]	六井头
13	鸡峰脑山	山(峰)	—	双峰山[地形图]	鸡峰道

舟山市嵊泗县黄龙乡新旧地名录

（居民点和山水等陆域类地名）

序号	现行名称	类别	清及清前	民国	地名志
1	峙岙	居民点	莆岙[宋乾道志][元延祐四明志][元大德志]，蟹钳山[明天启海盐县图经]	岐岙，刀石弄[地形图]	峙岙
2	北岙	居民点	—	红沙岙[地形图]	黄沙岙
3	大岙	居民点	—	大岙[地形图]	大岙
4	南港	居民点	深水[宋乾道志][元延祐四明志][元大德志]，南港[清光绪江苏沿海图说]	南港[地形图]	南港
5	大茶园	居民点	—	大茶园[地形图]	大茶园
6	东嘴头	居民点		东嘴头[地形图]	东嘴头
7	元宝山	山(峰)	—	岐岙岗[地形图]	元宝山
8	“东海云龙”摩崖	古迹	东海云龙[地名资料]	东海云龙[地名资料]	东海云龙
9	“瀚海风清”摩崖	古迹	瀚海风清[地名资料]	瀚海风清[地名资料]	瀚海风清
10	“勒石永遵”碑	古迹	—	—	“勒石永遵”碑
11	元宝石	旅游地	—	—	元宝石
12	张老相公庙	宗教纪念地	—	张老相公庙[地名资料]	张老相公庙
13	黄龙天后宫	宗教纪念地	—	天后宫[地名资料]	—
14	南港岭	古道	—	南港岭[地形图]	南港岭
15	元宝山	山(峰)	—	元宝山[地形图]	元宝山
16	大钳嘴头	山(峰)岬角	—	龙头岗[地形图]	大钳嘴头
17	畚斗岙岗墩	山(峰)	—	仰天碗[地形图]	帽顶
18	尖峰脑岗墩	山(峰)	—	和尚岗[地形图]	老虎石岩

续表

序号	现行地名	类别	清及清前	民国	地名志
19	利品岗顶	山(峰)	—	棋盘岗[地形图]	利品岗顶
20	大岙岗顶	山(峰)	—	大岙岗[地形图]	大岙岗顶
21	南港馒头山	山(峰)	—	馒头山[地形图]	馒头山

舟山市嵊泗县枸杞乡新旧地名录

（居民点和山水等陆域类地名）

序号	现行名称	类别	清及清前	民国	地名志
1	三大王	居民点	三大王［清光绪江苏沿海图说］	三大王［地形图］［奋进中的嵊泗列岛］	三大王
2	乌沙壁	居民点	—	乌沙壁［地形图］	乌沙壁
3	小四岙	居民点	—	—	小四岙
4	小庙干	居民点	—	小庙干［地形图］	小庙干
5	大坑	居民点	—	大坑［地形图］	大坑
6	（已废）	居民点	—	小坑［地形图］	—
7	干斜岙	居民点	干斜［元延祐四明志］［元大德志］	甘野湾［地形图］	干斜岙
8	枸杞岙	居民点	枸杞岙［清光绪江苏沿海图说］	枸杞岙［地形图］，大岙［奋进中的嵊泗列岛］	枸杞岙
9	人旺关	居民点	—	泥王关［地形图］	阎王关
10	小石浦	居民点	小闸浦［明天启海盐县图经］	小石浦［地形图］	小石浦
11	小沙头	居民点	—	小沙岙［地形图］	小沙头
12	里西	居民点	李西岙［明筹海图编］，里西［明天启海盐县图经］	里西［地形图］	里西
13	后头湾	居民点	—	后头湾［地形图］	—
14	（已废）	居民点	—	清水浜顶［地形图］	—
15	（已废）	居民点	—	戚溪湾［地形图］	—
16	“山海奇观”摩崖	古迹	山海奇观［地名资料］	山海奇观［地名资料］	山海奇观
17	小西天山	山（峰）	—	大山顶［地形图］	小西天
18	五里碑山	山（峰）	—	小石冈［地形图］	五里碑
19	老虎山	山（峰）	—	后山冈［地形图］	老虎山
20	北风嘴岗墩	山（峰）	—	甘野山［地形图］	—

舟山市嵊泗县花鸟乡新旧地名录

（居民点和山水等陆域类地名）

<table>
<tr><th>序号</th><th colspan="2">现行名称</th><th>类别</th><th>清及清前</th><th>民国</th><th>地名志</th></tr>
<tr><td>1</td><td colspan="2">小石弄</td><td>居民点</td><td>石衕[元大德志]</td><td>小石衖[地形图]</td><td>小石弄</td></tr>
<tr><td rowspan="2">2</td><td colspan="2" rowspan="2">大岙</td><td rowspan="2">居民点</td><td rowspan="2">—</td><td>火坑[地形图]</td><td rowspan="2">大岙</td></tr>
<tr><td>山猪豆[地形图]</td></tr>
<tr><td>3</td><td colspan="2">小水坑</td><td>居民点</td><td>—</td><td>小水坑[地形图]</td><td></td></tr>
<tr><td>4</td><td rowspan="5">大水坑</td><td>庙冲</td><td>居民点</td><td>—</td><td rowspan="2">大水坑[地形图]</td><td>庙冲</td></tr>
<tr><td>5</td><td>中冲</td><td>居民点</td><td>—</td><td>中冲</td></tr>
<tr><td>6</td><td>大坑</td><td>居民点</td><td>—</td><td>—</td><td>大坑</td></tr>
<tr><td>7</td><td>龙舌头</td><td>居民点</td><td>—</td><td>—</td><td>龙舌头</td></tr>
<tr><td>8</td><td>高地厂</td><td>居民点</td><td>—</td><td>[illegible]田庙[地形图]</td><td>高地厂</td></tr>
<tr><td>9</td><td colspan="2">1986 年开始陆续迁往大岙，至 1990 年地名废止</td><td>居民点</td><td>—</td><td>—</td><td>捣臼弄</td></tr>
<tr><td>10</td><td colspan="2">花岛灯塔</td><td>建筑物</td><td>花岛灯塔[地名资料]</td><td>花岛灯塔[地名资料]</td><td>花岛灯塔</td></tr>
<tr><td>11</td><td colspan="2">前坑顶</td><td>山（峰）</td><td>—</td><td>牛头冈[地形图]</td><td>前坑顶</td></tr>
<tr><td>12</td><td colspan="2">千斤塔山</td><td>山（峰）</td><td>—</td><td>蟹头冈[地形图]</td><td>千斤塔</td></tr>
<tr><td>13</td><td colspan="2">鹅竹山</td><td>山（峰）</td><td>—</td><td>—</td><td>鹅竹山</td></tr>
</table>

第二篇　海　域

舟山市定海区临城街道新旧地名录

（海域类）

<table>
<tr><th>序号</th><th>现行名称</th><th>清前</th><th>清</th><th>民国</th><th>中国海洋岛屿简况1980年</th><th>地名志</th></tr>
<tr><td rowspan="6">1</td><td rowspan="6">舟山岛</td><td>甬东［春秋左传］，翁洲［东晋抱朴子］，翁山（翁洲）［唐括地志］［宋参天台五台山记］［宋乾道志］［宋宝庆志］［元延祐四明志］［元大德志］，杨翁山［宋参天台五台山记］，翁洲山［明天启志］，舟山［明天启志］［明筹海图编］［明两浙海防类考续编］［明全浙兵制］</td><td>定海山［清康熙志］［清光绪志］</td><td>舟山［地形图］［民国志］</td><td rowspan="6">舟山岛</td><td rowspan="6">舟山岛</td></tr>
<tr><td>舟山（其时，已与舟山岛相连）［宋宝庆志］［元大德志］［明天启志］</td><td>观山（其时，已与舟山岛相连）［清康熙志］［清光绪志］</td><td>观山［民国志］</td></tr>
<tr><td>大顪［宋乾道志］，大椎山［明天启志］</td><td>关山（其时，已与舟山岛相连）［清康熙志］［清光绪志］</td><td>关山［民国志］，东山［民国志］</td></tr>
<tr><td>翁浦山（翁洲山）（其时，已与舟山岛相连）［明天启志］</td><td>翁浦山（翁洲山）［清康熙志］，翁山［清光绪志］</td><td>翁山（大霍山）［民国志］</td></tr>
<tr><td>—</td><td>田螺屿（其时，已与舟山岛相连）［清光绪志］</td><td>—</td></tr>
<tr><td>—</td><td>何衙山（其时，已与舟山岛相连）［清康熙志］［清光绪志］</td><td>何衙山［民国志］</td></tr>
</table>

续表

序号	现行名称	清前	清	民国	中国海洋岛屿简况1980年	地名志
1	舟山岛	—	月台山(其时,已与舟山岛相连)[清光绪志]	—	舟山岛	舟山岛
		—	金旗山(宋前已与舟山岛相连)[清康熙志],金旂山[清光绪志]	—		
		—	荷叶山(宋前已与舟山岛相连)[清康熙志][清光绪志]	—		
		—	龟山(宋前已与舟山岛相连)[清光绪志]	—		
		—	厥头山(其时,已与舟山岛相连)[清康熙志][清光绪志]	—		
		—	鲎尾靶(其时,已与舟山岛相连)[清光绪志]	鲎尾巴[民国志]		
		—	福全山(其时,已与舟山岛相连)[清康熙志][清光绪志]	—		
		海西山[宋乾道志],马乳山[宋乾道志][宋宝庆志],马墓山[明筹海图编],马墓[明全浙兵制],马目山[明天启志]	马目(墓)山[清康熙志][清光绪志],马目山*[八省图],波罗根岛*[新译海道图说]	马目山[地形图][民国志]		
		—	马鞍山[清康熙志]	马鞍山[地形图][民国志](已与舟山岛相连)		

续表

序号	现行名称	清前	清	民国	中国海洋岛屿简况1980年	地名志
1	舟山岛	麻屿(海岛)[元大德志],马屿(其时,已与舟山岛相连)[明天启志]	北马屿[清光绪志]	马屿[地形图],北马屿[民国志]	舟山岛	舟山岛
		—	馒头山(其时,已与舟山岛相连)[清康熙志][清光绪志]	—		
		—	龟山(其时,已与舟山岛相连)[清康熙志]	—		
		—	猫屿[清光绪志]	猫屿山[地形图]		
		—	小竹屿[清康熙志]	—		
		—	竹屿山[清康熙志],竹屿[清光绪志]	竹屿山[地形图][民国志]		
		鹿颈岙(山)(其时,已与舟山岛相连)[明天启志][清康熙志]	—	烟墩台[地形图]鹿颈山		
		—	华屿山(其时,已与舟山岛相连)[清康熙志],华屿山[清光绪志]	华屿山[民国志]		
		—	鸡骨礁[清康熙志][清光绪志]	—		
		—	镬池[清康熙志]	桃屿山[地形图][民国志]		
		—	双礁[清康熙志]	—		
		—	鹳屿[清光绪志]	—		

续表

序号	现行名称	清前	清	民国	中国海洋岛屿简况1980年	地名志
1	舟山岛	—	印石山(宋代已于舟山岛相连)[清康熙志][清光绪志],白石山[清光绪志]	印石山[民国志]	舟山岛	舟山岛
		—	天童山(宋代已于舟山岛相连)[清康熙志]	天童山[地形图][民国志]		
		—	野鸭山[清康熙志][清光绪志]	野鸭山[民国志]		
		钓屿山[元大德志],吊屿[宋乾道志][明筹海图编][明天启志],吊屿山[宋宝庆志][元延祐四明志]	吊屿山[清康熙志],吊门山[清康熙志],钓屿[清光绪志]	钓门山[地形图][民国志]		
		—	鹳屿[清光绪志]	—		
		—	狗山[清光绪志]	狗山[地形图]		
		—	—	外狗山[地形图]		
		—	—	长峙(在螺门)[地形图][民国志]		
		—	—	中柱礁(在螺门)[地形图][民国志]		
		—	塘头嘴[清光绪志]	麒麟山(其时,已与舟山岛相连)[地形图][民国志]		
		—	—	北桃花[地形图][民国志]	桃花山	桃花山
		—	—	—	龙下巴山	龙下巴山
		—	龟山[清康熙志]	—	—	卒山(乌龟山)
		—	—	—	—	活狲峙
		—	—	牛头山[地形图]	—	牛头山

续表

<table>
<tr><th>序号</th><th>现行名称</th><th>清前</th><th>清</th><th>民国</th><th>中国海洋岛屿简况1980年</th><th>地名志</th></tr>
<tr><td rowspan="4">1</td><td rowspan="4">舟山岛</td><td>—</td><td>—</td><td>后山(在展茅)[地形图][民国志]</td><td>—</td><td>后门山</td></tr>
<tr><td>洋横[宋乾道志]，梁横山[明两浙海防类考续编]</td><td>梁横山[清康熙志][清光绪志]</td><td>梁横山[地形图][民国志]</td><td>—</td><td>梁横山</td></tr>
<tr><td>—</td><td>—</td><td>小梁横山[地形图][民国志]</td><td>—</td><td>小梁横山</td></tr>
<tr><td>—</td><td>—</td><td>—</td><td>—</td><td>牛头山（在东港街道塘头）</td></tr>
<tr><td rowspan="4">2</td><td rowspan="4">长峙岛</td><td rowspan="4">长屿[宋宝庆志图]</td><td rowspan="2">长屿[清光绪志]，岙山＊[八省图]，活而台岛＊[新译海道图说]</td><td>长崎山[地形图]，长屿山[民国志]</td><td rowspan="4">长峙山</td><td rowspan="4">长峙岛</td></tr>
<tr><td rowspan="2">马鞍[地形图]，外长屿[民国志]</td></tr>
<tr><td rowspan="2">外长屿[清光绪志]，英嘎＊[八省图]，门陀岛＊[新译海道图说]</td></tr>
<tr><td>老鳌[民国志]</td></tr>
<tr><td>3</td><td>岙山岛</td><td>岙山[宋乾道志图][宋宝庆志图][明筹海图编][明全浙兵制]，奥山[宋宝庆志图]，隩山[元延祐四明志]</td><td>拗山[清康熙志][清光绪志]，白龙山＊[八省图]</td><td>拗山[地形图][民国志]</td><td>岙山</td><td>岙山岛</td></tr>
<tr><td>4</td><td>东蟹峙岛</td><td>石衕门[明筹海图编][明全浙兵制]，石衕山[明天启志]</td><td>石弄山[清康熙志]，石门山[清光绪志]</td><td>东蟹屿[地形图][民国志]</td><td>东蟹峙</td><td>东蟹峙岛</td></tr>
<tr><td>5</td><td>松山岛</td><td>—</td><td>嵩山[清光绪志]，南娄岛＊[八省图]</td><td>嵩山[地形图][民国志]</td><td>松山</td><td>松山岛</td></tr>
</table>

续表

序号	现行名称	清前	清	民国	中国海洋岛屿简况1980年	地名志
6	担峙岛	—	担屿[清光绪志]	担屿[民国志]	西担峙	担峙岛
7	茶山岛	—	茶山[清光绪志]	茶山[地形图][民国志]	蛇山	蛇山岛
8	沙锲山屿	—	—	—	沙剑山	沙尖山
9	长峙泥螺山屿	—	—	—	泥螺山	泥螺山
10	鲤鱼礁	—	—	—	—	鲤鱼礁
11	长峙大圆山屿	—	—	—	大园山	大圆山
12	周家圆山岛	—	—	—	周家园山	周家圆山
13	中圆山屿	—	—	—	小园山	中圆山
14	对面圆山岛	—	—	—	对面园山	对面圆山
15	小凤凰山屿	—		小凤凰[民国志]	小凤凰山	小凤凰山
16	凤凰岛	—	凤山[清光绪志]，佗背岛＊[八省图]	凤凰山[地形图]	大凤凰山	凤凰山
17	铜盆礁	—		铜盆礁[民国志]	—	铜盆礁
18	大谷山屿	—	—	大谷山[地形图]，谷山[民国志]	大谷山	大谷山
19	小谷山屿	—	—	小谷山[民国志]	—	小谷山
20	皇地基岛	—	—	—	皇地基	皇地基岛
21	长峙中馒头屿	—	—	—	中馒头山	中馒头山
22	长馒头山屿	—	—	—	长馒头山	长馒头山
23	大馒头山岛	—	—	—	大馒头山	大馒头山
24	小松山	—	—	—	—	小松山
25	小鸾皇山屿	—	—	—	卵王	小卵黄山
26	大鸾皇山屿	—	—	—	大卵王	大卵黄山
27	岙山笔架岛	—	鹿守望岛＊[八省图]	笔架山[地形图][民国志]	笔架山	笔架山
28	大桶山屿	—	—	黄鳝骨礁[民国志]	大桶山	大桶山
29	半边凉帽屿	—	—	箬帽山[地形图]	半边凉帽蓬山	半边凉帽山

续表

序号	现行名称	清前	清	民国	中国海洋岛屿简况1980年	地名志
30	雷浮礁	—	—	—	—	雷浮礁
31	水蛤蟆礁	—	—	虾蟆礁[民国志]	—	水蛤蟆礁
32	黄鳝骨礁	—	—	—	—	黄鳝骨礁
33	十六门馒头屿	—	—	—	馒头山	馒头山
34	竹高山屿	—	—	—	竹高山	竹高山(乌龟山)
35	东岠岛(与环南街道共辖)	小衢山[明筹海图编]	大屿山[八省图],大渠山[清康熙志],小渠[清光绪志],地尔岛(鹿岛)*[新译海道图说]	大渠山[地形图][民国志],小岠山[地名档案]	小岠山	东岠岛
36	前山嘴	—	—	—	—	前山嘴
37	(地形变化,已废)	—	—	—	—	狗头颈嘴
38	峙头洋	奇头洋[明两浙兵制]	旗头洋[清光绪志]	崎头洋[地形图],旗头洋[民国志]	—	峙头洋
39	十六门	—	十六门[清康熙志][清光绪志]	十六门[地形图][民国志]	—	十六门
40	门口港	长峙港[明天启志]	长峙港[清康熙志][清光绪志]	—	—	门口港
41	岙山港	岙山港[明天启志]	拗山港[清康熙志][清光绪志]	—	—	岙山港

舟山市定海区环南街道新旧地名录

（海域类）

序号	现行名称	清前	清	民国	中国海洋岛屿简况1980年	地名志
1	盘峙岛	盘屿［宋乾道志］［明两浙兵制］，大盘屿［明筹海图编］	盘屿山［清康熙志］［八省图］［清光绪志］，茶岛（悌岛）＊［新译海道图说］	盘屿［地形图］［民国志］	大盘峙	盘峙岛
2	大猫岛	大茆山［宋乾道志］［元延祐四明志］，大磨山［明郑和航海图］大猫（茅）山［明筹海图编］［明两浙兵制］	大茆（猫）山［清康熙志］，螺头［八省图］，大猫山［清光绪志］，挑尔孩尔岛＊［新译海道图说］	大猫山［地形图］［民国志］，塔山岛＊［民国志］	大猫山	大猫岛
3	大五奎山岛	门鹿［宋乾道志］，门陸（存疑）［宋乾道志］	龟山［清康熙志］，大乌岛［八省图］，五奎山［清光绪志］，突伦巳尔岛＊［新译海道图说］	五奎山［地形图］［民国志］，大五奎［民国志］，乌龟山［民国志］	大五奎山	大五奎山
4	小五奎山岛	—	微乌岛［八省图］，墨克尔司非尔得岛＊［新译海道图说］	小五奎山［地形图］，小五奎［民国志］	小五奎山	小五奎山
5	小竹山岛	—	竹山［清康熙志］［清光绪志］，家尔特好司岛＊［新译海道图说］	—	小竹山	小竹山
6	盘峙老鼠屿	—	—	老鼠礁［地形图］	老鼠山	老鼠山

续表

序号	现行名称	清前	清	民国	中国海洋岛屿简况1980年	地名志
7	东岠岛(与临城街道共辖)	小衢山[明筹海图编]	大屿山[八省图],大渠山[清康熙志],小渠[清光绪志],地尔岛(鹿岛)*[新译海道图说]	大渠山[地形图][民国志],小岠山[地名档案]	小岠山	东岠岛
8	西岠岛	—	小渠山[清康熙志],大宂山*[八省图],萨阿岛*[八省图],大渠[清光绪志],塞勒岛*[新译海道图说]	小渠山[地形图][民国志],大岠山[地名档案]	大岠山	西岠岛
9	西蟹峙岛	—	马秦山*[八省图],钟岛(比尔岛)[新译海道图说]	蟹屿[地形图],西蟹屿[民国志],钟岛*[民国志]	西蟹峙	西蟹峙
10	摘箬山岛	窄额[宋乾道志],岝峉山[宋宝庆志][元延祐四明志][元大德志],摘箬山[明筹海图编],摘箬[明两浙兵制]	摘箬山[清康熙志][清光绪志],额勒番得岛(象岛)*[新译海道图说]	摘箬山[地形图][民国志]	摘箬山	摘箬山
11	刺山岛	—	此岛*[八省图]	茈山[地形图],茨山[民国志]	雌山	刺山
12	大王脚山岛	—	钟石	大黄雀坂[地形图],大王脚板[民国志]	大王脚板	大王脚山
13	小盘峙岛	小盘屿[明筹海图编]	巴朝觉山*[八省图]	小盘屿[地形图][民国志],巴潮觉*[民国志]	小盘峙	小盘峙
14	南馒头山屿	—	—	馒豆山[地形图],馒头山[民国志]	馒头山	南馒头山
15	大鼠山屿	—	—	老鼠山[民国志]	老鼠山	大鼠山

续表

序号	现行名称	清前	清	民国	中国海洋岛屿简况1980年	地名志
16	王家山岛	—	温岐岛＊[八省图]	王家山[地形图][民国志]，温岐岛＊[民国志]	王家山	王家山
17	盘峙和尚山屿	—	其欲岛＊[八省图]	和尚山[地形图][民国志]	和尚山	和尚山
18	干山岛	—	—	敢山[地形图]	干山	干山
19	小干山屿	—	黑石＊[八省图]	—	小干石	小干山
20	团鸡山岛	—	培丁＊[八省图]	斗鸡山[地形图][民国志]，倍丁＊[民国志]	团鸡山	团鸡山
			那布岛＊[八省图]，弯岛＊[新译海道图说]	连治山[地形图]，练槌山[民国志]	楝槌山	楝槌山
21	小摘箬山岛	—	晓秒岛＊[八省图]	小摘箬[地形图][民国志]，晓秒岛＊[民国志]	小摘箬山	小摘箬山
22	小团鸡山屿	—	圆岛＊[八省图]	小斗鸡山[民国志]	野鸭山	小团鸡山
23	高背山屿	—	—	筊背山[地形图]，筊杯山[民国志]	高背山	高背山
24	小高背礁	—	—	—	小高背	—
25	小猫岛	小茆山[宋乾道志][元延祐四明志]，小猫山[明筹海图编]，小猫(茅)[明两浙兵制]	小茆(猫)山[清康熙志]，柔＊[八省图]，小猫山[清光绪志]	小猫山[民国志]，乔岛＊[民国志]	小猫山	小猫山
26	大亮门山岛	—	每(觅)澳＊[八省图]	亮门山[民国志]，母奥＊[民国志]	大亮门	大亮门山
27	小亮门山屿	—	—	小亮门[民国志]	小亮门	小亮门山

续表

序号	现行名称	清前	清	民国	中国海洋岛屿简况1980年	地名志
28	道场礁	—	道场礁[清光绪志],白尔石	道场礁[地形图]	—	道场礁
29	鲢鱼礁	—	野猪礁[清光绪志]	野猪礁[地形图]	—	鲢鱼礁
30	吉祥暗礁	—	美(每)罗尾洛石*[八省图],墨尔佛礼石*[新译海道图说]	—	—	吉祥暗礁
31	沙暗礁	—	敦夫司石*[八省图]	—	—	沙暗礁
32	过秦角	—	口近角*[八省图]	—	—	过秦角
33	青垒头	—	竟留角*[八省图]	—	—	—
34	冷坑山嘴	—	—	—	—	冷坑山嘴
35	紫岙山嘴	—	—	—	—	紫岙山嘴
36	梅湾山嘴	—	泡得*[八省图]	—	—	梅湾山嘴
37	小湾山嘴	—	—	—	—	小湾山嘴
38	潮力山嘴	—	—	—	—	潮力山嘴
39	牛角山嘴	—	—	—	—	牛角山嘴
40	狗头颈山嘴	—	—	—	—	狗头颈山嘴
41	小南岙山嘴	—	—	—	—	小南岙山嘴
42	猫嘴巴山嘴	—	螺头角[八省图]	螺头角[地名档案]	—	猫嘴巴山嘴
43	冲嘴山	—	—	—	—	冲嘴山
44	南瓜山嘴	—	—	—	—	南瓜山嘴
45	外尾巴山嘴	—	—	—	—	外尾巴山嘴
46	蛇舌头	—	—	—	—	蛇舌头
47	竺家山嘴	—	—	—	—	竺家山嘴

续表

<table>
<tr><th>序号</th><th>现行名称</th><th>清前</th><th>清</th><th>民国</th><th>中国海洋岛屿简况1980年</th><th>地名志</th></tr>
<tr><td>48</td><td>鸡冠礁嘴</td><td>—</td><td>—</td><td>—</td><td>—</td><td>鸡冠礁嘴</td></tr>
<tr><td>49</td><td>长冲嘴</td><td>—</td><td>—</td><td>—</td><td>—</td><td>长冲嘴</td></tr>
<tr><td>50</td><td>潮力嘴</td><td>—</td><td>—</td><td>—</td><td>—</td><td>潮力嘴</td></tr>
<tr><td>51</td><td>穿鼻嘴头</td><td>—</td><td>—</td><td>—</td><td>—</td><td>穿鼻嘴头</td></tr>
<tr><td>52</td><td>唐家山嘴</td><td>—</td><td>桢箱角*[八省图]</td><td>—</td><td>—</td><td>唐家山嘴</td></tr>
<tr><td>53</td><td>长山嘴</td><td>—</td><td></td><td>—</td><td>—</td><td>长山嘴</td></tr>
<tr><td>54</td><td>竹山门</td><td>—</td><td>竹山门[清康熙志],竹山水道*[八省图]</td><td>—</td><td>—</td><td>竹山门</td></tr>
<tr><td rowspan="2">55</td><td rowspan="2">舟山港定海港区</td><td>舟山港[明筹海图编],舟山关港[明天启志]</td><td>定海关港[清康熙志][清光绪志],定海港[八省图]</td><td rowspan="2">定海港[民国志]</td><td rowspan="2">—</td><td rowspan="2">定海港</td></tr>
<tr><td>添吞港[明天启志]</td><td>添吞港[清康熙志]</td></tr>
<tr><td>56</td><td>蟹峙门</td><td>—</td><td>马秦水道*[八省图]</td><td>—</td><td>—</td><td>蟹峙门</td></tr>
<tr><td>57</td><td>盘峙北水道</td><td>—</td><td>—</td><td>—</td><td>—</td><td>盘峙北水道</td></tr>
<tr><td>58</td><td>盘峙南水道</td><td>—</td><td>—</td><td>—</td><td>—</td><td>盘峙南水道</td></tr>
<tr><td>59</td><td>火烧门</td><td>—</td><td>火烧门[清康熙志][清光绪志]</td><td>—</td><td>—</td><td>火烧门</td></tr>
<tr><td>60</td><td>响水门</td><td>—</td><td>大屿水道*[八省图]</td><td>—</td><td>—</td><td>响水门</td></tr>
<tr><td>61</td><td>吉祥门</td><td>—</td><td>墨尔佛礼水道*[新译海道图说]</td><td>—</td><td>—</td><td>吉祥门</td></tr>
<tr><td>62</td><td>亮门</td><td>—</td><td>—</td><td>—</td><td>—</td><td>亮门</td></tr>
<tr><td>63</td><td>螺头水道</td><td>—</td><td>挑尔孩尔水道*[新译海道图说]</td><td>白鸭洋[地形图],猫港[民国志]</td><td>—</td><td>螺头水道</td></tr>
</table>

舟山市定海区盐仓街道新旧地名录

（海域类）

序号	现行名称	清前	清	民国	中国海洋岛屿简况1980年	地名志
1	鸭蛋山屿	—	阿滩山[八省图]	鸭蛋山[民国志]	鸭蛋山	鸭蛋山
2	盐仓枕头屿	—	枕头山[清光绪志]，甘过＊[八省图]	枕头山[民国志]，四其山[地形图]	枕头山	枕头山
3	隔壁山屿	—	寡妇山[清康熙志]，经投＊[八省图]	镬盖山[民国志]	镬盖山	隔壁山
4	洋螺山屿	—	螺头山[清康熙志]，洋螺[清光绪志]，洋螺岛[八省图]	洋螺山[地形图]	洋螺山	洋螺山
5	丁家礁	丁家礁[元大德志]	丁家礁[明天启志]，[清康熙志][清光绪志]，寡妇石＊[八省图]	丁寡妇礁[民国志]	寡妇礁	寡妇礁
6	螺头山嘴	—	洋螺角＊[八省图]	—	—	—
7	螺头门	—	螺头门[清光绪志]	—	—	螺头门

舟山市定海区小沙街道新旧地名录

（海域类）

<table>
<tr><th>序号</th><th>现行名称</th><th>清前</th><th colspan="2">清</th><th>民国</th><th>中国海洋岛屿简况1980年</th><th>地名志</th></tr>
<tr><td>1</td><td>长白岛</td><td>长白山[宋乾道志][宋宝庆志][元延祐四明志][元大德志][明筹海图编][明天启志]，长白[明全浙兵制]</td><td colspan="2">长白山[清康熙志][清光绪志]，长白岛[八省图]</td><td>—</td><td>长白山</td><td>长白岛</td></tr>
<tr><td>2</td><td>上灰鳖山屿</td><td rowspan="2">龟鳖[宋乾道志][元延祐四明志]</td><td colspan="2">鳖山[清康熙志]，白马[清光绪志]</td><td>灰鳖山[民国志]</td><td>上灰鳖山</td><td>上灰鳖山</td></tr>
<tr><td>3</td><td>下灰鳖山屿</td><td colspan="2">龟山[清康熙志]，乌牛[清光绪志]</td><td>小灰鳖[民国志]</td><td>下灰鳖山</td><td>下灰鳖山</td></tr>
<tr><td>4</td><td>峙中山岛</td><td>屿中山[明筹两浙海防类考续编]</td><td>屿中[清光绪志]，半路岛*[八省图]</td><td rowspan="3">克勒司得列岛*[新译海道图说]</td><td>峙中山[地形图]，衢山山[民国志]</td><td>峙中山</td><td>峙中山</td></tr>
<tr><td>5</td><td>小峙中山岛</td><td>—</td><td>—</td><td>小峙中山[地形图]</td><td>小峙中山</td><td>小峙中山</td></tr>
<tr><td>6</td><td>横档礁</td><td>—</td><td>—</td><td>—</td><td>横档</td><td>横档礁</td></tr>
<tr><td>7</td><td>小横档礁</td><td>—</td><td colspan="2">—</td><td>—</td><td>—</td><td>小横档礁</td></tr>
<tr><td>8</td><td>野鸭山屿</td><td>—</td><td colspan="2">—</td><td>—</td><td>野鸭山</td><td>野鸭山</td></tr>
<tr><td>9</td><td>鲫鱼礁</td><td>—</td><td colspan="2">—</td><td>—</td><td>乌屙礁</td><td>鲫鱼礁</td></tr>
<tr><td>10</td><td>乌峙山屿</td><td>—</td><td colspan="2">北石*[八省图]</td><td>乌柱山[地形图][民国志]</td><td>乌桂山</td><td>乌峙山屿</td></tr>
<tr><td>11</td><td>长白小乌峙</td><td>—</td><td colspan="2">—</td><td>—</td><td>小乌峙</td><td>长白小乌峙</td></tr>
<tr><td>12</td><td>白馒头山屿</td><td>—</td><td colspan="2">—</td><td>—</td><td>—</td><td>白馒头山</td></tr>
<tr><td>13</td><td>东山嘴</td><td>—</td><td colspan="2">—</td><td>—</td><td>—</td><td>东山嘴</td></tr>
</table>

续表

<table>
<tr><th>序号</th><th>现行名称</th><th>清前</th><th>清</th><th>民国</th><th>中国海洋岛屿简况1980年</th><th colspan="2">地名志</th></tr>
<tr><td>14</td><td>石人嘴头</td><td>—</td><td>—</td><td>—</td><td>—</td><td colspan="2">石人嘴头</td></tr>
<tr><td>15</td><td>小满山嘴</td><td>—</td><td>—</td><td>—</td><td>—</td><td colspan="2">小满山嘴</td></tr>
<tr><td>16</td><td>洪脚洞山嘴</td><td>—</td><td>—</td><td>—</td><td>—</td><td colspan="2">洪脚洞山嘴</td></tr>
<tr><td>17</td><td>贺家山嘴</td><td>—</td><td>—</td><td>—</td><td>—</td><td colspan="2">贺家山嘴</td></tr>
<tr><td>18</td><td>外跳山嘴</td><td>—</td><td>—</td><td>—</td><td>—</td><td colspan="2">外跳山嘴</td></tr>
<tr><td>19</td><td>雄鹅头</td><td>—</td><td>—</td><td>—</td><td>—</td><td colspan="2">雄鹅头</td></tr>
<tr><td rowspan="3">20</td><td rowspan="3">2008年因建设定海工业园区废</td><td>—</td><td rowspan="3">澳角＊[八省图]</td><td>—</td><td>—</td><td rowspan="3">游头山嘴</td><td>上游头山嘴</td></tr>
<tr><td>—</td><td>—</td><td>—</td><td>下游头山嘴</td></tr>
<tr><td>—</td><td>—</td><td>—</td><td>小游头山嘴</td></tr>
<tr><td>21</td><td>长白水道</td><td>长白港[明两浙海防类考续编]</td><td>长白港[清康熙志],小春洋[清康熙志],北澳＊[八省图]</td><td>长白港[地形图]</td><td>—</td><td colspan="2">—</td></tr>
<tr><td>22</td><td>清代已围填</td><td>—</td><td>岐岙门[清康熙志]</td><td>—</td><td>—</td><td colspan="2">—</td></tr>
</table>

舟山市定海区岑港街道新旧地名录

（海域类）

序号	现行名称	清前	清	民国	中国海洋岛屿简况1980年	地名志
1	册子岛	册子山[宋宝庆志][元延祐四明志][元大德志]，折子山[明筹海图编]，策子[明天启志]	册子山[清康熙志][清光绪志]，册子岛＊[八省图]，不勒克哇尔岛＊[新译海道图说]	册子山[地形图][民国志]，黑墙岛＊[民国志]	册子山	册子岛
2	老虎山屿	—	碗盏礁[清康熙志]，碗盏山[清光绪志]，尔伦多岛＊[新译海道图说]	老虎山[地形图][民国志]	老虎山	老虎山
3	册子双螺礁	—	双毬礁[清康熙志]，双螺礁[清光绪志]	双螺礁[地形图][民国志]	双螺礁	双螺礁
4	墨斗山屿	—	—	馒头礁[地形图][民国志]	—	墨斗山
5	富翅岛	正策山[宋乾道志][宋宝庆志][元大德志][明天启志]	孤四山[清康熙志]，孤次[清康熙志]，菰茨山[清康熙志][清光绪志]，豁慈山＊[八省图]	菰茨山[地形图]，豁慈岛＊[民国志]	富翅岛	富翅岛
6	里钓山岛	—	里钓山[清康熙志][清光绪志]，利的牙＊[八省图]	里钓山[地形图][民国志]，夹梯岛＊[民国志]	里钓山	里钓山
7	外钓山岛	西良山[宋乾道志][宋宝庆志][元大德志][明天启志]	外钓山[清康熙志][清光绪志]，水岛＊[八省图]	外钓山[地形图][民国志]，华陀＊[民国志]	外钓山	外钓山

续表

序号	现行名称	清前	清	民国	中国海洋岛屿简况1980年	地名志
8	中钓山岛	—	中钓山[清康熙志][清光绪志]	中钓山[地形图][民国志],林岛*[民国志]	中钓山	中钓山
9	钓礁	—	鸟窠礁[清康熙志],鸟屙礁[清光绪志]	牛污礁[地形图]	鸟屙礁 金塘岛	钓礁
10	屿山屿	—	—	大王脚板[地形图]	大王脚板	屿山
11	北钓礁	—	—	—	小园礁	北钓礁
12	瓜连山岛	瓜连山[明筹海图编],瓜莗[明全浙兵制],瓜连山[明两浙海防类考续编]	瓜连山[清康熙志][清光绪志],各拉克岛*[八省图]	瓜连山[地形图][民国志],克拉克岛*[民国志]	瓜连山	瓜连山
13	小瓜连山屿	—	—	—	小花连山	小瓜连山
14	大五峙岛	—	五屿山[清光绪志]	—	大五峙山	大五峙
15	小五屿	—	—	—	小五峙	小五峙
16	马目半边屿	—	—	—	—	半边山
17	马目龙洞屿	—	—	—	龙洞山	龙洞山
18	无毛山屿	—	—	—	无毛山	无毛山屿
19	北馒头山屿	—	—	—	馒头山	北馒头山屿
20	丫鹊山屿	—	—	—	丫鹊山	丫鹊山屿
21	五峙山列岛	五屿[宋乾道志][宋宝庆志][元延祐四明志]	五屿[清康熙志],登四他非岛*[八省图]	五屿[地形图][民国志],他司他非岛*[民国志]	—	五峙山列岛
22	桃夭门	桃夭门[明筹海图编]	桃夭门[清光绪志]	桃夭门[地形图][民国志]	—	桃夭门
23	菰茨航门	—	—	—	—	菰茨航门
24	响礁门	响礁门[明筹海图编]	响礁门[清光绪志]	响礁门[地形图][民国志]	—	响礁门
25	富翅门	—	豁慈水道*[八省图]	—	—	富翅门

续表

序号	现行名称	清前	清	民国	中国海洋岛屿简况 1980 年	地名志
26	岑港	岑江港[元大德志],岑港[明筹海图编][明天启志]	岑港[清康熙志][清光绪志][八省图]	岑港[民国志]	—	岑港
27	(已废,现为东海农场)	马墓港[明筹海图编][明两浙海防类考续编]	马墓港[清康熙志]	—	—	—
28	西江嘴	—	马目角*[八省图]	—	—	西江嘴
29	火川山嘴	—	—	—	—	火川山嘴
30	长礁嘴	—	长礁嘴(在椗次)[清光绪志]	—	—	—
31	虎昌山嘴	—	虎颡头[清康熙志]	—	—	虎昌山嘴
32	太婆山嘴	—	—	—	—	太婆山嘴
33	长春山嘴	—	—	—	—	长春山嘴
34	大狗头颈山嘴	—	—	—	—	大狗头颈山嘴
35	小狗头颈山嘴	—	—	—	—	小狗头颈山嘴
36	鹰头山嘴	—	—	—	—	鹰头山嘴
37	外山嘴	—	—	—	—	外山嘴
38	老塘嘴	—	希路角*[八省图]	—	—	老塘嘴
39	长了尚山嘴	—	长料村[清康熙志],长礁嘴[清光绪志],大沙角*[八省图]	—	—	—
40	(已废)	—	乌石塘[宋宝庆四明志]	—	—	—

舟山市定海区马岙街道新旧地名录

（海域类）

<table>
<tr><th>序号</th><th>现行名称</th><th>清前</th><th>清</th><th>民国</th><th>中国海洋岛屿简况 1980年</th><th>地名志</th></tr>
<tr><td>1</td><td>团山屿</td><td>—</td><td>—</td><td>团山［地形图］［民国志］</td><td rowspan="3">团山</td><td>团山</td></tr>
<tr><td>2</td><td>下长山屿</td><td>—</td><td>—</td><td>—</td><td>下长山</td></tr>
<tr><td>3</td><td>小团山屿</td><td>—</td><td>—</td><td>—</td><td>—</td></tr>
<tr><td>4</td><td>上癞头礁</td><td>—</td><td>—</td><td>三江礁［地形图］［民国志］</td><td>—</td><td>癞头礁</td></tr>
<tr><td>5</td><td>乌岩嘴</td><td>—</td><td>—</td><td>—</td><td>—</td><td>乌岩嘴</td></tr>
<tr><td>6</td><td>庙山嘴</td><td>—</td><td>—</td><td>—</td><td>—</td><td>庙山嘴</td></tr>
<tr><td>7</td><td>髫下山嘴</td><td>—</td><td>—</td><td>—</td><td>—</td><td>髫下山嘴</td></tr>
<tr><td>8</td><td>因地形改变,已废</td><td>—</td><td>马澳角＊［八省图］</td><td>—</td><td>—</td><td>—</td></tr>
</table>

舟山市定海区双桥街道新旧地名录

（海域类）

序号	现行名称	清前	清	民国	中国海洋岛屿简况1980年	地名志
1	双桥半洋礁	—	半洋礁［清康熙志］［清光绪志］，司多尔得石＊［新译海道图说］	半洋礁［地形图］［民国志］	半洋礁	半洋礁
2	册子水道	—	横水洋［明天启志］［清康熙志］，册子水道［八省图］，不勒克吐尔水道＊［新译海道图说］	横水洋［民国志］	册子水道	册子水道

舟山市定海区金塘镇新旧地名录

（海域类）

序号	现行名称	清前	清	民国	中国海洋岛屿简况1980年	地名志
1	金塘岛	金塘山[宋宝庆志图][明筹海图编][明全浙兵制][明两浙海防类考续编][明天启志]	金塘山[清康熙志][清光绪志][八省图]	金塘山[地形图][民国志]	金塘岛	金塘岛
		双礁[明两浙海防类考续编]	双礁[清康熙志][清光绪志]，双尖＊[八省图]	双礁[地形图][民国志]		
		小刁柯山[明两浙海防类考续编]	—	小髫果山[地形图][民国志]	小髫果	小髫果山
		吴农山[宋参天台五台山记][宋乾道志][宋宝庆志][元大德志][明天启志]，鱼龙山[明筹海图编]，鱼龙[明全浙兵制]，鱼龙山[明两浙海防类考续编]	鱼龙[清康熙志]，鱼龙山[清光绪志]，绸绸岛＊[八省图]	鱼龙山[地形图][民国志]，稠稠岛＊[民国志]	鱼龙山	鱼龙山
		横子山[宋乾道志][宋宝庆志][元大德志][明天启志]，横当山[明两浙海防类考续编]	兰山[清康熙志]，横档山[清光绪志]，量岛＊[八省图]	横塘山[地形图]，横档山[民国志]，凉岛＊[民国志]	横档山	横档山岛

续表

<table>
<tr><th>序号</th><th>现行名称</th><th>清前</th><th colspan="2">清</th><th>民国</th><th>中国海洋岛屿简况1980年</th><th>地名志</th></tr>
<tr><td rowspan="3">2</td><td rowspan="3">大鹏山岛</td><td>须岸山[唐大和上东征传],如岸山[宋乾道志][宋宝庆志][元大德志][明天启志],烈港山[宋参天台五台山记][宋开庆四明续志]</td><td colspan="2">太平山[清康熙志],烈表山[大清一统志],沥表嘴山[清宁波府志],大平山[清光绪志],太平岛[八省图]</td><td>—</td><td>大鹏山</td><td>大鹏山</td></tr>
<tr><td>刀柯山[明筹海图编],刁柯山[明全浙兵制],大刁柯山[明两浙海防类考续编]</td><td colspan="2">刁柯山[清康熙志],髫果山[清光绪志],纯仃岛*[八省图]</td><td>大髫果山[地形图][民国志],深汀岛*[民国志]</td><td>大髫果</td><td>大髫果山</td></tr>
<tr><td>沥表[宋乾道志]</td><td colspan="2">裂表嘴山[清康熙志],沥表嘴山[清光绪志],甘屿*[八省图]</td><td>甘池[地形图],甘屿[民国志]</td><td>甘池山</td><td>甘池山</td></tr>
<tr><td>3</td><td>捣杵山岛</td><td>铁鼠山[宋参天台五台山记],铁杵山[开庆四明续志][明嘉靖浙江通志],捣杵山[明筹海图编]</td><td colspan="2">捣杵山[清康熙志][清光绪志],大澳子岛*[八省图]</td><td>捣杵山[地形图][民国志],枣子山[民国志],大澳子岛*[民国志]</td><td>捣杵山</td><td>捣杵山</td></tr>
<tr><td>4</td><td>大黄蟒岛</td><td>加门山[宋参天台五台山记],蛟门[宋宝庆志图][元大德志][明筹海图编][明天启志],交门山[宋宝庆志]</td><td>蛟门山[清康熙志],黄蟒山[八省图]</td><td rowspan="2">黄茅山,黄猫山[清光绪志]</td><td>黄蟒山[地形图][民国志]</td><td>大黄蟒</td><td>大黄蟒</td></tr>
<tr><td>5</td><td>小黄蟒岛</td><td>黄茅山[明筹海图编]</td><td>黄猫山[清康熙志],黄茅山[清康熙志图]</td><td>—</td><td>—</td><td>小黄蟒</td></tr>
</table>

续表

序号	现行名称	清前	清	民国	中国海洋岛屿简况1980年	地名志
6	笔架三块北礁	—	—	—	三块	三块山
7	笔架三块中礁	—	—	—		
8	笔架三块南礁	—	—	—		
9	蒋家珓杯西礁	—	—	—	—	珓杯山
10	蒋家珓杯东礁	—	—	—	—	
11	金塘黄牛礁	黄牛礁[宋宝庆志图],黄牛礁[明筹海图编][明全浙兵制][明两浙海防类考续编]	黄牛礁[清康熙志][清光绪志][八省图],黄由礁[清康熙志]	黄牛礁[地形图][民国志]	—	黄牛礁
12	大黄狗礁	—	—	黄狗山[民国志]	—	大黄狗礁
13	大菜花山岛	菜花山[明两浙海防类考续编]	菜花山[清康熙志][清光绪志],方希岛*[八省图],凤溪*[八省图]	菜花山[民国志],大菜花山[地形图],方希*[民国志]	大菜花山	大菜花山
14	小菜花山屿	—	—	小菜花山[地形图][民国志]	小菜花山	小菜花山
15	无考	吴农山[宋乾道志][宋宝庆志][元大德志]	—	—	—	—
16	无考	正策山[宋乾道志][宋宝庆志][元大德志]	—	—	—	—
17	沥港	洌港[宋宝庆志][明筹海图编],烈港[元大德志][明全浙兵制],小刁柯山[明两浙海防类考续编],平倭港[明天启志],列港[明郑和航海图]	烈港[清康熙志],沥港[清光绪志],大澳子港口*[八省图]	沥港[地形图],沥港、北洞门[民国志]	沥港	沥港

续表

序号	现行名称	清前	清	民国	中国海洋岛屿简况1980年	地名志
18	西堠门	西堠门[明筹海图编],西后门[明两浙海防类考续编][明郑和航海图]	西堠门[清康熙志],册子水道*[八省图]	西候门[地形图],西堠门[民国志]	西堠门	西堠门
19	蛟门	蛟门[宋宝庆志图][元大德志][明天启志][明全浙兵制]	蛟门[清康熙志][清光绪志],戈门水道*[八省图]	—	蛟门	蛟门
20	(已围垦)	—	—	鱼龙港[民国志]	鱼龙港	鱼龙港
21	金塘水道	—	金塘港[清康熙志],金塘面[清光绪志],金塘水道[八省图]	金塘洋[地形图][民国志]	金塘水道	金塘水道
22	册子水道	—	横水洋[明天启志][清康熙志],册子水道*[八省图],不勒克吐尔水道*[新译海道图说]	横水洋[民国志]	册子水道	册子水道
23	髫果门	—	—	—	髫果门	髫果门
24	肮脏门	—	—	—	肮脏门	肮脏门
25	菜花门	—	—	—	菜花门	菜花门
26	(已围垦)	—	—	—	菜塘门	菜塘门
27	甘池门	—	—	—	甘池门	甘池门
28	沥表嘴	—	裂表嘴[清康熙志],沥表嘴[清光绪志],太平角*[八省图]	沥表嘴[民国志]	了标嘴	沥表嘴
29	大山嘴	—	钩山角*[八省图]	—	—	大山嘴
30	中山嘴	—	—	—	—	中山嘴
31	小山嘴	—	—	—	—	小山嘴
32	埠头山嘴	—	—	—	—	埠头山嘴
33	大浦口山嘴	—	河角*[八省图]	—	—	大浦口山嘴

续表

序号	现行名称	清前	清	民国	中国海洋岛屿简况1980年	地名志
34	长鼻嘴	—	长鼻角＊[八省图]	—	—	长鼻嘴
35	鳄鱼嘴	—	鳄鱼角＊[八省图]	—	—	鳄鱼嘴
36	鲨鱼礁山嘴	—	扨支连角＊[八省图]	—	—	鲨鱼礁山嘴
37	(已废)	—	—	—	—	小龙王山嘴
38	(已废)	—	—	—	—	大龙王山嘴
39	大樟树岙山嘴	—	—	—	—	大樟树岙山嘴
40	小西堠嘴	—	—	—	—	小西堠嘴
41	北山嘴	—	—	—	—	北山嘴
42	上雄鹅嘴	—	—	—	—	上雄鹅嘴
43	下雄鹅嘴	—	—	—	—	下雄鹅嘴
44	龙舌山嘴	—	—	—	—	龙舌山嘴
45	铁路山嘴	—	—	—	—	铁路山嘴
46	青龙山嘴	—	—	—	—	青龙山嘴
47	六局坑山嘴	—	—	—	—	六局坑山嘴
48	白兰石山嘴	—	—	—	—	白兰石山嘴
49	雄鹤嘴	—	—	—	—	雄鹤嘴
50	龙洞山嘴	—	—	—	—	龙洞山嘴
51	断桥山嘴	—	—	—	—	断桥山嘴

注：鱼龙山岛、小髫果山和横档山岛于2013—2014年因围垦与金塘岛相连，大髫果山岛、甘池山岛于同期与大鹏山岛相连。

舟山市海区干礅镇新旧地名录

（海域类）

<table>
<tr><th>序号</th><th>现行名称</th><th>清前</th><th colspan="2">清</th><th>民国</th><th>中国海洋岛屿简况1980年</th><th>地名志</th></tr>
<tr><td rowspan="2">1</td><td rowspan="2">圆山岛</td><td rowspan="2">—</td><td rowspan="2">蛇山[清康熙志]</td><td>上游山[清光绪志]</td><td>上游山[地形图]，上蛇舌[民国志]</td><td>上园山</td><td>上园山</td></tr>
<tr><td>下游山[清光绪志]</td><td>下游山[地形图]，下蛇舌[民国志]</td><td>下园山</td><td>下园山</td></tr>
<tr><td>2</td><td>小鹁鸪山屿</td><td>—</td><td colspan="2">虾墓山[清康熙志]，鹧鸪山[清光绪志]</td><td>鹧鸪山[地形图][民国志]</td><td>小园山</td><td>小园山</td></tr>
<tr><td>3</td><td>干礅凉帽山屿</td><td>—</td><td colspan="2">—</td><td>—</td><td>凉帽篷</td><td>凉帽山</td></tr>
<tr><td>4</td><td>粽子山屿</td><td>—</td><td colspan="2">—</td><td>粽子山[地形图][民国志]</td><td>粽子山</td><td>粽子山</td></tr>
<tr><td>5</td><td>小粽子山屿</td><td>—</td><td colspan="2">—</td><td>—</td><td>粽子山</td><td>—</td></tr>
<tr><td>6</td><td>金光礁</td><td>—</td><td colspan="2">—</td><td>—</td><td>—</td><td>金光礁</td></tr>
<tr><td>7</td><td>西码头港</td><td>—</td><td colspan="2">—</td><td>灌门港[民国志]</td><td>—</td><td>西码头港</td></tr>
<tr><td>8</td><td>灌门</td><td>灌门[元大德昌国州图志]</td><td colspan="2">龟水道＊[八省图]</td><td>—</td><td>—</td><td>灌门</td></tr>
<tr><td>9</td><td>凉帽山西水道</td><td>—</td><td colspan="2">—</td><td>—</td><td>—</td><td>凉帽山西水道</td></tr>
<tr><td>10</td><td>凉帽山东水道</td><td>—</td><td colspan="2">—</td><td>—</td><td>—</td><td>凉帽山东水道</td></tr>
<tr><td>11</td><td>清代已围垦</td><td>—</td><td colspan="2">松门[清康熙志]</td><td>—</td><td>—</td><td>清代已围垦</td></tr>
<tr><td>12</td><td>龙王跳嘴</td><td>—</td><td colspan="2">灌门跳[清康熙志]，干揽角[八省图]</td><td>—</td><td>—</td><td>龙王跳嘴</td></tr>
</table>

舟山市普陀区沈家门街道新旧地名录

（海域类）

<table>
<tr><th>序号</th><th>现行名称</th><th>清前</th><th>清</th><th>民国</th><th>中国海洋岛屿简况1980年</th><th>地名志</th></tr>
<tr><td rowspan="5">1</td><td rowspan="5">鲁家峙岛</td><td rowspan="5">洛家屿[明两浙海防类考续编]，路家屿[明筹海图编]</td><td rowspan="4">卢家屿山[清康熙志]，卢家屿[清康熙志][清光绪志]，洛甲＊[八省图]</td><td>卢家屿[地形图][民国志]，鲁家屿[民国志]</td><td rowspan="5">鲁家峙</td><td rowspan="5">鲁家峙</td></tr>
<tr><td>马鞍山[民国志]</td></tr>
<tr><td>旱老鼠[民国志]</td></tr>
<tr><td>长山[民国志]</td></tr>
<tr><td>立汪岛＊[八省图]</td><td>馒头山[民国志]</td></tr>
<tr><td rowspan="3">2</td><td rowspan="3">小干马峙岛</td><td rowspan="2">小竿山[宋乾道志][宋宝庆志][元延祐四明志][元大德志]，小干山[明两浙海防类考续编][明全浙兵制][明筹海图编]</td><td rowspan="2">大干山[清康熙志]，小干山[清光绪志]，大坎＊[八省图]</td><td>小干山[地形图][民国志]</td><td>小干岛</td><td rowspan="2">小干岛</td></tr>
<tr><td>小山[地形图]，独山[民国志]</td><td>马峙岛</td></tr>
<tr><td>马碁[宋乾道志][宋宝庆志][元延祐四明志][元大德志]，大干山[明两浙海防类考续编][明全浙兵制][明筹海图编]</td><td>马秦门山[清康熙志]，马秦山[清康熙志][清光绪志]，麻屿[清定海厅洋面岛屿列表]，帽子＊[八省图]</td><td>马秦山[地形图][民国志]，马屿[民国志]</td><td>—</td><td>马峙</td></tr>
<tr><td>3</td><td>水老鼠山屿</td><td>—</td><td>—</td><td>水老鼠[民国志]</td><td>水老鼠</td><td>水老鼠山</td></tr>
<tr><td>4</td><td>里圆山屿</td><td>—</td><td>—</td><td>—</td><td>—</td><td>里圆山</td></tr>
<tr><td>5</td><td>外圆山屿</td><td>—</td><td>—</td><td>—</td><td>—</td><td>外圆山</td></tr>
<tr><td>6</td><td>癞头圆山屿</td><td>—</td><td>—</td><td>—</td><td>—</td><td>癞头圆山</td></tr>
</table>

续表

<table>
<tr><th>序号</th><th>现行名称</th><th>清前</th><th>清</th><th>民国</th><th>中国海洋岛屿简况1980年</th><th>地名志</th></tr>
<tr><td>7</td><td>百亩田礁</td><td>—</td><td>四菜水[清光绪志]</td><td>四采水[地形图],四菜水[民国志]</td><td>—</td><td>泗彩礁</td></tr>
<tr><td>8</td><td>雷浮礁</td><td>—</td><td>游凫礁[清光绪志]</td><td>游凫礁[地形图][民国志]</td><td>—</td><td>雷浮礁</td></tr>
<tr><td>9</td><td>分水礁</td><td>—</td><td>分水礁[清康熙志]</td><td>—</td><td>—</td><td>分水礁</td></tr>
<tr><td rowspan="2">10</td><td rowspan="2">登步岛</td><td rowspan="2">登部山[宋乾道志][宋宝庆志][元延祐四明志][元大德志],登埠山[明两浙海防类考续编],登部[明全浙兵制]</td><td>登埠山[清康熙志],登步山[清光绪志]</td><td rowspan="2">登步岛[地形图],登步山[民国志]</td><td rowspan="2">登步岛</td><td rowspan="2">登步岛</td></tr>
<tr><td>鸡冠礁[清光绪志]</td></tr>
<tr><td>11</td><td>西闪岛</td><td>—</td><td>西闪[清光绪志],鸭岛*[八省图]</td><td>西闪岛[地形图],西闪山[民国志]</td><td>西闪岛</td><td>西闪岛</td></tr>
<tr><td>12</td><td>东闪岛</td><td>—</td><td>东闪[清光绪志],双坡岛*[八省图]</td><td>东闪岛[地形图],东闪山[民国志]</td><td>东闪岛</td><td>东闪岛</td></tr>
<tr><td>13</td><td>登步乌龟礁</td><td>—</td><td>—</td><td>—</td><td>—</td><td>—</td></tr>
<tr><td>14</td><td>上双峦石屿</td><td>—</td><td>—</td><td rowspan="2">双卵山[地形图],双鸾山[民国志]</td><td rowspan="2">双卵石</td><td rowspan="2">双卵石</td></tr>
<tr><td>15</td><td>下双峦石屿</td><td>—</td><td>—</td></tr>
<tr><td>16</td><td>峧义上屿</td><td>—</td><td>—</td><td rowspan="2">交崎[地形图],蛟泥山[民国志]</td><td>—</td><td rowspan="2">峧义</td></tr>
<tr><td>17</td><td>峧义下屿</td><td>—</td><td>—</td><td>—</td></tr>
<tr><td>18</td><td>登步鸭蛋山屿</td><td>—</td><td>—</td><td>鸭蛋山[地形图]</td><td>鸭蛋山</td><td>鸭蛋山</td></tr>
<tr><td>19</td><td>登步盘峙岛</td><td>—</td><td>—</td><td>盘峙[地形图],小圆鹁鸪[民国志]</td><td>盘崎岛</td><td>盘崎</td></tr>
<tr><td>20</td><td>登步泥螺山屿</td><td>—</td><td>—</td><td>泥螺山[地形图][民国志]</td><td>泥螺山</td><td>泥螺山</td></tr>
<tr><td>21</td><td>大空壳山屿</td><td>—</td><td>—</td><td>大空壳山[地形图],大空空山[民国志]</td><td>大空壳山</td><td>大空壳山</td></tr>
</table>

续表

<table>
<tr><th>序号</th><th>现行名称</th><th>清前</th><th>清</th><th colspan="2">民国</th><th>中国海洋岛屿简况1980年</th><th>地名志</th></tr>
<tr><td>22</td><td>小空壳山礁</td><td>—</td><td>—</td><td colspan="2">小空壳山[地形图],小空空山[民国志]</td><td>—</td><td>小空壳山</td></tr>
<tr><td>23</td><td>登步中礁</td><td>—</td><td>—</td><td colspan="2">—</td><td>—</td><td>中礁</td></tr>
<tr><td>24</td><td>鸡屁股屿</td><td>—</td><td>—</td><td colspan="2">鸡屁股山[地形图][民国志]</td><td>—</td><td>鸡屁股</td></tr>
<tr><td>25</td><td>外竹山屿</td><td>—</td><td>—</td><td colspan="2">外竹山[地形图][民国志]</td><td>外竹山</td><td>外竹山</td></tr>
<tr><td>26</td><td>登步小竹礁</td><td>—</td><td>—</td><td colspan="2">—</td><td>—</td><td>—</td></tr>
<tr><td>27</td><td>大锁山屿</td><td>—</td><td>—</td><td>大锁山[地形图]</td><td rowspan="2">纱(沙)山[民国志]</td><td>大锁山</td><td>大锁山</td></tr>
<tr><td>28</td><td>小锁山屿</td><td>—</td><td>—</td><td>小锁山[地形图]</td><td>小锁山</td><td>小锁山</td></tr>
<tr><td>29</td><td>龟屿</td><td>—</td><td>—</td><td colspan="2">乌龟脚礁[地形图]</td><td>—</td><td>龟礁</td></tr>
<tr><td>30</td><td>蚂蚁岛</td><td>大马蚁山[明两浙海防类考续编],马蚁[明全浙兵制]</td><td>马蚁山[清康熙志],大蚂蚁[清光绪志],带岛*[八省图]</td><td colspan="2">大蚂蚁岛[地形图],大蚂蚁山[民国志]</td><td>大蚂蚁岛</td><td>蚂蚁岛</td></tr>
<tr><td>31</td><td>小蚂蚁岛</td><td>小马蚁山[明两浙海防类考续编]</td><td>小蚂蚁[清光绪志]</td><td colspan="2">小蚂蚁[地形图],小蚂蚁山[民国志]</td><td>小蚂蚁岛</td><td>小蚂蚁岛</td></tr>
<tr><td>32</td><td>点灯山屿</td><td>点灯[明全浙兵制],点灯礁[明两浙海防类考续编][明筹海图编]</td><td>点灯山[清康熙志][清光绪志],亥四岛*[八省图]</td><td colspan="2">点庵山[地形图],点灯山[民国志]</td><td>点灯山</td><td>点灯山</td></tr>
<tr><td>33</td><td>小鼠山屿</td><td>—</td><td>—</td><td colspan="2">老鼠山[地形图][民国志]</td><td>小鼠山</td><td>小鼠山</td></tr>
</table>

续表

序号	现行名称	清前	清	民国	中国海洋岛屿简况1980年	地名志
34	沈家门港	沈家门[宋乾道志][宋宝庆志][元大德志][明全浙兵制],沈家门港[明两浙海防类考续编]	沈家门[清康熙志][清普陀全胜],沈家门港[清光绪志],辛田水道*[八省图] 西大干洋[清康熙志]	沈家门[地形图][民国志]	—	沈家门港
35	马峙门	—	马秦门[清康熙志]	—	—	马峙门
36	清滋门	马顺门[明全浙兵制][明两浙海防类考续编]	—	蛏子港[地形图][民国志]	—	清滋门

舟山市普陀区东港街道新旧地名录

（海域类）

<table>
<tr><th>序号</th><th>现行名称</th><th>清前</th><th>清</th><th>民国</th><th>中国海洋岛屿简况1980年</th><th>地名志</th></tr>
<tr><td>1</td><td>莲花岛</td><td>—</td><td>采花山[清南海普陀山志][清普陀山志][清普陀全胜],菜花山[清光绪志]</td><td>菜花礁[地形图][民国志]</td><td>菜花山</td><td>茶壶甩岛</td></tr>
<tr><td>2</td><td>骐骥山岛</td><td>—</td><td>横山[清光绪志],大真岛*[八省图],大展岛*[八省图]</td><td>横山[地形图],旋屿[民国志]</td><td>骐骥山</td><td>骐骥山</td></tr>
<tr><td>3</td><td>猛洋礁</td><td>—</td><td>—</td><td>黄羊礁[地形图]</td><td>—</td><td>猛洋礁</td></tr>
<tr><td>4</td><td>葫芦岛</td><td>—</td><td>葫芦山[清康熙志][清普陀山志][清普陀全胜][清光绪志],雾露山*[八省图],也司莫四岛*[八省图]</td><td>葫芦山[普陀洛迦新志][地形图][民国志]</td><td>葫芦岛</td><td>葫芦岛</td></tr>
<tr><td>5</td><td>外镬屿</td><td>—</td><td>外镬屿[清光绪志]</td><td>外镬屿[地形图][民国志]</td><td>外镬屿</td><td>外镬屿</td></tr>
<tr><td>6</td><td>香炉花瓶北礁</td><td rowspan="5">香炉花瓶[明两浙海防类考续编],香光瓶[明全浙兵制]</td><td rowspan="4">香炉[清康熙志][清光绪志],香炉花瓶山[清南海普陀山志][清普陀山志][清普陀全胜],用尼宾岛*[八省图]</td><td rowspan="4">香炉山[地形图]</td><td>—</td><td rowspan="5">香炉花瓶</td></tr>
<tr><td>7</td><td>香炉花瓶南礁</td><td>—</td></tr>
<tr><td>8</td><td>香炉花瓶中礁</td><td>—</td></tr>
<tr><td>9</td><td>香炉花瓶东礁</td><td>—</td></tr>
<tr><td>10</td><td>香炉花瓶西礁</td><td>花瓶[清康熙志][清光绪志]</td><td>花瓶山[地形图]</td><td>—</td></tr>
</table>

续表

<table>
<tr><th>序号</th><th>现行名称</th><th>清前</th><th>清</th><th colspan="2">民国</th><th>中国海洋岛屿简况1980年</th><th>地名志</th></tr>
<tr><td>11</td><td>葫芦燕礁</td><td>—</td><td rowspan="2">燕礁[清光绪志]</td><td colspan="2" rowspan="2">燕礁[地形图][民国志]</td><td>—</td><td>燕礁</td></tr>
<tr><td>12</td><td>中燕礁</td><td>—</td><td>—</td><td>中燕礁</td></tr>
<tr><td>13</td><td>里燕礁</td><td>—</td><td>—</td><td colspan="2">燕山[地形图]</td><td>—</td><td>里燕礁</td></tr>
<tr><td>14</td><td>轿屿</td><td>—</td><td rowspan="2">轿礁[清光绪志]</td><td rowspan="2">汪礁[地形图]</td><td>轿礁[民国志]</td><td>—</td><td rowspan="2">轿礁</td></tr>
<tr><td>15</td><td>小轿礁</td><td>—</td><td>花瓶[民国志]</td><td>—</td></tr>
<tr><td>16</td><td>小葫芦北岛</td><td>—</td><td>箭港山[清南海普陀山志][清普陀山志][清普陀全胜],柡布*[八省图]</td><td colspan="2">小鳗吞[地形图]</td><td rowspan="4">小葫芦岛</td><td rowspan="2">小葫芦岛</td></tr>
<tr><td>17</td><td>小葫芦南岛</td><td>—</td><td>—</td><td colspan="2">鳗吞山[地形图]</td></tr>
<tr><td>18</td><td>小葫芦北礁</td><td>—</td><td>—</td><td colspan="2">—</td><td>—</td></tr>
<tr><td>19</td><td>小葫芦南屿</td><td>—</td><td>—</td><td colspan="2">—</td><td>—</td></tr>
<tr><td>20</td><td>葫芦小平礁</td><td>—</td><td>—</td><td colspan="2">—</td><td>—</td><td>—</td></tr>
<tr><td>21</td><td>港礁</td><td>—</td><td>—</td><td colspan="2">—</td><td>—</td><td>—</td></tr>
<tr><td>22</td><td>勿圆礁</td><td>—</td><td>—</td><td colspan="2">—</td><td>—</td><td>勿圆礁</td></tr>
<tr><td>23</td><td>葫芦大圆礁</td><td>—</td><td>—</td><td colspan="2">—</td><td>—</td><td>—</td></tr>
<tr><td>24</td><td>葫芦大平礁</td><td>—</td><td>—</td><td colspan="2">平礁[地形图],香炉[民国志]</td><td>—</td><td>大平礁</td></tr>
<tr><td>25</td><td>南头大礁</td><td>—</td><td>—</td><td colspan="2">—</td><td>—</td><td>南头大礁</td></tr>
<tr><td>26</td><td>普陀洋</td><td>—</td><td>—</td><td colspan="2">—</td><td>—</td><td>—</td></tr>
<tr><td>27</td><td>莲花洋</td><td>—</td><td>莲花洋[清光绪志],莲花洋[八省图]</td><td colspan="2">莲花洋[普陀洛迦新志][地形图][民国志]</td><td>—</td><td>莲花洋</td></tr>
<tr><td>28</td><td>葫芦西南山嘴</td><td>—</td><td>—</td><td colspan="2">—</td><td>—</td><td>西南山嘴</td></tr>
<tr><td>29</td><td>(已废)</td><td>—</td><td>乌石塘[宋宝庆四明志]</td><td colspan="2">—</td><td>—</td><td>—</td></tr>
<tr><td>30</td><td>箭港</td><td>—</td><td>箭港[清普陀全胜],竹屿门*[八省图]</td><td colspan="2">—</td><td>—</td><td>—</td></tr>
</table>

舟山市普陀区朱家尖街道新旧地名录

（海域类）

<table>
<tr><th>序号</th><th>现行名称</th><th>清前</th><th colspan="2">清</th><th>民国</th><th>中国海洋岛屿简况1980年</th><th>地名志</th></tr>
<tr><td rowspan="5">1</td><td rowspan="5">朱家尖岛</td><td>马秦山[宋乾道志][宋宝庆志][元延祐四明志][元大德志][明天启志]，朱家尖[明全浙兵制][明嘉靖定海县志]</td><td rowspan="2">朱家尖[清康熙志][清普陀全胜]，朱家尖山[清普陀山志][清普陀全胜]</td><td>北朱家岛＊[八省图]</td><td rowspan="2">朱家尖山[普陀洛迦新志]，朱家尖[地形图][民国志]，乌沙悬山[民国志]</td><td rowspan="5">朱家尖</td><td rowspan="5">朱家尖岛</td></tr>
<tr><td>石马山[宋乾道志][宋宝庆志][元大德志][明天启志]</td><td>南朱家岛＊[八省图]</td></tr>
<tr><td>顺母山[宋乾道志][宋宝庆志][元大德志][明天启志]，顺母涂(山)[明全浙兵制][明嘉靖定海县志]</td><td colspan="2">顺母涂山[清康熙志][清普陀山志][清普陀全胜]，顺母涂[清普陀全胜][清光绪志]，经何＊[八省图]</td><td>顺母涂山[普陀洛迦新志]，顺母山[地形图][民国志]，十亩涂[民国志]，凤栖约＊[民国志]</td></tr>
<tr><td>—</td><td colspan="2">四苏[清光绪志]，宾骨＊[八省图]</td><td>四须山[地形图]，四苏山[民国志]，冰骨＊[民国志]</td></tr>
<tr><td>—</td><td colspan="2">糯米潭[清光绪志]</td><td>糯米潭[民国志]，鱼曹门＊[民国志]</td></tr>
</table>

续表

序号	现行名称	清前	清	民国	中国海洋岛屿简况1980年	地名志
1	朱家尖岛	金钵屿[明全浙兵制][明两浙海防类考续编],金钵盂山[明万历普陀山志]	金钵盂山[清康熙志],金盂山[清普陀山志][清普陀全胜],金钵盂[清普陀山志][清普陀全胜][清光绪志],顶好＊[八省图]	金盂山[普陀洛迦新志],金钵屿[地形图][民国志],金体盂[民国志]	朱家尖	朱家尖岛
		钓鱼礁[明全浙兵制]	都于得岛＊[八省图]	钓鱼礁[地形图][民国志]		
		—	九礁[清光绪志]	—		
		—	—	三礁[地形图][民国志]		
		—	—	泥爿礁[地形图][民国志]		
		石牛港[明全浙兵制][明两浙海防类考续编][明两嘉靖定海县志][明天启舟山志],石牛山[宋乾道志][宋宝庆志][元延祐志][元大德志]	石牛港[清南海普陀山志][清康熙志][清光绪志],石牛山[清普陀山志][清普陀全胜]	石牛山[普陀洛迦新志],石牛港[地形图][民国志]		
		—	—	沙帽礁[地形图],纱帽礁[民国志]	—	小远松毛礁
2	西峰岛	上马[明全浙兵制]	收鲜陕(山)[清光绪志],乌沙岛＊[八省图]	收鲜屿[地形图],乌沙山[民国志]	西峰岛	西峰岛
3	普陀铜盘山岛	—	—	铜盘山[地形图][民国志],稻蓬山[民国志]	铜盘山	铜盘山

续表

序号	现行名称	清前	清	民国	中国海洋岛屿简况1980年	地名志
4	新罗礁	新螺礁[明万历普陀山志]	缸爿礁[清康熙志][清光绪志],新罗礁[清南海普陀山志][清普陀山志][清普陀全胜]	新罗礁[普陀洛迦新志]	—	缸爿礁
5	猪头屿	—	—	练槌山[民国志]	猪头礁	猪头礁
6	柱子山岛	—	树楸山[清康熙志],树齿山[清康熙志],树楸山[清光绪志],差洽*[八省图]	柱子山[地形图],树杵山[民国志]	柱子山	柱子山
7	柱子山礁	—	—	—	—	—
8	东柱礁	—	—	—	—	—
9	白大礁	—	—	—	—	大礁
10	羊峙山岛	—	洋屿[清光绪志],养昔*[八省图]	羊屿[地形图][民国志],羊岐*[民国志]	羊峙山	羊峙山
11	落洋礁	—	—	—	—	—
12	大新圆屿	—	—	—	—	新圆岛
13	大远松毛屿	—	—	沙帽尖[地形图],纱帽尖[民国志]	大远松毛	大远松毛
14	老圆屿	—	—	—	—	—
15	外厂上礁	—	—	—	外圆礁	外厂礁
16	外厂中礁	—	—	—		
17	外厂下礁	—	—	—		
18	朱家尖乌龟屿	—	—	乌龟山[地形图][民国志]	乌龟山	乌龟山
19	小乌龟礁	—	—	—	—	—
20	抲乌贼埠头礁	—	—	—	—	—
21	小礁	—	—	—	—	—
22	朱家尖大礁	—	—	—	—	—

续表

<table>
<tr><th>序号</th><th>现行名称</th><th>清前</th><th>清</th><th>民国</th><th>中国海洋岛屿简况1980年</th><th>地名志</th></tr>
<tr><td>23</td><td>大泰安屿</td><td>—</td><td>—</td><td>—</td><td>—</td><td>—</td></tr>
<tr><td>24</td><td>小泰安礁</td><td>—</td><td>—</td><td>—</td><td>—</td><td>—</td></tr>
<tr><td>25</td><td>鸡笼礁</td><td>—</td><td>—</td><td>—</td><td>—</td><td>—</td></tr>
<tr><td>26</td><td>朱家尖鸡娘礁</td><td>—</td><td>鸡娘礁[清光绪志]</td><td>鸡娘礁[地形图][民国志]</td><td>鸡娘礁</td><td>鸡娘礁</td></tr>
<tr><td>27</td><td>野猪礁</td><td>—</td><td>猪石*[八省图]</td><td>野猪礁[地形图]</td><td>—</td><td>野猪礁</td></tr>
<tr><td>28</td><td>牛泥塘礁</td><td>—</td><td>—</td><td>—</td><td>—</td><td>—</td></tr>
<tr><td>29</td><td>老鹰礁</td><td>—</td><td>—</td><td>—</td><td>—</td><td>—</td></tr>
<tr><td>30</td><td>四跳大礁</td><td>—</td><td>—</td><td>—</td><td>—</td><td>—</td></tr>
<tr><td>31</td><td>东寨峰山岛</td><td>东塞山[明两浙海防类考续编]</td><td rowspan="2">塞峰(山)[清光绪志],小屋岛*[八省图]</td><td rowspan="2">寨峰山[地形图],塞峰山[民国志],小屋岛*[民国志]</td><td rowspan="2">寨峰山</td><td rowspan="2">寨峰山</td></tr>
<tr><td>32</td><td>西寨峰山岛</td><td>西塞山[明两浙海防类考续编]</td></tr>
<tr><td rowspan="3">33</td><td rowspan="3">后门山岛</td><td rowspan="3">—</td><td rowspan="3">—</td><td>后门山[民国志],掘来生岛*[民国志]</td><td rowspan="3">后门山</td><td rowspan="3">后门山</td></tr>
<tr><td>癞头山[民国志]</td></tr>
<tr><td>龟山[民国志]</td></tr>
<tr><td>34</td><td>朱家尖后小屿</td><td>—</td><td>—</td><td>—</td><td>—</td><td>—</td></tr>
<tr><td>35</td><td>朱家尖后小礁</td><td>—</td><td>—</td><td>—</td><td>—</td><td>—</td></tr>
<tr><td>36</td><td>乌贼头屿</td><td>—</td><td>—</td><td>岸乌鲫礁[民国志]</td><td>—</td><td rowspan="2">乌贼山</td></tr>
<tr><td>37</td><td>乌贼山屿</td><td>—</td><td>—</td><td>乌石山[地形图],乌鲫山[民国志]</td><td>乌贼山</td></tr>
<tr><td>38</td><td>外黄屿</td><td>—</td><td rowspan="2">黄礁[清光绪志]</td><td>外黄礁[地形图][民国志]</td><td>外黄礁</td><td>外黄礁</td></tr>
<tr><td>39</td><td>里黄屿</td><td>—</td><td>里黄礁[地形图][民国志]</td><td>里黄礁</td><td>里黄礁</td></tr>
<tr><td>40</td><td>羊角屿</td><td>—</td><td>羊角礁[清光绪志],塘鹅石*[八省图]</td><td>—</td><td>羊角礁</td><td>羊角礁</td></tr>
</table>

续表

<table>
<tr><th>序号</th><th>现行名称</th><th>清前</th><th>清</th><th>民国</th><th>中国海洋岛屿简况1980年</th><th>地名志</th></tr>
<tr><td>41</td><td>金链礁</td><td>—</td><td>—</td><td>—</td><td>—</td><td>金链礁</td></tr>
<tr><td>42</td><td>朱家尖稻桶礁</td><td>—</td><td>—</td><td>—</td><td>—</td><td>稻桶礁</td></tr>
<tr><td>43</td><td>鸡冠屿</td><td>—</td><td>—</td><td rowspan="4">鸡冠礁[地形图][民国志]</td><td>—</td><td rowspan="4">鸳鸯礁</td></tr>
<tr><td>44</td><td>上鸳鸯礁</td><td>—</td><td>—</td><td>—</td></tr>
<tr><td>45</td><td>小鸡冠礁</td><td>—</td><td>—</td><td>—</td></tr>
<tr><td>46</td><td>下鸳鸯礁</td><td>—</td><td>—</td><td>—</td></tr>
<tr><td>47</td><td>朱家尖上盘屿</td><td>—</td><td rowspan="3">上盘[清光绪志]</td><td rowspan="3">上盘礁[地形图],上盘山[民国志]</td><td>上盘山</td><td rowspan="3">上盘礁</td></tr>
<tr><td>48</td><td>上双锣礁</td><td>—</td><td>—</td></tr>
<tr><td>49</td><td>下双锣礁</td><td>—</td><td>—</td></tr>
<tr><td>50</td><td>朱家尖平礁</td><td>—</td><td>—</td><td>—</td><td>—</td><td>—</td></tr>
<tr><td>51</td><td>后埠头礁</td><td>—</td><td>—</td><td>—</td><td>—</td><td>—</td></tr>
<tr><td>52</td><td>外劈圈礁</td><td>—</td><td>—</td><td>—</td><td>—</td><td>—</td></tr>
<tr><td>53</td><td>中劈圈礁</td><td>—</td><td>—</td><td>—</td><td>—</td><td>—</td></tr>
<tr><td>54</td><td>第四块上礁</td><td>—</td><td>—</td><td>—</td><td>—</td><td rowspan="3">第四块礁</td></tr>
<tr><td>55</td><td>第四块中礁</td><td>—</td><td>—</td><td>—</td><td>—</td></tr>
<tr><td>56</td><td>第四块下礁</td><td>—</td><td>—</td><td>—</td><td>—</td></tr>
<tr><td>57</td><td>穿鼻礁</td><td>—</td><td>—</td><td>—</td><td>—</td><td>—</td></tr>
<tr><td>58</td><td>朱家尖蟹礁</td><td>—</td><td>—</td><td>—</td><td>—</td><td>蟹礁</td></tr>
<tr><td>59</td><td>东棺礁</td><td>—</td><td>—</td><td>—</td><td>—</td><td>东棺礁</td></tr>
<tr><td>60</td><td>乌柱山屿</td><td>下乌[明全浙兵制]</td><td rowspan="2">乌屿[清光绪志]</td><td rowspan="2">乌柱山[地形图][民国志],乌屿[民国志]</td><td rowspan="2">乌柱山</td><td>乌柱山</td></tr>
<tr><td>61</td><td>北乌柱屿</td><td>—</td><td>北乌柱礁</td></tr>
<tr><td>62</td><td>乌北礁</td><td>—</td><td>—</td><td>—</td><td>—</td><td>乌北礁</td></tr>
<tr><td>63</td><td>乌暗礁</td><td>—</td><td>—</td><td>—</td><td>—</td><td>乌暗礁</td></tr>
<tr><td>64</td><td>乌南礁</td><td>—</td><td>—</td><td>—</td><td>—</td><td>乌南礁</td></tr>
<tr><td>65</td><td>半潮礁</td><td>—</td><td>—</td><td>稻蓬礁[民国志]</td><td>—</td><td>半潮礁</td></tr>
<tr><td>66</td><td>白沙山岛</td><td>北砂山[宋乾道志][宋宝庆志],黄沙山[宋乾道志][宋宝庆志],黄砂山[元延祐四明志][元大德志]</td><td>白沙山[清康熙志],白沙港山[清康熙志],白沙山[清光绪志],拉加*[八省图]</td><td>白沙山[地形图][民国志],拉加*[民国志]</td><td>白沙山</td><td>白沙山</td></tr>
</table>

续表

<table>
<tr><th>序号</th><th>现行名称</th><th>清前</th><th>清</th><th>民国</th><th>中国海洋岛屿简况1980年</th><th>地名志</th></tr>
<tr><td>67</td><td>柴山岛</td><td>—</td><td>白砂*[八省图]</td><td>柴山[地形图][民国志],白沙*[民国志]</td><td>柴山</td><td>柴山</td></tr>
<tr><td>68</td><td>船礁</td><td>—</td><td>船礁[清光绪志],东小岛*[八省图]</td><td>—</td><td>船礁</td><td>船礁</td></tr>
<tr><td>69</td><td>蛋山岛</td><td>—</td><td>—</td><td rowspan="2">蛋山[地形图],蜑山[民国志],伊克尔司岛*[民国志]</td><td rowspan="2">蛋山</td><td>蛋山</td></tr>
<tr><td>70</td><td>石蛋屿</td><td>—</td><td>—</td><td>石蛋</td></tr>
<tr><td>71</td><td>蛋尾巴小礁</td><td>—</td><td>—</td><td>—</td><td>—</td><td rowspan="2">蛋尾巴</td></tr>
<tr><td>72</td><td>蛋尾巴大礁</td><td>—</td><td>—</td><td>—</td><td>—</td></tr>
<tr><td>73</td><td>南蛋礁</td><td>—</td><td>—</td><td>—</td><td>—</td><td>—</td></tr>
<tr><td>74</td><td>一列咀屿</td><td>—</td><td>—</td><td>—</td><td>—</td><td>一列咀礁</td></tr>
<tr><td>75</td><td>大蟹屿</td><td>—</td><td>—</td><td>虾礁[地形图]</td><td>蟹礁</td><td>大蟹礁</td></tr>
<tr><td>76</td><td>小蟹礁</td><td>—</td><td>—</td><td>—</td><td>—</td><td>小蟹礁</td></tr>
<tr><td>77</td><td>泥蟹礁</td><td>—</td><td>—</td><td>—</td><td>—</td><td>—</td></tr>
<tr><td>78</td><td>椅子礁</td><td>—</td><td>—</td><td>—</td><td>—</td><td>—</td></tr>
<tr><td>79</td><td>铜钱山屿</td><td>—</td><td>—</td><td>—</td><td>铜钱山</td><td>铜钱山</td></tr>
<tr><td>80</td><td>小长嘴礁</td><td>—</td><td>—</td><td>—</td><td>—</td><td>—</td></tr>
<tr><td>81</td><td>大青蛙礁</td><td>—</td><td>—</td><td>—</td><td>—</td><td>—</td></tr>
<tr><td>82</td><td>小青蛙礁</td><td>—</td><td>—</td><td>—</td><td>—</td><td>—</td></tr>
<tr><td>83</td><td>狗脚爪礁</td><td>—</td><td>—</td><td>—</td><td>—</td><td>—</td></tr>
<tr><td>84</td><td>白刀礁</td><td>—</td><td rowspan="3">鸡笼[清光绪志],拉加地*[八省图]</td><td rowspan="3">鸡笼山[地形图][民国志]</td><td rowspan="3">鸡笼山</td><td rowspan="4">北鸡笼</td></tr>
<tr><td>85</td><td>北鸡笼屿</td><td>—</td></tr>
<tr><td>86</td><td>圆礁</td><td>—</td></tr>
<tr><td>87</td><td>白沙大圆礁</td><td>—</td><td>—</td><td>—</td><td>—</td></tr>
<tr><td>88</td><td>里洋鞍屿</td><td>—</td><td rowspan="3">里羊鞍[清光绪志],北汀*[八省图]</td><td rowspan="3">里羊鞍[民国志]</td><td rowspan="3">北亭山</td><td>里洋鞍</td></tr>
<tr><td>89</td><td>小洋鞍屿</td><td>—</td><td rowspan="2">小洋鞍礁</td></tr>
<tr><td>90</td><td>小洋鞍礁</td><td>—</td></tr>
<tr><td>91</td><td>外洋鞍岛</td><td>—</td><td rowspan="2">外羊鞍[清光绪志],东汀*[八省图]</td><td rowspan="2">外羊鞍[民国志]</td><td>东亭山</td><td rowspan="2">外洋鞍</td></tr>
<tr><td>92</td><td>外洋鞍西屿</td><td>—</td><td>—</td></tr>
</table>

续表

序号	现行名称	清前	清	民国	中国海洋岛屿简况1980年	地名志
93	普沈水道	—	—	—	—	普沈水道
94	福利门水道	—	撒拉格里水道＊[八省图]	—	—	福利门水道
95	白沙水道	—	杨屿门[清南海普陀山志][清普陀山志][清普陀全胜],洋屿门[清光绪志],伊佛兰斯水道＊[新译海道图说]	—	—	白沙水道
96	白沙港	白沙港[明全浙兵制][明两浙海防类考续编][明万历普陀山志][明天启舟山志]	白沙港[清康熙志]	白沙港[地形图][民国志]	—	白沙港
97	乌沙门	乌沙门[明全浙兵制][明两浙海防类考续编][明嘉靖定海县志][明天启志]	乌沙门[清光绪志],堪不林水道＊[八省图]	乌沙门[民国志]	—	乌沙门
98	乌沙水道	赤堪湖[明全浙兵制]	—	—	—	乌沙水道
99	羊峙门	—	—	—	—	羊峙门
100	北湾	□塘湾[明全浙兵制]	—	—	—	北湾
101	渔湖		狼湾＊[八省图]	—	—	狼湾
102	(无考)	烂田湾[明全浙兵制]	—	—	—	—
103	柱子港	—	—	—	—	柱子港
104	东沙	—	—	东沙[地形图][民国志]	—	东沙
105	南沙	—	—	南沙[地形图][民国志]	—	南沙
106	千步沙	—	—	千步沙[地形图][民国志]	—	千步沙

续表

序号	现行名称	清前	清	民国	中国海洋岛屿简况1980年	地名志
107	里沙	—	—	—	—	里沙
108	青沙	—	—	—	—	—
109	大沙里沙	—	—	—	—	大沙里
110	乌石塘	乌石塘[宋宝庆四明志][元大德志][明天启志]	乌石塘[清康熙志][清光绪志]	大乌石塘[民国志]	—	乌石塘
111	小乌石塘	黑棋子湾[元大德志][明天启志]	—	乌石塘[地形图],小乌石塘[民国志]	—	小乌石塘
112	(已废,位置无考)	白棋子湾[元大德志][明天启志]	—	—	—	—
113	青山角	—	堪不林角乌沙岛*[八省图]	—	—	青山角
114	大牛嘴头	—	孤大角*[八省图]	大鹜头[地形图],大茀豆[民国志]	—	—
115	牛泥塘山嘴	—	白利根角*[八省图]	—	—	—

注:石马山即以大青山为主体的朱家尖岛自南沙至南塘一线以南区域,约在宋末元初与当时称为马秦山的朱家尖岛相连,朱家尖岛的白山至月岙山一带也在同期因风暴潮堆积形成乌石塘而与朱家尖岛相连;糯米潭山于清光绪九年(1893)普陀山僧众修筑众香塘(老南塘)与朱家尖岛相连;顺母山、泗苏山、金钵屿山和钓鱼礁于1958—1960年因建南站、北站和泗苏海塘,与朱家尖岛相连,在此过程中石牛港也因此淤塞;小远松毛礁于2008年,因蜈蚣峙附近围垦工程建设与朱家尖岛相连。

舟山市普陀区展茅街道新旧地名录

（海域类）

<table>
<tr><th>序号</th><th>现行名称</th><th>清前</th><th colspan="2">清</th><th>民国</th><th>中国海洋岛屿简况1980年</th><th>地名志</th></tr>
<tr><td>1</td><td>梁横山岛（2014年因钓梁围垦工程与舟山岛相连）</td><td>洋横[宋乾道志]，梁横山[两浙海防类考续编]</td><td colspan="2">梁横山[清康熙志][清光绪志]</td><td>梁横山[地形图][民国志]</td><td>梁横山</td><td>梁横山</td></tr>
<tr><td>2</td><td>青它山岛</td><td>青屯[宋乾道志][宋宝庆志][元延祐四明志][两浙海防类考续编][明全浙兵制]</td><td>青肚[清康熙志]</td><td>黄它山[清光绪志]，觅定（梅汀）*[八省图]</td><td>青它山[地形图]，黄它山[民国志]</td><td>青它山</td><td>青它山</td></tr>
<tr><td>3</td><td>黄它山岛</td><td>黄屯[宋乾道志][元延祐四明志][两浙海防类考续编][明全浙兵制]</td><td>黄肚[清康熙志]</td><td>青它山[清光绪志]，觅云岛*[八省图]</td><td>黄它山[地形图]，青它山[民国志]</td><td>黄它山</td><td>黄它山</td></tr>
<tr><td>4</td><td>2014年因钓梁围垦工程与梁横山相连</td><td>—</td><td colspan="2">—</td><td>小梁横山[地形图][民国志]</td><td>—</td><td>小梁横山</td></tr>
<tr><td>5</td><td>牛头山（2014年因钓梁围垦工程与舟山岛相连）</td><td>—</td><td colspan="2">—</td><td>牛头山[地形图]</td><td>—</td><td>牛头山</td></tr>
<tr><td>6</td><td>小青它山屿</td><td>—</td><td colspan="2">—</td><td>黄岩[地形图]，牛头潭[民国志]</td><td>小青它山</td><td>小青它山</td></tr>
<tr><td>7</td><td>里镬屿</td><td>—</td><td colspan="2">里镬屿[清光绪志]</td><td>上下骑[地形图]，里镬屿[民国志]</td><td>里镬屿</td><td>里镬屿</td></tr>
<tr><td>8</td><td>铜礁</td><td>—</td><td colspan="2">桶礁[清光绪志]</td><td>筒礁[地形图]</td><td>—</td><td>铜礁</td></tr>
<tr><td>9</td><td>已与舟山岛相连，并开平</td><td>—</td><td colspan="2">—</td><td>长峙[地形图][民国志]</td><td>—</td><td>（已与舟山岛相连）</td></tr>
</table>

续表

<table>
<tr><th>序号</th><th>现行名称</th><th>清前</th><th>清</th><th>民国</th><th>中国海洋岛屿简况 1980 年</th><th>地名志</th></tr>
<tr><td>10</td><td>展茅中柱礁</td><td>—</td><td>—</td><td>中柱礁［地形图］［民国志］</td><td>—</td><td>（已与舟山岛相连）</td></tr>
<tr><td>11</td><td>后门山（已与舟山岛相连）</td><td>—</td><td>—</td><td>后山［地形图］［民国志］</td><td>—</td><td>后门山</td></tr>
<tr><td>12</td><td>大麦杆礁</td><td>—</td><td>—</td><td>—</td><td>—</td><td>大麦杆礁</td></tr>
<tr><td>13</td><td>小梁横上礁</td><td>—</td><td>—</td><td>—</td><td>—</td><td rowspan="2">小麦杆礁</td></tr>
<tr><td>14</td><td>小梁横下礁</td><td>—</td><td>—</td><td>—</td><td>—</td></tr>
<tr><td>15</td><td>黄大洋</td><td>横大洋［两浙海防类考续编］</td><td>黄大洋［清康熙志］［清光绪志］</td><td>黄大洋［地形图］［民国志］</td><td>—</td><td>黄大洋</td></tr>
<tr><td>16</td><td>螺门</td><td>螺门［两浙海防类考续编］</td><td>螺门［清康熙志］［清光绪志］</td><td>螺门［地形图］［民国志］</td><td>—</td><td>螺门</td></tr>
</table>

舟山市普陀区普陀山镇新旧地名录

（海域类）

序号	现行名称	清前	清	民国	中国海洋岛屿简况1980年	地名志
1	普陀山岛	梅岑山［宋奉使高丽图经］［宋乾道志］［宋宝庆志］［元延祐四明志］［元大德志］，补辽洛迦山［宋宝庆志］，补陁落（洛）迦山［宋云麓漫钞·补陀洛迦山］［元延祐四明志］［元补陀洛迦山志］，普陀山［明两浙海防类考续编］［明全浙兵制］［明万历普陀山志］，补陀洛伽山［明万历普陀山志］［明天启志］，补怛洛迦山［明万历普陀山志］，小白华［元补陀洛迦山志］［明万历普陀山志］	普陀山（补陁山，补怛洛迦山）［清康熙志］［清普陀全胜］［清康熙志］，普陀洛伽山［清南海普陀山志］［清普陀山志］，普陀山［清光绪志］［八省图］，小白华［清普陀山志］	普陀山［地形图］［民国志］，普陀洛迦山［普陀洛迦新志］	普陀山	普陀山
2	洛迦山岛	洛茄山［两浙海防类考续编］，洛伽山［明全浙兵制］	大洛迦山［清康熙志］，洛伽山［清普陀山志］［普陀全胜］［清光绪志］，大洛伽山［八省图］	洛伽山［地形图］［民国志］，洛迦山［普陀洛迦新志］	洛伽山	洛伽山

续表

序号	现行名称	清前	清	民国	中国海洋岛屿简况1980年	地名志
3	小洛迦山屿	—	小洛迦山[清南海普陀山志][清康熙志]，小洛伽山[清普陀山志][清普陀全胜]	小洛迦山[普陀洛迦新志]	小洛伽山	小洛伽山
4	豁沙山岛	—	豁沙山[清南海普陀山志][清普陀山志][清普陀全胜]，笏沙山[清光绪志]	豁沙山[地形图]，笏山[民国志]	豁沙山	豁沙山
5	龙南礁	—	—	—	—	龙南礁
6	小山洞屿	—	小山[清普陀山志][清普陀全胜]	小山洞[普陀洛迦新志][民国志]	小山洞	小山洞
7	上外猫跳礁	—	—	—	—	—
8	下外猫跳礁	—	—	—	—	—
9	北新罗屿	—	—	—	新罗礁	新罗礁
10	南山屿	—	南山[清南海普陀山志][清普陀山志][清普陀全胜]，杨梅跳[清南海普陀山志]	南山[普陀洛迦新志]	—	—
11	海岸屿	—	—	—	—	—
12	北新罗小礁	—	—	—	—	—
13	洛迦山东礁	—	—	—	—	—
14	洛迦山南礁	—	—	—	—	—
15	小洛迦山礁	—	—	—	—	—

续表

<table>
<tr><th>序号</th><th>现行名称</th><th>清前</th><th colspan="2">清</th><th>民国</th><th>中国海洋岛屿简况1980年</th><th>地名志</th></tr>
<tr><td>16</td><td>善财礁</td><td>—</td><td colspan="2">善财礁[明万历普陀山志][清南海普陀山志][清普陀山志][清普陀全胜]</td><td>[普陀洛迦新志][民国志],善才礁[地形图]</td><td>—</td><td>善财龙女礁</td></tr>
<tr><td>17</td><td>小蚕礁</td><td>—</td><td colspan="2">—</td><td>龙女礁[民国志]</td><td>—</td><td>小蚕礁</td></tr>
<tr><td>18</td><td>大野猪礁</td><td>—</td><td colspan="2">顺母篷岛*[八省图]</td><td>野猪礁[民国志]</td><td>—</td><td>大野猪礁</td></tr>
<tr><td>19</td><td>莲花洋</td><td>莲花洋[明两浙海防类考续编][明全浙兵制][明万历普陀山志]</td><td colspan="2">莲花洋[清南海普陀山志][清康熙志][清普陀山志][清普陀全胜][清光绪志][八省图]</td><td>莲花洋[普陀洛迦新志][地形图][民国志]</td><td>—</td><td>莲花洋</td></tr>
<tr><td rowspan="2">20</td><td rowspan="2">普陀洋</td><td>东大洋[明万历普陀山志]</td><td colspan="2">东大洋[清南海普陀山志][清普陀山志][清普陀全胜]</td><td>—</td><td>—</td><td rowspan="2">—</td></tr>
<tr><td>箭港[两浙海防类考续编][明全浙兵制]</td><td colspan="2">箭港[清南海普陀山志]</td><td>—</td><td>—</td></tr>
<tr><td>21</td><td>洛伽门</td><td>—</td><td colspan="2">小洛伽门[清南海普陀山志]</td><td>—</td><td>—</td><td>—</td></tr>
<tr><td rowspan="2">22</td><td rowspan="2">风洞嘴</td><td>—</td><td>大风洞嘴[清康熙志]</td><td rowspan="2">风洞嘴[清普陀山志][清普陀全胜][清光绪志]</td><td rowspan="2">—</td><td rowspan="2">—</td><td rowspan="2">风洞咀</td></tr>
<tr><td>—</td><td>小风洞嘴[清康熙志]</td></tr>
<tr><td>23</td><td>大钵锣嘴</td><td>—</td><td colspan="2" rowspan="2">喇叭嘴山[清南海普陀山志][清康熙志][清普陀山志][清普陀全胜]</td><td rowspan="2">喇叭嘴山[普陀洛迦新志],喇叭嘴[民国志]</td><td>—</td><td>大钵锣嘴</td></tr>
<tr><td>24</td><td>小钵锣嘴</td><td>—</td><td>—</td><td>小钵锣嘴</td></tr>
<tr><td>25</td><td>外猫跳嘴</td><td>—</td><td colspan="2">—</td><td>毛跳山[普陀洛迦新志],毛跳[民国志]</td><td>—</td><td>—</td></tr>
</table>

舟山市普陀区六横镇新旧地名录

（海域类）

<table>
<tr><th>序号</th><th>现行名称</th><th colspan="2">清前</th><th colspan="2">清</th><th>民国</th><th>中国海洋岛屿简况 1980 年</th><th>地名志</th></tr>
<tr><td rowspan="6">1</td><td rowspan="6">六横岛</td><td>黄公山［宋乾道志］［宋宝庆志］［元延祐四明志］［元大德志］［明天启志］</td><td rowspan="2">陆洪山［明经世文编·双屿填港工完事疏］，陆奥山［明筹海图编］，陆横山［明两浙海防类考志］，双塘山［明全浙制］</td><td rowspan="2">六横山［清康熙志］</td><td rowspan="2">六横山［清光绪志］</td><td rowspan="5">六横岛［地形图］，六横山［民国志］</td><td rowspan="6">六横岛</td><td rowspan="6">六横岛</td></tr>
<tr><td>双屿山［宋乾道志］［宋宝庆志］［元延祐四明志］［元大德志］［明天启志］</td></tr>
<tr><td colspan="2">石珠山［宋乾道志］［宋宝庆志］［元延祐四明志］［元大德志］［明天启志］</td><td>—</td><td>石柱头（已与舟山岛相连）［清光绪志］</td></tr>
<tr><td colspan="2">—</td><td>蟑螂山［地名资料］</td><td>蟑螂山（已与舟山岛相连）［清光绪志］</td></tr>
<tr></tr>
<tr><td colspan="2">鲫屿［明两浙海防类考续编］</td><td>湾岛＊［八省图］</td><td>积岐（已与六横相连）［清光绪志］</td><td>—</td></tr>
</table>

续表

序号	现行名称	清前	清	民国	中国海洋岛屿简况 1980 年	地名志
1	六横岛	小同罗［明全浙兵制］	—	小铜盘［地形图］［民国志］	六横岛	六横岛
		上屿山［地名资料］	—	—		
		下屿山［地名资料］	—	峙山［地形图］		
		—	菜屿［清光绪志］	茶屿山［地形图］，茶仲［民国志］		
		藤岙山［宋乾道志］［宋宝庆志］［明天启志］，滕岙山［元延祐四明志］，藤墺山［元大德志］	葛藤山（已与六横相连）［清光绪志］	大葛藤［地形图］［民国志］		
				小葛藤［地形图］［民国志］		
		—	韭菜屿［清光绪志］	—		
		—	隔照屿［清光绪志］	—		
		—	—	戏文山［地形图］［民国志］		
		—	凉帽山［清光绪志］	凉帽山［地形图］［民国志］		
		—	—	马鞍峙［地形图］［民国志］		
		—	—	梅峙小山［地形图］		
		—	奶峙山［清光绪志］	大奶峙［清光绪志］		
		—	—	小奶峙［地名资料］		
		—	郭衢山（时为小岛）［清光绪志］，片岛＊［八省图］	霩霱山［地形图］，谷渠山［民国志］	郭巨山	郭巨山

续表

序号	现行名称	清前	清	民国	中国海洋岛屿简况1980年	地名志
1	六横岛	—	青山[清光绪志]，石行岛＊[八省图]	大青山[地形图][民国志]	—	大青山
		—	—	小青山[地形图][民国志]	—	小青山
		—	—	洋田山[地形图]，洋仲山[民国志]	羊峙山	小洋峙山
		白马礁[明筹海图编][明两浙海防类考续编][明嘉靖定海县志]	白马礁[清光绪志]	白马礁[民国志]	白马礁	白马礁
2	佛渡岛	浡涂山[宋乾道志][宋宝庆志][元延祐四明志]，渤涂山[宋宝庆志]，勃渡[明郑和航海图]，白涂山[明嘉靖定海县志]	佛肚山[清康熙志][清光绪志]	—	佛渡岛	佛渡岛
			野佛渡[清光绪志]，三得安得绿＊[八省图]	小佛渡（时为小岛）[地形图]，小佛肚[民国志]		
3	悬山岛	大桑山[宋乾道志]，[宋宝庆志][元大德志][明天启志]，赤坎山[明筹海图编]，茶克山[明两浙海防类考续编]，茶克[明全浙兵制]	锣鼓山＊[八省图]	马跳头[民国志]	悬山	—
		—	鹭岛＊[八省图]	后门山[地形图][民国志]		
4	夫人山屿	夫人屿[明两浙海防类考续编]	夫人屿[清光绪志]，崎岖石＊[八省图]	夫人屿（癞头山）[地形图]，夫人屿[民国志]	癞头山	夫人山

续表

序号	现行名称	清前	清	民国	中国海洋岛屿简况1980年	地名志
5	温州峙岛	温州屿[明全浙兵制]	顶石山＊[八省图]	温州屿[地形图][民国志]	温州峙	温州峙
6	台门对面山岛	五爪湖山[明两浙海防类考续编],五罩[明全浙兵制]	—	对面山[地形图],对江山[民国志]	对面山	对面山岛
7	砚瓦山岛		—	砚瓦山[地形图][民国志]	砚瓦山	砚瓦山
8	笔架山岛		—	笔架山[地形图][民国志]	笔架山	笔架山
9	小蚊虫岛		—	小蚊虫[地形图][民国志]	小蚊虫	小蚊虫
10	大蚊虫岛		前岛＊[八省图]	大蚊虫[地形图][民国志]	大蚊虫	大蚊虫
11	牛山岛	—	硁洛岛＊[八省图]	牛岭头[地形图],纽鸾头[民国志]	牛卵袋	牛山
12	山礁头屿	—	—	三礁头[民国志]	山礁头	山礁头
13	野佛渡岛	—	黑白岛＊[八省图]	下佛渡[地形图],野佛渡[民国志]	野佛渡	野佛渡
14	枣子心岛	—	—	枣子心[地形图],枣子山[民国志]	枣子心	枣子心
15	六横小馒头屿	—	中列岛＊[八省图]	小馒头[民国志]	小馒头	小馒头
16	大馒头屿	—		大馒头[民国志]	大馒头	大馒头
17	汀子山岛	—		汀子山[地形图][民国志],拉倒山＊[民国志]	汀子山	汀子山
18	汀尾巴屿	—		—	汀尾巴	—
19	汀子小礁	—		—	—	—
20	金竹山屿	—	—	进曲山[地形图],金竹山[民国志]	进竹山	金竹山
21	上双屿	—	半潮石＊[八省图]	双屿[地形图][民国志]	上双峙	上双峙
22	下双屿	—			下双峙	下双峙

续表

<table>
<tr><th>序号</th><th>现行名称</th><th>清前</th><th>清</th><th>民国</th><th>中国海洋岛屿简况1980年</th><th>地名志</th></tr>
<tr><td>23</td><td>后门小山礁</td><td>—</td><td>—</td><td>—</td><td>—</td><td>后门小山</td></tr>
<tr><td>24</td><td>外癞头屿</td><td>—</td><td>—</td><td>癞头屿[民国志]</td><td>大癞头</td><td>外癞头岛</td></tr>
<tr><td>25</td><td>鸡冠头屿</td><td>—</td><td>—</td><td>—</td><td>—</td><td>—</td></tr>
<tr><td>26</td><td>鲎尾礁</td><td>—</td><td>—</td><td>—</td><td>—</td><td>鲎尾礁</td></tr>
<tr><td>27</td><td>鸦鹊屿</td><td>—</td><td>缸爿礁(鸦鹊礁)[清光绪志],鸦雀礁[清光绪志],得非而得暗石*[八省图]</td><td>鸦礁[民国志]</td><td rowspan="2">鸦鹊礁</td><td>鸦鹊礁</td></tr>
<tr><td>28</td><td>鹊尾礁</td><td>—</td><td>—</td><td>—</td><td>鹊尾礁</td></tr>
<tr><td>29</td><td>六横黄礁</td><td>—</td><td>圆石*[八省图]</td><td>黄礁[地形图]</td><td>黄礁</td><td>黄礁</td></tr>
<tr><td>30</td><td>六横板方礁</td><td>—</td><td>—</td><td>板方礁[地形图][民国志]</td><td>—</td><td>板方礁</td></tr>
<tr><td>31</td><td>孙家嘴礁</td><td>—</td><td>—</td><td>—</td><td>—</td><td>—</td></tr>
<tr><td>32</td><td>六横稻桶礁</td><td>—</td><td>—</td><td>稻蓬礁[地形图]</td><td>—</td><td>—</td></tr>
<tr><td>33</td><td>盖万山礁</td><td>—</td><td>—</td><td>—</td><td>—</td><td>—</td></tr>
<tr><td>34</td><td>武尚礁</td><td>—</td><td>—</td><td>—</td><td>—</td><td>—</td></tr>
<tr><td>35</td><td>大铜盘岛</td><td>大同罗[明全浙兵制]</td><td>—</td><td>大铜盘[地形图][民国志]</td><td>大铜盘</td><td>大铜盘</td></tr>
<tr><td rowspan="2">36</td><td rowspan="2">凉潭岛</td><td>—</td><td>大两段[八省图],沙克岛*[八省图]</td><td>大梁头[地形图],大两段[民国志]</td><td>大凉潭</td><td rowspan="2">凉潭岛</td></tr>
<tr><td>—</td><td>补焚列岛*[八省图]</td><td>小梁头[地形图],小两段[民国志]</td><td>小凉潭</td></tr>
<tr><td>37</td><td>黄礁头礁</td><td>—</td><td>露石*[八省图]</td><td>黄礁[地形图]</td><td>—</td><td>黄礁头</td></tr>
<tr><td>38</td><td>隐礁嘴礁</td><td>—</td><td>—</td><td>—</td><td>—</td><td>—</td></tr>
<tr><td>39</td><td>台门头礁</td><td>—</td><td>—</td><td>—</td><td>—</td><td>头礁</td></tr>
<tr><td>40</td><td>悬山二礁</td><td>—</td><td>—</td><td>—</td><td>—</td><td>二礁</td></tr>
<tr><td>41</td><td>六横老鼠山屿</td><td>—</td><td>—</td><td>老鼠山[地形图]</td><td>—</td><td>老鼠山</td></tr>
<tr><td>42</td><td>拦门虎礁</td><td>—</td><td>—</td><td>拦门虎[地形图],拦门虎礁[民国志]</td><td>—</td><td>拦门虎</td></tr>
</table>

续表

<table>
<tr><th>序号</th><th>现行名称</th><th>清前</th><th>清</th><th>民国</th><th>中国海洋岛屿简况1980年</th><th>地名志</th></tr>
<tr><td>43</td><td>狗颈礁</td><td>—</td><td>—</td><td>—</td><td>—</td><td>狗颈礁</td></tr>
<tr><td>44</td><td>悬山三礁</td><td>—</td><td>—</td><td>三礁[民国志]</td><td>—</td><td>三礁</td></tr>
<tr><td>45</td><td>小青礁</td><td>—</td><td>—</td><td>—</td><td>—</td><td>—</td></tr>
<tr><td>46</td><td>挡门礁</td><td>—</td><td>—</td><td>当门礁[地形图][民国志]</td><td>—</td><td>挡门礁</td></tr>
<tr><td>47</td><td>悬东青山屿</td><td>—</td><td>—</td><td>青山[地形图][民国志]</td><td>青山</td><td>青山</td></tr>
<tr><td>48</td><td>田湾大礁</td><td>—</td><td>—</td><td>—</td><td>—</td><td>田湾大礁</td></tr>
<tr><td>49</td><td>悬东外屿</td><td>—</td><td>—</td><td rowspan="2">黄礁[地形图][民国志]</td><td>—</td><td>外礁</td></tr>
<tr><td>50</td><td>悬东里礁</td><td>—</td><td>—</td><td>—</td><td>里礁</td></tr>
<tr><td>51</td><td>悬山乌龟礁</td><td>—</td><td>—</td><td>—</td><td>—</td><td></td></tr>
<tr><td>52</td><td>六横铁墩山屿</td><td>—</td><td>—</td><td>铜锣鎚[地形图][民国志]</td><td>—</td><td>铁墩山</td></tr>
<tr><td>53</td><td>棺材礁</td><td>—</td><td>—</td><td>—</td><td>—</td><td>棺材礁</td></tr>
<tr><td>54</td><td>第四黄礁</td><td>—</td><td>—</td><td>—</td><td>—</td><td>—</td></tr>
<tr><td>55</td><td>悬山小山岛</td><td>—</td><td>—</td><td>—</td><td>—</td><td>小山</td></tr>
<tr><td>56</td><td>铜锣屿</td><td>—</td><td>—</td><td>铁镫山[地形图][民国志]</td><td>—</td><td>铜锣礁</td></tr>
<tr><td>57</td><td>连柱山屿</td><td>—</td><td>—</td><td>练槌山[地形图]</td><td>连硅山</td><td>连硅山</td></tr>
<tr><td>58</td><td>外鳎鳗礁</td><td>—</td><td>—</td><td>鳎鳗[地形图]</td><td></td><td>—</td></tr>
<tr><td>59</td><td>北双卵屿</td><td>—</td><td>—</td><td>双卵[地形图][民国志]</td><td rowspan="2">双卵山</td><td rowspan="2">北双卵礁</td></tr>
<tr><td>60</td><td>北双卵礁</td><td>—</td><td>—</td><td>—</td></tr>
<tr><td>61</td><td>悬山长礁</td><td>—</td><td>—</td><td>—</td><td>—</td><td>—</td></tr>
<tr><td>62</td><td>斧头山岛</td><td>—</td><td>—</td><td>斧头山[地形图][民国志]</td><td>—</td><td>斧头山</td></tr>
<tr><td>63</td><td>笔架脚礁</td><td>—</td><td>—</td><td>—</td><td>—</td><td>笔西礁</td></tr>
</table>

续表

<table>
<tr><th>序号</th><th>现行名称</th><th>清前</th><th>清</th><th>民国</th><th>中国海洋岛屿简况1980年</th><th>地名志</th></tr>
<tr><td>64</td><td>上双卵屿</td><td>—</td><td>—</td><td>上双卵[地形图][民国志]</td><td rowspan="2">上双螺</td><td>上双卵</td></tr>
<tr><td>65</td><td>下双卵屿</td><td>—</td><td>—</td><td>下双卵[地形图][民国志]</td><td>下双卵</td></tr>
<tr><td>66</td><td>摊谷耙礁</td><td>—</td><td>—</td><td>—</td><td>—</td><td>—</td></tr>
<tr><td>67</td><td>蚊虫衣丝西屿</td><td>—</td><td>—</td><td>上蚊虫衣丝[地形图]</td><td>上蚊虫衣丝</td><td rowspan="2">蚊虫衣丝</td></tr>
<tr><td>68</td><td>蚊虫衣丝东屿</td><td>—</td><td>—</td><td>下蚊虫衣丝[地形图]</td><td>下蚊虫衣丝</td></tr>
<tr><td>69</td><td>大荒山屿</td><td>大荒[明全浙兵制]</td><td>—</td><td>大荒[地形图]</td><td>大荒山</td><td>大荒山</td></tr>
<tr><td>70</td><td>小三角礁</td><td>—</td><td>—</td><td>—</td><td>—</td><td>—</td></tr>
<tr><td>71</td><td>过浪礁</td><td>—</td><td>—</td><td>—</td><td>—</td><td>—</td></tr>
<tr><td>72</td><td>小蚊虫脚爪礁</td><td>—</td><td>—</td><td>—</td><td>—</td><td>—</td></tr>
<tr><td>73</td><td>南风水礁</td><td>—</td><td>—</td><td>分水礁[地形图][民国志]</td><td>—</td><td>南风水礁</td></tr>
<tr><td>74</td><td>饭匙屿</td><td>—</td><td>—</td><td>繁屿[地形图]</td><td>饭屿</td><td>饭匙岛</td></tr>
<tr><td>75</td><td>瀑礁</td><td>—</td><td>—</td><td>—</td><td>—</td><td>—</td></tr>
<tr><td>76</td><td>鹅卵屿</td><td>—</td><td>—</td><td>鹅卵[地形图]</td><td>鹅卵</td><td>鹅卵</td></tr>
<tr><td>77</td><td>戴黄帽礁</td><td>—</td><td>—</td><td>戴黄帽[地形图][民国志]</td><td>戴皇帽</td><td>戴黄帽</td></tr>
<tr><td>78</td><td>荤练槌上屿</td><td>—</td><td>—</td><td rowspan="4">鳎鳗礁[地形图]，练槌[民国志]</td><td rowspan="4">鬼鱼礁</td><td>荤练槌岛</td></tr>
<tr><td>79</td><td>荤练槌中屿</td><td>—</td><td>—</td><td rowspan="2">—</td></tr>
<tr><td>80</td><td>荤练槌下屿</td><td>—</td><td>—</td></tr>
<tr><td>81</td><td>素练槌屿</td><td>—</td><td>—</td><td>素练槌岛</td></tr>
<tr><td>82</td><td>蚊嘴礁</td><td>—</td><td>—</td><td>—</td><td>—</td><td>蚊嘴礁</td></tr>
<tr><td>83</td><td>六横扁担山屿</td><td>—</td><td>—</td><td>—</td><td>—</td><td>—</td></tr>
<tr><td>84</td><td>菜子屿</td><td>—</td><td>—</td><td>扁担山[地形图]，菜子山[民国志]</td><td>扁担山</td><td>菜子岛</td></tr>
<tr><td>85</td><td>龙洞上屿</td><td>—</td><td>—</td><td>—</td><td>—</td><td>—</td></tr>
<tr><td>86</td><td>龙洞中屿</td><td>—</td><td>—</td><td>—</td><td>—</td><td>—</td></tr>
</table>

续表

<table>
<tr><th>序号</th><th>现行名称</th><th>清前</th><th>清</th><th>民国</th><th>中国海洋岛屿简况1980年</th><th>地名志</th></tr>
<tr><td>87</td><td>龙洞下屿</td><td>—</td><td>—</td><td>—</td><td>—</td><td>—</td></tr>
<tr><td>88</td><td>龙洞岛</td><td>—</td><td>—</td><td>菜子山[地形图],龙洞山[民国志]</td><td>菜子山</td><td>龙洞岛</td></tr>
<tr><td>89</td><td>大虎鱼礁</td><td>—</td><td>—</td><td>—</td><td>—</td><td>小虫礁</td></tr>
<tr><td>90</td><td>小尖苍岛</td><td>—</td><td>—</td><td>小尖仓[地形图][民国志]</td><td>小尖苍</td><td>小尖苍</td></tr>
<tr><td>91</td><td>大尖苍岛</td><td>尖仓山[明两浙海防类考续编]</td><td>尖仓[清光绪志],泗礁*[八省图]</td><td>大尖仓[地形图][民国志]</td><td>大尖苍</td><td>大尖苍</td></tr>
<tr><td>92</td><td>扁屿</td><td>—</td><td>—</td><td>长礁[地形图],空谷山[地形图],扁担山[民国志]</td><td>长礁</td><td>扁礁</td></tr>
<tr><td>93</td><td>沙蜂礁</td><td>—</td><td>—</td><td>—</td><td>—</td><td>沙蜂礁</td></tr>
<tr><td>94</td><td>和尚北屿</td><td>—</td><td>—</td><td rowspan="2">和尚山[民国志]</td><td rowspan="2">和尚山</td><td rowspan="2">和尚山</td></tr>
<tr><td>95</td><td>和尚南屿</td><td>—</td><td>—</td></tr>
<tr><td>96</td><td>上横梁岛</td><td>—</td><td>—</td><td rowspan="2">横梁山[民国志]</td><td>上横梁</td><td>上横梁</td></tr>
<tr><td>97</td><td>下横梁岛</td><td>—</td><td>—</td><td>下横梁</td><td>下横梁</td></tr>
<tr><td>98</td><td>羊角屿</td><td>—</td><td>—</td><td>—</td><td>—</td><td>—</td></tr>
<tr><td>99</td><td>尖苍大羊角礁</td><td>—</td><td>—</td><td>—</td><td>—</td><td>大羊角礁</td></tr>
<tr><td>100</td><td>鞋楦头屿</td><td>—</td><td>丁家山*[八省图]</td><td>鞋喧头[地形图],楦鞋头[民国志]</td><td>鞋楦头</td><td>鞋楦头</td></tr>
<tr><td>101</td><td>西磨盘屿</td><td>—</td><td>西磨盘[清光绪志]</td><td>西磨盘[地形图]</td><td>西磨盘</td><td>西磨盘</td></tr>
<tr><td>102</td><td>东磨盘礁</td><td>—</td><td>东磨盘[清光绪志],鼠石*[八省图]</td><td>东磨盘[地形图]</td><td>东磨盘</td><td>东磨盘</td></tr>
<tr><td>103</td><td>梅散列岛</td><td>尖仓山[明两浙海防类考续编]</td><td>尖仓[清光绪志],阔矶特列岛*[八省图]</td><td>—</td><td>—</td><td>—</td></tr>
<tr><td>104</td><td>西浪嘴</td><td>—</td><td>浪擂头[明筹海图编],西浪嘴[清光绪志],尤梯角*[八省图]</td><td>西浪嘴山[地形图][民国志]</td><td>—</td><td>西浪嘴</td></tr>
</table>

续表

序号	现行名称	清前	清	民国	中国海洋岛屿简况1980年	地名志
105	东浪嘴山	—	东浪嘴[清光绪志],六横角＊[八省图]	东浪嘴山[地形图][民国志]	—	东浪咀山
106	黄风嘴	—	格拉硬司角＊[八省图]	—	—	黄风嘴
107	老鹰嘴	—	—	老鹰嘴[地形图][民国志]	—	老鹰咀
108	响水礁	—	响水礁[清光绪志]	响水礁[地形图][民国志]	—	响水礁
109	草盘长礁	—	长礁[清光绪志]	—	—	长礁
110	铜锣甩大嘴	—	比克头(锣鼓嘴头)＊[八省图]	大嘴[地形图]	—	大嘴
111	铜锣甩小嘴	—	—	外嘴头[地形图]	—	小咀
112	双屿港	双屿港[明筹海图编][明经世文编·双屿填港工完事疏][明两浙海防类考续编][明嘉靖定海县志],双屿[明郑和航海图]	得非而得水道＊[八省图]	双屿港[地形图]	—	双屿门
113	海闸门	海闸门[明筹海图编][明两浙海防类考续编][明全浙兵制][明嘉靖定海县志]	海闸门[清光绪志]	海石门[地形图],海闸门[民国志]	—	海闸门
114	条帚门	—	锣鼓海水道＊[八省图]	盘峙门[地形图]	—	条帚门
115	佛渡水道	—	佛肚水道[八省图]	青龙潭[地形图]	—	佛渡水道
116	青龙门	青龙门	格夫水道＊[八省图]	—	—	青龙门

续表

序号	现行名称	清前	清	民国	中国海洋岛屿简况1980年	地名志
117	汀子门	汀子港[明两浙海防类考续编][明全浙兵制]	洛白司水道*[八省图]	汀子港[地形图][民国志]	—	汀子门
118	葛藤水道		—	—	—	葛藤水道
119	牛鼻山水道	孝顺洋[明筹海图编][明嘉靖定海县志]	—	孝顺洋[民国志]	—	牛鼻山水道
120	南兆港	五爪湖[明两浙海防类考续编]	尔劳司港*[八省图]	—	—	南兆港
121	台门港	—	—	—	—	台门港
122	小山门	—	—	—	—	小山门
123	黄沙门	—	—	—	—	黄沙门
124	笔架门	—	—	—	—	笔架门
125	长腊门	—	—	—	—	长腊门
126	鹅卵门	—	—	—	—	鹅卵门
127	磨盘洋	—	—	磨盘洋[地形图]	—	磨盘洋

舟山市普陀区虾峙镇新旧地名录

（海域类）

序号	现行名称	清前	清	民国	中国海洋岛屿简况1980年	地名志
1	虾峙岛	篙屿[宋宝庆志]，虾崎山[明筹海图编][明两浙海防类考续编][明嘉靖定海县志]	虾岐山[清康熙志][清光绪志]，佛能岛（虾岐山）*[八省图]	虾峙岛[地形图]	虾峙岛	虾峙岛
			—	大瓜山[地形图]，杜瓜山[民国志]		
			—	鸡娘礁[地形图][民国志]		
			—	凉帽棚山[地名资料]		
			—	凉帽棚礁[地名资料]		
			—	鲎山[民国志]		
2	湖泥山岛	马鞍山[宋宝庆志]，糊泥山[明筹海图编][明嘉靖定海县志]，沍泥港(山)[明两浙海防类考续编]	胡尼*[八省图]	糊泥山[地形图][民国志]，胡爱朋*[民国志]	湖泥山	湖泥山
3	东白莲山岛	正屿山[宋宝庆志]，东白莲山[明两浙海防类考续编]	—	东白莲山[地形图][民国志]，罗木营*[民国志]	东白莲山	东白莲山
4	西白莲山岛	西白莲山[明两浙海防类考续编]	高白*[八省图]	西白莲山[地形图][民国志]	西白莲山	西白莲山
5	大双山岛	—	峰岛*[八省图]，展皮克尔岛*[新译海道图说]	大双山[地形图][民国志]，强彼*[民国志]	大双山	大双山

续表

序号	现行名称	清前	清	民国	中国海洋岛屿简况1980年	地名志
6	小双山岛	—	—	小双山[地形图][民国志],雪爱搜*[民国志]	小双山	小双山
7	走马塘岛	—	圆锥*[八省图],沙克岛*[新译海道图说]	走马塘[地形图]	走马塘	走马塘
8	金钵盂岛	金体盂[明两浙海防类考续编]	堪威岛*[八省图],朴气岛*[新译海道图说]	金钵盂[地形图][民国志],福茄*[民国志]	金钵锰	金钵盂
9	上溜网重岛	—	网重[清光绪志]	溜网重山[地形图][民国志],陀彼林*[民国志]	上溜纲重	上溜网重
10	下溜网重岛	—			下溜网重	下溜网重
11	虾峙马鞍山岛	—	—	马鞍山[地形图],马鞍山[民国志]	大蚂蚁	虾峙马鞍山岛
12	圆小礁	—	—	—	—	—
13	虾峙大圆礁	—	—	—	—	大园山
14	虾峙小圆礁	—	—	—	—	小园山
15	虾峙门礁	—	—	—	—	小礁门
16	黄豆礁	—	—	—	—	—
17	虾峙枕头山礁	—	—	棺材山[民国志]	老鼠山	枕头山
18	镬盖顶礁	—	—	—	—	镬盖顶
19	北空壳山上屿	—	—	—	镬盖顶	—
20	北空壳山中屿	—	—	枕头山[民国志]		北空壳山
21	北空壳山下礁	—	—	—		—
22	里远山礁	—	—	—	—	—
23	外远山屿	—	—	—	外远山	外远山
24	万超礁	—	—	—	—	—
25	外门山上屿	—	—	三级山[民国志]	外门山	外门山屿
26	外门山中屿	—	—			
27	外门山下屿	—	—			
28	大前门礁	—	白石*[八省图]	大门山[地形图],西鹤嘴[民国志]	—	大前门

续表

序号	现行名称	清前	清	民国	中国海洋岛屿简况1980年	地名志
29	虾峙老鼠山岛	—	—	老鼠山[地形图][民国志]	老鼠山	老鼠山
30	饭盏礁	—	—	万载山[地形图]	万载山	饭盏岛
31	桶盘山屿	—	—	桶盘山[地形图][民国志]	桶盘山	桶盘山
32	虾峙小交杯礁	—	—	外茭礁[民国志]	—	小交杯
33	外交杯屿	—	—	外交杯[地形图],盘屿[民国志]	外交杯	外交杯
34	里交杯屿	—	—	里交杯[地形图],茭杯[民国志]	里交杯	里交杯
35	紫菜山岛	—	—	紫采山[地形图][民国志],居子岛*[民国志]	紫菜山	紫菜山
36	小蚁山屿	—	—	小马鞍山[民国志]	小蚂蚁	小蚁山
37	大头山屿	—	—	大豆山[民国志]	大头山	大头山
38	大风水礁	—	—	大风水礁[民国志]	—	风水礁
39	对卵山屿	—	—	双卵山[地形图][民国志]	双卵山	对卵山
40	虾峙馒头山屿	—	—	馒头山[地形图][民国志]	馒头山	馒头山
41	饭桶山屿	—	—	—	饭桶山	饭桶山
42	长柄山屿	—	能必*[八省图]	长柄山[地形图]	长柄山	长柄山
43	垃圾礁	—	—	—	—	—
44	大芦杆屿	—	—	凉帽山[地形图]	大芦干	大芦杆
45	下长礁	—	—	—	—	下长礁
46	小芦杆屿	—	—	—	小芦干	小芦杆
47	空壳山屿	—	—	—	空壳山	空壳山
48	渔礁	—	—	—	—	渔礁
49	里馒头屿	—	—	里馒头[民国志]	里馒头	里馒头岛

续表

序号	现行名称	清前	清	民国	中国海洋岛屿简况1980年	地名志
50	外馒头屿	—	—	外馒头[民国志]	外馒头	外馒头岛
51	小乌贼礁	—	—	—	—	五乌贼礁
52	乌贼小礁	—	—	—	—	
53	大姑娘礁	—	—	—	—	—
54	乌贼礁	—	—	岙口山[地形图]	—	乌贼礁
55	劈开洪礁	—	—	—	—	—
56	影山屿	—	—	应山[民国志]	影山	影山
57	虾峙小山屿	—	—	—	小山	小山
58	狗头嘴礁	—	—	—	—	—
59	虾峙小半边礁	—	—	—	—	小半边礁
60	虾峙大半边屿	—	半边山[清光绪志]	半边山[地形图][民国志]	半边山	大半边岛
61	虾峙双螺上屿	—	双王山[清光绪志]	双卵山[地形图][民国志]	双卵山	双螺礁
62	虾峙双螺下屿	—				
63	虾峙扁担山屿	—	—	朱家山[地形图][民国志]	—	扁担山
64	虾峙长山屿	—	—	长山[地形图],横山[民国志]	长山	长山
65	大夜桶礁	—	—	—	—	大夜桶岛
66	笠帽篷礁	—	—	—	—	笠帽篷
67	喇叭嘴礁	—	—	—	—	—
68	捕鱼礁	—	—	捕鱼礁[地形图],中柱[民国志]	—	捕鱼礁
69	黄螺礁	—	—	—	—	—
70	垒石礁	—	—	—	—	丁家礁
71	小山楼礁	—	—	—	—	—
72	小马礁	—	—	—	—	小马礁
73	马足山屿	—	—	马足山[地形图],马迹山[民国志]	马足山	马足山
74	虾峙里长礁	—	—	—	—	—

续表

序号	现行名称	清前	清	民国	中国海洋岛屿简况1980年	地名志
75	酒埕礁	—	—	—	—	酒埕礁
76	虾峙外长礁	—	—	—	—	外长礁
77	虾峙大礁	—	—	—	—	—
78	崩倒礁	—	—	—	—	崩倒礁
79	虾峙三礁	—	—	—	—	—
80	尖嘴头礁	—	—	—	—	—
81	前山屿	—	—	—	—	—
82	前山嘴礁	—	—	—	—	—
83	石人跟礁	—	—	—	—	石人跟
84	系马桩礁	—	—	—	—	—
85	虾峙横山屿	—	—	绩麻屿[民国志]	马槽盘	横山岛
86	虾峙角	—	佛能角*[八省图]	叭门嘴[地形图][民国志]	—	虾峙角
87	北嘴头	—	—	—	—	北嘴头
88	喇叭嘴	—	赛门角*[八省图]	—	—	喇叭嘴
89	石人根	—	近恒角*[八省图]	—	—	
90	尖嘴头	—	色得勒角*[八省图]	—	—	尖嘴头
91	老虎嘴头	—	苏布立角*[八省图]	—	—	—
92	虾峙门	虾崎门[明两浙海防类考续编]	虾峙门[清光绪志]	—	—	虾峙门（桃花港）
		—	米鱼洋[清光绪志]	石棚港[地形图]，米鱼洋[民国志]	—	
		石板港[明筹海图编]，石崩港[明全浙兵制]，石堋港[明两浙海防类考续编]	石棚港[清光绪志]	—	—	

舟山市普陀区桃花镇新旧地名录

（海域类）

序号	现行名称	清前	清	民国	中国海洋岛屿简况1980年	地名志
1	桃花岛	顶岸山[唐大和上东征传]，桃花山[宋乾道志][宋宝庆志][元延祐四明志][元大德志][明全浙兵制][明两浙海防类考续编][明天启志]，桎岸山[宋乾道志]	桃花山[清康熙志][清普陀山志][清普陀全胜][清光绪志]	桃花岛[地形图]，桃花山[普陀洛迦新志][民国志]	桃花岛	桃花岛
		昆斗山[宋乾道志][宋宝庆志][元延祐四明志][元大德志]				
		—	韭菜山[清光绪志]	韭菜山[地形图]		
		—	花屿[清光绪志]	—		
		—	—	泥螺山[地形图]		
		—	老鼠山[清光绪志]	老鼠山[地形图][民国志]		
2	悬鹁鸪山岛	—	—	悬鹁鸪山[地形图]，大圆鹁鸪山[民国志]，度隐菩萨岛*[民国志]	悬鹁鸪山	悬鹁鸪山
3	大水屿	—	—	大水礁[地形图][民国志]	—	大水礁
4	小水礁	—	—	小水礁[地形图][民国志]	—	小水礁
5	桃花门前礁	—	—	—	—	门前礁
6	下水山礁	—	—	—	—	下水山
7	肚浜小礁	—	—	小礁[地形图]	—	肚浜小礁

续表

序号	现行名称	清前	清	民国	中国海洋岛屿简况1980年	地名志
8	悬水礁	—	—	大礁[地形图]	大礁	悬水礁
9	门面礁	—	—	—	—	门面礁
10	桃花大平礁	—	—	—	—	—
11	桃花小平礁	—	—	—	—	—
12	黄泥礁	—	—	—	—	黄泥礁
13	悬鹁鸪头屿	—	—	—	悬鹁鸪头	悬鹁鸪头
14	鲤鱼礁	—	—	—	—	—
15	悬稻蓬礁	—	—	—	—	悬稻蓬礁
16	驼背佬礁	—	—	—	—	—
17	大流水坑礁	—	—	—	—	—
18	小棺礁	—	—	—	—	小棺礁
19	小流水坑礁	—	—	—	—	—
20	西棺礁	—	—	—	—	西棺礁
21	上篮山东屿	—	—	上拦山[地形图][民国志]	上栏山	上篮山
22	上篮山西屿	—	—			
23	下篮山屿	—	—	拦山[地形图],下拦山[民国志]	下栏山	下篮山
24	大癞头屿	—	—	—	大赖头山	大癞头
25	外小癞头礁	—	—	—	—	小癞头
26	上爬脚嘴屿	—	—	—	—	—
27	鸡笼山岛	—	鸡笼山[清光绪志]	鸡笼山[地形图],鸡娘山[民国志],凡痕司岛*[民国志]	鸡笼山	鸡笼山岛
28	小鸡笼屿	—	—	—	—	—
29	桃花铜钱礁	—	铜钱礁[清光绪志]	铜钱礁[地形图][民国志]	—	—
30	桃花五虎礁	—	—	—	—	—
31	仙人桥礁	—	—	—	—	—
32	小暴礁	—	—	—	—	—
33	暴礁头礁	—	—	—	—	暴礁

续表

<table>
<tr><th>序号</th><th>现行名称</th><th>清前</th><th colspan="2">清</th><th>民国</th><th>中国海洋岛屿简况1980年</th><th>地名志</th></tr>
<tr><td>34</td><td>桃花扁担礁</td><td>—</td><td colspan="2">扁担礁[清光绪志]</td><td>扁担礁[地形图][民国志]</td><td>扁担礁</td><td>扁担礁</td></tr>
<tr><td>35</td><td>里石弄礁</td><td>—</td><td colspan="2">—</td><td>—</td><td>—</td><td>里石弄礁</td></tr>
<tr><td>36</td><td>外石弄礁</td><td>—</td><td colspan="2">—</td><td>—</td><td>—</td><td>外石弄礁</td></tr>
<tr><td>37</td><td>虎鱼礁</td><td>—</td><td colspan="2">魟鱼礁[清光绪志]</td><td>—</td><td>—</td><td>虎鱼礁</td></tr>
<tr><td>38</td><td>鸡冠长礁</td><td>—</td><td colspan="2">长礁[清光绪志]</td><td>长礁[民国志]</td><td>—</td><td>鸡冠长礁</td></tr>
<tr><td>39</td><td>乌石子滩</td><td>乌石塘[宋宝庆志]</td><td colspan="2">乌石子[清光绪志]</td><td>乌石子[地形图][民国志]</td><td>—</td><td>—</td></tr>
<tr><td>40</td><td>千步沙</td><td>千步砂[元大德志]</td><td colspan="2">千步沙[清光绪志]</td><td>千步沙[地形图][民国志]</td><td>千步沙</td><td>千步沙</td></tr>
<tr><td rowspan="3">41</td><td rowspan="3">虾峙门</td><td>—</td><td>虾峙门[清光绪志]</td><td rowspan="3">佛能水道*[八省图]</td><td>—</td><td>—</td><td rowspan="3">虾峙门(桃花港)</td></tr>
<tr><td>—</td><td>米鱼洋[清光绪志]</td><td rowspan="2">石棚港[地形图],米鱼洋[民国志]</td><td>—</td></tr>
<tr><td>石崩港[明全浙兵制][明两浙海防类考续编]</td><td>石棚港[清光绪志]</td><td>—</td></tr>
<tr><td>42</td><td>鹁鸪门</td><td>—</td><td colspan="2">鹧鸪门[清光绪志]</td><td>鹁鸪门[地形图][民国志]</td><td>—</td><td>鹁鸪门</td></tr>
</table>

舟山市普陀区东极镇新旧地名录

（海域类）

序号	现行名称	清前	清	民国	中国海洋岛屿简况 1980年	地名志
1	庙子湖岛	庙址[宋乾道志][宋宝庆志][元延祐四明志]，庙子湖[明筹海图编][明两浙海防类考续编][明全浙兵制][明嘉靖定海县志]	庙子湖山[清康熙志]，庙子湖[清光绪志]，中渔人岛*[八省图]	庙子湖岛[地形图][民国志]，庙子湖（庙子沽）[民国志]	苗子湖岛	庙子湖岛
2	黄兴岛	黄星山[明两浙海防类考续编]，黄星[明全浙兵制]	黄星山[清康熙志][清光绪志]，西渔人岛*[八省图]	黄星岛[地形图][民国志]，黄星山[民国志]	黄星岛	黄兴岛
3	青浜岛	青崩山[明两浙海防类考续编]，青崩[明全浙兵制]	青帮山[清康熙志][清光绪志]，东渔人岛*[八省图]	青浜岛[地形图][民国志]，青浜山（青帮山）[民国志]	青滨岛	青浜岛
4	东福山岛	东霍山[宋乾道志][宋宝庆志][元延祐四明志]，东藿山[元大德志][明郑和航海图]，东霍山头[明两浙海防类考续编]，东霍[明全浙兵制]	东福（霍）山[清康熙志]，东福山[清光绪志]，非地由岛*[八省图]	东福山[地形图][民国志]	东福山	东福山
5	西福山岛	西霍山[明两浙海防类考续编]，西霍[明全浙兵制]	西福（霍）山[清康熙志]，南通人岛*[八省图]	西福山[地形图][民国志]	西福山	西福山

续表

<table>
<tr><th>序号</th><th>现行名称</th><th>清前</th><th colspan="2">清</th><th>民国</th><th>中国海洋岛屿简况1980年</th><th>地名志</th></tr>
<tr><td>6</td><td>铁土礁</td><td>—</td><td rowspan="5">环山[清康熙志]</td><td rowspan="5">外甩[清光绪志]，兄弟石*[八省图]</td><td rowspan="5">外甩山[地形图]，外甩[民国志]</td><td rowspan="5">两兄弟岛</td><td rowspan="5">两兄弟屿</td></tr>
<tr><td>7</td><td>两兄弟屿</td><td>—</td></tr>
<tr><td>8</td><td>两兄弟屿一岛</td><td>—</td></tr>
<tr><td>9</td><td>两兄弟屿二岛</td><td>—</td></tr>
<tr><td>10</td><td>两兄弟屿三岛</td><td>—</td></tr>
<tr><td>11</td><td>四姐妹北礁</td><td>—</td><td colspan="2" rowspan="2">里甩[清光绪志]，四姊妹岛*[八省图]</td><td rowspan="4">里甩山[地形图]，里甩[民国志]</td><td rowspan="4">四姊妹岛</td><td rowspan="4">四姐妹岛（里甩）</td></tr>
<tr><td>12</td><td>四姐妹东礁</td><td>—</td></tr>
<tr><td>13</td><td>四姐妹西礁</td><td>—</td><td colspan="2">—</td></tr>
<tr><td>14</td><td>四姐妹南礁</td><td>—</td><td colspan="2">—</td></tr>
<tr><td>15</td><td>外风水礁</td><td>—</td><td colspan="2">—</td><td>—</td><td>—</td><td>外风水</td></tr>
<tr><td>16</td><td>外角棚礁</td><td>—</td><td colspan="2">—</td><td>—</td><td>—</td><td>外角棚</td></tr>
<tr><td>17</td><td>大马前礁</td><td>—</td><td colspan="2">—</td><td>—</td><td>大目鱼礁</td><td>大马前礁</td></tr>
<tr><td>18</td><td>小马前礁</td><td>—</td><td colspan="2">—</td><td>—</td><td>—</td><td>小马前礁</td></tr>
<tr><td>19</td><td>里角棚礁</td><td>—</td><td colspan="2">—</td><td>—</td><td>—</td><td>里角棚礁</td></tr>
<tr><td>20</td><td>小盘礁</td><td>—</td><td colspan="2">—</td><td>—</td><td>—</td><td>小盘</td></tr>
<tr><td>21</td><td>东大乌峙礁</td><td>—</td><td colspan="2">—</td><td>—</td><td>—</td><td>东大乌峙</td></tr>
<tr><td>22</td><td>外半边礁</td><td>—</td><td colspan="2">—</td><td>—</td><td>—</td><td>外半边礁</td></tr>
<tr><td>23</td><td>东大盘屿</td><td>—</td><td colspan="2">—</td><td>—</td><td>大盘</td><td>大半</td></tr>
<tr><td>24</td><td>东大平礁</td><td>—</td><td colspan="2">—</td><td>—</td><td>—</td><td>东大平礁</td></tr>
<tr><td>25</td><td>狮子礁</td><td>—</td><td colspan="2">—</td><td>狮子礁[地形图][民国志]</td><td>达直</td><td>狮子礁</td></tr>
<tr><td>26</td><td>白老虎礁</td><td>—</td><td colspan="2">—</td><td>白老虎礁[地形图][民国志]</td><td>白老虎礁</td><td>白老虎礁</td></tr>
<tr><td>27</td><td>东极大青山屿</td><td>—</td><td colspan="2">—</td><td rowspan="3">大青山[地形图][民国志]</td><td rowspan="3">大青山</td><td rowspan="3">大青山</td></tr>
<tr><td>28</td><td>东极大青山北屿</td><td>—</td><td colspan="2">—</td></tr>
<tr><td>29</td><td>东极大青山西屿</td><td>—</td><td colspan="2">—</td></tr>
<tr><td>30</td><td>东极小青山小屿</td><td>—</td><td colspan="2">—</td><td rowspan="2">小青山[地形图][民国志]</td><td rowspan="2">小青山</td><td rowspan="2">小青山</td></tr>
<tr><td>31</td><td>东极小青山大屿</td><td>—</td><td colspan="2">—</td></tr>
<tr><td>32</td><td>鸟屎礁</td><td>—</td><td colspan="2">—</td><td>鸟屎礁[地形图][民国志]</td><td>—</td><td>鸟屎礁</td></tr>
</table>

续表

<table>
<tr><th>序号</th><th>现行名称</th><th>清前</th><th>清</th><th colspan="2">民国</th><th>中国海洋岛屿简况1980年</th><th>地名志</th></tr>
<tr><td>33</td><td>黄胖山屿</td><td>—</td><td>—</td><td colspan="2">黄胖山[地形图][民国志]</td><td>黄胖山</td><td>黄胖山</td></tr>
<tr><td>34</td><td>外道场礁</td><td>—</td><td>—</td><td colspan="2">—</td><td>—</td><td>外道场</td></tr>
<tr><td>35</td><td>道场礁</td><td>—</td><td>—</td><td colspan="2">—</td><td>—</td><td>—</td></tr>
<tr><td>36</td><td>青道场礁</td><td>—</td><td>—</td><td colspan="2">—</td><td>—</td><td>青道场</td></tr>
<tr><td>37</td><td>把门礁</td><td>—</td><td>—</td><td colspan="2">—</td><td>—</td><td>把门礁</td></tr>
<tr><td>38</td><td>黄时罗屿</td><td>—</td><td>—</td><td colspan="2">—</td><td>—</td><td>—</td></tr>
<tr><td>39</td><td>小糯米团礁</td><td>—</td><td>—</td><td colspan="2">—</td><td>—</td><td>小糯米团礁</td></tr>
<tr><td>40</td><td>北葡屿</td><td>—</td><td>—</td><td>北葡山[地形图]</td><td rowspan="2">葡门山[民国志]</td><td>北埠</td><td>北葡</td></tr>
<tr><td>41</td><td>南葡屿</td><td>—</td><td>—</td><td>南葡山[地形图]</td><td>南埠</td><td>南葡</td></tr>
<tr><td>42</td><td>小绕汇带礁</td><td>—</td><td>—</td><td colspan="2">—</td><td>—</td><td>—</td></tr>
<tr><td>43</td><td>出外屿</td><td>—</td><td>—</td><td colspan="2" rowspan="3">小鱼礁[地形图][民国志]</td><td>冲外</td><td>出外屿</td></tr>
<tr><td>44</td><td>小元屿</td><td>—</td><td>—</td><td>—</td><td>小元礁</td></tr>
<tr><td>45</td><td>大螺横礁</td><td>—</td><td>—</td><td>—</td><td>大螺横</td></tr>
<tr><td>46</td><td>白腊礁</td><td>—</td><td>白蜡礁[清光绪志]</td><td colspan="2">白腊礁[民国志]</td><td>—</td><td>—</td></tr>
<tr><td>47</td><td>鸡弄礁</td><td>—</td><td>—</td><td colspan="2">—</td><td>—</td><td>鸡弄</td></tr>
<tr><td>48</td><td>拦门虎礁</td><td>—</td><td>栏门虎[清光绪志]</td><td colspan="2">拦门虎礁[地形图]，栏门虎[民国志]</td><td>—</td><td>—</td></tr>
<tr><td>49</td><td>石柱山小屿</td><td>—</td><td>—</td><td colspan="2" rowspan="2">石柱山[地形图][民国志]</td><td rowspan="2">石柱山</td><td rowspan="2">石柱山</td></tr>
<tr><td>50</td><td>石柱山大屿</td><td>—</td><td>—</td></tr>
<tr><td>51</td><td>老鹰窠礁</td><td>—</td><td>—</td><td colspan="2">—</td><td>—</td><td>老鹰窠</td></tr>
<tr><td>52</td><td>大四亮屿</td><td>—</td><td>—</td><td colspan="2">—</td><td>—</td><td>大四亮</td></tr>
<tr><td>53</td><td>大绕汇带礁</td><td>—</td><td>—</td><td colspan="2">—</td><td>—</td><td>绕汇带</td></tr>
<tr><td>54</td><td>鳓鱼山岛</td><td>—</td><td>勒鱼山[清光绪志]</td><td colspan="2">勒鱼山[地形图][民国志]</td><td>勒鱼山</td><td>鳓鱼山</td></tr>
</table>

续表

序号	现行名称	清前	清	民国	中国海洋岛屿简况1980年	地名志
55	叶子山北屿	—	—	叶子[地形图][民国志]	叶子山	叶子山
56	叶子山中屿	—	—			
57	叶子山屿	—	—			
58	安地礁	—	—	—	—	安地礁
59	中街山列岛	—	渔人岛*[八省图]	中街山列岛[地形图],中街山[民国志]	—	中街山列岛
60	小板门	—	黄星门[清光绪志]	小板门[地形图][民国志]	—	小板门
61	黄兴门	—	—	白腊港[地形图][民国志]	—	黄兴门
62	青浜门	—	葡门[清光绪志]	—	—	青浜门
63	石柱门	—	石柱门[清光绪志]	石柱门[地形图][民国志]	—	—
64	亮门	—	亮门[清光绪志]	亮门[地形图][民国志]	—	—

岱山县高亭镇新旧地名录

（海域类）

<table>
<tr><th>序号</th><th>现行名称</th><th colspan="2">清前</th><th>清</th><th>民国</th><th>中国海洋岛屿简况1980年</th><th>地名志</th></tr>
<tr><td rowspan="5">1</td><td rowspan="5">岱山岛</td><td rowspan="2">袋山[宋参天台五台山记],岱山[元大德志][明筹海图编]</td><td>东岱山[宋乾道志][宋宝庆志][元延祐四明志][明天启志],高亭山[明筹海图编]</td><td rowspan="2">岱山[清康熙志][清光绪志]</td><td rowspan="2">岱山[地形图][民国志]</td><td rowspan="5">岱山岛</td><td rowspan="5">岱山岛</td></tr>
<tr><td>西岱山[宋乾道志][宋宝庆志][元延祐四明志][明天启志]</td></tr>
<tr><td colspan="2">—</td><td>北峰山(其时,已与岱山岛相连)[清康熙志][清光绪志]</td><td>北峰山[地形图][民国志][岱山镇志]</td></tr>
<tr><td colspan="2">—</td><td>南峰山(其时,已与岱山岛相连)[清康熙志][清光绪志]</td><td>南峰山[地形图][岱山镇志]</td></tr>
<tr><td colspan="2">—</td><td>燕窝山(时为海岛)[清康熙志],铁墩、燕窝[清光绪志]</td><td>铁墩头山(时为海岛)[地形图][民国志],燕窝山[岱山镇志]</td></tr>
</table>

续表

序号	现行名称	清前	清	民国	中国海洋岛屿简况1980年	地名志
1	岱山岛	—	鹿栏山[清康熙志][清光绪志]	鹿栏山[岱山镇志]	岱山岛	岱山岛
		—	—	庙会山(在岱东沙洋)[地名资料]		
		—	—	蜻蜓山(在岱东沙洋)[地名资料]		
		—	—	蛟门山[民国志]		
		—	—	泥螺山(在岱东沙洋)[地形图][民国志]		
		—	护龙山(其时,已于舟山岛相连)[清光绪志]	磨盘山[地形图][民国志]		
		—	—	铁板沙山[清康熙志],五福山[清光绪志]		
		—	壁石山[清光绪志]	上石壁山[岱山镇志]		
		—	—	下石壁山[岱山镇志]		
		—	东沙角山[清康熙志]	营房山[岱山镇志]		
		—	鲎山[清光绪志]	鲎山[民国志]		
		—	五虎礁(在江窑湖)[清光绪志]	五虎礁[地形图][民国志]		
		—	野猪礁(在江窑湖)[清光绪志]	野猪礁[地形图][民国志]		
		—	—	鸡屙礁[民国志]		
		—	—	中桂山[地名资料]		

续表

<table>
<tr><th>序号</th><th>现行名称</th><th>清前</th><th>清</th><th>民国</th><th>中国海洋岛屿简况1980年</th><th>地名志</th></tr>
<tr><td rowspan="7">1</td><td rowspan="7">岱山岛</td><td>—</td><td>—</td><td>瘌豆山[民国志]，瘌头山[岱山镇志]</td><td rowspan="6">岱山岛</td><td rowspan="6">岱山岛</td></tr>
<tr><td>—</td><td>—</td><td>马鞍山(在岱中)[地名资料]</td></tr>
<tr><td>—</td><td>—</td><td>庙山(在岱山)[地名资料]</td></tr>
<tr><td>—</td><td>虎山[清康熙志][清光绪志]</td><td>虎山[地形图][民国志][岱山镇志]</td></tr>
<tr><td>—</td><td>—</td><td>小山(在青黑)[岱山镇志]</td></tr>
<tr><td>—</td><td>—</td><td>笔架山(在青黑)[地名资料]</td></tr>
<tr><td>两头洞[明筹海图编][明两浙海防类考续编]</td><td>两头洞山[清康熙志]，双合山[清康熙志]，首岛*[八省图]</td><td>双合山[民国志]</td><td>双合山</td><td>双合山</td></tr>
<tr><td rowspan="3">2</td><td rowspan="3">江南山岛</td><td rowspan="3">清光绪《定海厅志·岱山图》和民国《定海县志·列岛分图二》记载为蒲门山。民国《定海县志·册一》记载为葡门山</td><td>褒岛*[八省图]</td><td>蒲门山[地形图]</td><td rowspan="2">江南</td><td rowspan="2">江南山</td></tr>
<tr><td>褒的*[八省图]</td><td>野蒲门[地形图]</td></tr>
<tr><td>褒诺*[八省图]</td><td>乔麦格子[民国志]</td><td>—</td><td>荞麦格子</td></tr>
<tr><td>3</td><td>山外山岛</td><td>—</td><td>—</td><td>对港山[地形图][民国志]</td><td>对港山</td><td>对港山</td></tr>
<tr><td>4</td><td>对港山岛</td><td>—</td><td>—</td><td>蛤虯山[地形图]</td><td>蛤虯山</td><td>蛤虯山</td></tr>
<tr><td>5</td><td>高亭牛轭岛</td><td>—</td><td>—</td><td>牛轭山[地形图]，南牛轭[民国志]，忙岛*[民国志]</td><td>—</td><td>高亭牛轭</td></tr>
</table>

续表

序号	现行名称	清前	清	民国	中国海洋岛屿简况1980年	地名志
6	山牛轭屿	—	—	小牛轭[地形图],北牛轭[民国志],哥林生岛*[民国志]	山牛轭	山牛轭
7	野鸭蛋山屿	—	—	—	—	野鸭蛋山
8	横拦屿	—	—	练锤山[地形图][民国志]	—	横勒山
9	劈开西鸭蛋礁	—	—	烂冬瓜[民国志]	—	劈开鸭蛋礁
10	劈开中鸭蛋礁					
11	劈开东鸭蛋礁					
12	牛轭劈开礁	—	—	—	—	牛轭劈开礁
13	高亭东馒头屿	—	—	老鼠山[地形图][民国志]	中馒头	中馒头屿
14	高亭西馒头屿			—	大馒头	大馒头屿
15	高亭小馒头屿	—	—	馒头山[地形图],曼豆山[民国志]	—	—
16	神福山屿	—	—	神福山[地形图][民国志]	长山	神福山
17	酱油碟礁	—	—	酱油碟礁[地形图][民国志]	—	酱油碟礁
18	官山岛	官山[明筹海图编][明全浙兵制]	官山[清康熙志][清光绪志],关山*[八省图]	官山[地形图][民国志],韭山*[民国志]	官山	官山
19	小官山岛	—	毕山*[八省图]	小官山[地形图][民国志]	小官山	小官山
20	竹山岛	—	—	竹山[地形图][民国志]	竹山	竹山
21	高亭小竹山屿	—	—	三板礁[地形图][民国志]	小竹山	小竹山

续表

序号	现行名称	清前	清	民国	中国海洋岛屿简况1980年	地名志
22	大峧山岛	—	龟山＊[八省图]	大峧山[地形图]，大蛟山[民国志]，吐哥山＊[民国志]	大峧山	大峧山
23	小峧山岛	—	—	小峧山[地形图]，小蛟山[地形图]	小峧山	小峧山
24	马鞍山岛	—	利得岛＊[八省图]	马鞍山[地形图][民国志]	马鞍山	马鞍山
25	小马鞍礁	—	—	—	—	小马鞍礁
26	上夹钳屿	—	—	驼山[地形图][民国志]	—	小夹钳屿
27	中夹钳屿	—	—	—	—	中夹钳屿
28	下夹钳屿	—	—	轧山[地形图][民国志]	小夹钳	大夹钳屿
29	拖尾巴礁	—	—	—	—	拖尾巴礁
30	大鱼山岛	宜山[宋乾道志][宋宝庆志][宋开庆四明志][元延祐四明志]，渔山[明筹海图编][明两浙海防类考续编][明浙海指掌图]，火焰头[明全浙兵制]，尼山[明郑和航海图]	大渔山[清康熙志图]，大鱼山[清康熙志图]，大渔山[清光绪志]，鱼山[八省图]	大鱼山[地形图][民国志]	大鱼山	大鱼山
31	渔山楝槌山岛	—	小渔山[清光绪志]	练摅山[民国志]	李子山	楝槌山
32	小楝槌礁	—	—	—	—	—
33	无名峙岛	—	—	无名件[民国志]	无名峙	无名峙
34	（已围垦）	—	—	板坊山[民国志]	—	大磨盘山
35	外鱼唇礁	—	—	—	里屎虫	外鱼唇礁
36	外鱼唇北礁					
37	外鱼唇南礁					

续表

<table>
<tr><th>序号</th><th>现行名称</th><th>清前</th><th>清</th><th>民国</th><th>中国海洋岛屿简况 1980 年</th><th>地名志</th></tr>
<tr><td>38</td><td>中鱼唇礁</td><td>—</td><td>—</td><td>—</td><td>里屎虫</td><td>中鱼唇礁</td></tr>
<tr><td>39</td><td>里鱼唇北礁</td><td>—</td><td>—</td><td>—</td><td>—</td><td>—</td></tr>
<tr><td>40</td><td>里鱼唇屿</td><td>—</td><td>—</td><td>—</td><td>里屎虫</td><td>里鱼唇礁</td></tr>
<tr><td>41</td><td>峙岗山屿</td><td>—</td><td>—</td><td>旋港礁[民国志]</td><td>旗岗山</td><td>峙岗山屿</td></tr>
<tr><td>42</td><td>小鱼山岛</td><td>鱼山[明全浙兵制]</td><td>小渔山[清康熙志图],小鱼山[清康熙志图],练槌山[清光绪志]</td><td>小鱼山[地形图][民国志]</td><td>小鱼山</td><td>小鱼山岛</td></tr>
<tr><td>43</td><td>中切屿</td><td>—</td><td>—</td><td>—</td><td>—</td><td>—</td></tr>
<tr><td>44</td><td>田鸡头礁</td><td>—</td><td>—</td><td>—</td><td>田鸡头岛</td><td>田鸡头</td></tr>
<tr><td>45</td><td>渔山板方屿</td><td>—</td><td>—</td><td>板林礁[地形图][民国志]</td><td>板方礁</td><td>板方礁</td></tr>
<tr><td>46</td><td>西虾鱼礁</td><td>—</td><td>—</td><td>—</td><td>—</td><td>西虾鱼礁</td></tr>
<tr><td>47</td><td>渔山小山屿</td><td>—</td><td>—</td><td>—</td><td>—</td><td>小山</td></tr>
<tr><td>48</td><td>黄沙礁</td><td>—</td><td>—</td><td>—</td><td>黄沙礁</td><td>黄沙礁</td></tr>
<tr><td>49</td><td>北小礁</td><td>—</td><td>—</td><td>—</td><td>小礁</td><td>北小礁</td></tr>
<tr><td>50</td><td>南小礁</td><td>—</td><td>—</td><td>—</td><td>小礁</td><td>南小礁</td></tr>
<tr><td>51</td><td>渔山小西礁</td><td>—</td><td>—</td><td>—</td><td>—</td><td>—</td></tr>
<tr><td>52</td><td>观横屿</td><td>—</td><td>—</td><td>—</td><td>棺材横</td><td>棺横山</td></tr>
<tr><td>53</td><td>渔山横梁山岛</td><td>—</td><td>练槌山[清康熙志图]</td><td>练槌山[地形图],横梁山[民国志]</td><td>横梁</td><td>横梁山</td></tr>
<tr><td>54</td><td>渔山脸豕屿</td><td>—</td><td>—</td><td>—</td><td>西炼礁</td><td>脸豕礁</td></tr>
<tr><td>55</td><td>渔山大峙山岛</td><td>—</td><td>五齐山＊[八省图]</td><td>大陈山[地形图],大全山[民国志]</td><td>大陈山</td><td>大峙山</td></tr>
<tr><td>56</td><td>渔山小峙山岛</td><td rowspan="2">—</td><td rowspan="2">—</td><td rowspan="2">小陈山[地形图],小全山[民国志]</td><td rowspan="2">小陈山</td><td rowspan="2">小峙山岛</td></tr>
<tr><td>57</td><td>渔山小峙礁</td></tr>
<tr><td>58</td><td>东块礁</td><td>—</td><td>—</td><td rowspan="3">三块[民国志]</td><td rowspan="2">三块礁</td><td>东块礁</td></tr>
<tr><td>59</td><td>西块礁</td><td>—</td><td>—</td><td>西块礁</td></tr>
<tr><td>60</td><td>铜钱礁</td><td>—</td><td>—</td><td>铜钱礁</td><td>铜钱礁</td></tr>
</table>

续表

序号	现行名称	清前	清	民国	中国海洋岛屿简况1980年	地名志
61	鱼腥脑岛	鱼惺脑[明两浙海防类考续编]	鱼腥脑[清康熙志],鱼腥脑山[清光绪志]	鱼腥脑[地形图][民国志]	鱼腥脑岛	鱼腥脑
62	小鱼腥脑礁					
63	冷饭山屿	—	—	冷饭山[民国志]	—	冷饭山
64	小冷饭礁	—	—	—	冷饭山	—
65	东霍山岛	东霍山[明筹海图编][明两浙海防类考续编][明全浙兵制]	东霍山[清康熙志图],南霍山*[八省图]	东霍山[地形图]	东霍山	东霍山
66	东霍黄礁	—	东霍山[八省图]	黄礁[地形图]	黄礁	东霍黄礁
67	西霍山岛	西霍山[明筹海图编]	西霍山[清康熙志图],西霍山[八省图]	西霍山[地形图]	西霍山	西霍山
68	小西霍山屿	—	—	小西霍[地形图]	小西霍	小西霍山
69	东扁担礁	—	—	东扁担[地形图]	—	—
70	西扁担礁	—	—	西扁担[地形图]	—	—
71	渔山青屿	青屿[明郑和航海图]	—	青礁[地形图]	青礁	青屿
72	大姝山岛	—	—	大姝岛[地形图]	大姝山	大姝山
73	四平头屿	—	—	四平头礁[地形图]	四平头	四平头
74	长横山屿	—	—	长横[地形图]	长横山	长横山
75	长横山里礁	—	—	—	—	—
76	长横山外礁	—	—	—	—	—
77	铜锣礁	—	—	铜锣礁[地形图]	—	铜锣礁
78	渔山笔架北屿	—	—	笔架山[地形图]	笔架山	笔架山
79	渔山笔架南屿					
80	大长坛山岛	—	—	大长坛[地形图]	大长坛	大长坛山
81	小长坛山屿	—	—	小长坛[地形图]	小长坛	小长坛山
82	东坛礁	—	—	—	—	东坛礁
83	青果礁	—	—	青果礁[地形图]	—	青果礁

续表

序号	现行名称	清前	清	民国	中国海洋岛屿简况 1980 年	地名志
84	蝙蝠礁	—	—	—	—	蝙蝠礁
85	丫鹊礁	—	—	—	—	丫鹊礁
86	铁福礁	—	—	—	铁福	铁福礁
87	北小礁	—	—	—	小礁	北小礁
88	南小礁	—	—	—		
89	黄沙礁	—	—	—	—	黄沙礁
90	中切屿	—	—	—	—	中切屿
91	笔南礁	—	—	—	—	笔南礁
92	西坛礁	—	—	—	—	—
93	火山列岛	—	福尔该奴列岛 *［八省图］	—	—	火山列岛
94	七姊八妹列岛	—	七姊妹山［清康熙志］，七姊妹［八省图］	—	—	七姊八妹列岛
95	高亭港	狭港［明筹海图编］	浃港［清康熙志］①	高亭港［岱山镇志］	—	高亭港
96	高亭航门	—	—	—	—	高亭航门
97	龟山航门	—	—	—	—	龟山航门
98	蒲门港	—	褒水道 *［八省图］	蒲门港［民国志］［民国志］	—	蒲门港
99	竹屿港	竹屿港［明筹海图编］、狭港［明两浙海防类考续编］	—	竹屿港［地形图］［民国志］，竹峙港［岱山镇志］	—	竹屿港

① 狭港和浃港，当时指高亭与对港山之间的水道。

岱山县东沙镇新旧地名录

（海域类）

<table>
<tr><th>序号</th><th>现行名称</th><th>清前</th><th>清</th><th>民国</th><th>中国海洋岛屿简况1980年</th><th>地名志</th></tr>
<tr><td>1</td><td>鲞篷屿</td><td>—</td><td>—</td><td>—</td><td>鲞蓬</td><td>鲞蓬山</td></tr>
<tr><td>2</td><td>燕窝礁</td><td>—</td><td>—</td><td>—</td><td>—</td><td>燕窝礁</td></tr>
<tr><td>3</td><td>大坛地礁</td><td>—</td><td>—</td><td>—</td><td>—</td><td>大坛地礁</td></tr>
<tr><td>4</td><td>栲门礁</td><td>—</td><td>—</td><td>—</td><td>—</td><td>栲门礁</td></tr>
<tr><td>5</td><td>东垦山岛</td><td>东垦山[明两浙海防类考续编]，东肯[明全浙兵制]</td><td>东垦山[清康熙志]，东垦[清光绪志]</td><td>东垦山[地形图][民国志]，与西垦山岛合称吼司岛[民国志]</td><td>东垦山</td><td>东垦山</td></tr>
<tr><td>6</td><td>东垦雨伞礁</td><td>—</td><td>—</td><td>雨缴礁[地形图][民国志]</td><td>—</td><td>雨伞礁</td></tr>
<tr><td>7</td><td>大寨子山岛</td><td>—</td><td rowspan="2">寨子山[清康熙志]，司基得岛*[八省图]</td><td rowspan="2">寨子山[地形图][民国志]</td><td>大寨子</td><td>大寨子山</td></tr>
<tr><td>8</td><td>小寨子山屿</td><td>—</td><td>—</td><td>小寨子山</td></tr>
<tr><td>9</td><td>寨子礁</td><td>—</td><td>—</td><td>—</td><td>—</td><td>—</td></tr>
<tr><td>10</td><td>大坛地屿</td><td>—</td><td>—</td><td>—</td><td>大坛地</td><td>大坛地岛</td></tr>
<tr><td>11</td><td>（已废）</td><td>—</td><td>考门[清康熙志]</td><td>考门港[地形图][民国志]</td><td>—</td><td>—</td></tr>
<tr><td>12</td><td>东垦港
（2015年开始围垦）</td><td>—</td><td>—</td><td>东垦港[岱山镇志]</td><td>—</td><td>—</td></tr>
<tr><td>13</td><td>（已废）</td><td>—</td><td>—</td><td>铁板沙[民国志]</td><td>—</td><td>—</td></tr>
<tr><td>14</td><td>（已废）</td><td>—</td><td>—</td><td>泗洲塘渡[地形图][民国志]</td><td>—</td><td>—</td></tr>
</table>

岱山县岱东镇新旧地名录

（海域类）

序号	现行名称	清前	清	民国	中国海洋岛屿简况1980年	地名志
1	大竹屿岛	竹屿［明筹海图编］［两浙海防类考续编］	竹屿［清康熙志］［清光绪志］，安素岛＊［八省图］	大竹屿［地形图］［民国志］，强苏岛＊［民国志］	大竹屿	大竹屿
2	岱东小竹峙岛	—	龙潭屿［清康熙志］，龙潭［清光绪志］	小竹屿［地形图］	小竹屿	小竹屿
3	岱东中柱山屿	—	—	—	中柱山	中柱山
4	岱东和尚屿	—	—	骨牌礁［地形图］，骨脚礁［民国志］	和尚礁	和尚礁
5	岱东稻蓬屿	—	—	稻蓬山［地形图］，稻篷山［民国志］	稻蓬礁	稻蓬礁
6	岱东鸡冠礁	—	—	泥螺礁［地形图］	鸡冠礁	鸡冠礁
7	黄嘴头屿	—	—	—	黄礁	黄咀头礁
8	蟹顶山	—	—	—	—	蟹顶山
9	盆礁	—	—	—	—	盆礁
10	小沙头屿	—	—	—	—	—
11	大铜锣礁	—	—	—	—	—
12	小铜锣礁	—	—	—	—	小铜锣礁
13	黄嘴头	—	—	黄猪头［地形图］	—	—
14	大嘴头	—	—	大猪头［地形图］	—	—
15	跳嘴头	—	—	—	—	跳嘴头
16	双峰涂	—	—	—	—	双峰涂
17	鹿栏晴沙	千步沙［元大德志］	—	沙洋［地形图］	—	后沙洋（铁板沙）
18	竹屿港	竹屿港［明筹海图编］，狭港［明两浙海防类考续编］	—	竹屿港［地形图］［民国志］，竹峙港［岱山镇志］	—	竹屿港

岱山县岱西镇新旧地名录

（海域类）

<table>
<tr><th>序号</th><th>现行名称</th><th>清前</th><th>清</th><th>民国</th><th>中国海洋岛屿简况1980年</th><th>地名志</th></tr>
<tr><td>1</td><td>西垦山岛</td><td>西垦山［明两浙海防类考续编］，西肯［明全浙兵制］</td><td>西垦山［清康熙志］，西垦［清光绪志］</td><td>西垦山［地形图］［民国志］，与东垦山合称吼司岛＊［民国志］</td><td>西垦山</td><td>西垦山</td></tr>
<tr><td>2</td><td>里垦齿礁</td><td rowspan="4">—</td><td rowspan="4">—</td><td rowspan="4">虾扒礁［民国志］</td><td rowspan="3">里垦齿</td><td rowspan="2">里垦齿山</td></tr>
<tr><td>3</td><td>小西垦屿</td></tr>
<tr><td>4</td><td>中垦齿礁</td><td>中垦齿礁</td></tr>
<tr><td>5</td><td>外垦齿礁</td><td>外垦齿</td><td>外垦齿礁</td></tr>
<tr><td>6</td><td>大虾爬礁</td><td>—</td><td rowspan="2">虾爬礁［清康熙志］［清光绪志］</td><td rowspan="2">—</td><td rowspan="2">大虾爬礁</td><td rowspan="2">大虾爬礁</td></tr>
<tr><td>7</td><td>虾爬中礁</td><td></td></tr>
<tr><td>8</td><td>小虾爬礁</td><td>—</td><td>—</td><td>—</td><td>—</td><td>小虾爬礁</td></tr>
<tr><td>9</td><td>花鼓山屿</td><td>—</td><td>花果山［清康熙志］</td><td>—</td><td>花鼓山</td><td>花鼓山</td></tr>
<tr><td>10</td><td>滩锣礁</td><td>—</td><td></td><td>—</td><td>铿锣山</td><td>滩锣礁</td></tr>
<tr><td>11</td><td>南浦五虎礁</td><td>五虎礁［明筹海图编］［明两浙海防类考续编］</td><td>五虎礁［清康熙志］</td><td>五虎礁［民国志］［地形图］</td><td>—</td><td>南浦五虎礁</td></tr>
<tr><td>12</td><td>岱西凉帽山屿</td><td>—</td><td rowspan="6">筊杯山［清康熙志］，必信岛＊［八省图］</td><td>—</td><td rowspan="6">双螺</td><td>凉帽山</td></tr>
<tr><td>13</td><td>岱西蓑衣山岛</td><td>—</td><td>—</td><td rowspan="5">蓑衣山</td></tr>
<tr><td>14</td><td>蓑衣北一礁</td><td>—</td><td>—</td></tr>
<tr><td>15</td><td>蓑衣北二礁</td><td>—</td><td>—</td></tr>
<tr><td>16</td><td>蓑衣北三礁</td><td>—</td><td>—</td></tr>
<tr><td>17</td><td>蓑衣北四礁</td><td>—</td><td>—</td></tr>
<tr><td>18</td><td>大廖芍屿</td><td>—</td><td>—</td><td>—</td><td rowspan="2">瞭贼咀</td><td rowspan="2">料勺嘴</td></tr>
<tr><td>19</td><td>小廖芍屿</td><td>—</td><td>—</td><td>—</td></tr>
<tr><td>20</td><td>对江长礁</td><td>—</td><td>—</td><td>—</td><td>—</td><td>对江长礁</td></tr>
</table>

续表

序号	现行名称	清前	清	民国	中国海洋岛屿简况1980年	地名志
21	剪刀山嘴	—	剪刀头山[清康熙志][清光绪志]，小刀头山[清康熙志岱山图]	剪刀豆山[民国志]，剪刀头山[地形图]	—	剪刀山嘴
22	长跳嘴	—	—	—	—	长跳嘴
23	料勺嘴	—	—	—	—	料勺嘴
24	（已废）	稠港[明筹海图编][明两浙海防类考续编]	仇港门[清康熙志]，售港门[清光绪志]	仇家门[民国志]，两头洞港[民国志]	—	仇江门

注：仇江门于1980年因筑仇江门大坝（海塘）而废。

岱山县衢山镇新旧地名录

（海域类）

<table>
<tr><th>序号</th><th>现行名称</th><th colspan="2">清前</th><th>清</th><th>民国</th><th>中国海洋岛屿简况1980年</th><th>地名志</th></tr>
<tr><td rowspan="4">1</td><td rowspan="4">衢山</td><td rowspan="2">蓬莱山［列子·汤问］［山海经·海内北经］［史记·封禅书］［海内十洲记］［宋乾道志］，大衢山［明两浙海防类考续编］［明天启志］［明筹海图编］，衢山［明全浙兵制］</td><td>大均山［北宋参天台五台山记］，西朐山［宋乾道志］［宋宝庆志］［元延祐四明志］［元大德志］［明天启志］</td><td rowspan="2">大衢山［清康熙志］［清光绪志］，金山［八省图］</td><td rowspan="2">衢山［地形图］［民国志］，朐山［民国志］</td><td rowspan="4">大衢山</td><td rowspan="4">衢山</td></tr>
<tr><td>东朐山［宋乾道志］［宋宝庆志］［元延祐四明志］［元大德志］［明天启志］</td></tr>
<tr><td colspan="2">—</td><td>樟木山（其时，已与衢山岛相连）［清光绪志］</td><td>樟木山［民国志］</td></tr>
<tr><td colspan="2">—</td><td>—</td><td>横勒山［地名资料］</td></tr>
</table>

续表

序号	现行名称	清前	清	民国	中国海洋岛屿简况1980年	地名志
1	衢山岛	—	—	老鼠山[地名资料]	大衢山	衢山
		—	太平山[清光绪志]	太平山[民国志]		
		—	—	泥螺山[民国志]		
		冷屿[明两浙海防类考续编]	—	烂石头山[地形图],烂石豆山[民国志]	凉峙山	—
		—	—	中泥螺[地名资料]	—	—
		—	—	小泥螺[民国志]	—	外泥螺山
2	鼠浪湖岛	东晓山[宋乾道志][宋宝庆志][元延祐四明志][元大德志][明天启志],朐东山[宋宝庆志],鼠狼岙[明筹海图编],鼠狼湖[明两浙海防类考续编][明全浙兵制]	鼠狼湖(山)[清康熙志][清光绪志]	鼠狼湖[地形图][民国志],安掘罗[民国志]	鼠浪湖	鼠浪湖岛
		—	—	沙鱼礁[民国志]	—	小蓑衣山
		—	—	卵黄山[民国志]	卵黄山	卵黄山
3	黄泽山岛	黄石山[宋参天台五台山记][宋乾道志][宋宝庆志],黄泽山[明两浙海防类考续编],黄泽[明全浙兵制]	黄石山[清雍正浙江通志],黄泽[清光绪志]	黄泽山[地形图][民国志],皮而岛[民国志]	黄泽山	黄泽山

续表

<table>
<tr><th>序号</th><th>现行名称</th><th>清前</th><th>清</th><th colspan="2">民国</th><th>中国海洋岛屿简况1980年</th><th>地名志</th></tr>
<tr><td>4</td><td>小衢山岛</td><td>小均山[北宋参天台五台山记],小衢山[明两浙海防类考续编][明筹海图编][明天启志],小衢[明全浙兵制]</td><td>小衢山[清康熙志][清光绪志]</td><td colspan="2">小衢山[地形图][民国志],白色脱岛[民国志]</td><td>小衢山</td><td>小衢山</td></tr>
<tr><td>5</td><td>大横勒山岛</td><td rowspan="2">—</td><td rowspan="2">—</td><td colspan="2" rowspan="2">横拉山[民国志]</td><td>大横勒山</td><td>大横勒山</td></tr>
<tr><td>6</td><td>小横勒山屿</td><td>—</td><td>小横勒山</td></tr>
<tr><td>7</td><td>小红山屿</td><td>—</td><td>—</td><td colspan="2">红山[民国志]</td><td>红山</td><td>小红山</td></tr>
<tr><td>8</td><td>大稻桶礁</td><td>—</td><td>—</td><td colspan="2">讨饭提箩礁[民国志]</td><td>—</td><td>大稻桶礁</td></tr>
<tr><td>9</td><td>海虎礁</td><td>—</td><td>—</td><td colspan="2">海虎礁[民国志]</td><td>—</td><td>海虎礁</td></tr>
<tr><td>10</td><td>大冬瓜山屿</td><td rowspan="2">冬瓜[明两浙海防类考续编]</td><td rowspan="2">—</td><td colspan="2" rowspan="2">双卵黄[民国志]</td><td rowspan="2">烂冬瓜</td><td rowspan="2">大烂冬瓜山</td></tr>
<tr><td>11</td><td>中冬瓜山屿</td></tr>
<tr><td>12</td><td>淘箩山屿</td><td>—</td><td>烂东瓜山[清光绪志]</td><td>烂冬瓜[民国志]</td><td rowspan="3">陶生岛[民国志]</td><td>淘箩山</td><td>淘箩山</td></tr>
<tr><td>13</td><td>小钥匙山屿</td><td>—</td><td>—</td><td>褡褳山[民国志]</td><td>—</td><td>—</td></tr>
<tr><td>14</td><td>公山屿</td><td>—</td><td>—</td><td>上褡褳[民国志]</td><td>—</td><td>公山</td></tr>
<tr><td>15</td><td>蛳螺礁</td><td>—</td><td>—</td><td colspan="2">弓山[民国志]</td><td>—</td><td>—</td></tr>
<tr><td>16</td><td>扁担山岛</td><td>—</td><td>—</td><td colspan="2">扁担山[民国志]</td><td>扁担山</td><td>扁担山</td></tr>
<tr><td>17</td><td>大麦仓山屿</td><td>—</td><td>—</td><td colspan="2">麦仓山[民国志]</td><td>大麦仓</td><td>麦仓山</td></tr>
<tr><td>18</td><td>岛斗洞礁</td><td>铜礁[明两浙海防类考续编]</td><td>—</td><td colspan="2">洞礁[民国志]</td><td>洞礁</td><td>洞礁</td></tr>
</table>

续表

<table>
<tr><th>序号</th><th>现行名称</th><th>清前</th><th>清</th><th>民国</th><th>中国海洋岛屿简况1980年</th><th>地名志</th></tr>
<tr><td>19</td><td>双子山岛</td><td>桑子山[北宋参天台五台山记][宋乾道志][宋宝庆志][元延祐四明志][元大德志],桑石山[唐大和上东征传][宋宝庆志][元延祐四明志][元大德志],桑枝山[明两浙海防类考续编][明筹海图编],笔架山(指双子山岛南部笔搁山部分)[明两浙海防类考续编]</td><td>霜子山(桑枝山)[清康熙志],桑枝山[清光绪志]</td><td>桑枝山[地形图][民国志],亨利岛[民国志]</td><td>双子山</td><td>双子山</td></tr>
<tr><td>20</td><td>桥梁山岛</td><td>—</td><td>桥梁[清光绪志]</td><td>桥梁山[地形图][民国志]</td><td>桥梁山</td><td>桥梁山</td></tr>
<tr><td>21</td><td>蟹礁</td><td>—</td><td>—</td><td>黑礁[地形图][民国志]</td><td>—</td><td>—</td></tr>
<tr><td>22</td><td>大钥匙山屿</td><td>—</td><td>—</td><td>泥山[地形图],钥匙山[民国志]</td><td>钥匙山</td><td>钥匙山</td></tr>
<tr><td>23</td><td>上海山岛</td><td>—</td><td rowspan="3">上海山[清光绪志]</td><td rowspan="3">上海山[地形图][民国志],皮生岛[民国志]</td><td rowspan="3">上海山</td><td rowspan="3">上海山</td></tr>
<tr><td>24</td><td>上海山东礁</td><td>—</td></tr>
<tr><td>25</td><td>上海山南礁</td><td>—</td></tr>
<tr><td>26</td><td>下海山岛</td><td>—</td><td rowspan="2">下海山[清光绪志]</td><td rowspan="2">下海山[地形图][民国志]</td><td rowspan="2">下海山</td><td rowspan="2">下海山</td></tr>
<tr><td>27</td><td>上海山东礁</td><td>—</td></tr>
<tr><td>28</td><td>外蛇舌山岛</td><td>—</td><td>—</td><td>后门山[地形图][民国志],乍浦门[民国志],皮生岛[民国志]</td><td>外社依</td><td>外蛇舌山</td></tr>
<tr><td>29</td><td>衢山小盘山岛</td><td>小盘山[明两浙海防类考续编]</td><td>—</td><td>小盘山[地形图][民国志]</td><td>小盘山</td><td>小盘山</td></tr>
</table>

续表

<table>
<tr><th>序号</th><th>现行名称</th><th colspan="2">清前</th><th>清</th><th colspan="2">民国</th><th>中国海洋岛屿简况 1980 年</th><th>地名志</th></tr>
<tr><td>30</td><td>衢山大盘山岛</td><td colspan="2">大盘山[明两浙海防类考续编]</td><td>—</td><td colspan="2">大盘山[地形图][民国志]</td><td>大盘山</td><td>大盘山</td></tr>
<tr><td>31</td><td>琵琶栏岛</td><td colspan="2">枇杷磯</td><td>琵琶礁[清康熙志]，枇杷篮[清光绪志]</td><td colspan="2">枇杷篮[地形图][民国志]，伊文岛[民国志]</td><td>琵琶兰</td><td>琵琶栏</td></tr>
<tr><td>32</td><td>鼠浪大青山岛</td><td colspan="2">—</td><td>—</td><td colspan="2">青山[地形图][民国志]</td><td>青山</td><td>大青山</td></tr>
<tr><td>33</td><td>小鼠浪湖岛</td><td colspan="2">—</td><td>—</td><td colspan="2">小鼠狼湖[地形图][民国志]，法兰西岛[民国志]</td><td>—</td><td>小鼠浪湖山</td></tr>
<tr><td>34</td><td>鼠南海横头岛</td><td>外梁山[明两浙海防类考续编]</td><td rowspan="2">里外梁[明全浙兵制]</td><td>—</td><td colspan="2">海横头山[地形图][民国志]，裴而福岛[民国志]</td><td>海横头</td><td>海横头</td></tr>
<tr><td>35</td><td>鼠浪横梁岛</td><td>里梁山[明两浙海防类考续编]</td><td>—</td><td colspan="2">海横头</td><td>横梁</td><td>—</td></tr>
<tr><td>36</td><td>蛇虫山屿</td><td colspan="2">—</td><td>—</td><td colspan="2">—</td><td>蚊虫山</td><td>小蚊虫山</td></tr>
<tr><td>37</td><td>大赤背屿</td><td colspan="2">—</td><td>—</td><td colspan="2" rowspan="2">半洋狮子礁[民国志]</td><td rowspan="2">赤背礁</td><td rowspan="2">赤背礁</td></tr>
<tr><td>38</td><td>赤背小礁</td><td colspan="2">—</td><td>—</td></tr>
<tr><td>39</td><td>上三星岛</td><td colspan="2" rowspan="3">三星山[两浙海防类考续编][明筹海图编][明天启志]，三星[明全浙兵制]</td><td rowspan="3">三星山[清康熙志]</td><td rowspan="3">三星山[民国志]，霍勃生岛[民国志]</td><td>上三星[地形图][民国志]</td><td>上三星</td><td>上三星</td></tr>
<tr><td>40</td><td>中三星岛</td><td>中三星[地形图][民国志]</td><td>中三星</td><td>中三星</td></tr>
<tr><td>41</td><td>下三星岛</td><td>下三星[地形图][民国志]</td><td>下三星</td><td>下三星</td></tr>
</table>

续表

<table>
<tr><th>序号</th><th>现行名称</th><th colspan="2">清前</th><th>清</th><th>民国</th><th>中国海洋岛屿简况 1980 年</th><th>地名志</th></tr>
<tr><td>42</td><td>上川山岛</td><td rowspan="3">下屿山[唐大和上东征传]，穿石山[宋宝庆志][明天启志]，川石山[宋乾道志][元延祐四明志][元大德志]，上下川[全浙兵制]，上下穿山[明两浙海防类考续编]</td><td>上川山[明筹海图编]</td><td>上川山[清光绪志]，克非司岛*[八省图]</td><td>上川山[地形图][民国志]</td><td>上川山</td><td>上川山</td></tr>
<tr><td>43</td><td>下川山岛</td><td rowspan="2">下川山[明筹海图编]</td><td rowspan="2">下川山[清光绪志]</td><td rowspan="2">下川山[地形图][民国志]</td><td rowspan="2">下川山</td><td rowspan="2">下川山</td></tr>
<tr><td>44</td><td>下川山长山岛</td></tr>
<tr><td>45</td><td>川湖柴山岛</td><td colspan="2">—</td><td>—</td><td>柴山[地形图][民国志]</td><td>柴山</td><td>柴山</td></tr>
<tr><td>46</td><td>东鼻头礁</td><td colspan="2" rowspan="2">幞头山[明两浙海防类考续编]，幞头礁[明全浙兵制]</td><td rowspan="2">—</td><td rowspan="2">鼻头礁[地形图]，箔头礁[民国志]</td><td rowspan="2">鼻头礁</td><td rowspan="2">鼻头礁</td></tr>
<tr><td>47</td><td>西鼻头礁</td></tr>
<tr><td>48</td><td>川江南山岛</td><td colspan="2">—</td><td>—</td><td rowspan="2">江南山[地形图][民国志]</td><td rowspan="2">江南山</td><td rowspan="2">川江南山</td></tr>
<tr><td>49</td><td>中江南山屿</td><td colspan="2">—</td><td>—</td></tr>
<tr><td>50</td><td>川木桩山岛</td><td colspan="2">—</td><td>—</td><td>馒头山[地形图][民国志]</td><td>南木椿</td><td>川木桩山</td></tr>
<tr><td>51</td><td>大花瓶屿</td><td colspan="2">—</td><td>—</td><td>香炉花瓶[地形图][民国志]</td><td>香炉花瓶</td><td>花瓶山</td></tr>
<tr><td>52</td><td>小花瓶礁</td><td colspan="2">—</td><td>—</td><td>—</td><td>—</td><td>小花瓶山</td></tr>
<tr><td>53</td><td>中花瓶礁</td><td colspan="2">—</td><td>—</td><td>—</td><td>—</td><td>—</td></tr>
<tr><td>54</td><td>小栲稻桶礁</td><td colspan="2">—</td><td>—</td><td>—</td><td>—</td><td rowspan="2">栲淘洞礁</td></tr>
<tr><td>55</td><td>大栲稻桶礁</td><td colspan="2">—</td><td>—</td><td>—</td><td>—</td></tr>
<tr><td>56</td><td>柴山北小礁</td><td colspan="2">—</td><td>—</td><td>—</td><td>—</td><td>—</td></tr>
</table>

续表

序号	现行名称	清前	清	民国	中国海洋岛屿简况1980年	地名志
57	柴山北大屿	—	—	—	—	—
58	川湖柴山北岛	—	—	—	—	—
59	柴山东礁	—	—	—	—	—
60	柴山南小礁	—	—	—	—	—
61	柴山南大礁	—	—	—	—	—
62	柴山大礁	—	—	—	—	柴山大礁
63	柴山小礁	—	—	—	—	—
64	上川北礁	—	—	—	—	—
65	下川北礁	—	—	—	—	—
66	下川东大礁	—	—	—	—	—
67	下川东小礁	—	—	—	—	—
68	川乌礁	—	—	—	—	川乌礁
69	矾鸥北礁	—	—	—	—	鸡粪礁
70	矾鸥南礁	—	—	—	—	
71	上川西大礁	—	—	—	—	—
72	上川西小礁	—	—	—	—	—
73	切开大礁	—	—	—	—	切开大礁
74	弹鱼礁	—	—	—	—	弹鱼礁
75	衢山馒头山屿	—	—	馒头山[地形图][民国志]	馒头山	馒头山
76	川湖小钹礁	—	—	—	—	小白礁
77	大钹北礁	—	—	—	—	大白礁
78	川湖大钹礁	—	—	—	—	
79	小黄泽屿	—	—	—	—	—
80	外簾北礁	—	—	—	—	—
81	外簾南礁	—	—	—	—	—
82	红山南礁	—	—	—	—	—
83	冷屿礁	—	—	—	—	—
84	小泽山西礁	—	—	—	—	—
85	黄泽小山屿	—	—	—	—	黄泽小山

续表

<table>
<tr><th>序号</th><th>现行名称</th><th>清前</th><th>清</th><th>民国</th><th>中国海洋岛屿简况1980年</th><th>地名志</th></tr>
<tr><td>86</td><td>岛斗石城礁</td><td>—</td><td>—</td><td>—</td><td>—</td><td>—</td></tr>
<tr><td>87</td><td>横勒东礁</td><td>—</td><td>—</td><td>—</td><td>—</td><td>—</td></tr>
<tr><td>88</td><td>小和尚礁</td><td>—</td><td>—</td><td>—</td><td>—</td><td>小和尚礁</td></tr>
<tr><td>89</td><td>黄泽南礁</td><td>—</td><td>—</td><td>—</td><td>—</td><td>—</td></tr>
<tr><td>90</td><td>公三礁</td><td>—</td><td>—</td><td>—</td><td>—</td><td>公三礁</td></tr>
<tr><td>91</td><td>小麦仓山屿</td><td>—</td><td>—</td><td>—</td><td>小麦仓</td><td>小麦仓山</td></tr>
<tr><td>92</td><td>新黄礁</td><td>—</td><td>—</td><td>—</td><td>—</td><td>新黄礁</td></tr>
<tr><td>93</td><td>衢山水桶礁</td><td>—</td><td>—</td><td>—</td><td>—</td><td>水桶礁</td></tr>
<tr><td>94</td><td>四平老黄礁</td><td>—</td><td>—</td><td>—</td><td>—</td><td>—</td></tr>
<tr><td>95</td><td>柴礁</td><td>—</td><td>—</td><td>—</td><td>—</td><td>柴礁</td></tr>
<tr><td>96</td><td>小公山屿</td><td>—</td><td>—</td><td>—</td><td>公山</td><td>小公山</td></tr>
<tr><td>97</td><td>癞头屿</td><td rowspan="2">癞头屿［明两浙海防类考续编］</td><td rowspan="2">癞头屿［清光绪志］</td><td rowspan="2">癞头屿［地形图］［民国志］</td><td rowspan="2">癞头峙</td><td rowspan="2">癞头峙</td></tr>
<tr><td>98</td><td>癞头北礁</td></tr>
<tr><td>99</td><td>沙龙镬脐礁</td><td>—</td><td>—</td><td>—</td><td>镬其礁</td><td>镬脐礁</td></tr>
<tr><td>100</td><td>短嘴礁</td><td>—</td><td>—</td><td>—</td><td>—</td><td>—</td></tr>
<tr><td>101</td><td>招牌礁</td><td>—</td><td>—</td><td>—</td><td>—</td><td>招牌礁</td></tr>
<tr><td>102</td><td>出角上礁</td><td>—</td><td>—</td><td>—</td><td>—</td><td rowspan="3">出角礁</td></tr>
<tr><td>103</td><td>出角中礁</td><td>—</td><td>—</td><td>—</td><td>—</td></tr>
<tr><td>104</td><td>出角下礁</td><td>—</td><td>—</td><td>—</td><td>—</td></tr>
<tr><td>105</td><td>三星楝槌屿</td><td>—</td><td>—</td><td>—</td><td>王礁</td><td>三星楝槌礁</td></tr>
<tr><td>106</td><td>碾子礁</td><td>—</td><td>—</td><td>—</td><td>—</td><td>碾子礁</td></tr>
<tr><td>107</td><td>利市礁</td><td>—</td><td>—</td><td>—</td><td>—</td><td>利市礁</td></tr>
<tr><td>108</td><td>隆塘礁</td><td>—</td><td>—</td><td>—</td><td>—</td><td>—</td></tr>
<tr><td>109</td><td>衢山大蓑衣屿</td><td>—</td><td>—</td><td>—</td><td>鲨鱼礁</td><td>大蓑衣山</td></tr>
<tr><td>110</td><td>蓑衣礁</td><td>—</td><td>—</td><td>—</td><td>—</td><td>—</td></tr>
<tr><td>111</td><td>黄泥乌龟屿</td><td>—</td><td>—</td><td>—</td><td>—</td><td>乌龟嘴山</td></tr>
<tr><td>112</td><td>西劈坎山屿</td><td>—</td><td>—</td><td>—</td><td>—</td><td>西劈坎山</td></tr>
<tr><td>113</td><td>帽蓬礁</td><td>—</td><td>—</td><td>—</td><td>—</td><td>帽蓬礁</td></tr>
<tr><td>114</td><td>灯礁</td><td>—</td><td>—</td><td>—</td><td>—</td><td>灯礁</td></tr>
</table>

续表

序号	现行名称	清前	清	民国	中国海洋岛屿简况1980年	地名志
115	万南近岸礁	—	—	—	—	—
116	万南海狮礁	—	—	—	—	—
117	鼠浪小青山屿	—	—	—	小青山	小青山
118	里鸡娘礁	—	—	—	—	里鸡娘礁
119	尾巴礁	—	—	—	—	尾巴山
120	外鸡娘礁	—	—	鸡娘礁[地形图][民国志]	外鸡娘礁	外鸡娘礁
121	黄沙小蟹礁	—	—	—	—	—
122	大沙头礁	—	—	—	—	—
123	外盘礁	—	—	—	—	外盘屿
124	里盘礁	—	—	—	—	里盘礁
125	岛斗蟹礁	—	—	—	—	蟹礁
126	鮸鱼礁	—	—	—	—	鮸鱼礁
127	蜂巢岩	—	乌礁[清光绪志]，蜜蜂房石[八省图]	半洋礁[民国志]	蜂巢岩	蜂巢岩
128	石子嘴	—	姑卢家角＊[八省图]	—	—	石子嘴
129	蛇头嘴	—	代牙角＊[八省图]	—	—	蛇头
130	大沙头角	—	物尔得角＊[八省图]	—	—	—
131	和尚嘴	—	孩角＊[八省图]	—	—	和尚嘴
132	北岙山嘴	—	布里克四角＊[八省图]	—	—	北岙山嘴
133	枫藤嘴	—	巴路角＊[八省图]	—	—	枫藤嘴
134	培荫嘴	—	白纳里角＊[八省图]	—	—	培荫嘴

续表

序号	现行名称	清前	清	民国	中国海洋岛屿简况1980年	地名志
135	黄泽洋	—	黄泽港［清光绪志］	黄泽洋［地形图］［民国志］	—	黄泽洋
136	岱衢洋	—	—	衢港［地形图］［民国志］	—	岱衢洋
137	蛇移门	蛇舌门［明两浙海防类考续编］［明全浙兵制］，茶浦门［明两浙海防类考续编］	乍浦门［清光绪志］	乍浦门［民国志］，茶叶门［地形图］［民国志］	—	蛇移门
138	北湖	港湾	—	北湖［地形图］［民国志］	—	北湖

注：凉峙山于1978年与衢山岛相连，泥螺山于1961年与衢山岛相连；外泥螺山于2006年与衢山岛相连。沙鱼礁于1978年与鼠浪湖岛相连，鸾凰山屿（卵黄山）于2012年与鼠浪湖岛相连。

岱山县长涂镇新旧地名录

（海域类）

<table>
<tr><th>序号</th><th>现行名称</th><th>清前</th><th colspan="2">清</th><th>民国</th><th>中国海洋岛屿简况1980年</th><th>地名志</th></tr>
<tr><td>1</td><td>中街山列岛</td><td>—</td><td colspan="2">渔人岛＊［八省图］</td><td>—</td><td>中街山列岛</td><td>中街山列岛</td></tr>
<tr><td rowspan="7">2</td><td rowspan="7">小长涂山岛</td><td rowspan="2">随稍山［宋参天台五台山记］，长涂山［宋乾道志］［宋宝庆志］［元延祐四明志］［元大德志］［明天启志］，长涂港［明筹海图编］，长涂［明全浙兵制］，栲鳌山［明两浙海防类考续编］</td><td colspan="2">长涂山［清康熙志］</td><td rowspan="2">长涂山［民国志］［地形图］</td><td rowspan="3">小长涂山</td><td rowspan="3">小长涂山</td></tr>
<tr><td colspan="2">栲鳌山［清康熙志］</td></tr>
<tr><td>—</td><td colspan="2">西岳［明两浙海防类考续编］，西岳嘴山［清康熙志］，西鹤山［清光绪志］</td><td>西鹤嘴［民国志］</td></tr>
<tr><td>—</td><td colspan="2">—</td><td>—</td><td>—</td><td>郭家屿</td></tr>
<tr><td>—</td><td colspan="2">—</td><td>—</td><td>—</td><td>小老鼠山</td></tr>
<tr><td>—</td><td colspan="2">—</td><td>老鼠山［地形图］</td><td>—</td><td>野老鼠山</td></tr>
<tr><td>—</td><td colspan="2">—</td><td>—</td><td>—</td><td>酒坛山</td></tr>
<tr><td rowspan="2">3</td><td rowspan="2">大长涂山岛</td><td rowspan="2">栏山［宋参天台五台山记］，兰山［宋乾道志］［宋宝庆志］［元延祐四明志］，东兰山［元大德志］［明天启志］，剑山［全浙兵制］［明筹海图编］</td><td rowspan="2">拉地司岛＊［八省图］</td><td>长涂山［清康熙志］</td><td rowspan="2">长涂山［民国志］［地形图］</td><td rowspan="2">大长涂山</td><td rowspan="2">大长涂山</td></tr>
<tr><td>剑山［清康熙志］东剑［清康熙志·县境图］，西剑［清康熙志·县境图］</td></tr>
</table>

续表

序号	现行名称	清前	清	民国	中国海洋岛屿简况1980年	地名志
3	大长涂山岛	—	—	磨盘山[地形图][民国志]	—	磨盘山
		—	—	—	—	切断山
		—	—	—	—	大劈开
		—	—	—	—	东磨盘礁
		五爪湖[明筹海图编][明两浙海防类考续编][明全浙兵制]	五爪湖山[清康熙志][清光绪志]	—	对港山	五爪湖
4	大西寨岛	西岙[宋乾道志][宋宝庆志][元延祐四明志],西寨山[明两浙海防类考续编],西寨[明全浙兵制]	西寨山[清康熙志][清光绪志],何勒岛＊[八省图]	大西寨岛[地形图],西寨山[民国志],大堂岛＊[民国志]	大西寨岛	大西寨岛
5	小西寨岛	—	鳗潭[清光绪志],伟勒岛＊[八省图]	小西寨山[地形图],西寨山[民国志],活而耳岛＊[民国志]	小西寨岛	小西寨岛
6	东寨岛	东岙[宋乾道志][宋宝庆志][元延祐四明志],东寨山[明两浙海防类考续编],东寨[明全浙兵制]	东寨山[清康熙志][清光绪志],米丢撒岛＊[八省图]	东寨岛[地形图][民国志],密春沙岛＊[民国志]	东寨岛	东寨岛
7	奔波山岛	奔波山[明两浙海防类考续编]	奔波[清光绪志],迷蜂＊[八省图]	奔波山[地形图][民国志],蜜蜂岛＊[民国志]	奔波山	奔波山
8	奔波礁	—	—	—	—	奔波礁
9	樱连山岛	莺烈湖[明两浙海防类考续编]	木安岛＊[八省图]	樱连山[地形图][民国志],毛来岛＊[民国志]	樱连山	樱连山
10	楠木桩岛	木洋头[明两浙海防类考续编]	木洋头[清光绪志]	楠木椿[地形图][民国志]	楠木桩	楠木桩

续表

序号	现行名称	清前	清	民国	中国海洋岛屿简况1980年	地名志
11	黄老虎礁	—	黄老虎礁[清光绪志]	黄老虎礁[地形图][民国志]	黄老虎礁	黄老虎礁
12	菜花岛	—	菜花山[清光绪志]	菜花岛[地形图]	菜花岛	菜花岛
13	大横档岛	—	横档[清光绪志]	横档山[地形图][民国志]	横档	大横档
14	小横档岛	—	横档[清光绪志]	小横档[民国志],小横档山[民国志]	吊勾	小横档
15	蜘蛛山屿	—	鸡笼[清光绪志]	鸡笼[地形图][民国志]	芦笙岛	蜘蛛
16	大弟山屿	—	黄礁[清光绪志]	黄礁[地形图][民国志]	黄礁	大弟山
17	东寨稻蓬屿	—	—	—	稻蓬	稻蓬山
18	八亩田礁	—	—	八亩地礁[地形图][民国志]	—	八亩田礁
19	小板岛	小板[宋乾道志][元延祐四明志],小板岙[明筹海图编]	小板[清光绪志],鼎足岛＊[八省图]	小板岛[地形图][民国志],小龟山[民国志],屈立剥特岛＊[民国志]	小板岛	小板岛
20	治治岛	—	休为得岛＊[八省图]	治治岛[地形图][民国志],休惠得岛＊[民国志]	治治岛	治治岛
21	镬巴嘴屿	—	火把子山[清光绪志]	火把子山[地形图][民国志]	镬巴咀	镬巴嘴
22	小龟山岛	—	司梯泊＊[八省图]	桂下山[地形图],后柱下山[民国志]	小龟山	小龟山
23	绍兴甏礁	—	—	笋礁[地形图]	—	绍兴甏山
24	大鸭掌岛	—	—	鸭掌岛[地形图][民国志],勃来能岛＊[民国志]	鸭掌岛	大鸭掌

续表

<table>
<tr><th>序号</th><th>现行名称</th><th>清前</th><th>清</th><th>民国</th><th>中国海洋岛屿简况1980年</th><th>地名志</th></tr>
<tr><td>25</td><td>中鸭掌屿</td><td>—</td><td>—</td><td>—</td><td>中鸭掌</td><td>中鸭掌</td></tr>
<tr><td>26</td><td>下鸭掌屿</td><td>—</td><td>—</td><td>—</td><td>下鸭掌</td><td>下鸭掌</td></tr>
<tr><td>27</td><td>大妹妹屿</td><td>—</td><td>—</td><td>大妹妹山[地形图][民国志]</td><td>—</td><td>大妹妹</td></tr>
<tr><td>28</td><td>小妹妹屿</td><td>—</td><td>—</td><td>小妹妹山[地形图][民国志]</td><td>—</td><td>小妹妹</td></tr>
<tr><td>29</td><td>棋盘屿</td><td>—</td><td>—</td><td>棋盘礁[地形图][民国志]</td><td>棋盘礁</td><td>棋盘礁</td></tr>
<tr><td>30</td><td>大帽篷礁</td><td>—</td><td>—</td><td>乌礁[地形图][民国志]</td><td>乌礁</td><td>乌礁</td></tr>
<tr><td>31</td><td>大鸭笼屿</td><td>—</td><td>鸡笼[清光绪志]</td><td>鸡笼山[地形图][民国志]</td><td>大鸡笼</td><td>大鸭笼山</td></tr>
<tr><td>32</td><td>蛤蜊屿</td><td>—</td><td>—</td><td>蛤彭山[地形图][民国志]</td><td>蛤蜊山</td><td>蛤蜊山</td></tr>
<tr><td>33</td><td>大老鼠屿</td><td>—</td><td>—</td><td>老鼠山[地形图][民国志]</td><td>老鼠山</td><td>大老鼠山</td></tr>
<tr><td>34</td><td>大扁簪屿</td><td>—</td><td>—</td><td>边栽礁[地形图],棺材礁[民国志],扁簪山[民国志]</td><td>大扁簪</td><td>大扁簪</td></tr>
<tr><td>35</td><td>大劈刀礁</td><td>—</td><td>—</td><td rowspan="2">大劈开礁[地形图][民国志]</td><td rowspan="2">—</td><td rowspan="2">大劈刀礁</td></tr>
<tr><td>36</td><td>中劈刀礁</td><td>—</td><td>—</td></tr>
<tr><td>37</td><td>小劈刀礁</td><td>—</td><td>—</td><td>小劈开礁[地形图][民国志]</td><td>—</td><td>小劈刀礁</td></tr>
<tr><td>38</td><td>东剑门礁</td><td>—</td><td>—</td><td>礁门[地形图],门礁[民国志]</td><td>门礁</td><td>门礁</td></tr>
<tr><td>39</td><td>东剑红山岛</td><td>—</td><td>—</td><td>—</td><td>红山</td><td>红山</td></tr>
<tr><td>40</td><td>放羊山屿</td><td>—</td><td>—</td><td>—</td><td>有记载,但无名</td><td>放羊山</td></tr>
<tr><td>41</td><td>洪嘴礁</td><td>—</td><td>—</td><td>—</td><td>—</td><td>洪嘴礁</td></tr>
<tr><td>42</td><td>北阴礁</td><td>—</td><td>—</td><td>—</td><td>—</td><td>—</td></tr>
<tr><td>43</td><td>西寨东嘴头屿</td><td>—</td><td>—</td><td>—</td><td>—</td><td>东嘴头</td></tr>
</table>

续表

<table>
<tr><th>序号</th><th>现行名称</th><th>清前</th><th>清</th><th>民国</th><th>中国海洋岛屿简况1980年</th><th>地名志</th></tr>
<tr><td>44</td><td>中扁簪礁</td><td>—</td><td>—</td><td>—</td><td>—</td><td>—</td></tr>
<tr><td>45</td><td>韭菜山岛</td><td>—</td><td>—</td><td>韭菜山［地形图］［民国志］</td><td>韭菜山</td><td>韭菜山</td></tr>
<tr><td>46</td><td>韭菜礁</td><td>—</td><td>—</td><td>—</td><td>—</td><td>韭菜礁</td></tr>
<tr><td>47</td><td>小红礁</td><td>—</td><td>—</td><td>红礁</td><td>—</td><td>小红礁</td></tr>
<tr><td>48</td><td>南岙山屿</td><td>—</td><td>—</td><td>—</td><td>红礁</td><td>南岙山</td></tr>
<tr><td>49</td><td>剑北大礁</td><td>—</td><td>—</td><td>—</td><td>—</td><td>鲞骷头</td></tr>
<tr><td>50</td><td>南楠木礁</td><td>—</td><td>—</td><td>—</td><td>—</td><td>南楠木礁</td></tr>
<tr><td>51</td><td>东剑小馒头屿</td><td>—</td><td>—</td><td>—</td><td rowspan="2">小馒头岛</td><td rowspan="2">小馒头</td></tr>
<tr><td>52</td><td>东剑馒头礁</td><td>—</td><td>—</td><td>—</td></tr>
<tr><td>53</td><td>大葫芦屿</td><td>—</td><td>—</td><td>—</td><td>—</td><td>烂冬瓜</td></tr>
<tr><td>54</td><td>小葫芦礁</td><td>—</td><td>—</td><td>—</td><td>—</td><td>—</td></tr>
<tr><td>55</td><td>蛤蜊南礁</td><td>—</td><td>—</td><td>—</td><td>—</td><td>蛤蜊礁</td></tr>
<tr><td>56</td><td>樱连鸡笼屿</td><td>—</td><td>—</td><td>—</td><td>鸡笼</td><td>鸡笼</td></tr>
<tr><td>57</td><td>东剑鲨鱼屿</td><td>—</td><td>—</td><td>—</td><td>鲨鱼礁</td><td>鲨鱼礁</td></tr>
<tr><td>58</td><td>草鞋盘礁</td><td>—</td><td>—</td><td>—</td><td>—</td><td>草鞋盘</td></tr>
<tr><td>59</td><td>小帽篷礁</td><td>—</td><td>—</td><td>—</td><td>—</td><td>小帽篷</td></tr>
<tr><td>60</td><td>条西屿</td><td>—</td><td>—</td><td>—</td><td>条西</td><td>条西山</td></tr>
<tr><td>61</td><td>脚礁</td><td>—</td><td>—</td><td>—</td><td>—</td><td>脚礁</td></tr>
<tr><td>62</td><td>南沙礁</td><td>—</td><td>—</td><td>—</td><td>—</td><td>南沙礁</td></tr>
<tr><td>63</td><td>小弟礁</td><td>—</td><td>—</td><td>—</td><td>（有记载，但无名）</td><td>小弟礁</td></tr>
<tr><td>64</td><td>提篓礁</td><td>—</td><td>—</td><td>—</td><td>—</td><td rowspan="2">讨饭提篓</td></tr>
<tr><td>65</td><td>南提篓礁</td><td>—</td><td>—</td><td>—</td><td>—</td></tr>
<tr><td>66</td><td>西寨东嘴头礁</td><td>—</td><td>—</td><td>—</td><td>—</td><td>东嘴头</td></tr>
<tr><td>67</td><td>西寨北礁</td><td>—</td><td>—</td><td>—</td><td>—</td><td>—</td></tr>
<tr><td>68</td><td>中鸭笼屿</td><td>—</td><td>—</td><td>—</td><td>小鸡笼</td><td>中鸭笼山</td></tr>
<tr><td>69</td><td>中鸭东礁</td><td>—</td><td>—</td><td>—</td><td>—</td><td>—</td></tr>
<tr><td>70</td><td>小鸭笼礁</td><td>—</td><td>—</td><td>—</td><td>—</td><td>小鸭笼礁</td></tr>
</table>

续表

序号	现行名称	清前	清	民国	中国海洋岛屿简况1980年	地名志
71	灯光礁	—	灯笼礁[清光绪志]	灯笼礁[地形图][民国志]	—	灯光礁
72	治北礁	—	—	—	—	治北礁
73	小治治礁	—	—	—	—	小治治山
74	治治东礁	—	—	—	—	—
75	灯盏礁	—	—	—	—	灯盏礁
76	灯盏北礁	—	—	—	—	
77	灯盏西礁	—	—	—	—	
78	灯盏南礁	—	—	—	—	
79	鸭蛋礁	—	—	—	—	鸭蛋
80	小板东礁	—	—	—	—	—
81	多子山岛	—	黄蜂岛＊[八省图]	多子山[地形图][民国志],黄蜂岛＊[民国志]	多子山	多子山
82	南圆山岛	—	草岛＊[八省图]	圆山[地形图][民国志],大悬山[民国志],草岛＊[民国志]	南圆山	南圆山
83	大圆山岛	—	伏凝岛＊[八省图],富宁岛＊[新译海道图说]	大圆山[地形图][民国志]	大圆山	大圆山
	穿鼻山屿	—	—	穿鼻山[民国志]	穿鼻山	穿鼻山
84	壳落山屿	—	黑列岛＊[八省图]	壳落山[民国志]	哭落山	壳落山
85	壳落北礁	—	—	—	—	—
86	壳落中礁	—	—	—	—	—
87	壳落西礁	—	—	—	—	—
88	长涂大长礁	—	—	—	—	长礁
89	长涂小长礁	—	—	—	—	
90	长涂外长礁	—	—	—	干尾岛	
91	剑南长山岛	—	—	长山[地形图][民国志]	长山	长山

续表

<table>
<tr><th>序号</th><th>现行名称</th><th>清前</th><th>清</th><th>民国</th><th>中国海洋岛屿简况 1980 年</th><th>地名志</th></tr>
<tr><td>92</td><td>五爪礁</td><td>—</td><td>—</td><td>—</td><td>—</td><td>—</td></tr>
<tr><td>93</td><td>穿鼻北礁</td><td>—</td><td>—</td><td>—</td><td>—</td><td>—</td></tr>
<tr><td>94</td><td>圆山北礁</td><td>—</td><td>—</td><td>—</td><td>—</td><td>—</td></tr>
<tr><td>95</td><td>南沙头礁</td><td>—</td><td>—</td><td>—</td><td>—</td><td>—</td></tr>
<tr><td>96</td><td>铁登南礁</td><td>—</td><td>—</td><td>—</td><td>—</td><td rowspan="4">铁登山</td></tr>
<tr><td>97</td><td>铁登东礁</td><td>—</td><td>—</td><td>—</td><td>—</td></tr>
<tr><td>98</td><td>铁登西礁</td><td>—</td><td>—</td><td>—</td><td>—</td></tr>
<tr><td>99</td><td>铁登北礁</td><td>—</td><td>—</td><td>—</td><td>—</td></tr>
<tr><td>100</td><td>梨子山屿</td><td>—</td><td>—</td><td>—</td><td rowspan="2">连柱山</td><td rowspan="2">梨子山</td></tr>
<tr><td>101</td><td>梨子南礁</td><td>—</td><td>—</td><td>—</td></tr>
<tr><td>102</td><td>朝剑门礁</td><td>—</td><td>—</td><td>—</td><td>—</td><td>—</td></tr>
<tr><td>103</td><td>剑门南礁</td><td>—</td><td>—</td><td>—</td><td>—</td><td>—</td></tr>
<tr><td>104</td><td>长山西礁</td><td>—</td><td>—</td><td>—</td><td>—</td><td>—</td></tr>
<tr><td>105</td><td>东赤膊礁</td><td>—</td><td>—</td><td>—</td><td rowspan="2">赤膊礁</td><td rowspan="2">赤膊礁</td></tr>
<tr><td>106</td><td>西赤膊礁</td><td>—</td><td>—</td><td>—</td></tr>
<tr><td>107</td><td>剑南琵琶山屿</td><td>—</td><td>—</td><td>—</td><td>琶山</td><td>琵琶山</td></tr>
<tr><td>108</td><td>长涂小圆山屿</td><td>—</td><td>—</td><td>—</td><td>小圆山</td><td>小圆山</td></tr>
<tr><td>109</td><td>圆山南礁</td><td>—</td><td>—</td><td>—</td><td>—</td><td>—</td></tr>
<tr><td>110</td><td>万字礁</td><td>—</td><td>—</td><td>—</td><td>万字礁</td><td>万字礁</td></tr>
<tr><td>111</td><td>大沙河礁</td><td>—</td><td>—</td><td>—</td><td>—</td><td>—</td></tr>
<tr><td>112</td><td>钉嘴门礁</td><td>—</td><td>—</td><td>—</td><td>—</td><td>—</td></tr>
<tr><td>113</td><td>应龙山屿</td><td>—</td><td>峰石 * [八省图]</td><td>—</td><td>应龙山</td><td>应龙山</td></tr>
<tr><td>114</td><td>东磨盘礁</td><td>—</td><td>—</td><td>—</td><td>—</td><td>东磨盘礁</td></tr>
<tr><td>115</td><td>小磨盘礁</td><td>—</td><td>—</td><td>—</td><td>—</td><td>小磨盘礁</td></tr>
<tr><td>116</td><td>北圆山岛</td><td>—</td><td>—</td><td>圆山[地形图][民国志]</td><td>北圆山</td><td>北圆山</td></tr>
<tr><td>117</td><td>长涂五虎礁</td><td>—</td><td>—</td><td>五虎礁[地形图][民国志]</td><td>—</td><td>五虎礁</td></tr>
<tr><td>118</td><td>红礁</td><td>—</td><td>—</td><td>—</td><td>—</td><td>红礁</td></tr>
</table>

续表

<table>
<tr><th>序号</th><th>现行名称</th><th>清前</th><th>清</th><th>民国</th><th>中国海洋岛屿简况1980年</th><th>地名志</th></tr>
<tr><td>119</td><td>野鸭上礁</td><td>—</td><td>—</td><td rowspan="4">大礁[民国志]</td><td>大礁</td><td rowspan="4">野鸭礁</td></tr>
<tr><td>120</td><td>野鸭中礁</td><td>—</td><td>—</td><td>大礁</td></tr>
<tr><td>121</td><td>野鸭下礁</td><td>—</td><td>—</td><td>大礁</td></tr>
<tr><td>122</td><td>野鸭小礁</td><td>—</td><td>—</td><td>—</td></tr>
<tr><td>123</td><td>大交杯屿</td><td rowspan="2">筊杯山[明两浙海防类考续编]</td><td rowspan="2">茭杯山[清光绪志],双石*[八省图]</td><td rowspan="2">—</td><td rowspan="2">交杯山</td><td rowspan="2">交杯山</td></tr>
<tr><td>124</td><td>中交杯屿</td></tr>
<tr><td>125</td><td>交杯南礁</td><td>—</td><td>—</td><td>—</td><td>—</td><td>—</td></tr>
<tr><td>126</td><td>交杯西礁</td><td>—</td><td>—</td><td>—</td><td>—</td><td>—</td></tr>
<tr><td>127</td><td>小交杯礁</td><td>—</td><td>—</td><td>小交杯[地形图]</td><td>小交杯山</td><td>小交杯山</td></tr>
<tr><td>128</td><td>小三姐妹礁</td><td>—</td><td>—</td><td>—</td><td>—</td><td>三姐妹</td></tr>
<tr><td>129</td><td>长涂分水礁</td><td>—</td><td>—</td><td>—</td><td>分水礁</td><td>分水礁</td></tr>
<tr><td>130</td><td>长涂纱帽礁</td><td>—</td><td>—</td><td>—</td><td>—</td><td>纱帽礁</td></tr>
<tr><td>131</td><td>多北礁</td><td>—</td><td>—</td><td>—</td><td>—</td><td>多北礁</td></tr>
<tr><td>132</td><td>多子礁</td><td>—</td><td>—</td><td>—</td><td>—</td><td>—</td></tr>
<tr><td>133</td><td>大红礁</td><td>—</td><td>—</td><td>—</td><td>—</td><td>大红礁</td></tr>
<tr><td>134</td><td>海尾巴礁</td><td>—</td><td>—</td><td>—</td><td>—</td><td>海尾巴</td></tr>
<tr><td>135</td><td>樱连北礁</td><td>—</td><td>—</td><td>—</td><td>—</td><td>—</td></tr>
<tr><td>136</td><td>长涂蛤蜊礁</td><td>—</td><td>—</td><td>—</td><td>—</td><td>蛤蜊礁</td></tr>
<tr><td>137</td><td>杨梅礁</td><td>—</td><td>—</td><td>—</td><td>—</td><td>—</td></tr>
<tr><td>138</td><td>小龙珠礁</td><td>—</td><td>—</td><td>—</td><td>—</td><td>—</td></tr>
<tr><td>139</td><td>大龙珠礁</td><td>—</td><td>—</td><td>—</td><td>—</td><td>—</td></tr>
<tr><td>140</td><td>南嘴头礁</td><td>—</td><td>—</td><td>—</td><td>—</td><td>南嘴头岛</td></tr>
<tr><td>141</td><td>沙礁</td><td>—</td><td>—</td><td>—</td><td>—</td><td>双礁</td></tr>
<tr><td>142</td><td>背阴礁</td><td>—</td><td>—</td><td>—</td><td>—</td><td>—</td></tr>
<tr><td>143</td><td>东鼓柱礁</td><td>—</td><td>—</td><td>—</td><td>—</td><td>东鼓柱</td></tr>
<tr><td>144</td><td>横档头屿</td><td>—</td><td>—</td><td>—</td><td>—</td><td>横挡头礁</td></tr>
<tr><td>145</td><td>壳落北礁</td><td>—</td><td>—</td><td>—</td><td rowspan="4">哭落山</td><td rowspan="4">壳落山</td></tr>
<tr><td>146</td><td>壳落山屿</td><td>—</td><td>—</td><td>—</td></tr>
<tr><td>147</td><td>壳落西礁</td><td>—</td><td>—</td><td>—</td></tr>
<tr><td>148</td><td>壳落中礁</td><td>—</td><td>—</td><td>—</td></tr>
</table>

续表

序号	现行名称	清前	清	民国	中国海洋岛屿简况1980年	地名志
149	治西礁	—	—	—	—	治西礁
150	下鸭礁	—	—	—	—	下鸭礁
151	西鹤嘴	西岳[明两浙海防类考续编]	西岳嘴山[清康熙定海县志](时为海岛)	西鹤嘴[民国志](时为海岛)	—	西鹤嘴
152	东鹤嘴	东岳[明两浙海防类考续编]	东岳嘴山[清康熙定海县志]	东鹤嘴[地形图][民国志]	—	东鹤嘴
153	(已废)	—	—	三个潭[地形图][民国志]	—	—
154	火叉山嘴	—	—	—	—	火叉山嘴
155	已在金海重工建设过程中消失	—	—	—	—	龙头山嘴
156	已金海重工建高过程中消失	—	—	—	—	外山嘴
157	已金海重工建设在过程中消失	—	—	—	—	南山嘴
158	已在金海重工建设过程中消失	—	—	—	—	长山嘴(小长涂)
159	中段山嘴	—	—	—	—	中段山嘴
160	狗头颈山嘴	—	—	—	—	狗头颈
161	长山嘴	—	—	—	—	长山嘴
162	东山嘴	—	—	—	—	东山嘴
163	朝门山嘴	—	仪登角＊[八省图]	—	—	—
164	串心嘴	—	—	—	—	串心嘴
165	背阴山嘴	—	—	—	—	背阴山嘴
166	矮山嘴	—	—	—	—	矮山嘴
167	狗嘴哺山嘴	—	—	—	—	狗嘴哺
168	黄大洋	—	王大洋[清南海普陀山志][清普陀山志][清普陀全胜],兰秀湾＊[八省图]	—	—	—

续表

序号	现行名称	清前	清	民国	中国海洋岛屿简况1980年	地名志
169	岱衢洋	—	衢港[清康熙志]	衢港[地形图][民国志]	—	岱衢洋
170	长涂港	长涂港[明筹海图编][明两浙海防类考续编][明全浙兵制]	—	长涂港[地形图][民国志]	—	长涂港
171	(已废)	—	—	西剑港[地形图][民国志]	—	双剑涂
172	(已废)	—	—	东剑港[地形图][民国志]	—	
173	多子港	—	—	多子港[地形图][民国志]	—	多子港
174	小板门	—	—	小板门[地形图][民国志]	—	小板门
175	治治门	—	休为得水道*[八省图]	—	—	治治门
176	鸭掌门	—	—	—	—	鸭掌门
177	菜花门	—	—	—	—	菜花门
178	寨山航门	—	—	—	—	寨山航门
179	桐盘门	—	—	—	—	桐盘门
180	蜘蛛门	—	—	—	—	蜘蛛门
181	樱连门	—	—	—	—	樱连门
182	南庄门	南庄门[明两浙海防类考续编]	—	—	—	南庄门
183	(已围垦)	剑山涂[明全浙兵制]	峰澳*[八省图]	—	—	双剑涂
184	西鹤嘴灯桩	—	—	天灯[地形图]	—	西鹤嘴灯桩

注:东剑港与西剑港于2012年因围垦而废止。

岱山县秀山乡新旧地名录

（海域类）

<table>
<tr><th>序号</th><th>现行名称</th><th>清前</th><th colspan="2">清</th><th>民国</th><th>中国海洋岛屿简况1980年</th><th>地名志</th></tr>
<tr><td rowspan="8">1</td><td rowspan="8">秀山岛</td><td>秀山［宋乾道志］［宋宝庆志］［元大德志］［明天启志］［明全浙兵制］，兰秀山［明两浙海防类考续编］［明全浙兵制］</td><td colspan="2">秀山［清康熙志］，兰秀山［清康熙志］［清光绪志］［八省图］</td><td rowspan="4">秀山［地形图］［民国志］</td><td rowspan="7">秀山</td><td rowspan="7">秀山岛</td></tr>
<tr><td rowspan="2">兰山［宋乾道志］［宋宝庆志］［元延祐四明志］［元大德志］［明天启志］［明全浙兵制］，东兰山［宋乾道志］［宋宝庆志］［元大德志］［明天启志］</td><td rowspan="2">兰山［清康熙志］</td><td>大兰山［清光绪志］</td></tr>
<tr><td>小兰山［清光绪志］</td></tr>
<tr><td>—</td><td colspan="2">龟山［清康熙志］［清光绪志］</td></tr>
<tr><td>—</td><td colspan="2">双鸾山［清光绪志］</td><td>双鸾山［地形图］［民国志］</td></tr>
<tr><td>—</td><td colspan="2">洞口山［清康熙志］［清光绪志］</td><td>洞口山［地形图］［民国志］</td></tr>
<tr><td>—</td><td colspan="2">望王山［清康熙志］［清光绪志］</td><td>箬帽山［地形图］［民国志］</td></tr>
<tr><td>—</td><td colspan="2">—</td><td>小喉门［地形图］，古魁山［民国志］</td><td>—</td><td>小喉门山</td></tr>
</table>

续表

序号	现行名称	清前	清	民国	中国海洋岛屿简况1980年	地名志
2	大长山岛	—	呼背阑得岛[八省图]	大长山[地形图],长山[民国志]	大长山	大长山
3	小长山屿	—	—	小长山[地形图],晒鲞山[民国志]	小长山	小长山
4	畚斗山岛	黄母[宋乾道志],王母山[明两浙海防类考续编]	王山[清康熙志],畚斗山[清光绪志],重岛*[八省图]	畚斗山[地形图][民国志]	畚斗山	畚斗山
5	秀山大牛轭岛	—	—	牛盘山[地形图][民国志]	秀山牛轭	大牛轭山
6	牛轭礁	—	—	—	—	牛轭礁
7	秀山小牛轭岛	—	野鸭山[清光绪志]	野鸭山[地形图][民国志]	小牛轭	小牛轭山
8	小牛轭劈开礁	—	—	—	—	—
9	大瓦窑门屿	—	瓦窑门[清光绪志]	瓦窑门山[地形图][民国志]	瓦窑门山	瓦窑门山
10	小瓦窑门礁	—	—	—	小瓦窑门	小瓦窑门山
11	瓦窑门西礁	—	—	—		—
12	瓦窑门南礁	—	—	—	瓦窑门	—
13	三块上礁	—	甘近*[八省图]	三块山[地形图][民国志]	三块	三块山
14	三块中礁	—				
15	三块下礁	—				
16	外蚊虫屿	—	崎岖峰*[八省图]	浮瓢山[民国志],蚊虫山[地形图][民国志]	蚊虫山	蚊虫山
17	里蚊虫屿					
18	蚊虫东礁	—				
19	蚊虫西礁	—				

续表

序号	现行名称	清前	清	民国	中国海洋岛屿简况1980年	地名志
20	中块山岛	—	哈耳的岛＊[八省图]	古魁山[地形图][民国志]	中块	中块山
21	中块礁	—				
22	秀东凉帽篷屿	—			两毛封	
23	泥螺稞屿	—	—	泥螺稞壳[民国志]，哈台岛＊[民国志]	泥螺稞	—
24	泥螺稞北礁	—	—			
25	秀山大鼠礁	—	—	老鼠山[地形图][民国志]	老鼠山	老鼠山
26	秀山小鼠礁	—	—			
27	秀北大鼠礁	—	—	—	—	—
28	秀东浪鸡礁	—	—	—	—	—
29	秀东猪头礁	—	—	—	—	猪头礁
30	秀东三礁	—	—	—	—	三礁
31	长跳礁	—	—	—	—	长跳
32	箬跳大礁	—	—	—	—	—
33	秀南乌龟礁	—	—	—	—	—
34	秀南劈开礁	—	—	—	—	—
35	秀山青山岛	—	青山[清光绪志]，粮岛＊[八省图]	青山[地形图][民国志]，谷岛＊[民国志]	青山	青山
36	稻桶山岛	—	—	稻桶山[地形图][民国志]	稻桶山	稻桶山
37	大平山岛	—	—	观音跳[地形图][民国志]	平山	大平山
38	小平山屿	—	—	平山[地形图][民国志]	观音山	小平山
39	青礁	—	—	清礁[民国志]	—	青礁
40	明礁	—	—	—	—	明礁
41	鲻鱼背礁	—	—	—	—	鲻鱼背礁
42	秀山观音礁	—	—	—	—	观音礁
43	短跳礁	—	—	—	—	短跳
44	乌岩头	—	守望角＊[八省图]	—	—	乌岩头

续表

序号	现行名称	清前	清	民国	中国海洋岛屿简况1980年	地名志
45	外山嘴	—	唵勒角＊［八省图］	—	—	外山嘴
46	九子长跳	—	佘毕角＊［八省图］	—	—	长跳
47	双鸾山嘴	—	阑司得角＊［八省图］	—	—	—
48	灌门	灌门［元大德志］	龟水道＊［八省图］	灌门［地形图］［民国志］	灌门	灌门
49	小喉门	—	—	小喉门［地形图］［民国志］	—	小喉门
50	大喉门	—	—	—	—	大喉门

嵊泗县菜园镇新旧地名录

（海域类）

<table>
<tr><th>序号</th><th>现行名称</th><th>清前</th><th>清</th><th>民国</th><th>中国海洋岛屿简况1980年</th><th>地名志</th></tr>
<tr><td rowspan="8">1</td><td rowspan="8">泗礁山岛</td><td>北界山[宋参天台五台山记]，马迹山[宋乾道志][宋宝庆志][元延祐四明志][元大德志][明筹海图编][宋明天启志][明嘉靖定海县志]，马迹潭[明两浙海防类考续编]，马迹[明全浙兵制]，马迹山[明两浙海防类考续编][明筹海图编]</td><td rowspan="2">苏窦山[清康熙志]，泗礁山[清光绪崇明县志]，四礁山[清光绪江苏沿海图说]，拉夫司岛＊[新译海道图说]</td><td rowspan="2">泗礁山[中国古今地名大辞典（1931年）]，泗礁[地形图]，四礁山[民国崇明县志]，四礁[民国志]</td><td rowspan="2">泗礁山</td><td rowspan="2">泗礁山</td></tr>
<tr><td>北砂山[宋乾道志][宋宝庆志]</td></tr>
<tr><td>—</td><td>—</td><td>中柱山[地形图]</td><td>中中柱山</td><td>中中柱山</td></tr>
<tr><td>—</td><td>—</td><td>—</td><td>中柱山</td><td>中柱山</td></tr>
<tr><td>—</td><td>—</td><td>石龙头[地形图]</td><td>—</td><td>门峡小山</td></tr>
<tr><td>—</td><td>—</td><td rowspan="2">旗杆山[地形图]</td><td>旗杆山</td><td>大旗杆</td></tr>
<tr><td>—</td><td>—</td><td>小旗杆</td><td>—</td></tr>
<tr><td>—</td><td>—</td><td>—</td><td>—</td><td>马肾丸岛</td></tr>
<tr><td>2</td><td>金鸡山岛</td><td>鸡鸣山[宋乾道志][宋宝庆志][元延祐四明志][元大德志]，长表门[明全浙兵制][明筹海图编]</td><td>金鸡山[清光绪江苏沿海图说]，者司尼岛＊[清新译海道图说]</td><td>大金鸡[民国崇明县志]，金鸡山[地形图][民国志]</td><td>金鸡山岛</td><td>金鸡山岛</td></tr>
<tr><td>3</td><td>小金鸡屿</td><td>—</td><td>小金鸡山[清光绪江苏沿海图说]</td><td>小金鸡山[地形图][民国志]</td><td>小金鸡岛</td><td>小金鸡岛</td></tr>
</table>

续表

<table>
<tr><th>序号</th><th>现行名称</th><th>清前</th><th>清</th><th>民国</th><th>中国海洋岛屿简况1980年</th><th>地名志</th></tr>
<tr><td>4</td><td>外泗礁</td><td>—</td><td>—</td><td>外四礁[地形图]，四礁[民国志]</td><td>外泗礁</td><td>外泗礁</td></tr>
<tr><td>5</td><td>里泗礁</td><td>—</td><td>—</td><td>外四礁[地形图]，四礁[民国志]</td><td>泗礁</td><td>里泗礁</td></tr>
<tr><td>6</td><td>虎鱼礁</td><td>—</td><td>—</td><td rowspan="2">小虾儿礁[地形图]，虾鱼礁[民国志]</td><td rowspan="2">鳆鱼礁</td><td>虎鱼礁</td></tr>
<tr><td>7</td><td>小虎鱼礁</td><td>—</td><td>—</td><td>—</td></tr>
<tr><td>8</td><td>上龙礁</td><td rowspan="3">—</td><td rowspan="3">—</td><td rowspan="3">落礁[地形图]</td><td>上龙礁</td><td>上龙礁</td></tr>
<tr><td>9</td><td>中龙屿</td><td>中龙礁</td><td>中龙礁</td></tr>
<tr><td>10</td><td>小龙礁</td><td>小龙礁</td><td>小龙礁</td></tr>
<tr><td>11</td><td>大毛峰岛</td><td>—</td><td>大毛烘[清光绪江苏沿海图说]</td><td>大毛烘[地形图]</td><td>大毛烘</td><td>大毛峰礁</td></tr>
<tr><td>12</td><td>小毛峰屿</td><td>—</td><td>—</td><td>小毛烘[地形图]</td><td>小毛烘</td><td>小毛峰礁</td></tr>
<tr><td>13</td><td>北鼎星岛</td><td>丁兴[宋乾道志][宋宝庆志][元延祐志][明天启志]，北丁兴[明全浙兵制]，北丁兴山[两浙海防类考续编]</td><td>北鼎新[清光绪江苏沿海图说]，伊里亚特岛*（以里亚特岛*）[清新译海道图说]</td><td>北鼎新[地形图][民国志]</td><td>北鼎星</td><td>北鼎星岛</td></tr>
<tr><td>14</td><td>菜园后小山岛</td><td>—</td><td>小汀心[清光绪江苏沿海图说]</td><td>小鼎新[地形图]</td><td>小鼎星</td><td>后小山</td></tr>
<tr><td>15</td><td>外皇坟屿</td><td>—</td><td rowspan="5">黄文山[清光绪江苏沿海图说]</td><td rowspan="5">王文山[地形图]，黄文山[民国志]</td><td>外皇坟</td><td>外皇坟岛</td></tr>
<tr><td>16</td><td>中皇坟东屿</td><td>—</td><td>中皇坟</td><td>中皇坟东岛</td></tr>
<tr><td>17</td><td>中皇坟西礁</td><td>—</td><td>—</td><td>中皇坟西岛</td></tr>
<tr><td>18</td><td>中皇坟北礁</td><td>—</td><td>小门礁《中国海域地名图集》(1991年)</td><td>—</td></tr>
<tr><td>19</td><td>里皇坟屿</td><td>—</td><td>里皇坟</td><td>里皇坟岛</td></tr>
</table>

续表

序号	现行名称	清前	清	民国	中国海洋岛屿简况1980年	地名志
20	菜园草鞋耙礁	—	—	龙礁[地形图]，南龙礁[民国28年(1939年)海图]	钗盘礁	草鞋耙礁
21	牛屙礁	—	—	牛污礁[地形图]，牛椅礁[民国志]	牛屙礁	牛屙礁
22	徐公岛	徐翁山[宋参天台五台山记]，徐公山[宋乾道志][宋宝庆志][元大德志][明嘉靖筹海图编][明两浙海防类考续编]，徐公[明全浙兵制]	账房山[清崇明县志]，马利臣岛[清新译海道图说]	徐公岛[地形图]，徐公山[民国志]，徐贡山[民国崇明县志]	徐公岛	徐公岛
23	笔套山岛	—	大鸾山[清光绪江苏沿海图说]	大鸾山[地形图]	大卵山	笔套山
24	墨礁	—	—	小鸾山[地形图][民国志]	卵黄	墨礁
25	大烂冬瓜岛	—	烂东瓜[清光绪江苏沿海图说]	烂东瓜[地形图]，大冬瓜[民国志]，酱瓜[民国海图]	大烂冬瓜岛	大烂冬瓜岛
26	小烂冬瓜屿	—	小东瓜[清光绪江苏沿海图说]	小东瓜[地形图]，小冬瓜[民国志]	小烂冬瓜岛	小烂冬瓜岛
27	龙礁	—	—	龙礁[地形图]，西龙礁[民国海图]	龙礁-1	龙礁
28	马迹山岛	—	那披鸥岛*[清新译海道图说]	马迹山[地形图][民国志]	马迹山	—
29	里马蹄礁	—	—	马蹄礁[地形图][民国志]	里马蹄礁	里马蹄礁
30	外马蹄礁	—	—	外马蹄礁[地形图]	外马蹄礁	外马蹄礁

续表

序号	现行名称	清前	清	民国	中国海洋岛屿简况1980年	地名志
31	白节山岛	白揭山[两浙海防类考续编][明天启海盐县图经],大白及[明全浙兵制]	白迹山[清光绪江苏沿海图说],奔塞岛*[清新译海道图说]	白节山[地形图][民国志]	白节山	白节山
32	小白节山岛	小白及[明全浙兵制]	小白迹山[清光绪江苏沿海图说]	小白迹山[地形图][民国志]	小白节山	小白节山
33	鹰窠山岛	莺窠山[两浙海防类考续编],大小莺窠[明全浙兵制],鹰窠头[明筹海图编]	莺窠山[清光绪江苏沿海图说]	莺窠山[地形图],鹰窠山[民国志]	莺窠山	鹰窠山
34	白节半边山岛	—	半边山[清光绪江苏沿海图说]	半边山[地形图][民国志]	半边山	半边山
35	小半边山屿	—	小半边[清光绪江苏沿海图说]	小半边山[地形图][民国志]	小半边山	小半边山
36	白节红山屿	—	红山[清光绪江苏沿海图说]	凤山[地形图][民国志]	红山	红山
37	白节长礁	—	—	长礁[地形图][民国志]	长礁	白节长礁
38	半边田螺礁	—	—	饭提篓[地形图],讨饭簟箩礁[民国志]	田螺礁	田螺礁
39	里马廊山屿	—	里马郎[清光绪江苏沿海图说]	马廊[地形图],里马廊[民国志]	里马浪山	里马廊山
40	外马廊山岛	—	外马郎[清光绪江苏沿海图说],马坊山[清光绪崇明县志]	外马郎山[地形图],外马郎[民国志]	外马浪山	外马廊山
41	马关大羊角礁	羊角礁[明全浙兵制],羊屿[明两浙海防类考续编]	—	大羊角礁[地形图]	大羊角礁	大羊角礁

续表

序号	现行名称	清前	清	民国	中国海洋岛屿简况1980年	地名志
42	小羊角礁	—	—	小羊角礁[地形图]	—	小羊角礁
43	连槌山岛	—	练槌[清光绪江苏沿海图说]	练槌[民国志]	—	连槌山
44	洞石山屿	—	大石山[清光绪江苏沿海图说]	—	洞石山	洞石山
45	白节半洋屿	—	半洋礁[清光绪江苏沿海图说]	半洋山[民国志]	半洋山	半洋礁
46	南长涂小山屿	—	—	鸳鸯礁[地形图]	小山	小山
47	东绿华岛	落华山或落花山[宋乾道志][宋宝庆志][元延祐四明志][元大德志][明宁波郡志][明两浙海防类考续编],洛华山[明天启志]	络花山[清嘉庆海国闻见录],东洛华山[清光绪崇明县志]	东绿华山[地形图][民国志]	东绿华山	东绿华山
48	西绿华岛		络花山[清嘉庆海国闻见录],东洛华山[清光绪崇明县志]	西绿华山[地形图][民国志]	西绿华山	西绿华山
49	鳗局岛	—	鳗腿山[清光绪江苏沿海图说]	鳗吞山[地形图]	鳗胎	鳗局岛
50	绿华鳗头山岛	—	—	鳗豆山[地形图],鳗头山[民国志]	鳗头山	鳗头山岛
51	猫山屿	—	漫山[清光绪定海厅志]附,曼山[清光绪江苏沿海图说]	大曼山[地形图],曼山[民国志],大蟒山[民国海图]	猫山	猫山
52	中猫屿	—	—	小曼山[地形图]	—	中猫礁
53	绿华海横头屿	—	海横头、小猫山[清光绪江苏沿海图说]	海横豆[地形图],海横头[民国志],小蟒山[海图]	海横头	海横头岛
54	外青团礁	—	—	外青豆[地形图]	外清潭	外青团礁
55	里青团礁	—	—	里青豆[地形图]	—	里青团礁
56	大铜钱礁	—	—	铜钱礁[地形图]	—	大铜钱礁

续表

序号	现行名称	清前	清	民国	中国海洋岛屿简况1980年	地名志
57	下三横山岛	—	三横山[清光绪江苏沿海图说],中马镫岛＊[新译海道图说]	下三横山[地形图]	下三横山	下三横山
	下三横南岛					
58	上三横北岛	—	—	上三横山[地形图],三黄山[民国志]	上三横山	上三横北岛
59	上三横中岛	—	—			—
60	上三横南屿	—	—			上三横南岛
61	乌猫礁	—	—	棺材礁[地形图]	—	乌猫礁
62	柱住山岛	石蜀山[宋乾道志][宋宝庆志][元延祐四明志][元大德志]	迟迟山[清光绪江苏沿海图说],北马镫＊[清光绪江苏沿海图说]	迟迟山[地形图][民国志]	柱住山	柱住山
63	求子山岛	裘子山[明两浙海防类考续编],仇子山[明两浙海防类考续编],求子山[明筹海图编]	柏子[清道光定海全境舆图][清光绪志],裘子、柏子[清康熙志],北马镫＊[清光绪江苏沿海图说]	柏子山[地形图][民国志]	求子山	求子山
64	东库山岛	东枯山[宋乾道志][宋宝庆志][元延祐四明志][元大德志][明两浙海防类考续编],东科山[明筹海图编]	东库山[明嘉靖两浙海防类考][清光绪江苏沿海图说],北马镫＊[清光绪江苏沿海图说]	东浦山[地形图][民国志]	东库山	东库山
65	掰开屿	—	—	派克礁[地形图]	掰开	掰开岛
66	篷礁	石帆山[宋参天台五台山记]	—	蓬礁[地形图][民国志]	蓬礁	蓬礁
67	帆礁					

续表

序号	现行名称	清前	清	民国	中国海洋岛屿简况1980年	地名志
68	台南山屿	—	台南山[清光绪江苏沿海图说],马镫岛*[新译海道图说]	台南山[地形图][民国志]	台南山	台南山
69	台南小屿	—	—	—	—	—
70	江礁	—	—	江礁[地形图]	—	江礁
71	外小山屿	—	—	—	外小山	—
72	里小山屿	—	—	—	里小山	—
73	小黄石礁	—	—	—	—	—
74	小中柱山屿	—	—	—	小中柱山	小中柱山
75	小中柱东礁	—	—	—	—	—
76	花烛龙屿	—	—	—	—	花烛龙屿
77	花烛凤屿	—	—	—	—	花烛凤屿
78	羊角东礁	—	—	—	—	—
79	羊角南礁	—	—	—	—	—
80	小狮子礁	—	—	—	—	—
81	里马廊西北礁	—	—	—	—	—
82	里马廊南礁	—	—	—	—	—
83	马廊东北礁	—	—	—	—	—
84	马廊北礁	—	—	—	—	—
85	磨盘礁	—	—	—	—	—
86	马廊南山脚礁	—	—	—	—	—
87	碎墨礁	—	—	—	—	碎墨礁
88	北笔架屿	—	—	—	—	笔架岛
89	里铜钱礁	—	—	—	—	—
90	断城外礁	—	—	—	—	断城礁
91	断城中礁	—	—	—	—	
92	断城里礁	—	—	—	—	
93	徐公大长礁	—	—	—	—	长礁
94	徐公小长礁	—	—	—	—	

续表

<table>
<tr><th>序号</th><th>现行名称</th><th>清前</th><th>清</th><th colspan="2">民国</th><th>中国海洋岛屿简况1980年</th><th colspan="2">地名志</th></tr>
<tr><td>95</td><td>徐公东南礁</td><td>—</td><td>—</td><td colspan="2">—</td><td>—</td><td colspan="2">—</td></tr>
<tr><td>96</td><td>徐公南礁</td><td>—</td><td>—</td><td colspan="2">—</td><td>—</td><td colspan="2">—</td></tr>
<tr><td>97</td><td>西口礁</td><td>—</td><td>—</td><td colspan="2">—</td><td>—</td><td colspan="2">—</td></tr>
<tr><td>98</td><td>龙尾礁</td><td>—</td><td>—</td><td colspan="2">—</td><td>—</td><td colspan="2">—</td></tr>
<tr><td>99</td><td>笔套西礁</td><td>—</td><td>—</td><td colspan="2">—</td><td>—</td><td colspan="2">—</td></tr>
<tr><td>100</td><td>牛背脊礁</td><td>—</td><td>—</td><td colspan="2">—</td><td>—</td><td colspan="2">—</td></tr>
<tr><td>101</td><td>车盘礁</td><td>—</td><td>—</td><td colspan="2">—</td><td>—</td><td colspan="2">—</td></tr>
<tr><td>102</td><td>中门礁</td><td>—</td><td>—</td><td colspan="2">—</td><td>—</td><td colspan="2">中门礁</td></tr>
<tr><td>103</td><td>毯子礁</td><td>—</td><td>—</td><td colspan="2">—</td><td>—</td><td colspan="2">—</td></tr>
<tr><td>104</td><td>长礁嘴礁</td><td>—</td><td>—</td><td colspan="2">—</td><td>—</td><td colspan="2">—</td></tr>
<tr><td>105</td><td>北鼎星东北礁</td><td>—</td><td>—</td><td colspan="2">—</td><td>—</td><td colspan="2">—</td></tr>
<tr><td>106</td><td>北鼎星东礁</td><td>—</td><td>—</td><td colspan="2">—</td><td>—</td><td colspan="2">—</td></tr>
<tr><td>107</td><td>北鼎星东南礁</td><td>—</td><td>—</td><td colspan="2">—</td><td>—</td><td colspan="2">—</td></tr>
<tr><td>108</td><td>草鞋头礁</td><td>—</td><td>—</td><td colspan="2">—</td><td>—</td><td colspan="2">—</td></tr>
<tr><td>109</td><td>龙头礁</td><td>—</td><td>—</td><td colspan="2">—</td><td>—</td><td colspan="2">—</td></tr>
<tr><td>110</td><td>2014年因中心渔港工程填废</td><td>—</td><td>—</td><td colspan="2">—</td><td>—</td><td colspan="2">老人家礁</td></tr>
<tr><td>111</td><td>羊脚蹄屿</td><td>—</td><td>—</td><td>外泗礁［地形图］</td><td rowspan="11">外四礁［地形图］，四礁［民国志］</td><td>—</td><td>—</td><td rowspan="5">外泗礁</td></tr>
<tr><td>112</td><td>西瓜礁</td><td>—</td><td>—</td><td>—</td><td>—</td><td>—</td></tr>
<tr><td>113</td><td>笔搁屿</td><td>—</td><td>—</td><td>—</td><td>乱岛山</td><td>—</td></tr>
<tr><td>114</td><td>乱刀山屿</td><td>—</td><td>—</td><td>—</td><td>—</td><td>乱刀山</td></tr>
<tr><td>115</td><td>南小块屿</td><td>—</td><td>—</td><td>—</td><td>—</td><td>—</td></tr>
<tr><td>116</td><td>泗礁柴山屿</td><td>—</td><td>—</td><td>—</td><td>柴山</td><td colspan="2">柴山</td></tr>
<tr><td>117</td><td>井潭礁</td><td>—</td><td>—</td><td>—</td><td>—</td><td colspan="2" rowspan="5">里泗礁</td></tr>
<tr><td>118</td><td>二块屿</td><td>—</td><td>—</td><td>—</td><td>—</td></tr>
<tr><td>119</td><td>中块屿</td><td>—</td><td>—</td><td>—</td><td>—</td></tr>
<tr><td>120</td><td>大肚老婆礁</td><td>—</td><td>—</td><td>—</td><td>—</td></tr>
<tr><td>121</td><td>里泗屿</td><td>—</td><td>—</td><td>—</td><td>里泗礁</td></tr>
<tr><td>122</td><td>金鸡里长礁</td><td>—</td><td>—</td><td colspan="2">—</td><td>—</td><td colspan="2">里长礁</td></tr>
</table>

续表

序号	现行名称	清前	清	民国	中国海洋岛屿简况1980年	地名志
123	金鸡外长礁	—	—	—	—	外长礁
124	小金鸡屿	—	—	—	—	小金鸡岛
125	金鸡尾巴礁	—	—	—	—	—
126	金鸡蛋礁	—	—	—	—	—
127	马迹铁墩山屿	—	—	—	—	铁墩山
128	城门头礁	—	—	—	—	—
129	鹰爪礁	—	—	—	—	鹰爪礁
130	小鹰礁	—	—	—	—	—
131	小白节礁	—	—	—	—	—
132	白节平礁	—	—	—	—	平礁
133	藤壶礁	—	—	—	—	—
134	小节南礁	—	—	—	—	—
135	白节间礁	—	—	—	—	—
136	鱼眼屿	—	—	—	—	鱼眼屿
137	东嘴头大礁	—	—	—	—	东嘴头大礁
138	手肘礁	—	—	—	—	—
139	东边礁	—	—	—	—	—
140	西边礁	—	—	—	—	—
141	南边礁	—	—	—	—	—
142	半边大礁	—	—	—	—	半边大礁
143	红山小礁	—	—	—	—	—
144	白节东倚礁	—	—	—	—	—
145	破锣鼓大礁	—	—	—	—	破锣鼓大礁
146	白节南小山屿	—	—	—	南小山	南小山
147	小田螺礁	—	—	—	—	小田螺礁
148	南山嘴礁	—	—	—	—	—
149	老鼠礁	—	—	—	—	老鼠礁
150	外稻桶礁	—	—	—	—	外稻桶礁

续表

序号	现行名称	清前	清	民国	中国海洋岛屿简况1980年	地名志
151	里稻桶礁	—	—	—	—	里稻桶礁
152	南稻桶礁	—	—	—	—	—
153	拦门虎礁	—	—	—	—	—
154	绿华鳗头山岛	—	—	—	鳗头山	鳗头山
155	小乌猫礁	—	—	—	—	—
156	北嘴头礁	—	—	—	—	—
157	蟹脚北礁	—	—	—	—	—
158	蟹脚中礁	—	—	—	—	—
159	蟹脚南礁	—	—	—	—	—
160	西嘴头礁	—	—	—	—	—
161	嵊泗列岛	—	—	马鞍列岛[地形图],嵊泗列岛[奋进中的嵊泗列岛]	—	嵊泗列岛
162	外山嘴	—	—	长山嘴[地形图]	—	外山嘴
163	穿鼻洞山嘴	—	—	—	—	穿鼻洞山嘴
164	宫山嘴	—	—	—	—	—
165	棺材山嘴	—	—	—	—	—
166	小菜园山嘴	—	—	—	—	—
167	北石垄嘴	—	—	—	—	北石垄嘴
168	狗头颈山嘴	—	—	—	—	狗头颈
169	绿华西嘴头	—	—	—	—	西嘴头
170	黄岩嘴	—	—	—	—	黄岩嘴
171	过浪嘴头	—	—	—	—	过浪嘴头
172	铜礁嘴头	—	—	—	—	铜礁嘴头
173	黄泽洋	—	黄泽洋[清光绪定海乡土教材]	黄泽洋[民国志]	—	黄泽洋
174	基湖沙滩	—	—	—	—	基湖沙滩
175	南长涂沙滩	—	—	—	—	南长涂沙滩

续表

序号	现行名称	清前	清	民国	中国海洋岛屿简况1980年	地名志
176	徐公呑门滩	—	—	—	—	呑门滩
177	后滩湾	—	—	—	—	后滩湾
178	剑门	鲸门[元大德志]	剑门[清乾隆崇明县志]	剑门[民国志]	—	剑门
179	白节峡	—	白迹门[清光绪志][清光绪江苏沿海图说]	白迹门[民国志]	—	白节峡
180	(已废)	—	马迹门[清光绪江苏沿海图说]	马迹门[民国志]	—	马迹门
181	顶流门	—	—	—	—	顶流门
182	皇坟大门	—	—	—	—	大门
183	皇坟大门	—	—	—	—	中门

嵊泗县嵊山镇新旧地名录

（海域类）

序号	现行名称	清前	清	民国	中国海洋岛屿简况 1980 年	地名志
1	嵊山岛	神前[宋乾道志]，[宋宝庆志][元大德志]，陈钱山[明两浙海防类考续编][明筹海图编]	陈钱山[清康熙志]，嵊山[同治外海水师图]，东马鞍岛 * [八省图]	陈钱山[地形图][民国志]	陈钱山	嵊山
2	鳗鱼头屿	—	—	—	—	鳗鱼头岛
3	坎屿	—	灰袋山[清光绪江苏沿海图说]	—	—	坎礁
4	坎礁	—		—	—	
5	大圆塔屿	—	油塌山[清光绪江苏沿海图说]	油塔[地形图][民国志]	后岭头	后岭头屿
6	小圆塔屿	—	后岭头	小塔	—	—
7	扑脑壳屿	—	—	—	—	—
8	大中城礁	—	—	—	—	—
9	小中城礁	—	—	—	—	—
10	壁下山岛	壁下山[宋乾道志][元大德志][明筹海图编][明两浙海防类考续编]	时为两岛分称野猫洞和壁下山[清光绪江苏沿海图说]，假马鞍岛 * [八省图]	时为两岛分称野猫洞和壁下山[地形图][民国志]	壁下山	壁下山
11	大盘山岛	大板[唐大和上东征传][宋乾道志]，大盘[元大德志]，大盘山[明两浙海防类考续编][明筹海图编]	马缰岛 * [清光绪江苏沿海图说]	大盘山[地形图][民国志]	大盘山	大盘山

续表

<table>
<tr><th>序号</th><th>现行名称</th><th>清前</th><th>清</th><th>民国</th><th>中国海洋岛屿简况1980年</th><th>地名志</th></tr>
<tr><td>12</td><td>西小盘屿</td><td rowspan="2">小板[宋乾道志],小盘山[明两浙海防类考续编]</td><td rowspan="2">小盘[清康熙志],小盘山[清光绪江苏沿海图说],马缰岛*[清光绪江苏沿海图说]</td><td rowspan="2">小盘山[地形图][民国志]</td><td rowspan="2">小盘山</td><td>西小盘岛
东小盘岛</td></tr>
<tr><td>13</td><td>东小盘岛</td><td>—</td></tr>
<tr><td>14</td><td>庄海岛</td><td>—</td><td>章汉山[清光绪江苏沿海图说],马缰岛*[清光绪江苏沿海图说]</td><td>章海山[地形图][民国志]</td><td>章海山</td><td>庄海岛</td></tr>
<tr><td>15</td><td>张其山岛</td><td>洋屿[明两浙海防类考续编]</td><td>涨屿[清光绪志],女马褥岛*[清光绪江苏沿海图说],涨峙[道光定海全境舆图]</td><td>涨屿[地形图][民国志]</td><td>涨峙</td><td>张其山</td></tr>
<tr><td>16</td><td>上黄屿</td><td rowspan="3">—</td><td rowspan="3">—</td><td>上黄礁[地形图]</td><td>上黄礁</td><td>上黄礁</td></tr>
<tr><td>17</td><td>中黄屿</td><td>中黄礁[地形图],大黄礁[民国志]</td><td>中黄礁</td><td>中黄礁</td></tr>
<tr><td>18</td><td>东黄屿</td><td>下黄礁[地形图],小黄礁[民国志]</td><td>下黄礁</td><td>下黄礁</td></tr>
<tr><td>19</td><td>内涨埠礁</td><td rowspan="2">—</td><td rowspan="2">—</td><td rowspan="2">内外张埠[地形图]</td><td>—</td><td>内涨埠礁</td></tr>
<tr><td>20</td><td>外涨埠礁</td><td>—</td><td>外涨埠礁</td></tr>
<tr><td>21</td><td>龙牙桩礁</td><td>—</td><td>—</td><td>龙牙礁[地形图]</td><td>—</td><td>龙牙桩礁</td></tr>
<tr><td>22</td><td>白篷礁</td><td>—</td><td>—</td><td>白泙[地形图]</td><td>—</td><td>白篷礁</td></tr>
<tr><td>23</td><td>围笼屿</td><td>—</td><td>—</td><td>卫笼礁</td><td>幼龙礁</td><td>围笼礁</td></tr>
<tr><td>24</td><td>菜其屿</td><td>—</td><td>—</td><td>菜屿[地形图]</td><td>菜其</td><td>菜其岛</td></tr>
<tr><td>25</td><td>乌捞盆礁</td><td>—</td><td>—</td><td>呜拉屿</td><td>—</td><td>乌捞盆礁</td></tr>
<tr><td>26</td><td>外乌捞礁</td><td>—</td><td>—</td><td>—</td><td>—</td><td>—</td></tr>
<tr><td>27</td><td>大嘴屿</td><td>—</td><td>—</td><td>羊舌嘴[地形图],羊头山[民国志]</td><td>大咀岛</td><td>大嘴岛</td></tr>
<tr><td>28</td><td>壁下头块礁</td><td rowspan="3">—</td><td rowspan="3">—</td><td rowspan="3">三块[地形图]</td><td>—</td><td rowspan="3">三块头礁</td></tr>
<tr><td>29</td><td>壁下二块礁</td><td>—</td></tr>
<tr><td>30</td><td>壁下三块礁</td><td>—</td></tr>
</table>

续表

<table>
<tr><th>序号</th><th colspan="2">现行名称</th><th>清前</th><th>清</th><th>民国</th><th>中国海洋岛屿简况1980年</th><th colspan="2">地名志</th></tr>
<tr><td>31</td><td colspan="2">东半洋礁</td><td>—</td><td>嘉猷而得石＊[清光绪江苏沿海图说]</td><td>半洋礁[地形图][民国志]</td><td>半洋礁</td><td colspan="2">东半洋礁</td></tr>
<tr><td>32</td><td colspan="2">蟹拉钳屿</td><td>—</td><td>—</td><td>—</td><td>—</td><td colspan="2">蟹拉钳岛</td></tr>
<tr><td>33</td><td colspan="2">黄石头礁</td><td>—</td><td>—</td><td>—</td><td>—</td><td colspan="2">—</td></tr>
<tr><td>34</td><td colspan="2">大嘴屿</td><td>—</td><td>—</td><td>—</td><td>—</td><td colspan="2">大嘴岛</td></tr>
<tr><td>35</td><td colspan="2">扁担峙螺礁</td><td>—</td><td>—</td><td>—</td><td>—</td><td colspan="2">—</td></tr>
<tr><td>36</td><td colspan="2">小扁担礁</td><td>—</td><td>—</td><td>—</td><td>—</td><td colspan="2">—</td></tr>
<tr><td>37</td><td colspan="2">嵊山南小礁</td><td>—</td><td>—</td><td>—</td><td>—</td><td colspan="2">—</td></tr>
<tr><td>38</td><td colspan="2">外湾礁</td><td>—</td><td>—</td><td>—</td><td>—</td><td colspan="2">—</td></tr>
<tr><td>39</td><td colspan="2">小夹堂礁</td><td>—</td><td>—</td><td>—</td><td>—</td><td colspan="2">—</td></tr>
<tr><td>40</td><td colspan="2">馈礁</td><td>—</td><td>—</td><td>—</td><td>—</td><td colspan="2">馈礁</td></tr>
<tr><td>41</td><td colspan="2">北稻桶</td><td>—</td><td>—</td><td>—</td><td>—</td><td colspan="2">—</td></tr>
<tr><td>42</td><td colspan="2">岗脚礁</td><td>—</td><td>—</td><td>—</td><td>—</td><td colspan="2">—</td></tr>
<tr><td>43</td><td colspan="2">螺峙螺礁</td><td>—</td><td>—</td><td>—</td><td>—</td><td colspan="2">—</td></tr>
<tr><td>44</td><td colspan="2">扑南嘴礁</td><td>—</td><td>—</td><td>—</td><td>—</td><td colspan="2">—</td></tr>
<tr><td>45</td><td>龙门礁</td><td rowspan="14">海礁</td><td>—</td><td>—</td><td>—</td><td>—</td><td>龙门礁</td><td rowspan="14">海礁</td></tr>
<tr><td>46</td><td>华礁</td><td rowspan="13">海驴礁[宋奉使高丽图经][宋宝庆志]，海螺礁[元至正志]，海礁山[明嘉靖志][明筹海图编]，海礁[明两浙海防类考续编]</td><td rowspan="13">无产列岛(童岛)＊[清光绪江苏沿海图说][新译海道图说]</td><td rowspan="13">—</td><td rowspan="13">海礁</td><td>华礁</td></tr>
<tr><td>47</td><td>恒礁</td><td>恒礁</td></tr>
<tr><td>48</td><td>泰礁</td><td>泰礁</td></tr>
<tr><td>49</td><td>嵩礁</td><td>嵩礁</td></tr>
<tr><td>50</td><td>泰薄礁</td><td>泰薄礁</td></tr>
<tr><td>51</td><td>秦岭礁</td><td>秦岭礁</td></tr>
<tr><td>52</td><td>峤礁</td><td>峤礁</td></tr>
<tr><td>53</td><td>武当礁</td><td>武当礁</td></tr>
<tr><td>54</td><td>太白礁</td><td>太白礁</td></tr>
<tr><td>55</td><td>洪涛礁</td><td>洪涛礁</td></tr>
<tr><td>56</td><td>熊耳礁</td><td>熊耳礁</td></tr>
<tr><td>57</td><td>太岳礁</td><td>太岳礁</td></tr>
<tr><td>58</td><td>崂礁</td><td>崂礁</td></tr>
</table>

续表

序号	现行名称		清前	清	民国	中国海洋岛屿简况1980年	地名志	
59	东南礁		—	—	—	—	南岳礁	
60	北白澎礁	浪岗山列岛	良港山[宋乾道志],浪港山[宋宝庆志][元延祐四明志],浪岗山[元大德志],浪冈[明两浙海防类考续编],浪冈山[明筹海图编]	浪冈[清康熙志],浪冈山[清光绪志]	狼冈山[地形图],浪冈[地形图]		北白澎礁	浪岗山列岛
61	香弄供礁					下官龙	香供弄礁	
62	香弄供东岛							
63	浪岗东块岛					东奎岛	东块岛	
64	浪岗中块岛					中奎岛	中块岛	
65	浪岗西块岛					西奎岛	西块岛	
66	浪岗西块北岛					—	长(石寺)(石累)	
67	浪岗半边屿					半边	半边屿	
68	笋浜门东礁					—	笋浜门礁	
69	笋浜门礁					松柏门		
70	笋浜门南岛					—	—	
71	横峙磥北岛					—	—	
72	横峙磥					—	横(石寺)磥	
73	横峙磥南岛					—	—	
74	东白澎礁					—	东白澎礁	
75	浪岗东块南岛					—	—	
76	浪岗东块小岛					—	—	
77	里鹭鸶礁					—	里鹭鸶礁	
78	中鹭鸶礁					—	中鹭鸶礁	
79	外鹭鸶礁					—	外鹭鸶礁	

续表

<table>
<tr><th>序号</th><th colspan="2">现行名称</th><th>清前</th><th>清</th><th>民国</th><th>中国海洋岛屿简况1980年</th><th colspan="2">地名志</th></tr>
<tr><td>80</td><td>长峙磦</td><td rowspan="7">浪岗山列岛</td><td rowspan="7">良港山[宋乾道志],浪港山[宋宝庆志][元延祐四明志],浪岗山[元大德志],浪冈[明两浙海防类考续编],浪冈山[明筹海图编]</td><td rowspan="7">浪冈[清康熙志],浪冈山[清光绪志]</td><td rowspan="7">狼冈山[地形图],浪冈[地形图]</td><td>长峙磦</td><td>长(石寺)磦</td><td rowspan="7">浪岗山列岛</td></tr>
<tr><td>81</td><td>长峙磦东岛</td><td>—</td><td>—</td></tr>
<tr><td>82</td><td>浪岗西块北岛</td><td>—</td><td>—</td></tr>
<tr><td>83</td><td>浪岗西块东岛</td><td>—</td><td>—</td></tr>
<tr><td>84</td><td>浪岗西块南岛</td><td>—</td><td>—</td></tr>
<tr><td>85</td><td>石蒲峙磦</td><td>—</td><td>石蒲(石寺)磦</td></tr>
<tr><td>86</td><td>南白澎礁</td><td>—</td><td>南白澎礁</td></tr>
<tr><td>87</td><td colspan="2">马鞍列岛</td><td>下八山[天启志,胡宗宪舟山议等]</td><td>马鞍列岛(群)岛[清光绪江苏沿海图说][新译海道图说][八省图]</td><td>马鞍列岛[地形图]</td><td>马鞍列岛</td><td colspan="2">马鞍列岛</td></tr>
<tr><td>88</td><td colspan="2">浪岗山列岛</td><td>浪冈[明两浙海防类考续编],浪冈山[明筹海图编]</td><td>浪冈[清康熙志],浪冈山[清光绪志]</td><td>狼冈山[地形图],浪冈[地形图]</td><td>浪岗山列岛</td><td colspan="2">浪岗山列岛</td></tr>
<tr><td>89</td><td colspan="2">双胖嘴</td><td>—</td><td>—</td><td>—</td><td>—</td><td colspan="2">双胖嘴</td></tr>
<tr><td>90</td><td colspan="2">横拦嘴</td><td>—</td><td>—</td><td>—</td><td>—</td><td colspan="2">横拦嘴</td></tr>
<tr><td>91</td><td colspan="2">满嘴头</td><td>—</td><td>—</td><td>—</td><td>—</td><td colspan="2">满咀头</td></tr>
<tr><td>92</td><td colspan="2">野猫洞南嘴头</td><td>—</td><td>—</td><td>—</td><td>—</td><td colspan="2">野猫洞南嘴头</td></tr>
<tr><td>93</td><td colspan="2">壁下南嘴头</td><td>—</td><td>—</td><td>—</td><td>—</td><td colspan="2">壁下南嘴头</td></tr>
<tr><td>94</td><td colspan="2">嵊山洋</td><td>—</td><td>—</td><td>—</td><td>—</td><td colspan="2">嵊山洋</td></tr>
<tr><td>95</td><td colspan="2">三礁港</td><td>—</td><td>—</td><td>—</td><td>—</td><td colspan="2">三礁港</td></tr>
<tr><td>96</td><td colspan="2">大盘门</td><td>—</td><td>—</td><td>—</td><td>—</td><td colspan="2">大盘门</td></tr>
<tr><td>97</td><td colspan="2">张其小门</td><td>—</td><td>—</td><td>—</td><td>—</td><td colspan="2">小门</td></tr>
<tr><td>98</td><td colspan="2">头块门</td><td>—</td><td>—</td><td>—</td><td>—</td><td colspan="2">头块门</td></tr>
<tr><td>99</td><td colspan="2">箱子岙湾</td><td>—</td><td>—</td><td>—</td><td>—</td><td colspan="2">箱子岙湾</td></tr>
</table>

续表

序号	现行名称	清前	清	民国	中国海洋岛屿简况1980年	地名志
100	泗洲塘湾	—	—	—	—	泗洲塘湾
101	后头湾	—	—	后豆湾［地形图］	—	后头湾
102	大玉湾	—	大玉湾［清光绪江苏沿海图说］	玉湾［地形图］	—	大玉湾
103	壁下南岙湾	—	—	—	—	—

嵊泗县洋山镇新旧地名录

（海域类）

序号	现行名称	清前	清	民国	中国海洋岛屿简况1980年	地名志
1	小洋山岛	杨山[宋参天台五台山记]，大洋山（洋山）[宋乾道志][元延祐四明志]，洋山[明筹海图编]，羊山[明两浙海防类考续编]，北羊山[明全浙兵制]	羊山（洋山）[清雍正崇明县志]，小羊山[清嘉靖松江府志]，三角岛＊[清新译海道图说]，大用山[清光绪大清帝国全图]	小洋山[地形图][民国志]	小洋山	小洋山
		黄泥礵[明全浙兵制]	黄泥岙[清乾隆崇明县志]，黄泥墈[清光绪江苏沿海图说]，大瀛洲＊[清光绪江苏沿海图说]	沈家湾[地形图]，黄泥墈[民国志]	沈家湾岛	沈家湾岛
		—	西门堂[清光绪松江府续志]	西门堂[民国志]	西门堂岛	西门堂岛
		与虎啸蛇岛合称上下吊[明全浙兵制]，与虎啸蛇岛合称上下钓山[明两浙海防类考续编]	薄刀嘴[清光绪厅志][清光绪江苏沿海图说]	薄刀嘴[地形图][民国志]	薄刀嘴岛	薄刀嘴岛
		—	中门宕[清光绪松江府续志]	中门堂[地形图][民国志]	中门堂岛	中门堂岛
		—	大圆礁[清光绪江苏沿海图说]	大岸礁[地形图]	大岩礁	大岩礁
		—	小圆礁[清光绪江苏沿海图说]	小岸礁[地形图]	—	小岩礁

续表

序号	现行名称	清前	清	民国	中国海洋岛屿简况1980年	地名志
1	小洋山岛	张家屿[明两浙海防类考续编]	张家市[清道光洋防辑要],姜公祠[清光绪江苏沿海图说]	蒋公柱[地形图],姜公祠[民国志]	蒋公柱岛	蒋公柱岛
		—	金鸡山[清乾隆崇明县志]	金鸡门[地形图]	锦鸡岛	锦鸡岛
		—	—	下鸡山[地形图]	老鸦嘴岛	老鸦嘴岛
		—	—	三板礁[地形图]	—	大垃圾岛
		—	—	小黄礁[地形图]	—	小垃圾岛
		—	—	大黄礁[地形图]	—	黄礁
		—	—	老大礁[地形图]	—	—
		石人山[明全浙兵制],石人山门[明筹海图编]	将军帽[清光绪江苏沿海图说],司派亚岛＊[清光绪江苏沿海图说]	将军帽[地形图][民国志]	将军帽岛	将军帽岛
		下干山[宋开庆四明续志],锅湾屿[明两浙海防类考续编]	丫己山[清乾隆崇明县志],丫髻山[清光绪崇明县志],镬盖档[清光绪江苏沿海图说],镬盖岭[清嘉庆松江府志]	镬盖档[地形图],镬盖当[民国志]	镬盖档岛	镬盖档岛
		—	大指头[清光绪江苏沿海图说],叶必英＊[清光绪江苏沿海图说]	大指头[地形图][民国志]	大指头岛	大指头岛
2	大洋山岛	三姑山[宋参天台五台山记][宋乾道志][元延祐四明志][元大德志][明筹海图编][明两浙海防类考续编],羊山[明全浙兵制]	羊山(猴山)[清康熙志],大用山(大雄山)[清新译海道图说]	大洋山[地形图],大羊山(大洋山)[民国志]	大洋山	大洋山

续表

序号	现行名称	清前	清	民国	中国海洋岛屿简况1980年	地名志
3	滩浒山岛	滩山[宋乾道志][宋宝庆志][元延祐四明志][元大德志][明郑和航海图][明筹海图编],许山[宋绍熙云间志][元至元嘉禾志][明全浙兵制][两浙海防类考续编]	浒山[清乾隆平湖县志],许山(焦山)[清乾隆金山县志],滩浒山[清光绪江苏沿海图说],中西山*[清新译海道图说]	滩浒山[地形图][民国志]	滩浒山	滩浒山
4	大白山岛	滩山[明全浙兵制][明两浙海防类考续编]	滩山[清乾隆平湖县志][清道光洋防辑要][清光绪镇海县志]	白山[地形图][民国志]	白山	大白山
5	峙小山屿	—	—	吉干山[地形图]	其超山	峙小山
6	阿马山屿	—	—	阿马山[地形图]	阿马山	阿马山
7	竹排礁	—	—	竹牌礁[地形图]	—	竹排礁
8	烂灰塘屿	—	—	烂灰堂[地形图]	烂灰塘屿	烂灰塘屿
9	烂灰塘礁	—	—	—	—	烂灰塘礁
10	野黄盘岛	—	野黄盘[清乾隆乍浦志],野王盘[清光绪江苏沿海图说],好司岛*[新译海道图说]	野王盘[地形图]	野王盘	野黄盘岛
11	贴饼山屿	—	—	塔饼山[地形图]	贴饼山	贴饼山
12	黑山屿	—	—	黑山[地形图]	黑山	黑山
13	滩浒鸡娘礁	—	—	鸡娘礁[地形图]	鸡娘礁	鸡娘礁
14	小白山岛	—	—	小白山[地形图]	小白山	小白山
15	大白畚斗山岛	—	—	奔斗山[地形图]	畚斗山	畚斗山
16	钮子山屿	—	—	钮子山[地形图]	钮子山	钮子山
17	脚板屿	—	—	界牌礁[地形图]	结巴脚排礁	脚板岛
18	对口山屿	—	斗牛山[清乾隆乍浦志]	斗牛山[地形图]	闯牛山	对口山
19	鱼头屿	—		对宽山[地形图]	—	对口山

续表

序号	现行名称	清前	清	民国	中国海洋岛屿简况1980年	地名志
20	大戢山岛	大七山[宋参天台五台山记][宋乾道志][郑和航海图][明两浙海防类考续编],大碛山[宋宝庆志][元延祐四明志][元大德志],大七[明全浙兵制]	大七山[清乾隆崇明县志][清康熙定海县志·县境地图说],大戢山[清光绪定海厅志],葛词拉夫岛[新译海道图说]	大戢山[地形图][民国志]	大戢山	大戢山
21	小戢山屿	小七山[宋乾道志][郑和航海图][明两浙海防类考续编],小碛[元延祐四明志],小七[明全浙兵制]	小七山[清康熙定海县志·县境地图说],小戢山[清光绪崇明县志],窠鸡岛[新译海道图说]	小戢山[地形图][民国志]	小戢山	小戢山
22	灶前礁	—	—	灶前礁[地形图]	灶前礁	灶前礁
23	小戢东礁	—	—	大礁[地形图]	—	—
24	小戢中礁	—	—	—	—	—
25	小戢北礁	—	—	小礁[地形图]	—	—
26	颗珠山岛	—	—	壳子山[地形图][民国志]	壳子山	颗珠山
		—	龟山[清乾隆崇明县志],大龟山[清光绪崇明县志],大乌龟[清光绪江苏沿海图说]	大乌龟[地形图][民国志]	—	大乌龟岛
27	乌龟头礁	—	小龟山[清光绪崇明县志],大乌龟[清光绪江苏沿海图说],西北角*[清光绪江苏沿海图说]	小乌龟[地形图][民国志]	—	小乌龟岛
28	元宝礁	—	—	元宝礁[地形图]	—	元宝礁
29	馒脐岛	—	—	馒脐礁[地形图]	馒脐	馒脐礁

续表

序号	现行名称	清前	清	民国	中国海洋岛屿简况 1980 年	地名志
30	唐脑山岛	汤山[明郑和航海图],蟹钳山[明两浙海防类考续编],一塘[明全浙兵制]	三唐恼[光绪厅志],三唐脑[清光绪江苏沿海图说],西南角*[清光绪江苏沿海图说]	唐脑山[地形图][民国志]	唐脑山	唐脑山
31	立人山屿	二塘[明全浙兵制]	立人山(立铃山)[清光绪松江府续志]	立人山[地形图][民国志]	立铃	立人山
32	大秤锤屿	—	大青山[清光绪江苏沿海图说]	大青山[地形图][民国志]	大青山	大秤锤岛
33	小秤锤礁	—	小青山[清光绪江苏沿海图说]	小青山[地形图][民国志]	小青山	小秤锤岛
34	双连山岛	梅子山[明两浙海防类考续编],三塘[明全浙兵制]	双连山[清光绪江苏沿海图说],葫芦山[清光绪松江府续志],胡芦山[光绪崇明县志]	大双连山[地形图],双连山[民国志] 小双连山[地形图]	—	双连山
35	大山塘岛	三塘山[明两浙海防类考续编],走马塘[明全浙兵制]	遮堂山[清光绪松江府续志],大三唐[清光绪江苏沿海图说],海盗湾*[清光绪江苏沿海图说]	大三唐[地形图][民国志]	大塘	大山塘岛
36	大洋枕头山屿	—	枕头山[清光绪江苏沿海图说]	枕头山[地形图]	枕头山	枕头山
37	荷鱼礁	—	—	虾鱼礁[地形图]		荷鱼礁
38	半山屿	—	半边山[清光绪江苏沿海图说]	半边山[地形图]	半边山	半山
39	蒲帽山屿	深水蒲岙[明两浙海防类考续编]	蒲帽山[清光绪江苏沿海图说]	步冒礁[地形图]	蒲帽山	蒲帽山

续表

序号	现行名称	清前	清	民国	中国海洋岛屿简况1980年	地名志
40	小山塘岛	—	小三唐[清光绪江苏沿海图说]	小三唐[地形图][民国志]	—	小山塘北岛，小山塘南屿
41	大洋馒头山屿	—	—	盘地	—	馒头山
42	小贴饼屿	—	—	小塔饼[地形图][民国志]	小塔饼	小贴饼岛
43	大贴饼岛	西洋岙[明两浙海防类考续编][明筹海图编]	塌饼山[清光绪崇明县志]	大塔饼[地形图][民国志]	大塔饼	大贴饼岛
44	圣姑礁屿	圣姑礁[天启志][明全浙兵制]圣礁岙[明筹海图编]	—	新姑礁[地形图]	圣姑礁	圣姑礁
45	中姑礁		—			中姑礁
46	前姑礁		—			前姑礁
47	外后门岛	—	后门山[清光绪江苏沿海图说]	后门山[地形图][民国志]	野猪礁	外后门岛
48	筲箕岛	筲箕山[明全浙兵制]	筲箕[清光绪江苏沿海图说]	大筲箕山[地形图],筲箕山[民国志]	筲箕	筲箕岛
49	小筲箕礁	—	—	小筲箕山[地形图]	—	筲箕岛
50	虎啸蛇岛	与薄刀嘴合称上下吊[明全浙兵制],与薄刀嘴合称上下钓山[明两浙海防类考续编]	虎筱蛇[清光绪江苏沿海图说]	虎筱蛇[地形图][民国志]	虎啸蛇	虎啸蛇岛
51	西马鞍岛	两头大[明全浙兵制]	马鞍山[清光绪江苏沿海图说],马鞍[清光绪厅志]	马鞍山[地形图]	马鞍山	西马鞍岛
52	蛇蛋礁	—	—	茶蛋[地形图],蛇蛋礁[民国志]	—	蛇蛋礁
53	西马鞍礁	—	马鸾山[清光绪江苏沿海图说]	小马鞍[地形图],马鸾[民国志]	小马鞍山	西马鞍礁

续表

序号	现行名称	清前	清	民国	中国海洋岛屿简况1980年	地名志
54	老人礁	—	—	老人礁[地形图]，老大礁[民国志]	老人礁	老人礁
55	羊角礁	—	—	大羊角礁[地形图]，羊爪礁[民国志]	—	羊角礁
56	野猪礁	野猪礁[明全浙兵制]	—	野猪礁[地形图]	—	野猪礁
57	贴饼小礁	—	—	—	—	—
58	外节礁	—	—	—	—	—
59	中节屿	—	—	—	—	—
60	里节屿	—	—	—	—	—
61	脚骨屿	—	—	—	—	脚骨岛
62	鱼尾礁	—	—	—	—	—
63	东双礁	—	—	—	—	—
64	兔耳礁	—	—	—	—	兔耳岛
65	兄弟屿	—	—	—	—	兄弟礁
66	小半礁	—	—	—	—	—
67	下礁	—	—	—	—	下礁
68	蛇舌礁	—	—	—	—	蛇舌礁
69	崎岖列岛	—	乱形列岛*[清新译海道图说]	马鞍列岛[地形图]	—	崎岖列岛
70	钻头嘴	—	—	—	—	钻头嘴
71	（已废）	—	—	—	—	小高泥嘴头
72	薄刀东嘴头	—	—	—	—	东嘴头
73	薄刀西山嘴	—	—	—	—	西山嘴
74	（已废）	—	—	—	—	外山嘴
75	（已废）	—	—	—	—	抢虾山嘴
76	酒埕山嘴	—	—	—	—	酒埕山嘴
77	浪下嘴	—	—	—	—	浪下嘴

续表

序号	现行名称	清前	清	民国	中国海洋岛屿简况1980年	地名志
78	老虎头嘴	—	—	—	—	老虎头
79	王盘洋	—	王盘洋［清光绪江苏沿海图说］	—	—	王盘洋
80	大戢洋	—	—	大戢洋［地形图］	—	大戢洋
81	颗珠门	—	—	—	—	颗珠门
82	（已废）	—	—	—	—	蒋公门
83	（已废）	—	—	—	—	笔架门
84	老人家门	—	—	—	—	老人家门
85	圣姑澳	—	—	新姑澳［地形图］	—	圣姑澳
86	薄刀东湾	—	—	—	—	东湾
87	（已废）	—	—	崆坑沙［地形图］	—	高泥沙
88	（已废）	—	—		—	小高泥沙
89	雄鹅澳滩	—	—	—	—	雄鹅澳滩
90	（已废）	—	—	—	—	（小洋）东岙滩
91	（已废）	—	—	—	—	（小洋）西岙滩
92	（已废）	—	—	—	—	（小洋）大岙滩
93	滩浒北澳滩	—	—	—	—	北澳滩
94	芦成澳滩	—	—	—	—	芦成澳滩

嵊泗县五龙乡新旧地名录

（海域类）

序号	现行名称	清前	清	民国	中国海洋岛屿简况1980年	地名志
1	泗礁老鼠山屿	—	老鼠山[清光绪江苏沿海图说]	老鼠山[地形图][民国志]	老鼠山	老鼠山
2	花轿礁	—	花轿山[清光绪崇明县志]	花桥礁[地形图]	—	花轿礁
3	淡菜屿	—	淡菜屿[清光绪江苏沿海图说]	淡菜屿[地形图]	淡菜屿	淡菜屿
4	五龙洞礁	—	—	香螺礁[地形图]	桶礁	洞礁
5	沙鳗礁	—	—	老虎礁[地形图]，松满礁[民国海图]	松满礁	沙鳗礁
6	鼠尾礁	—	—	—	—	—
7	鼠爪礁	—	—	—	—	—
8	酱缸盖礁	—	—	—	—	—
9	淡菜礁	—	—	—	—	—
10	小淡菜屿	—	—	—	—	小淡菜屿
11	东嘴头南礁	—	—	—	—	—
12	三块岩礁	—	—	—	—	三块岩
13	外长礁嘴礁	—	—	—	—	—
14	劈开山屿	—	—	—	—	劈开山屿
15	高场湾沙滩	—	—	—	—	高场湾沙滩
16	六井潭	落星头[明两浙海防类考续编][全浙兵制]	—	鹿颈头[地形图]	—	鹿颈头
17	长礁嘴	—	—	—	—	长礁嘴
18	田岙山嘴	—	—	—	—	田岙山嘴
19	会城岙滩	—	—	—	—	会城岙滩

嵊泗县黄龙乡新旧地名录

（海域类）

<table>
<tr><th>序号</th><th>现行名称</th><th colspan="2">清前</th><th>清</th><th>民国</th><th>中国海洋岛屿简况1980年</th><th>地名志</th></tr>
<tr><td rowspan="2">1</td><td rowspan="2">大黄龙岛</td><td>深水山[宋乾道志][宋宝庆志][元延祐四明志][元大德志]</td><td rowspan="2">莆岙[明筹海图编][明全浙兵制]，深水莆岙[明两浙海防类考续编][明两浙海防类考续编]</td><td rowspan="2">大黄龙山[清光绪崇明县志]，先好司岛*[清新译海道图说]</td><td rowspan="2">黄龙山[地形图][民国志]</td><td rowspan="2">大黄龙山</td><td rowspan="2">大黄龙岛</td></tr>
<tr><td>莆隩山[宋乾道志][宋宝庆志][元延祐四明志][元大德志]</td></tr>
<tr><td rowspan="2">2</td><td rowspan="2">小黄龙岛</td><td colspan="2">黄隆[乾道志][元延祐四明志]，黄隆山[宝庆志]，王龙[明全浙兵制]，黄龙山[明两浙海防类考续编]</td><td>小黄龙[清光绪崇明县志]，勃罗司岛*[清光绪江苏沿海图说]</td><td>小黄龙[地形图][民国志]</td><td>小黄龙山</td><td>小黄龙岛</td></tr>
<tr><td colspan="2">—</td><td>—</td><td>—</td><td>—</td><td>龙牙屿</td></tr>
<tr><td>3</td><td>南鼎星岛</td><td colspan="2">南丁兴[明筹海图编][明全浙兵制]，南丁兴山[明两浙海防类考续编]</td><td>南丁心[清乾隆崇明县志]，南鼎星(南汀心)[清光绪江苏沿海图说]，勃罗克岛*[清光绪江苏沿海图说]，蒲庐克岛*[清新译海道图说]</td><td>南鼎新[地形图][民国志]</td><td>南鼎星</td><td>南鼎星岛</td></tr>
</table>

续表

序号	现行名称	清前	清	民国	中国海洋岛屿简况1980年	地名志
4	小梅子岛	—	梅子山[清光绪崇明县志]	小梅子[地形图][民国志]	小梅子	小梅子岛
5	外宝屿	—	—	外宝礁[地形图][民国志]	外宝礁	外宝礁
6	中宝屿	—	—	中宝礁[地形图]	中宝礁	中宝礁
7	黄龙扁担山屿	—	扁担山[清光绪崇明县志]	内宝礁[地形图]	扁担山	扁担山
8	扁担西屿					
9	黄鼠山屿	—	—	老鼠礁[地形图]	老鼠礁	黄鼠山
10	赤膊山屿	—	—	外色礁[地形图][民国志]	赤背山	赤膊山
11	大鹅礁	—	—	—	—	—
12	大黄龙东礁	—	—	—	—	—
13	南岸礁	—	—	—	—	—
14	黄龙门礁	—	—	—	—	—
15	西小山屿	—	—	—	—	西小山
16	蛤蟆嘴礁	—	—	—	—	—
17	东小山屿	—	—	—	—	东小山
18	南小屿	—	—	—	—	南小屿
19	驼背网地礁	—	—	—	—	—
20	大钳嘴头	—	—	—	—	大钳嘴头
21	黄龙东嘴头	—	—	东嘴头[地形图]	—	东嘴头
22	长山嘴	—	—	长山嘴[地形图]	—	长山嘴
23	龙尾嘴	—	—	江家山嘴[地形图]	—	龙尾嘴
24	江家山嘴	—	—	—	—	江家山嘴
25	黄龙门	—	—	黄龙门[地形图]	—	大岙门

嵊泗县枸杞乡新旧地名录

（海域类）

序号	现行名称	清前	清	民国	中国海洋岛屿简况1980年	地名志
1	枸杞岛	干斜［元大德志］，李西［明天启海盐图经］，李西岙［明筹海图编］	李西山［清康熙志］［定海光绪乡土教材］，枸杞山［清光绪江苏沿海图说］，虬屿［定海光绪乡土教材］，南马鞍岛＊［清光绪江苏沿海图说］［新译海道图说］［八省图］	枸杞山［地形图］［民国志］	枸杞岛 勾奇山	枸杞岛
2	大宫山岛	—	大贡山［清光绪江苏沿海图说］，马爪＊［清光绪江苏沿海图说］，马蹄岛＊［新译海道图说］	大贡山［地形图］［民国志］	大贡山	大宫山
3	小宫屿	—	贡山［清光绪江苏沿海图说］	小贡山［地形图］［民国志］，贡山［民国志］	小贡山	小宫礁
4	捣臼屿	捣春岙［明两浙海防类考续编］，捣柏岙［明两浙海防类考续编］	—	捣臼礁［地形图］	—	小捣臼屿
5	小捣臼屿	—	—	—	小捣臼屿	
6	北鸟屙屿	—	—	羊公礁［地形图］［民国志］	—	北鸟屙礁

续表

<table>
<tr><th>序号</th><th colspan="2">现行名称</th><th>清前</th><th>清</th><th>民国</th><th>中国海洋岛屿简况1980年</th><th>地名志</th></tr>
<tr><td>7</td><td colspan="2">枸杞马鞍山岛</td><td>—</td><td>马鞍[清光绪志]，马鞍山[清光绪江苏沿海图说]，小马鞍[清光绪江苏沿海图说]</td><td>马鞍山[地形图][民国志]</td><td>马鞍山</td><td>马鞍山</td></tr>
<tr><td>8</td><td colspan="2">黄石洞屿</td><td>—</td><td>黄石洞[清光绪江苏沿海图说]，马鞭岛＊[新译海道图说]</td><td>黄石洞[地形图][民国志]</td><td>黄石洞</td><td>黄石洞岛</td></tr>
<tr><td>9</td><td colspan="2">门前礁</td><td>—</td><td>—</td><td>乌阿礁[地形图]，门前礁[民国志]</td><td>—</td><td>门前礁</td></tr>
<tr><td>10</td><td colspan="2">西半洋礁</td><td>分水礁[明筹海图编]</td><td>半洋礁[清光绪松江府续志]，干司谋而石＊[新译海道图说]</td><td>半洋礁[地形图][民国志]</td><td>西半洋礁</td><td>西半洋礁</td></tr>
<tr><td>11</td><td colspan="2">内龙舌屿</td><td rowspan="3">—</td><td rowspan="3">—</td><td rowspan="3">—</td><td>—</td><td>内龙舌岛</td></tr>
<tr><td>12</td><td colspan="2">中龙舌屿</td><td>中龙舌岛</td><td>中龙舌岛</td></tr>
<tr><td>13</td><td colspan="2">半边龙舌屿</td><td>—</td><td>半边龙舌岛</td></tr>
<tr><td>14</td><td>平块礁</td><td rowspan="5">鹅礁</td><td>—</td><td>—</td><td rowspan="5">鹅礁[地形图]</td><td rowspan="5">鹅礁</td><td rowspan="5">鹅礁</td></tr>
<tr><td>15</td><td>钥匙湾礁</td><td>—</td><td>—</td></tr>
<tr><td>16</td><td>高块礁</td><td>—</td><td>—</td></tr>
<tr><td>17</td><td>小南块礁</td><td>—</td><td>—</td></tr>
<tr><td>18</td><td>大南块礁</td><td>—</td><td>—</td></tr>
<tr><td>19</td><td colspan="2">乌屙礁</td><td>—</td><td>—</td><td>乌阿礁[地形图]</td><td>—</td><td>乌屙礁</td></tr>
<tr><td>20</td><td colspan="2">羊角嘴礁</td><td>—</td><td>—</td><td>—</td><td>—</td><td>羊角嘴礁</td></tr>
<tr><td>21</td><td colspan="2">黄峙螺礁</td><td>—</td><td>—</td><td>—</td><td>—</td><td>—</td></tr>
<tr><td>22</td><td colspan="2">枸杞筊杯屿</td><td>—</td><td>—</td><td>—</td><td>告碑礁</td><td>筊杯岛</td></tr>
</table>

续表

序号	现行名称	清前	清	民国	中国海洋岛屿简况1980年	地名志
23	三块峙螺屿	—	—	—	—	三块（石寺）（石累）
24	乱石礁	—	—	—	—	乱石礁
25	龙角礁	—	—	—	上龙头	上龙头礁
26	上龙头屿	—	—	—		
27	龙珠礁	—	—	—		
28	龙须礁	—	—	—		
29	小江爿礁	—	—	—	—	—
30	江爿礁	—	—	—	—	江爿礁
31	外江爿礁	—	—	—	—	
32	小浪岗礁	—	—	—	—	—
33	桶礁	—	—	—	桶礁	桶礁
34	门坎礁	—	—	—	—	—
35	一粒珠礁	—	—	—	—	—
36	龙舌嘴头	—	—	龙舌嘴[地形图]	—	龙舌嘴头
37	南龙舌嘴	—	—	—	—	南龙舌嘴
38	里西嘴	—	—	—	—	里西嘴
39	江爿嘴	—	—	—	—	江爿嘴
40	老鹰窠嘴	—	—	—	—	老鹰窠嘴
41	毛洋嘴	—	—	—	—	毛洋嘴
42	北风嘴	—	—	—	—	北风嘴
43	乌沙嘴头	—	—	—	—	外山嘴半边
44	枸杞后头湾	—	—	后头湾[地形图]	—	—
45	干斜岙湾	—	—	—	—	干斜岙湾
46	大王沙滩	—	—	—	—	—
47	龙泉沙滩	—	—	—	—	—
48	庙干沙滩	—	—	—	—	—
49	四岙沙滩	—	—	—	—	—

嵊泗县花鸟乡新旧地名录

（海域类）

序号	现行名称	清前	清	民国	中国海洋岛屿简况1980年	地名志
1	花鸟山岛	石弄山［宋乾道志］［宋宝庆志］［宋开庆志］［元大德志］［明天启志］，花脑山［明两浙海防类考续编］	花鸟山［清康熙志］［清乾隆崇明县志］，马鞍岛＊或北马鞍岛＊［清新译海道图说］	花鸟山［地形图］［民国志］	花鸟山	花鸟山
2	灯城礁	—	—	铁土［民国志］	灯城礁	灯城礁
3	稻棚屿	—	—	道逢［民国志］		稻棚礁
4	花鸟白屿	—	白蜡礁［清光绪志］	白礁［地形图］［民国志］	白礁	白礁
5	花鸟高块礁	—	—	山礁［地形图］	—	三礁
6	花鸟中块礁	—	—	山礁［地形图］	—	三礁
7	长块礁	—	—	山礁［地形图］	—	三礁
8	彩旗山屿	—	彩旗山［清光绪江苏沿海图说］，单马缰＊［清光绪江苏沿海图说］	彩旗山［地形图］［民国志］	彩旗山	彩旗山
9	花鸟鸡笼山屿	—	鸡笼山［清光绪江苏沿海图说］，马勒＊［清光绪江苏沿海图说］	鸡笼山［地形图］［民国志］	鸡笼山	鸡笼山
10	花鸟大青山屿	—	大青山［清光绪江苏沿海图说］，马颈带＊［清光绪江苏沿海图说］	大青山	大青山	大青山

续表

序号	现行名称	清前	清	民国	中国海洋岛屿简况1980年	地名志
11	花鸟小青山屿	—	小青山[清光绪江苏沿海图说],马肚带*[清光绪江苏沿海图说]	小青山	小青山	小青山
12	蝴蝶岛	—	湖地山[清光绪江苏沿海图说],马络头岛*[清光绪江苏沿海图说]	湖地[地形图],湖地山[民国志]	蝴蝶岛	蝴蝶岛
13	花鸟老虎屿	—	—	老虎山[地形图]	老虎礁	老虎礁
14	江礁	—	—	红礁[地形图][民国志]	江礁	江礁
15	双螺礁	—	—	双卵[地形图]	双螺礁	双螺礁
16	小白礁	—	—	—	—	—
17	头颈屿	—	—	—	—	—
18	长礁嘴头屿	—	—	—	—	长礁嘴岛
19	利市头屿	—	—	—	—	利市头礁
20	小旗礁	—	—	—	—	—
21	半边彩旗山屿	—	—	—	—	半边彩旗山
22	青石屿	—	—	—	—	—
23	花鸟狗头颈	—	—	狗豆井[地形图]	—	狗头颈
24	稻棚嘴头	—	—	火把滋[地形图]	—	稻棚嘴头
25	花鸟龙舌嘴	—	—	—	—	龙舌嘴
26	黄胖嘴	—	—	—	—	黄胖嘴
27	花鸟长嘴头	—	—	—	—	长嘴头
28	花鸟外嘴头	—	—	—	—	外嘴头
29	猢狲嘴头	—	—	—	—	猢狲嘴头
30	花鸟北湾	—	—	—	—	花鸟北湾
31	花鸟南湾	—	—	—	—	南湾
32	花鸟西湾	—	—	—	—	西湾

后　　记

当音乐和传说已经沉寂之后，唯有建筑还在，当建筑消失之后，却有地名还在流传！

一个地方自有地名才算是真正诞生。地名是历史长河里的时空符号，集聚了人类的智慧，蕴藏了各个时期的历史、地理、重大事件和人文信息，构建了独特的识别和交往文化，是历史的记忆、乡愁的回忆，也是联合国教科文组织认定的非物质文化遗产。

地名的产生源于人类认识自然、改造自然的过程，体现了人类对自然与社会的认知观念。地名最早表现为一种语言现象，早于文字而产生。我国的地名文化源远流长，以语言指代的地名早在旧石器时代即已出现，用图示文字表示的地名至少可以上推到一万年以前。文字出现以后，原始文字的一个重要功能就是记录地名！

地名犹如人名，需要对每个特定的个体进行区分。这种区分，首先来自于人们对某个区域或某个地方最典型的自然与人文地理实体特征的认知。因此，地名往往表现为一种特有的语词。这个特有的语词，因不同的种族、人群和地域的语言习惯、生活方式而有很大的不同，是特定的文化现象，一个地域文化的载体，一种牵动乡土情怀的称谓。所谓的地名文化就是包括了地名的语词文化和地名所指代的地域或地理实体的文化。品读地名，就能从中挖掘出不同的文化现象和人文血脉。千百年来，看似简单的地名以润物细无声的形式，滋润了一个个地方和一代代人的情怀，就如和田河的流水，看似清澈无物，却通过千万年的浸润，赋予和田玉以晶莹、圆润和灵气，让和田玉籽料的价值百倍于山料。

地名与内政外交、群众生活和经济社会交往息息相关，每个人每天都在不由自主地使用地名。在和平安宁时期，地名较传说、建筑等文化现象更具稳定性。但是，历史的变化纷繁复杂，有时甚至惊天动地，天翻地覆，在一些地名流传千百年的同时，一些地名也随着朝代的更替，环境的变化、人口的迁徙和观念的改变而变更。地名的演变，就像是历史变迁的"记录仪"，刻录了不同的文化信息，成为我们探究历史的生动影像。

千百年来，史学家们通过对历史地名的考证，厘清了大量湮没于历史尘埃的著名历史地名，出版了《中国古今地名大辞典》《中国古今地名大词典》等皇皇巨著，丰富了我国历史文献的宝库。然而，这些文献，多选取在全国有重大影响的著名地名予以考证，其中所涉仅仅是我国数以千万计的庞大地名群中的璀璨之星，与群众生活密切相关的小地名却少有涉猎，对一个行政区域内各类地名的系统完整梳理与考证，迄今仍未有见，大量的史学研究成果仍常因对地名的误判而出现瑕疵，甚至因此产生违背史实的结论。为深入开展第二次全国地名普查，全面查清地名基本情况，为社会提供全面准确的地名信息服务，笔者以舟山市行政区域内的各类地名为研究对象，在收集、整理各类地方文献的基础上，尝试着开展了新旧地名对照研究，形成了《舟山群岛新旧地名录》（不包括行政区域名称和群众自治组织辖区名称，《舟山群岛行政区域名称和群众自治组织辖区名称新旧地名录》将另行出版），希冀能以此为舟山地名文化的发展贡献绵薄之力。

本书的编写得到了舟山市民政局、浙江省民政厅和浙江省、舟山市社科联的亲切关心和大力支持，舟山市民政局张锦局长多次专门听取汇报，解决工作难题，定海、普陀、岱山、嵊泗等县

(区)民政局、地名办,以及舟山市境内各乡镇(街道)为本书所列的现行地名提供了校对服务,华东师范大学的贾建军研究员、民政部地名研究所的张清华研究员为本书的编纂提供了指导与帮助,浙江国际海运职业技术学院的孙峰先生、舟山市方志办的刘胜勇先生、舟山市委组织部的夏志刚先生、普陀山—朱家尖管委会的蒋朝忠先生、浙江省第一测绘院的应其浩先生、重庆的张阳可先生等为本书的编纂提供了大量的珍贵史料,在此一并表示诚挚的感谢!

史海浩浩,以笔者所阅,实乃大海之一粟。《舟山群岛新旧地名录》虽耗时经年有余,然笔者才疏学浅,虽倾尽全力,却常常力有不逮,难免挂一漏万。失当之处,敬请各位方家批评斧正!

王建富

2016 年 12 月